dtv
Reihe H

Janina David

Ein Stück Himmel

Ein Stück Erde • Ein Stück Fremde

Aus dem Englischen von
Gertrud Baruch
und
Hannelore Neves

Deutscher Taschenbuch Verlag

Das gesamte lieferbare Programm der *Reihe Hanser*
und viele andere Informationen finden Sie unter
www.reihehanser.de

Originalausgabe
In neuer Rechtschreibung
Dezember 2009
Deutscher Taschenbuch Verlag GmbH & Co. KG,
München
Titel der Originalausgaben:
›A Square of Sky. The Recollection of a Childhood‹
(Deutsch von Hannelore Neves)
›A Touch of Earth. A Wartime Childhood‹
(Deutsch von Hannelore Neves)
›Light over the Water‹
(Deutsch von Gertrud Baruch)
© 1981/1982/1983 der deutschsprachigen Ausgabe:
Carl Hanser Verlag München
Vorwort: aus dem Englischen von Christa Broermann
Umschlaggestaltung: Lisa Helm unter Verwendung eines
Fotos aus dem Privatbesitz der Autorin
Satz: Fotosatz Reinhard Amann, Aichstetten
Druck und Bindung: Druckerei C. H. Beck, Nördlingen
Gedruckt auf säurefreiem, chlorfrei gebleichtem Papier
Printed in Germany · ISBN 978-3-423-62442-8

Leise verhüllte Dämm'rung die Welt,
bedeckt sie mit Schatten.
In den Blättern der raschelnde Wind
weht Wundervolles herbei.
Er bringt der Kindheit goldenen Traum,
verzauberte Märchen,
einst Paradiesgarten mir,
der nun ist verschlossen.
Dort auf dem gläsernen Berg
im goldenen Schloß schläft die Prinzessin.
Drüben, wo die drei Drachen schnarchen,
entspringt das Wasser des Lebens,
und im Häuschen am Wiesenrain lebte die Hexe,
deren Stiefkind der König befreit.
Der alte Zauberer spann hier
die Geschichte vom Wundervogel.
Und in der Dämm'rung, die leise die Welt verhüllt,
kommt der Sandmann, mir die Augen zu schließen,
wächst sanft der Schmerz mir im Herzen,
unsäglicher Kummer.
Leb wohl, mein erträumtes Land,
der Kindheit verzauberter Traum!

Janina David, 1942

Vorwort

Am Ende meines ersten Oberstufenjahres auf dem Gymnasium fragte unsere Polnischlehrerin jeden von uns, was wir nach der Schulzeit vorhätten. Als ich an die Reihe kam, stand meine Antwort längst fest: »Ich will Schriftstellerin werden«, sagte ich. Die Lehrerin blickte mich verächtlich an: »Um eine gute Schriftstellerin zu werden, genügt es nicht, die Grammatik zu beherrschen und einen flüssigen Stil zu schreiben«, erklärte sie der Klasse – was ich als Anspielung auf die Aufsätze verstand, die ich über die zunehmend exzentrischen Themen schrieb, die sie uns stellte. »Um Schriftstellerin zu werden«, fuhr sie fort, »muss man zuerst einmal Lebenserfahrung erworben haben. Man muss gelebt haben! Und du«, sagte sie, wandte sich mir zu und hob die Stimme, »was hast du denn vom Leben gesehen?«

Beschämt sank ich auf meinen Stuhl. Sie hatte natürlich recht. Was hatte ich schon erlebt? »Gelebt haben« bedeutete sicher, dass man große Abenteuer bestanden hatte: man musste mit einer Kamelkarawane die Sahara durchquert haben, mit einem Kajak den Amazonas hinuntergefahren sein – und natürlich der Liebe begegnet sein. Einer großen, schicksalhaften Liebe mit dem unabdingbaren glücklichen Ende ... Nichts davon war bisher in meinem Leben vorgekommen oder in Zukunft zu erwarten. Die Grenzen meines Landes waren mit einem eisernen Vorhang abgeriegelt. Es war das Jahr 1946. Wir hatten alle gerade einen Krieg durchgestanden.

Rund zwölf Jahre später saß ich in meinem Zimmer in London, betrachtete die kahlen winterlichen Bäume in einem tristen Vorortgarten und dachte an jenen letzten Schultag zurück, an den Weg, den ich inzwischen zurückgelegt hatte, und fragte mich, wie es kam, dass ich hier gelandet war.

Nach zehn Jahren in Australien und sechs hektischen Monaten in Paris, in denen ich darauf brannte, mich in die Arbeit zu stürzen und mein Können unter Beweis zu stellen, fand ich mich zu meiner Überraschung in England. Die Begeisterung, die ich als frischgebackene Sozialarbeiterin mitgebracht hatte, erstarb in der frostigen Realität der französischen Bürokratie, die sich weigerte, meinen australischen Abschluss anzuerkennen. Nach einem vergeblichen Kampf trieb mich schließlich die Notwendigkeit, meinen Unterhalt zu verdienen, nach England.

London war Ende der 1950er-Jahre eine düstere, feuchte und freudlose Stadt. Noch immer sah man die Spuren des Krieges, denn in den ordentlichen Häuserreihen klafften unerwartete Lücken, die Docks waren weitgehend zerstört, und das Stadtbild wirkte insgesamt ziemlich schäbig.

Die Lebensmittelrationierung war vorbei, aber die Auswahl in den Geschäften war noch gering und die Menschen waren erschöpft. Waren die vorherrschenden Farben in Paris schimmerndes Cremeweiß, Grau und Blau mit Streifen von Grün und Tupfen von leuchtendem Rot – eine impressionistische Farbpalette –, war London ziegelrot und schwarz. Der allgegenwärtige Ruß, den Tausende von Kaminen ausstießen, überzog jede Fläche im Freien, hing in der Luft und drang sogar in die Haut ein. In jenem ersten Winter nach meiner Ankunft legte sich noch ab und zu der berüchtigte Smog über die Stadt. An solchen Tagen durften wir früher mit der Arbeit aufhören, damit wir noch die Chance hatten, nach Hause zu finden.

Meine weißen Blusen wurden im Handumdrehen grau. »Das kriegen Sie nie mehr raus«, erklärte mir meine Vermieterin. »Weiß ist keine gute Farbe für London.« Sie hatte recht. Die Farbe für London war Grau.

Das Krankenhaus, das mich als jüngstes Mitglied in die Abteilung für Sozialarbeit aufnahm, war in viktorianischer Zeit ein Arbeitshaus gewesen, und das sah man ihm immer noch deutlich an. Es hatte endlose Korridore mit Zementfußböden, war in deprimierendem, fadem Grün gestrichen, hatte lange Krankensäle mit doppelten Bettenreihen, die so gut wie keine Privatsphäre ermöglichten, streng geregelte Besuchszeiten – und Ameisen. Argentinische Ameisen gediehen prächtig in Nestern tief unter den Warmwasserleitungen, und die winzigen Insekten krabbelten scharenweise über Böden, Möbel und gelegentlich auch Patienten. Wir fanden sie an den erstaunlichsten Stellen, bis hin zu den versiegelten Dosen mit Süßigkeiten, die am Kiosk des Krankenhauses verkauft wurden. Regelmäßig erschienen schweigsame Männer in Overalls und stellten Schälchen mit einem giftigen Mittel auf, das angeblich das Ungeziefer vernichten sollte. Aber die Ameisen machten einen Bogen um die Versuchung und gediehen munter weiter.

So hatte ich mir meine Arbeit nicht vorgestellt, damals in Melbourne, in den hellen, sonnendurchfluteten Stationen der Krankenhäuser, in die ich während des Studiums als Praktikantin geschickt wurde. Ich wollte die finanziellen und familiären Probleme der Patienten lösen, ihnen Schwierigkeiten meistern helfen, die aus ihrer Krankheit und nötig gewordenen Veränderungen ihrer Lebensweise erwuchsen, und tiefschürfende psychologische Analysen verfassen – meine Zukunft lag wohlgeordnet vor meinem inneren Auge und bestand darin, dass ich Chaos in Ordnung verwandelte und Konflikte mit weisen Worten aus der Welt schaffte.

Die Wirklichkeit im trüben Licht einer Londoner Station sah ganz anders aus. Dank des *National Health Service* brauchte sich niemand Sorgen um die Kosten seiner Behandlung zu machen. Zudem waren meine Patienten nur selten bereit, sich zu öffnen und über ihre Schwierigkeiten zu sprechen, und zwar meist, weil sie zu krank waren, um überhaupt zu reden, oder weil sie gar nicht mehr wussten, wer sie waren.

Mir als Neuling in der Abteilung hatte man die Stationen gegeben, die meine Kolleginnen unbedingt loswerden wollten, daher die Anhäufung entmutigender Aufgaben. Zum Ausgleich dafür, und vielleicht auch als Wiedergutmachung, nahmen mich die anderen mit offenen Armen auf und erwiesen sich als warmherziges, hilfreiches Trio: eine strenge Engländerin, eine grüblerische Waliserin, die zu Anfällen von Schwermut neigte, und eine quicklebendige Irin, mit der ich noch lange eng befreundet war, auch als wir beide schon nicht mehr dort arbeiteten.

Diese drei hatten das Zimmer für mich gesucht, in dem ich wohnte, und planten mit sanftem Nachdruck mein Freizeitprogramm, das sie mit Abendkursen, Theaterbesuchen und Ausflügen zu Kunstausstellungen füllten.

Als ich an einem Winterabend in jenem kalten kleinen Zimmer saß, kehrte wieder und wieder eine bohrende Frage zurück: Wie kam es, dass ich hier war? Warum –

nach so viel harter Arbeit und hochfliegenden Hoffnungen – war ich in dieser düsteren Stadt gelandet und lebte in einem einzigen Zimmer mit einem primitiven elektrischen Ofen mit nur einer Heizröhre, einer schwerhörigen – wenn auch freundlichen – Vermieterin und ihrer schielenden Katze? Wieso arbeitete ich in einem Krankenhaus, in dem sich Charles Dickens zu Hause gefühlt hätte?

Was hatte ich falsch gemacht? Irgendwo auf dem Weg musste mir ein Fehler unterlaufen sein, musste ich eine falsche Abzweigung genommen haben, die mich in diese Sackgasse geführt hatte. Es war niemand da, der mir eine Antwort hätte geben können. Ich war meinen Weg gegangen, zuversichtlich, dass es der richtige war, entgegen allen Ratschlägen. Ich hatte eine gute, dauerhafte Arbeit in der Fabrik aufgegeben, war im reifen Alter von zwanzig Jahren an die Schule zurückgekehrt, hatte das Unmögliche angestrebt und es auch erreicht. Nur jetzt schien es nicht mehr nach Plan zu laufen.

Vielleicht kam ich darauf, wenn ich zurückblickte, mein Leben sorgfältig erforschte, wie es ein Analytiker tun würde – ich musste streng mit mir sein, aber schließlich würde es ja nie jemand sehen, niemand davon erfahren. Ich wollte versuchen, alles aufzuschreiben, was mir von meinem Leben noch in Erinnerung war, ganz vorn anfangen, zurückgehen, so weit ich konnte, bis in meine früheste Kindheit und darüber hinaus, bis zu meinen Eltern, der Familie, der Stadt, dem Land, Schritt für Schritt. Es würde Zeit kosten, aber die hatte ich ja jetzt reichlich, nachdem die Abendkurse zu Ende waren.

Langsam, nach Belieben mal diese, mal jene Szene aus den verschiedenen Phasen meiner Kindheit in Kalisch herauspickend, begann ich zu schreiben.

Es wurde Sommer und im Garten des düsteren alten Krankenhauses erblühten herrliche Rosen in Hülle und Fülle. Meine Überraschung und mein Entzücken hätten mich beinahe dazu bewogen, noch ein weiteres Jahr zu bleiben. Aber die Aussicht auf einen zweiten Winter auf diesen deprimierenden Stationen überforderte mich. Ich zog in ein großes, modernes Haus in einer von Bäumen beschatteten Allee um und wechselte in eine große Abteilung für Sozialarbeit an einem führenden Lehrkrankenhaus. Jetzt hatte ich keine sterbenskranken Patienten mehr. Vielmehr standen die meisten von ihnen kurz vor der Entbindung. Zum Glück sind Todesfälle auf einer Entbindungsstation eher selten, und jedes neue Leben bringt seinen eigenen Teil an Glück und Hoffnung mit. Außer den medizinischen landeten alle Probleme, die die Patienten hatten, bei mir. Das eröffnete mir eine ganz neue Welt von Beziehungen, Liebesgeschichten und Verrat, herzzerreißendem Kummer und Familienstreitigkeiten, die mir unerwartete Einblicke in das Leben anderer Menschen gewährte.

Der Plan, mein eigenes Leben unter die Lupe zu nehmen, wurde beiseitegelegt. Die Gegenwart füllte mich völlig aus.

Erst Monate später fiel mir bei der Suche nach alten Briefen ein Bündel loser Blätter in die Hand, und ich setzte mich hin und las bis spät in die Nacht.

Stimmte das alles? Hatte es wirklich ein solches Haus, eine solche Familie gegeben; war ich dieses Kind? Oder war das reine Fantasie? Von meiner ersten Grundschulklasse mit 35 Jungen und Mädchen hatte außer mir nur eine Mitschülerin den Krieg überlebt. Von meiner Familie war nur ein Onkel, der jüngere Bruder meiner Mutter, in unsere Stadt zurückgekehrt.

Ein zwingendes Bedürfnis, mehr herauszufinden und alles über meine Familie zu erfahren, überfiel mich. Es musste noch Menschen geben, die sich erinnerten, die mir bestätigen konnten, dass das, was ich aufgeschrieben hatte, wirklich so gewesen war. Dass ich mir nicht alles nur eingebildet hatte.

Ich gab meine Stelle auf, packte einen Koffer mit Waschpulver, Nescafé in Dosen und genügend Netzstrumpfhosen, um eine ganze Balletttruppe auszustatten, und nahm einen Zug nach Warschau.

Als ich schließlich nach einem Besuch bei meinen alten Schulfreundinnen in der Hauptstadt in meiner Heimatstadt ankam, verbreitete sich die Nachricht wie ein Lauffeuer. Ich wurde eingeladen, in einem Café eine alte Freundin zu treffen. Als ich eintrat, erhob sich ein ganzer Schwung Menschen von den Tischchen mit den Marmorplatten und kam mit ausgestreckten Armen auf mich zu. Die nächsten paar Stunden saß ich da, trank schwarzen Kaffee, aß Cremetorte und hörte den älteren Damen und Herren zu, die früher meine Eltern gekannt hatten, mit ihnen zur Schule gegangen waren, mit meinem Vater zusammengearbeitet oder einst in ebendiesem Café gemeinsam mit meiner Mutter Tee getrunken hatten. Und die sich auch an mich als Kind erinnerten. Später ging ich an einem Blumengeschäft vorbei, dessen Besitzer früher bei uns im Haus gewohnt hatten, und ging hinein, neugierig, wie sie reagieren würden. Als ich dastand und nach Worten suchte, brach die alte Frau hinter dem Ladentisch plötzlich in Tränen aus und schlang die Arme um mich. Hinter ihr stand ihr Mann wie angewurzelt da und sagte nur immer wieder: »Ich war 1920 beim Militär im selben Zug wie dein Papa ... ich war im Krieg mit deinem Papa zusammen ...« Im letzten Krieg hatte dasselbe Ehepaar meinem Onkel Lebensmittelpakete in sein deutsches Kriegsgefangenenlager für Offiziere geschickt und ihn

13

wie ein Mitglied der eigenen Familie empfangen, als er zurückkam und feststellte, dass außer mir niemand überlebt hatte.

Schließlich ging ich zu unserem Haus. Fremde wohnten darin. Schon 1945 hatte ich einmal vor der Tür gestanden, aber damals verließ mich der Mut und ich rannte weg. Jetzt ging ich nach oben und läutete. Eine Frau öffnete mir und ließ mich herein. Ich saß zwischen den fremden Möbeln und starrte auf den Fußboden – denselben bestimmt – und die Vergangenheit kam zurückgeflutet, und ich wusste auf einmal, warum ich gekommen war. Ich ging durch die Wohnung und suchte nach Dingen, an die ich mich erinnerte. Ich blickte aus dem Fenster meines ehemaligen Kinderzimmers, und meine Augen wurden von derselben Aussicht empfangen, die sich mir an jedem Morgen meiner Kindheit geboten hatte: der alte katholische Friedhof auf dem Hügel gegenüber. Den »geheimnisvollen Garten der Toten«, wie ich ihn nannte, ohne eine Verbindung zwischen den Lebenden und den Verstorbenen herzustellen. Allein geblieben küsste ich den weinroten Keramikofen, der, solange ich denken konnte, in der Ecke meines Kinderzimmers gestanden hatte, berührte den Türrahmen, dankte der Frau und ging wieder.

Die jüdische Grundschule, die ich von meinem siebten bis neunten Lebensjahr besucht hatte, war jetzt in Wohnungen unterteilt. Niemand dort wusste mehr, dass hier einmal eine Schule gewesen war. Keiner der Schüler war zurückgekommen.

Ich suchte Zuflucht im Park, einstmals der Stolz unserer Stadt, jetzt matschig und vernachlässigt, mit zerbrochenen Gewächshäusern und toten Bäumen zwischen den lebenden. Es gab keine Schwäne auf dem Teich, auf dem wir im Winter zu den Klängen von Wiener Walzern Schlittschuh gelaufen waren. Die Pfauen, Fasane und zahllosen

Kleintiere, die früher die grünen, schattigen Wege bevölkert hatten, waren nirgendwo zu sehen. Ich ging weg, traurig, aber in dem sicheren Wissen, dass die Vergangenheit noch lebendig, noch da war. Und alles war genauso gewesen, wie ich es in Erinnerung hatte.

Der Winter rückte näher, und als alles verkauft war, was ich mitgebracht hatte, einschließlich meiner Kleider, war es Zeit zurückzufahren. Die Aussicht auf einen kalten Winter in London war wenig verlockend. Ich nistete mich in der Pariser Wohnung meines Onkels ein und machte mich noch einmal vergeblich auf die Suche nach einer geeigneten Stelle. Wenn ich nicht auf der Jagd nach einem Job unterwegs war, saß ich in Decken gehüllt und mit den Füßen auf einer Wärmflasche da, weil in jenem außergewöhnlich kalten Winter die Leitungen eingefroren und geborsten waren, und schrieb.

Ich versuchte jedoch nicht mehr herauszufinden, was ich bei meiner Planung falsch gemacht hatte. Vielmehr kristallisierte sich aus diesen locker aneinandergereihten Notizen das Bild einer verlorenen Welt heraus. Ich schrieb über meine Eltern, die Großeltern, Onkel, Tanten, Vettern und Cousinen, Schulfreundinnen, das Warschauer Ghetto und alles, was danach kam. Stimmen riefen mich aus der Tiefe meines Gedächtnisses an und forderten ihr Leben zurück. Jeder Einzelne hatte sein eigenes Potenzial von Glück und Hoffnung, Talenten und unbegrenzten Möglichkeiten mit auf die Welt gebracht. Jeder war ein Glied in der langen Kette, die aus der Vergangenheit in die unbekannte Zukunft reichte.

Die unerfüllten Bestimmungen forderten Würdigung und Wiedergutmachung. Wenn ich ihre Geschichten erzählen, sie bekannt machen konnte, ich, die einzige Zeugin ihrer Existenz, dann bekamen sie eine zweite Chance.

Für die Zeit, die jemand braucht, um eine Geschichte zu lesen, über sie nachzudenken und sich an sie zu erinnern, würden sie lebendig sein.

Als ich nach London zurückkehrte, war mein Manuskript fertig. Ein weiteres Jahr verging, ehe ich mein Bündel loser Blätter wieder einmal zur Hand nahm, sie durchlas und dachte, sie könnten vielleicht auch für andere interessant sein. Ich schickte sie an ein Schreibbüro.

Bald darauf erhielt ich das Manuskript sauber getippt zurück, begleitet von einem Brief: Die Angestellten des Büros hatten den Text alle gelesen, ihn sehr interessant gefunden und wünschten mir viel Glück bei der Suche nach einem Verlag.

Dieser unerwartete Kommentar machte mir so viel Mut, dass ich eine Abschrift an die Reihe *New Authors* bei Hutchinson schickte. Zur Begründung sagte ich mir, dass die Lektoren, wenn sie so viel mit jungen Autoren zu tun hatten, an literarische Erstversuche gewöhnt waren. Vielleicht würde ein freundlicher und verständnisvoller Mensch meinen Text die obligatorischen sechs Monate behalten und ihn mir dann mit ein paar klugen Ratschlägen zurückschicken. Dann würde ich ihn tief in einer Schublade vergraben und keiner Menschenseele je etwas davon verraten.

Ehe ich meine neue Stelle als leitende Sozialarbeiterin in einem großen Vorortkrankenhaus antrat, weit außerhalb des Zentrums von London, kehrte ich für die Osterferien nach Paris zurück. Als ich wiederkam, erwartete mich ein Brief. Der Herausgeber der *New Authors* wollte mich sehen. Dringend.

Da es auf Mitternacht zuging, als ich nach Hause kam und den Brief öffnete, schlief das ganze Haus schon. Nur mit großer Mühe schaffte ich es, nicht alle aufzuwecken und ihnen meine Neuigkeit zu erzählen. Am nächsten Tag wartete ich bis Mittag, ehe ich im Verlag anrief, weil ich glaubte, dass dort niemand frühmorgens zu arbeiten anfing. Noch am gleichen Nachmittag traf ich mich mit dem Herausgeber der Reihe *New Authors*, der sich als genauso freundlich und verständnisvoll erwies, wie ich ihn mir vorgestellt hatte. Innerhalb von zehn Tagen hatten wir einen Vertrag unterschrieben und ich arbeitete an »Ein Stück Erde«.

Ich schlug das Tagebuch wieder auf, das ich im Sommer 1943 begonnen hatte, als ich mit dreizehn Jahren unter falschem Namen und mit falschen Papieren in einem katholischen Kloster gelandet war. Von da an musste ich bis zur Ankunft der sowjetischen Armee im Winter 1945 behaupten, ich sei katholisch.

Da ich mich damals niemandem anvertrauen konnte, schrieb ich meine täglichen Erlebnisse in einer Geheimschrift nieder, die ich für meine gefährlichsten Gedanken erfunden hatte. Als ich die dicht gefüllten Seiten las – Papier war in den Kriegsjahren rar –, tauchte ich wieder in die geordnete Abfolge täglicher Gebete und Gottesdienste, der Heiligengedenktage und Feiertage ein und erinnerte mich an das allmähliche Eingewöhnen in eine Gruppe von Kindern, die überwiegend Waisen waren und kein Leben außerhalb des Heims kannten. Ein Gefühl ständiger Bedrohung, die über uns allen hing, ganz besonders über denen, die wie ich Jüdinnen waren, quoll mir aus jenen Seiten entgegen wie eine Wolke, die einem den Atem verschlägt.

Da war der Aufstand im Ghetto, der mir die Eltern nahm, der Warschauer Aufstand des folgenden Jahres, der mit der Zerstörung der ganzen Stadt endete, unser Auszug aus der brennenden Stadt, das Überrolltwerden von der sowjetischen Front, meine Rückkehr nach Kalisch, wo ich mit fünfzehn Jahren allein dastand; alles wurde wieder lebendig in den eng beschriebenen Seiten, vermischt mit jugendlichen Ausbrüchen von Respektlosigkeit, plötzlichen Anfällen unerklärlicher Freude und Wut und vor allem mit tiefer Verzweiflung.

»Ein Stück Erde« endet im Sommer 1946, kurz nachdem mir unsere Lehrerin erklärt hatte, man müsse erst gelebt haben, ehe man Schriftstellerin werden könne. Und was ich denn schon vom Leben gesehen hätte?

Im November desselben Jahres saß ich zusammen mit vielen anderen Jugendlichen etwa gleichen Alters in einem Zug – einem Viehwaggon – und war unterwegs nach Frankreich.

Die Organisation, die uns ins Ausland brachte – illegal, wie sich später herausstellte, mithilfe einer Sammelausreisegenehmigung, die für einen früheren Transport ausgestellt und verwendet worden war und die noch mindestens ein weiteres Mal benutzt werden sollte –, wollte uns alle versteckt halten, bis man uns aus dem Land schmuggeln und nach Palästina schicken konnte, das damals von den Engländern blockiert wurde. Aber dort herrschte Krieg, und ich wollte nicht noch einmal einen Krieg durchstehen müssen. In Paris lebten einige entfernte Verwandte, Vettern meiner Mutter, und bei ihnen wollte ich bleiben. Die Organisation weigerte sich jedoch, jemanden von uns gehen zu lassen. Daher brannte ich bei unserer ersten Fahrt nach Paris durch: an einer Haltestelle der Metro sprang ich, kurz bevor sich die Türen wieder schlossen, aus dem Wagen und stand bald darauf ohne Ausweis, sonstige Papiere und Gepäck, mit nichts als den Kleidern, die ich am Leib trug, bei meinen Verwandten vor der Tür.

»Sans papiers« zu leben erwies sich bald als unhaltbar, sodass ich schließlich bei der örtlichen Präfektur vorsprach und den langen Weg der Legalisierung meines Daseins antrat. Ich verständigte mich mithilfe eines Dolmetschers und beschrieb den Weg, den ich ohne Pass und Fahrkarte nach Frankreich genommen hatte, wobei ich es sorgfältig vermied, die 399 anderen Jugendlichen zu erwähnen, die mit mir zusammen gereist waren. Nach mehreren Vorladungen, bei denen man mich unter anderem gemessen und gewogen und meine Fingerabdrücke genommen hatte, erhob sich der strenge Beamte, der mich befragt hatte, von seinem Stuhl hinter dem Schreibtisch: »Die französische Republik erteilt dir die Erlaubnis, unbefristet in Frankreich zu bleiben«, erklärte er mir feierlich, dann tätschelte er mir die Wange und sagte in verändertem Ton: »Aber tu es nie wieder…«

Erleichtert versprach ich ihm, mich fortan an das Gesetz zu halten.

In dem internationalen Kinderheim, in das ich später kam, waren wir eine bunt gemischte Schar ungebärdiger Teenager aus ganz Europa und noch darüber hinaus – angefangen bei einem Waisenhaus in Usbekistan bis hin zu einem Flüchtlingslager in Spanien –, und wir versuchten alle, mit unserer Vergangenheit fertig zu werden, und sahen einer ungewissen Zukunft entgegen.

Paris war in jenen Nachkriegsjahren eine Stadt der Kälte und des Hungers. Lebensmittel und Heizmaterial waren knapp und die Winter streng. Trotzdem offenbarte es mir ein Leben, auf das ich in keiner Weise gefasst war. Ein ganzes Universum der Musik, der Kunst, der architektonischen Schönheit und Harmonie, eine Welt der Farben und Klänge tat sich mir auf und – sobald ich die Sprache verstehen lernte – auch eine Literatur, die schon für sich genommen das Tor zu einer anderen Welt öffnet. Ich hoffte von ganzem Herzen, dort bleiben zu können, aber das Heim konnte uns nur bis zu unserem achtzehnten Geburtstag behalten. Ohne eine Unterkunft und ohne Recht auf legale Arbeit – hier zeichnete sich ein Muster ab, das ich erst später richtig wahrnahm – drohte eine weitere Reise.

Eine Woche vor meinem achtzehnten Geburtstag ging ich an Bord eines alten ehemaligen Militärschiffs, das nun unter ägyptischer Flagge fuhr und Emigranten nach Australien brachte.

Fünf Wochen mussten wir im Laderaum ausharren, zusammengepfercht mit Hunderten von Fremden, wir schliefen in Kojen und hielten uns tagsüber dicht gedrängt an Deck auf. Wir überstanden eine Reihe kleinerer und größerer Katastrophen: Bald nach Beginn der Reise ging uns das Trinkwasser aus, im Roten Meer gab es ein Feuer an Bord, kurz vor Ceylon kam es im Maschinenraum zu einer Explosion. Wir wurden nach Colombo geschleppt und mussten, während das Schiff repariert wurde, zehn brütend heiße Tage und Nächte ohne Strom und Klimaanlage durchhalten. Schließlich erreichten wir Fremantle, unseren ersten australischen Hafen.

Trotz der Unbequemlichkeiten und meiner wachsenden Zukunftsangst genoss ich jede Minute der Reise. Das war endlich das große Abenteuer, von dem ich geträumt hatte. Das war Leben!

Melbourne, friedlich und provinziell, erstreckte sich in endlosen Bändern von kleinen Bungalows an der Bucht entlang und weit in die Hügel hinein. Ich bewunderte die exotische Vegetation und die bunten Vögel. Weniger begeistert war ich von den handgroßen Spinnen mit den behaarten Beinen – sie waren harmlos, wie man mir sagte –

und den kleinen unauffälligen, deren Biss tödlich war. Die golden blühende australische Akazie, die der europäischen Mimose so ähnlich sieht, war anscheinend giftig, und man durfte sie nicht anfassen.

Jeden Abend um sechs schlossen die Pubs und warfen ihre betrunkenen Gäste auf die Straße hinaus, wo sie sich unter die Menge der abendlichen Heimkehrer mischten. Die eine Quadratmeile große Innenstadt leerte sich, wenn die Geschäfte und Büros schlossen, sodass eine Geisterstadt zurückblieb, die bis zum nächsten Morgen dunkel und tot war.

»Hier fühle ich mich wirklich wie am Ende der Welt«, schrieb ich in mein Tagebuch. Nirgendwo hatte ich mich so fremd gefühlt.

In Polen bereiteten sich meine Freundinnen auf das Abitur vor. Ich hingegen steckte in Melbourne in einer Sackgasse fest: Ich hatte einen Job in einer Kleiderfabrik und bemühte mich, Anweisungen in einer Sprache zu befolgen, die ich nicht verstand. Die achtzehn Monate, die ich in Paris illegal bei einer Schneiderin gearbeitet hatte, waren verschwendete Zeit gewesen. Das wenige, das ich gelernt hatte, erwies sich hier als nutzlos. Statt jeden Saum von Hand zu nähen, hatte man Maschinen für sämtliche Stadien der Herstellung eines Kleidungsstücks, selbst für das Annähen der Knöpfe.

Ich muss hier raus, dachte ich mit wachsender Verzweiflung. Ich muss irgendwie in die Schule zurückkehren, Englisch lernen, die verlorene Zeit wieder wettmachen, die Schulbildung nachholen und es möglichst auch an eine Universität schaffen. Warum denn nicht?

Meine Freunde lachten über solche Pläne. »Der Platz für einen Einwanderer ist die Fabrik.« – »Du hast eine gute Arbeit gefunden, halte daran fest.« – »Der Spatz in der Hand ist besser als die Taube auf dem Dach.« – »Sei froh, dass du noch lebst und in einem freien Land bist. Was du dir erträumst, ist nichts für unsereinen.«

Das sagten die Überlebenden aus der Alten Welt, mit all ihren kostbaren europäischen Studienabschlüssen und Diplomen, die Böden schrubbten und mit mir in der Fabrik arbeiteten.

»Und wenn es noch einmal einen Krieg gibt? Was willst du dann mit deinen Diplomen anfangen? Sie werden dir keinen Unterhalt einbringen. Aber eine Schneiderin wird nie arbeitslos. Du brauchst noch nicht einmal die Sprache zu können. Deine Kinder werden in die Schule gehen und eine Ausbildung bekommen. Wir sind die verlorene Generation.«

»Ich habe den letzten Krieg nicht überlebt, um für den Rest meines Lebens Kleider zu nähen!«, protestierte ich zornig.

Meine neuen australischen Freunde stimmten mir zu. »Nur zu, Mädchen! Erprobe deine Kräfte. Die Welt steht dir offen und wartet.« Ich nahm ihren Rat an und versuchte es. Es erwies sich als harter Kampf. Härter, als ich gedacht hatte, und viel länger. Die Lücken in meiner Bildung schienen größer als die gesamte Summe des Wissens, das ich bisher gesammelt hatte. Allein gut Englisch zu lernen und genügend Sicherheit zu gewinnen, um überhaupt ans Schreiben denken zu können, würde Jahre dauern. Als ich die Hürde der Zulassung zum Studium überwunden hatte, ermöglichte mir ein staatliches Stipendium, mich an der Universität von Melbourne einzuschreiben. Ich wählte Psychologie, Geschichte und Französisch als Hauptfächer für den Bachelor of Arts und erwarb gleichzeitig noch ein Diplom in Social Studies. Als Vorbereitung für meine künftige Arbeit im Krankenhaus machte ich Praktika an mehreren allgemeinen und psychiatrischen Krankenhäusern sowie bei einigen Organisationen, die Sozialarbeiter mit der Aufgabe betrauten, sich um ihre Schützlinge zu kümmern, wie etwa Kriegsveteranen oder kranke Kinder. Die knappe Summe, die ich zusätzlich zu meinem Stipendium für meine Unterhaltskosten bekam, stockte ich durch Nacht- und Wochenendarbeit auf und verdiente auch im Rest der Semesterferien etwas dazu, der mir nach den unbezahlten Pflichtpraktika für das Diplom in Social Studies noch übrig blieb.

Zehn Jahre nach meiner Ankunft in Melbourne war ich wieder an Bord eines Schiffes auf dem Rückweg nach Frankreich und blickte zuversichtlich meinem neuen Leben in Paris entgegen. Meine Enttäuschung war daher groß, als das Land meiner Wahl sich weigerte, meine gerade erworbenen Qualifikationen anzuerkennen. Die Art von Sozialarbeit, die ich studiert hatte, war damals in Frankreich unbekannt. Die verschiedenen internationalen Organisationen, bei denen ich mein Glück versuchte, hatten nur kleine Quoten für Australier und die waren alle ausgeschöpft.

So kam es, dass ich nach sechs Monaten einer frustrierenden Arbeitssuche, die jedoch in anderer Hinsicht auch sehr schön waren, im November 1958 in einem kleinen Zimmer in einem Londoner Vorort saß, die kahlen winterlichen Äste im Garten betrachtete und mich fragte, was ich nur falsch gemacht hatte.

Und ich begann zu schreiben.

Janina David

Ein Stück Himmel

Erinnerungen an eine Kindheit

I

Der Geruch von reifenden Äpfeln und Birnen erfüllt den kleinen Raum. Das Obst liegt in einer Reihe auf dem Fensterbrett, wo die Sonne seine Wangen rot färben wird. Hinter dem halb offenen Fenster träumt und murmelt der Obstgarten und hinter dem Obstgarten steht wachsam und schützend die flüsternde Mauer des Waldes. Von jedem Fenster des Hauses und von jeder Straße draußen kann man die dunkle Linie der Bäume sehen, die das Dorf umschließen. Sie kommen die Straße gegenüber unserem Haus herauf: die hohen, dunklen Fichten und Föhren, rau und harzverklebt; die soliden Eichen mit ihren glänzenden, schön geschnittenen Blättern, aus denen wir die schönsten Kronen machen, wenn wir im Wald König spielen; und zwischen ihren knotigen Stämmen schwanken und tanzen die Silberbirken, Prinzessinnen und Bräute in grünen Sommerkleidern, die sich im Frühherbst in eine Kaskade aus Gold verwandeln, wenn die Ferien zu Ende gehen und es Zeit wird, meine Sommermärchen mit einem Happy End zu versehen und alle die Heldinnen bis zu einem nächsten Jahr in seligem Schwebezustand zu belassen.

Die Nachtluft pocht vom Quaken der Frösche und die Dorfhunde geben ihren scharfen Kommentar dazu. Vor meinem Fenster probiert ein Nachtvogel ein neues Lied aus, drinnen im Zimmer surrt wütend eine Fliege, die auf dem Fliegenpapier klebt. Von der Veranda kommt Geflüster und unterdrücktes Kichern. Da sind sie alle, warten nervös und ungeduldig auf das Zeichen von Stefa, dass es losgeht zu einer ihrer nächtlichen Expeditionen in den Obstgarten.

Stefas Stimme murmelt: »Schaun wir, ob sie schon schläft.«

Eine andere Stimme bettelt: »Lass mich auch mitkommen« und mein Herz macht einen Sprung, denn das ist Tadeks Stimme. Schnell breite ich meine Haare auf dem Kissen aus wie einen Heiligenschein, ziehe mir die Decke bis zum Kinn hoch und falte die Hände, wie Dornröschen in meinem Märchenbuch. Die Tür knarrt. Durch halb geschlossene Lider sehe ich Stefa, eine Kerze in der Hand, und hinter ihr den schwarzen Lockenschopf und die strahlenden Augen von Tadek. Schweigend schauen sie mich an, während ich den Atem anhalte und süß lächle in meinen Träumen. Dann geht die Tür zu.

»Sie schläft ganz fest«, sagt Stefa.

»Wie hübsch sie ist«, sagt Tadek gleichzeitig, und dann hört man einen unterdrückten Lachanfall, wie sie alle über die Veranda klettern und in den Obstgarten laufen. Jetzt werden sie singen und Gitarre spielen und Verstecken spielen unter den Bäumen, und irgendwann in der Nacht kommt Stefa dann zurück, ihre Schürze voll mit halb reifen Früchten.

Ich höre, wie sie unter meinem Fenster vorbeikommen, dann werden ihre Stimmen schwächer, vermischen sich mit dem Rauschen der Bäume von der Straße drüben. In einem schönen Traum schwebe ich ihnen nach. Es ist Sommer 1939 und ich bin neun Jahre alt.

Das Dorf Kreuzwege, ein typisches polnisches Dorf, bestand aus ungefähr hundert Bauernhäusern und Sommervillen, verstreut im Wald. Es gab ein Lebensmittelgeschäft, das zugleich auch das Postamt war, und an der Hauptstraße zwei Gasthäuser mit Biergärten.

Nach der plötzlichen Verminderung unseres Vermögens vor zwei Jahren, als in einer Sommernacht die Mühle der Familie abbrannte und dabei der ganzen Stadt ein beachtliches Feuerwerk bot, entschied Mutter, dass wir es uns nicht mehr leisten konnten, für die Ferien ins Ausland zu gehen. Daher verbrachten Stefa und ich jetzt unseren zweiten Sommer allein in den beiden kleinen, weiß gekalkten Zimmern in Kreuzwege. Die Villa war in drei kleine Wohnungen aufgeteilt, in der zweiten Wohnung gab es eine Familie, die aus einem Kindermädchen und zwei kleinen Jungen bestand, und in der dritten wohnten die beiden halbwüchsigen Töchter des Hausherrn – Christina, die ältere, war blond und blauäugig, Janka war genauso dunkel wie ich. Das Aufregendste an den beiden für mich war, dass sie zwei Mütter hatten, beide noch am Leben. Aber Christinas Mutter lebte nicht mehr hier in der Villa, vielleicht hatte sie Jankas Mutter, die jetzt hier wohnte, nicht so gern. Die beiden Schwestern verbrachten ihre Ferien immer zusammen in der Villa und kümmerten sich um ihre Sommergäste. Bald nach unserer Ankunft im letzten Sommer stieß auch noch ihr dreizehnjähriger Bruder zu ihnen, und ihn wählte ich vom ersten Augenblick an zu meinem Helden. Tadek muss für sein Alter sehr klein gewesen sein, er war nur einen Kopf größer als ich. Schwarze Locken fielen ihm über dichte Augenbrauen bis in die Augen, die vom Feuer des Genies glommen – das stand für mich jedenfalls fest. Außer seinen Khaki-Shorts hatte er offenbar nichts zum Anziehen, war braun gebrannt wie eine Kaffeebohne und für mich das leuchtende

Beispiel eines freien Lebens, nach dem ich neidvoll seufzte. Tadek kletterte auf Bäume und Zäune, schwamm im Froschteich, watete barfuß durch Pfützen und verschwand oft stundenlang, keiner wusste wohin. Oft verbrachte er die Nacht in einem Baum oder im Werkzeugschuppen, schlief zusammen mit der Katze des Bauern eingerollt auf Sägespänen.

Verzweifelt strengte ich mich an, es ihm nachzutun und seine Bewunderung zu gewinnen, aber schon nach ein paar Versuchen musste ich aufgeben – zerschunden, unter Sonnenbrand leidend, mit Leukoplast verklebt. Ich schob meine Niederlage Stefa und ihrer unerbittlichen Disziplin in die Schuhe, die mir keine Freiheit ließ, nicht einmal in den Ferien.

Die strengen Regeln, denen meine Existenz in der Stadt unterworfen war, wurden auch auf dem Land kaum gelockert. Nur an ganz heißen, trockenen Tagen durfte ich barfuß laufen, und manchmal gelang es mir, abends das Zubettgehen um einige Minuten hinauszuschieben. Aber Stefa ließ mich den ganzen Tag nicht aus den Augen, und wenn wir beide allein waren, dann nahm sie ihre Verantwortung für mich sehr ernst.

Gegessen wurde jeden Tag zur gleichen Minute und Stefa saß wachsam neben mir, jederzeit bereit, mich mit dem Löffel zu füttern, falls ich nicht aufessen wollte. Noch immer zog sie mich an und wusch mich, wie ein kleines Kind, und zwang mich zu einem Mittagsschlaf – gerade zu der Zeit, da die anderen ihre lustigsten Spiele spielten. Ich hörte meine Freunde rufen und lachen und sah sie herumsausen, während ich steif vor Zorn im Liegestuhl lag, in der Sonne, damit ich braun wurde, vollgepampft mit Essen und Ärger und einem Hass auf die ganze Welt.

Still und ruhig glitten die Sommertage vorbei. Unterricht gab es keinen, ich lag unter den Fichten und las zum x-ten Mal meine Lieblingsbücher, schrieb Gedichte und Geschichten, ging mit den anderen Kindern Pilze suchen, saß am Teich und versuchte Frösche zu fangen. Ich sammelte Schmetterlinge und spielte endlos lange Spiele mit den Töchtern des Hausmeisters, die in einer Holzbaracke im Garten wohnten. Ich hatte Tage gebraucht, um die Kinder dieser Familie zu zählen, und konnte es am Ende immer noch kaum glauben, dass es wirklich zehn Stück waren; zehn kleine Mädchen, bis auf die Größe eines wie das andere. Alle blond und blauäugig, dünn und schüchtern. Am Abend schlichteten sie sich alle irgendwie in ihre beiden Zimmer und jeden Morgen quollen sie zeitig wieder heraus – quietschend, krabbelnd, hüpfend, das Jüngste im Arm tragend.

Jeden Sonntag kamen Mutter und Vater zu Besuch und hörten sich Stefas Bericht darüber an, wie ich mich die ganze Woche lang aufgeführt hatte. Mutter wollte immer wissen, ob ich brav gegessen hatte, und Vater fragte immer, ob ich ungezogen gewesen war. Und jede Woche zitterte ich, wenn ich dabei zuhörte. Auf Stefas Diskretion konnte man sich leider nicht verlassen.

Einmal in der Woche kamen die Pfadfinder von ihrem Lager drinnen im Wald zu uns heraus und machten ein Lagerfeuer, und wir saßen bis tief in die Nacht hinein rund um die brennenden Scheite, sangen und hörten Geschichten. Das waren die schönsten Nächte meines Sommers. Schon ganz verschlafen, bettelte ich Stefa immer noch, dass sie mich bleiben ließ, schaute mir den Kreis von Gesichtern rund ums Feuer an, sang im Chor mit ihnen mit, folgte den Rauchwolken bis hinauf in den dunkelblauen Himmel, wo die Sterne unseren Liedern lauschten.

Rund um uns schwenkte der Wald seine tausend Arme, die Fichten flüsterten und nickten und umfingen unsere kleine Welt in ihrer schützenden Umarmung.

Ich lag unter den Fichten am Boden, den Kopf auf einem weichen Moospolster, und dachte an unsere bevorstehende Rückkehr nach Hause. Ich hatte einige aufregende Dinge vor mir. Kurz vor unserer Abreise aus der Stadt hatte ich den neuen Disneyfilm *Schneewittchen* gesehen, unsere Nachbarn hier in der Villa besaßen eine Schallplatte mit den Liedern und ich hatte sie alle gelernt. Außerdem hatte ich den ganzen Sommer über die Hauptrolle gespielt.

Ich war eine geborene Schauspielerin, bestätigte Stefa mehrmals, allerdings klang es nicht wie ein Kompliment.

Ich beugte mich über den offenen Brunnen und betrachtete mein Spiegelbild im glatten Wasser tief unten. Vor dem blauen Kreis des Himmels konnte ich den Zweig des Birnbaums sehen, und davor mein Gesicht. Genau wie im Film, dachte ich, und fing an das passende Lied dazu zu singen. Aber statt des Prinzen tauchte plötzlich Stefa auf und scheuchte mich weg.

»Mein Gott, ist das Kind verliebt in sich selbst«, brummte sie. Ich riss mich los und warf einen Stein in den Brunnen. Die strahlende blaue Oberfläche wurde ein runder Schlund, der krampfhaft den Himmel, den Birnzweig und mich verschlang. Erschrocken ging ich weg.

Aber wenigstens in der Klasse würde ich diese Lieder vorsingen. Ein Punkt für mich gegen Arela. Ich dachte an meine einzige ernst zu nehmende Konkurrentin in der Klasse. Sie war schwarzhaarig und schwarzäugig wie ich, aber kühl und unnahbar. Bei allem stritten wir uns um den ersten Platz – nur nicht im Zeichnen, da war Arela eindeutig die Beste. Ihr Vater war ein bekannter Maler, Arela

32

hatte ganz offensichtlich sein Talent geerbt. Voller Bewunderung bestaunten wir die Wahl ihrer Farben, sie hatte immer ganz andere als die übrige Klasse. Sie konnte Menschen zeichnen, die sich bewegten – die gingen, liefen oder saßen, und man konnte immer ganz genau erkennen, was sie da machten.

Ich ärgerte mich, wenn ich an meine eigenen Zeichnungen dachte. Obwohl ich alles immer ganz genau machte und trotz der erhabenen Gefühle, die ich mich auszudrücken bemühte, waren meine Figuren ganz leblos, lauter steife kleine Mumien, in einer furchtbar unbequemen Haltung versteinert, ohne einen Funken Leben in ihren papierenen Umrissen.

Da ich Arela also nicht schlagen konnte, wollte ich ihre beste Freundin werden. Aber nach ein paar Wochen voller Annäherungsversuche musste ich mir eingestehen, dass sie – unglaublich, aber wahr – auf meine Freundschaft keinen Wert legte. Sie war ein stilles, selbstbewusstes Mädchen, das sich ihre Freunde außerhalb der Schule suchte, aber in der Klasse ein anderes Mädchen meiner Gesellschaft vorzog. Ich fand das völlig unbegreiflich und hielt es jedenfalls für einen Beweis eines äußerst schlechten Geschmacks.

Es war mir immerhin ein Trost, dass Arela unmusikalisch war. Ich aber hatte eine gute Stimme, und Singen gefiel mir genauso gut wie Gedichte schreiben, und das liebte ich heiß. Die *Schneewittchen*-Lieder würden sicher ein großer Erfolg werden.

Dann dachte ich an die übrige Klasse. Isaak war natürlich noch immer da, aber heuer musste ich nicht mehr mit ihm in der Bank sitzen. Ich hatte meine Sünden gebüßt. Bei der Vorstellung lief ich vor Schuldbewusstsein rot an.

Am Anfang des Schuljahrs hatte ich die Bank mit Margot geteilt, einem blassen, schüchternen Mädchen, das mir sofort ewige Liebe schwor. Aber leider konnte sie einfach den Mund nicht halten und ihre ständigen Bemühungen um meine Aufmerksamkeit erregten stattdessen die der Klassenlehrerin, die daraufhin beschloss, uns auseinander zu setzen.

In der Bank hinter uns saßen die beiden Isaaks – der große Isaak, ein schrecklicher Lausbub, der am meisten bestrafte Junge der Klasse, der keine Sekunde still sitzen konnte; und der kleine Isaak, der Klassendummkopf, das schmutzigste, stinkendste, zurückgebliebenste Kind in der ganzen Schule. Niemand wollte mit ihm in der Bank sitzen, und der Befehl, sich zu ihm zu setzen, galt als eine der ärgsten Strafen.

Die Klassenlehrerin erklärte also, dass ich mich nach hinten zum großen Isaak setzen sollte und der kleine Isaak nach vorn kommen, um sich zu Margot zu setzen.

Mir wurde beinahe schwarz vor den Augen und aus der Klasse kam unterdrücktes Gekicher, als der große Isaak grinsend aufsprang. Die Lage war viel ernster, als die Lehrerin ahnen konnte.

Es war in unserer Klasse üblich, dass die Jungen sich am Beginn des Schuljahrs eine »Freundin« aussuchten. Sie erklärten sich in mehr oder weniger eindeutiger Weise, und bei den häufigen »Kriegen« zwischen zwei Lagern versäumten sie nicht, den Gegenstand ihrer Verehrung besonders gründlich zu verprügeln. Das hielt sie allerdings nicht davon ab, ihre Rivalen zu ernsten Gefechten herauszufordern. Im letzten »großen Krieg« war Karol, mein Kavalier noch vom Kindergarten her, schließlich vom großen Isaak geschlagen worden. Ich hatte Karols blutende Nase mit meinem Taschentuch geputzt und war dem großen Isaak und seinen Annäherungsversuchen gegenüber vollkommen gleichgültig geblieben. Geduldig versuchte er es immer wieder, schickte unter den Bänken Schokolade in Silberpapier zu mir herüber. Ich sammelte Silberpapier, die Versuchung war manchmal schon sehr groß, aber es ging schließlich um meine Ehre, und so schickte ich – vor den Augen der ganzen Klasse – die Schokoladen zurück und blieb ungerührt. Und jetzt sollte ich mich einem Befehl fügen und mich zu ihm in die Bank setzen.

Da rettete Margot die Situation. Bei der Vorstellung, neben dem kleinen Isaak sitzen zu müssen, brach sie zusammen, verzweifelt heulend. Das brachte mich auf eine Idee. Schüchtern stand ich auf und fragte, ob ich denn neben dem kleinen Isaak sitzen dürfte. Die Lehrerin schaute überrascht drein und die ganze Klasse spitzte die Ohren. Die Lehrerin warf ein, dass ja Margot bestraft werden sollte, nicht ich. Ich warf einen Blick auf den kleinen Isaak, um zu sehen, wie er das Ganze aufnahm, aber der saß nur da und grinste blöd und freute sich über die allgemeine Aufmerksamkeit. Also fuhr ich mit viel kräftigerer Stimme fort und behauptete, dass ich Margot nicht so unglücklich sehen konnte, dass der große Isaak als Bankgenosse auch schon Strafe genug war, und dass es mir wirklich nicht das Geringste ausmachte, mit wem ich in der Bank saß. Ein paar platzten laut heraus. Schnell bot ich der Lehrerin noch an, dem kleinen Isaak bei den Hausarbeiten zu helfen, wenn sie mir nur erlaubte, mich zu ihm zu setzen.

Tief gerührt, gab die Lehrerin ihre Zustimmung – und schrieb eine Bemerkung über meine selbstlose Opferbereitschaft für meine Freunde und über die Vornehmheit meines Charakters ins Klassenbuch; meine Eltern wurden von dem ergreifenden Vorfall ebenfalls in Kenntnis gesetzt.

Ich packte meine Bücher und übersiedelte nach hinten. Der große Isaak warf mir verletzte Blicke zu, die Klasse freute sich über seine Enttäuschung und grinste über meine Heuchelei. Margot fing vor lauter Dankbarkeit gleich wieder zu heulen an, und der kleine Isaak hatte noch immer nicht zu lächeln aufgehört.

In den darauf folgenden Monaten bereute ich meine edle Tat. Der kleine Isaak stank zum Himmel und benutzte nie das Taschentuch, auch wenn es noch so dringend war. Aber seine Hausarbeiten waren so arg, dass ich mich nicht mehr zurückhalten konnte, sondern Tag für Tag korrigierte, mit ihm übte, ihn anschrie, bis er schließlich zur allgemeinen Überraschung tatsächlich viel besser wurde. Die Lehrerin schimpfte zwar mit mir, dass ich ihn meine Hausübungen abschreiben ließ, ließ mich aber bis zum Ende des Schuljahres bei ihm sitzen und erklärte dann, dass der kleine Isaak dank meiner Hingabe mit uns in die nächste Klasse aufsteigen würde.

Wenn ich an diese Geschichte dachte, dann hätte ich den kleinen Isaak am liebsten nie wiedergesehen. Aber das blieb mir natürlich nicht erspart, denn in zwei Wochen fing ja die Schule wieder an. Und in zwei Wochen war ich auch wieder zu Hause. Bei dem Gedanken an zu Hause stieg eine Welle von Zärtlichkeit in mir auf. Zu Hause, das war für mich immer schon die mit viel zu vielen Möbeln vollgestopfte Vierzimmerwohnung im ersten Stock unseres Hauses. Dahinter gab es einen kleinen Hof mit Kopfsteinpflaster, in einer Ecke kämpfte ein staubiges Büschel Unkraut ums Überleben. Auf der einen Seite des Hofs stand das winzige Haus des Hausmeisters, Stanislaw, der es irgendwie fertigbrachte, seine ganze Familie mit Frau und sieben Söhnen – vom o-beinigen Kleinkind bis zum feschen Schmiedelehrling – in den beiden kleinen Zimmern unterzubringen. Ich stellte mir vor, dass sie alle ineinander passten, wie die Holzmöbel in meinem Puppenhaus, die man zu einem soliden Würfel zusammenstecken konnte.

Von unserem Küchenfenster aus sah ich oft den jüngeren Hausmeistersöhnen und ein paar Mädchen beim Spielen zu. Sie machten sehr viel Krach dabei und hatten sehr schäbige Kleider an. Sie rannten über das Kopfsteinpflaster und sprangen über das offene Kanalloch. Zu ihren Spielen gehörte immer furchtbar viel Schreien, Hüpfen, Singen. Wenn Straßenakrobaten oder Bettler im Hof auftauchten, dann stürzten sie sich auf sie und halfen ihnen die Münzen aufsammeln, die wir aus dem Fenster warfen. Manchmal riefen sie mir zu, ich sollte doch mitspielen kommen, aber das durfte ich natürlich nie.

Hinter der Mauer am Ende des Hofs stand ein großes, dunkles Gebäude. Das war eine Fabrik. Ich hatte keine Ahnung, was dort erzeugt wurde, und nahm eigentlich an, dass die Fabrik nur dazu diente, dieses rhythmische Stampfen zu erzeugen, das das ganze Haus erschütterte. Zu Mittag schoss gellendes Pfeifen durch den Rauchfang, dann hörte das Stampfen auf. Die Fenster dieses mysteriösen Gebäudes waren meistens zu und vor Ruß undurchsichtig. Ganz selten erschien einmal ein junger Mann am Fenster, hielt sein schmutziges Gesicht heraus, inspizierte die Gegend, lächelte uns in unserem Fenster herüben zu und verschwand sofort wieder in der rasselnden Finsternis.

Eine breitere Straße mit Kopfsteinpflaster auf der anderen Seite des Hofes führte in die Vororte unserer Stadt. Dort waren die Häuser niedrig, hatten weiß gekalkte Mauern und rote Dächer. An der nächsten Ecke stand ein langes Gebäude, das manchmal als Krankenhaus, manchmal auch schon als Militärbaracke benutzt wurde. Dieser Teil der Aussicht von unserem Haus ist in meiner Erinnerung immer in der Sonne; ich muss sie doch auch an tausend Regentagen gesehen haben, aber die strahlend weißen Mauern und die kirschroten Dächer stehen in den schrägen Strahlen der Abendsonne vor mir, als wäre es in dieser friedlichen Ecke immer nur Sonnenuntergang gewesen.

Am Sonntagmorgen floss das Sonnenlicht durch das Küchenfenster und die offenen Türen und breitete sich in warmen Seen auf dem roten Boden des Speisezimmers aus, glitzerte in den Spiegeln der Diele und in der Kristallvase auf dem Tisch. In der Morgenstille klang ein Kirchenlied von den Baracken herüber, von der Kirche hörte man die Glocken läuten. Dann durchströmte mich immer ein überwältigendes Gefühl von Frieden und Glück, dass ich am liebsten aus dem Bett gesprungen wäre, durchs Zimmer getanzt, gerufen und gesungen und das ganze Haus aufgeweckt hätte. Aber das wagte ich natürlich nie. Das morgendliche Schweigen durfte nicht gebrochen werden, bis meine Eltern aufwachten und ums Frühstück läuteten. Und der Gedanke an Essen genügte, dass es mit meiner Freude vorbei war, dass ich mich zur Wand drehte und hoffte, ich könnte wieder einschlafen und damit den Moment hinausschieben, wo Stefa mit dem Grießbrei auftauchen würde. Die sämtlichen neun Jahre meiner bisherigen Existenz war das mein tägliches Frühstück gewesen und ich hasste es aus tiefster Seele. Aber Mutter fand, dass man diesen Grießbrei am schnellsten und einfachsten in meinen unwilligen Mund schieben konnte, und dagegen half mein Betteln, Bitten und Würgen nicht das Geringste. Um die Prozedur noch einfacher und schneller abzumachen, wurde ich sofort nach dem Aufwachen gefüttert, ja manchmal schon vorher, so dass mein erster Eindruck des Tages oft ein heißer Löffel war, der mir den Mund aufzwängte und klebrigen Brei hineinschob.

Mürrisch lag ich da und wartete auf das Unvermeidliche und hoffte aus ganzem Herzen, es möge schnell irgendein Unglück passieren, um mir mein Schicksal zu ersparen. Wenn wir doch nur so arm wären, dass wir uns den

Grießbrei nicht leisten könnten, wie gern hätte ich trockene Brotrinde und ein Glas Wasser zum Frühstück. Als Stefa erschien, begrüßte ich sie mit einem Seufzer.

»Na, mein Sonnenscheinchen«, trällerte sie spöttisch, »schlecht gelaunt, sobald sie nur die Augen aufmacht, was bist du doch für ein reizendes Kind. Dankbar solltest du sein, dass du lauter so herrliche Sachen hast – Millionen Kinder würden sich freuen, wenn sie das haben könnten, was du wegwirfst. Warum bist du eigentlich so undankbar? Dich wird Gott schon noch einmal strafen ...« Das kannte ich schon alles, ich hörte nicht mehr zu, während der Grießbrei in mich hineingeschoben wurde.

Wenn wir nur arm wären, wenn ich nur einmal hungern müsste, wie gern würde ich trockenes Brot essen und Kartoffeln und nichts dazu. Wenn ich nur nicht fünfmal am Tag alle diese feinen, leicht verdaulichen Sachen essen müsste, die immer eigens für mich gekocht wurden, seit ich mit zwei Jahren einmal so krank war, dass ich seither als zart und anfällig galt und die Hälfte von dem, was alle anderen Leute aßen, nicht essen durfte.

Mit zwei Jahren war ich während eines kurzen Aufenthalts in einem Landhaus von einem unserer Cousins einmal hinter einen Strauch mit unreifen Stachelbeeren gekrochen und hatte mich gründlich vollgepampft, bevor man mich fand und schnell nach Haus brachte. Jetzt erinnerte ich mich nur mehr daran, wie ich in der Finsternis aufwachte und wie eine riesige Schmerzkugel meinen ganzen Körper ausfüllte, an die Panik in Mutters Gesicht, an meine eigene Angst, und dann an die rasche Fahrt in einem alten Taxi in die Stadt zu ärztlicher Hilfe.

Das Auto rüttelte und knallte, der Motor schnaubte und hustete und knatterte, und ich lag drinnen, in völliger Finsternis, spürte Mutters panischen Schrecken, wenn das Auto auf den Landstraßen in die Kurven ging, dann presste sie mich noch fester an sich, und ich war so voll Schmerz und Entsetzen wie nie wieder in meinem Leben.

In den darauf folgenden Monaten verwandelte ich mich aus einem stillen, freundlichen Kind in einen gereizten Tyrannen. Bis dahin war ich – dem Bericht meiner Mutter zufolge – ein friedliches, einfaches Kind gewesen, mit einem gesunden Appetit, das stundenlang spielen konnte und niemanden belästigte. Nach dieser Krankheit war alles anders. Der Hausarzt dokterte so lang – und erfolglos – mit Diäten, Abführmitteln und Einläufen an mir herum, bis allein schon der Anblick einer weiß gekleideten Gestalt mich aufheulend unters nächste Möbelstück trieb, von wo man mich schließlich kratzend und spuckend wieder hervorzerrte; aber um überhaupt eine Behandlung zu ermöglichen, musste sich schließlich jemand auf mich draufsetzen.

Nach einem Jahr war aus einem glücklichen, rundlichen Watschelkind eine dünne, misstrauische Göre geworden, die sich beim Anblick von fremden Leuten sofort versteckte, stundenlang im Winkel schmollte, unter Alpträumen litt und sich vor Lärm und Dunkelheit fürchtete. Außerdem weigerte ich mich standhaft, jene Sachen zu essen, die gesund für mich waren, und bettelte stattdessen dauernd um »Erwachsenenessen«, das mir, nach der festen Überzeugung meiner Mutter, auf der Stelle den Garaus gemacht hätte.

Ich wurde also den Grießbrei nicht wieder los. Meine Empörung darüber konnte ich nur dadurch ausdrücken, dass ich alles wieder von mir gab, was man mir einflößte, und das tat ich denn auch mit Begeisterung und brachte dadurch meine Familie in den gleichen Zustand hilfloser Wut, in den sie auch mich gebracht hatten.

Der Kampf ging weiter, bis ich ungefähr ein Jahr später Scharlach bekam. Eine ganze Reihe von verlässlichen,

von Verwandten bestens empfohlenen Kinderfrauen hatten
wir zu diesem Zeitpunkt schon verbraucht, eine nach der
anderen waren sie entweder von selbst gegangen oder aber
entlassen worden, weil sie nicht im Stande waren, mich
zum Essen zu bringen. Als jetzt plötzlich meine Flecken
auftauchten, brach das Chaos im ganzen Haus aus. Und
dann erschien an einem Nachmittag voll Schwindel und
Fieber plötzlich Stefa. Ich sehe sie noch vor mir, wie sie
schüchtern hereinkam und Mutter sie als eine Freundin
vorstellt, die mich besuchen kommt. Stefa war genauso
klein und sauber und adrett wie Mutter, sie hatte rot-
braune Locken und freundliche grüne Augen und Som-
mersprossen auf ihrem rundlichen Gesicht. Sie war gekommen, um sich nach der »Stelle« zu erkundigen, aber
Mutter hielt sie für zu jung und unerfahren für eine derart
schwierige Aufgabe. Aber da an diesem Tag keine andere
Bewerberin erschien, brachte Mutter sie herein, damit jeder sehen konnte, wie ungeeignet sie war. Den ganzen
Nachmittag saß Stefa an meinem Bett, hielt meine Hand
und summte. Die Aura von Einfachheit und Frieden, die
von ihr ausging, drang sogar durch mein Fieber und vermittelte mir ein fast vergessenes Gefühl von Zufriedenheit.
Als sie am Abend gehen wollte, hielt ich sie am Kleid fest
und bettelte, sie solle doch bleiben, und nach einigem Zögern schickte Mutter Stanislaw dann doch um Stefas Reisekoffer.

Und jetzt, nach sechs Jahren, konnte ich mir ein Leben
ohne sie nicht mehr vorstellen. Sie war meine Mutter,
meine Schwester, meine beste Freundin, der am meisten
geliebte und am meisten gehasste, alltägliche Gegenstand
meiner Zuneigung, der einzige Mensch, an dem ich meinen Zorn auslassen und den ich um Verzeihung bitten
konnte, ohne dabei Angst haben zu müssen, das Gesicht
zu verlieren.

Vater war der Ansicht, dass wir beide ungefähr das gleiche Niveau der geistigen Reife hatten, und da war vielleicht etwas dran. Aber ihre Einfachheit erlaubte es ihr, mich fast als ihresgleichen zu behandeln, den ganzen Tag mit mir zu spielen, mir Spiele und Lieder beizubringen, einschließlich einiger Balladen, bei denen Mutters Augenbrauen verblüfft in die Höhe schossen, wenn sie sie hörte. Und wenn uns dann ein paar von diesen Balladen verboten wurden, dann wussten wir wenigstens beide nicht, warum.

Wenn es ums Gehorchen ging, hielt Stefa zuerst eher zu mir, bis man ihr schließlich drohte, sie hinauszuwerfen. Dann fing auch sie an mich herumzukommandieren, und ihr zu Gefallen gehorchte ich, innerlich auf unsere gemeinsamen Unterdrücker fluchend.

Sobald Stefa also eingezogen war, stieß Mutter einen Seufzer der Erleichterung aus und legte sich ihrerseits mit Scharlach ins Bett. In dem darauf folgenden Durcheinander blieb ich ganz allein Stefa überlassen und wurde sehr rasch wieder vollkommen gesund.

Mutters Krankheit zog sich endlos hin, eine Lungeninfektion kam noch als Komplikation dazu, und es dauerte lang, bis ich sie überhaupt wieder sehen durfte. Ich weiß noch, wie ich in ihr Schlafzimmer getragen wurde und sie anschaute, wie sie dalag im goldenen Licht der Nachttischlampe, es roch sehr stark nach Medikamenten, und Mutter sah mich vorwurfsvoll an. Ohne dass ein Wort fiel, wurde ich wieder hinausgetragen, mit dem vagen Gefühl, etwas angestellt zu haben.

Sobald wir beide wieder gesund waren, stellte Vater fest, dass ich ein verwöhnter Fratz geworden war, und beschloss, jetzt andere Saiten aufzuziehen. Später hieß dieser Abschnitt immer nur »die Zeit, wo Vater dich selbst in die Hand nahm«, aber ich habe merkwürdigerweise gar keine

Erinnerungen an diese Periode, die als Erbe aber immerhin mehrere eiserne Regeln hinterließ. Mit ein paar scharfen Satzfetzen brachte man es fertig, viele meiner selbstständigen Ausflüge in die Welt der Erwachsenen im Keim zu ersticken.

»Tu, was man dir gesagt hat«, »du hast nicht zu fragen, warum«, »nicht zurückschnabeln«, das waren die Standard-Antworten auf unbequeme Fragen, auf ein freches Achselzucken oder einen aufmüpfigen Gesichtsausdruck; überhaupt wurde der Ausdruck meines Gesichts einer scharfen Kontrolle unterworfen, und die leiseste Andeutung von Auflehnung hatte sofort eine Bestrafung zur Folge. Wenn ich den Sinn irgendeiner Anordnung bezweifelte oder um eine Erklärung bat, dann war die Reaktion nur ein scharfes »eben darum«.

»Weil ich es gesagt habe, eben darum«, sagte Mutter dann, plötzlich aufbrausend. Vaters Autorität anzuzweifeln – eine solche Ungeheuerlichkeit wäre mir ohnehin nie eingefallen. Jeder derartige Gedanke musste schon bei meiner Geburt abgewürgt worden sein, er war niemals ins Licht des Bewusstseins aufgestiegen.

Unter solchen Umständen zog ich mich sehr früh in mich selbst zurück. Mein Kopf war der heimliche Garten, wo ich frei war – da konnte ich wild herumlaufen, ohne Mengen von Westen und Pullovern, ungestört von tausend Regeln, da konnte ich schreien und Türen zuschlagen und barfuß durch Pfützen stapfen.

Ich saß am Kinderzimmerfenster, presste die Nase gegen die Scheiben, starrte hinaus auf die Welt da draußen und sah mich in einem grauen, geflickten Kleid, hungrig, zitternd vor Kälte, ein Waisenkind ohne ein Zuhause, einsam und verloren im Regen. Die Vorstellung erfüllte mich mit köstlichen Schauern. Nichts zu essen; keine Schuhe, keinen Wintermantel; und vor allem, keine Handschuhe –

keine verhassten weißen Handschuhe, die man immer tragen muss, sogar zum Spielen im Park! Und keiner da, der mir sagt, was ich alles nicht tun darf. In meinen Augen brannten Tränen des Mitleids und der Begeisterung.

Die Straße hinter den goldgelben Vorhängen des Kinderzimmers pulsierte vor Leben. Das vertraute Klippklapp der Pferdehufe, das Quietschen und Holpern der Wagenräder auf dem Kopfsteinpflaster, manchmal saust zischend ein Auto vorbei. In regelmäßigen Abständen krochen die Fernbusse den Hügel herauf, schnaufend, keuchend und knallend mühten sie sich die lange Straße von der Stadtmitte bergauf hinaus ins flache Land, die gerade vor unserem Haus begann. Ich hörte sie schon von Weitem kommen, folgte ihrem mühsamen Anstieg, wenn sie von einem Gang in den anderen schalteten. Sie begannen mit einem neuen, ganz hohen Ton, während ich vor Spannung ganz steif auf den Ohren betäubenden Knall des Auspuffs wartete.

So weit ich mich zurückerinnern kann, habe ich immer schon unter Lärm gelitten; es läuft mir kalt über den Rücken, wenn Türen zuschlagen oder wenn die Kutscher mit ihren Peitschen knallen. Wenn die Köchin in der Küche Holz hackte, dann verkroch ich mich in mein Zimmer und steckte den Kopf unters Kissen. Das Ärgste waren die Gewitter. Zum Krachen des Donners kam noch die deutlich sichtbare Angst auf den Gesichtern von Mutter und Stefa. Wenn ein Gewitter heranzog, dann verhängte Stefa, bleich vor Schreck, schnell alle Spiegel oder anderen metallischen Gegenstände, die sie finden konnte, oder räumte sie ganz weg. Die Fenster wurden geschlossen, die Hauptsicherung ausgeschaltet, Kerzen gebracht. Wenn es blitzte, fingen Stefa und Mutter zu zählen an, um herauszufinden, wie weit das Zentrum des Gewitters noch von uns entfernt war. Und wenn der Donner sehr nahe war, dann bekreuzigte sich Stefa und murmelte leise Gebete, während Mutter im Zimmer auf und ab ging und gereizt zu mir sagte, ich sollte mich doch nicht fürchten.

Aber obwohl ich große Angst hatte, war es mir doch viel lieber, wenn Vater uns Frauen allein ließ. Vater kannte nämlich keine Furcht, wurde aber zornig, wenn andere ängstlich waren. Darum stand er gern auf dem Höhepunkt des Unwetters vor dem offenen Fenster und bewunderte dieses, wie er es nannte, »grandiose Schauspiel« und erwartete von mir, dass ich die Bewunderung mit ihm teilte. Er zwang mich also, neben ihm zu stehen, hielt meine Arme, sodass ich mir die Ohren nicht zuhalten konnte, und schimpfte, wenn ich zuckte oder womöglich sogar weinte. Wenn Mutter mich schließlich rettete, war ich schon fast ohnmächtig und ganz steif vor Schreck und unterdrücktem Weinen. Sobald das Gewitter vorbei war, bekam ich Kopfweh und fühlte mich stundenlang elend und krank und schrecklich schuldbewusst und schämte mich wegen meiner Feigheit, während Vater durch die Wohnung stürmte und Mutter beschuldigte, aus seinem einzigen Kind einen Schwächling zu machen.

Aber Gott sei Dank waren Gewitter recht selten und nichts konnte die Flamme der Liebe zu meinem Vater trüben. Ich bewunderte ihn schrankenlos, prahlte mit ihm vor anderen Kindern und fand es vollkommen natürlich, wenn auch sie, sobald sie ihn nur einmal sahen, seinem Zauber restlos erlagen.

Einmal im Jahr, zu meinem Geburtstag, gab Mutter ein Fest, und einen Nachmittag lang war das ganze Haus voller Kinder. Da Mutter Kinder nicht leiden konnte und ich deshalb kaum jemals Freunde besuchen oder andere Kinder nach Haus einladen durfte, war das immer ein großes Ereignis, und ich war schon Wochen vorher sehr aufgeregt. Der erste Teil des Nachmittags war noch nicht so wichtig – ausgenommen natürlich der Augenblick, wo meine Gäste kamen und ich ihre Geschenke auspackte. Vater verschwand meistens, wenn wir uns an den Geburtstagstisch setzten, und ich schaute ungeduldig zu, wie meine Freunde sich durch ganze Berge von Kuchen und Früchten hindurchaßen und Schokolade aufs Tischtuch und auf ihre Kleider patzten. Der Fotograf mit seinem grässlichen Blitzlicht machte jedes Mal fast alles kaputt, ich hasste dieses Blitzlicht und bettelte jedes Jahr immer wieder darum, natürlich vergeblich, man möge die glückliche Gruppe doch ohne mich aufnehmen. Sobald der große Schmaus vorbei war, kam Vater zurück, und jetzt begannen die Spiele.

Vater brauchte nur den Mund aufzumachen, da hingen schon alle an seinen Lippen. Seine Zauberkunststückchen, seine Geschichten, die vielen Spiele, die er für uns erfand, das wirkte auf die Kinder wie ein Magnet, und meistens mischten sich auch noch die Eltern und die Kindermädchen ein und bettelten um mehr. Ich sah, wie sie sich alle um ihn drängten, auf seine Knie kletterten, an seinem Hals hingen, und empfand keine Eifersucht, sondern nur unbändigen Stolz darauf, dass ich so einen Vater hatte. Wenn das Fest vorbei war und die Gäste erschöpft nach Hause gingen oder von den Kindermädchen – die selber alle ganz offensichtlich meinen Vater unwiderstehlich fanden – nach Hause gebracht wurden, blieb er bei mir. Ich hatte ihn für immer.

Da lag ich im Wald von Kreuzwege und dachte an unsere Rückkehr in die Stadt und in den Alltag. Mein Kinderzimmer wartete auf mich, ganz in Weiß und Blau, mit Bergen von nie benutzten Spielsachen und langen Reihen von Büchern, meinem größten Schatz; und dem Kinderzimmerfenster, mit leuchtendem Gold drapiert, mit einem weißen Musselinvorhang verhängt und einem breiten Fensterbrett, wo ich sitzen und meine Träume von Armut, Abenteuer und Freiheit träumen konnte.

Von diesem Fenster aus beobachtete ich die Reihe der *dorozkis*, der Mietkutschen, die an der Ecke standen und auf Kunden warteten. Die Kutscher in ihren langen, unförmigen, marineblauen Wintermänteln standen in Gruppen herum, redeten, rauchten, und wenn es kalt war, stampften sie mit den Füßen auf dem Boden und schlugen sich mit den Armen in die Seiten. Merkwürdig fremde Leute mit ihren dröhnenden Stimmen, die in der Welt »da draußen« leben. Man durfte ihnen nicht unbedingt trauen und sie hatten auch nichts übrig für »uns«. Dem Haus gegenüber auf der anderen Seite der Straße ging es sofort steil bergauf, oben auf dem Hügel stand eine niedrige, verfallene Ziegelmauer, dahinter lag der große katholische Friedhof, der geheimnisvolle, verbotene Garten der Toten.

Manchmal ging ich dort mit Stefa hin – natürlich heimlich –, um Blumen zum Grab ihrer Mutter zu bringen. Stefa kniete dann vor dem kleinen Erdhügel und betete, und ich ging derweil auf Zehenspitzen unter den Blumen und den Grabsteinen herum, schaute mir die merkwürdig fremden, schönen Engel an, die rundlichen Babys mit ausgebreiteten Flügeln, die großen, gütig blickenden Frauen in wehenden Gewändern, die mit fromm geneigten Köpfen und freundlich geöffneten Armen über manchen Gräbern wachten.

»Das ist die Madonna«, erklärte Stefa. »Die Mutter unseres Herrn.« Ich nickte, voller Scheu über diese plötzliche Nähe zu einem Gott, von dem ich nur eine ganz nebelhafte Vorstellung hatte.

Der Friedhof war für mich voller unerklärlicher Geheimnisse und aufregender Abenteuer. Ich wusste, dass unter dem Marmor und den Blumen Tote lagen, aber die

Toten waren freundliche, gütige Wesen, die hier unter der Erdoberfläche ihr ganz gewöhnliches, geschäftiges Menschenleben führten. Stefa erklärte mir, dass ihre Körper verfaulten und dass die Würmer sie langsam bis auf die Knochen abnagten, aber auch diese Vorstellung störte mich nicht. Der Friedhof war nur ein paar hundert Meter von meinem Kinderzimmerfenster entfernt, und für mich war er ein alter und lieber Nachbar.

Wenn Stefa, die sich für Begräbnisse begeisterte, manchmal der Köchin eine besonders lebhafte Beschreibung einer »schönen Leiche« lieferte, dann träumte ich nachher, dass ich die Toten in ihren unterirdischen Gemächern besuchte. Steif lagen sie in ihren Särgen, aber ich redete mit ihnen; dann sah ich, wie ihre Körper in den grauen Totenhemden zerfielen, es schüttelte mich vor Entsetzen über die Masse sich windender Würmer; ich hasste Würmer, die armen Toten, die sich nicht wehren konnten, taten mir schrecklich leid. Vater bemerkte natürlich bald, womit sich meine Gedanken beschäftigten, und ging daran, ein bildendes Element einzubauen, indem er erklärte, wie nützlich die Würmer waren, weil sie die Erde durchwühlten und damit den Blumen und Früchten beim Wachsen halfen. Die Vorstellung, dass ein Toter sich in eine wunderschöne Blume verwandelte, regte meine Fantasie nur noch mehr an. Aber einen Zusammenhang zwischen den Lebenden und den Toten sah ich deshalb noch immer nicht.

In den letzten zwei Jahren waren drei meiner nächsten Verwandten gestorben. Die Eltern meines Vaters und seine jüngere Schwester waren kurz nacheinander gestorben, ich durfte zwar nicht mit zu den Begräbnissen, aber später pflanzte ich Blumen auf das große Grab auf dem jüdischen Friedhof, wo sie alle zusammen lagen. Aber noch immer verstand ich nicht, worum es hier eigentlich ging. Die Toten auf dem Friedhof waren immer schon da gewesen, sie waren eine besondere Rasse, die nie etwas anderes gewesen war.

Meine Träumereien am Fenster reichten nicht aus, um die leeren Stunden zu füllen, vor allem nicht am Abend. Stefa hatte oft zu viel zu tun, oder es freute sie einfach nicht, mit mir zu spielen oder mir was vorzulesen. Aber ich kannte schon alle meine Bücher auswendig, und eines Tages – ich war ungefähr vier – wollte sie mir wieder einmal nicht vorlesen, ich ärgerte mich, nahm ein Buch vom Bord herunter und verkündete, dass ich es dann eben selbst lesen würde. In dem Buch stand eine lange Geschichte in Versen, mit vielen Bildern. Ich kannte die Geschichte auswendig und vor Kurzem hatte ich auch die Entdeckung gemacht, dass jedes Wort zu einer bestimmten Gruppe von Zeichen in einer Zeile in Beziehung stand. Ich begann also zu »lesen«, sagte die Verse auf und folgte dabei mit dem Finger auf der Zeile den Wörtern, die ich gerade las; ich war dabei selbst fest davon überzeugt, dass ich tatsächlich las.

Während ich so in voller Fahrt war, ging die Tür auf und meine Eltern kamen mit einem Gast herein. Ich hob meine Augen nicht, spürte aber, wie sie, starr vor Staunen, an der Tür stehen blieben. Der Gast kam näher, beugte sich über mich und folgte meinem Finger über die Seite. »Sie liest wirklich!«, rief sie, deutete auf ein Wort in der nächsten Zeile und fragte mich, was das hieß. Ich murmelte ganz leise die Worte, die noch dazwischen lagen, kam bis zu der bestimmten Gruppe von Buchstaben und brachte das Wort ganz richtig heraus. Die Besucherin war sprachlos.

Vater, der den Trick gleich durchschaut hatte, führte die Dame aus dem Zimmer und blinzelte mir zu, bevor er die Tür schloss. Nichtsdestoweniger verbreitete sich mein

Ruhm als Wunderkind wie ein Lauffeuer in der ganzen Familie und Stefa bekam offiziell die Erlaubnis, mir Lesen beizubringen. Ich stürzte mich mit ungeheurer Begeisterung in dieses neue Spiel und machte gute Fortschritte. Als ich mit fünf in den Kindergarten geschickt wurde, war ich bereits eine geübte und gierige Leserin.

Mein Eintritt in den Kindergarten mit seinen vielen Rangkämpfen und Rivalitäten wurde mir dadurch erleichtert, dass ich mittlerweile auffallend hübsch geworden war. Mutter konnte gar nicht oft genug erzählen, wie abschreckend hässlich ich bei der Geburt gewesen war. Als man mich ihr zum ersten Mal in den Arm legte, wandte sie sich mit einem Schrei des Abscheus von mir ab; sie war überzeugt, ich wäre ein Affe. Wenn man meiner Mutter glauben darf, dann war ich von Kopf bis Fuß mit langem, schwarzem Fell bedeckt, hatte riesige, schwarze schielende Augen und auch nicht die Spur einer Nase. Aber das Fell fiel mir nach und nach aus, zu Mutters Erleichterung, meine Augen verloren ihren Silberblick, und schließlich kam auch eine kleine, ziemlich flache Nase dazwischen zum Vorschein. Als ich fünf war, drehten sich die Leute auf der Straße nach mir um, und Porträts von mir zierten bald alle Fotoauslagen der ganzen Stadt; ich selbst war mir dessen sehr wohl bewusst sowie auch der Tatsache, dass ich das meinem Vater zu verdanken hatte, denn es sagte ja jeder, ich wäre ihm wie aus dem Gesicht geschnitten. Mutter beschäftigte sich mit immer größerer Ausdauer mit meinen Kleidern, die Besuche bei unserer Schneiderin wurden so häufig – wenn auch lang nicht so gefürchtet – wie die Besuche bei unserem Friseur, welche jedes Mal zu einer wahren Familienkrise führten. Bei jedem Haarschneiden heulte ich stundenlang, sowohl vorher wie nachher, und solange ich auf dem Stuhl saß, schrie ich, dass die Wände wackelten. Weder gute Worte noch Appelle an meinen Stolz oder meine Eitelkeit brachten mich dazu, dass ich mich dem Klappern der Schere schweigend unterwarf. Leider wuchsen meine Haare sehr weit hinunter ins Genick, ich musste daher oft rasiert werden; Finger und Zehen zu Krallen eingerollt, vor Schreck ganz steif, heimlich Gebete und Zaubersprüche murmelnd, so unterwarf ich mich der Folter. Mein Geheul, wenn die Scheren endlich zuzwackten, trieb allen derart die Haare zu Berge, dass der Friseur sich schließlich weigerte, mich noch weiter auf seiner Liste zu führen; worauf Vater, der meine Feigheit zwar missbilligte, mich aber ohnehin lieber mit langen Haaren gesehen hätte, mich zu seinem Barbier mitnahm – und dort, in rein männlicher Umgebung, ging die Operation lautlos vor sich und ich erklärte, dass seine Scheren mich nicht im Geringsten zwickten. Von da an wurde mein Genick beim Barbier rasiert, mein Haar aber beim Friseur geschnitten, der, wie meine Mutter nachdrücklich betonte, der Einzige war, der meine Locken richtig zu behandeln verstand.

Ich beschäftigte mich auch selber fast so viel mit meinen Kleidern wie meine Mutter. Mit acht Jahren hätte ich mich nie vor Gästen gezeigt oder wäre nie spazieren gegangen, ohne das »passende« Kleid anzuziehen. Mindestens zweimal täglich zog ich mich um und ich wusste ganz genau, welches Höschen, welcher Hut und welche Schuhe zu jedem Kleid passten. Bevor ein neues Kleid einen Platz in meiner Garderobe bekam, musste es zuerst der Öffentlichkeit zur Begutachtung vorgeführt werden, zum Beispiel auf Spaziergängen mit Mutter oder auf Besuchen bei Verwandten. Wenn niemand einen Kommentar von sich gab, dann galt das Kleid als Versager und wurde nie zu wichtigen Anlässen getragen. Wenn sich aber zum Beispiel ein Fremder auf der Straße noch einmal danach umdrehte oder uns womöglich sogar nachging, um den Schnitt zu kopieren, dann wurde dieser Triumph bei unserer Heimkehr entsprechend ausgekostet.

Vater schäumte: »Du ruinierst das Kind, machst eine Modepuppe aus ihr, nicht besser als du selber. Alles, was du im Kopf hast, sind Kleider!«, rief er, wenn er schon wieder eine neue Schachtel mit Kleidern zu Haus eintreffen sah.

Mutter sagte dann oft, ob sie denn vielleicht nicht tun könnte, was sie wollte? Tat er denn selber nicht auch, was er wollte? Ohne jeden Gedanken an die Folgen? Und außerdem, wer zahlte denn eigentlich für diese Kleider? Gab er sich womöglich der Täuschung hin, dass er es war, der die Familie mit seinem Einkommen erhielt? Verdiente er denn überhaupt genug, um für sich selbst zu sorgen? Um es zu was zu bringen? Wenn sein Gehalt tatsächlich der Arbeit entspräche, die er in der Mühle leistete, dann wären wir alle schon längst verhungert. Nein, das Geld gehörte schließlich ihr, ihr Vater hatte es ihr gegeben und sie konnte damit tun, was sie wollte. War es denn nicht ohnehin großzügig genug von ihr, dass sie auch noch seine Familie damit erhielt? Und ihn auch? Was war denn mit den Sachen, die er jetzt anhatte? Seinen Schuhen, seinen teuren Pelzmänteln? Mit wessen Geld hatte er das bezahlt – mit seinem oder mit ihrem? »Als du mich geheiratet hast, da hattest du einen Anzug und zwei Paar Schuhe – jawohl, zwei Paar schäbige, alte geflickte Schuhe!«, endete sie triumphierend; dieses Argument schien den Streit irgendwie endgültig abzuschließen.

Vater sagte darauf meistens nichts. Er stand am Fenster und starrte hinaus. Dann drehte er sich plötzlich um, pfiff, lächelte mir zu, falls ich gerade dabei war, ging hinaus in die Diele, nahm Mantel und Hut, kämmte sich sorgfältig, richtete sich die Krawatte, alles ganz langsam und bedächtig, als stünde keine schreiende Frau neben ihm, oder

manchmal zischte sie auch nur gedämpft: – In diesem
»doch nicht vorm Personal«-Ton – und das war noch ärger.
Dann ging Vater fort, und wir wussten nie, wann er wieder zurückkam.

»Jetzt weint er sich wahrscheinlich am Busen seiner geliebten Familie aus«, sagte Mutter dann einfach in die Luft
und ging zum Telefon und erzählte alles haarklein ihrer
Mutter. Großmutter fand es richtig, wie sie Vater behandelte, und redete ihr zu, nur fest zu bleiben. Von ihr hörte
ich zum ersten Mal das Wort Scheidung, und Stefa erklärte mir, was das bedeutete. Sehnsüchtig wartete ich
darauf, dass Vater nach Haus kam. Wie gern hätte ich es,
wenn er für immer weggehen und mich mitnehmen
würde. Ich hasste Mutter und ihre ganze Familie und ich
liebte Vater und seine ganze Verwandtschaft. Ich war
furchtbar stolz darauf, dass ich meinem Vater »wie aus
dem Gesicht geschnitten« war, dass ich seine Augen hatte,
seine dunkle Haut, seine Locken und vor allem seinen
Namen, den mir Mutter immer wie einen Fluch entgegenspuckte, wenn sie zornig war. Wenn ich erwachsen war,
dann wollte ich genauso sein wie er; wie Mutter auf keinen Fall.

Aber dann kam Stefa und wandte ein, dass ich bei einer
Scheidung bei Mutter bleiben müsste, denn ich sei ja ein
Mädchen. Buben durften bei ihrem Vater bleiben, Mädchen mussten bei der Mutter bleiben. Das war ja schrecklich. Ich wusste, dass meine Eltern enttäuscht waren, dass
ich ein Mädchen war, sie hätten viel lieber einen Sohn gehabt. Aber Vater hatte sich bald damit abgefunden und
hatte mir nie Grund gegeben, an seiner Liebe zu mir zu
zweifeln, die der einzige wirklich sichere, unverrückbare
Felsen meiner Existenz war.

Mutter war jetzt stolz auf mich, weil ich so hübsch war
und weil ich in der Schule so gut war. Aber oft sagte sie

mir auch, dass sie mich hasste, dass ich ein Mühlstein um ihren Hals war. Sie verlor sehr schnell die Geduld, und wenn sie wütend war, dann sagte sie jedem, der ihr gerade über den Weg lief, die bösesten Dinge. Eine Stunde später hatte sie dann alles wieder vergessen, überfiel mich plötzlich mit Küssen und Umarmungen und konnte einfach nicht begreifen, warum ich ihre Zärtlichkeiten nicht ebenso heftig erwiderte. Ich sei eben ein kaltes, gefühlloses Kind, sagte sie dann, und sie hätte ja so viel lieber einen Sohn, wie ihre Schwester.

Geduldig wartete ich, dass Vater heimkam. Sobald ich seine Schritte draußen auf der Stiege hörte – er hatte es immer eilig, nahm immer zwei Stufen auf einmal –, stürzte ich in die Diele und öffnete ihm die Tür, und dann gab es einen Freudenschrei, wenn er mich hochhob und mich in die Luft warf, und meine ganzen aufgestauten Gefühle machten sich Luft in meinem Schrei, halb Angst, halb Jubel, denn ich war sicher, dass er mich rechtzeitig wieder auffangen würde.

Dann kam Mutter mit zusammengekniffenen Lippen und trennte uns, denn er rege mich zu sehr auf, ich würde noch krank werden davon. Aber sie konnte nichts dagegen tun, dass er mich zu seinem Mittagsschlaf ins Schlafzimmer mitnahm. Da lagen wir auf dem Sofa und hatten unsere Märchenstunde. Vater erfand Internate, wo er der Direktor war und ich eine vornehme Dame auf Besuch. Die Geschichten, die er über seine Zöglinge erzählte, brachten mich manchmal zum Weinen, manchmal aber bekam ich auch einen solchen Lachanfall, dass mir tatsächlich am Ende ganz übel wurde. Wenn wir in einer beschaulicheren Stimmung waren, studierten wir das Tapetenmuster und entdeckten hinter der einfachen Symmetrie seltsame Landschaften und fantastische Kreaturen. Ich erzählte ihm meine eigenen eingebildeten Abenteuer mit meinen treuen

Gefährten, lauter Mädchen in Ballettkostümen, in den wilden Bergen von Nepal. Wir waren ein Herz und eine Seele, wir verstanden uns oft sogar ohne Worte, und dieses Band zwischen uns wurde mit der Zeit immer stärker und schloss Mutter fast völlig aus. Mein Eintritt in die Welt »da draußen« verstärkte diese Zusammengehörigkeit noch. Stolz führte ich jeden Tag vor, was ich im Kindergarten gelernt hatte, und obwohl sowohl Vater wie auch Mutter meine Erfolge bewunderten, hatte ich doch oft das Gefühl, dass Mutter nur ungeduldig zuhörte und oft auch nur so tat. Es war klar, in ihren Augen war ich nicht so wichtig und meine Erfolge waren eigentlich ganz lächerlich. Dafür konnte ich nichts, aber ich war eben ein Kind und ein Kind konnte man doch nicht ernst nehmen. Vater nahm dagegen alles sehr ernst, manchmal vielleicht sogar zu ernst. Er kritisierte mich, er wollte, dass ich vollkommen war, fast erwachsen in allem, was ich tat, und auf diese Art verdarb er mir viele Freuden, indem er auf einem Standard bestand, den ich ja noch nicht erreichen konnte.

Aber er hatte Kinder wirklich gern und freute sich sehr, als ich endlich alt genug war, um in den Kindergarten zu gehen. Mutter war hauptsächlich darüber froh, mich aus dem Weg zu haben, sodass sie Stefa jetzt auch zur Hausarbeit heranziehen konnte.

Am Anfang war ich zu Tode erschrocken darüber, dass ich allein sein sollte unter den vielen anderen Kindern, und in der ersten Woche musste Stefa noch bei mir bleiben. Sie begleitete uns auf unseren Spaziergängen in den Park und ich hing an ihrer Hand, um zu zeigen, dass ich eigentlich zu ihr gehörte und nicht zu diesem fremden Haufen rundherum.

Aber langsam wurde ich in die Spiele und in die verschiedenen Aktivitäten, die unseren Tag ausfüllten, mit hineingezogen. Es ging ziemlich streng zu. Wir zeichneten viel, schnitten Bilder aus und klebten sie auf Papier, machten Skulpturen aus Plastilin, passten dabei aber auf, dass wir unsere Kittel nicht schmutzig machten, oder wir saßen in kleinen Korbstühlen und hörten uns Geschichten an. Manchmal lernten wir auch Tänze und Lieder. Ich bildete mir viel darauf ein, dass ich jedes neue Lied sofort nach nur einmal Hören nachsingen konnte, und die Lehrerin bat mich immer, ihr dabei zu helfen, dass die anderen das Lied schnell lernten. Auch lesen konnte ich schon, während die anderen erst die Buchstaben lernten.

Kaum hatte ich mich eingewöhnt, da packte mich auch schon der Ehrgeiz nach einer Sonderstellung. Ich war überzeugt davon, etwas Einmaliges zu sein, besser als alle anderen, und machte mich nun daran, diesen Umstand auch den anderen Kindern klarzumachen. Der erste Schritt war, die unbezweifelbare Überlegenheit meiner Eltern herauszustellen. Sie waren die schönsten von allen und die reichsten von allen, und das war meiner Meinung nach schon dadurch bewiesen, dass ich das einzige Kind war, das in einer Kutsche zum Kindergarten gebracht und wieder abgeholt wurde. Und beim ersten Besuch meiner Eltern im Kindergarten organisierte mein Vater ein höchst geräuschvolles »Räuber-und-Gendarm«-Spiel, worüber sich zwar die Nachbarn beschwerten, was ihm aber sofort die Herzen aller Kinder gewann. Sie gaben auch alle zu, dass Mutter sehr schön war und herrlich roch. Aber keines traute sich in ihre Nähe. Es war ganz klar zu erkennen, dass sie Kinder nicht mochte, wie sie da im Zimmer stand und ängstlich auf die vielen schmutzigen kleinen Finger schaute, die ihrem Kleid verdächtig nahe kamen.

Ich brauchte nicht lang, um herauszufinden, dass ein ordentlicher Fausthieb und ein fester Zug an den Haaren mehr Überzeugungskraft besaßen als Schmollen und Weinen. Nur damit verschaffte man sich Respekt und Gehorsam. An dem Tag, als ich zur Strafe nach Haus geschickt wurde, weil ich Karols Kittel zerrissen und ihm die Vorderzähne ausgeschlagen hatte, schaute Mutter schockiert drein, Vater aber konnte seine Freude kaum verbergen.

»Wir werden noch einen Buben aus ihr machen«, rief er begeistert; und dann wandte er sich wieder an mich und hielt mir eine strenge Rede darüber, was wohl erzogene kleine Mädchen alles nicht tun dürften – aber es fiel ihm offensichtlich selber schwer.

Während ich noch in den Kindergarten ging, erlebte ich die größte Demütigung meines Lebens. Noch jetzt, trotz der großen Erfahrung und Klugheit meiner neun Jahre, schießt mir das Blut ins Gesicht, wenn ich daran denke.

Ich tanzte leidenschaftlich gern, besonders in der Gruppe, wo jeder von uns ein kleines Solo zu tanzen hatte. Und so schlecht kann ich nicht gewesen sein, denn ich bekam immer eine der Hauptrollen. Jedenfalls übte ich pausenlos und mit Begeisterung, tanzte zu Radiomusik oder zu meinem eigenen endlosen Gesang durch die ganze Wohnung. Für die Schulschlussfeier bekam ich die Rolle eines sterbenden Schmetterlings. Wochen vorher trippelte ich also nur mehr auf Zehenspitzen rund um die Teppiche, flatterte mit den Armen und glitt unvermittelt zu Boden, was schließlich allen auf die Nerven ging. Vater, wie immer bemüht, das Beste aus mir zu machen, gab mir regelrechten Unterricht, so dass die Lehrerin bald begeistert erklärte, ich tanze jetzt wie ein plätschernder Wasserfall, was zwar nicht unbedingt für einen sterbenden Schmetterling passte, aber jedenfalls viel graziöser war als meine früheren Anstrengungen. Ein paar Tage später war ich mit meiner Mutter bei ihren Eltern zum Abendessen und fragte, ob ich ihnen nicht vortanzen sollte. Darauf versammelte sich die ganze Familie im Wohnzimmer, während ich mich mit halb geschlossenen Augen um und um drehte, meine

Arme von den Schultern bis zu den Fingerspitzen graziös kräuselte und eine, wie ich dachte, ergreifende Darstellung vom Leben eines Schmetterlings bot, wie er in der Sonne schwebt und bei Sonnenuntergang stirbt, in einer graziösen Verwicklung von Beinchen und Flügeln.

Ich tanzte und sang die rührende Mär, als mir plötzlich vom Publikum her merkwürdige Geräusche ans Ohr drangen. Zuerst war ich noch zu sehr in meine Darbietung vertieft, um mich darum zu kümmern, aber als das Lied zu Ende war und ich zusammengesunken am Boden lag, war kein Zweifel mehr möglich. Ungläubig öffnete ich die Augen. Überall im ganzen Zimmer wand sich die Familie, hilflos vor Lachen sich die Bäuche haltend. Sie wischten sich die Augen und fielen einander schluchzend in die Arme. In der Tür stand Sophie, die Haushälterin, und krähte wie ein Hahn, warf sich plötzlich die Schürze über den Kopf und stürzte wie eine blinde Kuh in die Küche. Sobald sie bemerkten, dass ich jetzt zu Ende gestorben war, klatschten sie alle wie verrückt und riefen nach einer Zugabe.

Ich konnte das nicht verstehen. »Das ist nicht lustig, ich sterbe doch!«, rief ich empört, die Stimme schon unsicher von unterdrückten Tränen. Aber darauf lachten sie nur noch mehr, und einer von den Onkeln schlug vor, mich gleich aufzuspießen und seiner Schmetterlingssammlung einzuverleiben. Ich schämte mich ganz schrecklich, blieb still auf dem Boden sitzen und brach endlich in Tränen aus. Ich weigerte mich, auf Mutter zu hören, die mir vorwarf, unhöflich und undankbar zu sein. Den ganzen Nachmittag hatte ich ihnen verdorben. Ich hatte überhaupt kein Benehmen. Sie hatten jedes Recht dazu, über mich zu lachen. Ich war ein lächerliches, eingebildetes Kind. Großvater kam mir zu Hilfe und trug mich aus dem Zimmer hinaus, aber es dauerte lang, bis ich endlich zu weinen aufhörte, und den Rest des Tages verbrachte ich mit Schmollen.

Wieder zu Haus, brachte ich es nicht über mich, Vater zu erzählen, was passiert war. Wäre er nur dabei gewesen, niemand hätte zu lachen gewagt, da war ich ganz sicher. Schließlich hatte ich so getanzt, wie er es mir gezeigt hatte, er war also in gewisser Weise mit mir gedemütigt worden. Mutter erklärte, ich hätte überhaupt kein Gefühl für das, was sich gehörte, und außerdem, und das war noch ärger, nicht den geringsten Sinn für Humor.

Monatelang sekkierte mich die Familie, ich sollte doch noch einmal den sterbenden Schmetterling tanzen. Es ist wohl klar, dass mich keiner je wieder tanzen sah. Wenn ich es gar nicht mehr aushalten konnte, dann sperrte ich die Kinderzimmertür von innen ab, bis Stefa mich einmal dabei erwischte, misstrauisch wurde und meine Eltern informierte. Daraufhin wurde der Schlüssel zur Tür entfernt, und ich gab das Tanzen für immer auf.

Damals blühten die Geschäfte der Familie und wir fuhren jedes Jahr ins Ausland in einen eleganten Badeort. Ich erwartete diese jährliche Unruhe mit gemischten Gefühlen. Die Vorbereitungen – Koffer packen bis spät in die Nacht hinein, neue Kleider – genoss ich sehr, aber die Eisenbahnfahrt hasste ich. Schon Stunden vor der Abfahrt wurde mir übel, und dabei blieb es während der ganzen Reise, so dass Vater es ablehnte, im gleichen Abteil mit uns zu sitzen. Stefa ging es nicht viel besser, und Mutter labte uns, jammernd und seufzend, mit Zitronensaft und schwarzem Kaffee, was uns allen beiden nicht das Geringste half.

Sobald wir aber einmal da waren, war ich überglücklich. Endlich brauchte ich nicht mehr so viel anzuziehen und konnte den ganzen Tag am Strand sein. Im ersten Sommer weigerte ich mich noch, ins Meer zu gehen, der

Lärm und die Wucht der Wellen machten mir große Angst. Als Mutter mich einmal mit ins Wasser nehmen wollte, schrie ich derart verzweifelt auf, dass irgendein gutherziger Deutscher zu uns herüberwatete und meiner Mutter Vorwürfe machte, weil sie ihre kleine Schwester so grausam bestrafe, worauf Mutter mit ihrem perfekten Deutsch zur Antwort gab, sie dürfe mit ihrem eigenen Kind doch wohl tun, was sie für richtig halte, und der Deutsche sich verlegen wieder zu seinem Sandhaufen zurückzog. Wenn Vater auf einen seiner kurzen Besuche erschien, dann ließ ich mich von ihm natürlich mit ins Meer nehmen. Er bemühte sich auch, mir das Schwimmen beizubringen, aber Mutter, die auch nicht schwimmen konnte und auch vor dem Wasser Angst hatte, erlaubte es ihm nicht. Sie war überzeugt, dass ich ertrinken oder zumindest mich erkälten würde, und Vater, der wahrscheinlich ohnehin fürchtete, dass ich bei Schwimmversuchen unter der Obhut meiner Mutter tatsächlich ertrinken würde, gab nach. Aber deshalb versuchte ich natürlich trotzdem, ob ich nicht doch schon schwimmen konnte, und wäre auch wirklich um ein Haar dabei ertrunken.

Das passierte während unseres zweiten Sommers am Meer, als meine panische Angst vor dem Wasser einer kopflosen Draufgängerei gewichen war. Ich war mit Mutter etwas tiefer hineingegangen, aber als mir das Wasser bis zum Kinn ging, beschloss ich, zum Strand zurückzukehren. Mutters Begleitung dankend ablehnend, machte ich mich langsam auf den Rückweg, warf mich gegen die Wellen, die Augen fest auf einen roten Ball auf den Badetüchern am Strand geheftet. Schon fast am Strand, fiel ich plötzlich kopfüber in ein Schlammloch.

Es gab einen kurzen Kampf mit Schlamm und Wasser, während riesige Glocken in meinen Ohren läuteten und meinen ganzen Körper mit ihrem Dröhnen füllten. Ich wusste, dass ich nicht meinen Mund zum Schreien aufmachen durfte, aber nach ein paar Momenten konnte ich mir nicht mehr helfen, ich wollte tief Luft holen zu einem großen Schrei, da schlug mich von innen etwas hart auf die Brust, und mit einem entsetzlichen Krach explodierten die riesigen Glocken.

Als ich die Augen öffnete, lag ich mit dem Gesicht im Sand, irgendjemand bewegte meine Arme auf und nieder und massierte mir den Rücken. Ich hustete und gurgelte und versuchte mich aufzusetzen, und sofort fielen Mutter und Stefa über mich her und weinten und küssten und umarmten mich und schlugen und beschimpften mich und einander.

Es stellte sich heraus, dass Mutter sich gerade in dem Augenblick, als ich verschwand, umgedreht hatte, mich weder im Wasser noch auf dem Strand sah, Stefa Zeichen machte, die zur Antwort gab, dass ich nicht zurückgekommen war. Besorgt ging Mutter darauf zurück und begegnete dabei auf ihrem Weg, schon im Seichten, einem Paar heftig strampelnder Beine. Die packte sie und zog daran. Trotz der Schlammschicht über meinem Gesicht erkannte sie mich und schrie um Hilfe. Als ich wieder zu mir kam, umstand mich eine große Menge von halb nackten Menschen, die alle bei meinem ersten Gegurgel vor Erleichterung aufseufzten und sich sofort geschlossen anboten, uns das Schwimmen beizubringen. Mutter lehnte ab.

Die Tage vergingen. Ich spielte viel im Sand, sammelte Muscheln und lernte genügend Deutsch, um mich mit den blonden, weißhäutigen, hier lebenden Kindern zu verständigen; außerdem entwickelte ich eine brennende Sehnsucht danach, ebenso blond und blauäugig zu sein wie sie.

Auf der Rückreise von unserem ersten Sommer in Deutschland schauten wir in Danzig aus dem Zug und sahen ein kleines Mädchen mit seinen Eltern auf den Bahnsteig kommen; sie hatte langes, blassgoldenes Haar, ein weißes Kleid, eine rosige und weiße Porzellanhaut und sah ganz unglaublich sauber und adrett aus.

»Schau dir das Kind dort an!«, sagte Mutter zu Stefa. »Warum kann denn unseres nie so weiß und irgendwie sauber aussehen?« Darauf schauten sie beide mich an und ich ließ schuldbewusst den Kopf hängen. Was hätte ich nicht gegeben für blondes Haar, blaue Augen und weiße Haut! Meine blauäugigen Freundinnen schworen mir, dass sie die Welt durch eine Art von blauem Schleier sahen, und ich war sicher, dass ich alles in viel trüberen Farben sah als sie.

Nach unserer Rückkehr von diesem ersten Sommer am Meer sagte ich dem Kindergarten Ade und bereitete mich auf die Schule vor.

Angesichts der wachsenden Diskriminierungen der Juden auf den Schulen und Universitäten wurde beschlossen, mich auf die einzige jüdische Schule in der Stadt zu schicken. Die Schule war in einem düsteren alten Gebäude am Stadtrand untergebracht, einer notdürftig umgebauten Zinskaserne, und enthielt in drei überfüllten Stockwerken sowohl Volksschule als auch die höhere Schule. Ihr akademisches Niveau war eines der höchsten des ganzen Landes; die Klassen waren überfüllt, es gab keinen richtigen Spielplatz, aber wenigstens hatte man keine Unannehmlichkeiten zu fürchten, keine Behinderungen beim Aufstieg.

Schon von klein auf hatte ich immer gehört, wie unerhört wichtig die Schule war. In die Schule gehen zu dürfen war die größte Auszeichnung, auf die ein Kind hoffen konnte, das war der Schlüssel zu einer herrlichen Zukunft, wo man alles tun konnte, was man wollte. Das goldene Tor in diese Zukunft war, in weiter Ferne, die Immatrikulation. Dahinter lag das gesamte Universum und wartete darauf, entdeckt zu werden. Wie oft hatte ich auf meine Fragen die Antwort bekommen: »Warte nur, bis du in die Schule kommst, dann wirst du es verstehen.« Ich platzte vor lauter Fragen, die jetzt endlich alle eine Antwort finden würden.

Außerdem erfasste ich jetzt zum ersten Mal – und die Familie erkannte es an –, dass ich langsam groß wurde. Ich war kein kleines Kind mehr. Mutter führte mich zur Aufnahmeprüfung, auf dem ganzen Weg rechneten wir miteinander und sagten Gedichte auf. Ich lief neben Mutter her, die recht nervös und ängstlich war, und war voll Begeisterung für den unbekannten Prüfer, freute mich darauf, ihm zu zeigen, was ich alles im Kindergarten gelernt hatte, und wollte ihm beweisen, dass ich der Ehre, in seine Schule aufgenommen zu werden, würdig war.

Die Prüfung war leicht, ich kam gleich in die zweite Klasse. Der Direktor erklärte meiner Mutter, dass er mich ruhig auch in die dritte Klasse schicken könnte, aber dort würde ich dann zwei Jahre jünger sein als alle anderen Kinder und würde mich vielleicht einsam fühlen; außerdem müsste ich dann das letzte Jahr der Volksschule wiederholen, denn für die Aufnahme in die höhere Schule gab es ein festgesetztes Mindestalter.

Mutter war sehr stolz auf meinen Erfolg und ermahnte mich, nur so weiterzumachen. Dann gingen wir auf eine große Einkaufstour, kauften Bücher, Bleistifte und Federn, ein ledernes Federetui, handbemalt, auf einer Seite einen Reißverschluss, und einen herzförmigen Bleistiftspitzer aus rotem Glas. Und dann noch eine schwere Schultasche, am Rücken zu tragen; das war gut für meine Haltung, viel vernünftiger als eine Aktentasche, so wurde uns versichert, die mich auf einer Seite schief machen würde.

Noch am gleichen Tag bestellte Mutter drei Schuluniformen, eine hellblaue, die daher für die Schule ohnehin ganz ungeeignet war, und ein paar Schulanzüge, wie sie alle Schüler in der Schule zu tragen hatten.

Der Standard-Anzug war schwarz oder marineblau und aus Serge. Meiner war aus königsblauem Taft mit Perlmutterknöpfen und einem großen, steifen weißen Kragen, der viel größer war als vorgeschrieben.

Auf diese Weise gab ich vom ersten Tag an allen in der Schule zu verstehen, dass ich etwas Besonderes war. Bei jeder Bewegung knirschte und krachte der Taft, und wenn ich mir eine große Glocke um den Hals gehängt hätte, dann hätte ich auch nicht mehr auffallen können.

Mir eine Stellung in dieser Gruppe zu verschaffen, die schon ein ganzes Jahr gemeinsam verbracht hatte, war nicht so leicht wie im Kindergarten. Mir selbst überlassen, hätte ich mich vielleicht mit der passiven Rolle eines Gefolgsmannes zufriedengegeben, aber meine lange Vorbereitung auf das Schulleben ließ das nicht zu. Die Familie erwartete von mir, auf allen Gebieten die Erste zu sein, und dazu gehörte auch die Beliebtheit bei den anderen Schülern. Lesen machte mir keine Mühe, Schreiben kaum. Schon in der ersten Woche hatte ich meine sämtlichen Schulbücher durchgelesen und langweilte mich jetzt, wenn sich meine Mitschüler stotternd durch Geschichten hindurchquälten, die ich schon auswendig kannte. Nur beim Rechnen haperte es. Von Anfang an war Vater entschlossen mir dabei zu helfen. Die anderen Gegenstände überließ er Mutter und sie passte auf, dass ich meine Hausaufgaben machte. Mutters Enthusiasmus war ansteckend, sie fand verschiedene Lernmethoden, half mir, schwierige Dinge im Gedächtnis zu behalten, und zeigte überraschend viel Geduld und Verständnis. Aber Rechnen war schon immer ihre Schwäche gewesen, daher sollte Vater das in die Hand nehmen. Und da fing das Drama an.

Vater war ein begabter Mathematiker und hatte beschlossen, dass seine Tochter in seine Fußtapfen treten sollte. Er hätte nie zugegeben, dass seine Tochter diese »Schwäche« vielleicht von ihrer Mutter geerbt haben könnte – oder dass seine Unterrichtsmethoden, die noch aus seiner Zeit auf einem russischen Gymnasium stammten, möglicherweise nicht die allerbesten wären.

Diese Rechenstunden wurden zu einem wahren Albtraum. Von dem Augenblick an, da ich in sein Zimmer trat, meine Bücher zitternd in der Hand haltend, wurde Vater – dieser heiß geliebte, wenn auch manchmal etwas einschüchternde Gefährte – zu einer furchtbaren Gottheit, die mit dröhnender Stimme sprach, unverständliche Formeln rezitierte und darauf bestand, dass ich sie ihm nachsagte. Mechanisches Lernen, ganze Kapitel auswendig hersagen, so hatte man zu seiner Zeit in der Schule unterrichtet, und er rief sich diese Stunden ins Gedächtnis und ließ mich Formeln und Systeme lernen, die in unserer Schule ganz unbekannt waren und die auch weit über meine beschränkten Kenntnisse und Fähigkeiten gingen. Ich begriff überhaupt nicht, wann und wo ich diese Dinge anwenden sollte. In höchster Angst und Konfusion plapperte ich mit zitternder Stimme nach, was er mir sagte, und beobachtete dabei ängstlich sein Gesicht, ob sich nicht schon die ersten Spuren eines Tobsuchtsanfalls zeigten. Das waren die einzigen Male, dass er mich anschrie, und dann diese plötzlichen Ausbrüche wie: »Verstehst du das?«, »Worüber spreche ich jetzt gerade?«, oder: »Und wie gedenkst du das auf dein Problem hier anzuwenden?«, die mich in solche Verwirrung stürzten, dass ich ihn mit offenem Mund anstarrte, im Hirn nichts als absolute Leere. Das brachte ihn natürlich erst recht in Wut, er klopfte mit den Büchern auf den Tisch, fuchtelte mit ihnen vor meinem Gesicht herum, nannte mich eine geborene Idiotin, eine undankbare Tochter, eine Schande für die ganze Familie. Die Stunden endeten immer damit, dass Mutter auf der Bildfläche erschien und mich von diesem »Rohling mit einem Herzen aus Stein« wegführte. Am Ende meines ersten Schuljahres war ich fest davon überzeugt, dass ich tatsächlich Mutters Schwäche geerbt hatte und nie auch nur das Geringste verstehen würde von allem, was mit Zahlen zusammenhing.

Ich hatte die erste Klasse übersprungen und dadurch ein ganzes Jahr Hebräisch versäumt, daher engagierte Mutter eine Nachhilfelehrerin, damit ich die anderen in der Klasse einholen konnte. Die Nachhilfelehrerin war ein junges und hübsches Mädchen aus der obersten Klasse, sie hatte dunkle Haare, schöne, große, sehr regelmäßige Zähne und lächelte sehr viel. Mir gefielen unsere Stunden sehr und ich wendete jeden Trick an, der mir einfiel, um Fräulein Ruth dazu zu bringen, über andere Dinge zu reden. Mutter war immer dabei, saß irgendwo hinten mit ihrem Strickzeug und hörte zu, damit sie mir später bei meiner Hausübung helfen konnte. Auf diese Art lernten wir beide die Anfangsgründe dieser Sprache, und später, als ich mit der Klasse mitkam, erklärte ich Mutter jede Lektion, und so lernten wir zusammen Hebräisch.

An den Nachmittagen, an denen Fräulein Ruth für ihre Stunde kam, war die Jause üppiger als sonst und auch Mutter vergaß ihre Schlankheitsdiät und redete dem schüchternen Mädchen zu, von den riesigen Cremekuchen und dem Obst so viel zu essen, wie sie konnte. Ich begriff aus Mutters Bemerkungen, dass Fräulein Ruth sehr arm war, deshalb gab sie mir ja auch Stunden, und ich war etwas enttäuscht darüber, dass sie es für Geld tat und nicht einfach nur aus Vergnügen daran, mir zu helfen.

Während meines ersten Jahres im Kindergarten starb mein Großvater David nach einer langen Krankheit. Ich wusste schon, dass er Krebs hatte, brachte das aber überhaupt nicht in Verbindung mit seiner Krankheit und seinem Tod. Er war schon so lange bettlägerig, dass ich mich gar nicht daran erinnern konnte, ihn jemals auf gesehen zu haben. Nach seinem Tod besuchte ich die Familie meines Vaters noch öfter als früher. Ich hing sehr an meiner Großmutter und an Tante Helena und erklärte jedem, der es hören wollte, dass ich die Familie meines Vaters viel lieber hätte als die Familie meiner Mutter. Mutters Familie lebte in einer großen Wohnung im größten und neuesten Haus der Stadt. Die Wohnung war voller Kristall und Porträts in schweren Goldrahmen, ihre Möbel waren eigens für sie entworfen. Überall lagen Teppiche, in verglasten Bücherschränken standen große Mengen von Büchern, es war überhaupt alles so geräumig und viel zu kompliziert für den Verstand eines Kindes.

Zusätzlich zu den Menschen gab es in der Wohnung noch Edelsittiche, Kanarienvögel und zwei Schildkröten, außerdem verschiedene Hunde, die mein Onkel nach Haus gebracht hatte. Einmal gab es sogar eine Schlange und einen Affen, aber die beiden verschwanden ziemlich rasch wieder.

Das Haus der K.s stand am K-Platz und war geradezu ein Wahrzeichen der Stadt. Der Name meines Großvaters war im ganzen Bezirk bekannt, jeder kannte auch sein langes schwarzes Auto; noch berühmter war der silberne Skoda-Sportwagen meines Onkels, von denen es im ganzen Land nur eine Handvoll gab. Ich war sehr stolz darauf, dass ich zu ihnen gehörte. Es war mir klar, dass fast alles, was sie besaßen, eines Tages mir gehören würde, ich brachte das aber nicht in Zusammenhang mit irgendjemandes Tod.

Eines Tages spazierte ich mit Vater durch die Gärten rund um unsere Mühle und wir blieben oben auf einem

67

kleinen Hügel stehen und schauten hinaus auf die Landschaft. »Das ganze Land, so weit du sehen kannst, wird einmal dir gehören«, sagte er, und die Vorstellung machte mich aufgeregt und glücklich.

Im Unterschied zu den K.s schien niemand Vaters Familie zu kennen. Sie lebten in einer kleinen Wohnung in einer schäbigen, ruhigen Hintergasse, wo es weder einen Lift gab noch Zentralheizung und heißes Wasser, keine Haustiere und kaum jemals einen Besuch. Das Personal bestand aus einer einzigen hexenartigen Alten, vor der ich mich fürchtete und die nie ein Wort zu mir sagte. Aber die Wohnung war sehr sonnig und das ganze Jahr voll grüner Pflanzen. Ich habe nie eine Wohnung gesehen, die so sehr einem Gewächshaus glich. Pflanzen hingen von Untersätzen herunter, breiteten sich über die Fenster aus, wuchsen durch die Vorhänge hindurch und fingen auf der anderen Seite zu blühen an. Manchmal debattierte die Familie monatelang darüber, ob man die Vorhänge noch etwas länger nicht waschen oder aber vielleicht doch den Zweig abschneiden sollte, der hindurchgewachsen war. Der kleine Balkon war eine Laube voll der farbenprächtigsten Blumen, die das ganze Jahr über zu blühen schienen.

Meine wöchentlichen Besuche bei ihnen waren ein Ereignis. Ich kam immer mit einem krampfhaft an mich gedrückten Blumenstrauß an, was in dieser Umgebung überflüssig schien, aber Mutter bestand darauf. Sofort wurde ich überhäuft mit Küssen und Ausrufen und köstlichem Gebäck und heißer Schokolade, und hier aß ich alles – im Gegensatz zu meinem Benehmen zu Haus, wo mir schon beim Anblick von Essen übel wurde. Dann setzte ich mich Tante Helena auf den Schoß und erzählte ganz ausführlich alles, was in der Woche passiert war, und mein Publikum hörte mir erstaunlicherweise immer ernst zu und stellte mir dann Fragen. Sie wollten ganz genau wissen, wie Mutters neues Kleid aussah, wohin sie es angezogen hatte und worüber sie mit Vater redete. Ich erzählte ihnen gern alles, und sie hörten hingerissen zu, seufzten, schlugen die Hände über dem Kopf zusammen, wunderten sich und schüttelten die Köpfe über die erstaunlichen Dinge, die ich ihnen berichtete.

Großmutter wurde bei jedem Besuch kleiner und gebückter. Sie klagte über Rückenschmerzen und darüber, dass sie immer schlechter sehen konnte. Aber ihre Hände konnte sie nie still halten. Als das Sticken nicht mehr ging, verlegte sie sich aufs Häkeln und produzierte Mengen von spinnwebzarten Deckchen, Tischdecken, Servietten, die jeden Quadratzentimeter auf den alten und unschönen Möbeln zudeckten. Vieles davon fand auch den Weg in unser Haus, wo Mutter es hochhielt und ihren Freundinnen zeigte.

»Es ist wirklich unglaublich, wo sie doch schon fast blind ist«, sagte Mutter dann immer. »Diese Sachen sind noch genauso schön wie die, die sie mir zu unserer Hochzeit schenkte.«

Großmutter David musste sich eines Tages zu Bett legen, und wieder tauchte das Wort Krebs auf. Dieses Mal begriff ich, dass sie sterben müsste. Tante Helena blieb Tag und Nacht bei ihr, wurde von Tag zu Tag blasser und dünner, freute sich aber noch immer ganz genauso, wenn ich sie besuchen kam. Wir gingen in den Zimmern herum und schauten uns neue Pflanzen an, und später saß ich auf ihrem Schoß und schaute ihr in die Augen, während wir miteinander redeten. Sie trug ein Pincenez an einer langen goldenen Kette und in jeder Pupille war ein Milchtropfen.

»Vielleicht kommt er heraus, wenn du weinst?«, schlug ich ihr einmal vor.

Die Zeit verging, Großmutter wurde immer schwächer, Vater wurde immer öfter von der Arbeit weggeholt, und einmal, als sie ihn in der Nacht holten, überredete er Mutter, mit ihm zu kommen. Bald darauf kam sie zurück, allein, sehr gereizt, und sagte, dass sie nie wieder wohin gehen würde, wo sie nicht erwünscht war.

Großmutter starb nach zwei Jahren im Bett, und am Ende musste sie schrecklich leiden. Auf dem Tisch neben ihrem Bett stand eine Schachtel mit sehr großen Pillen, und ich hatte Mutter sagen gehört, dass das Luminal war und dass die Menge, die Großmutter nahm, ausgereicht hätte, um ein Pferd umzubringen; aber sie konnte nicht einmal einschlafen davon.

In den letzten paar Wochen ließ man mich nur mehr selten zu ihr. Vater kam meistens sehr spät heim, und statt mit mir zu reden oder zu spielen, stand er schweigend am Fenster und sah hinaus. In unserer vollgestopften Wohnung waren die Fenster der einzige Ort, wo niemand unseren Gesichtsausdruck sehen konnte; ich ging auch immer zu meinem Fenster, wenn ich unbeobachtet träumen wollte.

Dann wurde Tante Marysia herbeigeholt, und eine Weile war ich ganz außer mir vor Begeisterung, bis Stefa mir erklärte, dass sie nur deshalb gerufen wurde, weil Großmutter im Sterben lag. Tante Marysia lebte in Warschau. Sie war Vaters älteste Schwester und eine auffallend schöne Frau, so groß wie Vater, mit einer biegsamen schlanken Figur und einem kleinen Kopf, und sie hatte auch die gleichen schwarzen mandelförmigen Augen mit langen Wimpern. Sie hatte sehr jung geheiratet, ihren Mann bald darauf verloren, sich von ihrem zweiten Mann ein oder zwei Jahre nach der Hochzeit wieder scheiden lassen und lebte jetzt allein mit ihrem Sohn Sigmund, der ungefähr zehn Jahre älter war als ich.

Tante Marysia bewunderte ich wegen ihrer Schönheit, aber Sigi liebte ich inbrünstig. Etwa einmal im Jahr kam er zu uns auf Besuch und stellte in wenigen Tagen das ganze

Haus auf den Kopf, und wenn er da war, wurde auch Vater – so behauptete wenigstens Mutter – wieder ein Schuljunge. Sigi schlief im Esszimmer, und jeden Morgen veranstalteten wir eine herrliche Polsterschlacht, bei der auch Vater mit Begeisterung mitmachte. Mutter und Stefa entfernten mit finsteren Gesichtern alle zerbrechlichen Gegenstände aus unserer Nähe und schlossen sich dann missbilligend in der Küche ein. Aber unsere Kämpfe dauerten leider nie lang, Sigi fing bald zu keuchen an und musste sich ausruhen, Vater erzählte uns dann Geschichten, bei denen wir alle vor lauter Lachen fast starben. Dann stürzte Sigi in die Küche, nahm Mutter in die Arme und bettelte, sie möchte wegen dem Wirbel nicht mehr böse sein.

Das Aufregendste an Sigi war, dass er »von frühester Kindheit an Zucker gehabt hat«. In seinem Zimmer stand eine kleine goldene Waage, worauf alles, was er aß, vorher sorgfältig gewogen wurde. Mutter kaufte eine spezielle Schokolade für ihn, die ich nie auch nur kosten durfte, ich war daher überzeugt, dass ich von einem einzigen Bissen davon auch gleich »Zucker« bekommen würde.

Als es Großmutter noch schlechter ging, trafen Sigi und Tante Marysia ein, und die Freude über den unerwarteten Besuch ließ mich fast seinen Anlass vergessen. Ich saß gerade an Großmutters Bett, als ihr Gesicht plötzlich verfiel; Tante Helena griff schnell nach der Pillenschachtel und deutete Stefa an, sie solle mich hinausbringen. Draußen blieben wir lange sitzen und warteten, wir wollten nicht fortgehen, ohne uns zu verabschieden. Wir hörten, wie Tante Helena mit jemandem telefonierte, und dann kamen Vater und der Arzt zusammen an, gefolgt von Tante Marysia und Sigi. Stefa und ich warteten noch immer, aber als ich endlich vorsichtig zur Tür ging, weil ich unbedingt auf Wiedersehen sagen wollte, kam Vater heraus und schob mich sanft zurück.

Sein Gesicht war blass und müde, unter seinen Augen waren die dunklen Ringe, die er immer bekam, wenn er krank oder erschöpft war. Dieses Mal erschienen die Ringe in der einen Stunde, die er am Bett seiner Mutter verbracht hatte. Er sagte Stefa, sie solle mich nach Haus bringen und Mutter ausrichten, was los sei.

»Was ist denn überhaupt los?«, fragte ich auf dem ganzen Heimweg, aber Stefa hastete schweigend weiter, ich musste schließlich laufen, um mit ihr Schritt halten zu können. Zu Haus angekommen, ging Stefa zu Mutter hinein und machte mir die Tür vor der Nase zu. Drinnen hörte ich Gemurmel und dann Mutter mit klarer Stimme sagen, dass sie nirgends hingehen würde. »Wenn sie mich sehen wollen, dann können sie mich darum bitten. Ich sehe nicht ein, warum ich jetzt wohin gehen soll, wo ich schließlich nie gern gesehen war.«

Ich hatte nur eine ganz vage Vorstellung davon, was geschah, aber ich spürte, dass Mutter sich wieder einmal sehr hart und ungerecht gegen die Familie meines Vaters betrug. Ich ging hinein zu ihr und fragte sie, warum sie denn nicht hingehen und Großmutter besuchen wollte.

»Weil man mich nicht eingeladen hat«, antwortete sie mit der harten, trockenen Stimme, die sie immer hatte, wenn sie überzeugt war, im Recht zu sein, alle anderen aber das Gegenteil fanden. »Merk dir das«, sagte sie weiter zu mir, »geh nie irgendwohin, wo du nicht eingeladen bist, sonst wirst du finden, dass du ein unerwünschter Gast bist.«

Großmutter starb noch in der Nacht, und Vater kam erst am nächsten Tag wieder nach Haus.

Nach ihrem Tod war die Atmosphäre zu Haus sehr gespannt. Vater hörte beinahe zu reden auf. Wenn ich ins Zimmer kam, dann lächelte er mich traurig an, aber mit Mutter redete er fast kein Wort mehr. In der Nacht nach dem Begräbnis hörte ich ihn ganz ruhig zu ihr sagen: »Ich werde dir nie verzeihen, dass du an diesem Tag nicht gekommen bist.« Mutter sagte irgendwas, dass sie gerade in einem solchen Augenblick die Familie nicht durch ihre unwillkommene Gegenwart in Verlegenheit bringen wollte.

»Du bist viel zu stolz«, sagte mein Vater, immer noch sehr leise, mit einer Stimme, die plötzlich ihren ganzen Klang verloren hatte, »zu stolz und zu hart, und du weißt nicht, was Leiden ist.« Mutter antwortete gereizt, dass er ihr das hoffentlich nicht wünschen wolle. Ich spürte einen Streit in der Luft liegen. Auch ich fand, dass Mutters Benehmen unverzeihlich war, und ich war entsetzt darüber, dass ich so eine Mutter hatte. Was konnte denn ich von ihr erwarten, wenn sie Vater auf diese Art behandelte? Mein Herz blutete für ihn. Ich ging hinein und sagte, ich hätte ihm noch keinen richtigen Gutenachtkuss gegeben – das war immer meine Ausrede, wenn ich noch ein bisschen zärtlich mit ihm sein wollte. Wir blieben eine lange Zeit beieinander sitzen, er vergrub sein Gesicht in meinem Haar und ich bemühte mich, ihm einfach durch die Stärke meines Gefühls zu verstehen zu geben, wie heiß ich ihn liebte.

Bald nach dem Begräbnis kam zu Haus die Rede auf Tante Helena. Jedes Mal, wenn Mutter mit Großmutter beisammen war, sprachen sie darüber. »Sie kann nichts arbeiten, sie kann sich nicht um die Wohnung kümmern, sie kann nicht einmal für sich selber sorgen.« Das bezog sich auf ihre Blindheit. »Andererseits hat sie auch kaum genug Geld zum Leben. Marek will sie nicht in ihrer alten Wohnung lassen, da gibt es zu viele Erinnerungen für sie. Aber wo soll sie denn hingehen? Hier kennt sie wenigstens das Haus und ihre Nachbarn. Ich finde, wir können es uns nicht leisten, sentimental zu werden. Marysia hat natürlich sofort erklärt, dass sie sie nicht nach Warschau mitnehmen kann. Wahrscheinlich ist sie schon hinter Nr. 3 her...«

Dabei schauten sie beide auf mich und senkten ihre Stimmen.

»Hoffentlich denkt Marek nicht an dich«, sagte Großmutter. Mein Herz machte einen Satz. Tante Helena bei uns zu Haus!

»Doch, doch«, antwortete Mutter. »Aber ich habe ihm natürlich gleich gesagt, das kommt nicht in Frage. Die Wohnung ist doch schon für uns zu klein. Noch eine weitere Person dazu, wohin sollten wir sie denn stecken? Und außerdem, es ginge ja doch nicht, auch nicht in einer größeren Wohnung. Ich könnte wirklich nicht immer so tun, als würde ich mich darüber freuen, dass sie hier ist, und sie würde sich dabei sicher auch nicht wohl fühlen. Marek wird ihr natürlich weiterhin ihren monatlichen Wechsel geben – das heißt, ich werde sie weiter unterstützen –, aber sie muss sich einfach selber irgendwo was suchen.«

Innerhalb einer Woche war etwas gefunden. Ein möbliertes Zimmer bei Freunden. Klein und dunkel, aber...
»Für sie macht das keinen Unterschied, sie sieht doch ohnehin kaum mehr.« Mutter klang sehr erleichtert. Ende des Monats würde Tante Helena dort einziehen.

Aber am Tag vor der geplanten Übersiedlung wurden wir früh am Morgen durch heftiges Läuten an der Tür geweckt. Stefa öffnete, und die alte Ryfka stürzte herein, Großmutters alte Köchin, die noch weiter bei Tante Helena geblieben war. Sie hatte einen schwarzen Schal über dem Kopf und sie weinte. Energisch schob sie Stefa zur Seite und stürmte ins Schlafzimmer.

»Fräulein Helena ist tot!«, hörte ich sie schreien. »Heute früh hab ich sie gefunden, im Bett, sie war schon ganz kalt.«

In wenigen Minuten war Vater angekleidet und aus dem Haus, Ryfka rannte neben ihm her, der schwarze Schal flatterte in der Luft wie ein schwarzer Vogel. Mutter kam ins Kinderzimmer, setzte sich und starrte wortlos zu Boden. Dann kleidete auch sie sich an und ging fort, kam aber bald wieder zurück. Ich war gar nicht erst zur Schule gegangen, ich hatte das Gefühl, das würde man mir heute nachsehen. Mutter war ganz bleich, ihre Hände waren geballt.

»Sie hat das Luminal genommen, das noch übrig war«, sagte sie zu Stefa. »Sie muss alles auf einmal geschluckt haben, die Schachtel war leer. Gestern hat sie Ryfka freigegeben und ihr gesagt, sie kann über Nacht nach Haus gehen. Wahrscheinlich wollte sie ganz sicher sein, dass sie nicht zu früh gefunden würde. Ich werde ihr Gesicht nie vergessen« – fuhr sie fort, wie zu sich selber – »aber was hätte ich denn tun sollen? Sie hierher zu bringen, das war doch unmöglich. Wir haben wirklich nicht genug Platz. Und sie wäre doch bei uns auch nicht glücklich gewesen. Wahrscheinlich hatte sie Angst davor, allein zu leben, sie sah ja schon fast nichts mehr und ihre Augen wurde immer schlechter...« Sie brach ab, ging im Zimmer auf und ab, nahm irgendwelche Sachen auf und legte sie wieder hin, und wir folgten ihr mit den Augen, wie sie immer weiter im Kreis rund ums Zimmer ging.

In den folgenden Wochen hatten wir es alle nicht leicht. Trotz meiner großen Liebe zu Großmutter und Tante Helena konnte ich diese gedrückte Stimmung nicht lange ertragen, nach ein paar Tagen wollte ich gern wieder so leben wie früher, aber dann sah Vater mich an, wortlos, vorwurfsvoll, und ich schämte mich und ging zurück ins Kinderzimmer und dort auf Zehenspitzen herum, damit mich nur ja niemand hörte.

Es wurde Winter und Vater ging es nicht gut. Er hatte immer schon einen Raucherhusten gehabt und im Winter bekam er immer schnell Bronchitis und Asthma. Jetzt fing auch sein Zwölffingerdarmgeschwür, das längere Zeit schon verheilt war, wieder an ihn zu quälen, und dazu noch die Diät, die er hasste, das Drängen des Arztes, er solle nicht so viel rauchen, und seine Anfälle von Schlaflosigkeit – alles zusammen bewirkte, dass er bald nur mehr aussah wie ein Schatten. Die braunblauen Ringe um seine Augen sahen so aus, als würden sie nie wieder weggehen und seine Augen waren jetzt doppelt so groß wie früher.

Oft lag ich in der Nacht wach und hörte ihn husten und pfeifend keuchen, und ich hielt ängstlich den Atem an und wartete, dass der Anfall vorüberging. Manchmal stand er dann auf, ging ins Esszimmer und drehte das Licht an, und dann wusste ich, dass er die nächsten paar Stunden, oder manchmal auch bis zum Morgen, in seinem Lieblingssessel zwischen Fenster und Buffet sitzen und rauchen und lesen würde. Am Morgen hing dann immer eine blaue Rauchwolke in der Ecke und Mutter kniff die Lippen zusammen und schnupperte, wenn sie hereinkam. Mutter verstand uns einfach nicht, fand ich; genoss es, meinen Vater so nahe zu wissen, und schlief wieder ein.

Ende des Winters, als es Vater langsam besser ging, bekam ich eine Erkältung und wurde zu Bett geschickt. Das war ein alter Brauch. Ich hatte oft Erkältung, dann fühlte ich mich immer die ersten paar Tage fiebernd und elend, aber dann ging es mir besser, und ich verbrachte immer noch eine weitere Woche im Bett, glücklich und zufrieden und hoffend, ich könnte ewig so im Bett bleiben.

Nach den ersten paar Tagen machte es mir immer großen Spaß, vom Bett aus den ganzen Haushalt zu kommandieren. Bald kamen neue Bücher an, neue Spielsachen, und ich verbrachte glückliche Tage, indem ich selber las oder Stefa zuhörte, oder Mutter, oder sonst jemand, der bereit war mir vorzulesen. Im Bett langweilte ich mich nie und die Familie wunderte sich immer wieder darüber, was ich doch für ein sonniges Kind war, sobald ich nur einmal im Bett lag. Solange nur meine Krankheit keine schmerzhaften Behandlungen nach sich zog, wie etwa Injektionen oder Schröpfen, solange war ich ein musterhafter Patient. Mutter kam oft mit mir spielen und zeigte dabei viel Geduld und Fantasie, sodass ich mir manchmal sogar vorstellte, wenn ich nur lang genug krank wäre, dann würde sie sich schließlich so an mich gewöhnen, dass sie mich eines Tages wirklich besser verstehen könnte. Aber sie hatte so oft erklärt, keine Ahnung zu haben, wie sie mit mir umgehen sollte, überhaupt nicht zu wissen, wie man eigentlich ein Kind aufzog, dass ich mich schließlich selber für eine besondere Art von Lebewesen hielt, ohne jede Aussicht auf einen echten Kontakt mit den Erwachsenen, solange ich nicht selbst erwachsen war. Und das kam mir damals in so weiter Ferne vor wie der Mond.

Meine Erkältung in diesem Winter sprach allerdings nicht auf die üblichen Behandlungsmethoden an. Es wurde eine Bronchitis daraus, dann eine Bronchopneumonie, und plötzlich wurde mir aus verschiedenen aufgeschnappten Gesprächsfetzen klar, dass ich offenbar wirklich ernstlich krank war.

Nach den ersten Injektionen wurde mein Zustand noch ärger, sodass man beschloss, damit aufzuhören. Gleich bei der ersten Injektion hatte der Arzt unglücklicherweise irgendeinen Nerv getroffen, daher wahrscheinlich der Schmerz und meine Ohren betäubenden Schreie. Jetzt war das Bein von der Hüfte bis zur Zehe geschwollen und steif. Mutter, sehr besorgt und ganz aus dem Häuschen, dankte dem Arzt und entschuldigte sich für mein Benehmen. Sie standen beide vor meinem Spielzeugschrank, während der Arzt seine schwarze Arzttasche zumachte und sich endlich zum Gehen wandte.

Da griff Mutter in den Schrank und holte eine Spielzeugnähmaschine heraus, im Augenblick mein liebstes Spielzeug. »Bitte, bringen Sie das Ihrer kleinen Tochter – Sie hatten so viel Geduld mit Janie, ich weiß, sie wird sich freuen, wenn Sie das mitnehmen. Nicht wahr, Janie?«, wandte sie sich an mich, und ich konnte gerade noch meine Bestürzung hinter einem matten Lächeln verbergen. Ich wollte mein Lieblingsspielzeug nicht hergeben, an keinen Menschen, und am wenigsten diesem grässlichen Mann, der mir so wehgetan hatte. Wenn es schon notwendig wa, ihm dafür zu danken, dann sollte er sich doch eine oder zwei Puppen nehmen, die interessierten mich nicht, die waren alle viel zu schön angezogen, als dass man mit ihnen spielen konnte. Aber doch nicht meine Nähmaschine!

Der Arzt war überrascht, lehnte höflich ab, und meine Hoffnung stieg. Mutter sah mich mit einem warnenden Blick an. Ich riss mich zusammen und bat ihn – mit einer von Tränen fast erstickten Stimme –, die Nähmaschine zu nehmen. Und er tat es.

Die Krankheit zog sich endlos hin. Langsam ging der Schmerz in meiner Brust weg, ich konnte das Bein rühren, und mein Kopf wurde klar, sodass ich wieder zu meinen Büchern zurückkehren konnte. Ich interessierte mich wieder für meine Umgebung und genoss die Veränderung im Haushalt, die meine Krankheit mit sich gebracht hatte. Mutter hatte vom Anfang meiner Krankheit an bei mir im Kinderzimmer geschlafen, was ich ihr hoch anrechnete, obwohl mich diese plötzliche Intimität auch irgendwie schuldbewusst und verlegen machte. Jetzt zog sie wieder aus und Stefa legte sich aufs Sofa schlafen. Ich hatte sonst immer allein geschlafen, und dass ich jetzt in der Nacht jemanden bei mir hatte, machte mir erst so richtig die Aufregung klar, in die ich den Haushalt offenbar gestürzt hatte.

Großvater K. kam jeden Nachmittag mit einem neuen Buch oder Spielzeug auf Besuch. Dann saß er an meinem Bett, lächelte und wusste nicht, was er tun sollte, und ich lächelte zurück und hielt seine Hand. Manchmal saß er so lang da, dass sein Kopf zu nicken anfing, oder er döste im Lehnstuhl ein, während ich still dalag und mein neues Buch las. Wenn er aufwachte, lächelte er schuldbewusst und sagte: »Ich sollte doch eigentlich auf dich aufpassen, aber in Wirklichkeit hast du auf mich aufgepasst.« – »Macht nichts«, antwortete ich, »ich sag nichts.« Dann nahm er das Buch und fing an mir vorzulesen, aber bald ging seine Stimme in Gemurmel über und schließlich schliefen wir beide ein.

Vater verbrachte natürlich seine ganze freie Zeit mit mir. Wir spielten unsere Spiele und er erzählte mir Geschichten. Manchmal, wenn ich mich zu matt fühlte, um zuzuhören, stand er am Fuß des Betts und beugte sich über das Nickelgestell zwischen den Rüschen und Schleifen des weißen Vorhangs und in seinen Augen lag eine unendliche Traurigkeit, aber zugleich eine Wärme, die mich zu umschließen und zu ihm zu ziehen schien, obwohl doch mein Körper schwer unter den Kissen lag. Aber ich konnte meine Augen nicht von seinen abwenden und spürte, wie vollkommen wir beide zueinander gehörten. Wir konnten einer des anderen Gedanken lesen und zur gleichen Zeit die gleichen Gedanken denken. Ich hätte das nie laut zu sagen gewagt, aber ich war ganz sicher: Wenn Vater mir jetzt wortlos, mit seinem Willen allein, befohlen hätte, irgendetwas zu tun, zum Beispiel aufzustehen und zu tanzen, es wäre mir ein Leichtes gewesen. Ich wusste, dass er sich große Sorgen um mich machte, dass er wollte, dass ich bald gesund würde, und sobald ich das einmal begriffen hatte, wollte ich auch gesund werden und bald wieder aufstehen. Ich versuchte zu lächeln, um ihm zu zeigen, dass ich ihn verstanden hatte, und sofort stieg aus den Tiefen seiner Augen ein Lächeln als Antwort herauf und strömte zu mir herüber, und ich hatte ganz plötzlich das Gefühl, als würde ich an einem warmen Sommertag in einem kleinen Teich aus lauter Sonnenstrahlen liegen. Vater lächelte oft auf diese Art. In seinen Zügen veränderte sich dabei fast nichts, aber auf einmal strahlte diese Wärme von ihm aus, und seine Augen leuchteten in einem neuen Glanz, als wären von einem Sommerhimmel die Wolken weggefegt.

Undeutlich erinnerte ich mich, wie vor ein paar Jahren, als ich noch ganz klein war und ein Ohrenabszess hatte, Vater mich in seine Hausjacke packte und mit mir an der Brust stundenlang in der Wohnung auf- und abging. Das war meine allerschönste Erinnerung, trotz der Ohrenschmerzen. Oft wünschte ich, er würde mich auch jetzt noch einmal so tragen, obwohl ich natürlich schon zu groß war, um in seine Jacke zu passen. Alles, was ich damals sehen konnte, war sein Gesicht, wie er besorgt zu mir herunterschaute, und seine lächelnden, gütigen Augen. Die alte samtene Hausjacke war noch immer sein liebstes Kleidungsstück, und jedes Mal, wenn Mutter drohte, sie wegzuwerfen, stieß sie auf den geschlossenen Widerstand von uns beiden und verstand nicht, warum ich derart an dem alten Fetzen hing. Aber ich sei eben immer auf Vaters Seite, bemerkte sie zu Stefa, und ich ließ sie ruhig in dem Glauben.

Eines Tages, als ich mich schon viel besser fühlte, beschloss ich Vaters Zuneigung und Besorgnis um mich zu testen. Wie üblich, kam er am Morgen vor dem Fortgehen zu mir herein und fragte, ob er mir etwas bringen sollte, und ich verlangte mit schüchterner Stimme ein paar Micky-Maus-Hefte. Nun waren aber Comics von jeder Art, auch die harmlosen Donald-Duck-Hefte, in unserem

Haus tabu. Das war Plunder, das war schädliches Zeug, und es war mir strengstens verboten, sie jemals in die Hand zu nehmen, sei es zu Haus, sei es in der Schule oder sonst wo. Ich hielt mich meistens daran, aber es fiel mir schwer. Die ganze Schule war voll davon, und da ich sie schon ständig vor der Nase hatte, erlag ich manchmal der Versuchung, fühlte mich aber nachher schrecklich schuldig.

Ich konnte auch gar nicht verstehen, warum ich diese Cartoons zwar im Kino, aber keinesfalls auf dem Papier sehen durfte. Es bestand kein Grund zu der Befürchtung, dass ich jemals Comics den Büchern vorziehen würde. Seit Jahren schon las ich gierig alles, was mir an Gedrucktem in die Hand fiel. Ich las in der Zeitung sogar die persönlichen Anzeigen und ließ auch die Leitartikel nicht aus. Wenn ich keine neuen Bücher oder Zeitungen mehr hatte, las ich Reklamehefte, das Einwickelpapier im Abfallkorb in der Küche, Etiketten, Spielanleitungen und sogar Stefas Groschenhefte. Meine eigene Bücherei enthielt circa zweihundert Bücher, von den Märchenbüchern meiner ersten Lesejahre bis zu den ernsteren Büchern für Jungen, die ich nach Großmutter Davids Tod geerbt hatte, als Vater seine eigene Kinderbibliothek zu uns nach Haus brachte. Damals teilte er die Sammlung und ließ mich einige seiner alten Lieblingsbücher lesen, darunter den ganzen Jules Verne und das meiste von Dickens, die andere Hälfte wurde für später aufgehoben. Die Bücher standen alle bei mir im Kinderzimmer auf den Bücherbrettern, aber es wäre mir nie eingefallen, eines der verbotenen Bücher aufzuschlagen. Oft sah ich sie sehnsüchtig an, manchmal ging ich so weit, sie zu berühren oder vom Bücherbord herunterzuholen. Aber ich wusste, dass ich es nie wagen würde, sie zu lesen und Vater danach ins Gesicht zu sehen.

Aber jetzt hatte ich mir die Comics in den Kopf gesetzt. Ich war doch sicher noch viel zu krank, als dass man mich für meine Bitte bestrafen würde. Comics durften in unserem Haus nicht einmal erwähnt werden, und ich hatte oft gehört, dass ich jedes Buch haben konnte, das für mein Alter passte, aber nie, nie diesen billigen Schmarren.

Sogar noch jetzt, in Kreuzwege und in Sicherheit, war ich verblüfft über meine damalige Kühnheit. Vater stand einen Moment lang sprachlos da, dann stürzte er mit einem Ausruf des Zorns aus dem Kinderzimmer und schlug die Tür zu. Stefa war entsetzt, als ich ihr erzählte, was vorgefallen war, sie fürchtete, Vater würde tagelang wütend sein, und dann hätten, wie üblich, alle darunter zu leiden.

Am Abend kam Vater mit einem Berg von Heften in beiden Armen zurück, warf sie auf mein Bett und ging wortlos wieder hinaus. Wie benommen saß ich da, begraben unter meinen Schätzen. Aber mein Triumph wurde durch Vaters Ärger völlig verdorben. Ich konnte nicht aus dem Bett springen, ihm nachlaufen und ihn um Verzeihung bitten, und er weigerte sich zwei Tage lang, zu mir ins Kinderzimmer zu kommen. Gelangweilt blätterte ich den Berg von Comics durch, las mich satt an Micky Maus und Donald Duck und verstand überhaupt nicht mehr, warum ich dieses Zeug jemals hatte lesen wollen. Ich konnte Vaters Zorn nicht vergessen, und obwohl ich jedes Mal sehr begeistert tat, wenn jemand ins Zimmer kam, hatten die Comics für mich ihren ganzen Zauber verloren.

Als ich endlich aufstehen durfte, stellte sich zu meiner größten Überraschung heraus, dass ich allein weder gehen noch stehen konnte. Ich hatte fast drei volle Monate im Bett zugebracht. Meine Kleider schlotterten nur so an mir, waren viel zu weit und viel zu kurz, und die Strumpfhalter an meinem Leibchen zogen mit den Strümpfen auch gleich die Beine herauf. Ein Erholungsaufenthalt war eindeutig angezeigt, also fuhren Mutter und ich zusammen in einen eleganten Bergkurort. Stefa blieb zum ersten Mal zu Haus, sie stand weinend auf dem Balkon und winkte mit einem vollgeheulten Taschentuch, als wäre es ein Abschied für immer.

Im Zug schaute mich Mutter zweifelnd an. Ihre Nervosität war so offenkundig, dass ich beschloss, ihr zu beweisen, dass ich mich durchaus wie ein normaler Mensch benehmen konnte, sobald man mich als solchen behandelte. Ich übergab mich kein einziges Mal, unterhielt mich die ganze Zeit mit den Mitreisenden und spielte mit einem netten älteren Herrn Karten.

Der Kuraufenthalt war ein voller Erfolg, und zum ersten Mal kam ich auf die Idee, dass es doch möglich sein musste, meine Eltern zu meinem eigenen Vorteil zu »manipulieren«, vor allem bei ihren plötzlichen Wutanfällen. Vaters Zorn strahlte meistens gleich auf mehrere benachbarte Gebiete aus und eine Anordnung, einmal ausgesprochen, wurde niemals zurückgenommen, eine Diskussion kam ohnehin nicht in Frage.

Mutter wurde schneller zornig als er, aber ihr Zorn verrauchte auch schneller und oft vergaß sie selbst die Strafe, die sie verhängt hatte. Aber sie verstanden es beide gleichermaßen, in mir den Eindruck zu erwecken, dass sie mich einzig und allein deshalb beobachteten, um herauszufinden, was mich im Augenblick am meisten interessierte, und um mir diesen Gegenstand dann zu entziehen. Schon seit Langem hatte ich eingesehen, dass ich nie zu viel Interesse oder Zuneigung zeigen durfte, denn sonst wurde mir das Objekt meiner Wünsche bei der ersten Gelegenheit weggenommen. Meine Leidenschaft für Bücher wurde in dieser Weise ausgenutzt, und jeder Fall von Ungehorsam hatte die Drohung zur Folge, dass ich einen oder zwei Tage lang nichts lesen durfte. Ein längeres Verbot dagegen gereichte dem Feinde selbst zum Schaden, denn dann schlich ich gelangweilt und missmutig im Haus herum, war allen im Weg und schaute so unglücklich drein, dass endlich sich jemand erbarmte und das Verbot wieder aufhob.

Ich war den drei Erwachsenen völlig ausgeliefert, und sie hatten mir auch unzählige Male gesagt, dass ich der einzige Grund war, warum die beiden überhaupt noch beisammen blieben. Stefa, die dritte, war ja ohnehin nur meinetwegen da. Aber auch sie drohte von Zeit zu Zeit damit, uns zu verlassen, und einmal nach einem fürchterlichen Krach mit Mutter blieb sie tatsächlich einen ganzen Tag lang weg. Das war der schwärzeste Tag meines Lebens. Stundenlang weinte ich und schrie nach ihr und ließ mich von Mutter nicht einmal anrühren, als sie mir zu erklären versuchte, dass sie Stefa beim Stehlen erwischt hatte und dass sie keine Diebin in unserem Hause dulden würde. Ich glaubte ihr einfach nicht. Vater war gerade auf einer Geschäftsreise, ich war mit Mutter allein zu Haus. Am Abend waren wir beide vollkommen erschöpft. Mutter machte mir ein Essen und bestand darauf, mich zu füttern, als wäre ich noch ein Baby, aber ihre Hand zitterte so arg, dass sie mir mit jedem Löffel an die Zähne schlug. Mein Gesicht war vom Weinen geschwollen, ich konnte kaum noch die Augen offen halten, aber ich weigerte mich, zu Bett zu gehen, und ich wollte mich unter keinen Umständen von Mutter ausziehen lassen. Meine Ablehnung muss sehr offenkundig gewesen sein, denn Mutter schaute traurig und verletzt drein, und einen Augenblick lang empfand ich Reue. Aber dann läutete es an der Tür, wir rannten beide hin, und da stand Stefa, rotäugig und durch die Nase aufziehend, und bat um die Erlaubnis, ihren Koffer zu packen. Aber ich klammerte mich wortlos so lang an ihre Beine, bis Mutter versprach, dass sie bleiben durfte.

Und jetzt redete sie davon, dass sie noch heiraten wollte, bevor der Krieg ausbrach.

Alle redeten vom Krieg; Vater freudig erregt und zugleich düster; Mutter schaute furchtbar erschrocken drein, sobald er davon sprach, zur Armee zu gehen, und erinnerte ihn zornig daran, dass er jetzt gewisse Verantwortungen und Pflichten hatte und nicht mehr den jungen Helden spielen könnte, so wie beim letzten Mal.

Damals im Jahre 1920 war Vater von der Schule weggelaufen, um zu Pilsudskis Armee zu gehen, und hatte gekämpft, bis er, schwer verwundet, auf Krücken nach Haus geschickt wurde, 1 Meter 80 groß, dünn wie ein Stecken, mit vielen Medaillen behängt und mit einem funkelnagelneuen Schnurrbart. Er wurde von der ganzen Stadt als Held gefeiert und später von dem Quota-System, das Juden den Zutritt zur Universität verwehrte, ausgenommen. Dabei nutzte Vater dieses Privileg nicht einmal aus, denn nach seiner Hochzeit hängte er das Jurastudium an den Nagel und weigerte sich ohne jede Angabe von Gründen, je wieder an die Universität zurückzugehen. Das war eines der Dinge, die Mutter ihm nie verzieh. Ich hatte häufigen Bemerkungen über diesen Gegenstand entnommen, dass Mutters Eltern sehr gegen ihre Heirat gewesen waren, und auch jetzt noch betrat Vater kaum jemals das Haus seiner Schwiegereltern. Mit Großvater verstand er sich recht gut, aber Großmutter konnte ihn nicht ausstehen, sie gingen einander aus dem Weg. Nach der Hochzeit hatte Großvater angeboten, sie finanziell zu unterstützen, Vater und Mutter das Studium in Warschau zu bezahlen, wo sie sich an der Universität ja auch kennengelernt hatten. Aber zur allgemeinen Enttäuschung der Familie lehnte Vater dieses Angebot ab. Da er in seinem Studium sehr erfolgreich war, offenbar sehr viel Talent dazu hatte, fanden das alle völlig unverständlich. Und Mutter bekam dadurch einen wunderschönen, hieb- und stichfesten Vorwurf über seinen fatalen Mangel an Ehrgeiz in die Hand, den sie ausgiebig benutzte, sobald die Begeisterung darüber, mit dem schönsten Mann der Stadt verheiratet zu sein, sich etwas gelegt hatte, und langsam die Nachteile zum Vorschein kamen.

Für Vater war die Zeit in der Armee die glücklichste Zeit seines Lebens. Schon allein bei dem Wort Krieg leuchteten seine Augen auf und Lieder und Geschichten strömten aus ihm heraus. Mutter fürchtete sich vor dem Krieg und hatte für Soldaten nicht das Geringste übrig, zumindest konnte sie überhaupt nichts Romantisches daran sehen, obwohl ihr eigener geliebter Bruder, der, in dessen silbernem Skoda ich mich bei jeder Fahrt regelmäßig übergab, Offizier war und vom Militär genauso begeistert war wie Vater. Das war überhaupt das Einzige, was die beiden miteinander gemeinsam hatten, worüber sie sprechen konnten, ohne sich schrecklich übereinander zu ärgern. Und selbst hier hatte Vater den Vorteil, schon tatsächlich auf dem Schlachtfeld gekämpft zu haben, während Onkel damals ja noch ein Kind war. Der zweite große Unterschied bestand darin, dass Onkel, im Privatleben ein erfolgreicher Ingenieur, Reserveoffizier war und außerdem Junggeselle. Vater, verheiratet, mit Verantwortung und Pflichten beladen, worauf alle nicht müde wurden, ihn ständig hinzuweisen, wäre mit größter Begeisterung Berufssoldat geworden.

»Wer weiß, wenn mich damals nicht gerade dieses Schrapnell getroffen hätte, dann wäre ich vielleicht dabeigeblieben«, sagte er oft nachdenklich. Dieses Schrapnell, und die darauf folgende Krankheit, hatten diesen Traum anscheinend zerschlagen. Aber im nächsten Krieg würden sie ihn ja wieder nehmen. Sein Tornister war jedenfalls ge-

86

packt. Und er polierte liebevoll den zusammenfaltbaren Zahnbecher, den blechernen Seifenbehälter und die zusammenklappbare Zahnbürste, die er eigens für diesen Zweck gekauft hatte. Schon allein der Anblick dieser Gegenstände brachte meine Mutter auf die Palme. Kriege waren in ihren Augen entsetzliche Katastrophen, grässliche Umstürze, bei denen unschuldige Menschen getötet und ganze Städte verwüstet wurden. Sie waren nicht etwas, wo erwachsene Kindsköpfe marschieren und singen und mit ihren Schwertern rasseln konnten.

Ich stand natürlich eher auf Vaters Seite. Zivilisten wurden in Kriegen schließlich so weit wie möglich verschont. Nur die Soldaten kämpften. Ich hatte nichts gegen Vaters Krieg, aus dem er mit Ruhm bedeckt zurückkehren würde – vorausgesetzt natürlich, er kehrte wirklich zurück. Und über diesen Punkt machte ich mir Sorgen.

Wie jedes polnische Kind, das nach dem Großen Krieg geboren wurde, wuchs auch ich auf mit einem großen Vorrat an Volksliedern und Gedichten, die die Armee und die Soldaten verherrlichten, sei das nun ein stolzer Ulan oder ein armer Fußlatscher.

In jedem einzelnen Lied hieß es unweigerlich immer Abschied nehmen, oft mitten in einem Tanz, und ihre Liebsten winkten ihnen immer mit ihren weißen Tüchern und warfen ihnen Blütenblätter nach. Und genauso unweigerlich kamen die Soldaten am Ende nicht mehr zurück. Irgendwo in fernen Landen schaufelten die schweigenden Kameraden ihnen ein namenloses Grab, das treue Pferd stampfte noch einmal darauf, und plötzlich erspross daraus eine weiße Rose, ohne Ansehen der Jahreszeit. Es war alles sehr traurig und sehr schön zu singen oder »mit Bewegung« aufzusagen, aber im Fall von Vater kam das natürlich nicht in Frage.

Dabei wäre dieses Unausdenkbare vor zwei Jahren beinahe passiert.

Ich war besonders ungezogen gewesen und Stefa verpetzte mich bei Vater, als er nach Haus kam. Er kam ins Kinderzimmer, blieb stehen, sah mich streng an und sagte dann mit einer sehr traurigen Stimme: »Ich sehe also, dass du mich doch nicht wirklich liebst.«

Ich öffnete den Mund, um zu protestieren, aber er fuhr fort: »Versuch nicht, dich herauszureden. Wenn du so ungezogen bist, dann kannst du mich nicht lieben. Und wenn du mich nicht liebst, dann habe ich hier nichts mehr verloren. Ich gehe fort. Es gibt jetzt einen Krieg, weit weg von hier, in Spanien. Dort werde ich hingehen und kämpfen. Und wenn ich falle, dann werde ich dort für immer im fremden Land liegen und du wirst mich nie wiedersehen.«

Eine Welle des Entsetzens erfasste mich. Das war nicht möglich. Das durfte nicht sein. Der ganze Raum wich vor mir zurück. Ich war am Ertrinken. Verzweifelt rang ich nach Atem, suchte nach einem Ausweg. Und plötzlich fand ich heraus aus der Dunkelheit. Natürlich konnte das nicht geschehen, es war nur ein Märchen. Vater konnte nicht nach Spanien gehen, denn Spanien gab es ja gar nicht.

Zu Vaters großer Enttäuschung fing ich zu lachen an, ich erstickte fast vor Erleichterung, ich tanzte durchs Kinderzimmer, streckte meine Arme aus und lachte, bis mir die Tränen über die Wangen liefen. Endlich hatte ich alle Furcht vergessen, warf mich in seine Arme und gratulierte ihm zu diesem guten Witz.

»Freust du dich denn so, dass ich gehe?«

»Aber du kannst doch gar nicht«, erklärte ich ihm, voller Herablassung über seinen kindischen Einfall. »Spanien gibt es doch gar nicht. Das ist ein Märchenland. Du glaubst doch nicht an Märchen, oder?«

Als wir uns wieder etwas beruhigt hatten, erklärte ich ihm, dass Stefa immer, wenn sie Märchen vorlas, mir dazu gesagt hatte, das passierte in Spanien. Vielleicht war Spanien in ihren Augen wirklich ein erfundenes Land. Als ich älter wurde und begriff, dass diese Märchen erfundene Geschichten waren, da verschwand zusammen mit Zauberern, Feen und sprechenden Tieren auch Spanien ins Reich der Fantasie. Ein Krieg in Spanien war wie ein Schloss in Spanien. So etwas gab es einfach nicht.

Aber jetzt, im Winter 1938/39, schien der Krieg sehr wirklich. Schon waren Flüchtlinge in unserer Stadt eingetroffen. In den letzten paar Monaten waren Hunderte von deutschen Juden in polnischen Städten angesiedelt worden. Vater war zur Grenze gegangen, um bei der Einrichtung eines Auffanglagers zu helfen, und als er zurückkam, sah er krank und erschöpft aus und brachte auch eine Gruppe von Flüchtlingen mit, die unter der jüdischen Bevölkerung der Stadt aufgeteilt werden sollte.

»Oh, diese Kinder«, sagte er immer wieder, »ich kann sie nicht leiden sehen. Sie nennen mich alle Onkel und laufen hinter mir her wie junge Hunde. Fast hätte ich ein paar verlaufene mit nach Haus gebracht«, fügte er hinzu und blinzelte mich an.

In diesem Jahr kam eine neue Schülerin in unsere Klasse, ein deutsches Mädchen, ein bisschen älter als wir, das nur deutsch konnte. Die Klassenlehrerin erklärte uns, dass sie ein Flüchtling war und dass wir daher besonders nett zu ihr sein und ihr immer helfen sollten. Wir bemühten uns alle, ihr Polnisch beizubringen, und lobten sie für jedes neu gelernte Wort über den grünen Klee. Wir hörten alle sehr beeindruckt zu, wenn die Lehrerin deutsch mit ihr sprach. Ich hatte die paar Worte auf Deutsch, die ich einmal gewusst hatte, schon ganz vergessen und strengte mich sehr an, um mit Berthe in Kontakt zu kommen. Wir konnten bald sehen, dass sie nicht genug aß. Während die anderen alle ihre weißen Brötchen und ihr Obst auspackten, knabberte sie in der Pause an einem kleinen Stück Schwarzbrot. Ich dachte darüber nach, was man tun könnte, dass sie mehr aß. Mir tat die arme Berthe wirklich leid, aber gleichzeitig träumte ich auch deshalb davon, meine Jause mit ihr zu teilen, weil dann ich weniger essen müsste. Mehrere Tage schlich ich um sie herum und warf sehnsüchtige Blicke auf ihr Stück Schwarzbrot. Mit den paar deutschen Brocken, die ich noch wusste, gelang es mir, ein Gespräch anzufangen und ihr klarzumachen, dass ich Schwarzbrot über alles liebte. Sie war überrascht und bot mir ein Stück an. Bedauernd lehnte ich ab. Sie gab nicht nach. Da hatte ich plötzlich eine Idee: Ich packte meine Luxusjause aus und teilte sie in zwei Hälften. Jetzt lehnte sie ab und ich drang in sie. Schließlich kamen wir zu einem Vergleich, den wir das ganze Schuljahr hindurch beibehielten: Sie gab mir ihr halbes Schwarzbrot und ich ihr eine Hälfte von meinem wohl gefüllten Sandwich und mein ganzes Obst.

Berthe kam auch zu meiner Geburtstagsfeier, und trotz meiner frommen Lüge, dass ich keine Geschenke annehmen würde, brachte sie mir ein Buch mit, das mir sehr gefiel und mich zu Tränen rührte. Den ganzen Nachmittag beschäftigten sich Mutter und Großmutter vor allem mit ihr. Sie unterhielten sich mit ihr auf Deutsch, und als ich sah, wie die schüchterne Berthe lächelte und wirklich auftaute, war ich furchtbar stolz auf meine Mutter und sehr dankbar.

Heuer wird Berthe auch wieder in unserer Klasse sein, aber jetzt kann sie schon fließend Polnisch und ist keine exotische Ausländerin mehr.

Langsam wurde es kühl unter den Fichten, ich stand auf und packte meine Sachen zusammen. Ein deutliches Zeichen dafür, dass die Ferien bald vorbei waren, wenn ich den ganzen Nachmittag mit Gedanken an zu Hause und an die Schule verbringen konnte. Noch vor einem Monat wäre das unmöglich gewesen, da dachte ich nur an die Gegenwart und der Sommer lag noch endlos vor mir. Es waren schöne Ferien gewesen. Nur ein paar Vorfälle hatten einen Schatten auf sie geworfen; ich spürte einen Stich vor Schmerz und Zorn, wenn ich an einen bestimmten Sonntagmorgen dachte.

Maryla, die älteste Tochter des Hausmeisters, war an diesem Sonntag zur ersten Kommunion gegangen, und als sie von der Kirche zurückkam, ging ich mit Stefa und allen anderen Kindern hinaus, um sie zu begrüßen. In ihrem weißen Kleid und Schleier, mit einem weißen Blumenstrauß in weiß behandschuhten Händen sah sie wie ein glückliches Englein aus. Sie trat zu uns und gab einem nach dem anderen einen Kuss, aber als ich an die Reihe kam, wich sie vor meinen ausgestreckten Armen zurück.

»Geh weg, ich darf dich heute nicht berühren«, sagte sie zornig.

Stefa zog mich weg und versuchte zu erklären: »Du kannst nichts dafür; es ist nur, weil sie eben heute nicht mit einem jüdischen Kind spielen soll. Heute ist sie rein. Morgen ist wieder alles in Ordnung.«

Am nächsten Morgen kam Maryla auch wirklich, wie üblich, schon zum Frühstück und wir gingen in den Garten spielen. Aber meine frühere Begeisterung war erloschen. Also ließen sich die Probleme unseres Lebens in der Stadt nicht einmal hier in Kreuzwege vergessen: Der Krieg zwischen uns und den anderen war überall gegenwärtig. Hier hörte man zwar nichts von eingeschlagenen Fenstern, schmutzigen Zeichnungen und Slogans auf Häusern von

Juden oder von Geschäften, die boykottiert wurden. Auf den Dorfstraßen schrie uns keiner Schimpfworte nach, wie so oft in der Stadt. In der Stadt rechnete ich damit, da war ich gewappnet – mit dem einzigen mir zur Verfügung stehenden Mittel: Ich mimte Gleichgültigkeit, schaute ausdruckslos in zornige Gesichter. Aber hier, ohne meine Rüstung, traf mich der Schlag tief. Stefa spendete den üblichen Trost: »Wenn du groß bist, wirst du Katholikin. Da bin ich ganz sicher. Außerdem«, fügte sie hinzu, »bleibt dir gar nichts anderes übrig. Deshalb bin ich ja auch die ganzen Jahre bei dir geblieben, ich habe meinem Beichtvater versprochen, dass ich dich bekehren werde, sonst würde er mir gar keine Absolution geben. Es ist ja eine Sünde, für euch zu arbeiten, das weißt du doch.«

Nein, das hatte ich nicht gewusst. Deshalb also blieb sie bei uns – und ich hatte gedacht, es war meinetwegen ...

»Aber sag's nicht deinen Eltern, dass ich es dir gesagt habe«, redete sie weiter, »sonst werfen sie mich hinaus. Und das willst du doch nicht, oder?«

Nein, das wollte ich nicht. Alles, nur das nicht. Nur nicht Stefa verlieren.

Außerdem hatte die Vorstellung, katholisch zu werden, ja auch ihre Reize. Da waren einmal die vielen schönen Bilder; Stefa zeigte mir oft die Bilder in ihrem Gebetbuch. Wie gut gefielen mir die Engel und die Madonna und das kleine Jesuskind. In unserer Stadt gab es mehrere Kirchen und auch eine Kathedrale, und Stefa redete mir von Zeit zu Zeit zu, mit ihr hineinzugehen, aber das wagte ich nie, da hatte ich zu große Angst. Einige von meinen jüdischen Freunden gingen regelmäßig mit ihren Kindermädchen in die Kirche, manche kannten sogar die Gebete und konnten auch einer Messe folgen, alles natürlich in größter Heimlichkeit, denn wenn ihre Eltern jemals draufkämen, dann gäbe es einen furchtbaren Skandal. Vielleicht war es diese Angst vor Entdeckung, die mich immer wieder zurückhielt; oder auch ein vages Gefühl, dass ich damit meine Familie verraten würde. Die größte Angst hatte ich aber davor, was wohl passieren würde, wenn ich jemals den Fuß in eine Kirche setzte.

Ich sah schon vor meinem inneren Auge, wie ein Priester in seiner schwarzen Soutane mich erkannte und mit schrecklichen Flüchen und vielleicht sogar mit Hieben aus der Kirche scheuchte.

Nein, wenn ich jemals eine Kirche betreten würde, dann als Christin, mit genauso viel Recht, hier zu sein, wie die anderen auch.

Von Zeit zu Zeit hatte ich geradezu eine heftige Sehnsucht danach, zu ihnen zu gehören. Viele meiner Freunde waren Katholiken, und was sie mir über ihre Religion erzählten, gefiel mir sehr.

»Wenn ich irgendetwas gern haben möchte«, sagte Christina, »dann bete ich zur Heiligen Jungfrau.«

»In welcher Sprache?«, fragte ich.

Sie schaute überrascht drein. »Auf Polnisch natürlich. Ich rede einfach mit Ihr und erzähle Ihr alles über mich, und dann sage ich Ihr meine Bitte. Und Sie erhört mich natürlich und gibt mir, was ich will. Wenn es gut für mich ist. Manchmal erhört Sie mich auch nicht. Aber ich kann immer zu Ihr beten, oder zu Jesus, oder zu einem von den Heiligen. Wenn ich eine sehr dringende Bitte habe, dann kaufe ich eine Kerze und zünde sie vor Ihrem Bild an, und dann erhört sie mich ganz sicher.«

Ja, in unserer Straße nicht weit von unserem Haus gab es eine Madonna. Jeden Tag sah ich, wie Kinder und ältere Frauen sich dort bekreuzigten, das Glas über dem Heiligenbild küssten und in die Dose, die unter den Blumen versteckt war, ein paar Münzen fallen ließen. Wie oft ließen Christina und Marja mich allein stehen und knieten plötzlich dort nieder und redeten ein paar Worte mit der Madonna und ich kam mir furchtbar auffallend und verlassen vor. Was konnten wir denn tun angesichts dieser Solidarität der Menschen mit Gott, die uns von allen Seiten so triumphierend umgab?

In der Schule hatten wir gerade mit dem Alten Testament angefangen und lasen ein paar ausgewählte Geschichten aus der Bibel. Wir lernten auch ein paar Gebete auf Aramäisch. In den ersten Monaten war ich derart enthusiastisch bei der Sache, dass meine Mutter lachend prophezeite, ich würde noch das frömmste Mitglied der Familie und würde eines Tages einen bärtigen Juden im Kaftan heiraten. Weder Mutter noch Vater waren im Geringsten religiös. Mutter zündete zwar jeden Freitagabend die Kerzen an, aber das kam mir nur als leere Geste vor; sie tat es, weil ihre Mutter es auch tat, das war eben eine Familientradition, ohne irgendeine religiöse Bedeutung.

Einmal im Jahr gaben die Großeltern die Seder-Mahlzeiten, und dabei kam die ganze Familie zusammen. Großvater sagte laut die Gebete vor und die Onkel beteten mit. Letztes Jahr war ich wahnsinnig stolz darauf, dass ich schon im Gebetbuch lesen konnte und dass ich die traditionellen Fragen stellen durfte, die dem jüngsten Mitglied der Familie beantwortet werden. Eigentlich sollte das ja ein Junge tun, aber an diesem Abend waren keine Jungen dabei.

Und einmal im Jahr gingen Mutter und überhaupt die ganze Familie, nur Vater nicht, in die Synagoge zu einem feierlichen Gottesdienst. Wahrscheinlich war es am Jom Kippur, über den wir am Ende des letzten Schuljahres eben gelernt hatten. Aber bei dieser einen Gelegenheit, als ich die Frauen der Familie begleiten durfte, bemerkte ich enttäuscht, dass sie die ganze Zeit nichts anderes taten als über die Kleider und die Hüte der verschiedenen anwesenden Freundinnen und Verwandten zu reden, und niemand achtete im Geringsten darauf, was da unten bei den Männern geschah, wo der Gottesdienst abgehalten wurde. Ich begriff überhaupt nicht das Geringste von dem, was ich da sah, und Mutter war viel zu intensiv am Tratschen, um mir meine Fragen zu beantworten.

Mein religiöser Eifer dauerte nicht lang. Meine Gebete sagte ich zwar morgens und abends noch immer auf, aber schon nach ein paar Wochen hatte ich ihre Bedeutung völlig vergessen. Ich sagte die Formeln mit geschlossenen Augen auf und hätte gern gewusst, wie ich mit meinem Gott sprechen konnte, dass er mich auch hörte. Ich hatte kein Bild von ihm, und bei uns gab es keine Engel, keine Madonnen, keine dicken, lächelnden Babys, keine langhaarigen Männer mit blutenden Herzen über ihren Gewändern. Meinen Gott stellte ich mir als einen streng blickenden, sehr alten Mann vor, mit schwarzen Haaren und schwarzem Bart, der auf einer Wolke saß und gereizt zu uns herunter auf die Erde schaute. Falls ich es wagen sollte, Ihn auf Polnisch anzureden, würde er mich nicht verstehen und sich vielleicht schrecklich über mich ärgern. Seine Sprache war offenbar aramäisch, und die wenigen aramäischen Worte, die ich früher einmal wusste, hatte ich schon längst wieder vergessen. Ich fühlte mich völlig mutlos.

Stefa, die immer dabei war, wenn ich meine Gebete aufsagte, reagierte darauf mit Verachtung, aber auch irgendwie eingeschüchtert. »Geh, sag schon dein Inimini«, mahnte sie mich, wenn ich einmal darauf vergaß, und stand schweigend neben mir, ein ungläubiges Lächeln auf den Lippen, während ich schnell die für mich sinnlosen Formeln herunterleierte, zornig und verlegen zugleich.

Sobald ich erwachsen war, würde ich katholisch werden, das stand fest. Dann würde ich auch das Recht haben, in eine Kirche zu gehen und mitzubeten und mitzusingen, dann würde ich in meiner eigenen Sprache mit Gott sprechen können, und die Madonna und alle Heiligen und die Engel würden mich beschützen. Und dann würde ich endlich zu ihnen gehören, zu dieser großen Menge, die jetzt gegen mich war. Blond und blauäugig würde ich davon zwar leider nicht werden. Aber ich würde dazugehören und sie müssten mich akzeptieren.

Eines Tages fragte ich Mutter ungeduldig, warum sie denn nicht Christin werden wollte. Mutter sah mich entsetzt an: »So etwas darfst du nie wieder zu mir sagen«, stieß sie hervor.

»Warum denn nicht?«

»Weil ich meinen Gott liebe«, antwortete sie und ging aus dem Zimmer. Aber wie konnte sie Ihn lieben, wenn sie doch überhaupt nie zu Ihm betete? Da war eben nichts zu machen – ich musste warten, bis ich erwachsen war.

2

Jemand lief durch den Wald und rief meinen Namen. Es war Tadek. Ich packte meine Sachen und stürzte ihm entgegen, vor gespannter Erwartung wurde mir ganz schwindlig.

Hatte er endlich bemerkt, dass ich ihn liebte? Lief er jetzt zu mir, um mir zu sagen, dass auch er mich vom ersten Augenblick an geliebt hatte? Würde er morgen mit mir Pilze suchen gehen?

»Deine Mutter ist da, sie packt schon. Du fährst noch heute Abend in die Stadt. Es gibt Krieg.«

Atemlos liefen wir den Hügel hinauf, rutschten auf den Fichtennadeln aus, während Tadek mir diese Neuigkeiten mitteilte. Durch die spärlicheren Baumstämme hindurch schimmerten schon die weißen Mauern unserer Villa und die glänzende Motorhaube des silbernen Wagens. Tadek ging plötzlich langsamer und zog mich am Arm. Ich blieb neben ihm stehen.

»Es wird bald Krieg geben«, sagte er mit unsicherer Stimme. »Vielleicht sehen wir uns nächsten Sommer nicht, wenn der Krieg so lang dauert.«

»So lang dauert er sicher nicht«, beruhigte ich ihn, bemüht, erwachsen zu klingen, lässig.

»Vielleicht aber doch«, widersprach er und kratzte sich vor Verlegenheit den Kopf. Es war klar, dass er mir etwas

Wichtiges sagen wollte und es nicht herausbrachte. Mein Herz klopfte so laut, dass ich sicher war, er konnte es hören.

»Ich möchte dir etwas sagen«, brachte er endlich stockend heraus, »aber du musst mir versprechen, dass du es keinem anderen Menschen je weitersagst. Ganz besonders nicht deinen Eltern.«

Mein Kopf drehte sich, meine Lippen waren steif, ich konnte kaum sprechen, aber ich schwor ihm, das Geheimnis nie, nie zu verraten. Aber er war noch immer nicht sicher: »Wie alt bist du denn jetzt?«

»Bald zehn«, log ich. Bis zu meinem zehnten Geburtstag hatte es noch gute sechs Monate Zeit.

»Nein, du bist wirklich noch zu jung«, murmelte er bedauernd.

»Überhaupt nicht, ich bin gar nicht zu jung«, bettelte ich, »und alle sagen, dass ich für mein Alter sehr vernünftig bin. Bitte sag mir, was es ist?«

Krieg oder nicht Krieg, ich konnte unmöglich von Kreuzwege wegfahren, ohne zu erfahren, was Tadek mir sagen wollte. Vielleicht wollte er mich heiraten, wenn wir beide alt genug waren? Wollte er mich bitten, auf ihn zu warten, während er in den Krieg ging? Er war vierzehn. Wenn es wirklich Krieg gab, und wenn der auch so lang dauerte wie der letzte, dann würde er sicher zur Armee gehen ... Ich erstickte vor Aufregung. Natürlich würde ich auf ihn warten. Das wäre genau wie in diesen schönen traurigen Liedern ...

Die verlegene Stimme neben mir murmelte: »Wenn du groß bist, wirst du mir versprechen, dass du dann katholisch wirst?«

Ich rannte durch den Wald und bemühte mich, meine Tränen und den Schmerz, der mich zu verschlingen drohte, zurückzuhalten, während die Luft rund um mich noch von Tadeks Worten dröhnte. Ich überquerte die Straße und kam in den Garten, und jetzt durfte ich mich gehen lassen, ich warf mich auf die erstbeste Person, die ich sah, und mein erstaunter Onkel bekam eine ungeheure Tränenflut auf seine makellosen Rockaufschläge, während er abwesend meinen Kopf tätschelte und mir versicherte, es sei kein Grund zur Panik, der Krieg war noch nicht erklärt, vielleicht würde er auch gar nicht ausbrechen.

Für Erklärungen hatte niemand Zeit. Mutter küsste mich schnell und schickte mich dann hinaus spielen, während sie mit Stefa unsere Sachen packte und eilig in Onkels Auto verstaute. Vater war nicht mitgekommen.

Im Nu waren die Zimmer leer, die Ferien vorbei, die weiß gekalkten Wände leer und fremd. Das war nicht mehr mein Zimmer, das war ein fremdes Zimmer, bei fremden Leuten gemietet. Stefa nahm die letzten Äpfel vom Fensterbrett und räumte sie in ihre Tasche. Hinter dem Obstgarten ging die Sonne unter, der Himmel leuchtete orange und golden durch die schwarzen Bäume.

Janka und Christina kamen jede mit einem Arm voller Blumen und zwängten sie zwischen Stefa und mich auf den Rücksitz. »Nächsten Sommer kommst du wieder, du wirst sehen, es gibt gar keinen Krieg«, sagten sie.

»Mit Gottes Hilfe«, antwortete Mutter.

Sonst brauchte man sich von niemandem mehr zu verabschieden. Onkel ließ den Motor an, die Hunde, Gänse und Hühner stoben unter lautem Protestgeschrei auseinander, die Kinder winkten und lachten, und schon fuhren wir los.

Der Himmel im Westen schien in Flammen zu stehen, als wir durch die herbstlich leeren Felder über die staubigen Straßen fuhren, wir holperten über unzählige Schlaglöcher, und jedes Mal, wenn ein Bauernpferd auftauchte, krochen wir im Schritttempo an ihm vorbei und hofften, es würde nicht scheuen. Als wir das erste Dorf erreichten, war die Sonne schon untergegangen und die Straße mit den kleinen, windschiefen Häusern war grau, wie eine Scheibe von einem Nebellaib. Ein Mädchen ging ganz knapp vor dem Auto über die Straße, Onkel fluchte. Sie war barfuß, weiches Haar fiel ihr gerade auf die Schultern, sie war genauso grau wie die Straße, und ich hatte einen Augenblick lang das Gefühl, als sei alles ein Traum und ich würde gleich aufwachen, und der letzte Tag in Kreuzwege war nur ein Albtraum.

Plötzlich bemerkte ich, dass das Mädchen ein Brötchen aß. Ein helles Brötchen, zusammengelegt, wahrscheinlich trocken und knusprig. Der Schmerz, der mich noch ganz erfüllte, wurde jetzt von Hunger überlagert, und zum ersten Mal, seit ich Tadek am Nachmittag im Wald getroffen hatte, war ich wieder hellwach.

Jetzt wollte ich auch ein Brötchen zum Abendessen, genauso eins, wie es das graue Mädchen gehabt hatte. Ich war schon drauf und dran zu fragen, ob ich zu Haus gleich eins haben konnte – da plumpste ich mit einem Schock von Zorn und Enttäuschung in die Wirklichkeit zurück. Sobald wir zu Haus waren, würde man mir sofort meinen Grießbrei verpassen. Krieg oder nicht, daran gab es nichts zu rütteln, das war die letzte, unverrückbare Realität.

Wenn es Krieg gab, würden wir vielleicht richtig arm werden und konnten uns dann endlich keinen Grießbrei mehr leisten?

Als wir nach Haus kamen, war es schon finster. Der Wagen hielt vor dem Haus, ich schaute hinauf auf die Reihe hell erleuchteter Fenster im ersten Stock und sah eine hohe, schwarze Gestalt am Fenster lehnen. Es dauerte eine Sekunde, bis ich Vater erkannte. Ich hatte ihn zwar oft auf diese Art am Fenster stehen sehen, die Stirn an die Scheiben gepresst, aber immer nur von innerhalb des Zimmers. Jetzt sah ich ihn zum ersten Mal so, wie auch die anderen ihn von draußen sahen, und seine Anonymität jagte mir schreckliche Angst ein. Einfach irgendein Mann, ohne Gesicht, an irgendeinem Fenster. Ich ließ mir meine Panik nicht anmerken, rannte aber zur Haustür, um den Bann möglichst schnell zu brechen.

Stanislaw stand da wie immer und wartete darauf, uns zu begrüßen. Aber diesmal schüttelte er mir nicht wie sonst die Hand, sondern nahm mich in seine Arme und trug mich die Stiegen hinauf zu Vater, der schon in der Tür stand und wartete.

Niemand tat in dieser Nacht ein Auge zu. Ich wurde ein paarmal davon wach, dass ich Nägel in Holz schlagen hörte, schwere Gegenstände wurden über den Boden geschleift, Vater und Mutter stritten.

Wir sollten am nächsten Tag abfahren und bei Verwandten in einer großen Stadt weiter im Osten bleiben. Alle verließen schon unsere Stadt, die nahe an der deutschen Grenze lag und im letzten Krieg völlig zerstört worden war. Vater weigerte sich mitzukommen; er ging zur Armee.

Zeitig am nächsten Morgen kam Onkel, um uns Lebwohl zu sagen. Ich verstand nicht, was »mobilisiert« bedeutete, aber er sah in seiner Offiziersuniform jedenfalls großartig aus. Seine hohen Schaftstiefel krachten imposant und alle Knöpfe glänzten. Vater klopfte ihm dauernd auf die Schulter, er genoss es, das gute Tuch und die vielen Goldschnüre zu fühlen. Mutter schluchzte, Stefa heulte, und ich wusste, dass die Männer jeden Augenblick die Geduld verlieren würden. Also trat ich einen Schritt vor, schüttelte jedem ernst die Hand und zeigte nicht die geringste Spur von Rührung; Mutter gab mir schließlich sogar einen Schubs und befahl mir Onkel zu küssen, und ich musste mir wieder einiges anhören über meine geradezu skandalöse Gefühlskälte.

Als das vorbei war, fuhr Onkel weg und wir kletterten in die Kutsche und fuhren zum Bahnhof. Der nach Osten abfahrende Zug war überfüllt, aber Vater trieb doch noch Plätze für uns auf. Dann stand er unten am Fenster und hielt unsere Hände, und als der Zug anrollte, ging er noch daneben her, Mutter hielt ihn am Ärmel fest. Dann sahen wir ihn noch einen Moment lang winken und lächeln, und dann war er verschwunden. Mutter sank in ihrer Ecke zusammen und fing zu schluchzen an, ich bekam Angst und hätte am liebsten auch geweint, aber Mutters ungehemmtes Schluchzen war mir so peinlich, dass meine eigenen Tränen versiegten. Die anderen Passagiere waren offenbar voller Mitleid für sie, einer legte ihr den Arm um die Schultern, ein anderer brachte eine Thermosflasche mit Kaffee. Ich drehte mein Gesicht zum Fenster und flehte innerlich meinen Vater an, doch unbedingt bald nachzukommen.

Die nächsten zwei Wochen vergingen in einer chaotischen Atmosphäre. Wir kampierten zusammen mit meinen Großeltern unter Bergen von Gepäck in einer leeren Wohnung. Das Radio lief Tag und Nacht und jeder erstarrte erwartungsvoll, wenn die Nachrichten kamen. Zeitungen lagen überall auf dem Boden herum. Es gab keine Bedienung, Mutter und Großmutter wechselten einander in der Küche ab, mit jeweils unvoraussehbaren Ergebnissen. Und dann geschah es. Jemand stürzte in die Wohnung, eine Zeitung in der Hand schwenkend: »Sie haben die Grenze überschritten.« Der Krieg hatte begonnen.

Noch am gleichen Tag kam Vater, auf einem Fahrrad. Im Zug hatte er keinen Platz gefunden. Er war müde und verbittert. Die Armee hatte ihn nicht genommen. Ich tanzte wortlos durch die Wohnung. Wenn Vater bei uns war, dann hatte ich vor dem Krieg keine Angst mehr.

Jetzt begannen die Luftangriffe, die Sirenen heulten und trieben uns hinunter in die Luftschutzräume. Aber Bomben fielen nur selten und immer weit weg von unserer Straße. Ich wollte nicht unten im Keller bleiben bei den vielen schreienden Kindern, ich ging lieber, an Vaters Hand, im Hinterhof auf und ab und bemühte mich, ungerührt dreinzuschauen, trotz des ohrenbetäubenden Lärms. Ich reckte mir den Hals aus, versuchte, zusammen mit den Männern die Flugzeuge zu identifizieren, und hörte mit ernstem Gesicht ihren endlosen Diskussionen zu. Die Deutschen hatten keine Schuhe, ihre Panzer waren aus Pappkarton. Sehr weit würden sie nicht kommen.

Merkwürdigerweise musste man aber zugeben, dass die Luftangriffe immer intensiver wurden und dass der Feind vorging, trotz der allzeit siegreichen Armee, die uns verteidigte. Weiter nach Osten zu fliehen war sicher sinnlos, unnötig und feige – aber plötzlich verstauten wir unser ganzes Gepäck in einen großen roten Bus und fuhren mit Höchstgeschwindigkeit nach Warschau.

Auf halbem Wege dahin auf einer gelben, sandigen Straße erschienen plötzlich deutsche Flugzeuge über uns am wolkenlosen Himmel und stürzten im Tiefflug über die Felder. Der Bus blieb stehen, wir sprangen heraus und krochen schnell in den Straßengraben, Vater warf einen Koffer über Mutter, einen anderen über mich, und da lagen wir zwischen Unkraut und Schlamm, als die Flugzeuge zurückkamen und das Feuer eröffneten. Ich hob den Kopf und schaute mich vorsichtig um: Vater stand unter einem Baum, rauchte und beobachtete die Flugzeuge. Die Straße war leer. Im Graben vor mir lag eine Reihe von Koffern, die die Reisenden schützen sollten. Auf dem Feld über der Straße war eine Bauernfamilie beim Kartoffelgraben überrascht worden, jetzt standen sie alle auf und liefen auf das Bauernhaus zu. Die Flugzeuge kamen noch einmal zurück. Sie flogen so tief, dass ich einen Augenblick lang glaubte, das Gesicht des Piloten sehen zu können, und die Augen schloss, vor Angst, sie könnten auch mich sehen. Noch einmal knatterten die Maschinengewehre, dann waren sie verschwunden.

Wir krochen aus dem Graben heraus und stiegen schnell wieder in den Bus. Eine Frau weinte, jemand beschwerte sich, dass man ihn in die Brennnesseln gestoßen hatte, wir waren alle mit Schlamm verklebt und zitterten. Die Bauern lagen immer noch unter den Kartoffeln, die Gesichter in die Erde vergraben. Nach unserer kleinen Stadt kam mir Warschau sehr groß und sehr laut vor. Ich war noch nie hier gewesen und ich freute mich schon auf lange Spaziergänge und Trambahnfahrten mit Sigi. Wir wohnten bei Tante Marysia, sie überließ uns ein kleines Zimmer in ihrer Wohnung. Die Großeltern zogen bei Freunden in der Stadtmitte ein. Tante Marysia lebte im obersten Stockwerk eines kleinen Hauses am Ende einer von Bäumen bestandenen Straße nicht weit vom Flughafen.

»Kein sehr günstiger Platz bei einem Angriff«, sagte Vater und bekam sofort Vorwürfe wegen seiner Panikmache. Von einem Angriff auf Warschau war doch keine Rede. Die Deutschen würden nie so weit kommen.

Ein paar Tage vergingen in glücklicher Aufregung, während ich die neue Wohnung und die Gegend rundherum erforschte, die Kinder in der Straße kennenlernte und lange Trambahnfahrten machte. Die Luftangriffe wurden immer häufiger, kamen aber nie in unsere Nähe. Und überhaupt war Warschau ja so groß, so voll von Menschen und so erfüllt von dem heroischen Willen zum Widerstand, dass man hier beim besten Willen keine Angst zu haben brauchte.

Dann hielt eines Tages Oberst Muniastowski eine Rede, in der er alle waffenfähigen Männer aufforderte, die Stadt zu verlassen und nach Osten zu gehen, um nicht dem Feind in die Hände zu fallen. Vater begann sofort zu packen und ging am nächsten Morgen fort und ließ Mutter, die die ganze Nacht geweint und gejammert hatte, völlig gebrochen zurück.

Tante Marysia fand ein solches Benehmen unmöglich. Sie war schon lange daran gewöhnt, allein zu leben, und konnte nicht verstehen, wie eine Frau so von ihrem Mann abhängig sein konnte. Und überhaupt fand sie eine derart offene Zurschaustellung von Gefühlen unpassend und geschmacklos. Es war nur ein Zeichen von Mutters Selbstsucht, dass sie Vater in Warschau festhalten wollte. Sicher würden die Deutschen alle arbeitsfähigen Männer entweder einsperren oder erschießen.

Die Vorstellung, dass die Deutschen tatsächlich bis nach Warschau kommen könnten, trieb meine Mutter in einen neuen Heulanfall.

Tante Marysia zog sich in ihr Schlafzimmer zurück und war in zehn Minuten fest eingeschlafen. Es war uns schon aufgefallen, dass sie die merkwürdige Fähigkeit besaß, sofort einzuschlafen, wenn die Lage kompliziert wurde. Am Anfang eines jeden Luftangriffs schlüpfte sie in ihr Bett, noch bevor die Sirenen aufhörten zu heulen, und schlief tief und fest bis zur Entwarnung. Sigi wurde auch zu Bett geschickt, aber da er nicht die gleiche Gabe sofortigen Vergessens besaß wie seine Mutter, lag er im Bett und las. Mutter und ich stiegen hinunter ins Erdgeschoss und saßen dort zusammen mit den anderen Hausbewohnern auf den Treppen. Das Haus hatte keinen Keller und Tante Marysia behauptete, dass wir unten auch nicht sicherer waren, aber es jedenfalls viel unbequemer hatten als sie da oben im vierten Stock. Die anderen Hausbewohner teilten ihre Meinung nicht. Ihre merkwürdige Gewohnheit war allen bekannt, die meisten schüttelten einfach den Kopf darüber, aber ein paar fanden, dass sie mit ihrer Sorglosigkeit das Schicksal herausforderte. Man redete schon davon, sie mit Gewalt herunterzuholen, weil sie die Sicherheit des ganzen Hauses gefährde.

Nach Vaters Abreise zeigte Tante Marysia ganz unverhüllt ihre Verachtung für Mutter und ließ uns vollkommen allein. Sie wies Mutter noch an, das Essen für uns selbst zu machen, dann redete sie kein weiteres Wort mehr mit uns. Sobald Vater weg war, zerfiel der Haushalt in zwei feindliche Lager. Das machte Mutter nur noch unglücklicher. Ihre eigenen Eltern lebten zu weit weg für häufigere Besuche, denn es gab jetzt bereits jeden Tag einen Luftangriff. Zu Mittag aßen wir in einem Restaurant, was ich sehr aufregend fand, denn das war sonst nur auf Ferien im Ausland vorgekommen. Am Abend saßen wir zusammen auf unserem Diwan, warteten auf das Aufheulen der Sirenen und fühlten uns von Stunde zu Stunde einsamer und ängstlicher.

Der Zwischenfall mit der ausländischen Zahnpasta löste vorübergehend die Spannung und vereinigte uns eine Nacht lang in gemeinsamem Gelächter.

Wir hatten ein Paket aus dem Ausland bekommen, Mutter sah sich die verschiedenen Dosen und Tuben darin an und stieß auf eine Tube mit rätselhafter Aufschrift. Ihr Englisch war schon ziemlich eingerostet, aber nachdem sie auf der Tube gelesen hatte: »This is the best ...« – der Rest der Aufschrift war ihr unverständlich –, war sie überzeugt, es müsse sich um Zahnpasta handeln. Noch am gleichen Abend beschloss ich, diese Zahnpasta zu probieren. Der Geschmack sagte mir gleich, dass mit Mutters Englisch nicht alles in Ordnung war. Schnell nahm ich den Mund voll Wasser, um das Zeug auszuspülen, aber o Schreck!, je mehr ich den Mund spülte, um so heftiger fing es zu schäumen an. Zur größten Verblüffung der Familie stürzte ich mit Schaum vor dem Mund ins Wohnzimmer, rollte wild mit den Augen und gab unzusammenhängende Geräusche von mir. Mit mehreren Gläsern Wasser wurde ich endlich den Schaum los, aber den Geschmack dieser hervorragenden Rasiercreme bekam ich die ganze Nacht nicht aus dem Mund.

Ein paar Tage nach Vaters Abreise hielt uns ein besonders langer Luftangriff die ganze Nacht im Stiegenhaus fest. Um fünf Uhr früh hörten wir, erschöpft und schon halb schlafend, plötzlich von einer Männerstimme unseren Namen rufen. Zu unserer größten Überraschung sahen wir Großvater durch die dicht gedrängte Menschenmenge auf den Stufen sich zu uns vorarbeiten. Er starrte ihnen ins Gesicht und schrie laut nach uns. Der Angriff war noch immer in vollem Gang. Die ganze Nacht hatten wir überall die Bomben fallen gehört, und jetzt bei Tagesanbruch kamen noch die Maschinengewehre und die schweren Geschütze dazu. Es war einfach unglaublich, dass Großvater mittendrin auftauchte, und noch unglaublicher, dass er darauf bestand, dass wir sofort mit ihm zu seinem Haus gingen. Mutter wollte sich zuerst nicht vom Fleck rühren, aber als die anderen Nachbarn sich einmischten und ihr zuredeten, doch mit ihrem Vater zu gehen – »dort haben sie richtige Luftschutzräume, da sind Sie sicherer mit dem Kind« –, gab sie schließlich weinend nach. Wir liefen schnell nach oben, um ein paar von unseren Sachen zu holen und uns von Tante Marysia zu verabschieden. Sie schlief fest und wir wollten sie nicht aufwecken. Sigi winkte uns fröhlich von seinem Bett zu und wünschte uns viel Glück.

Der Marsch, der jetzt folgte, war wie eine Art wahnsinniges Versteckspiel zwischen uns und den Flugzeugen über unseren Köpfen. Wir rannten in Hauseingänge und wieder heraus, wichen dem Maschinengewehrfeuer aus der Luft und den Glas- und Ziegelschauern von den Häusern aus, jede Minute damit rechnend, dass es jetzt aus war. Einmal wurde ein Haustor genau in dem Augenblick, da wir wieder heraushetzten, von einer Bombe eingedrückt. Hinter einer anderen Tür fanden wir eine Gruppe von schreienden, blutenden Frauen aus den Wohnungen darüber. Eine andere Haustür ließ sich nicht öffnen, während wir in panischer Angst davor hocken blieben, bis die Flugzeuge über uns wieder verschwanden. Es schien Stunden zu dauern. Ich war schon zu erschöpft und zu verstört, um etwas anderes zu empfinden als das Bedürfnis, mich niederzulegen. Und immer wieder öffnete sich noch eine Straße vor uns wie ein Tunnel, mit langen Reihen von geschlossenen Türen zu beiden Seiten, und von oben lauerte der Tod.

Endlich war das Ende in Sicht. Nur einen Platz mussten wir noch überqueren, dahinter fing die Straße an, wo die Großeltern wohnten. Aber der Platz bot überhaupt nicht den geringsten Schutz, und die reglosen Körper, die überall herumlagen, zeigten uns deutlich, was denen geschah, die sich hier ins Freie wagten.

Wir zögerten beide, Mutter und ich, aber Großvater erkannte, dass wir uns immer mehr fürchteten, packte uns beide fest am Kragen und zog uns wortlos und im Laufschritt über den Platz. Im Augenblick war der Himmel leer. Keine Flugzeuge waren in Sicht. Wenn sie zurückkamen, bevor wir auf der anderen Seite waren ... Ich konzentrierte mich mit dem bisschen Bewusstsein, das mir noch geblieben war, auf die mechanische Bewegung meiner Beine, und die übrige Welt zählte nicht mehr, bis wir endlich die Tod bringende Wüste hinter uns ließen und in eine Menschengruppe hineinrannten, die auf der anderen

Seite wartete. Sie klatschten, weil wir so tapfer waren, und schimpften mit uns, dass wir uns so blind in Gefahr begeben hatten. Noch ein paar Schritte, und wir traten in ein großes Haus, ein Mietshaus mit vier Innenhöfen, wo die Großeltern und verschiedene Cousins und Cousinen in einer kleinen Wohnung zusammengepfercht lebten. Der Luftangriff war vorbei. Ich wurde gleich, noch als die Sirenen zur Entwarnung heulten, zu Bett gebracht, während Mutter, noch immer zitternd und Großvater am Ärmel haltend, von einer Schar von Verwandten geküsst, gestreichelt und getröstet wurde.

Da die Großeltern beschlossen hatten, uns vorläufig bei sich aufzunehmen, wurde in der leeren Vorratskammer ein Klappbett für uns beide aufgestellt, und ich fing an die neue Umgebung zu erkunden. Die Wohnung war so vollgestopft mit Menschen, dass ich sie zuerst gar nicht zählen konnte.

In jedem Zimmer wohnte eine ganze Familie, dazu gab es zwei Hunde, und in der Küche war unsere alte Sophie. Ich fand das alles unheimlich aufregend, das endlose Hin und Her zwischen den Zimmern, die Tratschereien, die plötzlich aufflammenden Streite und die tränenreichen Versöhnungen und die spannenden Geschichten, die beim Essen erzählt wurden.

Den Pekinesen konnte ich nicht ausstehen, und das beruhte völlig auf Gegenseitigkeit, aber in den Collie war ich sofort verliebt. Der machte es sich bald zur Gewohnheit, jede Nacht unter mein Bett zu schlüpfen und sich streicheln und küssen zu lassen, aber wenn Mutter zu Bett ging, verscheuchte sie ihn immer. Das arme Tier hatte eine panische Angst vor den Bomben und kroch beim ersten Ton unter irgendein Bett, zog die Bettdecke herunter und versteckte sich dahinter. Ich hatte genauso viel Angst wie er, und wenn ich ihn zu mir rief, kam er gleich und versteckte seinen Kopf unter meinem Rock, und so zitterten und stöhnten wir zusammen bis zur Entwarnung.

Am Tag nach unserem Einzug in die neue Wohnung ging Großvater zurück zu Tante Marysia, um einige Kleider für uns zu holen. Erst spät am Abend kehrte er zurück und erzählte, dass das Haus eine Stunde nach unserem Aufbruch von einer Bombe getroffen worden war. Es war ein Volltreffer, der das Stiegenhaus unter sich begrub, aber die Wohnungen kaum beschädigte. ... Tante Marysia wäre also nichts passiert, wenn nicht unglücklicherweise die anderen Hausbewohner, als die Bomben immer näher und näher fielen, Tante nicht mehr länger da oben den Teufel versuchen lassen wollten und ihr und Sigi befahlen, sofort herunterzukommen. Die Bombe schlug ein, als die beiden gerade die Wohnung verließen. Tante und Sigi wurden beide an der gleichen Stelle verletzt, beide hatten sie eine tiefe Wunde die ganze rechte Körperseite entlang. Man brachte sie in ein Krankenhaus, wo Großvater sie besuchte und hörte, was geschehen war. Von den anderen Hausbewohnern überlebte nur noch ein Ehepaar aus einer der Wohnungen im Erdgeschoss. Über Sigis Überlebenschancen äußerten die Ärzte sich nicht optimistisch, wegen seines Diabetes.

»Wenn ich euch nicht rechtzeitig aus diesem Haus dort gezerrt hätte –« Großvaters Stimme brach, er sagte den Satz nicht zu Ende.

Am selben Nachmittag klopfte es plötzlich energisch an der Tür und Großmutter und ich liefen in den Gang. Man hörte jetzt viel von Diebstählen und Raubüberfällen, daher trauten wir uns zuerst nicht zu öffnen. Da klopfte es, noch stärker, dass die Tür wackelte. Endlich schob Großmutter den Riegel zurück und trat sofort mit einem Aufschrei einen Schritt zurück. Vor uns stand eine große Gestalt in einem Armeemantel, der ihr zerrissen und schmutzig bis zu den Knöcheln hing. Die Mütze hatte der Mann tief über die Augen gedrückt, das übrige Gesicht war von einem lockigen schwarzen Bart bedeckt. Großmutter fing sich als Erste. Sie zog ihren Schal enger um sich und fragte mit schwacher Stimme, was der Herr denn hier wünsche. Die Gestalt war noch einen Augenblick lang sprachlos, dann bewegte sich der schwarze Bart, und eine vertraute Stimme sagte: »Mutter?«

Es war Onkel. Er nahm an der Verteidigung von Warschau teil und hatte uns eben jetzt nach einer langen und intensiven Suche endlich gefunden. Darauf fielen alle Frauen in der Wohnung in einen Taumel der Begeisterung, drängten sich an ihn, streichelten seine Uniform, bürsteten, putzten und stopften, wo es nötig war, standen alle paar Minuten wieder von der Arbeit auf, um ihn aufs Neue zu umarmen und zu küssen und immer wieder die gleichen Fragen zu stellen: Wie war die Lage in der Stadt? Waren die Deutschen wirklich im Anmarsch? Konnte sich die Stadt überhaupt noch länger halten? Was sollten wir tun?

Onkel hatte keine guten Nachrichten. Er riet uns, einen Luftschutzraum zu finden und dort zu bleiben. Er selbst würde so oft als möglich kommen und uns etwas zu essen bringen.

Wieder heulten die Sirenen. Wir gingen alle zusammen hinunter und nahmen dankbar die Einladung der Leute an, die im Erdgeschoss lebten. Ihre Wohnung war schon ganz voll, und wir saßen am Boden, während Onkel seine Sachen zusammenpackte und sich von allen verabschiedete und alle umarmte, küsste und ihnen auf die Schultern klopfte. In dieser Versammlung von Frauen und alten Männern vertrat er allein Kraft, Hoffnung, das Leben selber; solange er bei uns war, fühlten wir uns alle sicherer. »Wenn wir nur irgendetwas tun könnten, statt hier zu sit-

zen und darauf zu warten, dass das Haus über uns einstürzt«, sagte jemand und brachte dadurch die Gefühle
aller Anwesenden zum Ausdruck.

Gerade als die Tür hinter Onkel zufiel, wurde das ganze
Haus von einer ungeheuren Explosion erschüttert. Ich lag
auf Mutters Schoß, den Kopf an die Mauer gelehnt. Als
die Bombe einschlug, prellte mein Kopf nach vorn und
schlug dann so heftig zurück gegen die Mauer, dass ich
das Bewusstsein verlor. Als ich wieder zu mir kam, war es
rund um mich ganz schwarz. Ich hörte aufgeregte Stimmen und spürte viel Bewegung und wunderte mich, wie
die Leute sich in der Finsternis so frei bewegen konnten.
Dann begriff ich, dass ich blind geworden war. In den
nächsten Stunden lösten sich langsam wieder Umrisse aus
den Schatten, aber zuerst sah ich alles dreifach. Die ganze
Nacht hindurch übergab ich mich immer wieder auf dem
fremden Teppich und mein Kopf schien anzuschwellen wie
ein Ballon und unter dem Plafond zu schweben.

Später erfuhr ich, dass die Bombe die Mauer, an der wir
lehnten, zum Teil umgerissen und außerdem den Lift-
schacht zerstört hatte. Onkels unglaubliches Glück hatte
ihn vor dem, wie wir alle glaubten, sicheren Tod gerettet.
Der Luftdruck warf ihn zu Boden und riss ihm die Mütze vom Kopf. Während wir alle ganz still in der Wohnung saßen und keiner es wagte, hinauszugehen und zu
schauen, was von ihm noch übrig war, spazierte er unverletzt herein und fragte, wie es uns ginge.

In den nächsten Tagen folgten die Luftangriffe so dicht
aufeinander, dass wir beschlossen, einen Teil unserer Sachen in den Luftschutzraum zu bringen und dort gleich zu
übernachten, statt jede Nacht aus dem Schlaf gerissen zu
werden. Das Hauskomitee erklärte, dass die Keller unter
jedem Teil des Hauses für die Bewohner dieses Teils reserviert seien. Wir waren besonders gut dran, denn der Keller

in unserem Flügel hatte eine »bombensichere« Decke und noch zusätzlich verstärkte Wände. Er war zwar noch nicht ganz fertig, sollte aber in einer Woche so weit sein. Mutter und ich gingen hin und suchten uns unsere Plätze aus.

Am Eingang zur Kellertür schaute ich in die Finsternis vor mir, als mich plötzlich eine Welle der Panik derart überflutete, dass ich wie angewurzelt stehen blieb. Ich weigerte mich, auch nur einen Fuß in dieses schwarze Loch zu setzen, aus dem mir Grabesgeruch entgegenströmte. Die Finsternis da drinnen barg für mich irgendwelche unvorstellbare Schrecken; ich riss mich von Mutter los, floh in eine Ecke des Stiegenhauses und fing dort derart wahnsinnig zu brüllen und zu schreien an, wie ich mich selbst noch nie gehört hatte.

Mutter war zuerst zornig, dann verblüfft und führte mich hinauf. Oben in der sonnigen Wohnung beruhigte ich mich wieder, flehte sie aber an, nicht in diesen Keller zu gehen, sondern einen anderen ausfindig zu machen. Und zu meiner ungeheuren Erleichterung gab sie nach einer Weile nach. Nachdem sie mich nach dem Grund für meinen plötzlichen Ausbruch gefragt hatte und ich ihr nicht erklären konnte, was da über mich gekommen war, teilte sie der Familie mit, dass sie das als ein Omen betrachte. Sie vertraue meiner Intuition und würde einen anderen Keller suchen. Die anderen Familienmitglieder konnten ja tun, was sie für richtig hielten.

Es gab mehrere empörte Szenen mit den Verwandten, die Mutter vorwarfen, sie lasse sich von einem Kind tyrannisieren und sie würde Panik verbreiten. Großmutter erklärte, sie würde sich nicht vom Fleck rühren, Großvater dagegen ging fort und suchte die ganze Gegend nach einem anderen Keller für uns ab. Er kehrte bald ziemlich enttäuscht zurück und sagte uns, dass alle Keller voll wären, nur im vierten Innenhof gäbe es noch einen, der allerdings kein richtiger Keller war, und auch ziemlich ungeschützt. Leute waren zwar kaum drinnen, dafür aber eine ganze Menge Glas.

Wir gingen den Keller inspizieren. Eine Glasmanufaktur, auf Laborgeräte spezialisiert, hatte ihn als Lagerraum benutzt. Vom Fußboden bis zur Decke standen hölzerne Stellagen gefüllt mit einem Wald von seltsamen, durchsichtigen Formen. Birnen, Spiralen, zerbrechliche Röhren in allen möglichen Fassonen krochen die Wände entlang wie in einem Traumdschungel. Bei jedem Schritt stieg eine Welle von zartem Geklirr in die Luft auf. Wir beschlossen, hier einzuziehen, und machten uns sofort ans Werk, das Glas wegzuräumen und in sicheren Ecken zu verstauen. Dann holten wir unser Bettzeug und breiteten es auf dem Zementboden aus; dann noch Essen, Kerzen, einen Spirituskocher, und die Übersiedlung war fertig.

Gerade zur rechten Zeit. In der nächsten Nacht meinten wir, für Warschau sei der jüngste Tag angebrochen. Ich weiß nicht mehr, wie viele Tage es dauerte, aber uns kam es wie eine Ewigkeit vor; ich lag fast zu einem Ball eingerollt, hielt den Atem an, bis mir fast die Brust zersprang, schloss die Augen und hielt mir die Hände über die Ohren.

Über uns heulten die Flugzeuge auf, Wände stürzten donnernd um, Glas zerbrach klirrend, und in regelmäßigen Abständen drangen riesige Wolken von Staub und Gips in den Keller, die uns noch mehr schreckten.

Manchmal ließ der Lärm nach, und durch halb geöffnete Augen sah ich Schatten, die sich im Kerzenlicht bewegten. Mutter, weiß und zitternd, versuchte mich aufzurichten, mir etwas Wasser einzuflößen, aber ich konnte nicht schlucken und ich wollte mich auf keinen Fall aus meiner Stellung rühren. Ich hatte das Gefühl, als hätte mein Körper bereits aufgehört zu leben, und ich konzentrierte mich ausschließlich darauf, mir diesen Zustand zu erhalten. Ich wollte nichts von dem, was rund um mich vorging, sehen oder hören, und ich wollte es nicht spüren, wenn die Bombe endlich einschlug.

Von Zeit zu Zeit bekam ich einen unerträglichen Krampf, der mich zwang meine Lage zu ändern, dann bewegte ich mich ganz vorsichtig, probierte die Wirkung meiner neuen Lage auf die Kräfte da oben über mir aus. Ich hatte die abergläubische Überzeugung – die ich selber als absurd erkannte, gegen die ich aber machtlos war –, dass keine Katastrophe über uns hereinbrechen würde, solange ich nur in meiner einmal angenommenen Lage verblieb.

Schließlich war ja auch bisher nichts passiert, also hatte ich vielleicht doch die magische Formel gefunden. Aber wenn ich meine Lage änderte oder in meiner Konzentration nur einen Augenblick nachließ, dann würde die schützende Glocke um uns bersten, das Böse hereinschlüpfen, und die nächste Bombe galt dann uns.

In meinen kurzen hellen Momenten vermerkte ich ganz unbeteiligt die veschiedenen Veränderungen rund um uns. Der Keller war jetzt voller Neuankömmlinge, unsere Familie war eng zusammengedrängt in einer Ecke.

Bei einem der ersten Angriffe erhob sich plötzlich ein Sturm der Entrüstung darüber, dass in der Stille zwischen den Explosionen aus einer dunklen Ecke friedliches Schnarchen ertönte. Empört begannen alle nach diesem gefühllosen Rohling zu suchen, und die Gemüter kühlten sich auch nicht ab, als sich herausstellte, dass der Rohling niemand anderer war als der Pekinese aus unserer Wohnung. Irgendjemand behauptete, man müsse den Hund beruhigen, bevor der Lärm ihn wahnsinnig machte, und obwohl der Hund doch zur Genüge bewiesen hatte, wie wenig der Lärm ihn störte, wurde er hinausgescheucht. Trotz des hysterischen Weinkrampfs seines Besitzers, der jetzt den Keller erfüllte, sahen wir das Tier nie wieder.

Eines Nachts gab es einen dramatischen Zwischenfall, als während eines besonders langen Luftangriffs Großmutter und Sophie plötzlich in unseren Keller stürzten, nur halb bekleidet und von Kopf bis Fuß mit Gips bedeckt. Bisher hatten sie es abgelehnt, zu uns in unseren Unterschlupf zu ziehen, ihr bombensicherer Keller war ihnen lieber. An diesem Abend fielen die Bomben, bevor noch der Alarm eingesetzt hatte. Wir hatten uns in unserem Keller häuslich eingerichtet, aber Großmutter, die zu dem Keller gleich unter ihrer Wohnung nicht so weit hatte, war mit Sophie noch oben geblieben. Sie waren beide gerade dabei, sich anzuziehen, als die Bombe einschlug, das Haus in zwei Teile schnitt und alle Leute im Keller unter sich begrub. Gegen das Gewicht der sechs Stockwerke, die darauf herabstürzten, hatte auch die besonders verstärkte Decke des Luftschutzraumes keine Chance.

Großmutter und Sophie waren zwar unverletzt, aber ganz benommen. Sie hatten sich gerade in den beiden entgegengesetzten Räumen der Wohnung aufgehalten, während die drei mittleren Räume zwischen ihnen einfach verschwanden. Da die beiden Stiegenhäuser noch in Ordnung waren, konnten sie die Wohnung verlassen und zu uns in den Keller kommen.

Von Zeit zu Zeit tauchte Onkel im Kerzenlicht auf, dann gab es immer diese rührenden Szenen, wenn sich alle an ihn hängten und klammerten, ihn um Nachrichten anflehten oder ihn einfach nur berühren wollten. Er hatte immer noch so viel Glück. In seinem Mantel waren Kugellöcher, bei der Explosion eines Schrapnells hatte er einen Stiefel verloren, aber ihm selbst war nichts passiert.

Dann kamen die letzten achtundvierzig Stunden, als die Deutschen, entschlossen, die Verteidigung zu durchbrechen, ihre gesamte Feuerkraft auf diese Stadt konzentrierten. Achtundvierzig Stunden lang schlugen die schweren

Bomben ein und der Himmel spie Feuer und Tod. Unser Haus büßte alle seine Dächer ein, die meisten Wohnungen in den oberen Stockwerken wurden zerstört. Überall brach Feuer aus, und Großvater, der die Feuerwehr organisiert hatte, war Tag und Nacht draußen und bemühte sich, das Feuer wieder einzudämmen.

Als der Vorderteil unseres Hauses plötzlich Feuer fing, wurden alle Keller verständigt, man möge sich auf eine Evakuierung vorbereiten. Die Straßen rundherum standen entweder bereits in Flammen oder lagen in Schutt und Trümmern. Es schien der helle Wahnsinn, sich jetzt hinauszuwagen, aber falls die Vorderfront zusammenbrach, würden wir unter den Trümmern begraben.

Ich wurde aus meiner Ecke hochgehoben und aufgerichtet. Man teilte uns mit, dass wir uns Decken über die Köpfe ziehen sollten und auf weitere Anweisungen zu warten hätten. Mutter setzte sich neben mich und nahm meine Hand. Sie war in eine blaue Decke gewickelt, aus der nur ihr Gesicht heraussah, sehr klein und rund und mit dem weißen Gipsstaub angezuckert, der alles bedeckte. Mit leiser Stimme fing sie an zu beten, ich hörte verlegen den bekannten hebräischen Worten zu, als sie plötzlich auf Polnisch weiterbetete:

»Gott ist groß und Er ist gut und gerecht. Er wird mich am Leben lassen, dass ich für mein kleines Mädchen sorgen kann.«

Meine Verlegenheit wich einer tiefen Rührung, dem ersten Gefühl, das ich mir gestattete, seit dieser Alptraum begonnen hatte. Ich vergrub mein Gesicht in Mutters Decke und weinte und spürte, wie Erleichterung und Hoffnung mich durchströmten und die unerträgliche Qual der letzten Tage und Nächte von mir abwuschen.

Da erklangen von der Stiege her eilige Schritte und Großvater kam atemlos herein, seine Augenbrauen und der Schnurrbart waren versengt, seine Augen blutunterlaufen. Mit heiserer Stimme verkündete er, dass das Feuer, das den Eingang bedroht hatte, gelöscht war, und dass wir also bleiben konnten, wo wir waren. Bald danach hörten die Bombardierungen auf. Warschau kapitulierte. Wir stiegen aus dem Keller heraus und untersuchten, was vom Haus noch übrig geblieben war. Es war nicht viel. Als eine Kellergenossin uns ein Zimmer in ihrer Wohnung anbot, zogen wir zu ihr. Ein merkwürdiges Gefühl, wieder oben zu sein, in Sonne und frischer Luft. Es fiel mir schwer, mich nicht zu ducken, wenn über uns ein Flugzeug vorbeiflog. Onkel erschien mit einem Sack voller Konserven, Großmutter trieb etwas Mehl auf und fing an, Brot zu backen. Feldküchen erschienen, und zum ersten Mal sah man die Leute widerwillig Schlange stehen. Und die Flüchtlinge, die noch vor Kurzem in die Stadt geströmt waren, bemühten sich jetzt, diesen Unglücksort so schnell wie möglich zu verlassen. Wir besprachen, was wir tun sollten. Unter den Umständen schien es am vernünftigsten, wieder nach Haus zu gehen. Nach diesen letzten Tagen hatten wir genug von Warschau, und schon der Gedanke an zu Hause trieb uns allen die Tränen in die Augen. Großvater begann sich nach Transportmöglichkeiten umzuhorchen. Personenzüge waren für die Armee reserviert, und nur besonders privilegierte Zivilisten konnten auf einen Platz in einem Viehwaggon hoffen. Großvater beschloss, Pferd und Wagen zu »organisieren« und uns selbst zu kutschieren. Alles schien bereits bestens geregelt, als ich plötzlich krank wurde.

Anscheinend hatte ich mich in den langen Nächten auf dem Zementfußboden des Kellers erkältet; während meine Temperatur immer höher kletterte, trat der Familienrat zusammen und überlegte die Lage. Man war sich nicht darüber einig, was schlechter für mich sei, die kalte, fensterlose Wohnung oder die eisige Herbstluft. Die Heimfahrt würde mehrere Tage lang dauern und niemand konnte abschätzen, was unterwegs alles passieren würde. Großvater erklärte sich bereit, den Anordnungen des Arztes zu folgen, aber mehrere Tage lang war kein Arzt aufzutreiben. Aber da es mir immer schlechter ging und die Familie ihn immer mehr bedrängte, klapperte Großvater schließlich eine Feldküche nach der anderen ab und fragte bei jeder Schlange, ob nicht zufällig ein Arzt dabei sei. Auf diese einfache Art fand er auch tatsächlich einen, versprach ihm ein Essen mit drei Gängen, um ihn überhaupt von der Schlange wegzulocken, und brachte ihn nach Haus, wo Mutter sofort drei Konservendosen öffnete, und der Arzt, vor Sattheit strahlend, verkündete, dass ich mindestens noch eine Woche lang unter keinen Umständen reisen dürfte.

In den nächsten Tagen verloren wir Onkel. Seit der Kapitulation hatte er dauernd über seine Zukunft nachgedacht. Großmutter flehte ihn an, doch die Uniform endlich auszuziehen und bei uns zu bleiben. Viele Offiziere und Soldaten nahmen diese Gelegenheit wahr, um zu ihren Familien zurückzukehren, und Großmutter konnte nicht begreifen, warum Onkel nicht dasselbe tun wollte. Er fand, er habe kein Recht, sich selber zu demobilisieren. Es gab lange, leidenschaftliche Debatten über die Ehre der Armee, das Beispiel, das er seinen Soldaten geben musste, die Genfer Konvention. Ein Offizier hatte die Pflicht, sich einer Gefangenschaft zu entziehen. Bei dem Wort Gefangenschaft brachen Mutter und Großmutter in Tränen aus. Es war undenkbar, dass Onkel gefangen genommen würde. Sie flehten ihn an, bei uns zu bleiben, aber er zögerte und wusste nicht, was er tun sollte, und als er eines Tages nicht mehr kam, wussten wir, dass er gefangen genommen worden war.

3

Die Tage vergingen in steigender Unruhe, während die ganze Familie darauf wartete, dass mein Zustand sich besserte. Großvater trieb einen Bauernkarren und ein Paar Zugpferde auf. Mehrere Nachbarn gesellten sich zu uns, alle ungeduldig darauf drängend, Warschau endlich zu verlassen. Schließlich gab Mutter nach, ich wurde in alles eingewickelt, was wir noch an Kleidung besaßen, und wir setzten uns auf den Wagen. Großvater stieg auf den hohen Kutschbock, die Peitsche schnalzte, und holpernd fuhren wir über das Kopfsteinpflaster davon.

Ich reckte meinen Hals aus den vielen Tüchern und schaute mich ständig um wie ein Wetterhahn, zum großen Ärger der anderen Passagiere, die um keinen Preis Aufmerksamkeit erregen wollten. Die Deutschen waren anscheinend hinter allen jungen Männern her, und wir hatten mehrere bei uns auf dem Wagen. Es fing zu regnen an, und schon beim ersten Tropfen spannten alle einen Schirm auf und verschwanden darunter, mit Seufzern der Erleichterung.

Furchtlos streckte ich weiter meinen Kopf heraus. Vielleicht sah ich Warschau zum letzten Mal, das konnte ich mir doch nicht entgehen lassen. Nach der erzwungenen Gefangenschaft der letzten Wochen wollte ich jedes einzelne Haus sehen und mir merken, jede Ruine, und vor allem jeden deutschen Soldaten. Der Krieg konnte doch morgen schon zu Ende sein, und dann würde ich sie nie wiedersehen!

Als wir das Kopfsteinpflaster und die noch schwelenden Ruinen endlich hinter uns ließen, beugte sich Mutter unter ihrem Schirm hervor.

»Verfluchte Stadt, möge ich dich nie wiedersehen!«, sagte sie.

Der Karren war in eine lange Schlange von Fahrzeugen eingekeilt und kam nur langsam vorwärts. Von Zeit zu Zeit mussten wir ausweichen, wenn uns motorisierte Kolonnen auf ihrem Weg nach Warschau entgegenkamen. Ich betrachtete diesen endlosen grau-grünen Strom, strotzend von Stahl, der da in die Stadt flutete, die wir hinter uns ließen, und war sehr erleichtert, dass wir nach Hause fuhren.

Als wir am Abend in einem Dorf Halt machten, konnte ich kaum noch sehen oder hören, und mein Kopf fühlte sich so schwer an wie eine Bombe. Nur ganz vage nahm ich die Debatte wahr, die rund um mich im Gang war. Ich wurde auf den Boden des Wagens gelegt, zwischen zwei Reihen von großen Füßen, über mir dröhnten die Stimmen dahin, und von beiden Seiten beugten sich fremde Gesichter zu mir nieder.

Auf dem Marktplatz, mitten in einem grünen Strom von Uniformen, der links und rechts von uns in Richtung Warschau floss, wurden wir angehalten, um die Soldaten vorbeizulassen, aber inzwischen fantasierte ich bereits, und es wurde daher beschlossen, dass ich in ein Krankenhaus gebracht werden sollte.

Großvater hob mich vom Wagen herunter und hielt mich mit Hilfe eines anderen Mannes aufrecht. Das Militärkrankenhaus, das in einer Schule untergebracht war,

war am Ende einer kleinen Nebengasse deutlich zu sehen, aber ich war zu schwer, um getragen zu werden. Mutter erspähte einen Mietwagen an der Ecke und rannte hin. Der Fahrer schätzte die Lage mit einem Blick ab und sagte dann: »Das macht hundert Zlotys.«

Mutter schaute ihn ungläubig an. Die Fahrt würde keine fünf Minuten dauern. Hundert Zlotys, das war die reinste Erpressung, zu unverschämt, um es auch nur in Betracht zu ziehen (hundert Zlotys war das Monatseinkommen eines guten Arbeiters).

»Mein Pferd ist müde«, erklärte der Kutscher. »Gut, wenn Sie nicht wollen, dann eben nicht.«

Mutter schaute hilflos zu uns herüber, dann ließ sie den Kutscher plötzlich stehen und eilte zum Marktplatz. Durch den roten Schleier vor meinen Augen sah ich, wie sie vor dem riesigen Gendarm stehen blieb, der hier den Verkehr regelte. Er beugte sich zu ihr herunter und hörte aufmerksam zu, und im nächsten Augenblick kamen sie beide zu uns. Dann blieb der Gendarm vor dem Kutscher stehen und brüllte irgendetwas. Der Mann zuckte die Achseln. Da packte ihn der Gendarm an den Beinen, zog ihn vom Sitz herunter und warf ihn mit einem Ruck auf die andere Seite der Straße.

In diesem Augenblick kam ein junger deutscher Offizier auf einem Motorrad vorbei, erfasste die Szene mit einem Blick, sprang von seinem Gefährt und trat zu dem Gendarm. Nach einer kurzen Diskussion bot der Offizier an, uns zum Krankenhaus zu fahren. Galant half er Mutter beim Einsteigen und winkte Großvater, uns zu folgen. Dann hob er mich Mutter auf den Schoß, und ein paar Minuten später half er uns allen vor der Tür des Krankenhauses wieder heraus.

Vollkommenes Chaos empfing uns. Ärzte und Schwestern hasteten durch die Räume, Türen schlugen, laute

Stimmen brüllten unverständliche Befehle. Wir standen in einem großen Zimmer mit drei blutverschmierten hölzernen Tischen und Kübeln voll schmutzigem Verbandszeug. Der Geruch von Äther machte mich schwindlig. Wir liefen wieder in den Korridor hinaus, wo es uns endlich gelang, die Aufmerksamkeit eines jungen Arztes zu gewinnen. Er war eben dabei, sich so schnell wie möglich Zivilkleidung anzuziehen, aber er ließ sich überreden, mich im Treppenhaus schnell zu untersuchen. Er erklärte uns, dass das Krankenhaus eben geräumt wurde und dass alle Ärzte und Schwestern so schnell wie möglich verschwinden wollten, um nicht den Deutschen in die Hände zu fallen.

Während er sich bemühte, aus seinen Stiefeln herauszukommen, verkündete er, dass Mutter, wenn sie mich morgen noch lebend sehen wollte, mich noch heute in ein warmes Bett stecken und mindestens zwei Wochen lang drin liegen lassen müsste. Gleichzeitig schüttete er ihr Berge von bunten Pillen in die Hand, mit einem Schwall von Instruktionen: »Diese hier dreimal täglich, diese stündlich, diese in der Nacht ... Ich kann leider sonst nichts mehr für sie tun, ich muss schauen, dass ich aus der Stadt verschwinde, bevor sie mich erwischen.« Und damit hastete er die Stiegen hinunter und winkte uns noch mit einer Zivilhose zu.

Draußen wartete noch immer der junge Deutsche in der Kutsche geduldig auf uns. Er erkundigte sich nach der Diagnose und schüttelte mitfühlend den Kopf, als er Mutters Gesicht sah.

»So ein Pech, und ausgerechnet in diesem Nest hier«, meinte er und half uns beim Einsteigen. Dann kutschierte er den Wagen zurück zum Marktplatz, stieg auf sein Motorrad, winkte uns noch einmal freundlich und fuhr davon.

Voll Bedauern sahen wir »unserem« Wagen nach, wie

er, mit einem anderen Fahrgast auf dem Kutschbock, davonrollte und uns vier in diesem Dorf, das keiner von uns kannte, auf unseren Koffern sitzend zurückließ. Die Soldaten sangen auf ihrem Marsch nach Warschau. Es wurde Abend. Mutter saß auf ihrem Koffer und drückte mich an sich und war offensichtlich den Tränen nahe, und Großmutter war erschöpft und gereizt und jammerte laut darüber, dass ausgerechnet uns so etwas passieren musste. Großvater dagegen, wie üblich, tat etwas.

In einer kleinen Nebenstraße fand er einen jüdischen Gastwirt, der uns, von unserem Schicksal gerührt, bei seiner Familie aufnahm. Ich wurde in ein riesiges Doppelbett gesteckt, das nach fremden Körpern roch, und schlief sofort ein.

Als ich wieder die Augen öffnete, riss ich vor Verblüffung über die Szene vor mir den Mund auf. Ich war in einem fremden Zimmer, erhellt nur von einigen Kerzen, die auf einem großen Tisch standen. Rund um ihren zuckenden Lichtschein sah ich dunkle Gestalten singend und stöhnend in alle Richtungen schwanken, es waren alles Männer in langen schwarzen Kaftanen, mit langen Bärten und Locken an den Schläfen und Käppchen auf den Köpfen. Ihre bleichen Gesichter und Hände hingen in dem verschwommenen Kerzenlicht geheimnisvoll körperlos in der Luft. Hinter ihnen schwebten weibliche Gestalten in langen schwarzen Kleidern. Ihre Augen leuchteten auf, wenn sie sich dem erleuchteten Zirkel näherten, und auf dem weißen Tischtuch erschienen plötzlich dampfende Schüsseln mit Essen.

Mutter, die neben mir auf dem Bett saß, nahm schnell meine Hand und flüsterte mir zu, ich sollte still sein. Aber schon hatten sich Gesichter erstaunt und verärgert zu uns gewendet. Dieser frommen orthodoxen Familie kam es einfach unglaublich vor, dass ein jüdisches Kind keine Ahnung vom Sabbat-Ritual haben sollte. Den ganzen Abend hindurch saß ich neben Mutter, drückte mich eng an sie und beobachtete den Kreis von Menschen rund um den Tisch, wie sie hin und her schwankten, weinten, sangen, beteten, und lauschte voller Angst und Ergebenheit den Worten, die auch in der fremden Sprache so klar zu verstehen waren.

Am Ende dieses seltsamen Abends erhoben sie sich alle und gingen, noch immer singend, im Gänsemarsch zu einem großen Schrank. Die Tür ging auf und einer nach dem anderen verschwand darin.

Am Morgen kamen sie durch die gleiche Tür wieder heraus und traten zu mir ans Bett, um mich zu begrüßen. Jetzt sahen sie wie eine ganz normale orthodoxe Familie aus, ihre Käppchen und Kaftane waren lange nicht mehr so geheimnisvoll wie gestern und die bärtigen Gesichter lächelten. Die Frauen in Perücken und langen dunklen Kleidern hatten immer einen vollen Teller in der Hand, wenn sie schüchtern in meine Nähe kamen, und wollten mich zu jeder Tageszeit füttern.

Wir verbrachten eine Woche bei ihnen, überwältigt von ihrer Gastfreundschaft und Güte. Das vordere Zimmer, wo wir wohnten, war nur eine »Attrappe«, die ganze Familie wohnte in dem hinteren Zimmer, dessen Tür durch den Kleiderschrank getarnt war. Seit der Invasion der Deutschen lebten sie in ständiger Furcht vor Arrest oder einem anderen Unglück und hatten die naive Hoffnung, dass der Schrank ihre Rettung sein würde.

Dank dem warmen Bett und dem guten Essen ging es mir bald viel besser; die Pillen hatte meine Mutter alle weggeworfen, aus Angst, sie würde mich vergiften, wenn sie die Anweisungen des Arztes nicht richtig ausführte.

Und weil ich noch immer krank war, bekamen wir jetzt Pässe für die Bahnfahrt. Wir verabschiedeten uns von der

Gastwirtsfamilie, die uns alle ihren Segen gaben und für ihre Gastfreundschaft keinesfalls Geld von uns annehmen wollten.

Und so kamen wir nach zweimonatiger Abwesenheit wieder nach Haus. Stanislaw war da, sein langer Schnurrbart kitzelte mich im Gesicht, als er mich nach oben trug. Bis auf ein paar Einschüsse in den Fensterscheiben, die wir mit Watte verstopften, war das Haus noch vollkommen in Ordnung. Ein paar Sachen fehlten. Vor allem kleine Dinge, Nippes, Porzellan, Sofakissen, und alle meine Spielsachen.

Und von Mutters Kleidern fehlten auch einige.

»Ich bin überzeugt, das war Stefa«, sagte Mutter sofort. Ich war empört. »Meine« Stefa sollte meine Puppen und alle diese schönen Sachen gestohlen haben? Als Stefa endlich selbst kam, brach sie in Tränen aus und gab auf Fragen keine Antwort. Unsere Rückkehr machte sie anscheinend überglücklich. Sie wollte ihre Stelle sofort wieder aufnehmen, und da ich noch immer im Bett bleiben musste, stimmte Mutter zu. Aber die Atmosphäre zwischen den beiden Frauen war sehr gespannt. Mutter war sehr leicht reizbar und ärgerte sich furchtbar, wenn Stefa so merkwürdige Dinge sagte wie: »Wir sind jetzt alle Deutsche und müssen für das Reich arbeiten.« Sie glaubte alles, was die Zeitungen über Deutschland schrieben, und meldete sich nach ein paar Wochen sogar freiwillig zur Deportation, um in einer deutschen Fabrik zu arbeiten: »Der Mann im Büro hat gesagt, dass die Bezahlung gut ist. Hier könnte ich nie so viel verdienen.«

Mutter griff sich an den Kopf. Tagelang versuchte sie, Stefa diesen unsinnigen Entschluss auszureden. Aber Stefa verstand einfach nicht, was das Wort »Propaganda« bedeutete.

Nach einem Monat Erholung war ich wieder so weit

beisammen, dass ich bei einem Privatlehrer regelmäßig Stunden nehmen konnte. Die Schulen waren geschlossen. Der Teil von Polen, wo wir lebten, wurde dem Reich angegliedert, und es schien nicht sehr wahrscheinlich, dass Juden hier wohnen bleiben dürften.

Von Vater hatten wir keine Nachricht. Wir hatten gehört, dass die Zufahrtsstraßen nach Warschau in diesen Tagen des allgemeinen Exodus schwer bombardiert worden waren und dass viele Menschen dabei umkamen. Niemand wusste, was mit Vater geschehen war, und wir lebten in der ständigen Hoffnung auf einen Brief mit günstigen Nachrichten.

Frost und Schnee begannen zeitig in diesem Jahr. Trotz der ständig steigenden Spannung und Unruhe hofften wir den Winter in unserem Haus verbringen zu können. Da bekamen wir eines Tages unerwarteten Besuch.

Herr Junge, der Feldscher, erschien, und erkundigte sich, ob wir irgendetwas von Vater gehört hätten. Er war eine Art medizinischer Assistent, der früher die Familie unter Aufsicht eines Arztes behandelt hatte. Seit vielen Jahren war er ein guter Freund. Immer war er freundlich und gut gelaunt, und Mutter freute sich, ein bekanntes Gesicht zu sehen, und bat Stefa, für sie beide Tee zu machen. Sich die Hände an seinem Teeglas wärmend, platzte Herr Junge dann plötzlich mit einem merkwürdigen Vorschlag heraus: Das Haus, in dem wir wohnten, gehörte Mutter. (Es war Großvaters Hochzeitsgeschenk gewesen, als sie gegen den einhelligen Widerstand der restlichen Familie meinen Vater geheiratet hatte.) Da Mutter aber Jüdin war, durfte sie nun, da die Zeiten sich geändert hatten, kein Haus mehr besitzen. Herr Junge sah entschuldigend drein, als er uns über diese neue Entwicklung informierte. Er selbst dagegen war in der glücklichen Lage, durchaus Besitz erwerben zu dürfen, denn er war jetzt Deutscher.

Als Mutter ihre Überraschung darüber erkennen ließ, zog er ein Dokument hervor.

Ja, es war ihm eine Ehre, endlich wieder die Nationalität seiner Vorfahren annehmen zu dürfen. Er war tatsächlich rein deutscher Abstammung, nur hatte seine Familie unglücklicherweise in den Jahren vor 1939 ihre Herkunft geheim halten müssen.

An diesem Punkt der Unterhaltung erinnerte ich mich plötzlich vage an Gespräche von vor dem Krieg. Kein Zweifel, das war derselbe Mann, der im Jahre 1937 einen Verleumdungsprozess gegen jemand gewonnen hatte, der es gewagt hatte, ihn pro-deutscher Sympathien zu bezichtigen!

Der Ton von Herrn Junge wurde um eine Spur härter. Verschwunden war das schüchterne Lächeln, die ganze Onkel-Doktorhaftigkeit. Obwohl er auf Polnisch mit uns redete, bekam er plötzlich einen starken deutschen Akzent, als er Mutter herrisch befahl, ihn sofort zum rechtmäßigen Besitzer ihres Hauses zu erklären, und ihr dafür eine Summe anbot, die wohl lachhaft gewesen sein musste, denn Mutter lächelte nur.

Herr Junge sprang vom Stuhl auf, das Teeglas zersprang klirrend am Boden. Er schwenkte ein zweites Dokument und reichte Mutter derart abrupt eine Feder, dass ich einen Moment lang glaubte, er wolle sie schlagen.

»Sie sind ein lächerlicher, eingebildeter Mann«, sagte Mutter. »Sie glauben vielleicht, Sie können die Lage ausnutzen, solange mein Mann nicht hier ist, aber da täuschen Sie sich. Ich werde Ihnen dieses Haus niemals verkaufen, auch dann nicht, wenn Sie mir einen anständigen Preis dafür bieten. Ich wundere mich nur, dass Sie mit Ihren Nazi-Anschauungen es überhaupt über sich bringen, Hand an jüdischen Besitz zu legen.«

Das Gesicht von Herrn Junge lief dunkelrot an. »Frau

David, ich befehle lhnen zum letzten Mal: Unterschreiben Sie dieses Papier!« Seine Stimme war jetzt so hoch, dass sie beim letzten Wort überschnappte.

Mutter gab keine Antwort.

»Das werden Sie bereuen, das werden Sie noch bitter bereuen, das verspreche ich Ihnen!«, schrie er plötzlich, und genauso plötzlich stand Mutter von ihrem Stuhl auf und machte einen Schritt auf ihn zu:

»Hinaus aus meinem Haus!«, sagte sie ganz ruhig. Sie war einen guten Kopf kleiner als Herr Junge, aber in ihrer Stimme lag so viel Autorität, dass er rückwärts bis zum Stiegenhaus ging und mit der Hand automatisch an den Hut griff, als er zur Tür kam. Draußen hörten wir ihn noch laut fluchen und zwei Stufen auf einmal die Treppe hinunterstürzen.

Großvater war entsetzt, als er davon hörte. »Ich fürchte, Kind, du hast noch immer nicht begriffen, was uns bevorsteht. Dieser Mann hat Gewalt über Leben und Tod von uns allen und du hast ihn wütend gemacht.«

Ich sah, wie Mutter die Tränen in die Augen stiegen, als sie sich verteidigte: »Krieg oder nicht, ich konnte doch diesem Opportunisten nicht erlauben, mich in meinem eigenen Haus zu bedrohen!«

Großvater seufzte. »Ich glaube, es wäre klüger, wenn wir uns ein anderes Haus suchen und uns eine Weile dorthin zurückziehen. Vielleicht bis zum Frühling. Dann ist vielleicht mit Gottes Hilfe der Krieg schon vorbei.«

Bald darauf begannen die Arisierungen. Juden wurden aus ihren Häusern vertrieben, diese versiegelt und für die Deutschen reserviert, die dann einzogen. Am Anfang durften die ehemaligen Insassen noch unbehelligt ausziehen, aber schon nach einer Woche fingen die Verhaftungen und die Deportationen an.

Ich ging mit Mutter eine alte Großtante besuchen, die den Befehl bekommen hatte, das Haus zu räumen. Wir fanden sie mit ihrem Mann in ihrem riesigen, düsteren Speisezimmer sitzen. Sie waren fest entschlossen zu bleiben, wo sie waren. Mutter versuchte sie mit jedem möglichen Argument, das ihr einfiel, zu überreden, aber es nützte nichts.

»Ich kam vor fünfundvierzig Jahren als Braut in dieses Haus«, sagte Großtante. »Alle meine Kinder sind hier zur Welt gekommen, zwei sind hier im Nebenzimmer gestorben. Mein ganzes Leben liegt in diesen alten Mauern, diesen alten Möbeln. Meine Kinder leben im ganzen Land verstreut. Sie brauchen uns nicht und ich möchte niemandem zur Last fallen. Wohin sollen wir denn gehen? Ich könnte in einer fremden Küche meinem Moritz nicht einmal eine Mahlzeit kochen . . .«

Großonkel saß in seinem Sessel mit der hohen Lehne und nickte nur lächelnd. Er stimmte seiner Frau vollkommen zu. Ausziehen kam nicht in Frage.

»Diese jungen Offiziere gestern waren wirklich sehr grob zu uns«, sagte sie kopfschüttelnd. »Sie haben richtig herumgeschrien. Vielleicht meinten sie, wir sind taub? Sie sollten wirklich etwas mehr Respekt vor unserem Alter haben, auch wenn sie Deutsche sind. Sie waren so jung . . .«

Draußen fuhr ein Wagen vor. Großtante schlurfte langsam zum Fenster. »Da sind sie, ihr geht besser schnell weg.« Zum letzten Mal versuchte Mutter, sie zu überreden, doch mit uns zu kommen, aber sie hörten nicht auf uns, scheuchten uns stattdessen über die Dienstbotenstiege fort, während die Eingangstür schon unter den Fäusten der Soldaten zitterte. Unten auf dem Stiegenabsatz blieben wir stehen, um uns die Mäntel zuzuknöpfen, und hörten zwei trockene Stöße die Stille in der Wohnung oben brechen. Mutter packte mich am Arm, wir hasteten schweigend nach Haus und wagten nicht, einander ins Gesicht zu sehen.

Am nächsten Tag wurden die Großeltern von einer Gruppe von Offizieren aufgesucht.

»Das ist ja ein Paradies«, sagte der ältliche Führer der Gruppe, während sie von Zimmer zu Zimmer gingen, die Bücher und die Bilder bewunderten, die Möbel anfassten und auf die Kissen klopften.

»Alles muss hier genauso bleiben, wie es ist«, befahlen sie. »Wenn morgen auch nur das Geringste davon fehlt, werden Sie es mit Ihrem Leben bezahlen. Sie haben bis heute Abend Zeit, um zu verschwinden.« Großmutter protestierte. Sie schoben sie einfach zur Seite und gingen fort.

Die Großeltern zogen hinaus in die Mühle. Am nächsten Tag wurde die Straße abgesperrt und große Möbelwagen fuhren vor, um die Einrichtung abzutransportieren. Dieselben Offiziere wie gestern standen dabei, überwachten die Arbeiter und ermahnten sie ständig, vorsichtig mit den Sachen umzugehen. Wir standen in der Menge, die sich hinter der Barriere angesammelt hatte, und schauten zu, wie die vertrauten Sachen in den Wagen verschwanden. Es war alles so sonderbar und merkwürdig, dass ich es nicht glauben konnte. Jeden Augenblick muss etwas passieren, was wirklich ist, dachte ich. Die Polizei wird kommen und den ganzen Unfug einstellen, oder vielleicht ist der Krieg auf einmal vorbei und die Deutschen verschwinden.

Aber nichts dergleichen geschah. Als alles vorbei war und die Möbelwagen hinaus zu dem Landhaus fuhren, wo unsere Möbel für irgendeinen wichtigen Deutschen gebraucht wurden, gingen wir zum letzten Mal hinauf. Merkwürdig, wie groß die Räume waren, wie hohl unsere Schritte auf den nackten Böden klangen. Durch die Fenster, von denen die Vorhänge abgenommen waren, strömte ungehindert das Sonnenlicht herein. Ich ging in die leere Bibliothek, wo Onkel mich einmal beim Lesen seines ungereinigten Exemplars von *Quo Vadis* erwischt hatte. Was werden die Deutschen tun mit allen diesen polnischen Büchern, alle grün gebunden, mit Großvaters Initialen in Gold darauf?

In Onkels Zimmer war eine kleine Schreibtischlampe mitten am Boden stehen geblieben. Sie passte nicht zur restlichen Einrichtung, daher hatten sie sie nicht mitgenommen, ihr Kabel steckte noch in der Steckdose, der Schirm auf dem metallenen Stiel neigte sich traurig zur Seite. Ich räumte sie in eine Ecke, wo sie nicht gar so verlassen war und nicht mehr so auffiel, und ging in die Küche. Hier waren fast lauter Einbaumöbel, und die hatten sie nicht mitnehmen können. Auf einer leeren Stellage stand eine kleine gelbe Porzellanente. Das war einer von Sophies Schätzen, um den ich sie seit vielen Jahren beneidete. Bei besonderen Anlässen ließ Sophie mich manchmal mit ihr spielen. Als ich sie einmal fragte, woher sie das Entlein denn hatte, lachte sie. »Aber Janie, du hast es mir doch selbst gegeben«, antwortete sie. Und dann erzählte sie mir, dass ich eines Tages, als ich ungefähr zwei Jahre alt war, in die Küche kam, um ihr die Ente zu zeigen, und sie sie, um mir eine Freude zu machen, ausführlich bewunderte. Ich bot sie ihr sofort an, und sie musste sie annehmen, denn ich war drauf und dran, in Tränen auszubrechen. Und seither hatte ich sie von all den schönen Dingen, die sie besaß, um nichts so sehr beneidet als um diese kleine Ente!

Von Mutter habe ich gehört, dass ich, als ich ganz klein war, die Gewohnheit hatte, alles, was von anderen Leuten bewundert wurde, sofort herzuschenken. Auf diese Weise wurde ich nicht nur fast alle Spielsachen los, sondern auch ein goldenes Kettchen und ein Medaillon, das jemand bewundert hatte, während die Kinderfrau gerade nicht herschaute. Langsam gelang es, mir diese Großzügigkeit abzugewöhnen, aber es war mir immer peinlich, wenn jemand etwas von meinen Sachen bewunderte. Ich fand, es sei doch sehr unschön, etwas zu behalten, was jemand anderem offensichtlich so gut gefiel, und wand mich vor Verlegenheit, besonders dann, wenn ich selber an dem Stück hing und es nicht hergeben wollte.

Ich ließ das Entlein in meine Manteltasche gleiten und wir verließen schweigend das Haus. Nur Großmutter weinte. Am nächsten Tag wurden wir von einem heftigen Klopfen an die Tür geweckt. Mutter machte auf und ein junger Offizier trat herein. Er machte den Mund auf und bellte. Mutter machte die Tür wieder zu und ich sah sie verständnislos an: »Hat er etwas gesagt?«

»Wir müssen in zehn Minuten unten sein«, gab sie zurück. Hastig zogen wir uns an. Mutter nahm ein paar Kleider auf, legte sie wieder hin, nahm ihre Reisetasche, dann ihren Kosmetikkoffer, stellte beides wieder auf den Boden, und schließlich gingen wir mit leeren Händen hinunter. Die übrigen Mieter standen alle schon da.

Wir wurden in einer langen Schlange durch die Straßen geführt, wir mussten im Rinnstein gehen, die Gendarmen gingen oben auf dem Gehsteig. In der Hauptstraße erblickte ich Stefa. Sie näherte sich uns hinter dem Gendarm, packte meine Hand und fing langsam an, mich zu sich hinauf auf den Gehstein zu ziehen. Mutter nickte unmerklich. Ich hatte schon einen Fuß oben, als sich der Gendarm umdrehte, die Situation missverstand – er dachte nämlich, Stefa versuche, wegzulaufen –, und Stefa zu uns dazuschob. Sie brach in Tränen aus, versuchte zu erklären, dass sie gar nicht zu uns gehörte, aber der Gendarm hörte ihr nicht einmal zu.

Man brachte uns in einen großen Hof hinter einem

Haus an der Hauptstraße, der Platz war schon vollgepfropft mit Menschen, die alle heute aus ihren Wohnungen vertrieben worden waren. Der Eingang zum Hof wurde von Gendarmen bewacht. An der anderen Seite des Vierecks floss der Fluss, die dritte und die vierte Seite wurden ebenfalls von Rückseiten von Häusern umschlossen. Wir schauten uns um und stellten fest, dass das eine der beiden Häuser eine kleine Hintertür hatte, die in eine Nebenstraße führte. Falls die Deutschen das nicht wussten, würde diese Tür sicher nicht bewacht sein.

Mutter wies mich an, mit Stefa zu gehen, und wir näherten uns vorsichtig der Tür, während die Gendarmen uns gerade den Rücken drehten. Stefa drückte auf die Klinke – sie gab nach. Wir schlüpften durch den dunklen Gang, öffneten die Tür am anderen Ende und fanden uns in einer stillen Hintergasse. Wir waren frei.

Stefa nahm mich zu sich nach Haus. Das war mein erster Besuch bei ihr und ich war entsetzt zu sehen, wie sie lebte. Das Haus, in dem sie wohnte, war eine Baracke, sie bestand aus einer Art mittlerer Halle, mit vielen Türen in zahllose kleine Zimmer. In jedem Raum lebte eine Familie. Badezimmer oder Küche gab es nicht und das Klo war draußen im Hof, ebenso die gemeinsame Abfallgrube, die von der Eingangstür an sich unter einer ganzen Reihe von Fenstern hinzog. In Stefas Zimmer standen zwei wacklige Betten, eins für sie und eins für ihren Vater, ein Kleiderschrank, ein Tisch und zwei Stühle und ein kleiner Herd, auf dem sie kochte.

Nach dem ersten Schock schaute ich mich interessiert um, und plötzlich blieb mir fast das Herz stehen: Ich erkannte unsere Sofakissen, die bemalte Vase, den Aschenbecher. Also waren auch meine Spielsachen hier gewesen und Mutters Kleider hingen wahrscheinlich in diesem Schrank.

Ich setzte mich aufs Bett, fast zermalmt von Enttäuschung. Es schmerzte mich nicht nur, dass meine Mutter recht gehabt hatte, sondern auch, dass mein blinder Glaube an Stefa sich als falsch herausgestellt hatte. War es denn wirklich wahr, dass man niemandem mehr trauen konnte?

Stefa wollte eben wieder fortgehen, um Mutter zu holen. Ich schaute sie an.

»Hast du alle meine Spielsachen genommen?«, fragte ich.

»Ja«, gab sie zu, »du brauchst sie ja nicht mehr.«

Ich begriff nicht, warum, wagte es aber nicht, sie zu fragen.

»Was hast du mit ihnen gemacht?«

»Ich hab sie meiner Nichte gegeben.«

Darüber musste ich lachen, ich konnte mir nicht helfen. Jedes Jahr, wenn mein Geburtstag kam, nahm mich Stefa mit in einen Spielzeugladen, um ein Geschenk für ihre kleine Nichte zu kaufen, die etwa zur gleichen Zeit Geburtstag hatte, und bat mich immer, irgendetwas auszusuchen, das einem Mädchen in meinem Alter gefallen würde. Zuerst glaubte ich Stefa, aber nachdem ich ein- oder zweimal die Sachen, die ich für die Nichte ausgesucht hatte, selber zum Geburtstag bekam, war ich langsam überzeugt davon, dass diese Nichte gar nicht existierte, und suchte immer genau das aus, was ich selber am liebsten bekommen wollte. Und jetzt hatte sich diese Nichte alle ihre Geschenke schließlich doch noch geholt.

Stefa und Mutter kamen am späten Nachmittag. Bis dahin waren schon die meisten Gefangenen durch die kleine Hintertür entkommen und die Deutschen wurden langsam misstrauisch. Mutters Gesicht veränderte sich deutlich, als sie hereinkam und überall ihre eigenen Sachen sah, aber sie sagte nichts. Sie wollte ohnehin nicht hierbleiben, sondern gleich hinauszuziehen in die Mühle. Aber zuerst mussten wir noch nach Haus gehen und unsere Sachen einpacken.

Stefa protestierte. Das Haus war doch versiegelt, wir hatten kein Recht, irgendetwas daraus zu entfernen, das war jetzt alles deutsches Eigentum. Mutter gab ihr einen vernichtenden Blick:

»In diesem Haus ist alles mein Eigentum, da kann die Gestapo so viele Siegel draufkleben, wie sie will. Ich gehe jetzt nach Hause packen. Wenn du Angst hast, kannst du ja hierbleiben. Janie nehme ich mit.«

Meine Beine wurden zu Brei.

Stefa umarmte mich zum Abschied. Ich war von der eisigen Gewissheit erfüllt, dass ich sie nie wiedersehen würde, aber meine Gefühle hatten wie üblich nur den Effekt, dass sie mich fast erstickten, Worte brachte ich keine heraus, um sie auszudrücken; nach einem höflichen »Auf Wiedersehen, Stefa« gingen wir also.

Stanislaw weigerte sich zuerst, uns zu helfen, und wollte uns gar nicht ins Haus lassen. Mutter musste ihm mit den schrecklichsten Folgen drohen für den Tag, wo Vater zurückkam, bis er nachgab und uns doch hineinließ.

Der Haupteingang war versiegelt, wir mussten durch den Hof gehen. Mit Hilfe von einem seiner Söhne hob Stanislaw dann die Wohnungstür aus den Angeln und lehnte sie an die Wand, die Siegel völlig intakt. Wir packten alle unsere Kleider, das Bettzeug und noch verschiedene andere Dinge, machten in der Mitte des Zimmers einen Haufen und wickelten alles in Leintücher. Mutter bedauerte, dass sie die Vorhänge nicht mitnehmen konnte, aber dabei hätte man uns vom Fenster sehen können, das wäre zu gefährlich gewesen. Zitternd vor Angst flehte Stanislaw Mutter an, sich doch zu beeilen, die Deutschen konnten jeden Augenblick zurückkommen. Mutter ging, finster entschlossen, aber ruhig, von einem Schrank zum anderen und inspizierte den Inhalt.

Endlich waren wir fertig, holten eine Mietkutsche zum Hintereingang und verstauten unsere Bündel im Wagen, während Stanislaw die Tür wieder in die Angeln hängte. Im letzten Moment lief ich noch schnell zurück in die Wohnung.

Es gab nichts mehr mitzunehmen, aber ich wollte gern noch einen Augenblick allein sein an diesem Ort, der mein ganzes bisheriges Leben lang meine Heimat gewesen war. Ich ging im Kinderzimmer herum, strich mit den Händen über die Wände, die Möbel, das Fensterbrett und küsste die Türklinke, auf der ich früher, als ich noch ganz klein war, immer schaukelte. Dann rannte ich hinaus, ohne Stanislaw noch einmal anzusehen, und sprang neben Mutter in die Kutsche.

Langsam fuhren wir über den hart gefrorenen Schnee. Der Kutscher fluchte, als das Pferd einmal ausglitt. Wir hatten noch einen weiten Weg. Mutter hielt einen Topf mit Milch, den sie in letzter Minute aus der Küche mitgenommen hatte, aber jetzt schwappte die Milch über und machte uns nass. Wir bogen gerade aus einer Seitengasse in die Hauptstraße ein, als ein offener Gestapowagen unsere Kutsche kreuzte. Der Fahrer schrie dem Kutscher zu, stehen zu bleiben, aber der schlug zur Antwort nur auf sein Pferd ein, das darauf in einen flotten Trab fiel.

Mutter und ich auf unserem holpernden, ratternden Rücksitz verstanden zuerst gar nicht, was da vorging. Ich kniete auf dem Sitz, um hinten hinauszuschauen, und sah, wie das Auto wendete und mit voller Geschwindigkeit hinter uns herjagte. Dann sah ich, wie der Fahrer sich seitlich herausbeugte und einen kleinen schwarzen Gegenstand in der Hand schwenkte. Ich hatte gerade noch Zeit, mich zu ducken, als schon ein Kugelregen ins Holz der

Kutsche splitterte und die Polsterung zerfetzte. Mutter sprang vom Sitz auf und krallte sich in den Rücken des Fahrers und flehte ihn an, doch zu halten, aber der war wie vom Teufel besessen und schlug zur Antwort nur noch stärker auf das Pferd ein.

Trotzdem hatte uns das Auto natürlich in ein paar Minuten eingeholt und zwang das Pferd, stehen zu bleiben. Der Offizier sprang heraus, rot vor Zorn, noch immer seinen Revolver schwenkend, warf sich auf den Kutscher, riss ihm die Peitsche aus der Hand und hieb ihn mit ihr auf den Kopf, bis der Peitschenstiel brach. Mit jedem Schlag trieb er den Kopf des Kutschers etwas tiefer hinein zwischen seine Schultern, und der Mann stöhnte wie ein Tier, während sein Blut über unsere sämtlichen Bündel spritzte.

Dann wandte sich der Deutsche an uns. Was wir in den Bündeln hätten, wollte er wissen. Mutter knüpfte ein Leintuch auf und erklärte, dass wir umzogen. Er interessierte sich aber nicht für uns, sondern nur für unsere Sachen. Deutsche Familien waren auf dem Weg in unsere Stadt, und die brauchten alles, was wir hatten, um sich hier häuslich einzurichten. Er befahl uns, uns samt unseren Sachen unverzüglich im Hauptquartier der Gestapo zu melden.

Der Deutsche sprang zurück in seinen Wagen und schrie unserem Kutscher zu, er solle weiterfahren. Langsam drehte der den Wagen um, und wir trotteten zurück in die Stadt. Der Kutscher wischte sich schweigend das Blut aus den Augen. Sein Kopf stak immer noch zwischen seinen krummen Schultern. Der deutsche Wagen fuhr langsam hinter uns her.

Mutter rang verzweifelt die Hände: »Wenn wir zur Gestapo gehen, dann werden sie herausfinden, wer wir sind. Sie werden wissen, dass wir heute Morgen verhaftet wurden, und hier sind wir mit allen unseren Sachen, die wir im Haus hätten lassen sollen. Das ist das Ende für uns ...«

Aber es gab keinen Ausweg. Immer näher kamen wir der Hauptstraße. Und plötzlich geschah, worauf wir beide gehofft hatten. Der Deutsche, dem unser langsamer Trott auf die Nerven ging, trat aufs Gas, überholte den Mietwagen und fuhr voran, dem Fuhrmann zurufend, er solle nachkommen. Er fuhr ziemlich schnell. Wenn wir jetzt langsamer fuhren, dann konnten wir ihn in dem Gewirr von engen Gässchen, durch das wir jetzt fuhren, sicher leicht abhängen.

Mutter stand wieder auf und bat den Fuhrmann, bei der ersten Querstraße abzubiegen, aber er ließ nur die Peitsche auf das Pferd sausen und fuhr schneller. Offenbar bestand keine Hoffnung, den Mann dazu zu bringen, dass er uns half. Mutter versuchte es noch einmal, bat ihn, nur einen Augenblick zu halten, damit wir aussteigen konnten, aber er war ihren Bitten gegenüber völlig taub und trieb das Pferd nur noch mehr an.

Wir kamen der Hauptstraße immer näher. In einem Augenblick würde es für jeden Fluchtversuch zu spät sein. Mutter drehte sich zu mir: »Ich springe jetzt, und ganz gleich, was passiert, du springst sofort nach. Verstanden?«

Ein paar Passanten bemerkten, dass da irgendetwas Ungewöhnliches vorging, und liefen hinter der Kutsche her, und als Mutter aufs Trittbrett stieg, streckten sich ihr schon helfende Hände entgegen. Ich sah, wie sie sprang und sicher auf ihren Füßen landete. Jetzt war die Reihe an mir. Ich stand auf dem Brett, sah Mutters Gesicht immer kleiner werden und klammerte mich fest an die Klinke. Der gefrorene Boden unter mir sauste so schnell vorbei, dass mir schwindlig wurde. Es war unmöglich. Ich konnte nicht springen. Ich breitete meine Arme aus und warf mich ins Leere. Jemand fing mich mit einem Arm auf, in einem Knäuel rollten wir in den harten Schnee. Ich sprang sofort hoch und rannte ohne ein weiteres Wort zu Mutter, zusammen liefen wir in die nächste Seitenstraße, bogen gleich wieder um eine Ecke, schlugen noch einen Haken, in der Hoffnung, in diesem Labyrinth von Landsträßchen und Hintergärten völlig zu verschwinden. Endlich blieben wir atemlos stehen und sahen uns an. Niemand war uns gefolgt. Die Kutsche war weitergefahren, hinein in die Stadt.

Unfähig, ein Wort herauszubringen, deutete ich auf Mutters Hand. Sie trug noch immer den Topf, aber jetzt war keine Milch mehr drin, seufzend warf sie ihn auf einen Abfallhaufen. Wir umarmten einander schweigend und marschierten Arm in Arm den langen Weg bis zur Mühle.

Nach dem Feuer vor zwei Jahren war die Mühle wieder aufgebaut und erweitert worden. Neue Maschinen waren aufgestellt, alles war fix und fertig, um wieder in Betrieb genommen zu werden, aber da brach der Krieg aus. Nicolas, der ukrainische Hausmeister, der schon seit dem letzten Krieg bei Großvater arbeitete, lebte mit seiner deutschen Frau und seinem Sohn in einem gemütlichen Haus auf dem Mühlengelände. Nicolas war Großvater, der ihn nach dem Krieg aus einem Lager herausgeholt hatte, sehr ergeben. Ihm hatten wir es zu verdanken, dass wir jetzt in seinem Haus wohnen durften, wo seine Frau uns recht ungnädig erlaubte, eine große Mansarde zu benutzen. Das ganze Haus war ständig voll von Deutschen, die die Mühlenanlagen ins Reich exportierten und die vor lauter Freude darüber, eine echte deutsche Hausfrau hier zu finden, aus der Küche nicht mehr wegzubringen waren.

Heinz, der einzige Sohn, war deutscher Staatsbürger, hatte sich einer militärischen Organisation angeschlossen und paradierte in seiner Uniform stolz auf und ab. Uns behandelte er mit offener Feindseligkeit und ließ keinen Zweifel daran, dass er auf seinen Vater nicht mehr lange hören würde.

Mich kümmerte das alles ziemlich wenig. Mir gefiel es großartig auf dem Mühlengelände und im Garten und in dem großen Obstgarten, wo ich mein ganzes Leben lang gespielt hatte. Im Obstgarten gab es ein großes Glashaus, Großvaters Hobby, das er mit Nicolas teilte; dort züchtete er exotische Blumen, Palmen, Kakteen und sogar einen ziemlich großen Weinstock, dessen Trauben von ganz einzigartiger Säure waren. An dieses Glashaus hatte ich eine sehr unangenehme Erinnerung.

Vor ein paar Jahren, als ich einmal mit Stefa und noch einer Freundin im Obstgarten spielte, hörten wir plötzlich aus dem Hof warnende Rufe, dass die Hunde los seien. Auf dem Mühlengelände gab es damals ein Rudel von halb wilden Schäferhunden, denen als Einziger Nicolas sich nähern durfte, um sie am Abend von der Kette zu nehmen. Aber auch ihn hatten sie schon angegriffen und der Nachtwächter zitterte derart vor ihnen, dass er lieber drinnen im Haus blieb, solang die Hunde frei herumliefen.

Wir sahen sie plötzlich im Obstgarten auftauchen und auf uns zuhetzen, und schreckten uns so, dass wir anfingen, das schlüpfrige Dach des Glashauses hochzuklettern. Bis zur Hälfte kamen wir ungefähr und hielten uns da oben krampfhaft fest, während die Hunde unten heulten und nach unseren Füßen schnappten. Da fing das Glas zu springen an. Ich wusste, es konnte höchstens noch eine Minute dauern, bis wir entweder hinunterrutschten oder aber durchs Dach fielen, circa drei Meter tief auf die Kakteen. Nicolas erschien in letzter Minute und es gelang ihm, die Hunde vom Dach wegzulocken und in ihre Hundehütte zu führen. Ich zitterte, was Großvater wohl sagen würde, wenn er das zerbrochene Glasdach sah, aber er drückte mich nur ganz fest an sich und dankte Nicolas für seinen Mut. Ein paar Wochen später kamen die Schäferhunde alle um, nachdem ihnen eines Abends von Dieben eine vergiftete Wurst verpasst worden war. Großvater ließ sie nicht mehr ersetzen.

Jetzt war der Obstgarten öde und leer, die Pflanzen im Glashaus waren alle eingegangen, seit die Heizung nicht mehr funktionierte. Ich spielte mit Barbara, dem Mädchen aus dem Nachbarhaus. Manchmal spielte auch Heinz mit. Er war ungefähr achtzehn, groß und sehr muskulös. Offenbar hatte er mich sehr gern, was ich merkwürdig fand, da er sonst so gegen unsere Anwesenheit in der Mühle war.

Jetzt konnte ich mich gar nicht mehr vor ihm retten. Wenn wir im Obstgarten Verstecken spielten, war er immer dabei oder er lief mir einfach nach, bis er mich erwischte. Er öffnete seine Schafspelzjacke und drückte mich an sich, bis meine Rippen krachten. Ich strampelte und schimpfte. Ich konnte es nicht ausstehen, wenn mich jemand anderer als Vater drückte und streichelte, und vor Heinz hatte ich Angst und überhaupt war er mir widerwärtig. Aber ihn störte das anscheinend gar nicht, im Gegenteil, er schien es zu genießen, wenn ich mich wehrte.

»Ist dir kalt?«, fragte er, wenn ich meine vor Kälte starren Finger anhauchte, und das konnte ich nicht gut abstreiten. »Komm, ich wärm dich«, sagte er dann, öffnete seine Jacke, drückte mich wieder an seine Bärenbrust, spazierte mit mir in seinen Armen rund um den ganzen Hof und lachte über meinen wütenden Protest.

Mir wäre schon richtig warm, erklärte ich ihm. »Aha, dann komm nur und wärm jetzt mich, ich bin am Erfrieren!« – und schon wieder hatte er mich gefangen.

Ich bekam immer mehr Angst vor ihm. Jeden Tag stieß er irgendwelche Drohungen aus, er werde seine Freunde über unsere Anwesenheit hier informieren; Nicolas war der Einzige, der ihn noch zurückhalten konnte. Aber wenn ich ihn zu viel ärgerte, dann würde er sich vielleicht über seinen Vater hinwegsetzen und uns einfach denunzieren? Diese Überlegungen trugen viel mehr dazu bei, mich gefügiger zu machen, als seine starken Arme.

Mutter und Großvater verbrachten die meiste Zeit damit, sich nach einer geeigneten Wohnung irgendwo am Stadtrand umzusehen. Wir hofften noch immer, den Winter in unserer Heimatstadt verbringen zu können, trotz der vielen Repressalien gegen die Juden. Es war natürlich klar, dass unser Aufenthalt in dieser Stadt, in der wir so bekannt waren, kein Geheimnis bleiben konnte, aber wir konnten uns einfach nicht vorstellen, dass irgendjemand uns denunzieren würde.

Etwa zehn Tage nach unserer Übersiedlung in die Mühle wurde Großvater verhaftet. Sobald wir davon erfuhren – er war bei einer Straßenrazzia mitgenommen worden –, machte sich Mutter zum Gestapo-Hauptquartier auf den Weg. Sie sagte mir vorher, sie würde wahrscheinlich den ganzen Tag wegbleiben, wolle aber auf jeden Fall versuchen, Großvater wieder herauszubekommen.

»Wenn sie dich auch verhaften, dann komme ich zu dir und bleibe bei euch«, versprach ich. Bei Großmutter wollte ich jedenfalls nicht bleiben und allein bleiben wollte ich auch nicht, dann schon lieber mit Mutter zusammen deportiert werden.

Den ganzen Nachmittag spielte ich mit Barbara draußen im Schnee. Den Hof durchquerte eine kleine Betriebseisenbahn, beim Obstgartenzaun hörte sie auf. Wir warteten immer, bis die Lokomotive den engen Durchgang zwischen den beiden Gebäuden erreichte, dann rannten wir in der dichten weißen Dampfwolke daneben her. Für einige köstliche Augenblicke lang verschwand rund um uns die Welt, nichts blieb als qualmender Dampf, der unsere Rufe erstickte und die Welt vor unseren Augen verbarg. »Das muss es sein, was ›in den Wolken leben‹ bedeutet«, dachte ich. »Wenn ich länger drin bleiben könnte, dann könnte ich vielleicht wirklich auf einer Wolke fliegen. Den Boden kann ich ja auch jetzt schon nicht mehr sehen. Sicher gibt es einen Weg, wie man alles einfach verschwinden lässt, wenn man es ohnehin nicht sehen kann.«

Wenn sich der Dampf aufgelöst hatte, musterte ich gespannt die Umgebung – und war enttäuscht und erleichtert zugleich, wenn alles noch genauso war wie vorher.

Da kam Heinz zu uns und mich freute das Spielen gleich nicht mehr so. Zuerst jagte er hinter Barbara her, wandte aber bald mir seine volle Aufmerksamkeit zu. Wir rannten rund um den Hof und rutschten immer wieder auf dem vor Kälte glatten Schnee aus. Ich war schon ganz müde und wunderte mich, warum er mich noch immer nicht gefangen hatte. Plötzlich begriff ich, dass er mich in die Ecke zwischen der Mühlenmauer und dem Zaun treiben wollte. Dort hatten die Bauarbeiter eine große Kalkgrube ausgehoben, die seit Beendigung der Arbeit leer war. Ein gefährlich schmaler Weg, der sich beängstigend gegen die Kalkgrube neigte, führte die Mauer des neuen Gebäudes entlang zu einer kleinen Hütte, wo früher, während der Bauarbeiten, der Nachtwächter geschlafen hatte. Jetzt stand sie leer, und mir war es strengstens verboten, mich jemals der Kalkgrube oder der Hütte zu nähern.

Kaum hatte ich Heinz' Plan durchschaut, da fand ich mich auch schon am Rand der Grube. Ich lief so schnell, dass ich nicht so plötzlich stoppen konnte; wenn ich nicht hineinfallen wollte, gab es nur einen Ausweg, ich musste einfach weiter den Pfad laufen. Der war so schmal, dass nicht einmal meine Füße nebeneinander richtig Platz hatten. Ganz benommen vor Schreck erreichte ich die Hütte, riss die Tür auf und wollte sie schon hinter mir zusperren, da stürzte Heinz mit einem triumphierenden Schrei herein. Er sperrte die Tür ab und steckte den Schlüssel in seine Tasche. Dann zog er sich den Mantel aus, packte mich mit beiden Armen und rollte mit mir auf das klapprige Bett.

In dem Geraufe, das darauf folgte, hatte ich das sichere Gefühl, um mein Leben zu kämpfen – aber andererseits schien es doch ganz absurd, dass er mich töten wollte. Und wenn er das wirklich wollte, warum erschoss er mich dann nicht einfach? Er war ja bewaffnet, ich sah die schwarze Pistolentasche ständig vor mir, während ich trat und kratzte und biss wie ein wildes Tier. Keuchend und knurrend riss er an meinen Kleidern. Seine Augen waren blutunterlaufen, sein rotes, schwitzendes Gesicht wie geschwollen und voller Hass. Es gelang mir irgendwie, ihm aus den Händen zu gleiten, ich fiel auf den Boden und war mit einem Sprung beim Fenster. Es war nur ein kleines gläsernes Viereck, fast schwarz vor Ruß und Spinnweben, aber ich drückte mein Gesicht dagegen und schrie Barbara zu, sie möge schnell laufen und meine Mutter holen. Ich wusste natürlich, dass Mutter nicht daheim war, hoffte aber inbrünstig, dass Barbara das nicht auch wusste. Keine Antwort vom Hof her. Barbara war nach Haus gegangen, als sie uns beide in der Hütte hatte verschwinden sehen. Ich drehte mich zu Heinz um, der noch immer auf dem Bett lag, irgendwie merkwürdig zitterte und mich anstarrte.

»Mutter ist in einer Minute hier«, sagte ich mit fester Stimme. »Gib mir besser gleich den Schlüssel, damit ich sie hereinlassen kann.«

Er durchsuchte seine Kleider nach dem Schlüssel – mir kam es vor wie eine Ewigkeit – und hielt ihn mir hin. Ich ging vorsichtig näher, riss ihm den Schlüssel aus der Hand, und nach einem verzweifelten Kampf mit dem rostigen Schloss gelang es mir endlich, die Tür zu öffnen. Ich flog über den Pfad, der mir jetzt so sicher vorkam wie eine breite Straße, überquerte den Hof und war im nächsten Moment im Haus.

Oben in unserer Mansarde lag Großmutter auf dem Sofa und schlief. Ich warf mich aufs Bett, vergrub mein Gesicht in den Kissen und fing zu schluchzen an. Bis zum Abend blieb ich so liegen, schon ganz matt vor Weinen, völlig verstört über das, was passiert war, und im vollen Bewusstsein einer großen Gefahr, der ich zwar entronnen war, deren Natur mir aber ganz unverständlich blieb. Das Einzige, was ich mit Sicherheit wusste, war, dass ich Heinz nie wiedersehen wollte.

Mutter kam spät am Abend zurück und brachte auch Großvater mit. Ich sagte ihr, dass ich wegen ihnen beiden so geweint hätte, weil ich mir wegen der Verhaftung solche Sorgen machte. Es hatte keinen Sinn, ihr mehr zu erzählen, denn ich konnte das Ganze ohnehin nicht verstehen, und wenn sie hörte, dass ich den gefährlichen Weg zur Hütte zweimal gelaufen war, dann würde sie nur schrecklich ärgerlich werden.

Großvater war unter der Bedingung freigelassen worden, dass wir am nächsten Morgen aus der Stadt verschwanden. Wir packten die wenigen Sachen, die uns noch geblieben waren, und nahmen den nächsten Zug nach Warschau.

4

Diesmal gelang es uns, in einen Personenzug zu kommen, und in einem ziemlich vollen Abteil fanden wir auch einen Platz für Großvater. Später schlüpften Mutter und ich in ein anderes Abteil. Irgendwann in der Nacht kamen deutschen Soldate in den Zug. Mutter stellte sich zu Großvater auf den Gang hinaus und ließ mich allein. Die Soldaten redeten viel, sangen und rauchten. Das Abteil war dunkel, die kleine blaue Lampe hoch oben an der Decke konnte man vor lauter Rauchdunst kaum mehr sehen. Ich legte meinen Kopf auf Mutters Hutschachtel, die sie auf ihrem Sitz gelassen hatte, und schloss die Augen. Da leuchtete mir eine Taschenlampe ins Gesicht. Durch meine Wimpern sah ich drei junge Gesichter vor mir, die mich anstarrten und versuchten unseren Namen auf der Schachtel zu entziffern. Ich murmelte schlaftrunken irgendetwas und verschob meinen Kopf ein bisschen, so dass das Etikett von meinem Haar zugedeckt wurde. Da ging, unter enttäuschtem Gemurmel, die Taschenlampe wieder aus.

Ein paar Minuten später kam Mutter, die die Szene beobachtet hatte, herein und sagte, ich sollte mich zu ihnen auf den Gang stellen. Ich sprang sofort auf. Als wir eben hinausgingen, stellte uns eine Stimme aus dem Abteil jene Frage, die wir später noch so oft hören sollten: »Sind Sie Jude?« Mutter tat, als hätte sie nichts gehört.

Den Rest der Reise verbrachten wir auf dem Gang, auf unseren Koffern sitzend, zwischen den Stationen dösten wir ein, wir mussten uns gegen den ständigen Strom von Reisenden wehren, die den Zug bei jeder Haltestelle stürmten.

Im Morgengrauen des nächsten Tages kamen wir in Warschau an. Als der Bahnhof in Sicht kam, rissen wir alle vor Staunen den Mund auf. Überall lagen Menschen am Boden und schliefen zwischen ihren Koffern und Bündeln. »Das ist wegen der Ausgangssperre«, erklärte man uns. Reisende, die in der Nacht ankamen, durften den Bahnhof bis zum Morgen nicht verlassen. Und jeder Zug spie neue Massen in den ohnehin schon überfüllten Bahnhof.

Großvater fand eine Ecke für uns, wir breiteten unsere Reisedecken über den feuchten Zement und warteten, dass es Tag wurde.

Sobald die Ausgangssperre aufgehoben war, verstauten wir unsere Habseligkeiten in einem Einspänner, stiegen selber auch ein und machten uns auf die Suche nach einer Unterkunft. Wir hatten eine Liste mit Adressen, die wir der Reihe nach abklapperten, aber ohne Erfolg. Das Haus, in dem wir bei den Luftangriffen gewohnt hatten, war wieder einigermaßen repariert und von deutschen Offizieren übernommen worden. Der Hausmeister hatte sogar Angst davor, mit uns zusammen gesehen zu werden, und schickte uns daher so rasch wie möglich weg. In den nächsten zwei Häusern waren die Mieter ausgezogen. Im dritten Haus gab es überhaupt keinen Platz. Die eleganteren Gegenden hatten wir jetzt bereits hinter uns gelassen und holperten über die engen, mit Kopfstein gepflasterten Gassen des jüdischen Ghettos. Unsere letzte Hoffnung war Sophies unverheiratete Schwester, die in dieser Gegend eine kleine Wohnung hatte. Endlich fanden wir sie, im vierten Stock eines düsteren, baufälligen alten Hauses.

Großvater klopfte an die Tür und wir standen lange auf dem kalten Flur und warteten. Mir schwamm der Kopf vor Müdigkeit, fast schlief ich schon im Stehen ein. Da wurde die Tür plötzlich von einem sehr ärgerlich aussehenden Mann in einer langen grauen Unterhose aufgerissen, der uns ungläubig anstarrte, knurrte, dass Marja uns nicht sehen könnte, und uns die Tür wieder vor der Nase zuschlug.

Unten stiegen wir in die Kutsche und beratschlagten, was wir jetzt wohl tun sollten. Langsam schälte sich ein kalter Wintermorgen aus dem eisigen Nebel, hier und dort gingen Fenster auf, Hausmeister mit Besen und Holzschaufeln tauchten auf, um den Schnee zu räumen. Unser Kutscher drehte sich auf seinem Sitz um und sah Großvater fragend an. Sein Gesicht war von der Kälte pflaumenblau angelaufen, und als er sich in die Hände blies, stieg eine Dampfwolke auf und verhüllte fast seinen Kopf.

»Wohin jetzt?«, fragte er in einem geduldigen, resignierten Ton. »Sie haben anscheinend kein Glück.« Großvater antwortete nicht. Jetzt blieb uns nichts anderes übrig als wieder zurück zum Bahnhof zu fahren.

In diesem Augenblick ging genau über uns im ersten Stock ein Fenster auf und ein Gesicht, rund wie der Vollmond, schaute aus den schwarzen Verdunklungsvorhängen heraus. Ein Paar runde schwarze Augen betrachtete uns mit offensichtlicher Überraschung, und eine junge Stimme fragte schüchtern, was wir denn da um sechs Uhr früh unter seinem Fenster täten. Wir sagten es ihm. Das Gesicht legte sich in nachdenkliche Falten: »Ein Zimmer? Bleiben Sie da, ich bin gleich unten!« In einer Minute stand er unten neben dem Wagen und stellte sich als ein junger Mann von mittlerer Größe heraus, ziemlich kräftig, nur in Hemd und Hose. Er steckte das Gesicht zu uns herein in die Kutsche, studierte uns nachdenklich, zog das

Gesicht wieder hinaus und kratzte sich das borstige Kinn. Jetzt erschien oben am Fenster eine junge Frau und schwenkte ein dunkles Bündel.

»Simon, du hast deinen Mantel vergessen, du wirst dich noch erkälten!« Das dunkle Bündel schwebte durch die Luft, der junge Mann fing es auf und zog sich den Mantel an. Dann drehte er den Kopf hinauf und rief laut: »Sarah, hier sind drei Leute und ein Kind, und die wissen nicht, wo sie hingehen sollen. Können sie hinaufkommen?«

Sarah sagte ja.

»Das Zimmer ist wirklich nicht groß«, erklärte Simon, während er uns aus dem Wagen half. »Aber es wird schon gehen, bis Sie etwas Besseres finden.«

Wir stiegen hinter ihm eine finstere Holztreppe hinauf, gingen durch einen Gang in ein Zimmer, wo ein altes Ehepaar schlafend im Bett lag, und dann auf Zehenspitzen ins Nebenzimmer, das sehr klein war, aber warm und hell. Ein großes Doppelbett mit einem Kinderbett in der Mitte füllte die eine Hälfte des Zimmers ganz aus. Sarah hob ein verschlafenes Kind aus dem Bett, dann machte sie mit Mutter zusammen das Bett mit frischen Leintüchern, und sofort fielen wir alle darauf und schliefen ein.

Später am gleichen Tag nach einer kurzen Familienkonferenz und einer etwas peinlichen Besprechung mit unserem Gastgeber – wie macht man denn das eigentlich, ein Zimmer mieten? –, beschlossen wir also, zu bleiben, wo wir waren, natürlich nur vorläufig. Wo das Kinderbett gestanden hatte, dahin kam jetzt ein kleiner Tisch, für Mutter und mich wurde ein Feldbett aufgestellt, es blieb zwischen den beiden Betten gerade genug Platz, dass ein Mensch allein sich bis zum Fenster vorarbeiten konnte. Mit einem großen Schrank und zwei Stühlen war die Einrichtung komplett. Später kaufte dann Großvater ein paar Ziegel und baute einen Herd, auf dem wir unsere Mahl-

zeiten kochten. Aber das Zimmer war sonnig und gemütlich und sehr warm und es gab keine Wanzen, eine über-
raschende Wohltat in einem so alten Haus. Zugegeben, es
war wirklich sehr eng, Badezimmer gab es im ganzen
Haus keines, und das Klo, ohnehin in ewige Finsternis
gehüllt, durfte man sich nicht näher ansehen. Alle waren
leicht gereizt, Wutausbrüche waren an der Tagesordnung,
aber wir wussten, dass wir es viel schlechter hätten treffen
können. Außerdem hatten wir mit unseren Hausherrn
wirklich Glück gehabt.

Die Wohnung gehörte Sarahs Eltern, Herrn und Frau
Gold. Die beiden waren ein merkwürdiges Paar – sie groß
und wuchtig, mit einer tiefen Stimme und einem borstigen
Kinn, er ein kleiner, alter, verhutzelter Zwerg mit gelber
Haut und einer Glatze, winters wie sommers in dicke
Tücher gehüllt, auch bei der größten Hitze vor Kälte zitternd. Sein ewiges Klagen und Jammern stieß allseits auf
taube Ohren, er erwartete auch gar nicht, dass wir ihm
zuhörten. Frau Gold dagegen verbarg unter ihrem dikta-
torischen Benehmen ein warmes, mitfühlendes Herz, und
es dauerte nicht lange, bis sie sich für Großmutter er-
wärmte und beschloss, sie unter ihren besonderen Schutz
zu nehmen, und Großmutter überraschte uns alle damit,
dass sie sofort nachgab und sich in ihre neue Rolle als
Schützling fügte, wobei sie es aber dennoch fertig brachte,
ihre neue Umgehung mit kaum spürbarer Herablassung
zu behandeln.

Sarah und Simon waren ein fröhliches, hart arbeitendes
junges Paar; sie hatte den Hausverstand ihrer Mutter geerbt und war einfach und praktisch, und er war voll von
großartigen Plänen und Ideen für Ausschmückung und
Ausbau eines kleinen Geschäfts, seiner Wohnung, des
Hauses, der ganzen Welt. Sein plötzlicher Entschluss, uns
bei sich aufzunehmen, war typisch für seinen impulsiven

Charakter, sie hatten vorher überhaupt nicht daran gedacht, Untermieter aufzunehmen. Jetzt zogen sie zu den Golds und schliefen zu zweit auf einem schiefen Klappbett neben dem Bett des kleinen Michas.

Obwohl die Lage rings um uns von Tag zu Tag düsterer wurde, gab es offenbar nichts, was Simon seinen Lebensmut rauben konnte. Jeden Samstagmorgen, wenn sein Geschäft zu war, ging er an eine gründliche Reinigung der ganzen Wohnung. Da stand er dann mitten im Zimmer vor den weit offenen Fenstern, legte eine Hand aufs Herz, in der anderen hatte er den Besen, und fing an, irgendeine Opernarie zu schmettern. Er hatte einen angenehmen, leichten Tenor, den er aber erbarmungslos in die Höhe stemmte, so dass die höchsten Noten meist in einem verzweifelten Quietschen endeten. Nach unserer ursprünglichen Überraschung, ja Verblüffung, warteten wir nur mehr mit philosophischer Ruhe darauf, dass er sich gründlich räusperte und in einer tieferen Tonart noch einmal von vorne begann.

Ich fand diese Veranstaltungen großartig und sang mit, so oft ich nur konnte. Da aber mein Repertoire an Opernarien ziemlich beschränkt war, gingen wir bald zu Filmen und zu Musicals über. Mops und Bürsten lagen vergessen in der Ecke, während wir mit dem »Indian Love Call« experimentierten, den Text improvisierten und die Musik manchmal auch. Wenn wir so weit waren, trat meistens Mutter auf und führte mich unter lautem Protest zurück in unser Zimmer und weg von Sarah, die dann aus der Küche herauskam, Simon des Hauses verwies und seine Arbeit in völliger Stille beendete.

Zu meiner größten Freude stellte sich heraus, dass Simon ein Film-Fan war, im Besitz einer eindrucksvollen Sammlung von Filmmagazinen, die bis zu den Tagen des

Stummfilms zurückgingen. Ich hatte ihn bald so weit, dass er mir erlaubte, seine Schätze anzusehen, und ich stürzte mich auf die Stars – Gloria Swanson, Pola Negri, Norma Shearer, Garbo, Valentino, Navarro, Gable..., die herrlichen Toiletten, märchenhaften Partys, der ganze Flitterglanz dieser Halbgötter, von deren realer Existenz ich eigentlich nie wirklich vollkommen überzeugt war, und deren Namen ich nie richtig aussprechen konnte.

Mutter verfolgte meine neue Begeisterung mit einigem Misstrauen und war nie ganz sicher, ob sie mich da weitermachen lassen sollte.

»Ich weiß wirklich nicht, was ich mit ihr tun soll«, bekannte sie Sarah. »Ich habe sie ja nie richtig ›aufziehen‹ müssen, ich weiß gar nicht, was gut ist für sie und was nicht. Aber was wird sie denn für Ideen in ihren Kopf bekommen, wenn sie diesen Mist hier liest?«

»Und was wird sie von unserem Leben hier für Ideen in ihren Kopf bekommen?«, wandte Sarah dagegen ein. »Ich finde, es ist doch schön, wenn sie sich von dem Elend rund um uns ein bisschen erholen kann.«

Darauf wusste Mutter keine Antwort, also durfte ich eine Weile lang ungestört weiterlesen – bis zu dem Tag, als ich sie fragte, was denn das Wort »Kokotte« eigentlich hieß.

»Du meinst ›Kokette‹«, schlug sie hoffnungsvoll vor.

»Nein, ›Kokotte‹«, sagte ich hartnäckig, »da, schau her.« Mutter sah sich das kurze Gedicht an, in dem Leben und Beruf der Kokotte in der Darstellung von Mademoiselle X in ihrem letzten Film gepriesen wurden. Damit hatte sich die Frage der Filmmagazine ein für allemal erledigt.

Inzwischen hatte sich unsere finanzielle Lage geklärt. Unsere Wertsachen hatten wir fast alle verloren. Ein Teil des Schmucks, den Sophie aus dem alten Haus zu uns hätte schmuggeln sollen, ging an der Grenze verloren, die jetzt zwischen unserer alten Stadt und Warschau verlief. Großvater fand keine Arbeit. Großmutter ging es nicht gut, sie brauchte dauernd Medikamente. Von Mutters Kleidern und Schmuck konnten wir eine Weile lang leben – aber was dann?

»Wenn ich nur irgendetwas Nützliches gelernt hätte«, seufzte sie. »Wenn ich Schneiderin wäre, dann könnte ich euch jetzt alle ernähren.« Aber die Schweizer Internate für Höhere Töchter, wo Mutter ihre Erziehung erhalten hatte, bereiteten ihre Schülerinnen nicht auf eine Existenz im Ghetto vor.

Sophie kam fast jeden Tag zu uns und ließ es sich nicht nehmen, uns auf dem kleinen Herd ein Essen zu kochen. Über Großmutter machte sie immer viel Aufhebens, brachte Blumen und Konfekt, erkundigte sich ängstlich nach anderen Familienmitgliedern, weinte über schlechte Nachrichten und bekreuzigte sich energisch.

Irgendwann einmal in diesem Winter erhielten wir unseren ersten Brief von Onkel, aus einem Kriegsgefangenenlager in Deutschland. Die Aufregung darüber hatte sich noch nicht gelegt, da kam schon ein zweiter Brief, diesmal aus Russland, und zwar von Vater. Gebracht wurde uns der Brief von einem jener »Führer«, die Leute durch die russisch-deutsche Grenze schmuggelten. Dieser schmutzige, zerknitterte Fetzen Papier bedeutete für mich ein neues Leben. Jetzt war ich keine vaterlose Waise mehr. Es war, als wäre mir ein Gewicht von den Schultern genommen, als würde mir ein neues Gefühl von Zuversicht und Vertrauen den Rücken stärken. Vater war am Leben, und es ging ihm gut. Er wollte, dass wir so bald wie möglich zu ihm kämen, in die russische Stadt, wo er jetzt eine gute Stellung hatte. Seine russische Erziehung, seine perfekte Sprachkenntnis – er war ja im russisch besetzten Teil von

Polen zur Schule gegangen – kamen ihm jetzt sehr zustatten. Er verdiente gut, und sobald wir bei ihm waren, wollte er um Versetzung in eine Stadt näher am Ural ansuchen, vielleicht sogar in eine der zentralasiatischen Republiken. Dort, schrieb er, wären wir sicher, dort könnten wir bequem das Ende des Krieges abwarten. Der Führer war ein guter und verlässlicher Mann, der in wenigen Wochen wieder zurückging, und ihm sollten Mutter und ich uns anschließen.

Mutter las den Brief zu Ende und ich platzte fast vor Begeisterung: »Wir gehen nach Russland! Wir gehen zu Vater! Er hat uns holen lassen! Bald sehe ich ihn wieder! Er ist gesund und es geht ihm gut!«

Ich tanzte durch die Wohnung, umarmte Sarah, Simon und sogar Frau Gold, die mich an sich drückte und mit ihrer tiefen Baritonstimme dröhnte, wie glücklich sie für uns alle war. Die nächste Woche war die Familie in hitzige Diskussionen vertieft; ich meinerseits begriff überhaupt nicht, was es da zu diskutieren gab. Vater wollte, dass wir zu ihm kamen, also mussten wir gehen. Es war doch klar, dass er wusste, was am besten für uns war.

Als der Führer nach einer Woche wieder zu uns kam, um die Details zu besprechen, stand unser Entschluss fest: Wir würden nicht gehen. Für Mutter war klar, dass sie ihre Eltern nicht allein zurücklassen konnte. Die Großeltern zögerten, sie hatten Angst vor den Schwierigkeiten und Gefahren. Großvater hätte die Reise riskiert, aber Großmutter war zu schwach. Aber vielleicht hätten sie es trotzdem alle beide gewagt, wenn da nicht das Gepäck gewesen wäre. Mitnehmen durften wir nur, was wir selber leicht tragen konnten, und selbst das musste später vielleicht noch irgendwo zurückgelassen werden. In diesem Punkt gab Großmutter nicht nach: »Ich will nicht meinen gesamten Besitz verlieren. Es ist uns ohnehin kaum noch

was übrig geblieben.« Ohne sie ging natürlich auch Großvater nicht und Mutter ließ die beiden nicht allein. Der
Führer versuchte, Großmutter gut zuzureden, verlor aber
bald die Geduld. Wir blieben.

Später schickte Vater, beunruhigt über die Verzögerung,
einen zweiten Brief, in dem er Mutter bat, mich mit der
nächsten Gruppe allein mitzuschicken. Mutter gab ihre
Zustimmung. Ich hatte zwar ein leichtes Schuldgefühl,
dass es mir so wenig ausmachte, sie zurückzulassen. Aber
hatte ich nicht schließlich von meiner frühesten Kindheit
an immer erklärt – bis mir einmal jemand sagte, dass sich
solche Reden nicht gehörten –, dass ich Papa viel lieber
hatte als Mama? Der höflichen Lüge, »dass ich niemand
von beiden bevorzugte«, zum Trotz, hatte ich meine Meinung nie geändert. Ungeduldig wartete ich auf den Zeitpunkt meines Aufbruchs. Aber der Führer wurde mitsamt
seiner Gruppe gefasst, als sie nach Polen hereinkamen.
Und mit einem anderen Führer wollte Mutter mich nicht
gehen lassen. Die Frage meiner Abreise wurde also vorläufig aufs Eis gelegt, und Mutter gab inzwischen jedem »sicheren« Mann, der nach Russland ging, Briefe an meinen
Vater mit, in denen sie die Lage erklärte und ihn bat, noch
etwas länger zu warten. Im Sommer wäre es vielleicht einfacher, über die Grenze zu kommen, dann würde auch
Großmutter mit uns kommen. Aber sie bekam keine Antwort auf ihre Briefe. Vater schien wie vom Erdboden verschwunden.

5

In diesem langen, endlosen Winter fand ich in Großvater einen unerwarteten Freund. Großvater war ein aktiver, energischer Mann; an lange tägliche Arbeitszeit gewöhnt, fand er dieses erzwungene Nichtstun unerträglich. Er war von Haus aus still und zurückhaltend und erstickte fast in diesem kleinen Zimmer voll tratschender, endlos jammernder Frauen. Also fing er bald an, auf die Straßen zu flüchten, und blieb fort, solange er nur konnte. Und bald ging ich mit ihm. Zusammen erforschten wir den überfüllten Bezirk, schauten uns die Auslagen an, manchmal nahmen wir sogar eine Straßenbahn und wagten uns weit über die Grenzen des Ghettos hinaus. Die Köpfe tief gesenkt gegen den beißenden Wind, gingen wir das vereiste Ufer des Flusses entlang, bummelten durch die mittelalterliche Altstadt, bewunderten die Fresken und die originellen Ladenschilder an den schmalen, bemalten Häusern. Am Abend in der Dunkelheit gingen wir dann Hand in Hand nach Haus, jeder in seinen eigenen Traum versunken.

Ich hatte bald heraus, dass er meinem Geschnatter ohnehin nicht zuhörte, und ging deshalb auch bald so schweigend dahin wie er. Dadurch konnte ich mich mehr auf meine eigenen Gedanken konzentrieren und herumschauen und alles bemerken und dann später in meine eigenen Geschichten einbauen. Wenn wir uns unserer Wohnung näherten, war es meistens schon stockfinster. Wegen der Verdunklung drang nur hie und da ein trüber blauer Lichtschein aus den Geschäften. Die Gassen schienen noch enger, die Läden noch geheimnisvoller. Die ganze Atmosphäre erinnerte mich an die Illustrationen von irgendeinem alten Märchen. Die vielen Gestalten in den langen, schwarzen Kaftanen mit schwarzen, breitkrempigen Hüten und den Locken an der Schläfe passten großartig zu dieser Umgehung. Die ganze Stadt war unwirklich. Ich lebte in einer Geschichte, die mich gar nichts anging. Ich war ein Besucher aus einer anderen Welt, der zufällig, mitten im Kapitel, in diese abweisende Finsternis gefallen war. Falls eine dieser dunklen Gestalten mich sehen sollte, dann würde ich sagen, dass ich eigentlich gar nicht hierher gehörte. Meine Welt war hell, warm und sicher, und sobald die Geschichte aus war, würde ich wieder dorthin zurückkehren.

Großvaters Hand zog mich in die Wirklichkeit zurück. Jeden Abend kamen wir an demselben schmierigen Lebensmittelladen vorbei. Das Innere, von einer schwachen Petroleumlampe erhellt, sah ganz genauso aus wie die Zeichnungen in meinem *Oliver Twist*. Ich bettelte Großvater an, doch stehen zu bleiben und irgendwas zu kaufen, damit wir nur einen Augenblick hineingingen und diesen Geruch von den unzähligen Esswaren, den Seifen, alten Papieren, dem ganzen Laden selber einatmen konnten.

Da gab es Fässer mit eingelegten sauren Gurken und Sauerkraut, große Gläser mit eingelegten Heringen, über uns hingen glänzende Spiralen von Knoblauchwurst an Haken an der Wand, an der Decke waren Schnüre mit getrockneten Pilzen und Gemüsen wie vergessene Festdekorationen; dann gab es Käselaibe, große Körbe voller knuspriger Brötchen, Brotlaibe in jeder Farbe, vom tiefsten Braun bis zum schneeigsten Weiß. Die Stellagen in der Finsternis hinter der Theke waren vollgestopft mit Dosen, Schachteln, Papiertüten mit geheimnisvollem Inhalt. Großvater war strengstens angewiesen, mir unter keinen Umständen irgendetwas zum Essen zu kaufen, da das sicherlich meinen Appetit fürs Abendessen verderben würde, falls ich nicht sowieso todkrank davon würde. Und so gab ich also jeden Abend die gleiche, herzergreifende Pantomime zum Besten, starrte sehnsüchtig auf diesen oder jenen Leckerbissen, seufzte tief, hob dann meine Augen schüchtern zu Großvater auf, der völlig verwirrt an seinem Schnurrbart zog.

»Du weißt ja, was deine Mutter gesagt hat«, murmelte er dann.

Ich seufzte, und wir gingen weiter. Nachdem ich dieses Manöver ein paar Tage lang wiederholt hatte und wir von einem besonders langen Spaziergang zurückkamen, schaute Großvater in mein trauriges Gesicht und gestand, dass er eigentlich ganz gut etwas vertragen könnte.

Ich strahlte. Er würde doch nicht allein essen wollen?

»Ein kleines Brötchen kann dir wohl nicht schaden?«, überlegte Großvater.

»Ich liebe Brötchen«, flüsterte ich atemlos. Wir gingen in den Laden und Großvater bestellte zwei Brötchen mit Butter. Ich drehte mich um in dem kleinen Raum, der zwischen den riesigen Sauerkrautfässern für die Kunden noch übrig war, atmete tief ein und schloss die Augen. Ich war mitten in einem Buch!

Die Brötchen waren köstlich. Wir aßen sie auf unserem Heimweg durch die Finsternis.

»Aber kein Wort davon zu deiner Mutter«, warnte mich Großvater. Ich lachte und drückte dankbar seine Hand. Von diesem Tag an gingen wir jeden Abend in das kleine

Geschäft hinein, und während Großvater unseren Imbiss bestellte, nahm ich gierig diese »unwirkliche« Atmosphäre in mich auf. Nach und nach konnte ich Großvater dazu überreden, eine große Scheibe Wurst dazuzulegen, und schließlich genehmigten wir uns jeder auch noch eine halbe saure Gurke. Schuldbewusst lachend traten wir hinaus auf die Straße, in unseren Händen Brötchen, Wurst und Gurke.

»Gut, dass es finster ist«, brummte Großvater mit vollem Mund. »Es wäre mir sehr peinlich, wenn mich die Leute dabei sehen könnten, wie ich diese Sachen auf der Straße esse. Und wenn uns deine Mutter draufkommt ...«

»Sie kommt uns nicht drauf«, versicherte ich ihm. Und sie wäre uns wohl auch nie draufgekommen, wenn ich nicht eines Tages meine Gier zu weit getrieben und zu meinem Brötchen eine ganze Gurke verlangt hätte. An diesem Abend fiel es mir noch schwerer als sonst, meinen üblichen Grießbrei hinunterzuwürgen, und mitten in der Nacht wachte ich plötzlich mit heftigen Bauchschmerzen auf.

Großvater setzte sich im Bett auf und sah mich an und sah genauso elend aus, wie ich mich fühlte. Dann kam er zu mir, hielt meinen Kopf und bekannte meiner Mutter alles. Sie ärgerte sich natürlich fürchterlich und sagte, er hätte sich unverantwortlich benommen. Großvater ließ den Kopf hängen wie ein gescholtener Schuljunge, und ich brach in Tränen aus und schrie, es sei ja nicht seine Schuld, er hätte es nur getan, weil ich ihn so angebettelt hatte. Er hätte mich wenigstens gern und tat, worum ich ihn bat. Mutter schlug mir ja sowieso nur immer alles ab. Und ein bisschen Übelkeit und Brechen machte mir nicht das Geringste!

Am nächsten Tag fragte ich schüchtern, was ich für eine Strafe bekommen würde. Mutter zögerte und sagte dann, ich wäre ja schon genug bestraft, sie wollte dem nichts mehr hinzufügen. Ich war überrascht und auch ziemlich enttäuscht. Übelkeit und Brechen, das passierte zu oft, als dass ich es als Strafe betrachten konnte. Außerdem wurde ich für meinen Ungehorsam doch auch sonst immer gestraft, ganz egal, ob und wie viel ich selber schon darunter gelitten hatte. Aber durch eine Strafe fühlte ich mich berechtigt zu Zorn und Empörung und hatte daher nicht die geringsten Gewissensbisse, sofort nach Ablauf der Strafe wieder von vorn anzufangen. Jetzt nahm man mir den normalen, erwarteten Ablauf dieser Sequenz plötzlich weg – kein Wunder, dass ich darüber frustriert war.

»Ich muss doch bestraft werden«, beharrte ich. »Wenn du mich nicht strafst, werde ich mich selbst strafen, nur um dir zu zeigen, wie leid es mir tut.«

»Aber ich will wirklich nicht, dass du dafür bestraft wirst«, sagte meine Mutter ganz überrascht.

Ich fand, sie zeige nur wieder einmal in höchst bedauerlicher Weise, wie wenig Ahnung sie von Kindererziehung hatte. Hatte sie schließlich nicht schon mehrere Male in meiner Anwesenheit zugegeben, dass sie nicht wusste, was sie mit mir tun sollte?

Ich dachte nach. Bücher zum Wegsperren hatte ich keine. Es gab zwar einen Topf mit Schlagrahm, den Mutter für mich gekauft hatte, den konnte ich vielleicht zur Strafe nicht essen – aber bei dem gegenwärtigen Zustand meines Magens kam das ja ohnehin nicht in Frage. Das Logischste wäre, die täglichen Spaziergänge mit Großvater aufzugeben. Aber hieße das nicht ihn genauso strafen?

Den ganzen Tag zerbrach ich mir darüber den Kopf. Am nächsten Tag sah diese Frage nicht mehr so wichtig aus, langsam ging wieder alles seinen gewohnten Gang, und dann befreundete ich mich mit dem Mädchen von unter uns und wir verbrachten ohnehin die meiste Zeit zusammen.

In der ersten Märzwoche wurde Simons Geschäft von zwei Deutschen zertrümmert.

Sie kamen herein, schauten sich das Geschäft an, packten plötzlich jeder einen Stuhl und fingen an, die Lampen zu zerschlagen. »Keine einzige haben sie übrig gelassen«, schluchzte Sarah. »Sie waren wie böse Buben, sie lachten, rissen Witze und zerschlugen dabei einfach alles, was ihnen in die Hände kam. Am Ende schmissen sie ihre Stühle durch die Auslage, dann gingen sie, noch immer lachend, weg.«

Der Laden war vollkommen zerstört, es gab kein Geld, um ihn zu reparieren, also blieb Sarah jetzt zu Hause, während Simon auf Arbeitssuche ging. Frau Gold fing an, für andere Leute zu stricken, und ich half ihr, lange Knäuel von schwerer synthetischer Wolle aufzuwickeln, oder ich trennte mit viel Geduld alte Pullover auf, damit sie etwas Neues daraus stricken konnte. Sarah fand eine Firma, die sie mit Heimarbeit versorgte, und Mutter half ihr auch dabei. Bald saßen wir also alle rund um den großen Tisch und steckten Dutzende kleiner Sicherheitsnadeln in leere Schachteln oder fädelten eine bestimmte Anzahl davon auf eine größere Sicherheitsnadel auf. Mutter und Sarah nähten Knöpfe auf Pappkarton oder sie befestigten Fischbeine und Haken und Druckknöpfe auf kleinen Rechtecken aus Papier. Manchmal nähten sie auch kleine Knöpfe an die Enden von weichen, rechteckigen Stoffflecken.

»Was ist denn das?«, fragte ich. Mutter und Sarah tauschten einen Blick.

»Windeln für Babys«, sagte Mutter, es klang, als hätte sie eben für ein lästiges Problem die Lösung gefunden.

»Die sind aber sehr klein«, protestierte ich.

»Die sind auch für sehr kleine Babys«, gab Mutter zurück. »Für Neugeborene, weißt du.«

Ich hatte das Gefühl, dass das nicht die richtige Antwort war, und schaute zu Sarah, aber die nähte nur schweigend weiter, die Augen auf ihre Hände geheftet. Die unsichtbare Mauer der Solidarität der Erwachsenen trennte mich von den beiden Frauen. Es gab keinen Durchschlupf für mich.

Eines Abends, als wir gerade beim Zubettgehen waren, kam ein Nachbar ganz atemlos an unsere Tür. »›Sie‹ kommen«, flüsterte er gehetzt und stürzte weiter, um andere Hausbewohner zu warnen.

Der ganze Haushalt wurde von panischer Aufregung erfasst. »Am besten alles verstecken, man kann nie wissen, hinter was sie her sind«, das war die allgemeine Meinung.

»Papiere auf den Tisch«, ordnete Großvater an und legte unsere verschiedenen Zeugnisse in ordentlichen Gruppen aus. Wir versteckten unsere Kleider, unsere Koffer, unser Essen und standen steif und im Halbkreis rund um Großmutters Sessel.

»Wir sehen aus wie ein altes Foto«, dachte ich, von einem weißen Gesicht zum anderen blickend: die entschlossen vorgeschobenen Kiefer, die verstörten Augen, die kaum merklich zitternden Hände. Großvaters Knöchel hoben sich weiß ab von der verhärteten Haut seiner Hände.

Im Nebenzimmer stopften Sarah und Frau Gold noch schnell Wolle von Frau Golds Handarbeiten ins Bett: »›Sie‹ werden sicher Wolle haben wollen« – während Simon, plötzlich ganz klein und bleich, irgendwo im Schatten kauerte. Sein ganzer Schwung, seine Draufgängerei war plötzlich verschwunden, übrig geblieben war nichts als ein erschrockener, dicker junger Mann, der sich nervös die Hände rieb.

Wir warteten schweigend, nur hie und da sprang plötzlich einer weg, um noch ganz schnell etwas zu verstecken, was irgendwo hervorsah – eine verdächtige Falte in der

Bettdecke, ein Mantelzipfel, der aus dem Schrank hervorlugte und vielleicht »ihren« Blick auf sich ziehen konnte.

Plötzlich lautes Hämmern an der Tür, dann Sarahs Schritte im Flur und das Geräusch von Riegeln, die zurückgeschoben wurden. Schwere Stiefel polterten ins Zimmer. Sie waren zu dritt und sie wollten Wolle. Sarah antwortete ruhig, dass wir keine hätten. Ich bekam vor lauter Angst eine Gänsehaut. In diesem Raum hier befanden sich mehrere Kilo Wolle. Ich wusste, wo die Wolle war. Wenn sie auch mich fragten, würde ich dann lügen können?

Die Soldaten schauten misstrauisch herum und stellten dann die gleiche Frage an Simon, worauf der mit hervorquellenden Augen stotterte, er verstehe kein Deutsch, und sich buchstäblich hinter Sarah versteckte. Dann wandten sie sich an Frau Gold, die dröhnend verkündete, sie habe keine echte Wolle mehr gesehen, seit der Krieg angefangen hatte.

Dann stapfte das Trio in unser Zimmer. Sie standen in der Türe eng nebeneinander, sahen sich unsere Papiere an und identifizierten uns einen nach dem anderen. Einer von ihnen drehte sich plötzlich um und deutete auf mich: »Wer ist die?« Mutter zog mich an sich.

»Meine Tochter«, erklärte sie. Der Deutsche lachte.

»Wie alt ist sie?«

»Zehn Jahre.«

»Aber das ist doch unmöglich, Fräulein, Sie können doch in Ihrem Alter noch keine zehnjährige Tochter haben.«

Mutter richtete sich zu ihrer vollen Höhe von ein Meter fünfzig auf: »Ich bin verheiratet und zweiunddreißig Jahre alt. Hier sind meine Papiere.«

Der Soldat warf einen ungläubigen Blick auf die Identitätskarte, schüttelte den Kopf, lachte, und endlich zogen sie alle drei ab. Völlig erschüttert und erschöpft setzten wir uns nieder. Dann blieben die Golds und Sarah bei uns, wir unterhielten uns und fragten uns gegenseitig aus, während Simon zu den Nachbarn ging, um herauszufinden, wie die Deutschen sich dort aufgeführt hatten.

Noch bis spät in die Nacht hinein surrte und krabbelte es im ganzen Haus, Türen fielen zu, hastige Schritte klapperten auf den Stiegen. Nachbarn besuchten einander, tauschten Berichte aus, fragten einander um jedes Detail, äußerten ihre Meinungen zu dem Benehmen dieser drei Deutschen, wiederholten jedes Wort, das sie gesagt hatten, seufzten, schüttelten die Köpfe, rangen vor Angst und Resignation die Hände. Langsam wurde die Nacht dann wieder ruhiger und wir gingen endlich zu Bett. Aber für mich war es mit dem Frieden und der Sicherheit unseres kleinen Universums vorbei. Zum ersten Mal hatten die Deutschen ihren Fuß hereingesetzt, das Zimmer mit ihrer leiblichen Anwesenheit erfüllt. Ihre rauen, barschen Stimmen hatten der Luft rund um mich ihre Spuren aufgedrückt. Irgendwas in der Atmosphäre des ganzen Hauses war anders geworden. Es war nicht mehr sicher.

Später in diesem endlosen Winter bekamen wir noch einmal Besuch von den Besatzern. Aber dieses Mal hatten wir von den anderen schon einige Dinge gelernt und wir waren gut vorbereitet. Sobald uns die Nachricht erreichte, dass »Sie« wieder da waren, steckte Sarah den kleinen Michas in sein Bettchen, bemalte seine Wangen mit etwas Rouge, während Mutter und ich sämtliche Medizinfläschchen und Pillendosen und -schachteln, die wir fanden, auf das kleine Nachtkästchen stellten. Dann blieben wir mit ängstlichen, ernsten Gesichtern stehen und warteten.

Sobald die Soldaten in der Tür erschienen, legte Sarah einen Finger auf ihre geschürzten Lippen und beschwor sie, ganz leise zu sein. Ihr kleiner Sohn sei nämlich schwer krank.

Sie drängten sich am Eingang, reckten sich die Köpfe aus und schauten neugierig auf Michas, der mit hochrotem Gesicht und vor Aufregung glänzenden Äuglein in seinem Bett lag.

Es war ihm wohl sehr heiß, denn auf seiner Stirn standen Schweißperlen, was die Sache noch echter aussehen ließ. Die Medizinfläschchen (später stellte sich heraus, dass Simon auch noch ein Glas mit eingelegten Gurken dazugestellt hatte) strömten einen starken Geruch nach Krankenzimmer aus und wir sahen alle wirklich sehr besorgt drein.

»Was hat er denn?«, fragte der Anführer.

»Scharlach«, flüsterte Sarah mit versagender Stimme.

Darauf hörte man Fluchen, dann Gedränge. Und die Deutschen zerstoben wie von einer Bombe getroffen. Wir dagegen fielen alle aufs Sofa und umarmten einander. Wenn die tapferen Eroberer nicht so viel Angst vor Krankheiten gehabt hätten, dann hätten sie sicher die Wahrheit herausgefunden – und wir wussten, was dann passiert wäre.

6

Endlich kam der Frühling und mit ihm mein Geburtstag. Mutter schenkte mir *Little Dorrit*, und ich las das Buch langsam, hielt manchmal mitten in einem Absatz inne, malte mir dieses unbekannte London aus, die verfallenden dunklen Gemäuer, spürte die Kälte und den Nebel und empfand immer stärker, wie das Gefängnis seine Fühler nach mir ausstreckte.

Little Dorrit war ein kleines blondes Mädchen mit langen Korkzieherlocken unter ihrem blauen Häubchen und dem weißblauen Kleid auf dem glänzenden Umschlag des Buches. Aber sie war auch meine Schwester, mein zweites Ich, und der lange Zeitabschnitt, der uns trennte, schien eine Brücke, die uns verband. Sie war ein Schatten, der mich auf meinen Botengängen in den schlammigen Straßen von Warschau begleitete, so wie ich sie überallhin in London begleitete und mit ihr in ihrer Zelle schlief. Sie war so gut und sanft, dass ich mich meiner Wutausbrüche schämte, und eine Weile war Mutter ganz überrascht über meine plötzliche Gefügigkeit.

Als ich das Buch zu Ende gelesen hatte, verfiel ich in eine tiefe Depression. Little Dorrit hatte Frieden und Sicherheit gefunden, ihre Zukunft war gesichert – meine sah so schwarz aus wie nie zuvor.

An einem schönen Aprilnachmittag saß ich in unserem

Zimmer und las, mit dem vorsichtigen, zurückhaltenden Interesse, das Dickens' sorgfältig detaillierte Welt immer in mir wachrief. Sonnenlicht strömte durch die geschlossenen Fenster, auf dem schmalen Fensterbrett stand ein Behälter mit jungen Pflänzchen, den Objekten von Großvaters zarter Sorge, die eben jetzt kleine Rüschen von zartgrünen Blattspitzen entfalteten. Das Feuer in dem kleinen Ziegelherd hinter mir murmelte und knisterte eine warme, tröstliche Melodie. Aus dem Topf kam ein hastig brodelnder Laut. Alles war Wärme und Frieden. Ich hob den Kopf, vor meinem inneren Auge ein Bild des Gefängnishofs, und plötzlich durchflutete mich eine ganz unwiderstehliche Welle der Sehnsucht; ich legte meinen Kopf aufs Buch und lauschte mit geballten Fäusten und sämtlichen Muskeln straff gespannt diesem Gefühl, das sich plötzlich zu der Gewissheit verdichtete: Vater ist nahe. Er war irgendwo hinter mir und dachte an mich.

Ich legte den Kopf auf die Knie, schlang die Arme darum, rollte mich auf dem Stuhl zu einem festen Ball und flehte mit meinem ganzen Sein: »Vater, komm bitte zurück, ich weiß, dass du in der Nähe bist, bitte komm zurück, ich kann ohne dich nicht mehr lange leben.«

Mein Kopf schwamm, helle Flecken tanzten mir vor den Augen. Ich hatte den Atem zu lange angehalten. Ich richtete mich auf und fühlte mich müde und schwindlig. Nach einem tiefen Atemzug versuchte ich, weiterzulesen, aber meine Gedanken wanderten. Ich konnte nicht aufhören an Vater zu denken, obwohl der heftige Anfall von Sehnsucht vorüber war und nur den üblichen, ständig nagenden Schmerz zurückgelassen hatte.

Der nächste Tag war einer von denen, an denen Sophie kam, um »zu helfen«. Sie machte unser Essen, und nachher legte sich Großmutter aufs Bett und unterhielt sich mit ihr. Mutter und ich hörten von unserem Feldbett aus der

Unterhaltung zu, die sich schon wieder um denselben Gegenstand drehte wie auch sonst immer: Was sollten wir nach dem Krieg tun? Am Haus allerhand richten; andere Bettdecken müssten her; die Diele frisch ausmalen; und was wäre mit den Vorhängen ...

Sophie saß mitten im Zimmer und putzte Gemüse. Großvater saß eingequetscht auf einem Sessel zwischen Bett und Tisch und entrindete eine lange Stange mit seinem Taschenmesser mit dem Silbergriff. Dieses Taschenmesser faszinierte mich, es war groß und solid und hatte auf beiden Seiten Szenen aus den Napoleonischen Kriegen eingraviert, die Pyramiden auf der einen, den Rückzug aus Russland auf der anderen Seite.

»Ich frage mich, wo wir wohl unsere Möbel wiederfinden werden?«, sagte Großmutter. Da klopfte es an die Wohnungstür, ich spitzte die Ohren: ein Besuch? Jemand fragte mit leiser Stimme, ob Frau David hier wohne. Aus dem ersten Zimmer hörten wir schwere Schritte. Sophie hob die Augen und das Messer fiel ihr aus der Hand.

»Herr Marek ist da«, sagte sie, aber so leise, dass zuerst niemand auf sie achtete.

»Herr Marek ist da!«, schrie sie jetzt und sprang von ihrem Hocker auf, und im gleichen Augenblick sprangen wir alle auf und warfen uns auf Vater, der wortlos schwankend in der Mitte stand. Ich versuchte mir einen Weg zu ihm zu bahnen, aber er schaute mich an, als wäre ich eine fremde Person, und wollte nicht, dass ich ihn berührte.

»Komm mir nicht zu nahe, Kind, ich bin schmutzig und sehr müde.« Dann, als hätte er das erst jetzt bemerkt: »Mein Gott, ist sie gewachsen.«

Dann wurde sein Gesicht auf einmal grau, er sank zusammen. Sie gaben ihm einen Stuhl, aber anscheinend war er nicht einmal imstande zu sitzen, immer wieder rutschte er auf einer Seite herunter. Mutter half ihm in unser Bett, dort streckte er sich aus, und es sah aus, als würde er einschlafen.

Die nächsten, von Angst erfüllten Tage blieb Vater im Bett liegen. Der Arzt, den wir riefen, stellte Erschöpfung, Erfrierungen und Herzschwäche fest. Vater brauchte Ruhe, Frieden, Stille und Schweigen.

Erst nach und nach erfuhren wir, was geschehen war. Anscheinend waren unsere sämtlichen Briefe in den letzten Monaten verloren gegangen. Vater machte sich immer mehr Sorgen und beschloss schließlich, zu uns nach Warschau zu kommen und uns dann zu überreden, mit ihm nach Russland zurückzugehen. Er machte einen Führer ausfindig, eine Gruppe wurde zusammengestellt. In den Grenzwäldern stießen sie auf eine russische Patrouille. Der Führer ergriff die Flucht, die anderen in der Gruppe fielen in Panik, als die Soldaten sich ihnen näherten. Da übernahm Vater das Kommando. Er wandte sich an den Anführer, begrüßte ihn auf Russisch, erklärte, dass er ein Arzt sei, der hier mit seinen Kollegen, lauter Ärzten und Krankenschwestern, alle Grenzdörfer besuchen musste, weil man von einem Typhusausbruch hier gehört hatte. Sie waren eben auf ihrem Weg zum nächsten Dorf, hatten sich aber leider im Wald verirrt. Der Soldat schaute skeptisch drein. Da holte Vater seinen polnischen Pass heraus. Das rote Siegel hatte zwar einen polnischen Adler darauf, aber Vater spekulierte auf die Wirkung, die jedes rote Siegel auf jeden Russen automatisch ausübt.

»Hier sehen Sie« – und er hielt den Pass dem Soldaten unter die Nase – »und jetzt lesen Sie das bitte.« Der Soldat konnte nicht lesen, aber der Zauber des roten Siegels tat seine Wirkung. Unter Bezeugungen der Ehrerbietung wurde die Gruppe zum nächsten Posten geführt, wo man ihnen zu essen und zu trinken gab und ihnen dann den Weg zum nächsten Dorf zeigte.

Vater dankte dem Soldaten für seine Hilfe, versprach, ihn Batiuschka Stalin zu empfehlen, wenn er nächstes Mal in Moskau war, und führte die Gruppe dann weiter in Richtung Polen. Sie gelangten an einen Fluss, der fest zugefroren schien, aber als sie etwa in der Mitte waren, brach das Eis ein. Irgendwie kamen sie trotzdem auf die andere Seite, aber Vater ging noch zweimal zurück, um anderen Leuten zu helfen. Dann kam der lange Marsch in nassen Kleidern, oft durch hüfttiefen Schnee. Nach einigen Stunden brach Vater zusammen. Er bat die anderen ihn zurückzulassen, aber sie weigerten sich. Sobald Vater sich wieder auf den Beinen halten konnte, nahmen sie ihren Marsch wieder auf.

Er konnte uns nicht sagen, wie viele Tage vergingen, bis sie Warschau erreichten. Da wusste er schon, dass er sehr krank war und dass es ihm vielleicht gar nicht gelingen würde, uns überhaupt zu finden. In Warschau angekommen, ging er sofort zur Wohnung von Tante Marysia, fand das Haus aber in Schutt und Asche. Man sagte ihm, die meisten Bewohner seien bei dem Bombenangriff ums Leben gekommen, und wo die wenigen Überlebenden waren, das wusste niemand.

Dann begann er seine Suche nach uns. Der Anblick der zerstörten Stadt, die vielen Schuttberge, die vom Schnee gefüllten Bombentrichter, die vielen Trümmerhaufen erschreckten und verwirrten ihn. Blindlings stolperte er vorwärts, glitt auf dem hart gefrorenen Schnee aus, taumelte gegen andere Passanten, verirrte sich wieder und wieder, bis er schließlich zusammenbrach. Vage erinnerte er sich daran, die Nacht in einem fremden Zimmer verbracht zu haben, in einem Lehnstuhl sitzend, auf den Morgen wartend, damit er seine Suche wieder aufnehmen konnte.

»Diesen ganzen Tag hindurch«, sagte er mir später, »habe ich an dich gedacht. Ich habe deinen Namen gesagt, immer wieder, dich gerufen, damit du wüsstest, dass ich hier war.«

»Ich weiß«, antwortete ich, »ich habe dich gehört.«

Langsam ging es bergauf mit Vaters Gesundheit. Langsam, sehr langsam nahmen wir auch die Fäden der Liebe wieder auf, die uns aneinander gebunden hatten. Nach dem ersten Schock darüber, dass er so grau und verbraucht ausgesehen hatte, redete ich mir ein, dass jetzt bald wieder alles so werden würde wie früher. Wenn Vater endlich aufstand, dann würde wieder alles ganz normal sein.

Bis dahin nutzte ich jeden Augenblick, den ich bei ihm sein, mit ihm reden durfte. Ich saß am Bett und hielt seine Hand, spielte mit seinen langen, schmalen Fingern, verflocht meine kurzen, rundlichen Finger mit seinen. Ich schaute ihm in die Augen und wartete darauf, dass das vertraute Lächeln wieder erschien, wartete auf ein zärtliches Wort, auf ein längst vergessenes Geheimwort aus unserer Vorkriegswelt. Aber sie kamen selten, diese Worte, dieses Lächeln. Viel öfter fielen seine Augen wieder zu, zeigten schwarzblaue Lider, wie zwei große dunkle Flecken, und er schlief ein, während ich vor Angst wie erstarrt saß, dass ich ihn nur ja nicht mit der leisesten Bewegung weckte.

Dann kam Mutter herein, deutete mir an, ich sollte hinausgehen, und ich schlich mich mit unendlicher Vorsicht auf den Zehenspitzen hinaus, während Mutter meine Stelle an seinem Bett übernahm.

Die Tage vergingen, und Vater nahm wieder mehr Notiz von mir. Sein Lächeln erschien öfter, seine Hände wurden kräftiger. Dann setzte er sich schon auf und machte Witze. Schließlich wurde er ungeduldig, fing an, mich herumzukommandieren, und ich wurde immer glücklicher.

Wir packten seinen Rucksack aus. Sein zusammenklappbarer Zahnputzbecher war noch da, wie auch alle die anderen Sachen, die er sich gekauft hatte, um sich für die Armee vorzubereiten. Aber seine Socken waren ein Rätsel. Er breitete sie auf dem Bett zu unserer Inspektion aus.

»Ich kann nicht begreifen, warum sie so merkwürdig geschrumpft sind. In jedem Paar gibt es jetzt einen größeren und einen kleineren Socken, tragen kann ich also gar keine mehr.«

Wir erklärten ihm, dass das von seiner Methode kam, sie zu stopfen; er nähte nämlich einfach immer die Ränder der Löcher zusammen, daher das geheimnisvolle Schrumpfen. Vater war gekränkt, als wir darüber lachten. Es war ihm immer schrecklich unangenehm, wenn sich herausstellte, dass die Art und Weise, wie er für sich selber sorgte, manchmal doch gewisse Mängel aufwies.

Da er jetzt wieder mehr sprechen durfte, wurde das Haus von Verwandten, Freunden und wildfremden Menschen überschwemmt, die ihn alle mit Fragen bestürmten: Wie war das Leben dort drüben? So arg wie hier? Hatte er So-und-So nicht gesehen? Hatte er Den-und-Den getroffen? Nein? Wirklich nicht? Aber er war doch dort! Mein einziger Sohn, Herr David, er hat Warschau mitten in den Bombenangriffen verlassen, und seither haben wir nichts mehr von ihm gehört. Er ist nach Osten gegangen. Ein kleiner, dunkelhaariger Mann. Sind Sie sicher, dass Sie ihn wirklich nicht gesehen haben?

Andere brachten die Lokalnachrichten, und die waren schlecht. Das Ghetto nahm langsam Gestalt an. Die Juden wurden nach und nach aus anderen Gegenden der Stadt hinausgedrängt und in ein kleines Gebiet zusammengetrieben. Überall rund um uns kamen neue Leute an und suchten nach Wohnungen und Zimmern. Auch in unser Haus zogen ständig noch neue Menschen ein, und wir fragten uns, wo sie da wohl noch unterkämen. Die Zimmer schienen doch schon alle aus den Fugen zu platzen, aber jede Woche kamen immer noch Neue.

Aber es kamen noch schlechtere Nachrichten. An verschiedenen Stellen gingen jetzt Mauern in die Höhe, man konnte kein System darin erkennen, aber die Leute ergingen sich in düsteren Prophezeiungen. Man nannte sie die Epidemiemauern; sie waren ungefähr drei Meter hoch und oben mit Glasscherben bedeckt. In Warschau breitete sich der Typhus aus. Der gemeinsame Gottesdienst war den Juden jetzt untersagt. Jeder Jude über zwölf musste eine Armbinde mit dem Davidstern tragen. Leute wurden in Arbeitslager verschickt. Jüdische Bankguthaben wurden eingefroren. Jüdische Schulen wurden geschlossen und Privatunterricht war bei Todesstrafe verboten. Juden durften nun weder Straßenbahnen noch Busse benutzen. Der Kauf von Gold war verboten, Schmuck musste registriert werden. Juden durften keine Musik von deutschen Komponisten mehr spielen und jüdische Ärzte durften nicht länger nicht jüdische Kranke behandeln.

»Sie haben uns hier recht praktisch beisammen, alle auf einem Haufen: Was werden sie mit uns tun?«

Vater hörte zu, sein Gesicht verfinsterte sich dabei. Es war klar, er war in die Falle gegangen. Da lag er in seinem schmalen Bett und spürte, wie sich die Mauern rund um ihn schlossen, er konnte seinen Kopf gar nicht mehr heben, während die Stimmen dahindröhnten, bis die Luft ganz dick wurde vor lauter Angst und ihn unter sich zu begraben drohte.

Er wusste, dass er jetzt nicht mehr nach Russland zurückkonnte. Er saß hier mit uns zusammen in der Falle.

7

Während Vaters Krankheit hatten Mutter und ich unterm Tisch auf dem Boden geschlafen. Es war klar, dass wir hier nicht mehr lange bleiben konnten, und sobald Vater anfing wieder aufzustehen, machte Mutter sich auf die Suche nach einer anderen Unterkunft.

Das Zimmer, das wir Anfang des Sommers bezogen, war groß, hell und gemütlich – aber auch sehr teuer. Die Wohnung lag im ersten Stock, die Fenster und die Balkone gingen auf die Straße. Die Großeltern wohnten ein paar Häuser weiter in der gleichen Straße. Die Wohnung gehörte einem Feldscher und seiner Familie.

Herr F., der sich selber »medizinischer Assistent« nannte, verdiente sich seinen Lebensunterhalt mit verschiedenen medizinischen Praktiken wie Schröpfen, Blutegelansetzen, Injektionen verabreichen und manchmal auch Zahnziehen.

Was ihm offenbar am meisten am Herzen lag, war seine Blutegelkolonie. Oft stand er stundenlang über die grünen Gläser gebeugt, in denen sie lebten. Mutter konnte einfach nicht hinschauen, aber für mich hatten sie eine schauerliche Faszination. Gleich an unserem ersten Tag in dem neuen Haus brachte der Briefträger ein eingeschriebenes Paket, er stand im Flur, während Herr F. den Empfangsschein unterschrieb. »Wissen Sie, was Sie da halten?«, fragte Herr F. Der Postbote hatte keine Ahnung. »Da drinnen sind zwei Dutzend Blutegel – lebend, so hoffe ich«, sagte Herr F. und reichte ihm den Schein. Darauf ließ der Briefträger das Paket vor Abscheu fallen und Herr F. stürzte ihm nach auf den Boden.

Später schaute ich ihm zu, wie er die mit feuchtem Moos gefüllte Schachtel auspackte. Drinnen ringelte und schlängelte sich ein ganzer Berg von schwarzen, glänzenden Blutegeln. Herr F. nahm sie einen nach dem andern heraus, redete ihnen dabei die ganze Zeit gut zu und hob sie sorgfältig in die mit Wasser und Pflanzen gefüllten grünen Gläser. Wenn er dann seine Runden machte, wählte er immer ein paar aus und steckte sie in einem Glas mit Schraubdeckel in seine schwarze Arzttasche. Wenn er zurückkam, legte er sie in ein anderes, mit Salz gefülltes Glas, wo sie das Blut, das sie getrunken hatten, wieder ausspieen. Dann konnten sie wieder verwendet werden.

Bald nach unserer Ankunft in diesem Haus hatte ich einen Albtraum. Ich träumte, dass eines dieser Gläser direkt über meinem Bett zerbrach und mein Bett mit Moos, Wasser und Blutegeln füllte. Ich wachte schreiend auf, in Schweiß getränkt, und sprang vor lauter Schreck aus dem Bett.

Obwohl es den Juden verboten war, mit Straßenbahn oder Bus zu fahren, wagten sich Mutter, Cousine Rosa, ihr kleiner Sohn Jasio und ich oft aus unserem beengten Revier hinaus in die Parks und Gärten von Warschau. Ich hasste diese Ausflüge, bestand aber trotzdem immer darauf, mitgenommen zu werden; ich wollte bei Mutter sein, falls ihr irgendetwas zustieß. Ich hatte nur eine ganz vage Vorstellung davon, was es eigentlich war, das uns bedrohte, aber ein kleiner Zwischenfall auf unserem Hinweg überzeugte mich jedenfalls, dass diese Unternehmungen wirklich viel zu gefährlich waren.

Mutter und Cousine Rosa nahmen ihre Armbinden ab, bevor sie das Ghetto verließen, aber das half nicht viel, denn unsere Gesichter machten unsere Herkunft unbezweifelbar deutlich. Auf einem dieser Ausflüge nahmen wir eine Straßenbahn, und Jasio, neugierig, wie Neunjährige eben sind, lief allein zum anderen Ende des Wagens. Rosa lehnte sich aus ihrem Sitz und rief seinen Namen. Der Schaffner drehte sich um, und als er uns sah, änderte sich sein Gesichtsausdruck.

»Seit wann heißt denn Jankiel Jasio?«, fragte er mit dröhnender Stimme. Bleierne Stille senkte sich über den ganzen Wagen, alle Köpfe drehten sich zu uns, alle Augen starrten uns an. Rot vor Zorn erhob sich Mutter von ihrem Sitz.

»Wie können Sie es wagen –« fing sie an, aber Rosa zog sie nieder.

»Still, um Gottes willen«, flüsterte sie, mit solcher Inständigkeit, dass Mutter ihren Satz nicht beendete.

»Bei der nächsten Haltestelle steigen wir aus«, flüsterte Rosa.

»Ich denke nicht daran«, antwortete Mutter.

Rosa und Jasio stiegen also aus, wir blieben. Ich wünschte aus ganzem Herzen, dass wir auch nach Hause gehen würden, aber Mutter bestand darauf, in den Park zu gehen. Wir brauchten frische Luft, und die würden wir auch bekommen. Rosa und Jasio gingen heim.

Später machte Rosa Mutter Vorwürfe: »Ganz egal, was sie zu dir sagen, du darfst den Mund nicht aufmachen. Neulich regte sich eine Frau aus unserem Haus einmal auf, als ein Schaffner sie eine räudige Jüdin nannte, darauf zwang er sie, mit ihrem Baby im Arm in voller Fahrt von der Straßenbahn abzuspringen. Es war ein Wunder, dass sie das überlebte. Diese Dinge musst du entweder in Kauf nehmen oder zu Haus bleiben.«

Ich wünschte zu Gott, wir würden zu Haus bleiben. Meine einzige Erfahrung vom Abspringen aus einem Wagen in voller Fahrt war keine besonders glückliche. Aber Mutter gab nicht so leicht auf. Ihre Einstellung zu den vielfältigen Einschränkungen, die uns bedrückten, bestand darin, sie zu ignorieren. Man durfte dem Feind nicht nachgeben, sondern musste so tun, als gäbe es ihn gar nicht. Nur dann konnten wir hoffen, in Würde zu überleben.

In den Parks ermunterte mich meine Mutter immer wieder, doch mit anderen Kindern zu spielen, aber ich war zu schüchtern. Ich erfasste instinktiv, dass wir nichts mehr miteinander gemein hatten. Wenn sie mich fragten, wo ich wohnte, was sollte ich darauf sagen? Wenn Mutter gar nicht nachgab, dann machte ich eben allein lange Spaziergänge durch die Alleen. Ich ging immer schnell, den Kopf gesenkt, den Blick auf meine Füße geheftet. Auf einem dieser Spaziergänge – ich hatte einen Rundgang gemacht und kam jetzt eben wieder zu Mutter zurück – blickte ich auf und sah fünf deutsche Offiziere geradewegs auf mich zukommen.

Sie kamen in einer Linie daher und füllten den Weg von einer Seite zur anderen. Kein Mensch war sonst in der Nähe. Mein erster Gedanke war, mich umzudrehen und wegzulaufen, aber sofort packten mich Scham und Zorn. Ich hob den Kopf, schaute starr auf die steifen grünen Mützen und ging dem Feind entgegen. Sie kamen auf mich zu wie eine hohe grüne Wand. Wir kamen einander näher, waren auf gleicher Höhe, die grüne Mauer teilte sich, und ich, Kopf noch immer hoch erhoben, während mir das Herz bis zum Hals schlug, ging zwischen ihnen durch und auf Mutter zu, die mit geballten Fäusten ganz starr neben ihrem Stuhl stand, mit einem Ausdruck von unbeschreiblicher Angst auf ihrem Gesicht. Das war unser letzter Ausflug.

Je näher wir dem Ghetto kamen, umso schäbiger sahen die Passanten aus, umso mehr Frauen mit rasierten Köpfen kamen uns entgegen. Dass sie keine Haare hatten, machte ihre Augen viel größer und irgendwie trauriger. Die meisten hatten sich Schals als Turbane um den Kopf gebunden, um ihre Schande zu verstecken. Seit damals bedeuten Turbane für mich immer geschorene Köpfe, mit sämtlichen hässlichen Nebenbedeutungen.

8

In diesem Sommer wurde die Lage immer hoffnungsloser.
Als Paris fiel, weinten die Leute auf der Straße. Wir gaben
jede Hoffnung auf, den nächsten Winter wieder zu Hause
zu verbringen. Die Schulen blieben geschlossen, aber Mutter hatte Angst, dass ich zu viel versäumte, und organisierte einen Gruppenunterricht. Wir waren zu viert, drei
Mädchen und Jozio, der Einzige aus meiner Vorkriegs-
schule. Dreimal pro Woche kamen wir für eine Stunde
bei irgendjemandem zusammen. Eine Entdeckung hätte
den Tod bedeutet, für Lehrer, Kinder und Eltern. Vielleicht entwickelten wir deshalb einen so außerordentlichen
Lerneifer. Jede Stunde war ein Triumph über den Feind.
Aber diese Stunden füllten meine Zeit natürlich nicht aus.
Ich schrieb mich bei einer geheimen Leihbücherei ein und
verbrachte meine freie Zeit mit Lesen. Da ich nicht allein
fortgehen durfte, musste ich immer warten, bis Mutter mit
der Hausarbeit fertig war, dann besuchten wir die Großeltern oder auch Cousine Rosa.

Ich versuchte mit Jasio zu spielen, aber der war ein
ziemlich wüster Knabe und Anführer einer Bande von
Gassenjungen, die in den Stiegenhäusern blutrünstige
Kämpfe ausfochten, so dass ich froh war, wenn ich nichts
mit ihnen zu tun hatte.

Vater gab mir einen Kompass und erklärte mir seine Benutzung. Dann fing ich an, für Jasio und seine Bande militärische Orden herzustellen. Ich fertigte Kreise in verschiedenen Größen an, füllte sie mit geometrischen Mustern und bemalte sie dann mit leuchtenden Farben. Nach jeder Schlacht entstand große Nachfrage nach meinen Orden. Vater und Jasio besprachen Fragen der militärischen Strategie und machten zusammen Pläne, und Jasio berichtete Vater, der als General fungierte, vom Erfolg seiner Unternehmungen, während meine einzige Rolle bei diesen männlichen Vergnügungen darin bestand, immer ausgefallenere Orden zu liefern.

Den ganzen Sommer lang suchte Vater Arbeit. Das Geld ging uns aus. Mutter fing an, unsere Wertsachen zu verkaufen, aber das war ein gefährliches Mittel, denn wir hatten nicht sehr viele. Mutter bedauerte immer wieder laut, dass sie nie etwas Nützliches gelernt hatte; und über Vater war sie noch viel bitterer.

Sie konnte es ihm nie verzeihen, dass er nach ihrer Hochzeit sein Studium an den Nagel gehängt hatte. Großvater hatte ihnen angeboten, sie beide zu erhalten, während Vater sein Jurastudium fertig machte, aber Vater hatte dieses Angebot unverständlicherweise abgelehnt und war stattdessen gleich in die Mühle arbeiten gegangen. Dafür hatte er keine Qualifikationen, bis auf einen ausgezeichneten Zahlenverstand und seine Art, das Vertrauen und die Loyalität der Arbeiter zu gewinnen. Er half dem Buchhalter und trat als Personalchef und Vermittler bei sämtlichen Differenzen auf. Routinearbeit langweilte ihn, dagegen zeigte er sich von seiner besten Seite, sobald irgendetwas passierte. Oft verzichtete er ganze Nächte auf Schlaf, um einen Fehler in den Büchern zu finden oder um Dieben bei der Eisenbahn auf die Spur zu kommen. War aber alles ruhig, dann verschwand er oft stundenlang mit seinem Gewehr und einem Pferd, ging Tauben schießen oder spielte für eine attraktive Blondine den Fremdenführer.

Mutter, in der Tradition harter Arbeit erzogen, konnte ihm diese leichtfertige Einstellung einfach nicht verzeihen. Selbst jetzt, wo das alles ohnehin verschwunden war, drückte sie noch immer der alte Stachel. Bald waren sie wieder bei ihren alten Vorwürfen. Alle die alten Streitigkeiten wurden wieder hervorgeholt, unter die Lupe genommen, ausgebeutet und von Neuem im Kampfe eingesetzt. Vaters allgemeiner Mangel an Arbeitsbegeisterung, seine Armut vor ihrer Heirat, seine Faulheit.

Sogar diese zwei Paar Schuhe, über die ich vor dem Krieg immer so viel gehört hatte, wurden wieder aus dem Zwielicht der Legende gezerrt. Das waren bekanntlich die einzigen zwei Paar Schuhe, die Vater besaß, als er heiratete. In diesem vollgestopften Raum, zwischen den fremden Möbeln in einer fremden Wohnung, klangen die altbekannten Worte noch härter, noch unpassender. Nach Vaters Rückkehr hatte ich eine Weile lang gehofft, es würde mit den Streitereien jetzt vorbei sein. Aber ich wurde enttäuscht.

Vater ging oft für lange Stunden aus dem Haus, und wenn er zurückkam, sah er grau und erschöpft aus. Er aß sehr wenig, und das führte zu weiterem Geschimpfe von Mutter, dass sie sich da über dem heißen Herd in einer fremden Küche abrackern könne und es ihr ja doch nur mit Undank gelohnt werde. Ich war überzeugt, dass die F.s jedes Wort mitbekamen, daher genierte ich mich nach jedem Streit, durch ihr Zimmer zu gehen.

Schließlich fand Vater doch noch Arbeit, und zwar als Sanitätsinspektor. Dabei musste er pro Tag etwa ein Dutzend Wohnungen besuchen und sie auf ihre Sauberkeit hin inspizieren. Die Gefahr, »irgendetwas zu erwischen und nach Haus zu schleppen«, die immer gegenwärtig war, wenn man sich in die überfüllten Straßen hinauswagte, wurde dadurch zur Gewissheit. Aber noch ärger war, dass das viele Stiegensteigen bald zu einer weiteren Verschlechterung seiner Gesundheit führte. Im Herbst musste er diese Arbeit aufgeben, und Mutter fing wieder an, ihre Kleider zu verkaufen.

Zu dieser Zeit fiel es ein paar energischen jungen Damen ein, die Kinder in unserem Block zu einer Theatergruppe zusammenzufassen. Wir sollten für irgendeine karitative Institution Vorstellungen geben, daher wurde das ganze Haus eifrig nach jugendlichen Talenten durchkämmt. Mutter nahm mich zum Vorsprechen mit, worauf ich prompt die Titelrolle in *Schneewittchen* bekam.

Beim Proben der Lieder fielen mir alle Szenen des Disneyfilms wieder ein und ich war überglücklich. Ich hatte den Film zweimal gesehen und erinnerte mich an jedes Wort und jede Geste. Schon Wochen vorher lebte ich in Erwartung des großen Tages, wenn ich auf die Bühne treten und für das gesamte Publikum da unten das Schneewittchen sein würde. Wir spielten nur ein paar Szenen und verwendeten dabei die Lieder aus dem Film. Der Rest des über zwei Stunden langen Programms wurde von einer Vielzahl von anderen Nummern bestritten – Lieder, Tänze, lustige Sketchs. Als der lang ersehnte Tag endlich kam, machte ich bei fast jeder Nummer mit, unter anderem sollte ich vier weitere Solonummern singen und einige meiner eigenen Gedichte rezitieren.

Die Frage meines Kostüms beschäftigte meine Mutter und die anderen jungen Damen eine Weile lang intensiv. Ich wollte dem Star des Disneyfilms so ähnlich sehen als nur möglich, aber am Ende bekam ich nur ihren steifen weißen Kragen – aus Pappkarton, befestigt an einem Gewand in heftigem Violett, übersät mit Perlen und Stickereien – irgendjemandes Partykleid aus den fernen zwanziger Jahren, das dann entsprechend gekürzt und um meine Taille mit einer grünen Schärpe gebunden wurde. Dazu trug ich fleischfarbene Strümpfe und im Haar ein grünes Samtband. Im letzten Moment schleppte noch jemand violette Strumpfbänder mit großen Satin-Rosetten darauf herbei, welche man mir unter großem Gelächter an den Beinen befestigte, damit mir die Strümpfe nicht immer hinunterrutschten. Ich fand sie überaus lächerlich und konnte nicht begreifen, warum die Leute jemals so etwas anzogen. Ein echtes Mieder wäre doch viel erwachsener gewesen und viel vernünftiger. Aber die jungen Damen und sogar Mutter waren von den Strumpfbändern ganz hingerissen, also gab ich nach und zog sie eben an.

Bis zum Tag der Vorstellung lebte ich wie in einem köstlichen Nebel, in den sich allerdings die leichte Angst mischte, dass im letzten Moment noch etwas schief gehen und die Vorstellung vielleicht abgesagt würde.

Vater war über dieses »Theater« nicht allzu glücklich und verbat mir sogar mehrere Male, da noch weiter mitzumachen. Mutter benutzte es als Zuchtrute, daher fühlte ich mich gezwungen zu einem geradezu übertrieben guten Benehmen, aus lauter Angst vor einer Strafe, die, wie ich wusste, natürlich nur eine Form annehmen konnte.

Kurz vor dem schicksalshaften Tag fing einer meiner Milchzähne zu wackeln an und Herr F. schlug vor, ihn herauszuziehen. Man brachte mich in seine Ordination, wo Mutter ängstlich im Hintergrund lauerte, jederzeit bereit, mich zu bändigen, falls ich nicht stillhalten sollte. Aber Herr F. sagte, er wollte sich den Zahn nur ansehen und ihn bis nach der ersten Vorstellung drinnen lassen. Vertrauensvoll öffnete ich den Mund. Herr F. schaute hinein, nickte, breitete ein sauberes Taschentuch über die Finger, berührte den Zahn leicht – und zeigte ihn mir in seiner Hand.

Ungläubig starrte ich darauf. Ich hatte mir grässliche Schmerzen vorgestellt; und da lag er, alles war vorbei und ich hatte überhaupt nichts gespürt.

»Sag ›Danke‹«, stieß Mutter mich an, aber im gleichen Augenblick stieß ich plötzlich einen Ohren betäubenden Schrei aus, stürzte aus dem Zimmer und knallte die Tür hinter mir zu. Dann hastete ich in die Küche, warf mich zu Boden und heulte, bis Mutter hereinkam, mir voll Zorn eine klebte und mich wieder zurück in die Ordination schleppte.

»Mein Gott, die ist ja hysterisch!«, bemerkte Frau F. und schaute mich über die Ränder ihrer Brille hinweg missbilligend an. »Dabei ist sie doch noch so klein. Mit der werden Sie noch viel mitmachen, Frau David, wenn Sie ihr solche Sachen durchgehen lassen.«

»Davon ist keine Rede«, erwiderte meine Mutter entschlossen, und zu mir gewandt: »Wenn du nicht sofort aufhörst, darfst du nicht Schneewittchen spielen!«

Aber selbst das war mir jetzt egal. Ich rannte in unser Zimmer und schluchzte, bis keine Tränen mehr herauskamen. Es war ein derart köstliches Gefühl, sich einmal wirklich ganz gehen zu lassen, besonders nach diesen langen Wochen eines geradezu unnatürlichen Bravseins. Die Vorstellung, dass ich mir dadurch die Chance meines Bühnenauftritts verscherzte, zerriss mir das Herz und ich heulte von neuem los, mir dadurch noch weitere Strafmaßnahmen zuziehend.

Die jungen Damen ärgerten sich furchtbar, als sie Mutters Entschluss hörten.

»Sie haben überhaupt kein Recht, uns die ganze Vorstellung zu ruinieren«, erklärten sie ihr voller Entschiedenheit. »Strafen Sie sie halt nachher, wenn es unbedingt sein muss, aber auftreten lassen müssen Sie sie. Wir finden im letzten Augenblick keinen Ersatz mehr, noch dazu, da Sie ihr ja erlaubt haben, fast in jeder Nummer aufzutreten.«

Mutter konnte nicht verstehen, warum sich die Leute so aufregten. Eine Vorstellung, bei der ich mitmachte, konnte doch nicht so wichtig sein, es war doch schließlich nur eine Kinderaufführung, da war ja wohl ein Kind so gut wie jedes andere. Und sie schätzte es nicht, wenn sie ihr Wort zurücknehmen musste. Aber am Ende musste sie schließlich doch nachgeben.

Am Tag der Aufführung war sie hinter den Kulissen, organisierte alles, nahm die Künstler, die plötzlich Lampenfieber bekamen, an die Hand, tröstete, trocknete Tränen, legte Make-up auf bleiche kleine Gesichter, ermahnte die Mädchen, natürlich zu reden, da die meisten von uns vom Lippenstift ganz steife Lippen bekamen. Sie wechselte geradezu mit Lichtgeschwindigkeit unsere Kostüme und schob uns alle im richtigen Moment hinaus auf die Bühne. Trotzdem war es mit ihrer Beliebtheit beim Organisationskomitee vorbei, die konnten ihr nicht vergessen, dass sie um ein Haar die ganze Aufführung ruiniert hätte.

Meine große Szene kam. Ich sollte in den Apfel beißen, den die böse Stiefmutter mir reichte, und sofort darauf in Ohnmacht fallen, aus welcher mich dann der Prinz mit einem Kuss zu wecken hatte.

Ich tat einen großen Bissen, drehte mich plötzlich auf den Fersen um, presste die Hände an meine Taille, so wie Jasios Soldaten, wenn sie erschossen wurden, und stürzte mit lautem Gepolter auf die harten Bretter. Durch den Schmerz an Ellbogen und Hüfte, von dem ich einen Moment lang ganz benommen war, hörte ich auf einmal eine Welle von Gekicher durch das Publikum gehen. Es lief mir kalt über den Rücken. Das war doch nicht zum Lachen. Was war denn los? Mein Gesicht war dem Publikum abgewandt und ich konnte daher nicht sehen, worüber sie sich so amüsierten. Steif vor Unruhe lag ich am Boden und atmete Staub ein, während die Zwerge in ihrer Ecke tanzten, und war sehr erleichtert, als ich endlich den Prinzen singen hörte.

Er trat auf die Bühne, stieß einen Ruf aus, griff sich an die Weste über seinem Herzen, kniete sich dann in seinen viel zu engen Hosen sehr vorsichtig nieder, küsste mich auf die Wange und flüsterte mir ins Ohr: »Du Idiot!«

Ich öffnete die Augen, hauchte eine überraschte Begrüßung und ließ mir auf die Beine helfen. Ein Zwerg reichte dem Prinzen meine Krone aus Pappkarton, welche er vorsichtig auf mein Haupt setzte. Händchen haltend und zu zweit unser Abschiedslied singend, schwebten wir von der Bühne.

Das Publikum klatschte und jubelte und rief uns immer wieder heraus, es dauerte also mehrere Minuten, bis ich endlich Mutter fragen konnte, warum sie alle so gelacht hatten.

»Du bist mit solcher Wucht hingefallen, dass dein Kleid dabei hochrutschte, und dann hat man diese läppischen Strumpfbänder gesehen«, sagte Mutter lächelnd. Ich stieß einen Verzweiflungsschrei aus. »Macht nichts«, fuhr Mutter fort, »du warst ein großer Erfolg. Ich war unten im Publikum, alle waren hingerissen.«

Die Vorstellung war wirklich ein großer Erfolg, wir wiederholten sie mehrere Male und machten Pläne für eine weitere Aufführung im nächsten Winter.

Ich lernte in diesem Sommer ein paar »nette kleine Mädchen« kennen, fand aber keine wirkliche Freundin. Mit Herbstbeginn setzten wir uns wieder hinter das Lernen und verschwanden zu viert in der Welt der Bücher und einer gewissen Routine.

Und Vater fand wieder Arbeit. Eines Tages kam er ziemlich verlegen nach Haus, mit Mütze und Abzeichen der jüdischen Miliz. Mutter war entsetzt. Die jüdische Miliz war im Ghetto alles andere als beliebt, aus verständlichen Gründen. Außer den üblichen Aufgaben eines Polizisten mussten sie auch noch die polnische Polizei und die Deutschen auf allen Hausdurchsuchungen und Strafexpeditionen begleiten und waren oft gezwungen, mit dem Feind zu kollaborieren – oder wenigstens sah es so aus. Wenn die drei Hüter des »Gesetzes« zusammen auftraten, dann tat sich der polnische Polizist meistens durch besonderen Eifer hervor, aber auch viele jüdische Milizmänner missbrauchten ihre Macht über die hilflosen Massen.

Wir zweifelten nicht daran, dass Vater nicht zu denen gehören würde, die die schwere Last der Demütigungen, die wir alle zu tragen hatten, noch vermehrten, aber oft rief schon der bloße Anblick einer Milizmütze einen Zwischenfall hervor, und wir zitterten unter der Vorstellung, Vater könnte jemals das Ziel eines derartigen feindseligen Ausbruches sein. Aber das war offenbar die einzige Arbeit, die er bekommen konnte. Die Bezahlung war schlecht, aber wir konnten wenigstens mit einem gewissen Minimum rechnen, außerdem wurden unsere Essensrationen erhöht. Aber die Verbesserung unserer Finanzen war zu gering, als dass wir noch länger bei den F.s hätten bleiben können. Mutter ging wieder auf Wohnungssuche. Die Entscheidung fiel uns schwer und wir wussten, dass es von nun an mit uns nur mehr abwärts gehen konnte. Wenn wir diesen Raum verließen, dann nur, um in einen kleineren und weniger bequemen zu übersiedeln.

Es sah jetzt so aus, als hätte sich der Krieg häuslich eingerichtet. Mit Frankreich waren unsere letzten Hoffnungen gefallen und jetzt gab es keinen mehr, der ein rasches Ende des Krieges voraussagte. Mutter und Großmutter sprachen noch immer von dringenden Plänen für den Moment, wo wir wieder zu Hause waren, aber diese Gespräche fingen an recht hohl zu klingen.

Unter Herrn F.s regelmäßigen Kunden war auch eine alte Frau, eine gewisse Frau Kraut, die zwei Häuser weiter in der gleichen Straße lebte und die an Mutter ein ganz besonderes Interesse nahm. Sie litt unter hohem Blutdruck und verhärteten Arterien und tauchte daher in bestimmten Abständen hier auf, um zur Ader gelassen zu werden.

Herr F. setzte die Blutegel an ihren Schläfen und im Nacken an, um den Blutandrang zu vermindern. Fasziniert beobachtete ich diese plötzliche Verwandlung einer alten Frau in eine Art Gorgone, um deren Gesicht sich schwarze Würmer schlängelten. Nach der Behandlung streckte sich Frau Kraut und seufzte vor Wohlbehagen, und dann ging sie und suchte meine Mutter auf.

Frau Kraut hatte eine Tochter in New York, die anscheinend meiner Mutter verblüffend ähnlich sah. Frau Kraut kam über diese Ähnlichkeit einfach nicht hinweg. Sogar auf der Straße eilte sie auf Mutter zu und fing immer wieder davon zu reden an. Zuerst war Mutter gerührt, aber bald ging ihr das Getue auf die Nerven und sie ging Frau Kraut lieber aus dem Weg. Aber als Frau Kraut hörte, dass wir ein Zimmer suchten, kam sie eines Morgens ziemlich zeitig zu uns herein und machte uns einen Vorschlag.

Sie hatte ein Zimmer zu vermieten. Es war klein, deshalb verlangte sie auch nicht viel dafür. Sie könnte natürlich in einem Tag hundert Interessenten dafür finden, aber sie wollte eben uns haben.

Das wäre genauso, als hätte sie ihre eigene Tochter im Hause, noch dazu mit einer Enkelin. Ihre Tochter hatte auch schon ein kleines Mädchen, das kannte Frau Kraut aber nur von Fotos. »Und so einen feschen Schwiegersohn«, fügte sie hinzu und lächelte zu Vater hinauf.

Mutter ging sich das Zimmer anschauen und kam ziemlich bedrückt zurück. Es war sehr klein und sehr dunkel. Aber dafür war Frau Kraut so ehrlich und so freundlich zu uns und eine freundliche Zimmerfrau war wirklich überaus wichtig. Und bei der Miete, die sie verlangte, konnten wir wirklich nichts Besseres erwarten. Wir überlegten die Sache eine Woche lang, dann zogen wir ein.

9

Das Haus hatte fünf Stockwerke und war im Viereck rund
um einen kleinen Innenhof gebaut. In jedem Flügel gab es
ein Stiegenhaus, unseres war das zweite rechts. Die abgetretenen hölzernen Stiegen führten durch dichte Finsternis
zu einer schweren Tür im ersten Stock. Dort gab es eine
hohe Schwelle – eine erfolgreiche Falle für unsere Besucher –, und dann einen dunklen Gang zur Küche und zum
Wohnzimmer. Rachel, Frau Krauts »Perle«, schlief in der
Küche auf einem durchhängenden Bett. Die Krauts selber
lebten im Wohnzimmer. Dort hatte Frau Kraut für sich
selbst einen riesigen, funkelnagelneuen Diwan aufgestellt,
während ihr Mann, der sehr groß war, sich mühevoll in
ein schmales, kurzes Metallgestell zwängen musste. Der
Raum dahinter gehörte uns. Er war sehr schmal, in einem
lebensgefährlichen Rosa mit violetten Obertönen ausgemalt, und zwar mit einer Art Ölfarbe. »Sehr gesund, auf
diese Weise kommt keine Feuchtigkeit in die Wände«, bemerkte Frau Kraut dazu.
   Nur der zweite Teil ihrer Bemerkung erwies sich als
stichhaltig. Der Dampf vom Kochen und Waschen kon-
densierte sich auf der öligen Oberfläche und lief dann in
kleinen Bächen von der Decke herunter auf den Boden,
dass die Bretter zu faulen begannen und kleine Lachen
sich unter den Möbeln bildeten. Im Winter waren die

Wände mit einer dünnen Eisschicht bedeckt, auf der ich mit den Fingern kleine Bilder zeichnete und meine Rechenaufgaben machte.

Unsere Kleider verschimmelten in den Koffern, Schuhe mussten täglich außen und innen gereinigt werden. Die Fenstervorhänge zerfielen einfach nach den ersten paar Monaten. Das Bettzeug war jede Nacht feucht und eiskalt, und die mit heißem Wasser gefüllten Flaschen, die wir immer wieder hoffnungsvoll zwischen die Leintücher schoben, verstärkten nur den dampfigen Geruch, änderten aber kaum etwas an der Temperatur.

Jeden Morgen waren unsere Kleider feucht, es war ein Kampf, Strümpfe anzuziehen, die so feucht waren, dass sie zusammenklebten. Und sich in Unterwäsche zu zwängen, die an einem hing wie ein nasser Umschlag, das war schon das reinste Heldentum. Mutter und ich führten jeden Morgen eine richtige Pantomime damit auf und taten, als wäre es ein Witz.

Aber das alles fanden wir erst nach und nach in den folgenden Monaten heraus. Den ärgsten Schock bekamen wir gleich am ersten Abend: Wanzen.

Unsere beiden Betten waren aus Metall, mit kompliziert verschlungenen Gittern und Ornamenten, schokoladenbraun bemalt, an beiden Enden hatten sie Landschaften in gedämpftem Grün. Unsere Bedrückung angesichts der Farbzusammenstellung und der allgemein wackligen und quietschenden Gestelle verwandelte sich in Entsetzen, als wir entdeckten, dass sie buchstäblich bis oben hin voller Wanzen waren. Nach der ersten schlaflosen Nacht nahmen wir sämtliche Möbel auseinander und schrubbten, sengten und brannten alles an. Wir standen auf verlorenem Posten. Das ganze Haus war verseucht, und sobald unser Zimmer sauber war, drangen von außen wieder neue Horden herein. Das Bettenansengen wurde zu einem

Ritual, aber wir taten es mehr aus Selbstachtung als wegen etwaiger, bis dato nicht existenter Ergebnisse. Nach diesem ersten Schock entlockte uns die Entdeckung von Schaben und Tausendfüßlern nur einen Seufzer der Resignation. Die bissen wenigstens nicht.

Zu unserem Leidwesen mussten wir feststellen, dass unsere Wohnung im ersten Stock des Querflügels nie auch nur von dem kleinsten Sonnenstrahl erreicht wurde. Nur ein kleines Stück Himmel war hoch oben sichtbar, am Ende des Brunnenschachts, in dem wir lebten. Der Hof war klein, mit Katzensteinen gepflastert und voller Kinder. Ihr Geschrei wurde von den gelben Wänden zurückgeworfen und drang in die offenen Fenster, aus denen die Geräusche von viel zu vielen auf einem Haufen lebenden Menschen quollen. Direkt unter unserem Fenster gab es eine große Abfallgrube aus Zement. Meistens war sie am Überlaufen, manchmal wuchs der Mist bis zu den Fenstern des Erdgeschosses herauf. Im Sommer zwang uns der Gestank, die Fenster geschlossen zu halten, trotz Hitze, Dunst und den Bächen an den Wänden.

Kurz nach unserem Einzug in das neue Zimmer wurden wir eines Nachts von einer draußen in der Finsternis heulenden Stimme geweckt. Steif vor Entsetzen lag ich da und lauschte, wie die Stimme von einem dumpfen Knurren zu einem hohen Wimmerton anstieg, abfiel, wieder aufstieg, ohne Worte, aber voll Angst und Verzweiflung, wie ein irrer Trauernder bei einer Totenwache. Ich spürte, wie Mutter sich neben mir rührte und dann auch plötzlich steif wurde, so wie ich einen Augenblick zuvor.

Da rief Frau Kraut aus dem Nebenzimmer und sagte, wir sollten uns nicht aufregen. Das war nichts. Nur der verrückte Elias von nebenan. Der heulte immer so in Mondnächten, weil er glaubte, er sei eine Sirene.

Ich stand auf und ging zum Fenster. Auf der Treppe

stand ein großer dünner Mann, mit ausgestreckten Händen krallte er sich an den Fensterrahmen fest, so dass er aussah wie gekreuzigt. Er trug einen langen schwarzen Kaftan, sein schwarzes Haar reichte ihm bis zu den Schultern und er hatte einen buschigen Bart. Aus dieser struppigen Finsternis hob sich sein Gesicht heraus, sehr blass, sehr fein gezeichnet. In dem unsicheren Licht des vollen Mondes konnte ich seine hohe Stirn sehen, eine lange schmale Nase und ein Paar schwarze, glühende Augen tief in dem schmalen Gesicht, das sich gegen die schmutzigen Fensterscheiben presste. Eng ans Glas gedrückt, heulte und wimmerte er durch die Nacht zum unsichtbaren Himmel hinauf.

Tagsüber kauerte er im Treppenhaus vor seiner Tür, wortlos, vor jedem Fußtritt zitternd, bei jedem plötzlichen Geräusch hielt er sich die Ohren zu und winselte wie ein erschrockenes Tier.

Frau Kraut erzählte uns, er wäre früher Gelehrter gewesen, Student des Talmud und der ganze Stolz seiner beiden älteren Schwestern, mit denen er lebte. Aber die Bombenangriffe des Jahres 1939 hatten seinen Verstand völlig durcheinandergebracht und ihn in seinen jetzigen Zustand versetzt. Seine Schwestern schlugen ihn, ließen ihn hungern, stießen ihn aus ihrem Zimmer, sodass er fast die ganze Zeit auf der Treppe saß.

Die Kinder des Hauses, denen er in der Nacht solchen Schrecken einjagte, zeigten ihn den Besuchern als die Kuriosität des Ortes und quälten und verspotteten ihn erbarmungslos, falls er sich einmal ins Licht hinauswagte. Aber auf der dunklen Treppe traute sich keiner an ihm vorüber.

Die zweite Kuriosität des Hauses war die Großmutter des Hausherrn. Gerüchten zufolge war sie hundertundvierzehn Jahre alt. An sonnigen Tagen kam sie herunter in den Hof und schritt ein paar Mal rundherum, begleitet von einer Bonne, die ihr einen geblümten Sonnenschirm über den Kopf hielt. Die alte Dame hatte alle Erinnerung an die unmittelbare Vergangenheit verloren, und da diese in ihrem Fall die letzten dreißig Jahre umfasste, hatte sie zum Beispiel keine Ahnung, dass 1914 ein Krieg stattgefunden hatte, dass Polen befreit und wieder besetzt worden war, und jetzt bemühte sich ihre Familie, ihr jedes Wissen von den gegenwärtigen Umwälzungen zu ersparen. In ihrem gestickten Pompadour befand sich eine Handvoll alter russischer Münzen und die Preise sämtlicher Waren übersetzte man für sie in Rubel. Warschau war in den Händen der Russen und noch immer saß der Zar auf seinem Thron.

Ehrerbietige Stille senkte sich über den Hof, wenn wir sie erblickten, wie sie steif die Wände entlanghumpelte, den schäbigen kleinen Sonnenschirm über der makellosen Perücke auf- und niederwippend. Unter der Perücke war das Gesicht einer Mumie und unter dem Gesicht ein altmodisches schwarzes Kleid, das sich ruckartig bewegte wie eine Marionette.

Was würde geschehen, wenn die alte Dame jemals von Angesicht zu Angesicht einem Deutschen gegenüberstünde? Das fragte ich mich, während ich ihr zusah, wie sie den Hof umhumpelte.

In diesem Herbst waren die Beziehungen zum Wohnzimmer recht herzlich. Frau Kraut eilte geschäftig in unserem Zimmer aus und ein, vor Glück strahlend, »mütterlichen Rat« erteilend, uns Kostproben ihrer Lieblingsgerichte anbietend. Mutter ihrerseits schwitzte über dem Herd und bemühte sich, ein paar von den Köstlichkeiten zuzubereiten, an die sie sich von zu Hause her noch erinnerte. Zu ihrem ständigen Bedauern hatte sie nie Kochen gelernt, die Ergebnisse ihrer Bemühungen waren daher oft geradezu katastrophal, aber in unserem verarmten Zustand konnten wir es uns nicht leisten, auch nur das Geringste wegzuwerfen, es musste daher alles gegessen werden, ohne Ansehen der Folgen.

Kaum heimgekehrt von einem Besuch bei Freunden, wo man uns natürlich immer etwas zu essen anbot, versuchten Mutter und ich – leider immer vergeblich –, die Ingredienzien zu erraten. Leider wollte Mutter nie nach dem Rezept fragen, denn sie schämte sich, zugeben zu müssen, dass sie nicht kochen konnte, und machte ihre Versuche daher lieber aufs Geratewohl. Manchmal waren die Ergebnisse ihrer Experimente tatsächlich schlicht ungenießbar, aber selbst dann wurden sie nicht etwa weggeworfen. Wir entdeckten, dass Rachel, die Krautsche Perle, einfach alles verschlang, was auch nur entfernt an menschliche Nahrung erinnerte, und dass ihr das offenbar nicht einmal schadete. Nachdem wir einmal zusahen, wie sie sich ein faules Ei mit allen Anzeichen des Genusses einverleibte, hatten wir vor ihren diesbezüglichen Fähigkeiten den größten Respekt, und ich fügte sie meiner Kuriositäten-Sammlung hinzu.

Rachel war wirklich die merkwürdigste Person, die ich jemals gesehen hatte. Die Erwachsenen behandelten sie zwar mit unverhülltem Abscheu, als ein untermenschliches Wesen, aber meiner Meinung nach war sie einfach anders, unberechenbar, und schon auch etwas furchterregend. Ich brauchte ein paar Tage, um die Angst zu überwinden, die ihre Erscheinung mir einflößte, aber als es so weit war, wurden wir Freunde, ja Komplizen. Im Hof konnte ich jetzt mit meinem zahmen Monster Eindruck schinden.

Frau Kraut hatte Rachel in einem Krankenhaus aufgelesen, wo sie sich vom Scharlach erholte, das war schon ein paar Jahre vor dem Krieg; und sie hatte sie als Mädchen für alles mit nach Hause genommen. Falls Rachel vor dem Krieg noch Lohn bekommen haben sollte, so war jetzt natürlich keine Rede mehr davon, und obwohl in der Einzimmerwohnung jetzt ja nicht mehr so viel Arbeit war, kroch sie immer irgendwo herum, seufzte dabei, weinte und redete mit sich selber. Wir fanden bald heraus, dass sie dauernd hungrig war. Frau Kraut behauptete, Rachel hätte einen abnormalen Appetit und wäre durchaus imstande, vierundzwanzig Stunden lang ununterbrochen zu essen.

Ihre körperliche Erscheinung war eindrucksvoll. Das Auffallendste waren ihre großen, vorstehenden Augen, die in gänzlich verschiedene Richtungen blickten. Fasziniert schaute ich ihr zu, wie sie ihren Kopf von einer Seite zur anderen drehte und zuerst das eine, dann das andere Auge auf ihr Werk einstellte. Ihre Haut war gelb und wächsern, über den langen, vorstehenden Zähnen spross ein schwarzer Schnurrbart, ihr Haar war schwarz und sehr glatt. Jede Woche schnitt sie es sich unter vielem Geseufze und Gemurmle, und immer wieder mit neuartigen, überraschenden Ergebnissen. Sonst war ihr Körper dünn und verbogen, und sie schlurfte immer von einem Zimmer zum anderen, zupfte an allem herum und kicherte manchmal in sich hinein. Sie wusste nicht, wie alt sie war, noch wo sie vor ihrer Aufnahme ins Krankenhaus gelebt hatte. Frau Kraut hielt Rachel für etwa Mitte Dreißig, aber irgendein Vergleich mit anderen Frauen dieses Alters schien ganz undenkbar.

Zu Ende dieses Herbstes wurde es den Polen verboten, weiterhin für Juden zu arbeiten, und unzählige Hausmeister zogen aus dem Ghetto aus. Ihre Stellen wurden sofort von Ghettobewohnern eingenommen. Bald darauf mussten alle Juden und alle jüdischen Geschäfte, die bis jetzt noch außerhalb gewesen waren, ins Ghetto hereinziehen.

Herr Kraut, der als Nachtwächter in einer polnischen Fabrik gearbeitet hatte, verlor seinen Posten. Frau Kraut weinte darüber eine ganze Woche lang. Danach ging sie daran, ihren Haushalt zu reorganisieren.

Im Korridor erschien des Nachts ein weiteres Bett, so dass man nicht mehr zur Wohnungstür konnte. In diesem Bett schlief eine Frau mittleren Alters, die jeden Morgen wieder verschwand. Am Abend kam sie zurück, setzte sich vors Küchenfenster und starrte auf die Wand gleich dahinter. Außer ihrem Namen erfuhren wir nie etwas von ihr. Tagsüber arbeitete sie irgendwo, in der Nacht schlief sie auf dem Flur, und ihre freie Zeit verbrachte sie vor dem Küchenfenster, auf die gegenüberliegende Wand starrend. Nie fing sie von sich aus über sich selbst zu reden an und blieb für uns bis zum Ende ein ungelöstes Rätsel.

Zur gleichen Zeit führte Frau Kraut in ihrem Haushalt neue Restriktionsmaßnahmen ein. Sämtliche Nahrungsmittel wurden in weiße Kattunbeutel eingenäht und in einem großen Schrank und einem Blechkoffer verstaut. Beide Warenlager wurden mit Vorhangschlössern versperrt, die Schlüssel dazu hingen an einem Samtband um den Krautschen Hals. Rachel wurde auf Diät gesetzt: eine Ration schwarzes, klebriges Brot, Karottenmarmelade und hin und wieder eine Rübe; das durfte sie manchmal mit in Öl gebratenen Kartoffelschalen anreichern. Wir fragten uns nervös, was für eine Art Öl das wohl war, denn es schien uns kaum vorstellbar, dass irgendetwas Essbares so grässlich stinken konnte. Vater erklärte, es handle sich um Wagenschmiere billigster Qualität, sehr gesund zur Behandlung arthritischer Gelenke.

Herr Kraut teilte mit seiner Frau die Mahlzeiten, jedenfalls bis zu einem gewissen Grad. Er bekam jeweils nur eine Miniaturportion von dem, was sie aß, und stand immer hungrig vom Tisch auf. Nachmittags riet ihm dann

Frau Kraut mit breitem Lächeln, doch ein kleines Nicker-
chen zu machen, um seinen krachenden Magen zu beruhigen, während sie einkaufen ging. Wir fanden bald heraus, dass sie jedes Mal eine Konditorei in unserer Straße
aufsuchte, dort ein oder zwei angenehme Stunden verbrachte und sich mit dem Inhaber bei Tee und Kuchen unterhielt. Dann ging sie wieder heim und vergnügte sich am
Abend damit, Rachel ihre Kartoffelschalen zuzuteilen und
ihrem Ehemann Genügsamkeit zu predigen.

10

November kam und die Tore des Ghettos wurden geschlossen. Die Falle klappte zu. In der letzten Woche waren noch circa 140 000 Juden dazugekommen, die Enge war unbeschreiblich. Auffanglager für Flüchtlinge wurden eingerichtet. Dem kalten Wetter zum Trotz breitete sich der Typhus aus und wir fragten uns, was wohl im Frühling passieren würde. Aber das herrschende Gefühl in diesen Tagen war Angst und Verzweiflung. In den Gesichtern der Erwachsenen war Niederlage, und wenn ich mit meinen Freundinnen zusammenkam, vermieden wir dieses Thema. Es war zu schmerzhaft, zu schrecklich, zugeben zu müssen, dass unsere Eltern, überhaupt alle diese allmächtigen Erwachsenen hilflos und voll Furcht waren. Es lag auf der Hand, aber wir konnten es uns nicht eingestehen. Wir wussten nicht, wie wir diese beiden Aspekte unserer Lage miteinander in Einklang bringen konnten.

Wenn wir unter uns waren, dann versicherten wir einander, dass unsere Eltern nur deshalb im Ghetto blieben, weil das eben für uns der passendste Ort war. Natürlich konnten sie von hier fortgehen, sobald es ihnen passte, da konnten die Deutschen Befehle erteilen, so viel sie wollten. Aber der Gesichtsausdruck unserer Eltern, wenn sie die Lage diskutierten, ließ dann doch wieder Zweifel in uns aufsteigen, Zweifel, die wir sofort wieder zu unterdrücken versuchten, denn sie bedrohten den Bestand unseres ganzen Universums.

Gegen Ende November kam Vater eines Abends nach Hause und hatte diesen wohl bekannten Ausdruck im Gesicht: »Ich hab eine Überraschung.« Diesen Ausdruck hatte er immer, wenn er etwas Besonderes für uns plante oder ein unerwartetes Geschenk heimbrachte.

Mitten im Zimmer stehend zog er langsam drei kleine Pakete aus seiner Tasche und warf sie uns in den Schoß. Wir wickelten das Papier ab. Zwei Stück Yardley Lavendelseife und eine Flasche Lavendelwasser waren darin.

Wir warfen uns auf Vater und bettelten um eine Erklärung. Solche Luxusgegenstände hatten wir seit Beginn des Krieges nicht gesehen und sie überschwemmten uns mit einer wahren Flut von Erinnerungen. Duftende Badezimmer und die Abende im warmen Kinderzimmer stiegen in meinem Geist auf, während ich meine Nase an das kleine Stück Seife presste und hingerissen schnupperte. Vater freute sich über seinen Erfolg und wollte uns zuerst nichts sagen. Wir mussten ihn erst sich umziehen und essen lassen. Dann streckte er die Beine aus, zündete sich eine Zigarette an und ließ sich endlich dazu herbei, uns in das Geheimnis einzuweihen.

»Erinnerst du dich an Lydia?«, fragte er, zu Mutter gewandt.

Sie schaute überrascht drein: »Lydia? Nein, ich glaube nicht...«

»Doch, doch«, bestand mein Vater, »die Frau deines Friseurs, eine sehr große Blonde...«

In den Augen meiner Mutter leuchtete ein kleines Licht auf, und plötzlich war ihr Gesicht gespannt. Lydia rief keine angenehmen Erinnerungen in ihr wach.

»Heute habe ich sie getroffen«, fuhr mein Vater fort, »hier, im Ghetto. Du kannst dir meine Verblüffung vorstellen. Sie sah mich zuerst, schrie auf und warf sich in meine Arme. Hat ein ziemliches Aufsehen gemacht, alle Leute haben uns angestarrt. Ich, in meinem schäbigen Mantel, und diese schöne Frau in ihrem Zobel, überall blitzen Diamanten, die da an meiner Schulter zu heulen anfängt.« Vater genoss offensichtlich die Erinnerung daran und genauso die Wirkung, die seine Erzählung auf uns hatte.

»Was hat sie denn hier verloren?«, wollte Mutter wissen. Ihre Stimme klang hart. Es gab keinen Zweifel daran, dass sie sich sehr genau an Lydia erinnerte und nicht das Geringste für sie übrig hatte.

»Ach, irgendjemanden besuchen, wahrscheinlich. Sie war jedenfalls sehr überrascht, dass wir hier sind, sie war ganz sicher, sagte sie, dass wir ins Ausland gegangen wären. Und sie möchte gern herkommen und uns besuchen.«

»Was – hierher?« Mutter sah sich angewidert im Zimmer um. »Ich kann sie doch unmöglich hier empfangen.«

»Ich kann dich schon verstehen, Celia, aber es ist wirklich wichtig. Lydias Mann ist sehr reich. Sie haben jetzt einen der größten Friseursalons in Warschau, und auch ein Schönheitsinstitut – was immer das sein mag. Lydia sieht jedenfalls aus wie ein erfolgreicher Filmstar. Sie sagte mir, dass sie uns vielleicht helfen kann, wenn wir von hier herauswollen, und sie meinte, das sollte am besten bald sein. Ich habe das Gefühl, dass sie eine ganze Menge Dinge weiß, die unter Umständen sehr nützlich sein können. Das könnte für uns eine sehr wichtige Beziehung werden.«

»Ist denn ihr Ehemann nicht Deutscher? Ich glaube mich zu erinnern ...«

»Er wurde vor Jahren naturalisiert und bei Kriegsausbruch weigerte er sich, die deutsche Staatsangehörigkeit anzunehmen, was ja wohl für sich selbst spricht.«

»Aber was wird sie denn von uns denken, wenn sie dieses Zimmer sieht?«

»Sie wird denken, dass die reichen Davids etwas heruntergekommen sind im Leben, und das entspricht ja auch genau den Tatsachen. Und sie wird sich hier gar nicht fremd fühlen. Sie ist in genau so einem Zimmer auf die Welt gekommen, allerdings nicht im ersten Stock, sondern im Keller. Ihre Mutter hatte eine Vermittlung für Hauspersonal und Ähnliches … Sie hat mir die Seife und das Lavendelwasser für dich gegeben und für morgen wieder ein Treffen mit mir vereinbart. Darf ich ihr sagen, dass sie am Sonntag kommen kann?«

Mutter nickte seufzend.

Sonntagnachmittag brachte Vater Lydia nach Haus, und sobald ich sie nur sah, rannte ich zu ihr und vergrub mein Gesicht in ihrem Mantel.

»Liebe auf den ersten Blick«, lachten alle, während sich Mutter ganz verlegen für mein Benehmen entschuldigte und Lydia erklärte, dass ich sonst immer sehr schüchtern war bei Besuchern, und dass sie gar nicht verstehen konnte, was denn über mich gekommen sei.

Lydia war genauso groß wie Vater. Sie stand in der Mitte des Zimmers und lächelte ihn langsam an, während er ihr aus dem Mantel half. Sie hatte ein strahlendes Lächeln, große blaue Augen und Haare von ganz unglaublicher Honigfarbe, sehr lang, in komplizierten Locken und Bögen auf dem Scheitel festgesteckt, wie eine leuchtende Krone. In unserer dunklen Zimmerhöhle glänzte sie wie ein Wesen aus einer anderen Welt.

»Schauen sie alle so aus, die Leute von ›draußen‹?«, fragte ich mich, ich hatte schon ganz vergessen, dass ja wir selbst noch bis vor zwei Jahren da »draußen« gelebt hatten und dass etwaige Unterschiede zwischen uns eher dem geistigen Bereich angehörten als dem körperlichen.

Duftwellen verbreiteten sich durchs Zimmer. Ihr Haar roch anders als ihr Kleid, ihr Kleid roch anders als ihr Mantel mit dem Silberfuchsbesatz. Ich steckte heimlich meine Nase in das lange Fell des Tieres, und sofort fiel mir ein, wann ich das zum letzten Mal getan hatte. Das war im Schlafzimmer meiner Eltern zu Haus, ein schwarzer Mantel mit Silberfuchskragen lag zum Anziehen bereit auf einem Stuhl. Mutter stand vor dem langen Spiegel und kleidete sich an, ich saß am Boden, streichelte den Fuchs und spielte mit seinen Pfoten. Der Fuchs hatte einen scharfen, fremdartigen Geruch und ich konnte mich nicht entscheiden, ob ich den Geruch angenehm fand oder nicht. Das Zimmer duftete nach Mutters Lieblingsparfüm: Es hieß »Mitsouko« und kam aus Frankreich. Ich bekam die leere Schachtel, sie war braun und golden, und durfte damit spielen und war überglücklich und voll Bewunderung, wie Mutter sich jetzt fertig anzog, das neue schwarze Kleid über ihren Hüften glatt strich und sich dann ihren Schmuck anzog. Einer von ihren Ringen, ein Saphir in einem Kranz von kleinen Diamanten, war für mich bestimmt. Mutter hatte ihn mir zur Immatrikulation an der Universität versprochen. Bis dahin trug sie ihn noch selber, während ich mich mit einem ganz kleinen Saphir in einer Goldblume bescheiden musste. Eigentlich hatte ich ja um einen Blechring mit dem Bild von Shirley Temple gebeten, wie ihn alle meine Freundinnen hatten. Aber Vater wollte nichts davon hören, und Mutter kaufte mir stattdessen einen goldenen Ring. Ich hätte noch immer gern einen Ring mit Shirley gehabt, aber ich sah ein, dass das eben nicht für mich passte, genauso wenig wie die Comics.

Lydia öffnete eine große Schachtel, die sie mitgebracht hatte, und sofort wichen die Wellen von Guerlain zurück vor dem Geruch des Mohnkuchens. Ich kam wieder zurück in die Wirklichkeit und ging zum Tisch.

Mutter servierte »Tee«. Ich sah unserem Gast zu, wie sie höflich an dem heißen Wasser nippte, das mit ein paar Tropfen Kandiszucker gefärbt war. Außer Ersatz-Kaffee war das alles, was wir ihr anbieten konnten.

Die Unterhaltung war stockend. Lydia konnte es nicht verhindern, dass ihre Blicke in dem Zimmer herumwanderten, und Mutter beobachtete sie mit schmalen Lippen und ärgerte sich über jeden einzelnen Blick.

Vater gab sich jede Mühe – stellte Fragen, erinnerte sich an früher, aber diese Erinnerungen schienen alle nur in Verlegenheit zu bringen. Als Lydia von neueren Ereignissen zu reden anfing, löste sich die Spannung langsam. Mit ihrem Mann und ihren beiden Söhnen hatte sie unsere Stadt zwei Jahre vor dem Krieg verlassen und war nach Warschau gezogen, wo sie sich aus bescheidenen Anfängen zu ihrer gegenwärtigen Stellung hinaufgearbeitet hatten. Sie lebten im besten Viertel der Stadt, das Geschäft blühte, zum Friseurladen war jetzt ein Schönheitssalon dazugekommen sowie ein Kosmetikgeschäft, wo noch immer alle ausländischen Markenprodukte zu haben waren.

»Wie ist das möglich?«, fragte Mutter.

»Geschäftsgeheimnis«, lachte Lydia. »Ich kann's Ihnen nicht verraten, aber wenn Sie irgendetwas brauchen, dann kann ich es Ihnen besorgen – französisches Parfüm, Make-up, Seife, alles.«

Mutter lächelte und schüttelte den Kopf. Sie hätte im Augenblick alles, was sie brauchte. Ich dachte an die körnige, graugrüne Seife und war enttäuscht. Also waren wir »arm, aber stolz«. Gut. Ich vergrub meinen Kopf in Lydias Schoß und sie tätschelte mir das Haar.

»Möchtest du mit mir nach Haus kommen und mit meinen Buben spielen?«

Ich nickte, sprachlos.

»Kann ich sie zu Weihnachten haben?«, fragte Lydia.

Mutter sah unangenehm berührt drein, dankte ihr und versprach, es sich zu überlegen. Das wäre doch nicht ungefährlich. Und sie wollte niemandem Ungelegenheiten machen.

»Aber keine Spur. Bei mir ist sie wirklich ganz sicher.«

Die Stunde der Ausgangssperre kam heran, aber Lydia blieb ganz unbekümmert. Sie war jetzt ernst geworden. Warum blieben wir denn hier im Ghetto? Warum ließen wir uns derart in einer Falle fangen? Wie konnten wir denn unter solchen Bedingungen leben?

»Ich meine nicht dieses Zimmer«, fügte sie schnell hinzu, als sie Mutter rot werden sah. »Ich meine das Ganze – überall diese Menschenmengen, die Epidemien, die Mauern. Und die Gefahr. Wissen Sie nicht, dass sie Sie hier haben wie Ratten in der Falle? Die Deutschen haben einen festen Plan. Die lassen Sie nicht hier bleiben, bis sie friedlich an Typhus umkommen. Die werden der ganzen Sache ein Ende machen, und zwar bald. Sie müssen hier raus!«

Vater schüttelte den Kopf:

»Liebe Lydia, du hast vollkommen recht, wir stimmen dir zu. Aber wir können nicht raus. Dazu würden wir eine Unsumme brauchen. Falsche Papiere kosten sehr viel. Und leben müssen wir auch. Und wenn man uns erwischt oder erkennt, dann brauchen wir eine weitere Unsumme, um uns von den Erpressern freizukaufen. Du begreifst anscheinend nicht, dass wir überhaupt kein Geld haben! Wenn wir nur etwas mehr hätten, würden wir nicht in diesem Loch wohnen!«

Lydia schaute ungläubig drein. »Aber ihr – aber Marek, du warst doch Millionär, du kannst doch nicht alles verloren haben?«

Vater zuckte die Schultern. »Wir waren nicht so reich, wie du denkst, unser Reichtum lag hauptsächlich in

Grundbesitz. Das gehört jetzt alles den Deutschen. Andere Dinge haben wir beim Bombardement von Warschau verloren und bei Konfiskationen zu Haus. Viele kleinere Sachen, Schmuck und Ähnliches, hat Sophie an der Grenze verloren, als sie versuchte es durchzuschmuggeln. Wir leben jetzt vom Rest. Ich verdiene nicht genug zum Leben, nicht einmal zum Leben hier.«

Lydia schüttelte den Kopf, die Augen aufgerissen vor Unglauben.

»Wir müssen etwas mit Ihnen unternehmen«, entschied sie und zog sich den Mantel an. Die Ausgangssperre hatte schon längst begonnen, Vater drückte seine Besorgnis aus.

Sie lächelte und tätschelte ihn auf die Schulter. »Keine Sorgen. Ich habe einen Pass. Mir passiert nichts.«

Sie ließ sich von ihm bis zum Tor bringen, wo sie dem Gendarm irgendetwas unter die Nase hielt, und dann auf die »andere Seite« ging.

Wir waren zu aufgeregt, um in dieser Nacht viel zu schlafen. Der Raum war noch voll von den herrlichen, teuren Düften und ich dachte, während meine Augen langsam zufielen, dass gute Feen wirklich existierten und dass die Welt vielleicht doch nicht ganz so hoffnungslos schlecht war.

11

Am nächsten Tag ging ich zu Tosia, um ihr alles zu erzählen, und zusammen spannen wir wunderbare Pläne für die Zukunft.

Seit dem letzten Herbst war Tosia meine beste Freundin und es verging kein Tag, ohne dass wir uns sahen. Wir fielen uns um den Hals und jede kämpfte darum, die Erste zu sein, die der anderen alles erzählte, was in den letzten paar Stunden passiert war.

Wir lernten uns bei einer kleinen Einladung der Erwachsenen kennen, auf der unsere Mütter entdeckten, dass sie einander in ihrer Jugend gekannt hatten. Sie waren zusammen zur Schule gegangen, hatten sich aber seither nicht mehr gesehen. Tosias Mutter hatte unsere Stadt verlassen, als sie heiratete, und Tosia selber war nie da gewesen. Wir fanden die Geschichte sehr romantisch und beschlossen, die Tradition von der angeblich großen Freundschaft unserer Mütter fortzusetzen. Wir würden die engsten Freundinnen sein, die es je gab. Und unsere Kinder würden das natürlich fortsetzen, und falls wir ein Mädchen und einen Jungen hatten, dann würden sie heiraten.

Nachdem die Zukunft abgemacht war, kehrten wir zur Vergangenheit zurück und erzählten einander unsere Lebensgeschichten. Das dauerte mehrere Tage. Dann bekam Tosia eine fiebrige Erkältung, und als ich sie besuchen durfte, verbrachten wir glückliche Stunden miteinander, in denen wir uns gegenseitig alle die Spiele beibrachten, die wir kannten. Dann kamen die Bücher. Dabei fanden wir, dass wir als Kinder im Großen und Ganzen dieselben Bücher gelesen hatten, dass ich dann später aber viel mehr gelesen hatte als sie. So gingen ein paar weitere Wochen damit drauf, dass ich ihr von meinen Lieblingsautoren und deren Werken berichtete. Anschließend wandten wir uns der Gegenwart zu: Wir schworen feierlich, niemals eine andere »beste Freundin« zu haben, verleugneten alle anderen vergangenen und gegenwärtigen Freundschaften und beschlossen auf meinen Vorschlag, unseren Pakt mit Blut zu besiegeln.

Das war nicht so einfach, wie wir dachten. Tosia, in deren Zimmer die Sache stattfand, holte den Rasierapparat ihres Vaters. Ich drückte meinen Mittelfinger und berührte ihn leicht mit der Klinge.

»Das ist ganz einfach, du musst den Rasierapparat nur einmal durchziehen, so . . .«

Ich fuhr mit der Klinge über meine Fingerspitze, aber meine Hand zuckte, und plötzlich schien überall alles voll Blut. Tosia schrie auf, und ich, mich rasch wieder fangend von der Überraschung und erleichtert, dass es vorbei war, lachte etwas unsicher und wischte mir die Hand mit einem Taschentuch ab.

»Schnell jetzt, du musst dasselbe tun«, drängte ich sie und reichte ihr das Gerät. Aber Tosia wich voll Abscheu zurück. Sie konnte kein Blut sehen.

Sie setzte sich hin und heulte und ich wurde langsam ungeduldig.

Endlich schloss sie die Augen und hielt mir eine zittrige Hand hin, einen Finger vorgestreckt.

»Tu's du, ich schau weg«, schlug sie vor. Ich nahm die zuckende Hand, aber die Courage verließ mich.

»Ich kann dich nicht schneiden, das musst du schon selbst tun. Sonst zählt es nicht.«

Tosia weinte.

»Aber du tust es doch für mich, um zu beweisen, dass du mich liebst. Liebst du mich nicht? Ich hätt's mir denken können!« Ich wandte mich mit einer, wie ich hoffte, Grimasse des Abscheus ab, presste mein Gesicht an die Fensterscheibe und lutschte an meinem Finger. Ich überlegte, ob ich jetzt nicht aus dem Zimmer schreiten sollte, um nie mehr dahin zurückzukehren. Da hörte ich im Zimmer hinter mir ein Röcheln.

Da stand Tosia, der Rasierapparat baumelte schlaff in der einen Hand, während aus der anderen das Blut lief wie aus einer Wasserleitung. Sie sah mich voll Entsetzen an, und kaum war ich bei ihr, fiel sie in Ohnmacht.

Während meiner Bemühungen, sie wieder ins Leben zurückzurufen, hörten unsere Finger zu bluten auf, und wir mussten sie fest drücken, um noch einen Tropfen herauszubekommen.

Ich schluckte meinen Ekel hinunter und saugte einen Tropfen aus ihrem Finger, während sie das Gleiche mit meinem Finger machte. Wir küssten uns und schworen uns Freundschaft bis zum Grabe.

Ich ging nach Haus und spürte die Last meiner neuen Verantwortung schwer auf meinem Herzen. Ich hatte etwas getan, von dem es kein Zurück gab. Nie konnte ich eine andere Freundin haben, nie meine Freundschaft mit Tosia brechen. Und das Glück, eine Freundin zu haben, die mir niemand wegnehmen konnte, war bereits leicht getrübt, und schon hatte ich ein merkwürdiges Bedürfnis danach, diese neuen Bande wieder abzuschütteln.

Meine Eltern hatten Tosia gern, obwohl sie nicht verstehen konnten, was wir einander noch zu sagen hatten, da wir uns doch jeden Tag sahen. Mutter ärgerte sich oft darüber, dass ich mich mit meinen Hausaufgaben so beeilte und mich jeden Nachmittag vor den Arbeiten im Haushalt drückte, nur damit ich Tosia sehen konnte. Wenn ich mich verspätete, kam Tosia schon atemlos an und fragte, was los sei. Meistens trafen wir uns auf halbem Weg zwischen unseren Wohnungen vor einem Papiergeschäft. Dann gingen wir auf der Straße dahin, eng umschlungen, Köpfe zusammengesteckt, und erzählten uns im Flüsterton alles, was seit gestern passiert war.

Vater hatte es überhaupt nicht gern, wenn er uns so gehen sah. Er verbot mir, meinen Arm beim Gehen um Tosia zu legen, er sagte, das sei nicht anständig. Wir begriffen nicht, was Anstand damit zu tun haben sollte, aber wir wagten keine Einwände. Er konnte uns leicht verbieten, uns überhaupt zu sehen. Seit Mutter erfasst hatte, wie viel mir an unseren täglichen Zusammenkünften lag, hatte sie ohnehin schon eine neue Waffe daraus gemacht. Beim kleinsten Ungehorsam drohte sie mir mit Hausarrest oder sie verbot mir, mit Tosia zu sprechen, wenn ich sie sah. Und ich musste dieser Anordnung folgen, genauso wie ich viel früher oft trübsinnige Stunden vor meinen Büchern verbracht hatte, denen ich nur den Rücken streichelte, denn lesen durfte ich sie nicht.

Einmal, als sie die Drohung wahr machte und ich zu Haus bleiben musste, wurde Tosia krank und ihre Mutter kam zu uns und bat meine Eltern mich freizulassen. Voller Hass hörte ich zu, wie sie für mich eintrat. Ich sah meine Mutter als grausamen Bewacher, die Tosias Leben aufs Spiel setzte und mich meines einzigen Glücks beraubte, nur um ihre absoluten Machtgelüste zu befriedigen.

Ich war ziemlich enttäuscht, als Tosias Krankheit sich nur als eine weitere Erkältung entpuppte, die sie als Vorwand benutzte, um mich zu sehen. Mutter machte sich

Sorgen wegen dieser vielen Erkältungen und drängte mich, scharf darauf zu achten, dass Tosia jeden Nachmittag ihre Temperatur maß. Ich fragte Tosia unumwunden, ob sie denn Tbc habe, worauf sie in eine Flut von Tränen ausbrach.

Ihre Reaktion überraschte mich. Tbc war doch nichts, dessen man sich schämen musste. Das hatten viele Leute. Das war überhaupt ein sehr wünschenswerter Zustand. Man wurde bleich, hustete ein bisschen, und von Zeit zu Zeit zeigten sich Blutspuren auf den Spitzentaschentüchern, die man an den Mund presste. In den Büchern, die ich las, hatten die Heldinnen das so oft, aber nie hielt sie das davon ab, ein höchst aufregendes Leben zu führen oder von den Helden rasend geliebt zu werden. Allerdings schien die Aura von Zerbrechlichkeit und Geheimnis, die diese Frauen immer umgab, nicht ganz zu Tosia zu passen, mit ihrer lärmenden Art und ihrer kräftigen Konstitution. Ein Tbc-Opfer konnte doch nicht so rundlich sein, nicht so leuchtende Augen und so rote Lippen haben. Sogar ihre Haare schauten viel zu gesund aus. Die leuchteten wie gesponnenes Gold und waren so gekraust, dass es jeden Morgen eine Stunde dauerte, um sie zu kämmen und zu bürsten und schließlich zu zwei festen Zöpfen zu flechten, die ihr ganz steif vom Kopf abstanden.

Ich erklärte Tosia das alles, die aber immer noch gekränkt war und Mutter darauf eine ganze Weile lang nicht sehen wollte. Vater betete sie genauso an wie ich. Ihr eigener Vater war ein farbloser Mann, still und schwerfällig. Ich fand es unglaublich, dass er nie solche Spiele mit ihr spielte wie mein Vater mit mir, ihr nie fantastische Geschichten erzählt hatte, nicht einmal, als sie noch ganz klein war. Dagegen hatte Tosia ein sehr enges Verhältnis zu ihrer Mutter, der sie alles über ihre Geheimnisse, Pläne, Freundinnen und Träume erzählte. Das verstieß meiner

Auffassung nach gegen die Regeln und ich kämpfte sehr, sie zu überzeugen, dass sie alles, was wir beide einander erzählten, für sich behalten sollte.

Tosia war ziemlich schüchtern, aber bei Vater verlor sie ihre Schüchternheit vollkommen, ließ sich sogar von ihm auf seine Knie setzen, während er uns Geschichten erzählte, sang und uns lustige Gedichte aufsagte, die er eigens zu unserer Unterhaltung gedichtet hatte. Manchmal baten wir vier Erwachsene, uns jeder ein Hauptwort zu sagen – damit wir sicher waren, dass die vier überhaupt nichts miteinander zu tun hatten –, und dann dichteten wir in einer Viertelstunde ein Gedicht oder ein Lied mit diesen vier Wörtern, und zwar so lustig wie möglich. Tosia brachte fast nie etwas zusammen, aber ich fand es herrlich. Sie war nicht so gut bei Wortspielen, wie Vater und ich sie dauernd spielten, aber sie war sehr gut in Mathematik. Vater half ihr oft bei ihren Schulaufgaben, und zu meiner größten Verblüffung verstand sie seine Erklärungen, fand sie sehr klar und ihn sehr geduldig. Sie hatte auch keine Angst vor ihm, wie ich in der gleichen Situation, und die beiden fanden geradezu Vergnügen an mathematischen Problemen, die mir ein völliges Rätsel waren. Vater war darüber etwas enttäuscht, wie immer, wenn ich von anderen Kindern irgendwie überflügelt wurde. In diesem Fall war mir das besonders schmerzlich, weil ich sonst in allen anderen Fächern weit besser war als Tosia und weil sie neue Sachen immer viel schwerer begriff als ich.

Nach den ersten paar überschwänglichen Monaten unserer Freundschaft beruhigten wir uns etwas, und unsere Beziehung entwickelte eine gewisse Routine. Ich war die unangefochtene Führerin, sie meine anbetende Gefolgsfrau. Sie war schüchtern und anhänglich und so weich, dass ich oft die Verlockung spürte, ihre Ergebenheit zu prüfen, zu sehen, wie weit ich sie ausnutzen konnte.

12

Ein paar Tage nach Lydias Besuch fuhr eines Abends, lang nach Beginn der Ausgangssperre, ein Auto vor unserem Haus vor. Unten im Hof waren noch einige Leute, die sich schnell verdrückten, als es laut an der Tür schellte. Wir rannten zum Fenster. Ein Besuch um diese Zeit, das konnte nur Schlimmes bedeuten. Der Hausmeister öffnete schnell die Tür und wir sahen zwei Männer in glänzenden Ledermänteln mit einer großen Kiste zwischen sich in den Hof einbiegen. Von Hunderten von Augen an den Fenstern gefolgt, marschierten sie zu unserer Stiege. Es klopfte an unserer Tür und Vater öffnete. Die beiden Männer marschierten herein, stellten die Kiste in der Mitte des Zimmers ab und marschierten wortlos wieder hinaus.

Wir öffneten die Kiste. Sie war bis oben hin voll mit Essen. Sprachlos saßen wir um sie herum und starrten auf die Reichtümer vor uns. Da gab es Mehl, Grütze, Bohnen und Erbsen, Reis, Zucker, Salz, Kakao, Tee und Kaffee. Und etwas Schokolade und Dörrobst und Nüsse und Rosinen.

Als Mutter endlich von den Knien aufstand, strahlte sie. Sie umarmte mich, sie drückte Vater ans Herz. Sie sah plötzlich so jung und sorglos aus wie in den lang vergangenen Tagen, als sie manchmal, wenn ich aus dem Park heimkam, am Klavier saß und sang und spielte. Dann saß ich am Boden, meine Arme um eine der Karyatiden geschlungen, die das Klavier trugen, und hörte der Musik zu, im glücklichen Bewusstsein, dass dies einer der guten Tage war und dass sie, sobald Vater nach Haus kam, einander küssen und den ganzen Abend lachen und lustig sein und später zusammen fortgehen würden.

Lydias Geschenk stellte diese glückliche Atmosphäre für einen Augenblick wieder her. Das bedeutete, dass Mutter mehrere Monate lang, vielleicht sogar ein ganzes Jahr lang nichts von ihrer Garderobe verkaufen musste. Mit dem Haushaltsgeld konnte sie jetzt Obst und Gemüse und Schweinefett kaufen, das sie ausließ und in Gläsern aufhob. Frau Kraut riet ihr, zerlassene Butter zu kaufen, die abgeseiht und ebenfalls in Gläsern aufbewahrt wurde. Jetzt konnten wir furchtlos den Winter erwarten. Am schönsten war das Gefühl, dass wir nicht ganz allein waren, nicht völlig abgeschnitten von der Welt.

Eine Woche später kam Lydia wieder und lachte glücklich über unsere Versuche, ihr zu danken. Sie brachte wieder eine große Schachtel mit Cremekuchen, und es wurde beschlossen, dass ich Weihnachten bei ihr verbringen sollte. Als der große Tag nahte, wurde mir vor Aufregung ganz schwindlig, und wie üblich drohte Mutter mir damit, den Besuch abzublasen, und mir blieb vor Schreck die Sprache weg. Merkwürdigerweise hatte ich das Gefühl, dass Mutter mich wirklich nicht gehen lassen wollte. Ich schlug mir diese Idee als absurd aus dem Kopf, aber ein leiser Zweifel blieb, der mich nur noch neugieriger auf Lydias Familie machte.

Sie kam zeitig eines Morgens, nahm die kleine Aktentasche mit meinen Sachen und Hand in Hand gingen wir aus dem Ghetto hinaus. Keiner redete uns an, während wir das schwer bewachte Tor durchschritten. Nach einem Blick auf den Zobelmantel schaute der Gendarm in die andere Richtung und der polnische Polizist drehte uns den Rücken. Lydia rief einen Wagen und wir trabten in einer Wolke von Neuschnee nach Haus.

Die nächsten paar Tage vergingen wie im Traum. Ich tat ganz selbstverständlich alles, was man mir sagte, um so viel von jedem Augenblick aufzunehmen und zu genießen, als ich nur konnte, und in der Nacht saß ich aufrecht auf meinem Diwan und konnte nicht einschlafen.

Die Wohnung war groß und gemütlich und die Einrichtung anders als alles, was ich bisher gesehen hatte. Das waren »moderne« Möbel, erklärte Lydia. Die schweren, dunklen, kunstvoll verzierten Möbel, die ich von zu Haus her kannte, waren hoffnungslos altmodisch, so erfuhr ich. Hier sah alles leichter und einfacher aus. Es gab viel durchsichtiges Glas auf polierten Flächen, die Teppiche waren pastellfarben, die Wände einfarbig. Nur die Kristall- und Porzellanservice im Speisezimmer sahen vertraut aus und das silberne Obstkörbchen, das ich als Geschenk gebracht hatte, wirkte auf dem Glastisch sehr gut.

Erich war eine Überraschung. Ich konnte mich nicht erinnern, ihn jemals vor dem Krieg gesehen zu haben, ich hatte ihn mir groß und blond und gut aussehend vorgestellt, zu Lydia passend. Aber er war ein dicklicher kleiner Mann mit schwarzen Haaren und melancholischen schwarzen Augen und er stotterte herzbewegend. Zu mir und zu den Jungen war er freundlich, aber nicht besonders interessiert, und es war Lydia, die ihre meiste Zeit damit verbrachte, mit uns zu spielen.

Nach den ersten zehn Minuten schüchterner Vorstellung wurden Paul, Tomek und ich vollkommen unzertrennlich. Paul und ich entdeckten, dass wir an genau demselben Tag Geburtstag hatten, wenn auch mit einem Jahr Unterschied, und betrachteten einander daher praktisch als Zwillinge. Jedenfalls nahm er meine Aufmerksamkeit völlig in Beschlag und wurde sehr zornig, wenn ich mit seinem Bruder spielen wollte. Paul war ein sehr hagerer Junge, mit großen blauen Augen in einem ganz runden, sommersprossigen Gesicht. Er war nervös, laut, anspruchsvoll und eifersüchtig, daran gewöhnt, überall der Erste zu sein. Er bekam schreckliche Wutanfälle, wenn ihm etwas gegen den Strich ging. Ganz offensichtlich war er der Liebling seiner Mutter und er gab sich keine Mühe, seine Verachtung für seinen Vater und für Tomek zu verbergen.

Ich war überrascht über den unglaublichen Unterschied in der Behandlung der beiden Jungen. Der kleine Tomek, zwei Jahre jünger als Paul, lebte offenbar in ständiger Furcht vor seiner Mutter. Er war blond und weich, mit einem hübschen Babygesicht und melancholischen Augen, die an die seines Vaters erinnerten, nur dass seine blau waren. Er hatte auch Erichs gespaltenes Kinn und seine Grübchen, und trotz des Unterschieds in den Farben waren sie einander auffallend ähnlich, während Paul weder dem einen noch dem anderen Elternteil glich.

Ich bekam sofort zu hören, dass Tomek dumm und begriffsstutzig war, dass seine Mutter ihn gar nicht in die Schule schicken wollte, bis sein Vater darauf bestand, dass er keine Privatstunden in Deutsch und Französisch hatte und auch keine Klavierstunden. Und außerdem, wenn er ungezogen war, dann würde ihn seine Mutter erschießen. Davon war Tomek auch überzeugt, und so wartete er eben ergeben auf sein Schicksal.

Sobald Lydia am Morgen erschien, rannte Paul zu ihr, und die beiden küssten und umarmten einander, während Tomek die Szene mit einem schüchternen Lächeln beobachtete und es nie wagte, sich ihnen zu nähern. Mit den Augen folgte er Lydia überall und sein Blick war voller Anbetung. Ich sollte mich nicht um ihn scheren, wurde mir gesagt, und ich folgte, nachdem ich erlebt hatte, was

Paul aufführte, wenn ich nur vorschlug, dass Tomek mit uns spielen sollte.

Trotz seiner Launenhaftigkeit und Ungeduld war Paul ein ausgezeichneter Musiker. Er sollte Konzertpianist werden, das war beschlossene Sache, und schon jetzt galt er als eine Art Wunderkind. Niemand musste ihn jemals dazu drängen, seine Tonleitern zu üben, im Gegenteil, wir mussten ihn oft bitten aufzuhören.

Am Tag vor Weihnachten wurde eine große Fichte gebracht und im Speisezimmer aufgestellt. Das ganze Haus war erfüllt von Waldesduft. Wir verbrachten einen wunderbaren Abend damit, die herrlichsten Schmuckstücke und Spielsachen auszupacken, die ich je gesehen hatte, während Lydia und Erich, auf Leitern stehend, sie an die Zweige hängten. Als wir fertig waren, lachten sogar die Erwachsenen vor Freude, während wir drei uns einfach umschlungen hielten, vor Freude sprachlos.

Oft hatte ich sehnsüchtig auf die hell erleuchteten Bäume hinter den geschlossenen Fenstern geschaut. Das war eines der Symbole jener anderen Welt, zu der ich nie gehören konnte. Jetzt endlich hatte ich einen eigenen Baum.

In der Nacht schlich ich auf Zehenspitzen wieder ins Speisezimmer, setzte mich hin und sah mir das Wunder an. Die Verdunklungsvorhänge waren hochgezogen und im klaren Mondlicht schimmerte der Baum unter einem Silberschauer von Engelhaar; die vergoldeten Walnüsse und Fichtenzapfen glänzten; in jeder bunten Kugel war ein geheimnisvolles Leuchten; winzige rote Äpfel und vielfarbige Bonbons, Miniaturspielzeug aus Watte, Stroh und Eierschalen, Papierketten und silberne Glöckchen flossen herab von dem strahlenden Stern hoch oben unter der Decke, herunter zu mir, ins Anschauen verloren.

Ein Märchen war Wirklichkeit geworden. Wenn eines

der Spielsachen plötzlich mit mir geredet hätte, es hätte mich nicht gewundert. Mein einziger Wunsch war, dass meine Eltern das auch sehen könnten. Wenn Vater in diesem Augenblick bei mir wäre, dann wäre ich das glücklichste Kind der Welt, dachte ich, als ich mich endlich unter den untersten Zweigen einrollte und einschlief.

Das traditionelle Essen am Weihnachtstag war eine feierliche Zeremonie. Lydias Familie war in großer Zahl vorhanden – Erich hatte anscheinend niemanden –, und die lange Mahlzeit endete in Tränenfluten, während wir, wie es Brauch war, Waffeln brachen und einander viel Glück wünschten. Genauso schnell, wie sie die Geduld verlor oder einen Lachanfall bekam, genauso schnell konnte Lydia auch in Tränen ausbrechen. Jetzt ging sie rund um den Tisch, teilte ihre Waffel mit allen, küsste und weinte und stieß von Zeit zu Zeit kleine Lachtiraden hervor, um zu zeigen, dass sie nicht wirklich unglücklich war, sondern nur so gerührt von der Feier.

Endlich war das Essen vorbei und die bunten Pakete wurden unter dem Baum hervorgeholt und verteilt. Ich schaute auf die goldenen Armbanduhren, die Füllfedern und Fotoapparate, und wanderte im Geist hinter die Mauer. Ich ertappte mich bei der Überlegung, wie lange wir wohl vom Verkauf nur eines dieser Geschenke leben könnten. Dann schämte ich mich meiner materialistischen Ideen und wandte mich meinen eigenen Geschenken zu – einer Puppe, einigen Büchern, einem Paar Hausschuhe.

Paul saß wie benommen und ausnahmsweise einmal still mitten unter einem ganzen Spielwarenladen rund um sich auf dem Boden, und ich ging zu ihm, um ihm seine Reichtümer ordnen zu helfen. Tomek hatte auch ein paar schöne Geschenke bekommen, aber merkwürdigerweise passten sie alle eher für ein mehrere Jahre jüngeres Kind.

Er betrachtete seine Bauklötze und den Summkreisel mit einem verlegenen Lächeln und flüsterte mir ins Ohr, dass er das Gleiche bekommen hatte wie voriges Jahr. Fiel dem Weihnachtsmann denn nichts mehr ein?

Eines der erfolgreichsten Geschenke war der Rodelschlitten von Erich. Er war lang genug für uns drei, und am nächsten Tag gingen wir mit dem Mädchen hinaus, um ihn auf der Straße auszuprobieren. Es gab viele steile Straßen in der Gegend, und wir verbrachten einen aufregenden, erschöpfenden Nachmittag mit Schieben, Ziehen und Rutschen und bei jedem Sturz wirbelten wir Schneestürme auf.

Als es dunkel wurde, machten wir uns auf den Heimweg, müde und glücklich, Tomek und ich auf dem Schlitten, Paul schob und das Mädchen zog. An jeder Straßenecke tauschten wir die Plätze, sodass jeder einmal auf dem Schlitten saß. Nahe bei unserem Haus stießen wir auf eine Gruppe von Gassenbuben. Sie schauten zuerst auf unser prachtvolles Gefährt, dann auf uns. Instinktiv drehte ich den Kopf zur Seite, aber es war schon zu spät. Mit dem Schrei »Jude! Jude!«, umtanzte uns auf einmal die ganze Gruppe, brüllend und auf uns zeigend. Paul warf sich rot vor Zorn auf den nächsten Jungen und die ganze Gruppe gab Fersengeld, Paul hinterher.

Wir standen wie festgefroren. Das Mädchen warf mir einen langen forschenden Blick zu. Tomek saß wortlos da und starrte auf seine Stiefel. Ich wünschte aus ganzem Herzen, wieder zurück zu sein hinter der Mauer.

Paul kam zurück, keuchend, Tränen liefen ihm über die Wangen. Er hatte keinen einzigen Jungen erwischen können, was vielleicht ein Glück war, denn sie waren alle größer als er. Er saß auf dem Schlitten und heulte vor Zorn. Ich wartete auf die unvermeidliche Frage und überlegte, was ich antworten sollte. Als der erste Schrei ertönte, hatte Paul sofort zurückgeschrien, ich sei seine Schwester. Jetzt hielt er irgendwelche Fragen nicht einmal für nötig. Die Vorstellung, ich könnte Jude sein, war zu unsinnig, um auch nur in Betracht zu kommen.

Ich blieb noch eine Woche in dem Haus, lang genug, um die Spannung zwischen Lydia und Erich als Belastung zu empfinden, genauso wie die beiden Jungen. Langsam bekam ich eine Ahnung von dem abgrundtiefen Hass unter der glatten Oberfläche, die die beiden der Welt präsentierten.

Lydia redete ganz offen von einem Freund, mit dem sie ihre meiste Zeit verbrachte, und ich fing langsam an zu glauben, dass sie Erich und Tomek tatsächlich so hasste, wie sie immer sagte. Aus irgendeinem unbekannten Grund gehörte Paul nicht der Familie, sondern nur ihr allein. Erich und Tomek waren eben die Bürde, die vorläufig noch auf ihr lastete, aber bald würde sie die beiden verlassen, Paul mitnehmen und bei ihrem Freund leben.

Das behielt ich alles für mich, als ich nach Haus zurückging, und sprach nur von der herrlichen Zeit, die wir zusammen verbracht hatten, von der Wohnung, dem Weihnachtsbaum, den Spielsachen und dem schönen, friedlichen Leben draußen.

Lydia kam uns jetzt ziemlich regelmäßig besuchen, und bald hörten wir alles über ihren Freund. Er war deutscher Offizier, groß, blond und schön, mit meergrünen Augen. Sie waren sehr ineinander verliebt und warteten nur, bis Deutschland den Krieg gewonnen hatte, um Polen zu verlassen und zusammen nach Italien zu ziehen.

»Ach, wenn ihr ihn nur kennenlernen könntet«, sagte Lydia manchmal, mit vor Begeisterung leuchtenden Augen. »Er ist der schönste Mann, den ich je gesehen habe, ein ganz anderer Typ als du natürlich« – dabei lächelte sie Vater an, der sich schweigend verneigte – »er sieht aus wie ein Kriegsgott in seiner schönen Uniform und seine Augen sind kalt und tief wie das Meer...«

Dann lachte sie immer, gab zu, dass seine Qualitäten vielleicht von uns nicht ganz so geschätzt würden, und das Thema wurde schnell gewechselt.

13

Zu Frühlingsanfang erreichte die Übervölkerung des Ghettos einen neuen Rekord. Es lebten jetzt über 400 000 Juden hier. Die engeren Gassen wurden praktisch unpassierbar. Fast überall musste man langsam gehen, sich durch die Menge drängen und schieben, während einem innerlich graute bei der Vorstellung, wie viele von Ungeziefer verseuchte Mäntel sich gegen den eigenen drückten. Überall standen Straßenhändler, am Randstein balancierend oder schon im Rinnstein, die alles verkauften, was man sich vorstellen kann, rufend und singend, die Passanten am Ärmel zupfend, uns ihre Waren unter die Nase haltend. Armbindenverkäufer gab es auch von Tag zu Tag mehr. Sie zeigten eine große Vielfalt von Produkten. Da gab es billige Papierarmbinden, praktische Zelluloidarmbinden, die man waschen konnte, und Luxusbinden aus Satin, mit dem Judenstern in nachtblauer Seide darauf gestickt. Man konnte Einkommen und Status eines Menschen fast aus der Armbinde erschließen, die er trug.

Ich war von ihnen allen fasziniert, aber am meisten interessierte ich mich für die Bejgl-Frauen. Sie hatten Körbe voll frischer, warmer Bejgl, mit weißen Tüchern zugedeckt; vom Geruch lief einem das Wasser im Mund zusammen. Manchmal kaufte Mutter uns eins, und das teilten wir uns, während wir uns einen Weg durch die Menge bahnten.

Aber essen auf der Straße wurde langsam unmöglich, wo sich so viele hungrige Augen von allen Seiten in einen bohrten und so viele Hände sich nach Almosen ausstreckten.

Auf den Straßen standen Hunderte von Bettlern, sie standen oder lehnten an der Mauer, einen Hut oder eine Schale neben sich, manche ließen dabei ihren eigenen kleinen Singsang hören, andere starrten stumm vor sich hin wie in Trance. Wir hatten uns an ihre Gesichter gewöhnt und beobachteten sie von dem Augenblick an, da sie zum ersten Mal in unserer Straße erschienen, oft gut gekleidet, und verlegen schweigend dastanden, die Hände in den Taschen, so, als wären sie nur einen Augenblick stehen geblieben, um sich die Leute anzuschauen. Aber bald brach diese Pose zusammen, dann fingen sie an, die Vorübergehenden am Ärmel zu zupfen, ihnen schnell etwas ins Ohr zu flüstern, erschraken über ihre eigene Courage und entschuldigten sich. Dann verloren sie für uns den Reiz der Neuheit und wir konnten schnell an ihnen vorbeigehen, ohne dass es uns länger peinlich war.

Dann kam das nächste Stadium. Jetzt saßen sie schon auf dem Gehsteig. Ihre Kleidung war vernachlässigt, ihre Gesichtszüge wurden zu einer starren Maske. Von da an ging es schnell bergab. Sie wurden entweder dünner und dünner, bis sie wie Skelette aussahen, oder sie schwollen schrecklich an, von oben bis unten mit Geschwüren bedeckt, die sich bald entzündeten. Wenn die Schwellung zurückging, blieb nichts zurück als ein Hautsack, der lose um ein Bündel von Knochen hing. Dann verschwanden sie, und ihr Platz wurde sofort von einem anderen gespenstischen Wesen eingenommen, das mehr oder weniger schnell denselben unvermeidlichen Prozess durchlief.

Es gab so viele von ihnen. Immer, wenn wir fortgingen, stolperten wir über diese Körper. Jeden Morgen lagen ihre Leichen am Straßenrand, entblößt von den letzten Fetzen, die sie im Tod noch gehabt hatten, mit Papier und ein paar Ziegelsteinen bedeckt. Der Wind peitschte das Papier, zerrte es weg und enthüllte die verkrümmten, zerquälten, verkrampften Formen.

Ich schaute sie alle mit weit aufgerissenen Augen und verschlossenem Bewusstsein an. Ich weigerte mich, zu erkennen, was ich da sah, und verbot mir noch energischer, irgendetwas dabei zu empfinden. Ich stieg über die nackten Skelette und schaute mit sorgfältiger Gleichgültigkeit auf sie nieder. Sie waren eine Rasse für sich. Wie die Toten auf dem katholischen Friedhof in meiner Heimatstadt waren sie nie etwas anderes gewesen. Und deshalb rannte ich auch so schnell entsetzt weg, wenn eine gut gekleidete Person – oft besser gekleidet als ich – plötzlich eine Hand vor mir ausstreckte. Wenn jemand, der so normal aussah, so ganz wie wir, hier bettelte, wenn das der erste Schritt war...? Nein. Ich schüttelte den Kopf und dachte entschlossen an etwas anderes.

In diesem Frühling gingen wir oft Tante Lola und ihre Familie besuchen. Tante Lola war Mutters Halbschwester, und trotz nachdrücklicher Erklärungen, dass sie immer ganz genau gleich behandelt würden, war es doch klar, dass Mutter und Onkel auf eine andere Art zu ihren Eltern gehörten als Tante, deren Mutter lang vor der Geburt meiner Mutter gestorben war. Was auch immer die Kindheitsunterschiede zwischen den beiden Mädchen gewesen sein mögen, ihre Rivalität als Erwachsene bot jedenfalls Stoff für endlose Unterhaltungen und Getratsche in den Kaffeekränzchen unserer Stadt.

Für mich lag der größte Unterschied zwischen ihnen in

ihrer Erscheinung. Obwohl sie beide kaum ein Meter fünfzig waren, hatte Mutter eine gute Figur mit einer schlanken Taille und zarten Arm- und Fußgelenken. Ihr Gesicht war rund, mit vollkommen regelmäßigen Zügen, ihre Bewegungen waren rasch und graziös. Sie sah so viel jünger aus, als sie wirklich war, dass die Leute uns meistens für Schwestern hielten.

Tante Lola machte auf mich den Eindruck, als sei sie aus einem bemoosten Felsen gehauen worden. Von ihrer Schnabelnase bis zu ihren muskulösen Waden war ihr Körper eine einzige Anhäufung von jähen Verkürzungen. Ihre Arme und Beine waren von dichtem schwarzem Haar bewachsen, welches, da war ich sicher, auch ihren restlichen Körper überwucherte.

Im Gegensatz zu ihrer Eckigkeit war ihr Mann, Onkel Georg, weich und ballonartig und trug weite Anzüge, die seine Masse unsicher umflatterten. Wässrig blaue Augen verschwammen hinter den dicken Gläsern seines Pincenez und sein Gesicht war rosig und glatt wie das eines Mädchens.

Onkel Georg war ein erfolgreicher Geschäftsmann. Vor dem Krieg hatten er und Tante Lola in einer großen Wohnung gelebt, viel größer als unsere, und mitten im Stadtzentrum. Ihre Wohnung war der Treffpunkt der jüdischen Intellektuellen, die hier regelmäßig zu Diskussionen und Kammermusik zusammenkamen. Meine Eltern wurden selten eingeladen, und ausgenommen zu den Geburtstagen gab es kaum gesellschaftlichen Verkehr zwischen uns.

Man kam in der Familie nie aus dem Kopfschütteln heraus darüber, dass dieses von der Natur so stiefmütterlich behandelte Paar ein so auffallend schönes Kind in die Welt gesetzt hatte.

Richard war ungefähr vier Jahre älter als ich und mir in

jeder Hinsicht unerträglich überlegen. Ich verstand weder seine Argumente noch seine Witze, und ihm machte es großes Vergnügen, mich auf jede erdenkliche Art zu quälen. Ich betrat ihr Haus mit beinahe genauso viel Zittern, wie wenn ich zum Dentisten ging, und rechnete ständig damit, dass Richard als Indianer verkleidet hinter einer Tür hervorbrach oder plötzlich seinen sechsschüssigen Revolver wie ein Cowboy abfeuerte. Im Verlauf unseres Besuchs wurde ich mit dem Lasso gefangen, über einem Scheiterhaufen festgebunden, mit Pfeilen mit Gummispitze beschossen oder aus einem sausenden Schlitten heraus den Wölfen zum Fraß vorgeworfen. Die Teilnehmer an seinen Spielen waren fast ausschließlich männlichen Geschlechts, und die ein oder zwei Cousinen, älter als ich, machten willig bei diesem Spiel mit. Immer war ich das Opfer und ich hasste das. Manchmal kam mir Richard in einem Anfall von Ritterlichkeit zu Hilfe. Aber seine edlen Anwandlungen, kaum entstanden, verflüchtigten sich auch gleich wieder. So befreite er mich zum Beispiel aus den Klauen prospektiver Folterknechte mit den Worten: »Schlage niemals eine Frau, auch nicht mit einer Blume ... aber mit einem Blumentopf!«, und schon schleppte er mich ab zu irgendeinem neuen Martyrium.

Richards akademische Heldentaten wurden regelmäßig über das Tratschnetz der Familie veröffentlicht, ebenso seine Aktivitäten außerhalb des Lehrplans. Von ausländischen Kindermädchen und Gouvernanten erzogen, sprach er drei Sprachen einigermaßen fließend und hatte – so sagte man mir – seine deutschen oder französischen Tage, wo keine andere Sprache im Haus gesprochen wurde. Seine riesige Spielzeugsammlung wurde sorgfältig nach bildenden und pädagogischen Gesichtspunkten ausgewählt, sein Benehmen und seine Interessen ständig nach genialen Manifestationen abgesucht.

Wenn Mutter über ihn redete, dann zeigte sie immer eine belustigende Mischung aus Stolz, Eifersucht und Bosheit, verschieden je nach der Sympathie ihrer Zuhörer. Stolz auf ihren begabten Neffen stand an vorderster Stelle in ihren Erzählungen vor Fremden, während die Bosheit genau proportional zum Grad ihrer Bekanntschaft wuchs. Engen Freunden gegenüber erklärte sie, dass sie jede Hoffnung, dass Richard später ein normaler Mensch würde, aufgegeben habe, seit Tante Lola ihr einmal telefonisch verkündete, das Kind habe soeben einen perfekten Kreis gezeichnet und würde daher Ingenieur werden!

Aber das alles passierte lang vor dem Krieg. Im Frühling 1939 erkrankte Richard. Als der Hausarzt Meningitis diagnostizierte, war die ganze Familie in Verzweiflung vereint. Aus Wien wurden ein berühmter Professor und zwei Krankenschwestern eingeflogen und die Wohnung in eine Klinik verwandelt. Die ganzen langen Wochen der Krankheit saß Tante Lola am Bett, wortlos und reglos. Onkel Georg wurde manchmal in der Stadt gesehen, vage durch seine Geschäfte treibend oder mit roten Augen über einer Tasse Kaffee im Stammcafé sitzend.

Meningitis war eine tödliche Krankheit, und wenn man nicht daran starb, dann »blieb immer etwas zurück«. Als endlich die Nachricht kam, dass die Gefahr vorbei war, hing die eine unausgesprochene Frage über der ganzen Familie. Aber wir hatten keine Zeit, um die Antwort herauszufinden. Richard, Tante Lola und eine Krankenschwester wurden zur Erholung ins Ausland geschickt. Als sie zurückkamen, ging der Sommer zu Ende und der Krieg hatte begonnen.

In den folgenden Monaten sahen wir einander nur selten. Aber jetzt, 1941, brachte Onkel Georg seine Familie von draußen ins Ghetto herein, und in dieser eingeschränkten Welt führten uns die Familienbande zusammen.

Onkel Georg machte wieder gute Geschäfte. Das ließ er vage durchblicken, seine hellen Augen blickten dabei immer etwas über den Kopf seines Gegenübers. So geheimnisvoll das alles auch war, es klappte offenbar. Die Familie konnte sich einen großen, sonnigen Raum im »besseren« Teil des Ghettos leisten. Die Wohnung hatte ein Badezimmer mit einem Gasheizer, eine große, moderne Küche und ein funktionierendes Klo. Das ganze Haus war hell und sauber. Ihre Hausherrn waren wohlhabende Fabrikanten, die Tante Lolas Interessen teilten und sie in ihr aktives Gesellschaftsleben einbezogen. Es gab Einladungen und elegante Soiréen, und die Gespräche und Diskussionen unterschieden sich kaum von denen in ihrem eigenen Vorkriegs-»Salon«. Das Essen war offensichtlich kein Problem, und Tante Lolas Garderobe schien ebenfalls intakt.

Mutter wurde oft eingeladen, ihr Witz und ihre Lebhaftigkeit wurden jetzt sehr geschätzt, da ihre Stellung als bevorzugte jüngere Tochter kein besonderes Gewicht mehr hatte. Großmutter war jetzt sehr huldvoll zu ihrer Stieftochter, die nie mit leeren Händen zu Besuch kam. Ihre eigene Tochter bat manchmal um Mutters abgelegte Kleider, konnte ihr aber dafür nie etwas geben.

Tante Lola in ihrem sauberen, warmen, gemütlichen Zimmer konnte es sich leisten, großzügig zu sein. Ich war immer begeistert, wenn wir sie besuchten, und obwohl mir die Unterhaltung oft recht öd vorkam, entschädigten mich das herrliche Badezimmer und das Klo für gelegentliche Langeweile.

Und die nachmittägliche Teestunde war der Gipfel der Seligkeit.

Richard hatte sich auch geändert, man konnte jetzt viel leichter mit ihm auskommen. Das dickliche, wilde Kind hatte sich in einen großen, dünnen, außerordentlich feierlichen, ja steifen Jungen verwandelt. Er hatte noch immer die gleichen riesigen braunen Augen mit den wunderbar langen Wimpern, die unsere Kindermädchen immer in Verzückung versetzt hatten. Aber sein Blick schwamm im Ungewissen, wie der seines Vaters. Er ging mit merkwürdig ruckartigen Bewegungen und warf die Beine, es war fast, als wäre ihm das Gehen schon nichts Natürliches mehr. Und er verbrachte ganze Tage über seine Bücher gebeugt.

Tante Lola beschloss, dass die Unterbrechung durch den Krieg am besten mit Vorbereitungen auf die Zukunft genutzt wurde. Sie engagierte mehrere Privatlehrer, die darauf sahen, dass Richard von morgens bis abends mit Arbeit eingedeckt war. Zusätzlich zu seinem normalen Schulpensum, das sowohl Latein als auch Griechisch umfasste, hatte er jetzt auch noch Privatstunden in Französisch, Deutsch, Englisch und Hebräisch.

Er öffnete uns jedes Mal die Tür und grüßte uns dann feierlich in vier oder fünf Sprachen, in denen ihm Mutter zu antworten hatte. Unverständliche Phrasen wurden ausgetauscht, während wir den Gang durchquerten und ins Zimmer eintraten. Darauf kehrte Richard zu seinem kleinen Tisch in der Ecke zurück und versank wieder in seinen Büchern, von unserer Unterhaltung offenbar nicht berührt.

Wenn der Tee serviert wurde, tauchte er kurz wieder auf, zeigte mir manchmal seine neuen Bücher oder redete über Dinge, die ihn besonders interessierten. Als ich seine ungeschickten Zeichnungen sah, bot ich ihm meine Hilfe an, und zu meiner großen Überraschung nahm er das Angebot an. Er brauchte sie für seinen Unterricht in Zoologie und Botanik, und ich lernte enthusiastisch aus seinen Erklärungen, während ich die Querschnitte und Diagramme kopierte und sie mit seinen herrlichen chinesischen Tuschfarben kolorierte. Die Zeichnungen trugen ihm ein besonderes Lob ein, worauf der arme Richard die Wahrheit bekannte. Danach half ich ihm nicht mehr bei seinen Zeichnungen, aber unsere Freundschaft blieb weiter bestehen.

Vater war jetzt der Einzige, der nicht kommen wollte. Bei seinem einzigen Besuch in diesem Winter hieß Richard ihn auf Griechisch willkommen. Vater antwortete mit einem freundlichen Klaps auf den Kopf, er hielt das offenbar für einen Witz. Aber Richard, feierlich wie eine Eule, erging sich in einer wohlgesetzten Rede und ließ sich trotz Vaters Ärger den ganzen Abend nicht von dieser Sprache abbringen. Als Vater ihn durchaus keiner Antwort würdigte, wandte er sich wieder seinen Büchern zu und vergrub sich in seinen Papieren, bis es für uns Zeit war zu gehen. Er führte uns zur Tür und verpasste uns mehrere klassische Abschiedssprüche. Vater schlug vor, dass ein Spaziergang in der frischen Luft und eine Schneeballschlacht ihn vielleicht vom Olymp herunterholen würden, und die ganze Familie schaute sehr schockiert drein.

Draußen im Freien gab es nichts Interessantes zu sehen, lautete Onkel Georgs Urteil. Man konnte sich höchstens in der Menschenmenge etwas holen oder sonst in Schwierigkeiten geraten. Viel besser war es, seine Zeit zum Studieren zu nutzen.

»Was du da oben hast« – er klopfte sich an die Stirn – »gehört dir. *Das* kann dir niemand nehmen.«

»Wenn ich dort noch einmal hingehe, gibt es einen Skandal«, erklärte mein Vater am Abend. »Ich kann es nicht mit ansehen, was die mit dem armen Jungen aufführen. Er sieht schon völlig stumpfsinnig aus, ich möchte wissen, wie viel er von allen seinen Büchern wirklich versteht. Stell dir vor, Anthropologie zu lernen in seinem Alter und unter diesen Umständen! Was wetten wir, das Nächste ist Astronomie. Wenn schon nicht diese Krankheit einen Idioten aus ihm gemacht hat, dann haben ihn seine Eltern sicher bald so weit, und damit will ich nichts zu tun haben. «

Der lange Winter ging endlich zu Ende und mit dem Frühling brausten neue Hoffnungen und neue Gerüchte durch die Straßen. Aber es gab wenig Grund zur Freude. Die Wellen der Gewalt breiteten sich über Europa aus, jeden Tag erreichten Berichte von neuen Verbrechen, neuen Massakern, neuen Vergeltungsmaßnahmen unsere Ohren. Es schien schwer zu glauben, dass das erst der zweite Winter war. Was sollten wir tun, wenn dieser Krieg – wie es hieß – so lang dauern würde wie der erste? Wer könnte vier Jahre in unseren jetzigen Umständen überleben?

Zu meinem Geburtstag in diesem Frühling lud Lydia mich ein und ich verbrachte eine Woche in ihrem Haus. Es war auch Pauls Geburtstag, wir feierten mit einer Party, einer großen Schokoladentorte mit zwei Kreisen von Kerzen – einem rosa und einem blauen – und einem Berg von Geschenken.

Erich war fort, er besuchte Verwandte in Hamburg. Ich hatte Lydia noch nie so lustig gesehen. Sie verbrachte ganze Tage mit uns, spielte mit uns auf dem Boden wie eine Gleichaltrige, kroch mit uns unter den Möbeln herum und ließ uns auf sich reiten, und dabei »galoppierte« sie auf allen vieren durch die Wohnung. Sogar Tomek wurde in die allgemeine Lustigkeit einbezogen. Beide Buben reagierten darauf mit zitternder Freude, als würden sie diesem plötzlichen Glück nicht ganz trauen. Es gab Ausbrüche von aggressiver Lebhaftigkeit und laute Beteuerungen, dass Mutter wunderbar sei und dass wir alle einander immer so gern haben sollten wie jetzt.

Erich wurde nie erwähnt, aber die ständigen Anspielungen darauf, dass wir niemanden mehr brauchten, um vollkommen glücklich zu sein, ließen mich nur umso mehr an ihn denken, und ich musste den perversen Wunsch bekämpfen, mich nach seiner Rückkehr zu erkundigen. Fieberhaft und überspannt, wie unsere Freude war, war sie uns allen doch überaus teuer und ich erwähnte Erichs Namen während meines ganzen Besuchs nicht.

Lydia verbrachte die Abende außer Haus, oft kam sie erst am nächsten Morgen zurück. Gegen Ende dieser Woche gab sie eine Party. Wir drei wurden in die Küche gesperrt mit strengster Order, still zu sein. Das Mädchen, das bei Tisch servierte, erzählte uns, die Gäste wären alle deutsche Offiziere, und es wären keine Damen anwesend.

Spät am Abend wurde Paul in den Salon geholt, um Klavier zu spielen und ein paar deutsche Gedichte aufzusagen. Als er zurückkam, vom Applaus erhitzt, durften wir ins Elternschlafzimmer gehen und uns im großen Doppelbett verkriechen.

Licht und unterdrückte Stimmen weckten mich auf. Durch halb geschlossene Lider sah ich Lydia Tomek aus dem Bett heben und ins Kinderzimmer tragen. Eine zweite Gestalt beugte sich über mich und hob mich vorsichtig auf. Automatisch schlang ich meine Arme um den entgegenkommenden Nacken und kuschelte meine Nase an die breite Schulter. Dann öffnete ich die Augen.

Die grüne Uniform roch angenehm nach Tabak und Kölnischwasser, die Wange war frisch rasiert. Betäubt vom Schock, hörte ich ihn Lydia fragen, wer denn das hübsche kleine Mädchen sei, das er in ihrem Bett gefunden habe, und Lydia betont gleichmütig antworten, ich sei Erichs Tochter aus seiner ersten Ehe.

Ich wurde ins Wohnzimmer getragen, wo mein Bett schon gemacht war, und vorsichtig zwischen die Leintücher gelegt. Als ich spürte, wie seine Hände behutsam die Decken um mich festklopften, öffnete ich die Augen wieder und sah ein angenehmes junges Gesicht und ein Paar ungewöhnlicher, blaugrüner Augen, die mich ernst betrachteten. Einen Augenblick lang trafen sich unsere Blicke, hielten einander fest, dann fuhr er mir lächelnd mit der Hand übers Gesicht. Ich schloss die Augen und atmete erleichtert auf. Jetzt wusste ich, dass er wusste und dass ich nichts zu fürchten hatte.

Schläfrig hörte ich noch, wie er und Lydia den strampelnden Paul in sein Bett trugen, und als sich die Schlafzimmertür endlich hinter Lydia und ihrem Geliebten schloss, sank ich friedlich in einen tiefen Schlaf.

Am nächsten Tag brachte mich Lydia nach Haus, bat mich aber auf dem Heimweg, nichts von »Grünauge« zu sagen. Ich hatte ohnehin schon beschlossen, meinen Eltern nichts zu erzählen, weil ich damit rechnete, dass sie mich dann vor lauter Schreck nie wieder zu einem Besuch auf die andere Seite lassen würden.

14

In diesem Frühling wurde unsere Klasse umgebildet und ein neues Mädchen kam zu unserer kleinen Gruppe. Jola war ein dünnes, aber graziöses Kind mit langen Beinen, die sie weiter umeinander schlingen konnte, als ich das für möglich gehalten hätte. Sie wickelte sie auch um Stuhlbeine und vergaß oft, sie loszuwickeln, bevor sie eilig aufsprang, daher kamen auch die vielen kleinen Wunden, Kratzer und blauen Flecke, die sie am ganzen Körper hatte. Sie hatte ein rundes, sommersprossiges Gesicht, leuchtend blaue Augen und einen Schopf kastanienbrauner Locken, zu fein für Bänder und Spangen. Das Haar stand ihr wuschelig vom Kopf ab und fiel ihr in die Augen und schien die Hände eines jeden Erwachsenen im Zimmer anzuziehen.

Sie hatte die Gabe, unsere Lehrerin mit Fragen in Verlegenheit zu bringen, die der armen Frau die Röte in die müden Wangen trieben. Wir hielten unseren Atem erwartungsvoll an, während sie lächelnd dasaß und mit ihren weit offenen blauen Augen ernst schaute, das Bild eines unschuldigen, lernbegierigen Kindes.

Fräulein Bloch machte fahrige Bewegungen, räusperte sich, starrte dann hilflos zurück in das sommersprossige Gesicht, gab eine unverbindliche Antwort, oder gab einfach zu, dass sie das nicht wusste. Dann stieg rund um den

Tisch ein allgemeiner Seufzer der Enttäuschung hoch und wir kehrten zu unserer Arbeit zurück. Jolas Ablenkungsmanöver waren besonders willkommen, wenn einer von uns sich nicht vorbereitet hatte. Ihre Stimme zerbrach das schuldbewusste Schweigen, und wir stimmten sofort ein, laut nach Information rufend.

In der Biologiestunde wollte Jola wissen, welche der beiden Blumen in unserem Buch die weibliche sei. Es musste doch sicher Blumen von jedem Geschlecht geben, damit eine Frucht entstand?

Fräulein Bloch lief puterrot an und gestand, dass sie das nicht wusste.

»Aber es muss einen Unterschied geben, Fräulein Bloch, es ist doch sicher biologisch unmöglich ...«

Mutter in ihrer Zimmerecke unterdrückte ein Kichern.

»›Biologisch unmöglich‹ ... Du hättest sie hören sollen«, erzählte sie Vater später, während ich so tat, als würde ich schlafen. »Ich bin sicher, sie wollte nur irgendetwas herauslocken aus dieser armen Frau, die ja schon rot wird, wenn sie sich vorstellt, was Bienen und Vögel tun. Ich glaube, die könnte ihr Einiges beibringen, obwohl sie so unschuldig aussieht wie ein Engel.«

Aber Vater klang plötzlich beleidigt und vertrat fest die Meinung, dass Jola nichts wissen könne von »diesen Dingen«. Ihm zufolge war sie ein reizendes Kind, witzig, von Natur aus wissbegierig. Und auf jeden Fall vollkommen unschuldig.

Ich vergrub das Gesicht in meinem Kissen und fragte mich, wieso Vater – der doch mich immer durchschaute – sich über ein anderes Kind so vollkommen irren konnte.

Jolas Geist war, wie sie selbst stolz behauptete, eine *Kloake*. Aber nicht irgendeine Kloake, beteuerte sie. Nein, sondern *die größte und tiefste Kloake der ganzen Welt*. In der mysteriösen, Abscheu erregenden Welt des Geschlechts gab es kein Wort, keinen Ausdruck, nicht einmal eine Geste, die ihr nicht bekannt waren, und sie war gern bereit uns aufzuklären. Ihre Sammlung von Geschichten trieb einem die Haare zu Berge und sie gab bereitwillig zu, sie beinahe alle selbst verfasst zu haben.

Nach dem Unterricht drängten wir uns auf dem Heimweg alle um sie und hörten atemlos ihren »Augenzeugenberichten« von Vorfällen zu, die ganz eindeutig die Frucht einer außerordentlich lebhaften und morbiden Fantasie waren. Aber diese Geschichten waren nicht der einzige Grund für Jolas Anziehungskraft auf uns. Irgendwie gelang es ihr, in unsere unschuldigen Fächer ihre Überlegungen über unsere Umgebung und die Bedingungen, unter denen wir lebten, einfließen zu lassen. Ihr zuzuhören, wenn sie, wie ich das für mich nannte, »wie die Erwachsenen« redete, vermittelte mir ein merkwürdiges Gefühl, aufregend und schmerzlich zugleich. Ich ergriff jede Gelegenheit, um sie über ihre Lieblingsgegenstände zum Sprechen zu bringen, und während ich ganz unbewusst mit unschuldigen kleinen Bemerkungen immer mehr Öl ins Feuer goss, hatte ich das peinliche Gefühl, dass ich damit irgendwelche heiligen Gebote verletzte, nach denen sich mein bisheriges Leben gerichtet hatte. Es war ein bisschen wie der Nervenkitzel, wenn man eine Batterie anleckte, um zu sehen, ob sie geladen war. Ich krümmte mich unter dem Schock, aber ich konnte nicht damit aufhören.

Jola behandelte die geheiligten erwachsenen Gegenstände mit völliger Respektlosigkeit und drückte ihre Verachtung der Erwachsenen mit der gleichen Klarheit und Präzision aus, die auch ihre Aufsätze auszeichneten und die Fräulein Bloch auf den Verdacht brachten, dass bei ihren Hausaufgaben ein Erwachsener seine Hand im Spiele habe.

Zufällig wurde ich Zeuge, wie unsere Lehrerin Jolas

Aufsätze mit meiner Mutter besprach, und hatte nichts Eiligeres zu tun, als meiner Freundin darüber zu berichten. Sie war empört.

»Fräulein Bloch sagt, du bist eine Anarchistin und du hast anscheinend der ganzen Menschheit den Krieg erklärt«, sagte ich ganz nebenbei und wartete gespannt auf ihre Reaktion.

»Fräulein Bloch ist nicht bei Trost. Die Menschheit hat sich selbst den Krieg erklärt. Schau dir doch die Welt rund um uns an! Haben wir denn irgendeine Hoffnung zu überleben? Oder sonst jemand? Die Deutschen vernichten die Juden und die Juden helfen fleißig dabei mit. Die Geschäftsleute gehen über Leichen, damit sie jeden Morgen in ihr Geschäft hineinkommen. Die Restaurants sind voll. Es gibt sogar Leute, die heiraten und Kinder bekommen! Aber das nützt uns nichts. Wir werden alle eines schönen Tages vom Erdboden verschwinden, und je früher, desto besser. In dieser Welt kann man nicht leben.«

Etwas davon kam in jedem ihrer Aufsätze zum Ausdruck. Sogar in den neutralsten Themen brachte sie ihre Ideen unter, und Fräulein Bloch gab sich wahrlich Mühe, nur die harmlosesten Themen für unsere Aufsätze zu wählen. »Ein Gewitter nach einem heißen Tag.« »Dürre in Südafrika.« »Ein Tag in der Arktis.« »Wintersport.« Ich brachte es fertig, zu jedem dieser Themen eine Geschichte in Versen zu schreiben, mit gefälligen Reimen, kräftigem Rhythmus und einem Minimum an Realismus. So waren eben die Gedanken des glücklichen, begabten Kindes, als das meine Eltern mich sehen wollten. Sie waren stolz auf meine Schreibereien, lasen sie bewundernden Verwandten und Freunden vor und ermunterten mich, nur so weiterzumachen. Aber kaum wich ich von diesem Idealbild ab und ließ nur eine Spur von Realismus in diese künstliche Welt einfließen, wurde ich sofort zur Ordnung gerufen.

Dann warf man mir Hochmut vor, Plagiat, Aufschneiderei, sogar Undankbarkeit. Und man fand mich, was noch ärger war, lächerlich. Nach einigen schmerzlichen Lektionen hatte ich meine Rolle gelernt. Ich war mir bewusst, dass ich die Rolle eines wohl erzogenen Kindes zu spielen hatte. Ich wusste genau, was ich denken und was ich sagen durfte. Die Regeln, die für das Benehmen eines Kindes galten, existierten anscheinend in einem Vakuum, hatten jedenfalls mit den tatsächlichen Lebensbedingungen nicht das Geringste zu tun.

Aber Jola war ganz anderer Meinung. Sie machte sich also daran, Löcher zu bohren in die hermetische Schachtel, in der ich so sorgsam gehütet wurde, während ich mich bereitwillig von einer Seite auf die andere drehte und ihr immer wieder frische Stellen zur Zerstörung anbot.

»Warum schaust du dich denn nicht um – um wirklich zu sehen, nicht einfach deinen Blick irgendwohin fallen zu lassen und dann wieder abzuwenden, mit fest verschlossenem Verstand? Wird dir nicht übel davon? Tut es dir nicht weh?«

Ich nickte unglücklich. Genau das war's. Meine Augen schauten, aber mein Verstand war verschlossen. Ich nahm, was ich sah, mit Gleichgültigkeit und Zynismus auf und vermauerte meine Gefühle dabei krampfhaft vor der äußeren Welt. Nachzudenken über das, was ich sah, mir Gefühle zu erlauben, das hätte mir zu wehgetan. Nicht denken war viel leichter.

Wenn man doch nur etwas tun könnte. Wenn wir helfen könnten, organisieren, kämpfen?

»Nichts können wir tun«, sagte Jola fest. »Niemand kann irgendetwas tun. Du kannst die Menschheit nicht ändern. Wir sind alles Wilde, wir werden einander am Ende alle auffressen. Wir verdienen weder Liebe noch Mitleid. Das spar dir für die Tiere auf. Die Menschheit wird sich am Ende selbst vernichten und sie hat auch nichts Besseres verdient.«

Am Anfang dachte ich manchmal daran, Jolas Enthüllungen mit meinen Eltern zu besprechen, beschloss aber nach einiger Überlegung, sie gar nicht zu erwähnen. Da würde es nur eine Predigt geben über die Anmaßung von Kindern, die zu kritisieren wagten, was sie nicht verstanden, und eine Ermahnung, dass der Krieg keine Entschuldigung war, um seine Manieren zu vergessen. Und dann würde Jola nahe gelegt werden, unsere Gruppe zu verlassen.

»Ich weiß, dass wir unter schwierigen Bedingungen leben, aber dein Vater und ich werden unser Bestes tun, um dir eine normale Erziehung zu bieten. Du sollst uns nie vorwerfen müssen, dass wir unsere Pflicht nicht getan haben, dass wir uns nicht um deinetwillen geopfert haben.«

Wie oft hörte ich diese Worte. Und was für eine hilflose Wut wirbelten sie jedes Mal in meinem Herzen auf. Wie konnte ich ihnen jemals begreiflich machen, dass ich ihr Opfer gar nicht wollte?

Jolas Eltern hatten sich schon vor dem Krieg scheiden lassen, sie lebte jetzt mit ihrer Mutter in einer großen Mansarde mit schräger Decke und kleinen Dachfenstern. Der Raum war mit einer Unmenge von Teppichen, Matten und Kissen vollgestopft. Jolas Mutter war eine große, blasse Frau, die mich so einschüchterte, dass ich kein Wort mehr herausbrachte. Sie hatte ein weißes, aufgedunsenes Gesicht, aschblondes Haar, das hinten zu einem strengen Knoten zusammengefasst war, und lange schmale Hände. Sie sprach langsam, jedes Wort deutlich betonend, als redete sie in einer Fremdsprache. Diese deutliche Sprechweise brachte mich am meisten aus der Fassung und machte mir meine eigene verworrene Ausdrucksweise bewusst. Ich stotterte, wenn sie mir eine direkte Frage stellte, und da ich schließlich einsah, dass sie mich für einen Idioten halten musste, ging ich ihr ganz aus dem Weg.

Ich versuchte, Tosia in unsere Unterhaltungen einzubeziehen, aber sie hatte kein Interesse dafür. Sie war sogar schockiert, wenn ich ein paar von Jolas Ansichten vor ihr wiederholte. In ihren Augen hatten die Erwachsenen immer recht, ganz egal, was sie taten. Außerdem war sie rasend eifersüchtig auf den Einfluss, den Jola auf mich hatte, und hatte Angst, ich würde sie verlassen. Aber diese Absicht hatte ich gar nicht. Ich wusste ihre fraglose Gefolgschaft zu schätzen, nach den destruktiven Sitzungen mit Jola hatte ich sogar ein besonderes Bedürfnis nach ihrer Verehrung. Das stellte mein Gleichgewichtsgefühl wieder her und träufelte Balsam auf mein verwundetes Selbstbewusstsein. Jola glaubte außerdem gar nicht an Freundschaft:

»Ich bin eine Katze, die sich allein herumtreibt. Keiner wird mich jemals zähmen oder einsperren. Ich bin ich und ich liebe nur mich«, erklärte sie. »Wenn ich endlich groß bin – vorausgesetzt, sie lassen mir Zeit dazu –, dann werde ich mit allen abrechnen.«

»Wie wirst du das machen?« Es war ein Trost zu wissen, dass sie Zukunftspläne schmiedete.

»Ich werde eine Kurtisane.«

Darunter konnte ich mir nicht viel vorstellen. Ich sah Jola huldvoll eine gewundene Marmortreppe herunterschweben, in einen burgunderroten Theatervorhang drapiert.

»Und was wirst du dann genau tun?«

»Ich werde die Männer wahnsinnig machen vor Sehnsucht, ich werde sie vor meiner Tür schmachten lassen, Tag und Nacht. Meinetwegen werden sie Sonette schreiben und sich umbringen. Ich werde berühmt sein. Aber ich werde nie, nie auch nur einen Fingerbreit von dem hergeben, worauf es ankommt.«

Ich war wie gefesselt von diesem Plan, hörte ihr zu, wie sie ihn weiter ausmalte, und sammelte langsam Mut zur Stellung der Kardinalfrage. Jolas Geschichten waren mir nur zum Teil verständlich. Vieles von dem, was sie sagte, blieb mir ein Rätsel, ich dürstete immer mehr nach einer Erklärung. Seit Monaten schon hatten Tosia und ich versucht, irgendeinen Sinn in die vagen Geschichten über das Geschlechtsleben der Erwachsenen zu bringen. Wir durchsuchten die Romane, verschlangen gierig alle, die auf unserem Index standen, und zerbrachen uns den Kopf über die unbegreiflichen Situationen, die wir darin fanden, aber das Bild, das wir uns langsam zusammenbastelten, war zu fantastisch und absurd, als dass wir es glauben konnten.

Und hier war endlich jemand, der sich offenbar auskannte, der auch uns aus dem Labyrinth herausführen konnte. Aber ich zögerte. Wie dringend ich auch die Wahrheit wissen wollte, die Furcht vor der entscheidenden Frage war nicht weniger stark. Ich hatte das deutliche Gefühl, dass es keinen Rückzug in die Geborgenheit der Unwissenheit mehr gab, wenn der Schleier einmal gefallen war. Wenn mein dunkelster Verdacht sich bestätigte, wenn die Wahrheit wirklich so abstoßend war, wie ich vermutete, wie konnte ich dann noch weiter gleichmütig einer so schauerlichen Zukunft entgegenwachsen? Aber dann klang mir wieder Jolas Stimme in den Ohren, wie sie sich über mich lustig machte, weil ich mit geschlossenen Augen lebte.

Ich saß auf dem Diwan Jola gegenüber und kratzte mich nervös, von innerer Unsicherheit gebeutelt.

»Den ganzen Tag kratzt du dich schon«, bemerkte sie. »Was ist los? Hast du Läuse?«

Ich wich entsetzt zurück.

»Ich habe dich gefragt, ob du Läuse hast?«, wiederholte sie. »Die hat doch jetzt jeder, weißt du das nicht?«

»Schön, aber ich nicht, und ich bin überzeugt, dass du auch keine hast. Mich juckt es überall, aber ich weiß nicht, warum. Sowieso wollte ich dich gerade fragen ... das heißt, ob du mir nicht alles sagen könntest, was du weißt über ... du weißt schon ...«

»Über Geschlechtsleben, nehme ich an. Über die schmutzige Sache des Geschlechts. Was weißt du denn schon?«

Ich kämpfte gegen den Knödel in meinem Hals und antwortete ganz kühl: »Ich weiß nicht viel, und was ich davon gehört habe, ist so eindeutig gelogen, dass ich es einfach nicht glauben kann. Ich will das nicht wiederholen, es ist einfach zu unsinnig.«

Im tiefsten Inneren hoffte ich, dass Jola sich weigern würde, ihre Geheimnisse zu verraten. Aber sie genoss es sogar, ihr Wissen vor mir auszubreiten.

»Also gehen wir davon aus, dass du keine Ahnung hast, und beginnen wir bei den Grundvoraussetzungen. Wie zum Beispiel Küssen. Also, es gibt zwei Arten von Küssen, den unschuldigen Kuss und den leidenschaftlichen Kuss ...«

Am späten Nachmittag wankte ich benommen nach Haus. Mein Kopf schwirrte von Bildern, meine Augen brannten, während der kühle Sopran noch immer in meinen Ohren klang ... beschreibend, erklärend, Detail auf grässliches Detail häufend, auf die tierische Rohheit des so genannten Liebesaktes hinweisend, die Demütigung und Erniedrigung der Frau, den schäbigen Triumph des Mannes. Das Exposé endete mit einer farbigen Beschreibung der Schrecken der Geburt, die jede mittelalterliche Folterung an Qual übertraf.

In unserem Hof angekommen, blieb ich stehen und setzte mich auf eine Bank. Der Kopf tat mir weh, ich fühlte mich schwindlig, mir war übel und ich war zu Tode verängstigt. Ich brauchte Zeit, um Ordnung in meine Gedanken zu bringen, um sie irgendwie zu verarbeiten, um diese Lawine von Tatsachen zu verdauen, mit der ich von jetzt an leben, die ich aber vor meinen Eltern verstecken musste. Wie konnte ich denn in unser kleines Zimmer hineingehen und ihnen in die Augen schauen und reden und so tun, als wäre nichts passiert? Wie konnte ich denn mein alltägliches Gesicht aufsetzen, wenn ich doch wusste, dass mir mein schuldiges Wissen auf die Stirn geschrieben stand, wenn meine Augen blinzelten und tränten, als könnten sie die Sonne nicht ertragen, wenn meine Hände vor Angstschweiß ganz klamm waren? Aber dann hatte ich wieder das plötzliche Bedürfnis, nach Haus zu laufen, auf Mutters Schoß zu klettern und zu weinen wie seit Jahren nicht, mit Schluckauf und Geschneuze, meine Schuld mit meinen Tränen heraussprudelnd, ihr alles ausschüttend, was ich gehört hatte, und ihre ruhige Stimme flüstern hörend, dass das alles nur ein schlechter Traum war und kein Wort davon wahr.

Aber so kindisch konnte ich mich jetzt natürlich nicht mehr benehmen. Ich war wach, ich hatte nicht geträumt, und wenn ich merkwürdigerweise meine Augen nicht offen halten konnte, und wenn mein Kopf schwamm, dann war das einfach das Ergebnis von zu viel Wissen, zu rasch geschluckt. Eine Art von geistiger Verdauungsstörung. Der plötzliche Verlust der kindlichen Unschuld. Verbrecher, Diebe und Lügner schauten einem nie gerade in die Augen, daran konnte man sie ja erkennen. Schön, jetzt gehörte ich anscheinend zu ihnen, Gott strafe mich schon.

Ich kämpfte mit meinen bleiernen Füßen, wie ich durch den Hof ging, die dunkle Treppe hinaufstieg und in unser Zimmer trat.

Tante Lola unterhielt sich gerade angeregt mit Mutter, sie beachteten mich nicht, als ich mich an ihnen vorbeischleppte. Ich grüßte und wunderte mich, als sie beide zusammenzuckten.

»Schrei nicht«, sagte Mutter, aber ihre Stimme kam wie von weit her. Merkwürdigerweise wurde es im Zimmer ganz dunkel, und plötzlich saß ich am Boden und Mutter und Tante Lola beugten sich erstaunt über mich. Eine kühle Hand berührte mein Gesicht und sofort wurde ein Fieberthermometer geholt und unter meinen Arm gesteckt. Während wir auf das Ergebnis warteten, fragte mich Mutter nach meinem Befinden, aber ich machte entschlossen den Mund nicht auf. Ich wusste genau, wo meine Krankheit herkam, davon war ich überzeugt, aber aus mir würde niemand je die Wahrheit herausbekommen. Das Thermometer wurde herausgezogen und Mutter fing an, mich auszuziehen. Ich hatte hohes Fieber, sagte sie, was ich denn wohl diesmal ausbrüten würde. Tante Lola trat näher und untersuchte sorgfältig meinen ganzen Körper. Sie drehte meinen Kopf und schaute mir hinter die Ohren. Dort war alles rot, und beide Frauen stießen einen Seufzer der Erleichterung aus. Es waren die Masern.

Ein Arzt wurde geholt und er bestätigte die Diagnose. Am Abend stieg das Fieber noch weiter. Das Bett fing an zu schaukeln, die Decke senkte sich und die Wände schwankten, sobald ich die Augen öffnete. Mit beiden Händen hielt ich mich am Tischbein neben dem Bett fest und knirschte mit den Zähnen. Ich hatte panische Angst davor, dass ich vielleicht im Schlaf oder im Delirium irgendwelche belastenden Informationen von mir geben könnte. Vor lauter Angst konnte ich nicht einmal Mutters plötzliche Zärtlichkeit richtig genießen noch Vaters Versuche, mich aufzuheitern, und überzeugte damit beide, dass ich wirklich schwer krank war. Sogar Großvater, der am nächsten Tag kam, eine gesprungene Flasche mit einem

Goldfisch darin, bemerkte meine merkwürdige Gemüts-
verfassung.

»Früher war sie doch jedes Mal so gut aufgelegt, wenn
sie krank war. Ich dachte immer, sie genießt das. Dass sie
auf einmal so still ist im Bett, das schaut ihr gar nicht ähnlich.«

Langsam vergingen die Tage und irgendwie legte sich
meine Aufregung. Aber obwohl ich jetzt wieder reden und
sogar über Vaters Witze lachen konnte, war mein Benehmen viel zurückhaltender und verschlossener, was meinen
Eltern natürlich sehr schnell auffiel. Mutter schloss daraus, dass ich eben erwachsen wurde. Vater warf mir
durchdringende Blicke zu, wenn ich rot wurde oder über
ein Wort stolperte, das jetzt plötzlich eine doppelte Bedeutung für mich hatte. Ich fürchtete diese plötzlichen Verle-
genheiten wie die Pest, denn früher oder später würde er ja
herausfinden wollen, was in meinem Kopf vorging. Deshalb wich ich jedem Tête-à-Tête aus, die doch früher immer der Gipfel meines Glücks gewesen waren. Ich ließ
mich nicht mehr in unsere verrückten Unterhaltungen hi-
neinziehen, wenn mir auch das Herz fast brach dabei, ich
erzählte ihm nichts, und hörte seinen eigenen Fantasieaus-
brüchen nicht mehr zu. Ich musste scharf auf meine Zunge aufpassen, denn sonst rutschte mir sicher noch was
heraus.

Die Zeit verging, und ich kam zu dem schmerzlichen
Schluss, dass ich wohl nie wieder auf seinem Schoß sitzen
und über alles plappern konnte, was mir so durch den
Kopf ging. Ich zweifelte nicht daran, dass er, falls er jemals
herausfand, was ich wusste, mich für immer aus dem
Haus jagen würde und dass niemand mich dann noch retten konnte.

Mutter amüsierte sich darüber, dass es mir jetzt peinlich
war, mich in ihrer Gegenwart an- und auszuziehen. Die

tägliche Zeremonie, sich von Kopf bis Fuß in dem kleinen Lavoir zu waschen, war mir immer auf die Nerven gegangen, ich fand das einfach unnötig. Aber Mutter bestand darauf, sie behauptete, wenn wir aufhörten, uns zu waschen, hörten wir auch auf, zur zivilisierten Menschheit zu gehören. Im Winter wurde unser Zimmer erst am späten Nachmittag warm genug für diese Prozedur, aber auch dann war die Vorstellung, sich erst aus unzähligen Schichten von Gewand herauszuschälen, alles andere als verlockend. Und jetzt hatte ich also einen Grund mehr, um diese tägliche Huldigung an die Zivilisation abzulehnen, da die Tür des Zimmers meistens offen war, so dass jederzeit jemand hereinkommen konnte.

Es drängte mich nicht, meine neue Bürde mit Tosia zu teilen. Schlimm genug, dass ich so leiden musste, warum sollte ich auch noch meiner besten Freundin diesen Schmerz zufügen? Aber Tosia ließ nicht locker, sie erinnerte mich an unseren Schwur, keine Geheimnisse voreinander zu haben. Also berichtete ich ihr alles, was ich von Jola gehört hatte – ungern; und fügte hinzu, dass ich das alles für wahnsinnig übertrieben hielt. Zu meiner Überraschung nahm es Tosia ganz ruhig auf. Sie fand auch, dass da doch mehr dran sein musste, als Jola mir gesagt hatte, denn sonst würden sich Männer und Frauen ja das ganze Leben lang nur aus dem Weg gehen, und das war doch offensichtlich nicht der Fall. Irgendwo in ihrer Aufzählung der nackten und abschreckenden Tatsachen hatte Jola etwas Wesentliches ausgelassen, das der ganzen Sache eine andere Bedeutung gab. Wir kehrten also zu unseren Romanen zurück, fest entschlossen, den Zauberschlüssel zu dem schrecklichen Geheimnis des Lebens der Erwachsenen bald zu finden.

15

Als das Wetter wärmer wurde, breitete sich die Typhusepidemie noch schneller aus. In der ersten Hälfte des Jahres 1941 gab es 15 749 registrierte Fälle, aber viele wurden von ängstlichen Verwandten geheim gehalten. Ein registrierter Fall bedeutete Quarantäne. Das ganze Haus wurde abgeschlossen, die Bewohner in ein öffentliches Bad gebracht, die Haare wurden abrasiert und die Wohnungen ausgeräuchert und desinfiziert. Dabei wurde aber jedes Mal so viel geplündert und zerstört, dass niemand gern einen neuen Fall bei den Behörden anzeigte. Es schien auch sinnlos, sich den Demütigungen einer Quarantäne zu unterwerfen, wenn doch der Erstbeste, der einen auf der Straße anrempelte, wahrscheinlich ein paar von seinen Läusen auf die frisch geräucherten Kleider schüttelte. Außerdem starb es sich am Typhus viel gemütlicher zu Hause, ganz gleich, wie ärmlich und wie überfüllt es da war. Im Krankenhaus lagen die Patienten oft zu zweit in einem Bett. Lebende und Tote lagen stundenlang nebeneinander, bis endlich eine überarbeitete Schwester die Leiche wegschaffte. Das Kinderkrankenhaus konnte keine neuen Patienten mehr aufnehmen und schloss daher vorübergehend seine Tore, während das allgemeine Krankenhaus jeden Moment drohte, diesem Beispiel zu folgen. Man organisierte Schnellkurse für Schwestern, Dentisten, Feldschere, für alle Leute mit einer Spur von medizinischem Wissen, um bei der Behandlung der Patienten zu helfen, aber unter den gegebenen Lebensbedingungen konnte nichts das Übel abwenden.

Die Essensrationen wurden noch kleiner, wir bekamen jetzt ungefähr pro Tag 20 Gramm Schwarzbrot, ein paar Kartoffeln, Grütze und Karottenmus und pro Monat ein Ei. Ein Pfund Brot kostete zwölf Zloty, ein Facharbeiter verdiente zwischen fünfzehn und zwanzig Zloty am Tag.

Noch immer strömten neue Flüchtlinge herein. Aus den polnischen Provinzen, aus Deutschland und aus der Tschechoslowakei kamen ganze Züge voll hilfloser Fremder, die früher oder später in den Auffangzentren für Mittellose landeten und dann einer nach dem anderen dem Hunger und der Epidemie zum Opfer fielen.

Diesen ganzen Sommer lang schritt ein großer deutscher Flüchtling durch die Straßen, verloren in einen privaten Traum. Er hatte lange rotgoldene Haare und einen Vollbart, trug einen zerrissenen grünen Pyjama und von den Schultern hing ihm eine zerfetzte rote Steppdecke bis zum Boden und schleifte im Staub nach. Er machte große Schritte und starrte dabei aufs Pflaster, als würde er etwas suchen. Ich fand, er sah aus wie ein verrückter König im Exil, und in dem ganzen Elend in den Straßen des Ghettos war er der Einzige, über den ich immer am liebsten vor Mitleid geheult hätte.

Auf dem Trümmergrundstück in unserer Straße wurde ein Kindergarten eröffnet und Mutter ließ mich für drei Nachmittage pro Woche einschreiben. Der Kostenbeitrag war hoch, und ich ging gar nicht gern hin, vor allem deshalb, weil weder Tosia noch Jola dort bei mir sein konnten. Aber Mutter gab nicht nach. Es war gefährlich, den ganzen Tag auf der Straße zu sein, der Hof war zu klein und zu voll und der Gestank vom Müllhaufen wurde langsam unerträglich. Der Spielplatz war auch so überfüllt, dass wir nicht herumlaufen konnten, aber es gab immerhin ein paar Bäume und ein bisschen Gras, und sogar ein paar Blumen blieben eine Zeit lang am Leben. Erwachsene durften nicht hinein, außer sie besuchten ein Kind oder holten eins ab. Es gab genug Platz für ein Netzballspiel, aber wenn man mitspielen wollte, musste man sich immer anstellen. Mutter erlaubte mir nicht, ein Buch zum Lesen mitzunehmen. Ich sollte dort nur spielen und mich körperlich austoben.

Ich lernte dort andere Mädchen kennen, die auch keine Freunde hatten und sich genauso langweilten wie ich, und wir bildeten eine Akrobatikgruppe. Unter Führung einer jungen Frau, die früher Balletttänzerin gewesen war, übten wir begeistert und beherrschten bald mit Leichtigkeit Spagat, Handstand und Brücke. Wir luden unsere Eltern ein und machten eine tollkühne Vorführung, die wir mit einer ziemlich wackligen Pyramide abschlossen, während sie mit offenem Mund dasaßen und vor Schreck die Hände rangen.

Mutter sorgte sich wie üblich, dass ich mich dabei verletzen könnte, und machte vage Anspielungen auf Zirkusartisten, die sich das Rückgrat brachen und ihr Leben lang als Krüppel dahinvegetierten. Aber ich glaube, sie verstand schließlich doch, dass das die einzige Form der körperlichen Betätigung war, die mir offen stand, und verbot mir nicht, weiterzumachen.

Unter denen, die regelmäßig bei unseren Übungen zuschauten, war auch ein dickes, sehr schön angezogenes Mädchen ungefähr in meinem Alter, für das ich grenzenlose Verachtung empfand, ohne dass ich es sie jemals spüren lassen konnte. Sie kam jeden Tag zum Spielplatz, von einer Gouvernante begleitet, die sie nie mit uns spielen ließ. Sie sprachen französisch miteinander und gingen sehr deutlich jedem körperlichen Kontakt mit den ärmeren Kindern aus dem Weg.

Bei den seltenen Anlässen, wo sie tatsächlich das Wort an mich richtete, konnte Simona über nichts anderes reden als über den großen Reichtum ihrer Familie und ihre eigenen Spielsachen und Kleider. Jedes Mal fragte sie mich, ob ich französisch konnte, erfuhr, dass ich es nicht konnte, und verlor sofort jedes Interesse an mir, bis zum nächsten Mal, wo sie wieder von vorne anfing.

Ich erzählte Mutter davon, und sie riet mir, die dumme kleine Aufschneiderin doch nicht zu beachten, und mich stattdessen auf meine Englischstunden zu konzentrieren.

Vor Kurzem hatte ich begonnen, diese Sprache zu lernen, konnte aber beim besten Willen nicht die komischen Laute nachmachen, die mein Lehrer produzierte, und bettelte Mutter an, mich auf Französisch umsatteln zu lassen. Aber Mutter war überzeugt, dass Englisch später viel nützlicher sein würde, also setzte ich den Unterricht fort.

Eines Tages hatte ich gerade wieder so eine einseitige Konversation mit Simona, als Mutter mit meiner Jause ankam. Sie setzte sich auf die Bank neben mich und hörte Simona zu, wie sie auf Französisch mit ihrer Gouvernante quatschte. Dann reichte sie mir mein Sandwich und verkündete klar und deutlich auf Englisch: »Here is your breakfast.«

»Thank you«, antwortete ich in derselben Sprache.

»It is a nice day today«, fuhr Mutter fort, aus meiner letzten Lektion zitierend.

»The Dog is under the table«, erwiderte ich ernst.

»The cat is on the mat«, pflichtete mir Mutter bei.

Simona und ihre Gouvernante schauten uns starr an, was uns große Befriedigung bereitete. Ich hatte mich vorher versichert, dass sie nicht Englisch verstanden.

»Please open the door«, sagte Mutter und lächelte.

»I am shutting this window!«, rief ich triumphierend, während wir bereits Arm in Arm von der Bank fortgingen.

Von diesem Tag an redete Simona nur noch Polnisch mit mir.

Während der heißen Sommertage war der Hof eine endlose Quelle der Aufregung und Unterhaltung. Vom frühen Morgen bis zum Beginn des Ausgehverbots strömte die Prozession von Hausierern mit ihren fantastischen Waren unter unserem Fenster vorbei und jeder kündete seinen Auftritt mit einem anderen Lied an. Die Wörter waren oft so undeutlich oder auch so falsch betont, um sie einer besonderen Melodie anzupassen, dass wir sie bald schon allein am Klang ihrer Stimmen erkannten. Einer nach dem anderen kamen sie durch das dunkle Tor von der Straße herein, gingen ein- oder zweimal rund um den Hof, riefen in ihrem Singsang, blickten forschend auf die Fenster, blieben kurz stehen, stießen einen lauten Abschiedsruf aus und traten ab, sobald der nächste Kandidat auf die Bühne kam.

Manchmal überschnitten sich ihre »Runden«, und da keiner nachgeben wollte, ergab sich ein ziemlich unharmonisches Duett, bei dem jeder versuchte, den anderen zu überschreien.

Größere Vielfalt boten die Bettler. Angesichts der zahllosen Konkurrenz, und da ja ohnehin die große Mehrzahl der Bevölkerung am Rand des Verhungerns stand, konnten nur die Unterhaltendsten oder aber die Allerbemitleidenswertesten von ihnen auf Almosen hoffen. Und so zog ein Strom von Sängern, Musikern, Akrobaten und Clowns, Solisten und Chören den ganzen Tag an uns vorbei. Einige von ihnen waren ganz eindeutig wohl ausgebildete Künstler, andere dagegen ebenso offensichtlich reine Amateure, deren hoffnungslose Anstrengungen uns vor Verlegenheit und Mitleid das Blut in die Wangen trieben.

Manchmal rief eine wirklich erstklassige Vorführung einen Sturm der Begeisterung hervor, und außerdem auch einen Regen von Münzen aus den Fenstern und laute »Da capo!«-Rufe, die der Künstler mit einer würdevollen Verbeugung quittierte.

Am ungewöhnlichsten waren die Geschichtenerzähler. »Jüdische Kinder«, so fingen sie alle immer an, »hört auf meine Geschichte.« Dann kam eine Aufzählung von den unglaublichsten Tragödien, schleichendem oder jähem Tod und schmerzhaften Krankheiten, die jedes einzelne Familienmitglied befielen. Zuerst hörten wir voll Entsetzen zu, dann voll Abscheu, und schließlich, abgestumpft von so vielen Unglücksfällen, hörten wir gar nicht mehr zu.

In diesem Sommer verbrachte ich ein paar Tage mit Großmutter und hörte jeden Abend lang nach Beginn des Ausgehverbots den »Heimzug der Bettler«. Die lange Kolonne schlurfte an unserem Fenster vorbei, unter Singsang, Stöhnen und Beten, auf ihrem Weg zu irgendeinem Unterschlupf. Ich war fast überzeugt, dass sie nie ein Auge zutaten, sondern die ganze Nacht weiter ihre Runden zogen, wie die Wächter in alten Zeiten. Nur statt des beruhigenden: »Alles ist ruhig, Bürger«, verkündeten sie mit ihrem Singsang den Tod.

Die Statistiken des Todes wurden jeden Monat höher. Im Februar 1941 gab es etwas über 1000 Fälle. Im Juni über 4000. Im Juli wurden 17800 Flüchtlinge, darunter 3300 Kinder, als völlig mittellos eingestuft. Im September wurden die Rationen noch weiter beschnitten. Die Postämter durften keine Post aus dem Ausland mehr übernehmen, was bedeutete, dass keine Esspakete mehr zu uns durchkamen. Im Oktober drangen Gerüchte von Massakern in Wilno nach Warschau und wurden als Panikmache abgetan. So etwas konnte doch hier nicht passieren. Im

Warschauer Ghetto gab es fast eine halbe Million Juden. Sie bewohnten ungefähr hundert Häuserblöcke, das heißt, dass im Durchschnitt in einem Zimmer vierzehn Personen wohnten. Allerdings zählten dazu auch die »Auffanglager«, wo über tausend Flüchtlinge in ein einziges Haus gestopft waren. Im September stiegen die Todesfälle durch Typhus auf 7000.

Am Bußtag, dem letzten September, hörten wir die Ankündigung, dass das Ghetto um mehrere Straßenzüge verkleinert werden sollte, und Ende Oktober wurde die Drohung wahr gemacht. Die Delogierten zogen in unsere Gegend, die Übervölkerung erreichte eine neue Rekordhöhe. Und obwohl die Atmosphäre daheim bereits sehr gespannt war, dankten wir doch unseren Sternen für das Dach über dem Kopf und für unsere vier feuchten Wände.

Seit dem Frühling 1941 machte Frau Kraut Schwierigkeiten wegen der Benutzung ihrer Küche. Wir hatten einen doppelten Gasring zum Ersatz für ihren einflammigen Ring gekauft, aber sie belegte ihn sofort mit Beschlag und für uns gab es nie Platz. Der Gaszähler wurde mit Münzen gefüttert, und wir fanden bald heraus, dass unser Essen, wenn wir nicht scharf aufpassten, vom Feuer genommen und durch Frau Krauts eigene Töpfe ersetzt wurde, bis das Gas ausging, worauf dann unsere Pfanne auf den kalten Ring gestellt wurde.

Der elektrische Strom, dessen man ohnehin nie sehr sicher hatte sein können, wurde jetzt jeden Abend gesperrt, gerade dann, wenn wir ihn am meisten brauchten. Frau Kraut ging mit der Sonne zu Bett und erwartete von uns das Gleiche. Eine Öllampe und manchmal eine Kerze wurden zu unseren einzigen Lichtquellen, und da unser Zimmer auch tagsüber dunkel war, brannten sie fast ununterbrochen und reicherten die dampfige Luft mit dem ihnen eigenen Geruch nach verräucherter Armut an. Dann installierten wir in der einen Ecke des Zimmers einen kleinen Eisenofen, in gefährlicher Nähe zu unserem Bett mit seinen Strohmatratzen und der wogenden Daunendecke. Seine schwächliche Konstitution vertrug keinen Koks, selbst wenn wir ihn uns hätten leisten können, er durfte nur ganz vorsichtig mit Spänen und zerrissenen Zeitungen geheizt werden. Wir kochten unsere Mahlzeiten auf dieser Höllenmaschine in der finstersten Ecke des Zimmers, was nur möglich war unter Zuhilfenahme der Öllampe, sonst konnte Mutter nicht sehen, was sich in den Töpfen drinnen abspielte. Wir fragten uns oft, während ich die Lampe übers Feuer hielt, wie lange es noch dauern würde, bis irgendetwas Feuer fing.

Kochen, Waschen, Bügeln spielte sich jetzt alles in unserem Zimmer ab. Da es kein Badezimmer gab und auch das Klo meistens verstopft war, waren wir vom Wohnzimmer fast vollkommen unabhängig. Aber deshalb wurde unsere Beziehung auch nicht besser. Überraschenderweise war Rachel die Ursache für den endgültigen Bruch.

Ich kam ganz gut mit ihr aus und wir saßen oft beisammen und unterhielten uns, während sie Socken stopfte. Stopfen war ihre Lieblingsbeschäftigung. Sie hatte es gern, wenn die Löcher groß und rund waren, und wir hatten sie im Verdacht, sie, wenn sie ihrem Ideal nicht entsprachen, entsprechend zu »verbessern«. Sie spannte den Socken über eine Flasche, bis er gespannt war wie ein Trommelfell, schnitt ausgefranste Ränder ab und betrachtete das gähnende Loch zuerst mit dem einen, dann mit dem anderen Auge. Dann fing sie mit einem Seufzer der Befriedigung an, von einem Rand zum anderen ein lockeres Flechtwerk aus Fäden zu spannen, stach dabei in den Socken mit einer Nadel, so dick wie ein Nagel, die sie ungeschickt in allen fünf Fingern hielt. Der Faden war unweigerlich doppelt so lang wie ihr Arm und verheddderte sich natürlich sofort. Lange Minuten gingen damit hin, dass Rachel die Knoten auflöste, dabei rutschte das Glas aus dem Socken heraus und die ganze Anlage musste von neuem errichtet werden.

Ich sagte meine Hausaufgaben vor ihr auf, und ganz selten einmal kam es vor, dass ein Wort, das ich gesagt hatte, in ihren Geist eindrang. Sie nahm dieses Wort auf und spann damit eine lange und unzusammenhängende Geschichte, die sich weiter und weiter vom Ausgangspunkt entfernte, bis ihr plötzlich der Atem ausging und wir beide sozusagen in der Luft hängen blieben.

Manchmal nahm ihre Geschichte auch eine persönliche Wendung, dann hörte ich wieder einmal von ihrem »jungen Mann mit Schnurrbart«. Bald würde er kommen und sie mit sich nehmen. Sie war bereit, ihm zu folgen. In dem Koffer unter ihrem durchhängenden Bett ruhten, in Seidenpapier gewickelt, ein großes rosa Satinkorsett, knisternd vor Fischbein, eine Garnitur rosa Unterwäsche, eine weiße Bluse und ein schwarzer Rock. Alles funkelnagelneu, lang vor dem Krieg von ihrem Lohn gekauft, und jetzt in Erwartung des großen Tages traurig verschimmelnd.

Frau Kraut spielte oft auf den jungen Mann an und betete laut darum, dass er kommen und sie davon erlösen sollte, seine gefräßige Braut noch länger zu füttern. Dann lächelte Rachel zuversichtlich, geziemend dabei errötend. Sie hatte ihren jungen Mann noch nie gesehen, aber sie wusste, dass er bald kommen und sie holen würde.

Aber bis dahin musste sie hungern. Frau Krauts Diät aus gerösteten Kartoffelschalen hatte aus Rachel eine gelbliche Vogelscheuche gemacht, und im Sommer 1941 trieb sie der Hunger zu verzweifelten Mitteln. Das ganze Essen, das im Schrank und in dem Blechkoffer versperrt war, war ausschließlich Frau Kraut vorbehalten. Auch Herr Kraut lebte einzig und allein von den offiziellen Rationen und weckte uns jede Nacht alle auf, wenn er in seinen hungrigen Alpträumen aufwimmerte. Der Hunger schien den Prozess der Vergreisung zu beschleunigen, manchmal wurde er auch für Momente von Wahnsinn erfasst, dann trat er gegen das Bettzeug, weinte, warf sich gegen die Möbel, landete auf den Knien vor dem Diwan seiner Frau und bettelte um etwas zu essen, sonst, drohte er, würde er sie umbringen. Frau Kraut scheuchte ihn zornig ins Bett zurück und beschwerte sich über diese Aufregungen, die ihrer Gesundheit schadeten. Ihre Arterien waren gar nicht gut beisammen, sie ging jetzt regelmäßig zu Herrn F., um sich schröpfen zu lassen.

»Nicht ihre Arterien sind verhärtet, sondern ihr Herz«, murmelte Rachel, während sie methodisch die Speisekammern plünderte.

Ihr System war bewundernswert einfach. Da sie die versperrte Schranktür nicht öffnen konnte, hob sie die ganze Tür aus den Angeln und lehnte sie gegen die Wand. Dann trennte sie die vernähten kleinen Säcke auf und goss sich eine großzügige Handvoll Reis, Bohnen, Mehl, Zucker, Kakao und Erbsen in ihren kleinen Topf, fügte einen Brocken Butterschmalz dazu und stellte die Mischung auf einen Gasring.

Der Koffer war noch leichter zu öffnen. Mit einer Nagelfeile schraubte Rachel das Metallplättchen auf, an dem das Schloss befestigt war, und tat sich am Inhalt der Säckchen gütlich.

Ich war oft ihre Komplizin, stand am Fenster Wache, um sie zu warnen, sobald Frau Kraut aus der Konditorei zurückkam. Eines Tages im Spätsommer war der Laden aber zu, Frau Kraut kam daher mehrere Stunden früher als erwartet nach Haus. Rachel war gerade mitten in ihrem Raubzug, die Säcke lagen offen am Boden und die schwere Schranktür lehnte an der Wand. In der darauf folgenden Panik stopfte sie die noch offenen Säckchen in den Schrank und packte die Tür, die aber an den Angeln hängen blieb und einfach nicht hinuntergleiten wollte. Rachel keuchte und schluchzte vor Angst. Die alte Frau würde sie sicher umbringen oder sie wenigstens aus dem Haus werfen, was aufs selbe hinauskam. Frau Kraut schritt eben gewichtig über den Hof. Ich wünschte aus ganzem Herzen, sie möge hinfallen und sich einen Knöchel verrenken, aber als die Gefahr immer näher kam, rannte ich nach Mutter. Sie hatte Rachel schon oft gewarnt, mit ihren Plündereien aufzuhören, aber sehr ernst hatte sie das nie gemeint. Es war ja klar, dass Frau Kraut nicht bei Trost war und dass Rachel um ihr Leben kämpfte. Wir konnten ihr jetzt auch nichts mehr zu essen geben, und unter diesen Umständen war es besser, ein Auge zuzudrücken. Mutter schloss sich also immer im Zimmer ein, sobald Rachel sich auf die Vorräte stürzte, und tat so, als sähe sie es nicht, wenn ich mich ans Fenster postierte.

Als ich jetzt in unser Zimmer stürzte und hervorsprudelte, dass Frau Kraut im Anzug sei, zögerte sie einen Moment, dann kam sie zu Hilfe. Rachel lehnte stöhnend am Schrank und drückte gegen die Tür, die sich immer noch weigerte, an Ort und Stelle zu gleiten. Mutter schob Rachel weg, hob die Tür hoch, und wir hörten die Angeln genau in dem Moment einschnappen, als die Wohnungstür aufging. Rachel riss ihren Kochtopf weg und steckte ihn in ein Bett und wir zogen uns gerade noch rechtzeitig zurück, da betrat Frau Kraut auch schon die Szene.

Der Sturm brach noch am gleichen Abend los, als sie den Schrank aufmachte und die offenen Säckchen fand. Rachel wurde hereingerufen. Sie fiel auf der Schwelle auf die Knie und wir hörten sie weinen und einen Eid schwören, dass sie am Nachmittag Mutter den Schrank ausrauben gesehen hatte.

Frau Kraut glaubte ihr. Mutters empörte Proteste nützten ihr gar nichts. Rachel wiederholte ihren Eid vor Vater, den wir nur mit Mühe davon abhielten, ihr den Hals umzudrehen. Frau Kraut brachte den Fall vor das rabbinische Gericht, das in unserem Haus abgehalten wurde. Ich war nicht dabei, hörte aber aus Gesprächsfetzen im Hof, dass das Gericht zu keinem eindeutigen Ergebnis gekommen war. Rachel schwor weiterhin Stein und Bein, dass Mutter regelmäßig den Schrank geplündert hatte, indem sie die Tür aus den Angeln hob, und der Rabbi wusste nicht, wem er glauben sollte. Am Ende wurde Rachel verwarnt, aber da man weder ihr noch auch uns eine Schuld nachweisen konnte, blieb die Situation ungeklärt, nur dass wir von jetzt an vom restlichen Haushalt ganz offen als Diebe behandelt wurden.

Mutters Reaktion darauf war die sofortige Gegenklage. Sie war überzeugt, dass Rachel und Frau Kraut unser Zimmer plünderten, wenn wir fort waren, daher wechselte sie das Schloss an unserer Tür und streute jeden Nachmittag, bevor wir fortgingen, Talkumpuder auf den Fußboden, in der Hoffnung, irgendwelche Fußspuren dadurch festzustellen. Die Falle brachte aber niemals eindeutige Resultate, der Nervenkrieg ging also weiter.

16

Der Herbst kam, und da der Spielplatz geschlossen wurde, kehrte ich freudig zu meinen Büchern und Lektionen zurück. Seit einem Zwischenfall im letzten Frühling versteckten wir die Bücher in unseren Gewändern und vermieden es sorgfältig, zur gleichen Zeit anzukommen. Wir hatten die Gewohnheit gehabt, uns schon auf dem Schulweg zu treffen und unsere Hausübungen dabei zu besprechen, bis uns eines Tages ein gut gekleideter Herr anredete und wissen wollte, wohin wir gingen.

Ganz entsetzt starrten wir ihn wortlos an, während er uns gegen eine Wand drängte und versuchte, uns die Bücher wegzunehmen.

»Ich bin nur deshalb neugierig, weil ich einen kleinen Jungen habe, in eurem Alter, und gern hätte, dass er jetzt auch bei einem guten Lehrer Unterricht bekommt. Ihr seht so aus, als würdet ihr zu einem Lehrer gehen. Ihr könnt mir doch sicher jemand empfehlen?«

Da ergriff Jozio, der einzige Junge in unserer Gruppe, die Initiative, rannte seinen rot angelaufenen Kopf dem Mann in seinen gut gepolsterten Magen, und gleichzeitig zerstoben wir in alle Richtungen und hasteten zur Wohnung von Fräulein Bloch. Sie war furchtbar erschrocken und schickte uns sofort alle nach Hause. Von diesem Tag an waren unsere Bücher und unsere Federn von außen nicht mehr zu sehen, aber unsere Lerngier wurde zur Besessenheit. Wir genossen unsere heimlichen Rendezvous ganz ungemein und selbst die gewöhnlichste Unterrichtsstunde hatte noch eine Atmosphäre von köstlicher Gefahr.

In gewisser Weise trug dieser Unterricht dazu bei, uns die Aussicht auf ein normales Leben zu erhalten. Wir bereiteten uns auf die richtige Schule vor, die wir eines Tages wieder besuchen würden. Wenn der Krieg aus war, würde es richtige Prüfungen geben – Immatrikulation, sogar Universität. Gar so lange konnte der Krieg ja schließlich doch nicht dauern?

Inzwischen wählte sich jeder von uns ein spezielles Interessengebiet und benutzte es dazu, der Realität zu entfliehen. Jozio entwickelte eine Leidenschaft für Algebra, Jola für Biologie und ich wählte Geografie.

Ich schrieb mich in einer neuen Bibliothek ein – einer heimlichen natürlich – und tauchte in ein Meer von Büchern, von wo ich erst bei stärkstem Druck der Realität wieder auftauchte, die meistens die Gestalt von Mutters Hand annahm, und in das ich mich sofort wieder versenkte, wenn ich die Erlaubnis dazu bekam.

Vater kaufte einen riesigen alten Atlas, und ich beugte mich stundenlang über die farbigen Karten, entdeckte voll ungläubiger Begeisterung die genauen Schauplätze der Geschichten, die ich las, folgte den Reiserouten der Forscher, überprüfte jedes kleinste Stückchen an Information und erschuf mir eine ganze Welt, in die ich flüchten konnte. Südamerika zog mich besonders an und das Becken des Amazonas wurde zum Mittelpunkt meiner Träume. Ich las eine ganze Serie von Büchern über die Abenteuer der Forscher in dieser Gegend und sang die Namen aller Flüsse als Zauberformeln. Der Urwald und die menschenfressenden Fische konnten mich nicht schrecken. Nichts erschien mir sicherer als eine kleine

Hütte am Ufer des Flusses oder das schwankende Deck eines Bootes, das die Stromschnellen durchfuhr. Eines Tages – bald – würde ich dort sein.

Der Winter kam und wir stellten fest, dass auch der kleine Ofen die Wände nicht vor dem Vereisen schützte. Das Wasser im Eimer war eine Stunde, nachdem wir zu Bett gingen, fest gefroren, und tagsüber waren wir vor Kälte selbst dann ganz steif, wenn der Ofen rot glühte. Mutter beschwerte sich, dass die Ofenhitze ihre Haut austrocknete, und wirklich sah ihr Gesicht merkwürdig gespannt und ausgetrocknet aus, auf den Lippen hatte sie Blasen und ihre Hände waren rissig, obwohl sie sie ständig mit Vaseline einschmierte. Der Proviant von Lydia war schon fast aufgezehrt, Essen war wieder ein dauerndes Problem. Vater gestand, dass sein knurrender Magen ihn oft unter fremden Leuten in Verlegenheit brachte. Alle aßen wir Süßigkeiten, wenn wir es uns leisten konnten, und kamen beim Zuckerlstand in die Kreide, wenn wir kein Geld hatten.

Die goldene Ryfka saß an einem kleinen Tisch in unserem Hausflur und verkaufte Bonbons. Sie war etwas älter als ich und lebte mit ihrer Mutter und unzähligen Schwestern im Keller unseres Hauses. Sie hatte die längsten Haare im ganzen Haus, wahrscheinlich sogar in der ganzen Straße – zwei dicke goldene Stricke, die ihr bis zu den Knien reichten und beim Gehen wie Schlangen auf ihrem Rücken tanzten. Ein Bonbon pro Tag gab sie uns oft auf Kredit. Wir kauften jeder eins, wenn wir das Haus verließen, und behielten es im Mund, bis wir zum Haus der Leute kamen, die wir besuchen wollten, und wo man üblicherweise damit rechnen durfte, etwas angeboten zu bekommen. Manchmal, wenn die Rechnung ihre Kreditgrenze erreicht hatte, schüttelte Ryfka nur den Kopf und gab uns nicht einmal ein Bonbon für alle zusammen. Dann beschwerte sich Vater wieder, dass er sich unsere Extravaganzen nicht mehr leisten konnte, und schon hatten wir den schönsten Streit. Er verlor jetzt sehr oft die Geduld und mit seiner Gesundheit ging es bergab. Er hustete ununterbrochen und sein keuchendes Atmen ließ mich in der Nacht nicht einschlafen. Seine Haut hatte einen gelben Stich, die Wangen waren hohl, zwei tiefe, senkrechte Furchen klammerten seinen Mund ein. Seine Schläfen schimmerten silbrig und das dichte, wuschelige Haar wurde oben merklich dünner. Aber am meisten Schmerz verursachten ihm die Frostbeulen. Als es kalt wurde, liefen seine Zehen purpurrot an, schwollen und brachen auf wie überreife Pflaumen. Mutter zerriss die letzten Leinenhandtücher zu Verbandstreifen, die jeden Abend steif von Blut und Eiter fest an seine Füße klebten. Nichts schien zu helfen.

Ich betrachtete ihn, wie er auf einem Schemel vor der Schüssel mit heißem Wasser saß und ihm der Schweiß übers Gesicht rann, während er sich bemühte, die kniehohen Stiefel auszuziehen oder behutsam, mit zusammengebissenen Zähnen, den Verband abwickelte. Wir fragten uns, wann wohl seine Zehen abfallen würden und was dann wohl mit uns geschah.

Oft kam er erst in den frühen Morgenstunden nach Haus, nachdem er die Nacht in einem Klub in unserem Haus, wo die Männer Karten spielten und die neuesten Nachrichten besprachen, verbracht hatte.

Die Schlaflosigkeit, unter der er schon vor dem Krieg gelitten hatte, plagte ihn jetzt wieder, und ich hörte ihn oft um drei oder vier Uhr früh auf Zehenspitzen hereinschleichen. Dann legte er sich voll angekleidet zu Bett und warf sich im Halbschlaf unruhig herum, bis es sechs war und er aufstehen musste. Mein Herz drehte sich schmerzhaft um, wenn ich sein Gesicht sah, grau im Kerzenlicht, die langen, knochigen Finger um eine Tasse mit Ersatzkaffee geschlungen, alles, was er zum Frühstück bekam. Mit einer Schnitte Schwarzbrot in der Tasche ging er dann zur Arbeit, vorsichtig auf seinen geschwollenen Füßen auftretend, bis die kalte Luft den Schmerz betäubte und er wieder besser gehen konnte.

In diesem Winter verkaufte Mutter seinen letzten guten Anzug. Bevor sie ihn wegtrug, bat sie ihn, ihn noch einmal anzuziehen: »Ich möchte dich anschauen, so wie du einmal warst. Ich hab schon ganz vergessen, wie du aussiehst, wenn du gut angezogen bist.«

Vater zog das Jackett an und starrte uns mit einer Mischung aus Schreck und Überraschung an, während wir uns bemühten, unser Entsetzen zu verbergen. Das Jackett rutschte ihm von den Schultern, der Hals ragte aus dem gähnend weiten Kragen heraus und das Ganze baumelte so lose um ihn wie ein Zelt.

»Ist es möglich, dass ich das jemals ausgefüllt habe?«, wunderte er sich, die Schultern bis zu den Ohren hochziehend. »Aber ich war doch niemals dick, meine Schultern bestanden nur aus Muskeln. Wo ist das alles hinverschwunden? Kann denn ein Körper derart schmelzen?«

Hastig zog er das Jackett aus und wir räumten den Anzug weg. Vater rollte ein Hosenbein hinauf und verglich seine Wade mit meiner. Sie hatten ungefähr den gleichen Umfang, und er hatte doch immer gesagt, meine Beine seien wie Streichhölzer.

Der Winter wurde immer strenger, und plötzlich hieß es, dass wir alle unsere Pelze abgeben müssten. Sie wurden für die Soldaten an der russischen Front gebraucht. Wir trauten unseren Ohren nicht. Wir sollten also tatsächlich den Deutschen helfen, aktiv helfen, den Krieg zu gewinnen. Wir sollten uns selbst berauben, unsere Gesundheit, unser Leben in Gefahr bringen, damit unsere Feinde es gemütlich hatten. In dieser neuen Verordnung lag etwas so Lächerliches, dass die Leute gleichzeitig lachten und fluchten. Die Aussicht auf den Winter wurde noch schrecklicher. Anstelle unserer Pelzmäntel hätten wir warme Kleider gebraucht, aber das war ein unmöglicher Traum. Wir hatten nicht einmal Geld für Essen, geschweige denn für Gewand. Nach ängstlichen Besprechungen mit Freunden taten wir, was wir konnten, um aus den Resten eine Wintergarderobe zusammenzuflicken. Es war ein unerhörter Glücksfall gewesen, dass Mutter ihren guten Bibermantel verkauft hatte, eine Woche, bevor die Gerüchte anfingen. Ihr alter Silber-Astrachan war schon sehr abgetragen, die Nähte lösten sich auf, die Haut schien durch den dünnen Pelz. Er bot noch immer Schutz gegen die beißende Kälte, aber wenn Vater mit seinem Rasiermesser noch etwas nachhalf, dann würde er der deutschen Armee nicht mehr viel Freude bereiten.

Am festgesetzten Tag gaben wir ihn ab, zusammen mit unseren Muffs, meinem Hermelinkragen und dem Futter von meinem Mantel und meinen Stiefeln. Alles war »präpariert« worden, und eine Weile machten wir uns noch Sorgen, ob niemand unsere Sabotage entdecken würde. Aber nichts geschah und wir vergaßen die Episode und konzentrierten uns darauf, wie wir überleben konnten.

Zu dieser Zeit kam Lydia wieder einmal unerwartet auf Besuch. Sie kam eines Abends spät, sah sehr unglücklich drein und brach, kaum hatte sie sich gesetzt, in Tränen aus. Wir hatten seit mehreren Wochen nichts von ihr gehört und machten uns schon Gedanken, was wohl los wäre, zogen es aber vor, nicht mit ihr in Kontakt zu treten. Freundschaften mit dem Ghetto waren eine gefährliche Sache, wir wollten ihr lieber keine Schwierigkeiten bereiten.

Besorgt hörten wir zu, als sie uns eine merkwürdige Geschichte erzählte. »Grünauge« war an die russische Front gegangen und spurlos verschwunden. Nachdem sie vergeblich auf Nachrichten gewartet hatte, fing Lydia an, mit einem seiner Freunde auszugehen. Dann mit noch einem. Dann wurden es immer mehr. Sie führte ein sehr lustiges, abwechslungsreiches Leben, war kaum eine Nacht zu Hause, sie bemühte sich sehr, ihren Geliebten zu vergessen. Doch dann erhielten Erich und sie eine Warnung von einer Widerstandsorganisation, dass man sie beobachtete und auf ihre schwarze Liste gesetzt hatte.

Der arme Erich, der mit den Deutschen nicht das Geringste zu tun hatte, nahm die Warnung philosophisch auf, aber Lydia wurde von heftiger Angst erfasst. In der nächsten Nacht, als ihr Freund schon schlief, ging sie alle seine Taschen durch, fand eine Namensliste, schrieb sie ab, suchte am nächsten Morgen die Männer auf dieser Liste einen nach dem anderen auf und warnte sie vor einer bevorstehenden Verhaftung. Als sie aus dem letzten Haus trat, stieß sie auf die Gestapo, die ihr auf den Fersen gefolgt war und gefunden hatten, dass alle Vögel ausgeflogen waren.

Ihr Freund war auch bei der Gruppe, und es war klar, dass er wusste, was passiert war. Lydia hoffte, er würde den Mund halten, da die Enthüllung eines derart klassischen Coups auch für ihn sehr unangenehme Konsequenzen haben würde. Aber vorläufig wagte sie sich jedenfalls nicht nach Haus und würde gern bei uns bleiben.

Ich sah es Vater an, dass er ihre Geschichte nicht ganz glaubte. Aber es kam natürlich nicht in Frage, ihr unsere Gastfreundschaft zu verweigern. Zu meiner großen Freude kam ich zu Vater ins Bett, während Lydia und Mutter das zweite Bett teilten. Die Essrationen wurden durch unseren Gast großzügig ergänzt und ich war stolz und glücklich darauf, dass sie bei uns wohnte. Ich war auch die Einzige, die sich über diesen Besuch freute. Mutter gab sich sichtbar Mühe, sich gastfreundlich zu geben und glücklich zu erscheinen, und Lydia schwankte zwischen Ekel und Abscheu, wenn ich sie durchs Ghetto führte, und hatte Weinanfälle wegen »Grünauge«, wenn sie bei uns zu Haus war. Sie hätte gern gewusst, ob er noch am Leben war, ob er nicht zu Tode fror in der russischen Steppe. Wir dachten an unsere sabotierten Pelze und sagten nichts.

Nach zehn Tagen fand Lydia, dass es jetzt sicher wäre, wieder nach Haus zu gehen, und uns allen entrang sich ein Seufzer der Erleichterung.

Als Weihnachten kam, wurde ich wieder eingeladen, das Fest bei ihr zu verbringen. Wieder gab es einen prachtvollen Weihnachtsbaum und ein Festessen und einen Berg von Geschenken. Ich nahm unser letztes gesticktes Tischtuch mit, als ein Geschenk von Mutter. Aber diesmal beteiligte ich mich nicht an den nachmittäglichen Spaziergängen der Kinder. Es war zu gefährlich, mich draußen zu zeigen, ich blieb die meiste Zeit zu Haus. Ein- oder zweimal machten wir nach Einbruch der Finsternis einen kleinen Spaziergang und ich war hingerissen von den strahlenden Lichtern, den Straßenbahnen, den Menschenmengen, der Weite und dem Atem der Großstadt.

Die schönste Überraschung war, dass Sophie, unsere alte Köchin, jetzt Lydias Haushälterin war. Sie hieß mich mit offenen Armen willkommen und ich verbrachte angenehme Stunden in der Küche, ihren berühmten Käsekuchen verschlingend und ihren Erzählungen lauschend. In diesem chaotischen, zerrütteten Haushalt war sie die einzige feste Stütze. Die Buben spürten das genauso deutlich wie ich, und immer, wenn Lydia und Erich zusammenkamen und ein Streit in der Luft hing, schlüpften wir hinaus in die Küche. Sophie schüttelte ihren Kopf vor Empörung über die »Vorgänge«, lehnte Lydias Freunde lautstark ab und erklärte mir immer wieder, dass sie nur wegen der Kinder hierbliebe. »Und damit meine ich auch dich«, fuhr sie fort und nickte mir zu. »Falls da drüben etwas passiert« – sie deutete in Richtung Ghetto – »bringt Lydia dich hierher, und Gott steh uns allen bei. Weißt du, sie tut das ja nur für deinen Vater. Hat immer schon ein Auge auf ihn geworfen, und jetzt kommt sie zum Zug. Dein Vater würde seine Seele für dich verkaufen, und wenn sie dich in Sicherheit bringt – na, dann gibt es nichts, was dein Vater nicht für sie tun würde, später, meine ich.«

Ich versuchte zu begreifen, was sie damit meinte, schlug es mir aber gleich wieder aus dem Kopf. Nein, das konnte sie nicht meinen. So benahmen die Leute sich doch nicht. Wenn sich da drüben etwas zusammenbraute, wie Sophie sagte, dann würde ich bei meinen Eltern bleiben. Was auch immer geschah, ich konnte doch nicht der Gegenstand eines solchen Handels werden. Ich hatte doch ohnehin schon meinen Eltern ihre Freiheit gekostet und sie gegen ihren Willen zusammengehalten. Mehr Opfer durfte es nicht geben. Meine Existenz war schon eine so große Bürde, wie man sie einem Menschen nur zumuten konnte. Viel zu groß eigentlich, dachte ich oft.

Als es Zeit war, wieder heimzugehen, wurde meine Rückkehr durch einen mysteriösen Telefonanruf um vierzehn Tage verschoben. Weder Lydia noch Erich wollten mir sagen, was los war. Schließlich sagte mir Sophie im Geheimen, dass Vater krank war. Er hatte eine Rippenfellentzündung und dazu waren Komplikationen gekommen. Es war sehr ernst. Sophie schaute mich traurig an, während ich mich bemühte, nicht meine Fassung zu verlieren. Lydia durfte nicht wissen, dass ich es wusste.

Aber falls Vater irgendetwas zustieß – tja, das würde sich für mich nicht günstig auswirken.

»Ich würde dich nie wieder hier sehen«, prophezeite Sophie. In der nächsten Woche konnte ich meine Aufregung kaum verbergen. Ich wollte nach Haus, wollte wissen, wie es Vater ging, und dabei durfte ich meine Gefühle nicht einmal zeigen. Mit den Jungen war ich gereizt und ungeduldig, wenn sie mir mit ihren dauernden Bitten, mit ihnen zu spielen, auf die Nerven gingen. Sobald Paul sich zum Spielen hinsetzte, rannte ich aus dem Zimmer und blieb Tomeks schüchternen Avancen gegenüber völlig taub.

Endlich läutete das Telefon und Lydia verkündete, ich könnte zurück nach Haus. Ich war noch nie so glücklich gewesen, dieses Haus zu verlassen, und hätte beinahe vergessen, die Buben zum Abschied zu küssen.

Ich fand Vater im Bett, noch grauer und noch dünner als zuvor. Sein Husten hatte einen neuen hohlen Klang, und nach jedem Anfall rang er schweißüberströmt nach Atem. Ich saß den ganzen Tag an seinem Bett, und wir spielten endlose Wortspiele und schrieben Gedichte, forderten einander zu immer unmöglicheren Themen heraus.

Dabei passierte es einmal, dass wir vier vollkommen unzusammenhängende Worte ausgesucht hatten, um ein Lied darauf aufzubauen, und fanden, dass wir vier identische Verse geschrieben hatten. Betäubt vor Staunen lasen wir sie einander vor. Es gab doch unendlich viele Möglichkeiten, diese Worte miteinander zu kombinieren, und wir hatten, wie wir Mutter versicherten, uns dabei nicht einmal angesehen! Ich freute mich wahnsinnig über diesen neuerlichen Beweis dafür, dass wir ein Herz und eine Seele waren; aber Vater schien merkwürdigerweise darüber beunruhigt. Trotz meines Bettelns spielte er nun weder dieses Spiel mit mir noch irgendein anderes, wo wir in direkten Wettbewerb miteinander traten, sondern wandte sich einem Buch mit mathematischen Problemen zu, für mich ein Buch mit sieben Siegeln.

Bald war er wieder auf und an der Arbeit, und trotz steigender Atembeschwerden nahm er auch die Nächte im Klub und das Kettenrauchen wieder auf.

Wir konnten uns kein Brennholz mehr leisten, Mutter ging jetzt zweimal die Woche in ein Sägewerk, wo Großvater beschäftigt war und wo sie Sägespäne für unseren Ofen holen durfte. Der Sack war beinahe so groß wie sie selber, sie schleppte ihn auf dem Rücken, stolpernd, auf dem gefrorenen Schnee ausgleitend und betend, dass keiner von ihren Freunden sie so sehen möge. Mit diesem Brennstoff gefüllt, rülpste und spuckte der Ofen nach jeder frischen Ladung Feuer, so dass wir uns in sicherer Entfernung halten mussten. Es war ein Wunder, dass bis jetzt noch nichts Feuer gefangen hatte, und wir fragten uns, wie lang wir wohl noch Glück haben würden.

Als der Unfall passierte, war die Öllampe schuld, die aus ihrer Stütze rutschte und am Boden zersprang. Vater hatte uns gerade verlassen, um in den Klub zu gehen, und ich lag im Bett. Ich sah, wie Mutter rückwärts zum Fenster zurückwich, während das brennende Öl sich auf dem Boden ausbreitete und sie von der Tür abschnitt. Eine Ewigkeit lang, so schien es mir, saß ich und starrte wie gelähmt auf das Feuer. Da bewegte Mutter den Kopf, unsere Blicke trafen sich und der Zauber war gebrochen. Sofort sprang ich aus dem Bett, rannte ins Treppenhaus und schrie nach Vater. Seltsamerweise war er ohnehin schon auf dem Weg zu uns, er hatte eine Vorahnung gehabt, dass etwas nicht stimmte. In einer Minute war alles vorbei. Er leerte unser großes Lavoir über die brennende Pfütze und löschte damit das Feuer. Dann hob er Mutter aufs Bett und machte das Fenster auf, um den Rauch hinauszulassen.

Portionen immer kleiner und kleiner wurden, aßen wir stattdessen mehr und mehr geröstete Zwiebeln dazu. Zu Anfang des Jahres erklärte Vater einmal, dass nichts und niemand ihn jemals dazu bringen könnte, Pferdefleisch zu essen, und wenn er Hungers sterben sollte. Ein Pferd zu essen, das war ja fast wie einen Menschen zu essen. Das Pferd war des Menschen bester Freund. Und außerdem würde er das mit seinem feinen Geschmacksorgan ohnehin sofort bemerken.

Mutter und ich tauschten einen schnellen Blick. Seit über einem Jahr aßen wir bereits Pferdesteaks und nannten es Rindfleisch, und Vater putzte seinen Teller genauso leer wie wir.

Kartoffeln waren jetzt unser Hauptnahrungsmittel und Mutter machte oft einen großen Kartoffelkuchen, die Pfanne bis zum Rand füllend. Wir bestreuten ihn mit Zucker und ernannten ihn zu unserem Abendessen, aber das hielt nie lange genug vor und oft wachten wir mitten in der Nacht mit einem Wolfshunger auf. Bei Lydia hätte ich immer sehr gern mehr gegessen, doch meiner Manieren eingedenk, ließ ich mir niemals noch ein zweites Mal etwas geben.

Es war mir sehr schmerzlich bewusst, dass meine Eltern mir bei jeder Mahlzeit die besten Stücke gaben und selber langsam dabei verhungerten. Aber wenn ich mich weigerte zu essen, führte das höchstens zu einer wütenden Szene. Ich war im Wachsen, ich brauchte daher mehr Nahrung als sie. Mutter behauptete, sie wäre nach dem Kochen und dem Kosten des Essens nie hungrig, und Vater behauptete jedes Mal steif und fest, in der Stadt schon etwas gegessen zu haben. Ich wusste, dass sie beide logen, aber wenn ich wirklich nicht essen wollte, dann wurde mir schwärzester Undank vorgeworfen. Also schluckte ich mein Essen und meine Schuldgefühle hinunter und spürte, wie sich mein

Magen zu einem Klumpen verkrampfte, wenn ich in die beiden eingefallenen Gesichter vor mir sah.

Mein preisgekrönter Essay wurde von beiden Eltern belohnt, aber beide Belohnungen führten ihre Strafe mit sich. Mutter kaufte einen kleinen Viertellaib Weißbrot. Es war noch warm, als sie es nach Hause brachte, und ich genoss jeden Bissen dieser seltenen Delikatesse. Ich konnte meine Augen nicht von dem restlichen Stück abwenden, also bot mir Mutter, die sich immer freute, wenn ich aß, eine weitere Schnitte an. Die sollte aber am Abend zwischen Vater und ihr geteilt werden, und zuerst weigerte ich mich, sie anzurühren. Endlich ließ ich mich überreden und tat einen weiteren Bissen. Wir redeten über den Essay, und plötzlich, bevor ich wusste, wie mir geschah, war das Brot verschwunden. Ich hatte alles aufgegessen.

Sofort brach ich in Tränen aus. Ich hatte meine Eltern um einen seltenen Genuss gebracht. Ich war selbstsüchtig und gedankenlos und von verbrecherischer Gier. Trotz Mutters Versuchen, mich zu trösten, weinte ich stundenlang und musste mich schließlich übergeben, was nun wieder Mutter wütend machte. Unglücklich ging ich zu Bett und schämte mich so sehr, dass ich nicht wagte, Vater zu erzählen, was passiert war.

Vater nahm die Nachricht von meinem Essay voll Staunen auf. Als ich ihm recht wichtigtuerisch davon berichtete, tat er, als würde er seinen Ohren nicht trauen: »Leonardo, Raffael, Michelangelo«, wiederholte er, als hätte er diese Namen noch nie gehört. »Solche Sachen lernt ihr in der Schule?«

Er schaute sich in dem kleinen Zimmer um, die Möbel zu Zeugen dieser Ungeheuerlichkeit aufrufend. Dann sah er Mutter an. »Wollt ihr damit sagen, dass die Kinder hier und jetzt, im Jahre 1942, in diesen Umständen, ihre Zeit damit verbringen, etwas über die italienische Renaissance zu lernen?«

Mutter war beleidigt. Dass man im Ghetto lebte, war noch lange kein Grund, seine Studien zu vernachlässigen oder umzuändern. Jeder Mensch lernte in der Schule über die Renaissance. Ich hatte Glück, dass sie noch immer imstande waren, für meine Stunden zu zahlen und mein Leben so normal als möglich zu gestalten.

Vater schüttelte den Kopf und schaute bitter auf meine Bücher. Er warf einen Blick auf den Essay, weigerte sich aber, ihn zu lesen. Er war zu müde dazu. Diese Dinge lagen jetzt so fern... Eines Tages, wenn er sich besser fühlte, würde er ihn gründlich durchlesen. Er tätschelte meinen Kopf und ging in den Klub. Ich war bitterlich enttäuscht. Am nächsten Tag verkündete Mutter höchst geheimnisvoll, ich müsste besonders brav sein, denn Vater hätte eine wunderbare Überraschung für mich. Ich bettelte sie an, mir das Geheimnis zu verraten, und nach langem Drängen gab sie nach. Vater hatte zwei Karten für ein Theater gekauft. In einem der Theater des Ghettos wurde eine Komödie mit Musik gegeben, und noch am gleichen Abend führte er mich hin. Mutter ging nicht mit. Vater und ich würden ganz allein sein.

Ich dachte zuerst, ich würde vor Übermaß an Glück platzen, wie ein zum Bersten gefüllter Ballon. Das war zu viel für mich. Ich hüpfte herum, warf mich auf die Betten, strampelte mit den Beinen in der Luft, lachte laut, und noch immer stieg die unerträgliche Freude in mir immer höher. Sie stieg mir zu Kopf, wie die Blasen in der rosa Kohlensäure-Limonade, wenn man die Flasche schüttelte. Es war unbeschreiblich. Da konnte man nur noch schreien und tanzen.

Wie oft hatte Mutter an den langen Winterabenden über die Theaterstücke und die Opern geredet, die sie gesehen hatte! Sie beschrieb die Handlung, schlüpfte in eine Rolle nach der anderen, während Vater die Musik und auch besondere Geräusch-Effekte lieferte. Um unseren kleinen Ofen kauernd, sangen sie alle bekannten Arien, verbanden sie, so gut es ging, mit Rezitativen, gaben kurze Hinweise auf das Bühnenbild, die Kostüme, den allgemeinen Verlauf des Stücks, bis in der Finsternis unseres eisigen Zimmers das ganze Theater wieder erstand, komplett mit Orchester, rotem Samtvorhang, und auf der Bühne in den Hauptrollen Mutter und Vater. Wenn dann die Stars endlich ihre Stimmen verloren, wandte Mutter ihre Aufmerksamkeit mir zu und überlegte, wohin – und wann – sie mich zuerst führen würde. Zur Warschauer Oper oder zur Oper in Posen? Und was würde ich anziehen? Ein weißes Kleid mit einer rosa Schärpe, beschloss sie. Das hatte sie selbst bei ihrem ersten Ausgang mit Vater getragen.

»Als du dich durch die ganze *Bohème* durchgeheult hast und ich am liebsten im Erdboden versunken wäre«, sagte Vater und blinzelte mir zu. »Eine erwachsene Frau, verlobt, die sich in aller Öffentlichkeit über so eine dumme Geschichte die Augen ausweint!«

Dann lächelte Mutter und schüttelte den Kopf: »Deine Tochter wird auch die ganze *Bohème* lang heulen, und in *Madame Butterfly* obendrein, wenn ich mich nicht sehr irre. Ach, wenn man nur hineingeht in die Oper und die Lichter im Foyer sieht, und die Abendkleider, und die Logen, und wenn dann die Lichter langsam ausgehen, die Ouvertüre beginnt und der Vorhang hochgeht ... sogar jetzt noch läuft es mir kalt über den Rücken, wenn ich daran denke. Janie wird vor lauter Aufregung noch überschnappen.«

Ich war ja schon am Überschnappen, obwohl es nur ein kleines Theater war, mit einer alten österreichisch-ungarischen Operette, und ich nur mein altes Wollkleid tragen würde. Aber ich kannte jedes Wort von jedem Lied und ich würde mit Vater gehen!

Als wir hinkamen, brannten die Sicherungen durch und der erste Akt wurde im Licht zischender Karbidlampen gespielt, die einen Teil der Bühne in gleißendes Licht tauchten, den anderen Teil in Finsternis ließen. Aber nichts konnte meine Freude trüben. Ich lehnte mich in meinem Sessel vor, atmete dem Mann vor mir, zu dessen größtem Ärger, heftig ins Genick, und musste mit Gewalt davon abgehalten werden, bei jedem Lied mitzusingen.

In der Pause gingen wir ins Foyer, in diesem Fall einfach der Ausgang zur Straße, und Vater zerstörte meine Hochstimmung durch den Vorschlag, doch das Damenklo aufzusuchen. Ich schaute ihn voll Entsetzen an. Das war Blasphemie. Falls tatsächlich jemand sich bemüßigt gefühlt hatte, an diesem heiligen Orte eine derart vulgäre Anlage zu errichten, dann wollte ich jedenfalls nichts damit zu tun haben. Ich war jetzt unter den Unsterblichen, wo die schmutzigen körperlichen Bedürfnisse der gewöhnlichen Sterblichen kein Anrecht auf mich hatten.

Aber Vater ließ nicht locker, was mich sehr irritierte. Der zweite Akt war lang, und dann müssten wir uns sehr beeilen, um noch vor Beginn der Ausgangssperre zu Hause zu sein. Es wäre wirklich klüger, noch schnell hinzugehen, einfach für alle Fälle. Noch während ich heftig protestierte, stieg ein vager Verdacht in mir hoch, dass Vater vielleicht doch recht haben könnte, und wurde sofort rücksichtslos unterdrückt. Ich wollte keinen Augenblick der Pause verlieren, und außerdem hatte ich schon viel zu viel protestiert. Jetzt konnte ich nicht einfach plötzlich meine Meinung ändern, ohne das Gesicht zu verlieren. Da erschien die Schauspielerin, die die weibliche Hauptrolle spielte, oben im Stiegenhaus, und Vater kämpfte sich bis zu ihr vor, um mit ihr zu sprechen. Sie hatten einander früher gut gekannt, vor langer Zeit, als sie noch beide Studenten waren.

»Das muss jetzt schon achtzehn Jahre her sein«, sagte Vater, und die Dame wich beleidigt zurück. »Unsinn, nicht mehr als fünf«, behauptete sie energisch, drehte sich um und verließ uns etwas plötzlich. Sie war alt und voller Falten, und ihr Rock war an mehreren Stellen geflickt. Aber auf der Bühne war sie ein reizendes junges Mädchen und sang und tanzte mit großer Lebhaftigkeit. In meinen Augen war sie ewig jung.

Vater zog sich sehr verlegen zurück: »Jetzt bin ich aber furchtbar ins Fettnäpfchen getreten«, gestand er. »Man darf einer Frau – und besonders einer Schauspielerin – nie sagen, dass sie schon vor vielen Jahren so bekannt war.«

Ich konnte nicht verstehen, warum. Wenn es wahr war, sollte sie sich dann nicht freuen, dass sie so lange Zeit hindurch berühmt war?

Wir gingen wieder auf unsere Plätze, und vom ersten Augenblick des zweiten Aktes an wusste ich, dass Vater recht gehabt hatte und dass ich in der Pause zu den »Damen« hätte gehen sollen. Keine zehn Pferde hätten mich dazu gebracht, meinen Platz zu verlassen, nachdem der Vorhang hochgegangen war, aber mein Elend wuchs, ich konnte dem Stück kaum noch folgen. Vater schaute mich überrascht an, bemerkte mein gequältes Gesicht und meine geballten Fäuste, hielt es aber für Symptome meiner Aufregung und streichelte mir nachsichtig übers Haar.

Als das Stück aus war, war mir bereits klar, dass eine Katastrophe unabwendbar war, und Tränen der Scham stiegen in meinen Augen hoch.

»Aber Janie, wenn du schon bei einem Happy End heulst, was wirst du erst bei einer großen Oper tun, wenn am Ende nur noch das Orchester am Leben ist?«, fragte Vater spöttisch.

Ich verbarg mein Gesicht und zog ihn an der Hand, so dass wir den ganzen Heimweg rannten. Aber es war zu spät. Die italienische Renaissance, so stellte ich fest, war wirklich eine sehr komplexe Periode in meinem Leben. Sie brachte große Freude und bittere Tränen.

18

Seit unserer Rückkehr nach Warschau hatte ich Tante Marysia nur sehr selten besucht. Sie lebte mit Sigi und ein paar Freunden in einer großen Wohnung auf der anderen Seite des Ghettos. Mutter hatte sie überhaupt noch nicht gesehen, sie war auch dagegen, dass ich sie besuchte, Vater nahm mich also ein- oder zweimal heimlich mit.

Tante Marysia hatte sich sehr verändert. Ihr rechter Arm war zum Teil gelähmt, sie konnte ihn nur bis zur Taille heben. Auf der rechten Wange hatte sie eine Narbe, ihr Gesicht war ganz schief und zeigte keine Spur mehr von seiner früheren Schönheit. Sie hinkte wegen der Wunde an ihrer Hüfte, sie war dünn und etwas bucklig geworden und irgendetwas in ihrer Stimme und im Umriss ihrer Gestalt erinnerte mich an Tante Helena.

Ich war sehr enttäuscht darüber, dass Sigi jedes Mal fort war, wenn wir auf Besuch kamen. Er hatte sich von seinen Verwundungen recht gut erholt, besser als seine Mutter, er hinkte auch gar nicht mehr, sagte sie uns, und hatte keine Narben im Gesicht. Sie hatten große Schwierigkeiten damit, das Insulin für ihn zu bekommen. Auf legalem Weg war es natürlich nicht zu erhalten, es musste zu enormen Preisen hereingeschmuggelt werden. Ich wusste, dass Vater dabei seine Hand im Spiel hatte, dass Mutter die Wahrheit ahnte und dass sie darüber sehr verbittert war. Vaters erste Pflicht war gegen uns, seine Frau und sein Kind. Wenn wir am Verhungern wären, dann hätte Tante Marysia uns sicher nicht geholfen. Ich konnte sehen, wie tief diese Einstellung Vater verletzte, und ich hasste Mutter, sobald die Rede darauf kam.

Im Januar 1942 erfuhren wir, dass Sigi sehr krank war. Das Insulin, das Tante Marysia gekauft hatte, hatte sich als Wasser herausgestellt. Sigis Diabetes wurde unkontrollierbar, seine alten Wunden öffneten sich wieder, eine Infektion kam dazu, die der Arzt als Osteomyelitis bezeichnete. Nach wochenlangem schwerem Leiden starb er.

Ich war mit Mutter zu Haus, als ein junger Polizist in unser Zimmer kam und uns die Nachricht von Sigis Tod brachte. Mutter verdeckte ihr Gesicht und rief »Nein!« Der Polizist stand eine Weile stumm da, dann salutierte er und ging. Mir fiel der Tag ein, an dem Tante Helena gestorben war, und ich schaute neugierig auf Mutter. Sie hielt den Kopf in den Händen und starrte ins Feuer. Ich wartete, dass sie etwas sagte.

»Wir dürfen Vater nichts sagen, bevor er nicht gegessen hat. Sonst läuft er noch mit leerem Magen da hinüber«, war Mutters einziger Kommentar.

Vater kam an diesem Abend spät heim. Ich wich seinem Blick aus, denn ich war sicher, er könnte in meinen Augen die Nachricht lesen. Nach dem Essen sagte Mutter es ihm. Die Ausgangssperre hatte schon begonnen. Vater sprang auf, die Lippen zusammengepresst: »Und du lässt mich hier sitzen und essen, während du weißt, dass Marysia mich braucht ... Du auch, Janie«, fügte er zu mir gewendet hinzu, »du lernst es auch schon, so wie deine Mutter zu werden ...«

Es war kein Zorn in seiner Stimme, nur Schmerz und Verbitterung. Ich brach in Tränen aus und lief aus dem Zimmer. Er kam erst am nächsten Abend wieder zurück.

Ich verbrachte die Nacht am Rand des Bettes, um nur ja Mutter nicht zu berühren. So wie jetzt hatte ich sie noch nie zuvor gehasst.

In den folgenden Wochen rief Fräulein Bloch Freiwillige auf, um im Waisenhaus zu helfen. Es wurden Mädchen gebraucht, die im Nähsaal arbeiten würden, und ich meldete mich begeistert. Großmutter hatte mich die Kunst des Stopfens und Nähens gelehrt und ich war sehr stolz auf meine Leistungen auf diesem Gebiet. Außerdem sehnte ich mich danach, endlich etwas Nützliches zu tun. Es war mir immer schmerzlicher zu Bewusstsein gekommen, dass ich nichts als ein Parasit war, dass ich ein nutzloses Leben führte und die ständigen Opfer meiner Eltern akzeptierte, ohne mich in irgendeiner Weise bei ihnen revanchieren zu können. Ich träumte davon, eine Arbeit anzunehmen, Tag und Nacht hart zu arbeiten, Geld und Essen nach Haus zu bringen, meine Familie zu ernähren, statt mich von ihnen ernähren zu lassen. Die Arbeit im Waisenhaus würde mir zwar weder Geld noch Essen einbringen, aber damit konnte ich wenigstens irgendjemandem nützlich sein. Schließlich konnte man vielleicht der Gesellschaft geben, was man der eigenen Familie nicht geben konnte. Wir waren alle Teile einer Gemeinschaft und ich sehnte mich von ganzem Herzen danach, endlich meine Rolle als verantwortungsbewusstes und nützliches Glied dieser Gemeinschaft anzutreten. Meine begeisterte Ankündigung stieß jedoch auf den steinernen Widerstand meiner Eltern.

»Du wirst keinen Fuß an diesen Ort setzen«, erklärten sie.

Ich war fassungslos. »Aber warum ...?«

»Weil dabei nichts anderes herauskommen wird, als dass du dir irgendeine Krankheit holst. Diese Kinder müssen ja in Läusen nur so schwimmen.«

»Aber ich möchte etwas tun«, protestierte ich, »ich

möchte jemandem nützen. So kann es nicht weitergehen, dass ich immer nur nehme und wachse und nie etwas dafür tue. Warum versteht ihr denn nicht, wie mir zumute ist?«

Verständnislos schauten sie mich an, ausnahmsweise einmal einig in ihrem Staunen.

»Du bist das Einzige, was wir auf dieser Welt haben. Unser einziger Schatz. Wenn dir etwas passiert, dann haben wir nichts, wofür wir noch leben könnten. Du bist der einzige Grund für unser Dasein.«

Mutter hielt diese Rede, aber Vater nickte dazu und seine Augen wurden weich.

Ich starrte sie an, ballte die Fäuste und erstickte fast vor Zorn und Auflehnung. Die alten, längst bekannten Argumente! Diese verhasste, lähmende Liebe! Diese Familienbande, die uns miteinander verbanden, wie die Umarmung einer Boa constrictor! Ich konnte mich nicht davon befreien, ohne diese beiden hier umzubringen, die doch auch gegen ihren Willen gebunden waren, genau wie ich, aber alt und aufgerieben im Kampf, und deren traurige Blicke mich stumm beschworen, sie doch am Leben zu lassen. Ich war ihnen zum Dasein so notwendig wie sie mir, ich war ihnen eine ebenso große Last wie sie mir, und wir würden diesen gegenseitigen Würgegriff nicht lockern, bis eine Seite unterging.

Ich teilte Fräulein Bloch mit, dass ich ihren Freiwilligen nicht beitreten würde, und hörte mir eine lange Predigt an über meinen Mangel an Gemeinschaftssinn und Verantwortungsbewusstsein.

Der Winter dauerte an. Die goldene Ryfka legte sich mit Typhus zu Bett, was wir aber, um der Quarantäne zu entgehen, nicht meldeten. Sie überstand die Krankheit und war mit den ersten Strahlen der Frühlingssonne wieder an ihrem Bonbonstand. Aber sie hatte alle Haare verloren. Es war einfach in großen Büscheln ausgefallen und jetzt trug sie einen Turban und weinte, wenn wir ihr unser Mitgefühl aussprachen.

Ich bekam eine Augenentzündung, und unser Arzt, ein junger Mann, der erst vor dem Krieg fertig geworden war, meinte, es könnte ein Trachom sein, und riet, einen Facharzt aufzusuchen. Großmutter erwähnte Professor S., der sie vor dem Krieg behandelt hatte und mit dem sie noch immer freundschaftlich verkehrte.

»Sag ihm, dass du meine Tochter bist, dann wird er nicht allzu viel verlangen«, schlug sie Mutter vor.

Professor S. war ein liebenswürdiger alter Herr, der sehr charmant über seinen letzten Urlaub im Ausland im Jahr 1939 plauderte und sich nach Großmutter erkundigte. Er untersuchte meine Augen, versicherte Mutter, dass diese Entzündung kein Trachom wäre, allerdings sehr ähnliche Symptome zeige: »Ich kann Ihrem Arzt wegen dieses Irrtums keinen Vorwurf machen. Der Unterschied ist wirklich nur sehr schwierig festzustellen. Ich bin sehr froh, dass Sie zu mir gekommen sind. Wir müssen das sehr vorsichtig behandeln; es ist zwar gutartig, aber leider nur sehr schwer wegzubekommen.«

Er schrieb ein Rezept aus und reichte es Mutter: »Mein Honorar beträgt ...«

Die Höhe der Summe ließ Mutter nach Luft schnappen. Sie sah den guten Onkel Doktor ungläubig an: »Aber... ich dachte ... meine Mutter...«

Der Arzt lief vor Zorn rot an. Das war doch wirklich unwürdig. Er hätte nie gedacht, dass Frau K.s Tochter sich so unmöglich benehmen würde. Sie wollte also tatsächlich über sein Honorar handeln!

»Wirklich, junge Dame, wenn Sie sich nicht benehmen können, dann kommen Sie am besten nicht mehr zu mir. Ein Mann in meiner Stellung ... von meinem Ruf ...«

Er nahm Mutter das Rezept aus der Hand und verschloss es in einer Lade. Mutter wischte sich die Augen ab und legte schweigend ein Bündel Banknoten auf seinen Tisch. Das Rezept wurde ihr wieder zurückgegeben. Wir verließen ihn ohne ein weiteres Wort.

Auf der Straße drückte mir Mutter die Hand: »Kein Wort darüber zu Vater. Er wird sagen, dass dieser Arztbesuch unnötig war, und das hat uns das Haushaltsgeld für eine ganze Woche gekostet. Ich habe keine Ahnung, wovon wir jetzt leben sollen.«

Ich ließ den Kopf hängen und versuchte die brennenden Tränen am Heraussprudeln zu hindern. Es war unverzeihlich, dass Mutter so viel Geld für mich ausgegeben hatte. Ich hasste den Arzt und wäre am liebsten mit einem Gewehr in der Hand in seine Ordination zurückgegangen. Ich wollte ihn umbringen und unser Geld zurückholen. Ganz sicher hätte ich ihn ohne Gewissensbisse töten können, nicht ohne ihm vorher klar und deutlich zu sagen, was ich von ihm hielt.

Aber ich wusste, dass das ein unerreichbarer Traum war, daher wandte sich mein Zorn gegen mich selber. Ich hasste mich und verfluchte meine Augen. Wenn ich jetzt blind würde wie Tante Helena, dann wäre das eine Erlösung und zugleich eine Strafe für das dumme sinnlose Opfer, das ich Mutter abverlangt hatte. Ich wünschte mir aus ganzem Herzen tot zu sein.

19

In diesem Winter fiel mir auf, dass immer, wenn wir Tante Lola besuchten, auch ihr Hausherr da war, Herr Stein. Er war ein großer, kräftig gebauter Mann, makellos gekleidet und mit den gefälligen, glatten Manieren, wie sie in meiner Erinnerung die Leute vor dem Krieg hatten. Er war offenbar wohlhabend und er wäre sicher gar nicht auf die Idee gekommen, dass jemand aus seinem engen Freundeskreis vielleicht nicht so gut zurechtkommen könnte wie er.

In seiner Gegenwart gewann Mutter wieder ihre gute Laune zurück. Sie lachte und scherzte und bot die vollkommene Imitation einer leichtsinnigen jungen Frau ohne eine Sorge in der Welt.

Herr Stein folgte ihr mit faszinierten Blicken, lachte über jeden ihrer Einfälle, half ihr so vorsichtig in den Mantel, als wäre sie eine Porzellanpuppe, und begleitete uns oft zu Fuß nach Haus. Seine Frau war nur sehr selten dabei. Tante Lola sagte uns, Herr Stein habe seinen eigenen Freundeskreis und verbringe seine meiste Zeit mit ihnen.

Die Steins gaben oft Gesellschaften und Mutter wurde immer eingeladen. Vater begleitete sie meistens, wenn es ihm gut genug ging. Wenn sie zurückkamen, waren sie immer in bester Laune. Mutter roch schwach nach Lydias Lavendelwasser und Vater nach Alkohol. Mutter besprach lebhaft jeden einzelnen Gast, jedes Kleid, jede Frisur, und die Art, wie sie getanzt hatten.

Ich begann zu begreifen, wie sehr sie diese Art von Leben vermisste, wie sehr sie sich danach sehnte, aus unserem feuchten, finsteren Loch herauszukommen, in die saubere Atmosphäre der Steinschen Wohnung. Und wie sehr sie die Unterhaltung genoss, die Plaudereien gut gekleideter, gut genährter Menschen, unter denen sie ihre Vorkriegsbrillanz zurückgewann.

Gleichzeitig machte sie sich wegen ihres Aussehens Sorge. Vor jeder Einladung kratzte ich endlos lange ihren Lippenstiftbehälter aus, um noch ein paar Brösel für ihr Make-up zu bekommen, und sie klopfte die letzten Puderstäubchen aus ihrer Dose und zerbrach sich dann den Kopf, wie sie ihre rissigen Hände verschönern könnte. Ihr einziges gutes Kleid war schon einmal gewendet worden, und die Ellbogen wetzten sich erbarmungslos immer weiter durch. Ich putzte ihre Schuhe, bis sie spiegelglatt waren, und begleitete sie bis zur Tür, fast so aufgeregt, als würde ich selbst hingehen.

Manchmal allerdings kam Mutter zornig nach Haus. Sie warf Vater vor, er hätte mit irgendeiner Frau zu eng getanzt oder offen mit ihr geflirtet. Einmal gab es eine bittere Szene, als Mutter steif und fest behauptete, sie habe ihn in der Stadt mit einer Blondine ertappt und er hätte so getan, als würde er sie nicht sehen. Sie unterhielt sich gerade mit einer Freundin, die eine Bemerkung darüber machte, und Mutter wäre am liebsten im Boden versunken. Das war ein Affront, eine Beleidigung, die Mutter nicht verzeihen konnte.

Vater sagte wie üblich nichts zu ihren Beschuldigungen und ging fort in seinen Klub. Wir lagen im Bett, Mutter konnte sich lang nicht beruhigen. Sie versuchte mir zu erklären, was geschehen war und warum ein solches Benehmen sie verletzte. Ich lag ganz steif neben ihr, innerlich kochend vor Ärger. Ich wollte sie nicht verstehen. Ich wollte überhaupt nichts hören, was Vaters Bild in meinem Herzen irgendwie ändern könnte. Es gab sicher eine einfache Erklärung für das, was da passiert war. Mutter machte sicher aus einer Mücke einen Elefanten, wie üblich. Es gab sicher einen Ausweg.

Die Tatsachen schienen allerdings unbestreitbar. Ich zerbrach mir den Kopf nach einer passenden Bemerkung, und plötzlich bot sich von selber eine ganz einfache Erklärung.

Ich drehte mich zu Mutter und drückte sie tröstend an mich. »Keine Angst, es ist nichts wirklich Ernstes«, behauptete ich.

Sie sah mich an und auf ihrem kleinen Gesicht malten sich deutlich Überraschung und Hoffnung.

»Weißt du«, erklärte ich eifrig, »das Singen hat dabei nicht aufgehört. Damit meine ich, es geht nämlich immer, solange ich wach bin, eine Melodie durch meinen Kopf. Ganz gleich, was ich sonst tue, innerlich singe ich immer vor mich hin. Sogar in der Schule, sogar beim Lesen, immer singt ein Teil von mir. Ich kann das nicht zum Schweigen bringen. Nur manchmal hört es auf, wenn etwas wirklich Ernstes geschieht, dann weiß ich aber, dass es ernst ist, und bekomme große Angst. Während der Luftangriffe oder bei einem wirklich argen Gewitter, oder wenn ihr beiden streitet. Aber als du mir über Vater und diese Blondine erzählt hast, da hat das Singen nicht aufgehört. Es kann also nicht ernst sein.«

Mutter schob mich mit einem Seufzer von sich. »Wirklich, Janie, ich hatte schon gehofft, dass du endlich erwachsen wirst und dass wir uns endlich wie zwei Frauen unterhalten können. Aber du verstehst ja immer noch gar nichts.«

Sie wandte sich von mir ab und ich schämte mich fast zu

Tode. Ich hatte ihr meine geheimsten Gedanken zu dieser Angelegenheit mitgeteilt, etwas, was ich sonst keinem anderen Menschen gesagt hätte. Aber sie konnte mich nicht verstehen. Vater hätte verstanden, was ich meinte.

Kurz nach diesem Vorfall trafen wir in der Stadt Tante Lola, und während wir uns einen Weg durch die überfüllte Straße bahnten, besprachen die beiden Herrn Stein.

»Der würde alles für dich tun«, sagte Tante Lola. »Wenn du es schlau anfängst, dann lässt er sich scheiden und dir wird nie wieder etwas abgehen. Wenn der Krieg vorbei ist, bist du reicher, als wir jemals waren. Seine Geschäfte sind noch ganz intakt, weißt du, einige von seinen polnischen Freunden kümmern sich für ihn darum. Seine Frau hat ihn praktisch ja ohnehin schon verlassen. Sie haben seit Jahren wie Fremde nebeneinander hergelebt, und ich glaube, sie hat auch jemand anderen. Was die beiden zusammenhielt, war nur ihre Tochter, aber die heiratet jetzt, dann sind sie frei.«

Ich hatte das Mädchen ein paar Mal gesehen. Sie war eine hübsche Blondine, achtzehn Jahre alt. Ihr Verlobter war Pole, besuchte sie regelmäßig und versuchte die Steins dazu zu überreden, sie mit ihm auf die andere Seite gehen zu lassen. Die Steins zögerten. Die gesellschaftliche Stellung des jungen Mannes war weit unter ihrer eigenen, am Vorkriegsstandard gemessen. Allerdings konnte er unter den gegenwärtigen Umständen dem Mädchen vielleicht das Leben retten. Andererseits würden sie beide sterben, wenn jemand sie denunzierte, während sich die Steins im Ghetto verhältnismäßig sicher fühlten. Das Problem wurde unaufhörlich besprochen, während die jungen Leute von Tag zu Tag ungeduldiger wurden. Endlich hatten die Steins anscheinend nachgegeben.

Mutter hörte Tante Lola gereizt zu und sagte, sie solle sich doch nicht lächerlich machen.

»Du machst dich lächerlich, nicht ich«, erwiderte Tante Lola. »Das ist die Chance deines Lebens. Stein ist unermesslich reich. Mein Gott, ihr könntet beide schon morgen das Ghetto verlassen, wenn ihr wolltet. Er hat Freunde, die euch in Sicherheit bringen würden. Und er ist charmant, intelligent und ein wirklich kultivierter Herr. Und fesch außerdem. Was willst du eigentlich noch mehr?«

»Du vergisst, dass ich bereits verheiratet bin«, sagte Mutter.

»Aber du bist nicht glücklich. Wie lange ist es denn her, dass du mit Marek jemals glücklich warst ... und das ist auch kein Wunder, wenn man bedenkt ... Du hast schon vor dem Krieg daran gedacht, dich von ihm scheiden zu lassen, und jetzt hättest du noch viel mehr Gründe, es zu tun.«

»Aber ich habe mich nicht von ihm scheiden lassen. Ich habe ihn damals nicht verlassen, als er noch gesund und stark war und ein neues Leben hätte anfangen können. Und so werde ich ihn auch jetzt nicht verlassen, wo ich weiß, dass sein Leben schon fast zu Ende ist. Und wenn er stirbt, dann wird das auch mein Ende bedeuten. Seit ich Marek kenne, habe ich nie einen anderen Mann angesehen, und so soll es auch bleiben. Das habe ich Stein gestern gesagt, und das kannst du ihm noch einmal sagen, da er dich offenbar beauftragt hat, dich für ihn einzusetzen. Ich will ihn nicht einmal wiedersehen.«

Damit ließ sie Tante Lola mitten auf der Straße stehen, und wir eilten nach Hause. Ich betrachtete sie voll Dankbarkeit und Bewunderung. Ich konnte mir nicht vorstellen, wie sie Vater wegen des dicken, öligen Herrn Stein verlassen könnte, trotz seiner vielen Millionen.

Was sie über Vaters Leben gesagt hatte, das schon fast zu Ende sei, das war natürlich pure Erfindung. Sie liebte

Übertreibungen, aber es hatte jedenfalls großartig geklungen. Ich hätte am liebsten die ganze Unterhaltung Vater berichtet, aber eine höchst vernünftige Scheu davor, mich in »diese Angelegenheiten« einzumischen, hielt mich davon ab.

Zu meiner Überraschung war Mutter an diesem Abend besonders schneidend und kurz angebunden, auch noch an den folgenden Tagen. Ein- oder zweimal brach sie in Tränen aus und drohte, ihn zu verlassen und zu ihren Eltern zurückzugehen. Vater erwiderte darauf zornig, sie sollte es doch versuchen. Großmutter würde sie noch am selben Tag zurückschicken. Die beiden konnten einander jetzt kaum noch sehen, ohne sofort zu streiten. Großmutter wurde bei jedem Besuch immer anspruchsvoller, sie jammerte praktisch ununterbrochen und beschrieb ausführlich ihre verschiedenen Beschwerden. Aber Großvater verdiente im Sägewerk recht gut, und da sie nur zu zweit waren, konnten sie sich viel besseres Essen leisten als wir. Ihr Zimmer war unvergleichlich besser als unseres, die Golds, Sarah und Simon, noch immer so freundlich und fröhlich wie zuvor. Großmutters Schrank war noch immer zum Bersten voll schöner Kleider, die sie nie trug, da sie fast nie ausging. Mutter deutete oft an, dass dieses oder jenes Kleid ideal für sie wäre oder für mich geändert werden könnte, aber solche Winke wurden immer ignoriert. Dagegen verlangte Großmutter oft von Mutter, ihr schwierig zu beschaffende Esswaren zu bringen, so wie Schinken oder teuren Käse, und erwartete, dass wir das bei unserem nächsten Besuch mitbrachten. Wenn Mutter protestierte und sagte, dass diese Dinge schwer zu finden wären, vom Preis gar nicht zu reden, dann winkte Großmutter hoheitsvoll mit der Hand: »Ach, dann bitte doch Marek, das auf der anderen Seite zu besorgen.«

Auf das Einschmuggeln von Esswaren ins Ghetto stand

die Todesstrafe, und selbst ein Sandwich, das zu dick mit Butter bestrichen war, konnte einem das Leben kosten, aber Großmutter zog es vor, die Realität zu ignorieren.

Wenn also Mutter damit drohte, zu Großmutter zu ziehen, dann wusste ich, dass da keine unmittelbare Gefahr drohte. Wir blieben zusammen, im Guten wie im Bösen.

20

Der Frühling kam und mit dem warmen Wetter schnellte die Sterberate wieder in die Höhe. Dieses Jahr ging ich zu meinem Geburtstag nicht zu Lydia. Die Situation war zu unsicher. Neue Lager wurden eröffnet, die Neuansiedlung aus Provinzghettos ging weiter und ganze Zugladungen von Juden verschwanden spurlos.

Es gab Gerüchte, dass spezielle Todesbrigaden, aus Ukrainern, Litauern und Letten, in Warschau eintreffen sollten. Panische Angst verbreitete sich im Ghetto. Die »Balten« übertrafen die Deutschen an Grausamkeit bei Weitem, und ihre Ankunft an irgendeinem Ort konnte nur eins bedeuten.

Im April wurde im Ghetto eine illegale Druckerei entdeckt, darauf folgte ein Massaker an Druckern, Bäckern und vielen anderen, die mit keinem dieser Berufe etwas zu tun hatten. Bleierne Stille lag über den Straßen. Irgendetwas wurde für uns ausgebrütet und wir warteten ängstlich auf den ersten Schlag.

Inzwischen bemühte ich mich darum, die Realität zu vergessen, und las *Kleine Frauen* von Louisa Alcott, Mutters Geschenk zu meinem Geburtstag. Das war ihr Lieblingsbuch gewesen, als sie in meinem Alter war, daher hatte sie sich sehr gefreut, es in einem Antiquariat zu finden.

An einem Sonntagmorgen waren wir zu dritt zusammen, durch das weit geöffnete Fenster drangen die schrillen Stimmen aus dem Hof zu uns herauf. Mutter beugte sich über den Ofen, und ich dachte traurig, dass mein deutscher Flüchtlingskönig tot sein musste, denn ich hatte ihn seit Neujahr nicht mehr gesehen. Zum letzten Mal bemerkt hatte ich ihn zu Anfang des Winters. Da schritt er aber nicht mehr stolz dahin, seine Decke wie ein königliches Gewand von der Schulter nachschleifend. Die Kälte war bis zu seinem betäubten Gehirn vorgedrungen und er hastete, noch immer im Pyjama, zusammengekrümmt, die letzten Fetzen seiner zerfallenden Decke um seinen vor Kälte zitternden Körper geschlungen. Die langen Haare und der Bart waren glanzlos und schmutzig. Die bloßen Füße, aufgesprungen vom Frost, ließen im Schnee Blutspuren zurück. Ich spürte den absurden Drang, ihm nachzulaufen und meine Arme um ihn zu schlingen und mit ihm um sein verlorenes Königreich zu weinen. Aber er verschwand in der Menge und ich sah ihn nie wieder.

Aus Mutters Ecke kam ein Seufzer, und plötzlich schwankte sie über dem Ofen und stürzte zu Boden. Vater sprang auf und hob sie aufs Bett. Er öffnete ihr die Kleider, machte ihr das Gesicht nass und rieb ihre Hände, als sie langsam wieder die Augen öffnete. Sie sah erschrocken und überrascht drein.

»Dir ist wohl klar, was das bedeutet«, flüsterte sie, und Vater starrte sie an, hob plötzlich seine Hand und bedeckte seine Augen.

»Du weißt, das einzige Mal, als ich jemals ohnmächtig wurde, war, als ich Janie trug«, fuhr Mutter in dem gleichen erschrockenen Flüsterton fort. »Ich bin nicht krank, also muss es das sein.«

In den nächsten paar Wochen verwandelte sich unser kleiner Haushalt in ein Chaos. Mutter fiel so oft in Ohnmacht, dass ich Angst hatte, sie auch nur eine Minute allein zu lassen.

Bei den Mahlzeiten zwang sie sich zum Essen und schaute verzweifelt auf die winzigen Portionen, die dann noch für uns übrig blieben. Tante Lola kam einmal gerade zu einer Ohnmacht zurecht und musste in das Geheimnis eingeweiht werden. Von da an kam sie jeden Tag zu uns und hielt endlose Debatten mit Mutter ab, die weinte, ihre Hände rang und sich zu keiner Entscheidung durchringen konnte.

In unseren Umständen ein Kind auszutragen war heller Wahnsinn. Sogar wenn sie es tatsächlich austragen konnte – was von Tag zu Tag unwahrscheinlicher schien –, konnte doch kein Baby in diesem feuchten Zimmer und ohne anständiges Essen am Leben bleiben.

»Schau doch, was mit Rosas Baby geschah«, weinte Mutter. »Ich würde mich selbst umbringen und das Kind dazu, bevor ich es auf diese Weise umkommen ließe.«

Cousine Rosa hatte vor etwa zwei Jahren ein Baby bekommen, einen großen, kräftigen Jungen. Wir besuchten sie oft und bewunderten seine Fortschritte. Rosas Mann arbeitete, aber sie lebten hauptsächlich von Esspaketen aus dem Ausland. Als keine Pakete mehr durchgelassen wurden, hörte das Baby auf zu blühen und zu gedeihen. Jedes Mal, wenn wir ihn sahen, war er wieder dünner geworden. Er hörte zu gehen auf und fing wieder zu kriechen an, schließlich bewegte er sich gar nicht mehr. Faltig und geschrumpft lag er in seinem Bettchen, Arme und Beine fest an den Körper gepresst, den Kopf zurückgebeugt, sabbernd, nach Tod riechend. Rosa saß über ihm und starrte ihn an, ihr Gesicht von Tränen geschwollen. Von Zeit zu Zeit schaute sie mit verständnislosem Blick herum.

»Ich kann es nicht fassen, dass uns das passiert«, sagte

sie. »Celia« – sagte sie oft flehend zu Mutter – »du weißt doch noch, wie Jasio geboren wurde, oder deine Janie. Erinnere dich, wie sie immer alles hatten – Kinderschwestern, Kindernahrung, Babykleider, Babypuder, Babyseife. Von allem hatten wir im Überfluss, und wenn eines nur nieste, zitterten wir schon, und wir holten den Arzt, wenn sie keinen Spinat aßen, und wir waren überzeugt, es würde irgendetwas Fürchterliches passieren, wenn sie einmal zu einer Mahlzeit nichts aßen. Und hier ist mein eigenes Baby – am Verhungern, und ich kann überhaupt nichts dagegen tun. Und es sind noch keine zwei Jahre her, da haben wir an einem Tag mehr weggeworfen, als wir jetzt in einer Woche zu essen bekommen. Ist das denn möglich?«

Als das Baby starb, weinte Mutter mit Rosa, aber beide wussten, dass das eigentlich eine Erlösung war. Und jetzt starrte Mutter Tante Lola an und stellte ihr dieselbe Frage, die sie jeden Tag wiederholte. Was für Aussichten hatte denn ihr Kind, unter diesen Umständen am Leben zu bleiben?

»Aber wenn ich verhindere, dass es überhaupt zur Welt kommt, spiele ich damit nicht Hitler in die Hände? Will er denn nicht genau das erreichen? Unsere Rasse zu vernichten? Nehme ich ihm damit nicht die Arbeit ab? Wenn nämlich der Krieg vielleicht doch bald zu Ende ist, dann gibt es wenigstens wieder ein neues Leben als Ersatz für die vielen, die gestorben sind.

Ich hatte nie etwas für Kinder übrig«, gestand sie, »und ich wollte auch nie welche. Ich bekam Janie, weil man doch wenigstens ein Kind haben sollte. Eine Ehe ohne Kind ist keine wirkliche Ehe. Aber ich hatte so viele Probleme mit ihr, als sie klein war, dass ich mir schwor, nie wieder eins zu bekommen. Aber jetzt, wenn ich diese ganze Vernichtung rund um uns sehe, dann möchte ich auf einmal so viele Kinder haben wie möglich. Wenn ich noch jung genug bin, wenn der Krieg aufhört, dann müssen wir noch mehr Kinder bekommen. Marek wollte immer eine große Familie. Vielleicht wären wir glücklicher miteinander gewesen, wenn ich in diesem Punkt nachgegeben hätte. Aber wie kann ich denn jetzt ein Baby haben? Wenn wir neu angesiedelt werden, irgendwo im Land in die Arbeit geschickt, wie werde ich mich da durchschlagen, wenn ich schwanger bin?«

Tante Lola wusste auch keinen Rat. Sie hatte immer viele Kinder haben wollen, konnte aber nicht mehr als eins bekommen. Sie hielt es für die Pflicht einer jeden Frau, so viele Kinder aufzuziehen, als die Familie ordentlich aufbringen und mit einer guten Erziehung versehen konnte. Aber auch sie konnte Mutter anständigerweise nicht raten, was sie tun sollte. In unserer Lage unterschrieb jeder, der nicht im Stande war, den ganzen Tag zu arbeiten, sein eigenes Todesurteil. Schwangerschaft war keine Entschuldigung, im Gegenteil, damit lenkte man nur die Aufmerksamkeit des Feindes auf sich und stachelte ihn zu neuen Exzessen an.

Am Ende traf die Natur selbst die Entscheidung. Die Blutung begann ganz plötzlich, als wir beide allein waren, und ich wurde um den Arzt geschickt, während Frau Kraut Mutter zu Bett brachte.

Als alles vorüber war, ging ich wieder in unser Zimmer hinein und setzte mich in den dunkelsten Winkel. Der Arzt, ein väterlicher, weißhaariger Mann, saß am Bett, hielt Mutters Hand und wischte ihr die Tränen vom Gesicht.

»Mein armes Kind«, sagte er gerade, »mein armes kleines Mädchen. Die Natur ist die weiseste Mutter von uns allen, und je länger ich arbeite, umso fester glaube ich, dass wir am besten alles ihr überlassen. In Ihrem gegenwärtigen Zustand hätten Sie kein Kind austragen können.

Sie sind so dünn wie ein Schilfrohr, Sie brauchen das ganze Essen, das Sie bekommen können, nur um sich selbst am Leben zu erhalten. Wie hätten Sie denn in Ihrem armen kleinen Körper ein zweites Geschöpf nähren können? Warten Sie, bis der Krieg vorbei ist. Dann können Sie so viel Babies bekommen, wie Sie wollen. Aber jetzt müssen Sie an sich selbst denken und wieder gesund werden. Uns allen stehen jetzt schwere Zeiten bevor. Sie müssen stark sein, Kind, wenn Sie durchkommen wollen.«

Seine Stimme brummte freundlich weiter, nur unterbrochen von Mutters Schluchzen.

In meinem dunklen Winkel dachte ich überrascht, dass ich nie jemand Mutter »mein armes Kind« hatte nennen hören.

Niemand redete eigentlich jemals wirklich freundlich mit ihr. Großvater, weil er ohnehin kaum mit den Leuten redete und weil er es nicht verstand, seine Gefühle in Worte zu fassen; Großmutter, weil sie niemanden liebte außer sich selber; Vater ... seine seltenen zärtlichen Worte wurden von Mutter meistens sarkastisch beantwortet, so dass er sich am Ende mit seiner Liebe immer zu mir wandte. Mutter ließ keine Zuneigung zu sich aufkommen, und doch, wie einsam musste sie sich im Schoß ihrer Familie gefühlt haben. Wie oft schien es mir, als würde sie uns absichtlich gegen sich aufbringen, aber wie unglücklich wirkte sie dann in der feindseligen Atmosphäre, die sie selber erschaffen geholfen hatte. Kaum jemals hätte ich es gewagt, auf ihre Knie zu hüpfen, meine Arme um sie zu schlingen und ihr in absurder Babysprache zu sagen, dass ich sie liebte. Mit Vater war das jederzeit möglich, da war ich mir immer sicher, wie er es aufnehmen würde. Aber Mutter würde nur ungeduldig mit den Schultern zucken und mir sagen, doch nicht so dumm zu sein. Aber wenn ich mich dann schmollend aus ihren Armen löste, dann sah sie gekränkt, reumütig drein und versuchte manchmal, ihre Schroffheit wieder gutzumachen, indem sie mir abrupt irgendwelche Gunstbeweise anbot, die ich nicht annehmen konnte. Dann verlor sie die Geduld und wir tauchten wieder in unser übliches, mit Groll geladenes Schweigen.

Wenn ich nur einen Weg finden könnte, mich ihr zu nähern und sie zu entwaffnen, bevor sie Zeit fand, die Geduld zu verlieren. Ich fragte mich, ob das wohl jemals möglich wäre. Vielleicht, wenn ich erwachsen war. Wenn sie mich einmal nicht länger als ein Kind behandelte, dem man jedes Versprechen brechen konnte, das man übersehen, zur Seite schieben, lächerlich machen konnte. An dem man jederzeit seine schlechte Laune auslassen konnte, danach aber blinden Gehorsam und Hingabe als eine heilige Pflicht erwarten durfte. Wenn sie nur zugeben würde, dass ich die gleichen Gefühle, die gleichen Empfindlichkeiten hatte wie sie. Dass ich, mit einem Wort, ein Mensch war, jedes bisschen genauso menschlich wie sie.

Der Arzt ging und sie schlief. Ich saß an ihrem Bett und weinte. Es hatte in meinen Ohren so wunderbar geklungen, dass sie ein Kind wollte! Das bedeutete, dass sie jetzt nicht mehr gar so viel gegen mich hatte. Das hätte der Beginn eines neuen Lebens für uns alle sein können, eines neuen Verständnisses, eines Bundes.

Aber das Baby war weg und meine Hoffnungen verschwanden mit ihm. An seiner Stelle hatte sie nur eine Menge Angst und Schmerzen durchstehen müssen, und jetzt lag sie krank und hilflos in dem großen Bett. Die Vorstellung, dass sie krank war, jagte mir einen großen Schrecken ein. Bis auf die dunkle Erinnerung an ihren Scharlach konnte ich mich nicht entsinnen, sie jemals bei Tag im Bett gesehen zu haben. Vater ja; mich selbst sogar noch öfter; aber Mutter – nie.

Plötzlich wurde ich überwältigt von einem Gefühl der Fürsorge und einer ungeheuren Kraft: Ich werde für sie und für Vater sorgen. Ich werde kochen und sauber machen und einkaufen gehen. Wie gern hätte ich sie jetzt verhätschelt, so wie sie mich immer verhätschelte, wenn ich krank war! Angestrengt dachte ich nach, was sie wohl besonders gern hatte, und wünschte mir einen Zauberstab. Ich malte mir ihre Überraschung aus, wenn sie die Augen öffnete und das Zimmer sauber und trocken fand, Blumen überall und einen Tisch, der sich unter Bergen von Essen bog.

Im Schlaf sah sie so klein aus und so jung, trotz ihrer trockenen Haut und dem feinen Liniennetz rund um ihre geschlossenen Augen. Mit einem Schock bemerkte ich, dass ihr Haar grau wurde. Ihre Hände, früher so verzärtelt, so schön, waren von Adern durchzogen, die Nägel abgebrochen, der Grind vom endlosen Schrubben in der Haut eingebettet.

Ich stand vom Stuhl auf und wischte mir die Augen. Von jetzt an hatte ich das Heft in der Hand. Ich kam mir 2 Meter groß vor und unzerstörbar.

In den folgenden Wochen begriff ich langsam, warum Mutter sich über die Hausarbeit so bitterlich beschwerte. Vom Zusehen allein hatte ich diese tödliche Monotonie nie richtig erfasst, die dauernden Anstrengungen, die nötig waren, um unser kleines Zimmer wenigstens einigermaßen sauber zu halten, essbare Mahlzeiten aus ungeeigneten Materialien zu bereiten, um diese Materialien in den Geschäften und sogar noch auf der Straße zu kämpfen.

Ich trug unsere Rationen in meinem Mantel versteckt oder presste sie mit beiden Armen an die Brust, während ich mich durch die Menge drängte, ängstlich Ausschau haltend nach den »Schnappern«. Das waren kleine Jungen oder auch ausgewachsene Männer, die der Hunger zur Verzweiflung getrieben hatte. Sie rissen den Frauen jedes halbwegs nach Essen aussehende Päckchen aus der Hand und verschlangen es als Ganzes. Mutter und ich waren nur einmal auf diese Weise angegriffen worden und unser Verlust dabei war nur geringfügig gewesen. Mutter trug eine Papiertüte voll Tomatenmark, sehr vorsichtig, denn es fing schon an zu tropfen. Der »Schnapper« tauchte ganz plötzlich aus der Menge auf, riss ihr die Tüte aus der Hand und schlang die Hälfte von dem bitteren Zeug hinunter, bevor er überhaupt bemerkte, was es war. Spuckend und gurgelnd lief er hinter uns her, schüttelte die Fäuste und drohte uns, als wäre es unsere Schuld gewesen, dass die Tüte nichts Besseres enthalten hatte.

Aber ein anderes Mal war ich Zeuge, wie derselbe Junge eine alte Frau anrempelte, die ihr Päckchen fallen ließ, so dass ein halbes Dutzend Eier im Schnee zerbrachen. Im Bruchteil einer Sekunde lag er auf den Knien, und die Eier verschwanden, bevor die Frau überhaupt ihren Mund aufmachen konnte.

Ich hatte Glück, niemand attackierte mich in den Wochen, wo ich den Haushalt führte. Aber ich hatte auch eine besondere Geschicklichkeit entwickelt, derart pfeilschnell durch die Menge zu fahren, dass keiner die Chance hatte, überhaupt zu bemerken, was ich da trug. Ich hatte Angst, Mutter allein zu lassen, und war viel zu viel mit meinen Aufgaben beschäftigt, als dass ich hätte draußen herumlungern wollen. Sobald es Mutter besser ging, kamen Tosia und Jola täglich, und während sie mir beim Schleppen von Wasser und Feuerholz halfen, schwätzten wir alle und lachten und erzählten uns Geschichten. Zu meiner Überraschung machte auch Mutter immer öfter mit uns mit. Sie redete von ihrer Schulzeit, erzählte von den Streichen, die sie mit ihren Cousins gespielt hatte, über die herrlichen Sommer auf dem Land auf dem Anwesen ihrer Tante, wo es zwölf junge Cousins gab sowie zahlreiche Gäste. Da gab es die Boote auf dem Fluss, Pilzesuchen im Wald, Nachmittagstees im Garten, mit frisch gepflückten wilden Erdbeeren und einem Kübel voller Sahne, der jedes Mal unvermeidlicherweise über irgendjemandes Haupt geleert wurde. Sie erzählte von den Jahren, die sie in der Schweiz in dem Pensionat für höhere Töchter verbracht hatte, wo sie nicht nur die einzige Polin, sondern auch die einzige Jüdin gewesen war. Die anderen Mädchen kamen von überall her, es gab sogar eine Amerikanerin, die bereits verlobt und daher das Objekt allgemeinen Neides wie allgemeiner Bewunderung war.

Die jungen Damen lernten Tanzen, Singen, verschiedene Instrumente. Sie malten auf Porzellan, vervollkommneten ihre Kenntnisse der modernen Sprachen und des vornehmen Benehmens und eigneten sich die nötigen Kenntnisse an, um einen Haushalt mit Hilfe zahlreicher Bedienter zu führen. Sie konnten sogar, falls ihnen danach zumute war, selber etwas Haushaltskunde und Kochen lernen, aber diese Kurse waren nicht sehr populär.

Mit weit aufgerissenen Augen hörten wir ihr zu, wenn sie Ausflüge in die Berge beschrieb, Bootsfahrten auf den Seen, Mitternachtsfeste in den Schlafsälen, heimliches Zigarettenrauchen auf der Toilette und die Liebesbriefe der Amerikanerin, die immer vom ganzen Internat gelesen wurden.

Kein Zweifel, Mutter hatte sich verändert. An diesen Nachmittagen behandelte sie uns als ebenbürtig, und wir verloren nach und nach unsere Schüchternheit und fingen an, ganz offen vor ihr zu sprechen. Sie redete nicht über ihre Krankheit, nahm aber an, dass ich wusste, was es war, und dass ich wusste, dass sie wusste. Nur ein einziges Mal kam sie darauf zu sprechen. Meine Hand nehmend, fragte sie mich – mit sichtlicher Mühe –, wie viel ich denn von »diesen Dingen« eigentlich wusste. »Ich finde zwar, dass du mit zwölf noch ein bisschen jung bist, um das alles zu wissen, aber wegen dem Krieg – und wer weiß, wo du vielleicht einmal bist, vielleicht allein . . . ich dachte eben, ich sollte dir vielleicht ein paar Sachen sagen . . .?«

Ich spürte, wie ich puterrot wurde, und zog meine Hand hastig zurück. Da war sie endlich, die lang ersehnte Gelegenheit. Jetzt war endlich der Augenblick gekommen!

»Du brauchst mir gar nichts zu sagen«, stammelte ich undeutlich. »Ich weiß alles.«

Mutter sah überrascht drein, aber die Erleichterung auf ihrem Gesicht war unverkennbar. »Aber vielleicht gibt es noch etwas, was dir nicht ganz klar ist? Ich sage dir gern alles, was du wissen willst«, bot sie mir noch einmal an.

Eine innere Stimme drängte mich: »Bitte, bitte, frag mich nicht. Sag mir nur einfach alles. Ich weiß nichts, und was man mir erzählt, ist so scheußlich, dass ich es nicht glauben kann. Fang einfach an zu reden!«

Ich presste meine Lippen aufeinander und schüttelte nur den Kopf. »Seit ungefähr einem Jahr weiß ich schon alles«, antwortete ich, mein Gesicht dabei sorgfältig abwendend.

»Wer hat's dir gesagt?«

»Vorsicht – das ist eine Falle«, sagte die Stimme. »Wenn sie das herausfindet, darfst du sie nie mehr sehen.«

»Ach, niemand im Besonderen«, antwortete ich, mit den Achseln zuckend. »Weißt du, diese Sachen sprechen sich so herum. Jeder weiß etwas, auf diese Weise kennt man sich schließlich ganz gut aus.«

Mutter überlegte einen Augenblick, dann kuschelte sie sich mit einem Seufzer der Erleichterung wieder in die Kissen. »Nun gut – wenn du noch irgendetwas Weiteres wissen willst, dann will ich gern mit dir darüber reden.«

»Danke, Mutter«, sagte ich höflich. Und damit war die Sache beendet.

Mutter kam nur langsam wieder zu Kräften. Der Arzt kam noch immer zur Visite, lehnte jede Bezahlung ab, und wir empfingen ihn wie einen geehrten Gast. In den wenigen Minuten seiner Anwesenheit schien der Raum heller und wir lächelten, wenn wir ihm in die Augen sahen. Er hatte einen Heiligenschein aus langen weißen Haaren rund um einen kahlen Scheitel und die leuchtendsten blauen Augen, die ich je gesehen hatte. Er strahlte Wärme und Zuversicht aus und eine Art von überirdischer Freundlichkeit. Ich hoffte, er würde seine Visiten ewig so fortsetzen, und war gern bereit, eine ganze Serie der verblüffendsten Krankheitssymptome zu entwickeln, sollte er uns jemals verlassen wollen.

Während Mutters Rekonvaleszenz wurde Vater eine andere Art von Arbeit zugeteilt, und er musste jetzt regelmäßig als Eskorte mit auf die andere Seite. Dabei schmuggelte er unter ungeheurem Risiko jeden Tag Essen herein und bestand darauf, dass Mutter wenigstens die Hälfte davon aß. Sie weinte und flehte ihn an, nicht sein Leben in dieser Weise aufs Spiel zu setzen. Wenn er schon nicht an sich selber dachte, so sollte er sich doch überlegen, was aus uns würde, wenn man ihn dabei erwischte.

Aber Vater wollte nicht hören.

»Man wird mich nicht erwischen, und du musst essen, damit du bald gesund wirst«, sagte er darauf.

Es war, als würde die ständige Gefahr neues Leben in ihn bringen. Er schien glücklicher, lebhafter, er lachte und machte Witze und sang die alten russischen Soldatenlieder, die ich seit Jahren nicht mehr gehört hatte. Es war ganz klar, dass er die Gefahr genoss. Mutters zornige Behauptung, er sei ein unverbesserlicher Spieler, bezog sich keineswegs auf seine Leidenschaft für Poker allein.

Ich bewunderte diese Verwegenheit und liebte ihn noch mehr als zuvor. Die Idee, dass er erwischt werden könnte, erschien mir völlig abwegig. Vater war unbesiegbar.

Im Juli war Mutter wieder recht gut beisammen, aber sie musste sich noch jeden Nachmittag hinlegen. Vater kam jetzt mehrmals täglich nach Haus, um nachzusehen, und Großmutter verbrachte ihre meiste Zeit mit uns. Die Lage wurde ganz offensichtlich jeden Tag gespannter. Deutsche Stoßtrupps plünderten Häuser, drangen in Wohnungen ein und brachten jeden um, der ihnen dabei in die Hände fiel. Sie kamen im Morgengrauen, jagten die Leute aus ihren Betten und zwangen sie, im Pyjama im Hof zu tanzen. Ihre Erfindungsgabe nahm offenbar kein Ende. Ich hatte schon das Gefühl, dass wir alle Zirkustiere waren, die jeden Augenblick aufgerufen werden konnten, sich vor einem höhnischen Publikum zu produzieren.

Am 22. Juli wurde das Ghetto von einem Kordon von Ukrainern, Litauern und Letten umzingelt und die »Aktion« begann.

So weit den Plakaten zu entnehmen war, sollten 6000 Juden pro Tag im Osten »angesiedelt« werden. Um die Durchführung zu erleichtern, wurde allen, die sich freiwillig meldeten, Brot und Marmelade gereicht, und bald bildeten sich Schlangen vor dem Tor zum »Umschlagplatz« – dem großen Platz vor dem evakuierten Krankenhaus, von wo die Züge ihre Passagiere einsammelten, hundert auf jeden Viehwaggon, mit versiegelten Türen, Fenstern, die kreuzweise mit Stacheldraht vergittert waren, ungelöschtem Kalk auf dem Boden, bewaffneten Wachen auf dem Dach, so fuhren sie ab und wurden nie wieder gesehen.

Die Krauts lehnten es ab, sich von Brot und Marmelade einfangen zu lassen. Aber Rachel verschwand gleich in der ersten Woche. Als sie eines Abends nicht nach Haus kam, öffnete Frau Kraut ihren Reisekoffer, und da zeigte sich, dass ihr Trousseau ebenfalls verschwunden war. Rachel ging in ihrer funkelnagelneuen rosa Rüstung aus Satin und Fischbein in den Tod, in einer weißen, leicht verschimmelten Satinbluse und einem schwarzen Faltenrock. Da der junge Mann mit Schnurrbart sie nicht geholt hatte, stellte sie sich in die Schlange um Brot und Marmelade und einen versiegelten Viehwaggon.

Als Familie eines Polizisten waren wir einigermaßen sicher und auch meine Großeltern profitierten noch von Vaters Schutz.

Die Krauts hatten überhaupt keine Papiere, bei jeder Razzia fand meine Mutter für sie ein neues Versteck. Sie wurden zuerst in den Kleiderschrank gesperrt, dann in den Diwan hineingequetscht, dann in den Kohlenkübel gepresst, bis sie schließlich bei der dritten Razzia entdeckt wurden und sich der langen Kolonne draußen auf der Straße anschlossen.

Was nicht niet- und nagelfest war, nahmen sie mit, in zwei riesige Bündel verpackt, die sie jeder auf Brust und Rücken trugen, so dass sie sich kaum mehr rühren konnten. Sie schleppte ihre sämtlichen kostbaren Essenssäckchen, während sie ihm die Kleider anvertraute, eine Auswahl an Töpfen und Pfannen und den Nachttopf, der hinten herabbaumelte.

Mit Tränen in den Augen sah Mutter ihnen nach, wie sie hinter dem Tor verschwanden. Sie hatten versprochen, uns zu schreiben und zu berichten, wie es im Osten aussah, und sie hofften, uns bald wiederzusehen.

Diese dritte Razzia hatte das Haus völlig geleert. Wir waren die einzige Familie, die noch übrig war, es war höchste Zeit, dass auch wir gingen. Ein letzter Vorfall an diesem Tag beschleunigte unsere Vorbereitungen beträchtlich.

Über uns im letzten Stock lebte ein Witwer mit zwei Mädchen, Zwillinge ungefähr in meinem Alter. Er arbeitete in einer der Ghettofabriken und die Mädchen spielten den ganzen Tag über im Hof. Als die Razzia begann, war ich mit ihnen unten und passte auf die kleinen Kinder in der Sandkiste auf, die wir im Sommer gebaut hatten.

Plötzlich hörten wir von der Straße schrilles Pfeifen, verängstigte Füße rannten vorbei und das Tor wurde zugeschlagen. Wir hörten Lastwagen vor dem Haus zum Stillstand kommen und Befehle auf Deutsch und Polnisch brüllen. In einem Moment war der Hof leer. Ich war schon fast in unserem Stiegenhaus, als ich eine unserer Nachbarinnen sah, eine junge Frau, wie sie auf ihrem Balkon aufschrie und sich die Haare raufte. Sie war im zweiten Stock, und ihre Kinder, ein Baby von sechs Monaten und ein zwei Jahre altes Mädchen, waren noch in der Sandkiste. Ohne zu überlegen, drehte ich mich um, flog quer über den Hof, riss das Baby an mich, das Kleinkind hängte sich erschrocken an meinen Rock, und ich erreichte das Stiegenhaus in dem Augenblick, als das vordere Tor aufging und die »Aktionstruppe« hereinmarschierte.

Die junge Mutter rannte uns auf der Stiege entgegen, riss mir das Baby aus dem Arm und verschwand hinter ihrer Tür. Als ich aufschaute, sah ich die verschreckten Gesichter der Zwillinge über das Treppengeländer starren. Es fiel mir nicht ein, dass sie ja allein waren; mit einem freundlichen Winken rannte ich zu Mutter, die von ihrem Fenster aus alles gesehen hatte und mich jetzt krampfhaft an sich drückte, während Großmutter methodisch unsere Papiere auf dem Tisch ausbreitete. Wir wollten uns nicht zu viel am Fenster zeigen, und als wir auch eine Stunde später von nirgendsher einen Ton hörten, wurde uns klar, dass wir die einzigen Überlebenden waren.

Bald darauf kam Vater nach Haus und saß gerade bei

uns und besprach, was wir als Nächstes tun sollten, als wir draußen rasche Schritte hörten. Herr Roth, der Vater der Zwillinge, blitzte vorbei, wir hörten ihn die Stiegen hinauflaufen und die Mädchen rufen. Es war ein heißer, sonniger Tag und alle Fenster waren offen. Wir hörten seine Schritte, wie er von einem Zimmer ins andere lief, dann kurze Stille, dann einen großen Gegenstand, der von oben herabgeschleudert wurde. Einen Augenblick lang verdunkelte er unser Zimmer, dann prallte er wie ein Donnerschlag unten auf dem Zement auf.

Vater stürzte hinaus. Großmutter fiel in Ohnmacht. Mutter und ich machten uns mit Wasser und Riechsalzen zu schaffen. Keiner wagte sich zum Fenster. Früh am nächsten Morgen zogen wir aus.

21

Unsere neue Behausung lag in einem großen, modernen Haus. Die Wohnungen waren gerade von ihren Bewohnern geleert worden, die ihr ganzes Hab und Gut zurückgelassen hatten. Wir zogen in eine große, sonnige, gut möblierte Wohnung und nisteten uns im größten Raum ein. Das kleinere Zimmer und die Küche wurden bald von zwei anderen Familien übernommen.

Die Großeltern zogen auch aus, aber in einen anderen Block, in der Nähe von Tante Lola und ihrer Familie. Die Golds, Sarah und Simon, waren schon bei der ersten Razzia gefasst worden. Tosias Eltern zogen in die Bäckerei, wo ihr Vater arbeitete. Auch sie waren vorläufig noch in Sicherheit. Jola verschwand.

Die Razzien gingen weiter, aber in unserem Block, der voller Polizisten und anderer »notwendiger« Arbeiter war, fühlten wir uns verhältnismäßig sicher. Immer waren ein paar Polizisten in der Nähe – für mich ein beruhigender Anblick –, und Vater sah mehrere Male am Tag nach uns. Gegen das Loch bei den Krauts bedeutete unsere neue Wohnung eine enorme Verbesserung. Dutzende von Kindern in meinem Alter wimmelten in dem riesigen Hof herum. Keiner von uns durfte das Haus verlassen. Das Wetter war herrlich. Noch immer hörten wir manchmal Schüsse, Schreie und vorüberfahrende Lastwagen, aber unsere Wohnung lag im Seitenflügel, von dem aus die Straße nicht zu sehen war, und ich hatte mein Inneres energisch vor allem verschlossen, was da draußen vorging.

Eine Kinderbande bildete sich in unserem Hof, und ich wurde aufgenommen – eine Ehre, die ich Mutter vergeblich klarzumachen versuchte. Wir waren alle zwischen zwölf und sechzehn und wir besprachen jeden Tag die neuen Gerüchte, die durch den Block gingen. Die meisten von uns waren Kinder von Polizisten und daher gut unterrichtet. Wir wussten, wo die versiegelten Waggons ihre Reise beendeten. Ein Mann war aus Treblinka geflüchtet und zurückgekehrt, um die anderen zu warnen. Die große Mehrheit weigerte sich, seine Geschichte zu glauben, und sie versicherten einander, der arme Mensch habe den Verstand verloren. Wir glaubten ihm. Ruhig besprachen wir unsere Zukunft, fest entschlossen, mit allen verfügbaren Mitteln zu kämpfen. Da ja nichts den Tod abwenden konnte, wollten wir wenigstens vorher noch so viel Schaden anrichten als irgend möglich.

Inzwischen durchstreiften wir die übrig gebliebenen leeren Wohnungen, durchsuchten, was sie enthielten, nahmen mit, was wir wollten, und zerbrachen, zerrissen, zertrampelten das Übrige. Wenn die Mädchen sich von dem Schlachtfeld zurückgezogen hatten, urinierten die Jungen auf die Reste.

Im August brachte Vater Tante Marysia zu uns auf Besuch. Die hatte keine Bleibe mehr, ihr Haus war durchsucht und geplündert worden, und nur Vaters unvermutetes Erscheinen hatte sie davor gerettet, noch an diesem Tag deportiert zu werden. Gebückt und grau saß sie in unserem Zimmer und schaute steinernen Blicks auf Mutter, die auf dem Ofen Milch wärmte. Vater ging fort, mit dem Versprechen, irgendwo eine Wohnung für sie aufzutreiben, offenbar in der Hoffnung, dass Mutter sie zu uns einladen würde.

»Mein Haus ist deines, Marysia«, sagte Mutter und bot ihr ein Glas warme Milch an. »Du kannst immer bei uns wohnen, aber du weißt so gut wie ich, dass es nicht gehen würde.«

Tante Marysia nippte ruhig an ihrer Milch. »Keine Angst, Celia, ich bleibe schon nicht. Seit Sigi tot ist, ist mir alles egal. Mich bindet nichts mehr ans Leben.«

Mutter fing an zu protestieren, gab es aber bald auf. Tante Marysia interessierte sich wirklich nicht mehr fürs Leben. Als Vater zurückkam, verabschiedete sie sich gleichmütig und die beiden gingen zusammen fort. Vater hatte im Zimmer von irgendwelchen Leuten eine Ecke für sie gefunden. Als er wieder zu Haus war, warf er Mutter vor, zu hart und unversöhnlich zu sein, und sie verteidigte sich und sagte, Tante Marysia hätte ohnehin nicht bei uns bleiben wollen.

»Klar, nach dem Empfang, den du ihr bereitet hast, konnte sie sich hier nicht wohl fühlen«, sagte Vater.

Das Wetter blieb weiterhin sonnig und warm. Das kleine Stück Himmel, das vom Hof aus sichtbar war, war tiefblau, und in der Nacht leuchteten die Sterne heller, als ich jemals gesehen hatte. Wir schliefen in dieser Zeit recht wenig. Durch die offenen Fenster konnten wir die Geräusche der anderen Familien in den überfüllten Räumen hören.

Im Hof saßen die Männer und rauchten und besprachen die täglichen Vorkommnisse. Oft brach Streit aus, jäh und heftig. Die Nerven waren gespannt und rissen leicht. Wilde Gerüchte gingen um, und es wurde immer schwieriger, sie als Panikmache abzutun. Jeden Tag erwarteten wir jetzt den großen Schlag.

Am 4. September wurden wir in der Nacht von schrillen

Polizeipfeifen geweckt: »Alle in den Hof. Jeder nimmt nur mit, was er tragen kann.«

Schweigend packten wir und trotteten hinunter. Mit zwei Nachbarsfamilien machten wir uns auf den Weg zu einer Straße am anderen Ende des Ghettos. Die Einwohner dieses Sektors waren schon beim Ausziehen, wir betraten die Wohnung von irgendwelchen Leuten und bezogen hier einen Raum. Das sollte aber nur ein vorübergehender Aufenthalt sein. Wir hatten hier zu warten, während eine »große Selektion« durchgeführt wurde. Wer im Ghetto bleiben durfte, bekam eine Nummer. Polizisten, Arbeiter aus den deutschen Fabriken und einige andere, die für das Funktionieren der Gemeinschaft wichtig waren, wurden auf diese Art von der Deportation verschont. Alle anderen mussten gehen. Kinder erhielten keine Nummern und waren daher von jetzt an illegal. Falls sie erwischt wurden, konnte sie niemand mehr beschützen.

Wir erhielten diese Informationen, während wir auf dem grünen Plüschsofa in diesem fremden Zimmer saßen. Unsere beiden Freunde hatten keine Kinder, aber sonst war das Haus voll von ihnen.

Vater tauchte in kurzen Abständen auf, um sich zu überzeugen, dass wir noch da waren, und um Nachrichten zu bringen. Seine Papiere boten Mutter Schutz, und er hätte auch Tante Marysia zu sich nehmen können. Aber die Großeltern hatten jetzt keinen Schutz, außer Vater ließ sie als seine eigenen Eltern eintragen. Falls er das tat, konnte er Tante Marysia jedoch nicht einschließen.

Als er uns das erklärte, brach Mutter in lautes Weinen aus: »Du kannst doch nicht Papa und Mama gehen lassen!«, rief sie. »Wenn sie gehen, dann gehe ich mit ihnen.«

»Und was ist mit Marysia?«, fragte Vater.

Ich flüchtete mich aus dem Zimmer und ging die Treppe hinauf, spähte in andere Wohnungen, wo verängstigte, müde und schmutzige Leute auf Stühlen saßen oder am Boden ausgestreckt lagen. Frauen weinten oder beteten. Familien drängten sich zusammen, verbargen ihre Gesichter einer an des anderen Schultern. In einem Zimmer lag eine Frau im Bett allein. Ihr Gesicht war rot und geschwollen und sie sah sehr krank aus. Der Raum war erfüllt vom Gestank nach Krankheit, der wie eine Wolke von ihrem schweren Federbett aufstieg. Sie winkte mir und ich näherte mich ihr auf Zehenspitzen.

»Was wird mit meinem Baby geschehen?«, flüsterte sie.

Ich starrte sie schweigend an. »Schau ihn an«, stöhnte sie plötzlich. »Schau dir meinen Sohn an, meinen zwei Tage alten Sohn.«

Sie schob das Bettzeug weg, und ich sah den winzigen, rotgesichtigen Säuling neben ihr schlafen.

»Alle sind sie weg und haben mich allein gelassen. Was wird mit uns werden?«

Ich flüchtete mich hinaus, setzte mich auf die Treppe und presste meinen Kopf an die glitschige Mauer. Was sollte aus mir werden, ohne Nummer? Was sollte aus uns allen werden?

Vater kam am Abend zurück, grau im Gesicht. Er schwankte, wir machten auf dem Sofa für ihn Platz.

»Marysia ist weg«, sagte er zu Mutter. »Ich bin zu spät gekommen, ich habe sie nicht mehr gesehen. Ich will versuchen, für deine Eltern zu tun, was ich kann.«

Am nächsten Tag gingen er und Mutter in unsere alte Wohnung zurück, um ein paar Kleider zu holen.

»Soll ich dir etwas zum Lesen bringen?«, fragte Mutter.

In dem Zimmer, in dem wir jetzt waren, gab es keine Bücher. Ich zögerte. In der alten Wohnung hatte ich einen dicken Band mit biblischen Geschichten auf Jiddisch gefunden, und da ich sie nicht lesen konnte, hatte ich mich damit unterhalten, die Illustrationen mit ein paar Wasserfarben, die ich bei meinen Raubzügen gefunden hatte, zu kolorieren. Das Buch war so schwer, dass ich Mühe hatte, es auf den Tisch zu heben. Es war wohl klar, dass ich Mutter nicht bitten konnte, es durch das halbe Ghetto zu schleppen. Dankend schüttelte ich den Kopf.

Als sie ein paar Stunden später zurückkam, hatte sie das Buch und die Schachtel mit den Farben in einem großen Bündel auf ihrem Rücken. Die Leute in unserem Zimmer bewunderten ihre Energie und warfen ihr vor, mich zu verwöhnen.

»Das ist vielleicht das Letzte, was ich für sie tun kann«, antwortete sie und legte das Buch auf meinen Schoß.

Am nächsten Morgen ging ich mit Vater auf den großen Platz und wartete, während die Nummern aufgerufen wurden, und die glücklichen Besitzer steckten sich einer nach dem anderen ihre Nummer an den Mantel und verließen die Menge. Dank Vaters Bemühungen waren auch die Großeltern auf der Liste und warteten auf der anderen Seite des Platzes auf ihre Nummern. Mutter, die schon eine Nummer hatte, blieb zu Haus. Während ein Name nach dem anderen von dem Beamten an dem kleinen Tisch aufgerufen wurde, gab es jedes Mal eine Bewegung, wenn der glückliche Kandidat sich einen Weg durch die Menge bahnte. Darauf wurde die Nummer ausgestrichen, die kleine Scheibe aus Pappkarton wurde ihm an einen Aufschlag geheftet, und der nunmehr legitimierte Mensch ging heim, sofern er noch ein Heim hatte.

Wir hörten, wie Großvaters Name aufgerufen wurde. Während er sich nach vorn drängte, gab es einen kleinen Auflauf am Tisch der Beamten. Irgendjemand protestierte gegen irgendetwas. Der Beamte gab eine zornige Antwort und strich dabei ungeduldig Großvaters Nummer aus. Als Großvater endlich bis zum Tisch vorgedrungen war, schaute der Mann auf seine Liste und winkte ihn fort.

»Ihre Nummer ist durchgestrichen. Ich habe sie Ihnen gerade gegeben.«

Großvater protestierte. Der Mann deutete auf seine Liste und schrie wütend auf. Vater drängte sich durch die Menge, um ihm erklären zu helfen. Aber es war zu spät. Eine andere Nummer wurde aufgerufen, der nächste Kandidat erschien und bekam seine Nummer. Großvater stand eine Weile benommen da, dann schlurfte er langsam davon. Er bewegte sich nur mehr unter Schwierigkeiten.

In den letzten Monaten hatte er an Wassersucht gelitten, seine Beine waren geschwollen, das Gesicht aufgedunsen, kaum noch zu erkennen. Er drückte Vater die Hände und schüttelte den Kopf. Vater legte den Arm um ihn und half ihm zurück zu seinem Platz.

Ich war nicht im Stande, alles zu sehen, was vorging, da die Mauer aus Rücken und Schultern den Tisch des Beamten vor meinen Augen verbarg. Wir standen jetzt schon seit Stunden auf einem Fleck, ich war sehr müde. Bevor wir am Morgen von zu Haus fortgegangen waren, hatte mir eine der Frauen eine große Tafel Schokolade in die Tasche gesteckt. Es war Kochschokolade, bitter und zu hart zum Brechen. Jetzt wickelte ich sie aus und knabberte an einem Ende, die Oberfläche mit meinen Zähnen raspelnd, bis ich ein paar Brösel herunterbekam.

In meine Arbeit vertieft, spürte ich allmählich, dass ich beobachtet wurde. Ein paar Schritte vor mir stand ein kleines Mädchen, am Boden festgewurzelt, die Augen fest auf meine Schokolade geheftet. Als sie sah, dass ich sie anschaute, tat sie einen Schritt vorwärts. Ich hörte zu essen auf und wir maßen einander schweigend.

»Würde es dir etwas ausmachen, mir ein Stück von deiner Schokolade zu geben?«, fragte sie.

Ich wickelte das andere Ende der Tafel aus und gab es ihr. Sie nahm es mit beiden Händen und ich sah ihr zu, wie ihre Zähne längere Zeit wie wütend an der harten Schokolade bissen.

Nach einer Weile reichte sie mir die Schokolade wieder und sah mir mit scheuem Lächeln ins Gesicht.

»Das ist sehr freundlich von dir. Ich würde sonst nie, nie jemand um Essen bitten, aber ich war so hungrig ... ich bin dir sehr dankbar.«

Eine derart förmliche Ansprache hatte ich nicht erwartet, voll Überraschung schaute ich sie an. Sie war ungefähr sechs Jahre alt, gut angezogen, in einem wunderschön geschnittenen Mantel. Ihr Haar war frisch gekämmt, aber ihr Gesicht war von Staub verschmiert und ihre Augen waren rot.

»Wann hast du zuletzt gegessen?«, fragte ich.

»Gestern«, antwortete sie, und ihre Augen gingen zu der Schokolade zurück. Ich kratzte noch ein bisschen an meinem Ende und reichte sie ihr dann wieder.

»Wo sind deine Eltern?«, erkundigte ich mich.

»Ich weiß es nicht«, sagte sie, und ihr Gesicht verzerrte sich, aber sie hatte sich sofort wieder unter Kontrolle. »Sie sind gestern gegangen, um sich ihre Nummern zu holen, aber nicht wieder zurückgekommen.«

»Wo wohnst du?«

»Jetzt nirgends. Letzte Nacht habe ich auf der Treppe geschlafen, und heute bin ich gekommen, um Mami zu suchen, aber ich kann sie nicht finden.«

Wir kratzten abwechselnd an der Schokolade, bis sie verschwunden war. Ich dachte mir, dass ich sie gern mit nach Haus genommen hätte, aber dann fiel mir ein, dass ich vielleicht nicht einmal selber wieder nach Haus gehen konnte.

Als Vater von seinem Gespräch mit Großvater zurückkam, nahm ich seine Hand und schaute zu ihm auf, um ihm von dem Kind zu erzählen, aber als ich sein Gesicht sah, vergaß ich, was ich hatte sagen wollen. Als ich mich wieder umsah, war das Mädchen verschwunden.

Wir drängten uns zu einem anderen Tisch durch, wo ein anderer Beamter Vater die Hand schüttelte und ihm auf die Schultern klopfte.

»Marek«, sagte er, »freut mich, dich zu sehen. Alles in Ordnung? Wo ist deine Familie?«

Vater schob mich zu dem Mann hin. »Meine Frau ist in Ordnung, aber ich habe keine Nummer für Janie.«

Der Beamte tätschelte meinen Kopf und nahm eine Nummer aus seiner Tasche. »Das ist die Nummer meiner Tochter, aber ich kann eine andere für sie bekommen. Und jetzt bring sie am besten nach Haus und versteck sie für die nächsten paar Tage.«

Er steckte mir die Scheibe an den Mantel und winkte uns beide fort.

Vaters Hand umklammernd, schwamm ich hinter ihm durch die schlagende, stoßende Menge, die so dicht war, dass ich nichts sehen konnte außer den dunklen, schäbigen Gestalten, die uns zu trennen drohten, und ich grub meine Nägel in Vaters Handfläche und hielt mich mit meiner ganzen Kraft daran fest.

Plötzlich packte jemand meine andere Hand und fing an, mich zurückzuzerren. Durch einen Spalt in der Masse um uns sah ich Großvaters Gesicht, aufgedunsen und rot, die Augen von Tränen überflutet. Er hielt meine Hand mit beiden Händen fest und seine Lippen bewegten sich, aber ich konnte unmöglich hören, was er sagte. Einen Moment lang fürchtete ich, die beiden würden mich auseinander reißen. Ich zupfte Vater am Arm, damit er stehen blieb, aber er konnte mich nicht sehen und ging einfach weiter, drängend und stoßend und mich hinter sich nachziehend.

Ich konnte Großvater jetzt nicht mehr hinter mir sehen, aber noch immer hielt er meine Hand, und plötzlich spürte ich seine Lippen in meiner Handfläche. Im nächsten Augenblick war meine Hand frei. Ich renkte mir den Hals aus und rief nach ihm, aber die wirbelnde Menge hatte ihn schon verschlungen. Den ganzen Tag lang hielt ich meine Hand geschlossen, seinen Kuss wie einen Schatz hütend, aber meinen Eltern konnte ich davon nichts sagen.

22

Am nächsten Tag kehrten wir in unsere Wohnung zurück. Das Haus war fast leer. Wer nicht mitgenommen worden war, übersiedelte in den Polizeiblock. Das Wetter war weiterhin herrlich, die Nächte klar, und zum ersten Mal seit 1939 fingen jetzt die Luftangriffe wieder an. Russen oder Engländer, fragte ich mich, während wir auf der Treppe saßen und den Bomben zuhörten. Eines Nachts klangen die Explosionen gefährlich nahe.

War es denn möglich, dass wir jetzt von unseren Alliierten umgebracht wurden? Es wäre eine Ironie des Schicksals, aber es würde genauso schmerzen wie eine deutsche Bombe.

In unserer leeren Wohnung saß Mutter vor der offenen Balkontür und weinte unaufhörlich von morgens bis abends. Ich konnte sie schon vom Hof aus hören, von den leeren Wohnungen, die ich jetzt aufsuchte, um nur ja dieses schreckliche Weinen nicht mehr zu hören. Ich schämte mich ihres Schmerzes und versuchte, so zu tun, als wäre das nicht Mutter, sondern irgendeine andere Frau, die sich ihren Gefühlen so ohne alle Beherrschung überließ.

Meine Wanderungen führten mich in sämtliche andere Wohnungen des Hauses. Ich spähte in Laden und Schränke und brachte merkwürdige Schätze ans Licht. Überall waren die Betten ungemacht, Nachthemden lagen am Boden, Schranktüren standen offen. Ich inspizierte ihren Inhalt und riss den Mund auf, was ich da für Sachen fand. Der Laden eines Juweliers hielt mich tagelang fest, unter Schachteln mit Perlen jeder Art und Größe, Farben, Klebestoffen und imitierten Edelsteinen. Im Stock darüber war eine Kosmetikerin, ich brachte Mutter eine Schachtel mit Puder, Rouge und Lippenstift nach Hause mit und war zu Tränen gekränkt, als sie sie wegwarf, ohne sie nur eines Blickes zu würdigen. Aber eine Garnitur warmer Unterwäsche, die ich in einem anderen Zimmer fand, nahm sie an.

Eines Tages wanderte ich in den letzten Hof und kletterte in den obersten Stock. Vor mir lag der Hof des Nachbarhauses. Nichts rührte sich. Das Haus war leer. Die Sonne spiegelte sich in den schwingenden Fensterscheiben und heiße Luft stieg in schimmernden Wellen von den Mauern hoch. Ungebrochene Stille lag über der Welt. Ich bekam schon das Gefühl, als wäre ich das einzige Lebewesen, das noch übrig war, als eine Bewegung meinen Blick auffing.

Auf der gegenüberliegenden Seite in einem Raum im ersten Stock stand eine junge Frau vor dem offenen Fenster. Sie war nackt, das frisch gewaschene Haar hatte sie in einer nassen Pyramide oben auf dem Kopf festgesteckt. In einem Tümpel aus Sonnenlicht stand sie vor einem großen weißen Becken und wusch sich langsam, mit Bewegungen wie eine Tänzerin, graziös, ernst und voll Lebensfreude. Es bereitete ihr sichtlich Genuss, das Wasser auf ihrer Haut zu spüren. Vielleicht hielt auch sie sich, wie ich, für den letzten Überlebenden einer Weltkatastrophe und verrichtete eben das letzte Ritual einer untergegangenen Zivilisation.

Ich stand am Fenster und schaute ihr zu, während sie das Becken auf den Boden stellte und hineinstieg, die Füße in dem seifigen Wasser bewegte und herumspritzte. Sie hob die Arme, schlang die Hände hinter dem Kopf zusammen und schloss die Augen. Ihr der sengenden Sonne zugewandtes Gesicht trug den Ausdruck eines stillen Lächelns.

Ich zog mich auf Zehenspitzen zurück, damit ich nur ja nicht mit meinem Starren diesen Augenblick absoluten Friedens zerstörte.

Am Versöhnungstag – dem 21. September – gab es wieder eine »Selektion«, und dieses Mal wurden 2000 Polizisten mit ihren Familien deportiert. Die Bevölkerungszahl war seit Juli auf ein Viertel gesunken.

Wieder packten wir unsere Koffer und verbrachten eine Nacht in fremder Leute Zimmer, während wir das Ende der »Aktion« abwarteten. In der Nacht kam ein weiteres Paar dazu und richtete sich bis zum Morgengrauen auf dem Fußboden häuslich ein. Zu unserer Überraschung hatten sie beide Pelzjacken in ihren Koffern, die überhaupt gepresst voll mit wunderschönen Kleidungsstücken waren. Irgendwann in der Nacht zog der Mann einen dicken Berg von Papieren aus der Tasche und zeigte sie uns. Es waren falsche Identitäts- und Arbeitspapiere, Lebensmittelkarten und Fahrscheine für die Eisenbahn. Sie gingen »nach draußen«, sagte er. Ihre Freunde erwarteten sie, um sie aus Warschau hinauszubringen und dann weiter nach Süden in die Berge. Dort sollten andere Freunde sie über die Grenze bringen und dann weiter in die Türkei, vielleicht sogar nach Persien. Alles war bis ins kleinste Detail geplant und vorbereitet.

Schweigend starrten wir sie an. Die Ungeheuerlichkeit ihrer Pläne überstieg unseren Wortschatz. Dazu hatten wir nichts zu sagen. Die Frau öffnete ihren Koffer und wählte ein paar Kleidungsstücke aus.

»Die sollten Ihnen genau passen«, sagte sie, sie Mutter anbietend. »Wir haben die gleiche Größe. Tragen Sie sie für mich.«

Mutter nahm an, mit einem äußerst knappen Wort des Dankes. Der Mann reichte Vater einen Schlüsselbund: »Wenn die ›Aktion‹ vorbei ist, gehen Sie in unsere Wohnung und nehmen Sie sich, was Sie wollen. Sie werden eine Menge Essen finden. Nehmen Sie es, bevor es schlecht wird.«

Im Morgengrauen schlüpften sie nach einem kurzen Abschied davon, und wir blieben, schweigend dasitzend, und warteten darauf, eine neue Wohnung zugewiesen zu bekommen. Am Morgen versammelten wir uns auf einem großen Platz und erhielten alle neue Wohnungen. Vater weigerte sich, in den Polizeiblock zu ziehen, und meldete sich für den Block der Bauarbeiter. Ein Mann, der in der dichten Menge zu schwanken anfing, wurde zur Seite gedrängt und drückte seine Zigarette auf meine Hand. Vom plötzlichen Schmerz gelähmt, stand ich wortlos da, während der Mann fluchte und die zerdrückte Zigarette zu Boden schleuderte. Ich schaute zu Vater hin, aber der starrte mit grimmigem Gesicht über die Köpfe der Menge, und ich beschloss, ihm meine Hand lieber nicht zu zeigen. Seine Nerven waren so angespannt, dass ich Angst hatte, er könnte den Mann in einem plötzlichen Wutanfall umbringen. Gegen Abend kamen wir heim, um zu packen. Das war uns jetzt schon zur Routine geworden und wir wussten genau, wohin jedes Stück in unseren alten Koffern gehörten. Schweigend trugen wir unsere Sachen in eine neue Wohnung und machten uns wieder einmal daran, uns unter fremden Möbeln häuslich einzurichten.

Jetzt war meine Hand schon geschwollen und schmerzte sehr und ich musste zugeben, was passiert war. Wie ich erwartet hatte, explodierte mein Vater in furchtbarem

Zorn, schwor, dass er den Mann umbringen würde, falls er ihn nur finden könnte, und ich war froh, den Mund gehalten zu haben.

Als sein Zorn etwas nachgelassen hatte, ging er in den Gang hinaus, wo unser größter Koffer noch stand, und versuchte ihn zu heben. Zu seiner Verblüffung brachte er das Ding überhaupt nicht vom Fleck, aber ein paar Stunden vorher hatte er ihn doch durch die Straßen geschleppt, ohne sein Gewicht zu bemerken.

Er kam ins Zimmer zurück, setzte sich schwer aufs Sofa und vergrub das Gesicht in den Händen: »Ich frage mich, wie lange meine Nerven das noch aushalten«, murmelte er. »Ich hoffe, ich kann es noch eine Weile lang schaffen, denn wenn ich mich einmal hinlege, dann komme ich nicht wieder auf ...«

Unsere neue Wohnung bestand aus drei Zimmern und Küche. Wir bezogen das mittlere, das größte Zimmer, und zwei andere Polizisten bezogen mit ihren Familien die beiden anderen Zimmer. Wir waren die einzigen Polizistenfamilien in dem Block, alle anderen Bewohner standen in irgendeiner Beziehung zum Baugewerbe. Das Ghetto änderte ständig seine Gestalt, Mauern wurden umgerissen, neue aufgeführt, um jeden Bezirk zu umschließen. Es gab jetzt mehrere kleine Ghettos innerhalb der äußeren Mauern, jeder Abschnitt enthielt irgendein Industrieobjekt und Wohnungen für die Arbeiter und Angestellten. Die Tore zwischen den einzelnen Abschnitten wurden Tag und Nacht bewacht. Vater ging noch immer »nach draußen«, als Eskorte für die Lastwagen voller Ziegel oder Schutt, und er schmuggelte noch immer Essen herein. Mit den Vorräten aus der Wohnung jenes Paares, das auf so geheimnisvolle Weise »nach draußen« gegangen war, hatten wir jetzt mehr Essen als je zuvor seit Beginn des Krieges.

Unter der Ausbeute aus dieser Wohnung, die, wie Vater sagte, mit barbarischer Pracht möbliert war und auf allen Böden Perserteppiche liegen hatte, befand sich eine ganze Speckseite und ein paar riesige Tafeln Kochschokolade. Außerdem ein ganzer Koffer voll Konserven. Frische Milch, Butter, Käse, sogar Eier kamen täglich aus Vaters Taschen zum Vorschein.

Am 3. Oktober war das erste Stadium der Neuansiedlung beendet und Frieden senkte sich über die Reste des Ghettos.

Da jeder Einwohner, der im Besitz einer Nummer war, sich seinen Lebensunterhalt selbst verdienen musste, gingen Mutter und auch die anderen Polizistenfrauen zur Arbeit. Jeden Morgen machten sie sich zu einem Trümmergrundstück auf, wo sie Schutt und Ziegel siebten. Da sich ihre eigenen Schuhe gleich am ersten Tag auf der Baustelle in nichts aufgelöst hatten, trug Mutter über Vaters Wollsocken meine Schnürstiefel. Außerdem hatte sie einen guten Mantel, der aus der geheimnisvollen Wohnung stammte, einen Schal auf dem Kopf und dicke Handschuhe. Jeden Tag sah ich sie wieder mit dem gleichen Schock des Erstaunens an. In dieser dicht vermummten Babuschka konnte ich meine Mutter nicht erkennen.

Die geheimnisvolle Wohnung verlor ihre Rätselhaftigkeit, als wir herausfanden, dass sie wohlhabenden Schmugglern gehörte. Auf seinem letzten Besuch dort stieß Vater auf ein paar andere Vertreter dieser Interessengemeinschaft, und zwischen ihnen entwickelte sich eine merkwürdige Freundschaft.

Als Mutter davon hörte, war sie entsetzt. Schmuggler waren nicht besser als Diebe oder Banditen, niedrigstes Gesindel, Abschaum. Ich lauschte ihrer empörten Rede, während in meinem Geist der Rhythmus von Kiplings Gedicht auf gedämpften Hufen galoppierte. Ich hoffte, ich könnte die Schmuggler einmal sehen, und überlegte, ob sie wohl Radmäntel und Kapuzen trugen.

Inzwischen hatte ich mich mit unseren neuen Wohnungsgenossen angefreundet. Das Ehepaar Beatus bewohnte das kleine rosa Zimmer mit den Kindermöbeln. Sie waren jung und schüchtern, hatten beide an der Sorbonne studiert und waren 1939 nach Warschau heimgekommen, um zu heiraten. Bevor sie aber nach Frankreich zurückkehren konnten, brach der Krieg aus. Herr Beatus studierte Philosophie. Er war ein dünner junger Mann mit kurz geschorenem Haar und einem kleinen Gesicht, das er hinter riesigen Hornbrillen versteckte. Er war so kurzsichtig, dass er ständig gegen die Möbel rannte, über seine eigenen Füße stolperte und sich fortwährend für seine Ungeschicklichkeit entschuldigte. Was er bei der Polizei zu suchen hatte und wie er da jemals hineingekommen war, blieb auf ewig ein Rätsel. Anscheinend hatte er irgendeine Schreibtischarbeit, verbrachte seine Tage mit der Nase tief in Papieren und hatte nicht die geringste Ahnung, was rund um ihn vorging. Seine Frau war eine Blondine mit Hakennase, genauso aufgeweckt und energisch wie er verschwommen und vage. Buchstäblich und metaphorisch hatte sie in diesem Haushalt die Hosen an und Vater warf immer bewundernde Blicke auf ihre schlanke Figur in den grauen, makellos geschnittenen Jodhpurs und den spiegelblank gewichsten, kniehohen Stiefeln. In einer Schürze mit Rüschen spülte Herr Beatus jeden Abend das Geschirr und putzte das Gemüse für die morgige Suppe. Vollkommene Harmonie herrschte in dem kleinen Haushalt, und man hätte nicht leicht zwei Leute gefunden, die verliebter ineinander waren.

Mutter schloss sie beide ins Herz und achtete unauffällig darauf, ob sie auch genug zu essen hatten. Wir hatten jetzt mehr, als wir brauchten, während die Beatusse nichts hatten als ihre Rationen. Herr Beatus lehnte Schmuggel ab und gab sich die größte Mühe, innerhalb der Grenzen der Legalität zu existieren. Unsere häufigen Einladungen zum Abendessen konnte er allerdings nicht gut ablehnen. Vater zog dann die Aufmerksamkeit von Frau Beatus auf sich, während Mutter den Teller von Herrn Beatus nachfüllte, bevor er Zeit fand zu protestieren. Von Mutter und mir flankiert, durch seine Brillen von der übrigen Welt isoliert, blind gegenüber den flehenden Blicken seiner Frau, aß er stumm vor sich hin. Nach dem Essen tauchte er aus seinem Traum wieder auf, dann hielten die beiden einander an den Händen und erzählten von Paris.

Ich saß zwischen ihnen, hörte den Geschichten zu und war überglücklich. Mitanzusehen, wie Mutter, nicht länger weinend, sondern im Gegenteil lächelnd, in einer neuen, traurigen Weise lächelnd, die beiden hungernden Beatus taktvoll fütterte und gelassen zuschaute, wie Vater mit der jungen Frau flirtete, all das griff mir richtig ans Herz.

Und in der Nacht führten Mutter und ich, in unserem neuen, gemütlichen Bett, endlich einmal nicht gestört von Wanzen, lange geflüsterte Gespräche miteinander. Sie träumte laut vom Leben nach dem Krieg. Anscheinend war ja das Ende wirklich schon ganz nahe. Jeden Tag konnte es so weit sein. Plötzlich würden am Himmel lauter Fallschirme aufblühen und eine ganze Armee zu uns herniederschweben. Und wir würden heimgehen. Im Nu würde unser Leben zu genau dem Moment zurückschnappen, wo es 1939 unterbrochen worden war. Ich wäre wieder mit Stefa im Kinderzimmer. Meine Bücher und Spielsachen stünden alle an ihrem Platz. Die Großeltern wären wieder in ihrer eigenen Wohnung ...

Mutter schmiedete weiter ihre Pläne: »Wir werden uns um Jola kümmern und vielleicht auch noch um ein anderes Kind. Vielleicht adoptieren wir auch ein paar Waisenkinder und nehmen sie zu uns nach Haus. Hättest du das gern?« Und ob ich das gern hätte! Ich erdrosselte sie fast vor Freude.

»Wir werden eine ganz andere Art von Leben führen. Keiner wird jemals mit leeren Händen von meiner Tür gehen, das schwöre ich bei Gott, nur lass uns bitte alle zusammen wieder nach Haus kommen.«

»Was du da träumst, ist ein kapitalistischer Traum, Genossin«, unterbrach uns Vater von seinem Sofa. »Nach dem Krieg werden die Russkis hier sein und wir werden den Kommunismus bekommen. Und dann gilt, was dein ist, ist mein, und was mein ist, geht niemand was an. Es wird keine Bettler an deiner Tür geben, denn du wirst keine eigene Tür haben. Wir werden alle auf einer Kolchose arbeiten und Gemeinschaftskartoffel graben. Hör also bitte auf damit, hier subversive Träume zu nähren.«

»Geh zu Bett, Genosse Eule, und hör auf zu unken. Pessimismus ist ein Vergehen gegen den Staat. Defätismus heißt das, wenn ich nicht irre, und ganz egal, was wir sonst haben, *das* brauchen wir jedenfalls nicht.«

Mutter hat sich wirklich verändert, dachte ich, kuschelte mich an sie und schlief ein.

Unsere anderen Nachbarn im ersten Zimmer waren die Szereks. Er war ein großer, barscher Mann, der selten den Mund aufmachte und dessen einziger Zeitvertreib das allabendliche Pokerspiel mit Vater war. Ob er aber Glück hatte oder nicht, Herrn Szereks Gesicht zeigte immer die gleiche Verdüsterung.

»Also daher kommt der Ausdruck ›Pokergesicht‹«, erkannte ich, als ich ihn eines Abends beobachtete. »Eigentlich sollte es ›Szereksgesicht‹ heißen«, dachte ich, und so habe ich das für mich auch immer genannt.

327

Frau Szerek war älter als ihr Mann – dünn, grauhaarig und unfrisiert. Ihre Stimme war so durchdringend und unangenehm wie eine ungeschmierte Tür. Ihr Zimmer war immer ein Durcheinander, die Betten ungemacht, das Geschirr wurde erst dann gespült, wenn es für die nächste Mahlzeit gebraucht wurde. Aber sie hatte einen Vorzug: Ihre Kartoffelpuffer waren unübertroffen. Wenn sie mit ihrer Schlamperei und Nörgelei wieder einmal alle an den Rand des Nervenzusammenbruchs getrieben hatte, dann bereitete sie ihren Teig und kündete mit lauter Stimme an, sie würde heute Abend braten und alle seien willkommen. Und ganz egal, wie wütend wir uns schworen, unsere Räume nicht zu verlassen, der verführerische Duft strömte unter den Türen hindurch in unsere Münder und schließlich fanden wir, zaghaft, schuldbewusst grinsend, doch noch irgendeine Ausrede, um im Gang nach etwas zu suchen. Um dahin zu gelangen, mussten wir allerdings durch das Zimmer der Szereks, und dort stand Frau Szerek über dem kleinen Herd und behielt die Bratpfanne im Auge.

»Ich glaube, die werden heute besonders knusprig«, sagte sie dann einfach zur Luft, während wir über den Boden schlurften. »So richtig knackig, da wette ich.« Es wäre unhöflich gewesen, sie zu ignorieren.

»Sie sehen vollkommen aus, Frau Szerek«, sagten wir dann zustimmend.

»Na also, dann kosten Sie doch«, forderte sie einen sofort auf.

Wir wehrten ab.

»Doch, doch, bitte! Ich glaube, ich habe nicht genug Salz hineingegeben. Bitte sagen Sie mir's! Nehmen Sie doch einen und sagen Sie mir, ob noch etwas fehlt.«

Aber das kam nie vor. Die Kartoffelpuffer waren immer der Gipfel der Vollkommenheit. Bald war das ganze Zimmer voll, wir saßen vollzählig auf den ungemachten Bet-

ten herum und verbrannten uns die Finger an den heißen
Puffern. So aßen sie sich viel lustiger. Messer und Gabel
war viel zu umständlich. Frau Szerek machte mit vor
Glück und Hitze geröteten Wangen Kaffee und unsere
ganze schlechte Laune schmolz dahin in der glücklichen
Glut eines wohl gefüllten Magens.

Wir saßen da und plauderten. Die Männer pokerten.
Rundum war Friede.

Die Szereks hatten einen siebzehnjährigen Sohn, Mietek, und in den ersten Wochen unseres Aufenthalts in der
neuen Wohnung, bevor auch er zur Arbeit musste, waren
wir unzertrennlich. Mit demselben Pack Karten, das unsere Väter zum Pokerspielen verwendeten, spielten wir unaufhörlich und voll Leidenschaft Gin Rummy, vom frühen
Morgen bis zum Abendessen. Natürlich gab es sonst absolut nichts anderes zu tun.

Es gab keine Bücher und keiner von uns durfte hinaus.
Bald stellte sich heraus, dass wir einander wirklich nichts
zu sagen hatten. Unsere anfänglichen Versuche, ein Gespräch in Gang zu bringen, endeten in wüsten Streitereien.
Aber die Karten verhinderten jedes Gespräch und gaben
uns etwas zu tun. Sogar Vater, der bisher Spielkarten in
den Händen von Kindern für den Gipfel des Verderbens
gehalten hatte, gab vor, nicht zu wissen, auf welche Weise
ich meinen Tag verbrachte.

Als auch Mietek zur Arbeit ging, blieb ich ganz allein zu
Haus. Zuerst spielte ich Solitaire, fand es aber bald zu
blöd, mich den ganzen Tag damit abzugeben. Dann fand
ich einen Flecken Leinen und Faden und versuchte mir
selber das Sticken beizubringen, aber wegen meiner Hand
konnte ich keine Nadel halten.

Diese Hand hatte uns übrigens Sorgen gemacht, seit wir
in diese Wohnung eingezogen waren. Die Brandstelle
wollte einfach nicht heilen. Wir hatten es mit jeder be-

kannten Medizin versucht, aber nichts hatte genützt. Jetzt sah die Wunde wie ein Miniaturvulkan aus, mindestens drei Zentimeter hoch, Blut und Eiter speiend und ihren Fuß in einem vollkommenen Kreis weiter über meine Handfläche ausbreitend. Ein- oder zweimal sah es so aus, als würde der Vulkan seine Aktivitäten verringern, aber wenn ich mir gerade die größten Hoffnungen machte, brach er wieder aus, mit verstärkter Heftigkeit. Der Arzt wurde gerufen, murmelte düster etwas von Sekundärinfektion, ohne dass er jedoch die Primärquelle finden konnte. Vaters Schmuggler versorgten mich mit Medikamenten, darunter eine Reihe von außerordentlich schmerzhaften Injektionen, aber der Vulkan fuhr mit seinen Ausbrüchen fort, und der Arzt erklärte, dass meine Hand, ganz gleich, was jetzt noch geschähe, für den Rest meines Lebens eine Narbe haben würde. Als ich kurze Zeit nach seiner letzten Visite Mandelentzündung bekam, da wollte Mutter ihn nicht wieder holen lassen. Das war schließlich eine ganz alltägliche Krankheit, sie wusste schon, wie sie damit fertig wurde. Ihrer Geschicklichkeit zum Trotz erwies sich jedoch auch diese Krankheit als hartnäckig und nach einer Woche voll Elend brachte Vater einen neuen Arzt nach Haus. Er war ein alter Freund von der Universität und außerdem ein bekannter Gynäkologe. Da er seit seiner Arbeit auf der Internen Station vor vielen Jahren kein Kind mehr untersucht hatte, wollte er nur sehr ungern eine Diagnose wagen, ließ sich aber schließlich von Vater erweichen, setzte sich an mein Bett und schaute mir in den Mund. Misstrauisch sah ich ihm zu, wie er einen langen hölzernen Stift schnitzte, ihn mit Watte umwickelte und in meinen Hals hineinsteckte.

Düster starrte er dann an, was er da herausgefischt hatte. »Wie ich schon sagte, ich weiß wirklich nicht mehr sehr viel von Kinderkrankheiten«, begann er, »aber ihr

Hals gefällt mir nicht, und ich halte das nicht für Mandelentzündung. Das sieht mir eher nach Diphtherie aus ...«

Kaum hatte er das Wort gesagt, fiel Mutter in Ohnmacht. Als sie wieder zu sich kam, brach sie in Tränen aus. Das war zu viel auf einmal. Zuerst verschwanden ihre Eltern, jetzt sollte ihr Kind sterben, und noch dazu auf eine so grässliche Weise. Sie konnte das nicht ertragen.

Während der Arzt sich um sie bemühte und noch einmal schwor, dass er sich mit größter Wahrscheinlichkeit geirrt hatte, stand Vater am Fuß meines Bettes und starrte mich an. Zum ersten Mal sah ich ganz deutlich Furcht auf seinem Gesicht – Furcht und eine Art von entsetztem Mitleid, und ich wusste, dass er mich schon mit dem Erstickungstode ringen sah. So starb man nämlich an der Diphtherie. Man bekam keine Luft mehr, und dann schnitten sie einem die Kehle durch. Es war ein schrecklicher Tod. Aber ich fühlte mich gar nicht dem Tode nahe. Mein Hals war fast frei. Was mir wehtat, waren ein Knie und ein Ellbogen und meine beiden Schultern. Aber danach hatte mich der Arzt nicht gefragt, und ich traute mich nicht, es ihm zu sagen.

Als er endlich ging und Mutter sich, noch immer weinend, aufs Sofa legte, versprach ihr Vater, dass er morgen einen anderen Arzt auftreiben würde. Aber es dauerte mehr als einen Tag, bis er einen gefunden hatte, und bis dahin waren meine Gelenke bereits geschwollen und überaus schmerzhaft. Mutter bestand darauf, mich mit sämtlichem Bettzeug zuzudecken, das wir hatten, während ich nicht einmal das Gewicht eines Leintuchs auf meinem Körper ertrug. Wie ich so dalag, schwitzend, vor Fieber brennend, mich vor Schmerzen windend und trotzdem bemüht, ruhig zu bleiben, da dachte ich, dass ich nie zuvor in meinem Leben so elend gewesen war. Und um mein Elend voll zu machen, konnte Mutter jetzt auch nicht mehr zu Hause bleiben. In ein oder zwei Tagen musste sie wieder zur Arbeit und ich hatte aufzustehen. Jemand musste die Wohnung sauber machen, während die Frauen in der Arbeit waren, und außerdem, wenn irgendeine Patrouille oder Sanitätskontrolle mich im Bett fände, dann würden sie nicht erst lang nach einer Diagnose fragen. Bestenfalls würde das ganze Haus unter Quarantäne gestellt, schlimmstenfalls würde ich einfach verschwinden.

Der neue Arzt, ein Professor der Medizin, erklärte, ich müsste im Bett bleiben, ohne eine Bewegung und mindestens drei Wochen. Ich hätte rheumatisches Fieber und jede Anstrengung würde mir einen Herzfehler eintragen. Vater trug mich hinaus in das Zimmer der Beatus, während sie drinnen die Prognose besprachen. Als der Arzt gegangen war, versammelte sich der ganze Haushalt rund um mich.

»Was für eine Art von schwerer Krankheit ist das, wenn Aspirin alles ist, was sie dafür bekommt?«, wollte Frau Szerek wissen. »Diese Professoren, Frau David, die reden immer so daher. Sie machen gern Eindruck auf Leute – da kommen sie sich selber wichtig vor. Nichts als heiße Luft, glauben Sie mir. Aspirin, haha – kann also nichts Ärgeres sein als Kopfweh, was?«

Sie wandte sich um und gab mir einen spielerischen Klaps auf den Rücken. »Das ist deine ganze Krankheit, Kleine – Kopfweh!«

Ich wand mich und Mutter sprang auf und legte ihre Arme um mich. »Professor hin, Professor her, im Bett können wir sie nicht lassen. Das ist zu gefährlich. Wenn sie zu Haus bleibt, dann wird sie sich doch nicht überanstrengen? Wenn Gott ihr Leben bisher erhalten hat, dann wird er vielleicht auch ihr Herz verschonen.«

Am nächsten Tag ging Mutter in die Arbeit und ich stand auf.

Unser Tag begann um fünf Uhr. Meine Eltern, die Szereks und die Beatus gingen zusammen fort und ich blieb allein zu Haus. Ich aß mein Frühstück, räumte unser Zimmer auf und inspizierte die beiden anderen. Das Zimmer der Beatus war immer das reinste Schmuckkästchen. Alles rosa und weiß, die Möbel glänzten, die rosa Kissen waren prall aufgeklopft. Kein Bröselchen auf dem Boden, nirgends ein Staubkörnchen.

Die Szereks waren chaotischer, ich brauchte immer einige Zeit, um bei ihnen aufzuräumen. Dann lag der ganze Tag vor mir, mit überhaupt nichts zu tun. Ich zog mich sorgfältig an und vertrödelte viel Zeit mit dem Kämmen meiner Haare. Dann wickelte ich mich in einen Wollschal, kniete mich aufs Sofa und starrte in den Hof. Er war immer leer. Das ganze Haus war wie ausgestorben. Kein Laut von einem der Fenster, nirgends je ein Gesicht zu sehen.

Ich hatte nichts zu lesen. Es gab nur eine Sammlung von Filmstars, das alte Paket Karten und einen großen Vorrat an neuen Notizbüchern, die ich in einem Schrank entdeckt hatte. Das weiße Papier hatte eine unwiderstehliche Anziehungskraft. Ich wollte alles mit Zeichnungen und Schreibereien bedecken, aber da saß ich nun mit erhobenem Bleistift und konnte keinen einzigen Gedanken fassen. Zu zeichnen gab es nichts und schreiben konnte ich nicht. Ich schaute mich langsam um. Das Zimmer war warm und gemütlich. Der Ofen brannte, alles war still, es gab Essen im Schrank, ich litt weder unter Hunger noch Kälte, aber ich war gelähmt vor Angst.

Während ich über meinem Solitaire-Spiel saß, lauerte ich mit gespitzten Ohren auf das leiseste Geräusch sich nähernder Schritte oder einer Stimme oder der Pfeife eines Polizisten. Und ganz tief drinnen bewegte mich ständig die Frage, was ich wohl tun würde, wenn sie kämen.

Dann ließ ich die Karten liegen und ging durch die Räume, bemüht, nur ja kein Geräusch zu machen, hielt den Atem an, schoss zu den Fenstern oder schlich auf Zehenspitzen zur Wohnungstür, und dort blieb ich minutenlang stehen, das Ohr ans Schlüsselloch gepresst. Dann kehrte ich in unser Zimmer zurück und starrte in den Spiegel. Drinnen, auf der anderen Seite des Glases, sah ich ein helles, schön eingerichtetes Zimmer. Es war leer und sah sehr einladend und gemütlich aus. Wenn ich nur dort hineinkönnte, dann wäre ich sicher.

Ich presste mein Gesicht ans kalte Glas und wünschte mich hinein. Ich hatte *Alice Through the Looking Glass* gelesen. Wenn sie das konnte ... Natürlich war das ein Märchen. Mit zwölf glaubte man nicht mehr an Märchen, aber wenn es vielleicht doch einen Weg gab? Wenn es vielleicht doch einen magischen, unentdeckten Weg gab, konnte er mir nicht vielleicht jetzt geoffenbart werden, wo ich das so furchtbar dringend brauchte? Gab es denn wirklich keine Wunder, keinen Fluchtweg aus der Gegenwart?

In meinen ruhigeren Momenten lachte ich mich selbst aus, aber dann warf mich eine neue Welle der Angst wieder gegen den Spiegel, und dann betete ich, dass das Glas schmelzen möge.

Sie kamen nur einmal. Ganz plötzlich waren sie da, füllten den Hof mit dem Klang barscher Stimmen und dem Klirren genagelter Stiefel auf den gefrorenen Steinen. Beim ersten Geräusch flog ich zur Eingangstür und verriegelte sie. Es war eine sehr starke Tür mit einer dicken Stahlplatte, schweren eisernen Schiebern und mehreren massiven Schlössern. Als wir hier einzogen, zerbrachen wir uns den Kopf darüber, wer wohl hier gelebt haben mochte, der solchen Schutz nötig hatte. Wir entschieden, es musste ein Gangster gewesen sein, mit vielen Feinden. Aber wer es auch gewesen war, er war zusammen mit den anderen verschwunden, die Stahltür hatte ihn nicht vor der Deportation bewahrt.

Ich segnete jeden Riegel beim Zuschieben, dann wartete ich in dem eiskalten Korridor auf den Klang von Schritten. Sie kamen nicht. Vielleicht hatten sie beschlossen, eine andere Stiege aufzusuchen.

Ich ging in unser Zimmer zurück und spähte vorsichtig zwischen den Vorhängen hinaus. Sie gingen jetzt das Treppenhaus unserem gegenüber hinauf. Ich wartete wie erstarrt, bis die Gruppe wieder herunterkam. Jetzt wandte sie sich auf unsere Seite. Ich ging vom Fenster weg und schaute wild um mich. Nirgends konnte ich mich verstecken. Ich öffnete den riesigen Garderobeschrank und vergrub mich unter den Kleidern. In der erstickenden Dunkelheit kauernd, versuchte ich die Tür zuzuziehen, ohne sie aber ganz zu schließen. Wenn sie zuging, dann würde das komische Schloss zufallen und ich wäre gefangen. Und selbst wenn ich nicht ersticken sollte, dann wäre ich jedenfalls nicht imstande, die Wohnungstür aufzumachen, und Vater hätte keine Möglichkeit, hereinzukommen.

Mittlerweile kamen die Deutschen noch immer nicht. Ich saß, wie ich meinte, stundenlang da drinnen, war mir vollkommen klar darüber, wie sinnlos es war, mich in einem Kleiderschrank zu verstecken, aber mir schienen die Kleiderschichten rund um mich eine Art Isolierung vor den Gefahren da draußen zu bieten. Es war so, als wenn man sich die Ohren zuhielt, wenn der Blitz einschlägt. Das rettet einen nicht, aber es macht die Wartezeit bis zum Einschlagen des Blitzes erträglicher.

Schließlich kroch ich heraus, ich konnte die stickige Luft da drinnen nicht länger aushalten. Vorsichtig streckte ich mich, kniff vor dem hellen Licht die Augen zusammen und schlich wieder auf Zehenspitzen zum Fenster. Der Hof war leer. Sie mussten gegangen sein, ohne dass ich es gehört hatte.

Am späten Nachmittag, als Vater wie üblich kam, um nachzusehen, ob das Feuer noch brannte und sonst alles in Ordnung war, schämte ich mich meiner Panik und brachte es nicht über mich, ihm von dem Besuch zu erzählen.

23

Die Tage vergingen unverändert und leer. Es schneite. Ich dachte sehnsüchtig an Tosia und Jola. Wenn wir nur beisammen wären. Wie herrlich wäre es, sie im selben Haus zu haben. Wir könnten einander besuchen, miteinander reden, oder wir könnten einfach dasitzen, die Arme umeinander geschlungen. Sogar Jola, die irgendwelche zärtlicheren Gefühle nie zugeben wollte, sogar sie hatte uns am Ende gezeigt, dass sie lieben konnte. Also vielleicht hätte sie jetzt nichts dagegen, umarmt zu werden? Ängstlich fragte ich mich, was wohl mit ihr passiert war, und dachte an das letzte Mal, als wir zusammen waren.

Das war bald, nachdem Mutter nach ihrer Fehlgeburt wieder aufgestanden war. Jola und Tosia kamen täglich zu uns, um zu fragen, ob sie irgendwas für sie tun konnten und ob ich mit ihnen hinausgehen durfte. An einem dieser Tage ließ mich Mutter mit ihnen gehen.

Es hatte die letzten beiden Tage gegossen, die Straßen waren voller Wasserlachen. Wir bahnten uns einen Weg zu einem Trümmergrundstück, wo mitten unter dem Schutt eine Bank stand, auf der wir unsere Konferenzen abzuhalten pflegten. An diesem Tag stand die Bank auf einer Insel, umgeben von einem tiefen Schlammsee.

»Was wetten wir, dass ich auf die Bank springen kann«, forderte uns Jola heraus.

»Wetten, du kannst nicht«, antwortete ich automatisch.

»Nicht, Jola, du wirst hineinfallen und dein Kleid ruinieren«, sagte die immer praktische Tosia.

Jola trat ein paar Schritte zurück. Ein kurzer Anlauf, ein Sprung, und schon flog sie durch die Luft. Sie kam bis zur Bank, schlug mit den Schienbeinen gegen den Sitz und fiel zurück in den Dreck.

Einen Moment lang blieb sie benommen sitzen, bis zur Taille im Wasser, und wischte sich den Schlamm vom Gesicht. Dann stand sie langsam und mühsam auf und watete steifbeinig zu uns. Ihr Kleid klebte am Körper, war ganz mit Schlamm überzogen. Schlamm klebte in ihrem Haar und quatschte in ihren Schuhen. Wir starrten sie voll Entsetzen an.

»So kann ich nicht nach Haus gehen« – ihre Stimme klang dünn wie die eines kleinen Mädchens –, »Mutter bringt mich um.«

»Komm nach Haus mit mir«, sagte ich ohne zu überlegen. »Meine Mutter wird schon etwas tun.«

Mit hängendem Kopf stimmte sie mir zu, aber auf dem Heimweg fragte ich mich, in was ich mich da wohl eingelassen hatte. Ich wusste genau, was passieren würde, wenn ich in einem solchen Aufzug nach Hause käme. Wie konnte ich sicher sein, dass Jola nicht das gleiche Schicksal blühte? Hatte sich Mutter so sehr geändert?

Zitternd öffnete ich unsere Tür. Mutter stand da wie angewurzelt, als sie die Vogelscheuche neben mir erblickte, dann brach sie in schallendes Gelächter aus. Sofort lachten auch wir mit. Im nächsten Moment stand schon ein Kübel Wasser auf dem Herd und Mutter half Jola beim Ausziehen. Sie stellte sie in unser größtes Lavoir und schrubbte sie, dann packte sie sie, taub gegen Jolas Proteste, ins Bett, einen Schal rund um ihre knochigen Schultern. Während sie ihre Kleider wusch und noch mehr

Wasser für den Tee heiß machte, lachten wir und plapperten und ich hatte das Gefühl, ich müsste sie eine nach der anderen küssen und an mich drücken. Als Jolas Kleider über dem Herd aufgehängt waren, setzte sich Mutter aufs Bett und trank mit uns Tee. Jola bekam ein Stück Zucker mit einem Tropfen von Vaters Rum darauf, eine Ehre, die mir nur zustand, wenn ich mich erkältet hatte. Jola saß in unserem Bett, das kupferne Haar in die Höhe stehend wie ein Heuschober, mit brennenden Augen und einem ungläubigen Lächeln auf ihrem Gesicht, und schaute Mutter mit unverhüllter Anbetung an, und ich dachte, ich würde vor Stolz explodieren.

Ich bügelte ihre Sachen, während Mutter ihr den Schlamm aus dem Haar bürstete, und endlich ging sie, angezogen, trocken und sauber, fort. Aber auf der Schwelle drehte sie sich noch einmal um, umarmte meine Mutter und presste sie schweigend an sich. Dann lief sie ohne ein Wort davon.

Ich rannte zu Mutter hin und drückte sie, bis sie rief, ich würde sie ja ersticken. Noch nie zuvor war ich so stolz auf sie gewesen. Zwei Tage später hatte die Neuansiedlung begonnen, und seither hatte ich Jola nicht mehr gesehen.

Eines Abends kam Vater geheimnisvoll lächelnd nach Haus und reichte mir ein Stück rosa Papier, zusammengefaltet wie ein Brief. Neugierig öffnete ich und schrie auf, als ich Tosias großes, kindliches Gekritzel erkannte.

Meine liebe Janie, las ich, *Dein Vater ist gerade zu uns gekommen und ich schreibe dieses, so schnell ich kann. Ich bin hier in dieser Backstube und wir sind sicher. Mami und Papi sind auch hier. Außer uns gibt es noch viele andere Leute und es ist sehr voll hier, aber es geht uns gut. Alle meine Tanten, Onkel und Cousinen sind weg. Nur wir drei sind noch übrig, und ich denke oft an Dich und* möchte Dich sehr gerne sehen. Ich habe eine wundervolle Nachricht für Dich: Ich bin eine Frau. Es geschah vor einem Monat, und ich bin so glücklich. Ich kann es Dir nicht erzählen. Ich verstehe eigentlich nicht, warum, aber so ist es eben. Ich bin so viel gewachsen, ich bin jetzt größer als Mami, und ich reiche Deinem Vater bis zum Ohr. Wenigstens fast. Und ich habe einen Busen. Ich brauche ihn jetzt nicht mehr mit Taschentüchern auszustopfen. Ich hoffe, Du wirst auch bald eine Frau, und wenn wir uns nächstes Mal sehen, dann sind wir keine Kinder mehr, sondern zwei junge Frauen! Klingt das nicht toll?

Meine liebste Janie, jetzt habe ich auch noch eine sehr traurige Nachricht für Dich: Jola ist tot. Papa sah sie bei einer Gruppe, die zum Umschlagplatz ging. Plötzlich stürzte sie davon und wollte zurücklaufen, und ein Deutscher erschoss sie. Er schoss sie zuerst durchs Knie, dass sie hinfiel, dann ging er zu ihr hin und schoss ihr in den Kopf. Ich habe geweint und geweint, als ich es erfuhr, sogar jetzt weine ich noch immer. Ich werde sie nie vergessen.

Muss jetzt schließen, Dein Vater will gehen. Bitte schreib und gib den Brief Deinem Vater, er kann ihn herbringen. Alles Liebe und Gute. Bitte denk heute Abend um acht Uhr an mich, ich werde auch an Dich denken.

Auf ewig

Deine Tosia

Benommen starrte ich das rosa Papier an. Jola tot. Von den vielen Toden der letzten Wochen schien das der unmöglichste, der schmerzlichste. Hatte ich deshalb in der letzten Zeit so oft an sie denken müssen? War das ihre Seele gewesen, die versucht hatte mich zu erreichen, mir etwas zu sagen? Würde sie ein Geist werden? Würde sie mir erscheinen? Sehnte sie sich ins Leben zurück? Gab es wohl außer Tosia und mir noch einen Menschen, der sie wirklich gekannt hatte und der sie betrauerte? »So lange ich lebe, wirst du meine Freundin bleiben«, versprach ich. So lang ich lebe ... wie lang wird das sein? Jolas Tod machte unser aller Tod möglich. Jetzt konnte ich nicht mehr sagen, dass mir das nicht geschehen konnte. Ein wenig war es auch mir schon geschehen.

Auf einmal merkte ich, dass Vater etwas zu mir sagte, und ich bemühte mich ihm zu folgen.

»Tosia ist eine wirklich gut aussehende junge Frau geworden«, sagte er eben, »fast hätte ich sie nicht erkannt. Sie ist jetzt mindestens einen Kopf größer als du, und was sie für eine Figur hat! Eine Wucht! Ich war ganz stolz, wie sie mir um den Hals gesprungen ist und mich wie verrückt abgeküsst hat. Aber sie hat noch immer die gleiche Quietschstimme und plappert noch immer so dahin wie früher. Ich war sehr glücklich darüber, sie alle so froh und gesund zu sehen.«

Und er sieht wirklich ganz glücklich aus, dachte ich. Er hatte Tosia sehr gern. Aber auch Jola hatte einen Stein im Brett bei ihm gehabt. Wie konnte ich ihm seine gute Laune mit dieser schrecklichen Nachricht zerstören? Außerdem – »Tod« war ein großes, ein furchtbares Wort. Ein Wort für Erwachsene. In Gegenwart meiner Eltern hatte ich dieses Wort noch nie benutzt. Und auch jetzt brachte ich es nicht heraus. Schweigend schrieb ich einen langen Brief an Tosia und ließ ihn meinem Vater in die Tasche gleiten. Er versprach, ihn am nächsten Tag abzugeben.

Die Tage vergingen ruhig, grau und kalt und fürchterlich leer. Meine Hand war endlich verheilt, wenn sie auch fast ganz von einer großen roten Narbe überzogen war. Ich fing wieder zu sticken an. Vater brachte ein paar Bücher nach Haus, eines davon, ein Western, wurde sofort als unpassend für mich abgelehnt, ich durfte es daher nicht anrühren. Zum ersten Mal wagte ich es, mit Vater zu argumentieren. Ich hatte das Gefühl, doch schon ziemlich erwachsen zu sein. Ich wusste alles über das menschliche Leben, was es zu wissen gab. Es war doch lächerlich, mir so einen dummen Western zu verbieten. Aber Vater gab nicht nach, und ich versagte es mir, mein bestes und stärkstes Argument zu benutzen. Ganz für mich fand ich, dass kein Buch mir »einen Schaden fürs ganze Leben« zufügen konnte, wenn ich doch in den nächsten Wochen oder Monaten wahrscheinlich ohnehin sterben würde. Und kein Western reichte an den Schauder unseres gegenwärtigen Lebens und unserer wahrscheinlichen Zukunft heran. Die Angst vor dieser Zukunft hinderte mich in der Nacht am Einschlafen und füllte meine wachen Stunden mit Albträumen. Aber ich konnte trotzdem nicht darüber sprechen. Die Hoffnung, dass wir verschont würden, dass schlimmstenfalls ich allein überleben würde, war uns zur notwendigen Illusion geworden. Ohne sie würde Mutter wieder zu weinen anfangen. Ohne sie würde sich Vater ins Bett legen und nie wieder aufstehen. Meine Sicherheit und mein Leben, vor jeder Befleckung durch Unreines beschützt, das war ihr einziges Ziel, die einzige Triebkraft, die sie am Leben hielt. Ich konnte ihre Träume nicht zerstören.

Allerdings entschädigte mich ein anderes Buch vollkommen für den entgangenen Western. Es war eine Sammlung von Kindermagazinen, die ich früher zu Hause immer gelesen hatte. Dieser Band hier stammte aus dem Jahr 1936, dem Jahr, da ich angefangen hatte, mich wirklich dafür zu interessieren und die einzelnen Nummern zu sammeln. Meine eigene Sammlung hatte ich natürlich mit allen anderen Büchern zu Haus gelassen und rechnete auch nicht damit, sie jemals wiederzusehen. Und hier hatte mir das Schicksal den Lesestoff eines ganzen Jahres in die Hände gelegt.

Ich blätterte die eselsohrigen Seiten mit einer Andacht um, die meine Eltern erstaunte. Sie hatten angenommen, dass ich mich nicht einmal erinnern würde, dass ich diese Geschichten vor sechs Jahren gelesen hatte, und wieder einmal wunderte ich mich über ihren Mangel an Einfühlung. Für mich war jeder Vers und jede Illustration ein Atemzug von zu Hause. Es brachte mir wieder das Kinderzimmer vor Augen und den Nachmittagstee im Esszimmer, wenn die Gäste kamen. Den Geschmack von kandierten Früchten in dickem Sirup in kleinen Untertässchen aus Kristall, den Tee in hohen Gläsern in silbernen Haltern, und mich selber, wie Stefa mich aufrief, ein neues Gedicht aufzusagen, das ich aus der letzten Nummer des Magazins gelernt hatte. Und nach dem Aufsagen einen Löffel Erdbeeren, schmelzend und süß, auf Mutters Löffel in meinen Mund geschoben. Dann applaudierten die Gäste, und ich rannte ins Kinderzimmer und vertiefte mich wieder in mein Buch.

Mit dem Magazin allein konnte ich meine Augen so abdecken, dass nur die Seite allein sichtbar war. Dann konnte ich mir einreden, wir befänden uns in Wirklichkeit im Jahr 1936 und ich war zu Hause. Im nächsten Moment würde Stefa mich zum Abendessen rufen ...

Ich hob meine Augen und mein Blick fiel auf die dunklen, fremden Möbel, die unbekannten Wände von anderer Leute Zimmer. Ich war in Warschau, drinnen im Ghetto, hinter Mauern, umgeben von einem Kordon aus bewaffneten Männern, die keine Hemmungen hatten, Kinder umzubringen. Vielleicht war dieses Buch das letzte Zeichen aus dieser anderen Welt meiner Kindheit, ein Geschenk des unbekannten Schicksals, das mir auf diese Weise die letzten paar Wochen versüßen wollte?

24

Gegen Ende November luden uns zwei von Vaters Schmugglerfreunden zum Abendessen ein. Mutter machte die heftigsten Einwände geltend. Nicht nur, dass diese Männer Schmuggler, also Verbrecher waren. Aber seit diese beiden in der großen Selektion ihre Familien verloren hatten, hatten sie sich beide »Frauenzimmer« aufgegabelt und lebten mit ihnen, als wären sie verheiratet. Noch dazu alle vier in einem Zimmer.

Auf Mutters Gesicht malte sich der heftigste Abscheu, als sie diese Information unseren Nachbarn mitteilte. Diese Männer hatten es gewagt, sich über etwas hinwegzutrösten, was ihnen auf ewig ein untröstlicher Schmerz bleiben sollte. Kaum hatten ihre Frauen diese Welt verlassen, als auch schon andere Frauen ihre Stelle einnahmen. Und sie hatten nicht einmal so viel Anstand, dieses skandalöse Benehmen zu verheimlichen. Nein, sie lebten ganz offen miteinander, alle vier in einem großen Zimmer, und verbrachten wahrscheinlich die Nächte in besoffenen Orgien. Abgehen ließen sie sich sicherlich nichts ...

Vater schob ihre Argumente mit einem ungeduldigen Schulterzucken beiseite. Darum ging es ja schließlich gar nicht. Die Männer hatten großes Glück gehabt, zwei gütige, großzügige Frauen zu finden, die nichts dagegen hatten, ihre letzten Tage mit anderen Menschen zu teilen.

Auch sie hatten ihre Familien verloren. Jeder brauchte den Trost menschlicher Gesellschaft. Wenn sie alle zusammenlebten, dann bewies das nur, wie viel Angst sie hatten. Und was diese besoffenen Orgien anging – es war einfach zu lächerlich, um darüber zu sprechen. Aber wenn Mutter schon darauf bestand – warum denn nicht? Wenn man Vergangenheit und Zukunft im Alkohol ertränken konnte, warum sollte man dann nicht trinken?

Zu meiner Freude schloss Vater auch mich in die Gesellschaft mit ein, obwohl dadurch Mutter wieder sämtliche Einwände hervorbrachte. Einer der Schmuggler hatte in der Selektion seine Tochter verloren. Das war der, der mir die Medikamente verschafft hatte, als ich krank war, und er hatte Vater gebeten mich mitzubringen. Vater erklärte mir das, während wir uns durch die dunklen Höfe vorwärtstasteten. »Sei vorsichtig, was du sagst«, warnte er mich. »Dieser Mann hat seine Tochter genauso geliebt, wie ich dich liebe, er ist jetzt ganz gebrochen. Du musst sehr lieb zu ihm sein. Er ist ein guter Mensch.«

Die Höfe waren durch Löcher in den Wänden miteinander verbunden, so dass wir nicht auf die Straße hinausmussten, und ich sah nichts außer leeren Stiegenhäusern, bis wir uns im Zimmer der Schmuggler befanden. Es war ein großer Raum, nur dürftig beleuchtet und bereits voll von Leuten. Unsere beiden Gastgeber begrüßten Vater mit begeistertem Schulterklopfen und küssten Mutter ehrerbietig die Hand. Sie hatte sich, kaum hatten wir das Zimmer betreten, merkbar versteift und entspannte sich den ganzen Abend lang nicht wieder.

Ich betrachtete neugierig die beiden Frauen, die das Abendessen richteten, und war enttäuscht. Sie sahen ganz gewöhnlich aus, schäbig gekleidet und ziemlich vernachlässigt. Sie hatten kein Make-up, ihr Haar war ungekämmt und sie bewegten sich mit größter Selbstverständlichkeit unter den Gästen. Mutter musste über ihr natürliches Aussehen wohl ziemlich enttäuscht sein, dachte ich, und freute mich darüber.

Wir saßen rund um einen großen Tisch und genossen ein vorzügliches Essen. Es gab eine Menge Wodka, und Mutter sah mit verkniffenen Lippen zu, wie Vater immer lustiger wurde. Er erzählte ein paar lustige Geschichten, ein paar waren auch nicht ganz stubenrein, und alle brüllten vor Lachen. Dann umarmte er die beiden Frauen und küsste sie auf die Wangen, um ihnen für das Essen zu danken, und benahm sich ganz allgemein in einer Weise, die speziell darauf angelegt war, Mutter auf die Palme zu bringen, sodass ich schon Angst bekam, sie würde gleich an Ort und Stelle eine Szene machen.

Nach dem Essen setzten sich die Männer zum Poker zusammen. Wolken aus Zigarettenrauch stiegen vom Tisch auf, und die Frauen zogen sich in eine Ecke zurück, um zu plaudern. Ich beobachtete Mutter, wie sie sich Mühe gab, mitzuhalten, aber ganz offenbar nicht wusste, was sie hier sagen sollte. Noch nie hatte ich sie so befangen gesehen. Unfähig, diesen Anblick länger zu ertragen, fing ich an, durchs Zimmer zu wandern, und blieb schließlich vor einem Frisiertisch stehen. Auf der staubigen, vollgeräumten Platte stand die große, gerahmte Fotografie einer Frau mit einem kleinen Mädchen auf ihrem Schoß. Neben dem Foto stand eine kleine Schachtel, eingelegt mit Muscheln und kleinen Perlmutterstücken. Der Anblick raubte mir den Atem. So etwas Schönes hatte ich noch nie gesehen, und mein erster Gedanke war Bedauern, dass das keine leere Wohnung war, wo ich mitgehen lassen konnte, was ich wollte. Aber sofort genierte ich mich dafür. Wurde ich denn zum Dieb? Mit einem vorsichtigen Finger strich ich über den unebenen Deckel des Schächtelchens und überlegte, ob ich es wohl wagen würde, sie an mich zu nehmen.

»Das ist eine schöne Schachtel«, sagte eine Stimme, ich sah schnell in den Spiegel und sah den älteren der beiden Schmuggler hinter mir stehen. Er zog einen Stuhl heran, setzte sich und hob mich auf sein Knie. Zusammen sahen wir uns die Schachtel an.

»Die hat meinem kleinen Mädchen gehört«, erklärte er. »Es war ihr Lieblingsspielzeug.«

»Sie ist sehr schön«, flüsterte ich. Der Schmerz in seiner Stimme ging mir so zu Herzen, dass ich Angst hatte, ich würde zu weinen anfangen. Schweigend saßen wir da, hielten die Schachtel zwischen uns und vermieden es, einander in die Augen zu schauen.

Da kam mir Mutter zu Hilfe. Sie hasste es, wenn die Leute mich anfassten, und da sie mich auf einem derart unpassenden Schoß sitzen sah, kam sie herbeigeeilt und zog mich weg. »Es ist sehr spät«, erklärte sie dem Mann, »wir müssen gehen.«

Vom Tisch drüben hörten wir Vater protestieren. Der Mann lächelte und strich mir übers Haar. Ich konnte sehen, dass Mutter immer ungeduldiger wurde, also nahm ich schnell seine Hand in meine Hände: »Ich bin sehr froh, dass ich gekommen bin. Ich danke Ihnen für den schönen Abend«, sagte ich und bemühte mich, diese stereotype Formel mit meinem ganzen Gefühl zu füllen. »Ich hoffe, Sie wiederzusehen«, fügte ich hinzu, während Mutter mich mit fester Hand abführte.

Ich hörte dem bitteren Wortwechsel nicht zu, der den Rest des Abends über tobte. Alles, was ich sehen konnte, war das rote, schlecht rasierte Gesicht, die zitternden Wangen und die kleinen blauen Augen, die verzweifelt auf die kleine Schachtel starrten. Die ganze Nacht träumte ich von ihm und wachte ein paarmal auf, weil ich seine Stimme hörte. Im Morgengrauen gab es eine Unruhe draußen im Gang, und wieder hörte ich die Stimme des

Mannes, aber dieses Mal drehte ich mich um und schlief weiter. Etwas später, als der ganze Haushalt aufstand, setzte sich Vater zu mir ans Bett: »Der ältere von unseren beiden Gastgebern von gestern war gerade hier«, sagte er, »er wollte dich nicht aufwecken, aber er hat das für dich hiergelassen.«

Und damit legte er mir die kleine Schachtel in die Hand.

25

Neunzehnhundertzweiundvierzig ging seinem Ende zu. Wir feierten Vaters vierundvierzigsten Geburtstag am 18. Dezember mit einer Dinnerparty, zu der wir die Szereks und die Beatus' einluden. Aber die Atmosphäre war alles andere als lustig. Ein unerwarteter Streit am Tag zuvor hatte mir alle Freude verdorben. Ich hatte für Vater ein Gedicht geschrieben und es bis zu seinem Geburtstag in einem Koffer versteckt. Wie üblich bei solchen Anlässen, schrieb ich von meiner Liebe zu ihm und von meinen Wünschen für seine glückliche Zukunft. Aber zum ersten Mal behandelte ich meinen Gegenstand mit etwas leichterer Hand und warf ihm, wenn auch durch die Blume, sein diktatorisches Benehmen vor, nannte ihn abwechselnd den vollkommenen Vater und dann wieder Iwan den Schrecklichen. Mutter las es und lachte. Sie fand es sehr gut.

Aber am Tag vor seinem Geburtstag fand Vater das Gedicht, als er irgendetwas in dem Koffer suchte. Er las es und explodierte.

Also war es schon so weit gekommen, dass sein eigenes Kind ihn zu kritisieren wagte!

Mir blieb der Mund offen. Dass Vater, der doch immer so schnell bereit war, sich über andere lustig zu machen, meine Absicht so völlig missverstehen konnte, dass er etwas so ernst nahm, was doch nur als Witz gemeint war, das war mir ganz neu und völlig unglaublich. Sogar Mutter wunderte sich und versuchte ihn zu beruhigen, zu erklären. Aber da beschuldigte er sie, mich gegen ihn aufzuhetzen. Sie unterminierte seine Autorität! Ermutigte mich dazu, frech zu sein!

Verbittert zogen wir uns jeder in eine Ecke zurück. Das würde ein trauriger Geburtstag werden. Die Atmosphäre löste sich am nächsten Abend, als unsere Gäste im Sonntagsstaat aus ihren Zimmern erschienen. Mutter deckte den Tisch mit unserem besten Leintuch – die Tischtücher waren schon längst alle verkauft. Es gab einen falschen Fisch aus Mehlknödel, Karotten und Zwiebeln, dazu Karotten und Erbsen und Kartoffel als zweiten Gang, und echten Tee. Es war ein Fest.

Herrn Beatus' Augen leuchteten auf, als er das Essen sah, und während der ganzen Mahlzeit gab er kein Wort mehr von sich. Seine Frau versuchte verlegen, seine Aufmerksamkeit von seinem Teller abzulenken, aber Mutter schüttelte nur leicht den Kopf und bestand darauf, ihm zum dritten Mal den Teller zu füllen. Sie selber aß absichtlich recht langsam, damit er nicht der Letzte blieb, der noch aß. Ich bemerkte das Manöver und war ihr sehr dankbar.

Das Dinner war ein voller Erfolg, die Gäste priesen jeden Gang, und Mutter, mit vor Glück geröteten Wangen, war so stolz, als hätte sie eine höchst kunstvolle Mahlzeit zubereitet.

Nur Vater war traurig. Er antwortete auf die Toasts – mit selbst gebrautem Wodka – mit einem schmerzlichen Lächeln und schüttelte den Kopf, wenn die Gäste ihm ein langes Leben wünschten. »Das ist mein letzter Geburtstag, machen wir uns doch nichts vor«, sagte er als Antwort auf ihre kleinen Ansprachen. »Ich weiß es, und ich möchte nur wissen, wer von uns hier das nächste Jahr überleben wird.«

Seine Augen wanderten langsam um den Tisch, und die Köpfe neigten sich, einer nach dem anderen. »Janie vielleicht, wenn sie Glück hat. Vielleicht erinnert sie sich einmal an ihren Vater und denkt besser von ihm, als sie das jetzt tut.« Er zog mich an sich, und ich schluckte meine Tränen und verbarg das Gesicht an seiner Schulter. Ich konnte ihm nicht noch einmal meine Liebe beteuern, schon gar nicht vor allen diesen Leuten.

Mutter brach das lastende Schweigen mit einem halb lustig, halb empört gemeinten Ausruf. Was war Vater doch für eine Unke, wenn er ein bisschen was zu trinken hatte! Das musste wohl dieses spezielle Gebräu sein, das er von seinen Schmugglern bezog. Was für eine Ansprache an seinem eigenen Geburtstag!

Die Gäste unternahmen tapfere Anstrengungen, um die Atmosphäre wieder aufzuheitern. Herr Szerek erzählte eine fürchterlich zweideutige Geschichte und Mietek bekam einen solchen Lachanfall, dass er fast an einer Kartoffel erstickte. Wir klopften ihm alle auf den Rücken und in der allgemeinen Aufregung vergaßen wir Vaters Rede.

Die Wintertage vergingen einer nach dem anderen. Vater ging noch immer »nach draußen« als Eskorte für die Schuttkarren und brachte Essen für uns herein. Wir wussten, dass er sein Leben dabei aufs Spiel setzte, und wünschten, er würde endlich damit aufhören. Allerdings hätten wir dann nichts mehr zu essen gehabt. Er erzählte uns nur selten, was wieder Gefährliches passiert war, aber wenn er an manchen Tagen heimkam, sah er noch grauer und noch erschöpfter aus als sonst, und dann wussten wir, dass wieder etwas geschehen war. Und manchmal, wenn er schon im Bett lag, kam eine Geschichte heraus.

Ein Kollege kaufte ein paar Gramm Butter und schmierte sie auf ein Sandwich, das er seiner Frau bringen wollte. Der Gendarm öffnete das Sandwich und erschoss ihn. Vater hatte ein halbes Pfund Butter in der Tasche. Während der Gendarm ihn durchsuchte, schob er die Tasche mit seinem Ellbogen herum, tat dabei so, als wollte er nur dem Gendarm die Suche erleichtern; und irgendwie wurde die Tasche nicht aufgemacht.

An einem anderen Tag wollte der Gendarm den Schuttkarren inspizieren. Ein Sack Kartoffeln war in dem Karren versteckt, und die Gruppe von Arbeitern stand mit ihren Schaufeln herum, vor Schreck nicht fähig, mit dem Abladen zu beginnen. Der Gendarm wurde ungeduldig. Jeden Augenblick konnte er Verdacht schöpfen. Da packte Vater eine Schaufel und fing wie wütend mit dem Abladen an, warf den Schutt in die Luft, dass eine Staubwolke in die Luft stieg und der Gendarm etwas zurückwich. Vater schrie die Männer an, sie sollten anfangen, und plötzlich verstanden sie, was er wollte, und schmissen die Ziegel und den Schutt heraus, so schnell sie nur konnten. Sie waren schon fast unten am Boden angelangt, wo der Sack lag, als der Gendarm, der schon genug hatte von dem Mist, den sie machten, ihnen befahl, alles wieder aufzuladen. Offenbar war in dem Karren ja nichts versteckt, sonst würden sie doch nicht derart eifrig beim Abladen sein ...

Manchmal hörte ich ihn von meinem Bett in der Ecke aus mit müder Stimme zugeben, dass er nicht wusste, wie lange er noch so weitermachen konnte, dass er keine Kraft mehr hatte und dass er nichts anderes mehr wollte, als sich hinlegen und nicht mehr aufstehen: »Ich muss so lange durchhalten, als Janie noch hier ist. Wenn sie geht, gebe ich auf. Wenn sie in Sicherheit ist, dann weiß ich, dass ich in Ruhe sterben kann.«

Mutter murmelte dann irgendwas, dass man nicht aufgeben sollte, solange man lebte, aber auch sie schien sich in ihr Schicksal ergeben zu haben. Und ich fragte mich, was ich tun sollte. Wenn ich mich bereit erklärte zu gehen, würden die beiden dann wirklich aufgeben und sterben? Sollte ich also bleiben? Und wenn wir alle zusammen sterben mussten? Wäre es besser, jetzt zu sterben, als in ewiger Unsicherheit zu leben, oder vielleicht allein? Aber die Vorstellung, ohne die beiden allein zu überleben, war mir unvorstellbar schrecklich. Nein, was auch geschah, entweder wir lebten zusammen oder wir starben zusammen. Keiner von uns durfte die anderen im Stich lassen. Wenn es wahr war, dass sie – wie sie mir so oft gesagt hatten – nur für mich lebten, dann würden sie doch alles daran setzen, um zu überleben, selbst wenn ich auf der »anderen Seite« war, damit wir uns nach dem Krieg wieder trafen. Und ich musste alles versuchen, um für sie am Leben zu bleiben. Es wäre unerträglich furchtbar für sie, mich nach dem Krieg womöglich nicht mehr zu finden.

26

Die friedlichen Tage konnten nicht dauern. Am 18. Januar 1943 wurden wir von den Trillerpfeifen der Polizei geweckt. Als wir uns hastig in der Dämmerung anzogen, spürten wir alle, dass es diesmal das Ende war. Diesmal konnten wir nicht entkommen, es gab keine schützenden Papiere, nichts konnte uns mehr retten. Wir stolperten in dem schwachen Licht, rauften mit unseren Kleidern. Mutter schluchzte nervös, und Vater war zum ersten Mal zu sehr mit sich selbst beschäftigt, um sich darum zu kümmern.

Wir versammelten uns draußen vor dem Haus in der eisigen Finsternis und standen lange da, mit den Füßen aufstampfend, in unsere frierenden Hände hauchend. Als die Dunkelheit dem trüben Winterlicht wich, sahen wir andere fröstelnde Gruppen vor anderen Häusern warten. Die Deutschen, die uns bewachten, waren alle schon älter und verwirrt. Das war nicht die SS, sondern die Wehrmacht, und die meisten erinnerten sich noch an den Ersten Weltkrieg. Sie antworteten höflich auf unsere Fragen und gaben zu, dass sie keine Ahnung hatten, was aus uns werden sollte. Sie machten sich Sorgen, ob wir auch warm genug gekleidet waren, und liefen bereitwillig in unsere Wohnungen, um uns Schals und Mäntel zu bringen, die wir in der Panik vergessen hatten.

Da erschien eine Gruppe von SS-Offizieren am Ende der Straße. Sie kamen näher, bellten Befehle, und die Gruppen sprangen ins Leben und formten sich zu einer langen Kolonne. Als wir an die Reihe kamen, schlossen wir uns den anderen an und marschierten langsam auf die Hauptstraße zu. Als wir um die Ecke bogen, schlug uns eisiger Wind ins Gesicht. Breit und verlassen lag die Straße da, die Häuser zu beiden Seiten schweigend und leer. Glasscherben krachten unter unseren Füßen. Hier und dort bezeichnete ein Bündel Kleider, eine Blutlache, ein Hut den Durchzug einer anderen Kolonne. Mit gesenkten Köpfen schlurften wir langsam voran. Die Straße vor uns führte geradewegs zu den Toren des Umschlagplatzes, von wo die Züge nach Treblinka abfuhren. Einmal hinter diesem Tor, gab es kein Zurück mehr.

Als wir uns weiter näherten, tauchte aus einer Seitengasse eine weitere Kolonne auf, und während die beiden Gruppen aufeinanderstießen, herrschte kurze Zeit eine gewisse Verwirrung. In diesen Minuten bemerkten wir, dass die Polizisten an der Spitze der Kolonne beim Passieren des Tores zur Seite treten mussten, während ihre Familien hineinmarschierten. Damit war Vaters Entschluss gefasst.

Mutter und mich an der Hand nehmend, drehte er sich um und marschierte zurück. Hinter uns kamen die Szereks und noch ein anderes Paar. Die Beatus weigerten sich. Herr Beatus hatte den Kampf aufgegeben, er starrte jetzt auf die näher kommenden Tore wie ein Vogel, den eine Schlange hypnotisiert hat. Er ging seinem Untergang entgegen und niemand konnte ihn mehr aufhalten. Er schob sogar seine Vordermänner vorwärts, nur um schneller dort zu sein. Wir marschierten im Gleichschritt in völligem Schweigen, mit geraden Rücken und hocherhobenen Köpfen. Die beiden Kolonnen hinter uns waren noch immer dabei, sich neu zu formen, niemand bemerkte unseren

Rückzug. Wir kamen an ein paar verstreuten Gruppen vorbei, die von Deutschen vorangetrieben wurden, wir hörten Schläge, Stöhnen, Schüsse. Unsere Rücken schmerzten in Erwartung der Kugeln. Aber niemand hielt uns auf, bis wir zur Ecke unserer Straße kamen, wo uns zwei junge Soldaten keuchend entgegenkamen und uns fragten, ob wir Pässe hätten.

»Wir haben Pässe«, antwortete Mutter ruhig.

»Dann machen Sie, dass Sie von der Straße wegkommen, bevor Sie erschossen werden«, rieten sie uns und hasteten davon.

An der Ecke zu unserer Straße packte ein höherer SS-Offizier Vater am Ärmel und brüllte ihm ins Gesicht, mit einem Revolver herumfuchtelnd. Vater sprach kaum Deutsch, und in der folgenden Konfusion wurde ihm der Revolver auf die Brust gesetzt, während der Deutsche, den Finger am Abzug, ihn aus voller Kraft anschrie.

Ich war schon am Morgen zu Eis erstarrt, in meinem ganzen Körper war keine Spur von Gefühl mehr vorhanden, während ich das puterrote, wütende Gesicht betrachtete, die Adern, die auf dem dünnen Hals wie Seile anschwollen, den schreienden Mund. Ich beobachtete Vater, der ganz reglos stand, ein halbes Lächeln im Gesicht, während er in freundlichem Ton versprach hierzubleiben und auf den Offizier zu warten, der uns eine Minute hier stehen lassen musste, aber später zurückkommen würde, um sich mit uns zu befassen.

Er verließ uns im Laufschritt, wedelte mit seinem Revolver jemand anderem vor der Nase herum und brüllte uns an, uns ja nicht zu rühren. Dann verschwand er in einem Haus, und im selben Moment gaben wir auch schon Fersengeld. In einer Minute waren wir um die Ecke und im Hof des Polizeiblocks. Der Platz war völlig verlassen. Es gab in diesem Block mehrere große Häuser und die Höfe waren durch Tunnels verbunden, durch Löcher in den Verbindungsmauern, Dachpassagen und Keller, sodass man den ganzen Block entlanggehen konnte, ohne einen Fuß auf die Straße zu setzen.

Wir durchquerten drei Höfe, bevor wir auf eine lebende Seele stießen, die aber dann zu unserer Überraschung und Erleichterung der Mann von einer von Mutters Cousinen war. Er grüßte uns mit offenen Armen.

»Und wo ist Bertha?«, fragten wir.

»Versteckt. Wir haben ein gutes Versteck gebaut, dort wird sie bleiben, bis alles vorüber ist.«

»Könntest du Celia und Janie dorthin mitnehmen?«, fragte Vater. »Wir wissen nicht, wo wir hingehen sollen.«

Henryks Gesicht änderte seinen Ausdruck. »Tut mir leid, ich kann nicht helfen.«

Wir schauten ihn ungläubig an. »Aber wir wissen nicht wohin«, erklärte Vater. »Um mich selber mache ich mir keine Sorgen, aber wenn ich Celia und Janie draußen lasse, werden sie von der ersten deutschen Patrouille mitgenommen. Ich sagte dir doch, wir kommen gerade zurück von den Toren des Umschlagplatzes.«

»Es tut mir leid, Marek, aber hier ist jeder sich selbst der Nächste. Ich habe meine Frau versteckt; du musst für deine Familie das Gleiche tun. Ich kann nicht alle anderen dadurch gefährden, dass ich das Versteck aufmache.« Damit drehte er sich auf dem Absatz um und verschwand.

Wir betraten eine leere Wohnung im Erdgeschoss und setzten uns wortlos nieder. Nach einiger Zeit schneiten die Szereks und noch zwei andere Paare herein. Von der Straße hörte man Schreie, Brüllen und das Geräusch von Schlägen. Trillerpfeifen schrillten, Autos dröhnten vorbei.

»Hier können wir nicht bleiben«, sagte jemand. »Das heißt das Unglück herausfordern. Wenn wir schon kein

Versteck finden, dann können wir uns doch wohl etwas von der Straße entfernen.«

Wir fanden eine Wohnung im obersten Stock und gingen in das kleinste Zimmer mit Aussicht auf die Straße. Im ersten Zimmer gab es einen schweren Kleiderschrank, wir dachten, damit könnten wir ja immerhin die Tür verbarrikadieren.

Was auch immer geschah, uns würden sie mit keinem Aufruf mehr hinunterbringen. Sollten sie uns nur drohen, sollten sie nur schießen oder Granaten werfen. Wir mussten hierbleiben.

Alles war besser als der Umschlagplatz.

In dem Zimmer gab es einen Diwan und ein Feldbett und ein paar Stühle. Wir verbrachten den Tag und die Nacht hier und streckten uns aus, so gut wir konnten, die Männer auf den Stühlen und dem Boden, die Frauen und ich auf den Betten. Irgendjemand brachte einen Laib Brot zum Vorschein, jemand anderer eine Thermosflasche mit warmem Kaffee. Am nächsten Morgen fing die »Aktion« wieder an. Anscheinend löste sich jetzt das ganze Ghetto auf. Vater und die Männer gingen ein Versteck suchen und kehrten zurück und sagten uns, dass sie im Nebenhaus eins gefunden hätten.

Es war ein recht schlechtes Versteck. Es war eigentlich exponierter und gefährlicher als die Wohnung, aber wir gingen trotzdem hinein. In dem kleinen Keller hockten eng aneinandergedrückt ungefähr fünfzig Menschen auf dem Boden und auf einer Reihe von Brettern unter der niedrigen Decke. Licht gab es keines, dafür aber ein kleines Fenster mit eingeschlagenen Scheiben, von Kissen verstopft, das direkt auf die Straße hinausging, auf gleicher Höhe mit dem Gehsteig.

Vater sagte uns später, dass in der kalten Luft draußen der Dampf von unserem Atem deutlich sichtbar war, wie er auf die Straße sickerte. Jeder konnte das bemerken. Eine dünne Holzwand trennte uns von anderen Kellern. Sie konnte ganz leicht eingeschlagen werden. Es war wirklich ein schäbiges Versteck. Um hineinzugelangen, musste man auf Händen und Knien durch eine Tür kriechen, die nicht größer war als ein Backrohr. Mit viel Geziehe und Geschiebe kamen Mutter und ich endlich hinein, wo wir vom feindseligen Knurren der restlichen Insassen begrüßt wurden sowie von einem Gestank, der uns den Atem verschlug.

Wir kletterten auf ein Sims und saßen dort zusammengekrümmt unter der Decke, reglos und still, eine Nacht und einen Tag lang. Von Zeit zu Zeit zwang mich ein unerträglicher Krampf im Rücken, mir eine andere Stellung zu suchen, dann lehnte ich mich zur Seite und legte meinen Kopf auf Mutters Knie. Von Zeit zu Zeit fing Mutter mit einer anderen Frau, die neben ihr saß, zu flüstern an. Ein- oder zweimal kam Vater an die Tür und rief uns, um uns zu sagen, dass er noch da war. Die Leute am Boden ächzten und brummten. Unter ihnen war eine Schwangere, die fast vor der Niederkunft stand. Wie war sie überhaupt durch diese Tür hereingekommen? Und was würde passieren, wenn sie in die Wehen kam? Manchmal flammte ein Streichholz auf und ein Gesicht erschien und starrte einen Moment lang herum.

Das leere Geschäft eines Leichenbestatters über dem Keller war von den Wache haltenden Männern übernommen worden. Es war vereinbart, dass jemand ins Geschäft kommen und dreimal mit dem Fuß auf den Boden aufstampfen würde, sobald die »Aktion« unseren Block erreichte. Dann hatten wir vollkommen lautlos zu sein, bis die Entwarnung gegeben wurde.

Am Nachmittag des ersten Tages hörten wir die drei Stampfer und sofort brach Panik aus. Metallgeschirre polterten zu Boden, jemand bekam einen Hustenanfall, ein bisher stilles Baby fing zu brüllen an und eine Frau bekam einen Schreikrampf.

Eine wütende Stimme brüllte durch die Tür, dass das nur ein Probealarm gewesen war, es gab keine Gefahr, aber wenn wir im Ernstfall auch so viel Krach schlügen, dann könnten wir genauso gut gleich herauskommen und uns ins Freie setzen.

Am nächsten Morgen hörten wir die Autos, Lastwagen und Motorräder vor unserem Block halten. Eine Warnung war nicht mehr nötig. Wir hörten die Stimmen der Soldaten ganz deutlich, wie sie sich auf dem Gehsteig versammelten und auf ihre Befehle warteten. Im Keller ächzte und pfiff es von schweren Atemzügen. Das musste man doch draußen hören? Ich überlegte, in welcher Form wohl das Ende käme. Als Granate, die durchs Fenster geworfen wurde? Die Deutschen gingen nie in Keller hinein, sondern warfen stattdessen Sprengladungen. Oder würden sie uns noch einmal hinausgehen lassen, in die frische Luft? Würde Vater da sein? Die Vorstellung, ohne ihn zu sterben, war mir unerträglich. Aber vielleicht war es besser, wenn er es nicht sah?

Ein weiteres Motorrad traf ein, eine Stimme bellte Befehle. Die Motoren sprangen einer nach dem anderen an, die Autos starteten, und dann fuhr eins nach dem anderen wieder ab.

Die »Aktion« war abgeblasen.

Wir krochen aus dem Keller heraus und blinzelten in dem dunstigen Winterlicht. Die Straßen schienen still, aber wir beschlossen, lieber noch nicht heimzugehen, sondern stiegen stattdessen wieder in die Wohnung hinauf, in der wir unsere erste Nacht verbracht hatten. Dort fanden wir noch immer die gleichen Leute. Sie kamen uns wie alte Freunde vor. Die Szereks waren noch nicht zurück. Wir verbrachten eine weitere Nacht auf dem Feldbett, der nächste Morgen fand uns alle ans Fenster gepresst, ängstlich die leere Straße inspizierend. Es schien ruhig. Erleichtert kehrten wir zum Diwan zurück und warteten auf die Männer, die draußen die Lage erkundeten. Das gleichmäßige Getrappel von Pferdehufen brachte Mutter und mich ans Fenster zurück. Ein Bauernkarren rollte aus der Seitengasse herein, zwei Polizisten nickten auf dem Vordersitz, und hinter ihnen im Stroh lagen zwei Frauen.

»Jetzt ist alles vorbei – schau, da bringen ein paar Polizisten ihre Frauen nach Haus«, sagte Mutter und im gleichen Moment traten wir beide vom Fenster zurück. Mutter packte mich an den Schultern, einen Augenblick drückten wir uns aneinander, bemüht, das Bild der verstümmelten Leiber aus unserem Geist zu verscheuchen. Dann gingen wir ins andere Zimmer und vermieden es, einander anzuschauen. Bald darauf kam Vater zurück und verkündete, dass es jetzt sicher wäre, nach Haus zu gehen.

Die Wohnung war leer. Die Szereks waren nicht zurückgekommen. Und auch sonst niemand. Wir verbrachten den Tag damit, teilnahmslos sauber zu machen und aufzuräumen, Betten zu machen, zu kehren und abzustauben, schweigsam und unaufhörlich an der Arbeit. Vater war den ganzen Tag fort, und als er am Abend heimkam, sah er fieberhaft erregt aus.

»Janie geht morgen hinaus. Ich habe mit Erich gesprochen und er wird sie erwarten. Hier zieht sich etwas zusammen, die Leute organisieren sich, bei der nächsten ›Aktion‹ haben wir mit Kämpfen zu rechnen. Schon diesmal sind ein paar Schüsse gewechselt worden. Wenn ich nur ein Gewehr in die Finger bekomme und sie dann kommen sehe ...«

Ich war starr. Also war meine Zukunft entschieden und ich musste sie verlassen. War das wirklich das Ende? Mutter machte einen Eimer Wasser heiß und zog mich aus. Meinen gereizten Protesten zum Trotz bestand sie darauf, mich zu waschen, als wäre ich ein Baby, langsam und mit merkwürdiger Hingabe, als wollte sie sich für immer einprägen, wie ich jetzt aussah. Dann zog sie mir sämtliche Gewänder an, die ich noch hatte, Schicht auf Schicht, bis ich mich kaum noch rühren konnte. Voll angezogen legten wir uns dann auf den Diwan, die Arme umeinander geschlungen, und warteten, dass diese endlose Nacht einmal aufhören würde. Keiner von uns schlief.

»Bist du sicher, dass du wirklich gehen willst?«, fragte Mutter einmal. »Wenn du nämlich nicht gehen willst, dann werden wir dich nicht zwingen.«

Ich wusste nicht, was ich sagen sollte. War es recht von mir, sie zu verlassen?

»Du hast gehört, was Vater gesagt hat«, fuhr sie fort. »Das nächste Mal wird es Kampf geben. Weißt du noch, wie viel Angst du gehabt hast bei den Bombenangriffen? Dieses Mal wird es noch ärger. Bei Lydia bist du sicherer.«

Ja, aber... wie konnte ich ihr die Zweifel erklären, die mir langsam im Hinterkopf aufstiegen? Wie konnte ich ihnen die Versicherung abfordern, dass ich sie nur unter der Bedingung verlassen wollte, dass sie mir nachkommen würden, sobald sie nur konnten? Würden sie mir nicht alles versprechen, bereitwillig wie immer, nur damit ich tat, was sie wollten? Durfte ich ihnen trauen?

»Gibt es etwas, was du mir nicht sagen willst?«, fragte Mutter. »Ist bei Lydia irgendetwas vorgefallen? Haben sie dich nicht gut behandelt? Haben sie jemals irgendetwas gesagt?«

Nein, darum ging es nicht. Ich konnte wahrheitsgemäß sagen, dass dort nie jemand unfreundlich zu mir gewesen war, aber was ich nicht sagen konnte, war, dass ich sie für immer verließ, dass wir einander nie wiedersehen würden. Denn solange ich das nicht sagte, so lange war es auch nicht wahr. Aber wenn ich es einmal in Worte fasste, dann sprach ich damit ein Todesurteil aus.

»Wann kommst du zu Lydia?«

»Bald, so bald, wie ich kann. Sobald Vater etwas für sich selbst gefunden hat. Lydia wird uns allen helfen, aber du musst zuerst gehen. Wir werden uns hier freier bewegen können, wenn wir wissen, dass du in Sicherheit bist.«

Draußen war es noch immer pechschwarz, als Vater hereinkam und sagte, wir müssten uns beeilen. Ich schluckte eine Tasse kochend heißen Tee und wir gingen hinunter. In der kalten Finsternis der Straße brach Mutter plötzlich zusammen. Schluchzend klammerte sie sich an mich, und ich hatte plötzlich das Gefühl, dass das alles ein furchtbarer Irrtum war, dass das einzig Richtige für uns wäre zusammenzubleiben. Vater bemühte sich, sie zu beruhigen und mich fortzuziehen, aber seine Worte klangen hilflos und hohl, und ich begann schon zu hoffen, dass wir doch noch zusammen nach oben zurückkehren würden, als ein Mann keuchend zu uns gerannt kam und sagte, wir sollten schnell machen, der Lastwagen warte schon. Im letzten Moment fiel mir das Medaillon ein, das ich trug. Wie rasend grub ich mich durch die Kleidungsschichten um meinen Hals und holte die goldene Scheibe heraus, mit dem Lorbeerkranz und dem Wort Shadal darauf – dem Namen des Herrn –, auf Hebräisch geschrieben. Vor langer Zeit, noch vor dem Krieg, hatte Großvater sie mir bei einer Seder-Mahlzeit um den Hals gelegt und ich hatte sie seither immer getragen. Außer dem Ehering meiner Eltern war das das einzige Stück Gold, das wir nicht verkauft hatten. Ich legte die dünne Kette Mutter über den Kopf. Eine alte Frau tauchte aus dem Schatten des Hauses auf, legte ihre Arme um Mutter und führte sie, die noch immer weinte, in die Wohnung zurück. Ich ging mit Vater zu einer kleinen Gruppe, die neben einem Lastwagen wartete. Wortlos kletterten wir hinauf, der Motor hustete, wir schwankten alle und hielten einander fest. Eingequetscht zwischen den Mänteln der Männer sah ich die schweigenden Straßen rasch vorübergleiten.

Am Winterhimmel funkelten die Sterne. Sektor nach Sektor fuhren wir an leeren, dunklen Häusern vorbei, von niedrigen Mauern umgeben. Das Mondlicht glänzte auf den eingeschlagenen Fenstern auf, warf beunruhigende Schatten auf die schneebedeckten Gehsteige. Am Eingang zu jedem Sektor gab es eine Öffnung in der Mauer und ein kleines Feuer, von den gekrümmten Gestalten der Wachen umhockt. Bewachten sie die Geister? Ich verstand das nicht. Die aufgerissenen Münder der Fenster mit ihren gezackten Glaszähnen schrien lautlos. Hier und dort hing ein rotes Kissen oder ein halb leeres Federbett heraus wie eine geschwollene Zunge. Die ganze Stadt brüllte Mord, aber niemand kam ihr zu Hilfe.

Die mächtigen Bogenlampen am Eingang zum Ghetto verwandelten die Nacht in hellen Tag. Der Wagen hielt und wir sprangen herunter. Ein Mann näherte sich und murmelte Vater zu, dass heute der »Ukrainer« Dienst habe und er mich am besten wieder nach Hause nähme. Der Ukrainer war bekannt für seine Brutalität. Sogar mit den schönsten gültigen Papieren war es gefährlich, ihm in die Nähe zu kommen. Vater schaute bestürzt aus. Während er zögerte, rief mich ein langer Soldat zu sich. Ich wusste nicht, ob er der Ukrainer war. Seine Hände liefen schnell über meinen Körper, fanden nichts, und dann wies er mich an, die kleine Tasche aufzumachen, die ich trug. Wie üblich klemmte das Schloss, und während er damit kämpfte und von Sekunde zu Sekunde wütender wurde, fühlte ich mich plötzlich ganz schwach vor Panik.

In die Tasche hatte Mutter mein Nachthemd gepackt, meinen Schlafrock, Zahnbürste und Kamm. Aber ich ging doch angeblich nur über einen Tag nach draußen. Ich ging als Kind eines Arbeiters mit und sollte am Abend wieder mit ihnen zurückkommen! »Sobald er diese Tasche öffnet, bin ich verloren«, dachte ich und schaute mich wild nach Vater um, aber der war irgendwo im Schatten, unsichtbar von meiner hell beleuchteten Stelle. Der Soldat riss die Tasche auf, schüttelte mein Nachthemd heraus, stopfte es wieder hinein, drückte mir alles in die Hand und winkte mich durchs Tor. Der Lastwagen wartete auf der anderen Seite und Vater hob mich hinauf. Er sagte kein Wort, und ich wusste, dass er die Durchsuchung gesehen und im gleichen Augenblick wie ich das Risiko erkannt hatte, das wir da eingegangen waren.

Die Arbeiter passierten einer nach dem anderen das Tor und stiegen neben mir herauf. Als wir durch die leeren Straßen fuhren, kroch aus den Schatten langsam der Tag herauf. Ich hatte das Gefühl, dass auf dieser Seite von Warschau der Schnee weißer und die Luft reiner waren. Die Häuser, die still hinter verdunkelten Fenstern atmeten, waren voll von Leben. Es begann zu schneien, feinen, pulverigen Nebel, der kaum merklich dichter wurde. Vor einer großen Kreuzung verlangsamte der Lastwagen die Fahrt, dann blieb er stehen, der Motor tickte laut. Vater hob mich seitlich hinunter und stellte mich auf den Gehsteig. Einen Augenblick sah ich sein Gesicht über mir – die eingefallenen, gelblichen Wangen, die dunklen Augen, in denen die Tränen schimmerten. Er sagte etwas, aber ich konnte es nicht hören. Dann war in meinen Ohren ein plötzliches Aufheulen, Glockengebimmel, ich ertrank noch einmal und die See füllte meine Brust mit unerträglichem Schmerz. Der Lastwagen entfernte sich. Einen Moment lang spürte ich noch Vaters Hände auf meinen Schultern, dann streckten sie sich durch den wirbelnden Schnee nach mir aus, dann fiel der weiße Vorhang vor meinen Augen und der Lastwagen verschwand.

Reglos stand ich im Schneesturm, unfähig zu denken. Frühe Passanten tauchten aus dem Schnee auf am Weg zur Arbeit. Sie rempelten mich an und schoben mich und warfen mir erstaunte Blicke zu. Irgendwo in meinem benommenen Hirn läutete eine Alarmglocke, ein Instinkt riet mir weiterzugehen. Blind machte ich ein paar Schritte und stolperte gegen einen weißen Pekinesen an einer Leine. Ein dicklicher kleiner Mann tauchte auf, hob den Hund auf und flüsterte mir zu, ich solle ihm in einigem Abstand folgen. Mechanisch fing ich an, einen Fuß vor den anderen zu setzen, konzentrierte mich ganz auf diese schwierige Aufgabe. Nach einem langen Marsch kamen wir zu Hause an. Ich wartete, während Erich die Stiegen inspizierte und dann zurückkam, um mir zu sagen, dass die Luft rein war. Wir rannten die drei Stockwerke hinauf und erreichten atemlos seine Tür.

Als wir die Wohnung betraten, lief Sophie her, um mich zu begrüßen. Sie fiel auf die Knie, legte die Arme um mich und brach in Tränen aus. Lydia kam in einem durchsichtigen Negligé aus dem Schlafzimmer und lächelte mir ein Willkommen zu. Tomek sprang auf meinen Rücken, während aus dem Salon die triumphalen Klänge von Paderewskis ›Menuett‹ erklangen – meinem Lieblingsstück –, und in einer Minute hörte die Musik auf und Paul warf sich in meine Arme.

Erich sagte scharf zu Sophie, sie möge mit dem Flennen aufhören und uns ein Frühstück machen. Es war erst sechs Uhr früh und die ganze Familie gähnte, nicht gewöhnt an so frühes Aufstehen. Bald saß ich vor einer dampfenden Tasse Kakao, würgte ein Brötchen hinunter und gab mir Mühe, den Jungen zu antworten, die vor Freude ganz außer sich gerieten, als sie hörten, dass ich jetzt für immer hierbleiben würde. Mein Kopf war vollkommen leer. Ich hatte die größte Schwierigkeit, Worte zusammenzustellen, um die vielen Fragen zu beantworten, während die neue Stimme, die mich kurz zuvor erst gedrängt hatte, doch weiterzugehen, mir immer wieder vorsagte, dass ich jetzt völlig auf mich selbst gestellt war und mich wie ein Erwachsener zu benehmen hatte. Und vor allem musste ich auf meine Manieren achten, um meiner Familie keine Schande zu bereiten. Ich musste tun, was mir gesagt wurde und nie, nie irgendjemand in Verlegenheit bringen. Und irgendwie musste ich versuchen zu überleben.

Ein Stück Erde

Das Ende einer Kindheit

Für meinen Onkel

I

»Im September beginnt wieder die Schule und damit das
vierte Jahr des Krieges ...«

Ich wiederholte diese Worte noch einmal, auf dem Boden eines großen, leeren Raumes sitzend, und meine
Stimme hallte mit einem tönenden Echo von den Wänden
zurück. Erschrocken drückte ich die Hände auf meinen
Mund und lauschte einen Moment lang ängstlich, aber es
gab kein anderes Geräusch. Niemand hatte mich gehört.

Die Wohnung war still, keine Schritte kamen vom Stiegenhaus. Acht Monate waren vergangen, seit ich an einem
verschneiten Morgen im Januar 1943 hierhergekommen
war. Acht Monate, seit ich das Ghetto verlassen hatte und
Erich durch die einsamen Straßen von Warschau in die
Sicherheit seiner Wohnung gefolgt war, wo ich, wie ich
zuversichtlich hoffte, bis zum Ende des Krieges bleiben
konnte. Acht Monate lang hatte ich Tag für Tag angstvoll
auf die Ankunft meiner Eltern gewartet, aber jetzt hatte ich
jede Hoffnung aufgegeben, sie wiederzusehen, und noch
einmal sollte ich aufbrechen, allein diesmal, um es mit der
Welt draußen aufzunehmen. Und plötzlich schien mir diese
Wohnung, die so lange mein Gefängnis gewesen war, der
sicherste Platz auf Erden. Ich zitterte vor Schreck bei der
Vorstellung, ihre leeren Wände verlassen zu müssen.

Seit Anfang 1940 hatte ich zusammen mit meinen Eltern und der restlichen Familie im Ghetto von Warschau gelebt. Dort hatte Vater einmal zufällig Lydia getroffen und sie trat in unser Leben wie eine gute Fee, sie besuchte uns in unserem schäbigen, feuchten, kleinen Zimmer, brachte Essen und fürstliche Geschenke und brachte vor allem ihre Schönheit und ihr Lachen, was meinem elfjährigen Gehirn noch verführerischer erschien als die Cremetorten.

Lydia und Erich hatten vor dem Krieg in unserer Stadt gelebt. Er war dort Friseur gewesen, ein kurzer, dicklicher Mann mit Grübchen in den Wangen und einem quälenden Stottern in seinem starken deutschen Akzent, den er nach so vielen Jahren in Polen noch immer nicht verloren hatte. Erich war Deutscher, erklärte mir meine Mutter vor meinem ersten Besuch in diesem merkwürdigen Haushalt. Aber er war schon als kleiner Junge nach Polen gekommen und hatte die polnische Staatsbürgerschaft angenommen. Er nahm seinen ursprünglichen Status im Krieg, als so viele andere selbst die fadenscheinigsten Verbindungen mit Deutschland zur Erreichung von Machtpositionen nutzten, nicht wieder an. In Warschau hatte er jetzt ein viel größeres Unternehmen, einen Schönheitssalon, und das Geschäft ging offenbar glänzend.

Lydia war eine Polin reinsten Wassers, aber als sie uns begegnete, hatte sie einen deutschen Liebhaber. Die völlige Problemlosigkeit, mit der sie bei ihren häufigen Besuchen bei uns im Ghetto ein und aus ging, machte meine Eltern etwas skeptisch über die wahre Natur ihrer Beziehung zu den Besatzern. Ich hatte ihren Liebhaber einmal bei ihr gesehen und ich wusste auch, dass es viele andere gegeben hatte, seit er an der russischen Front verschollen war.

1942, als ich zwölf Jahre alt war, begann die Zerstörung des Ghettos und meine Verwandten und Freunde gingen einer nach dem anderen nach Treblinka in den

Tod. Meine Großeltern verließen uns als Erste, dann ging Tante Marysia, die Schwester meines Vaters, dann verschwanden meine Freundinnen nacheinander, bis schließlich im Winter 1942/43 allein meine Eltern und ich noch übrig waren von allen, die ich kannte und liebte.

Als während der Deportationen im Januar 1943 der erste Widerstand aufflammte, beschlossen meine Eltern, mich hinauszuschicken, zu Erich und Lydia. Zuerst weigerte ich mich zu gehen, bis sie versprachen, dass Mutter sofort nachkommen würde. Vater würde allein, da war ich sicher, auf »der anderen Seite« leicht durchkommen.

Kaum war ich weg, da fingen die letzten Deportationen an, aber meine Eltern kamen mir nicht nach.

In dem Haus, wo ich jetzt lebte, wusste niemand von meiner Existenz außer Erich und Lydia, ihren Söhnen Paul und Tommy, beide etwas jünger als ich, und Sophie, der alten Haushälterin meiner Großmutter, die jetzt für Lydia arbeitete. Olga, unsere Klavierlehrerin, wurde auch eingeweiht, denn ich konnte während der Klavierstunden unmöglich im Besenschrank bleiben. Am Tag meiner Ankunft bekam ich ein Paar Filzpantoffeln, damit niemand meine Schritte hören konnte, und nie durfte ich mich einem Fenster nähern. Wenn Gäste kamen, verschwand ich im Besenschrank.

An meinem dreizehnten Geburtstag läutete das Telefon. Erich nahm den Hörer ab und reichte ihn nach einem Augenblick mir.

»Es ist Marek«, sagte er, den Namen betonend. Das einzige Telefon im Ghetto, das noch funktionierte, war sicher angezapft, es wäre sehr unklug gewesen, ihn anders zu nennen, aber ich brachte es nicht über mich, Vater bei seinem Namen zu nennen. Über dem Knacken und Summen klang seine Stimme so fern und verzerrt, dass ich sie überhaupt nicht erkennen konnte. Das war das erste Mal, dass

er anrief, und ich war zu erschüttert, um etwas sagen zu
können. Er fragte, was ich machte, und ich sagte, ich übte
gerade mein Klavierstück, möchte er es vielleicht hören.
Ja, gern, sagte er. Ich ging zu dem Instrument und spielte
meine Übungen, während Erich den Hörer nahe an die
Tastatur hielt. Dann ging ich zurück zum Telefon und er
sagte, es klänge herrlich und er würde Celia darüber berichten. Dann wiederholte er seine Geburtstagswünsche
und legte auf.

Ein paar Tage später kam ein großer Reisekoffer voll
mit Kleidern bei uns an. Bestürzt durchwühlte ich ihn. Es
waren sämtliche Kleider meiner Eltern und ein paar von
mir. Ich fand weder einen begleitenden Brief noch sonst
eine Erklärung. Ich durchstöberte alle Taschen und hatte
dabei das Gefühl, ein Sakrileg zu begehen, fand aber
nichts. In einer von Vaters Taschen war eine Miniaturspiel-
karte aus grünem Zelluloid, das Pik-Ass, sein Spieltalis-
man, den er immer bei sich hatte. Ich drückte die Karte in
meine Hand und verbrachte den Rest des Tages damit,
einen sicheren Ort für sie zu suchen. Ich wusste, dass er
sich von dieser Karte nie lange trennte, und war überzeugt, dass er und Mutter bald herüberkommen würden.
Voll erneuter Hoffnung wartete ich von einem Tag auf den
anderen, aber sie kamen nicht.

Am 17. April weckte uns das ferne Knattern von Schüs-
sen und eine aufgeregte Nachbarin in Lockenwicklern
stürzte herein, um zu verkünden, dass das Ghetto sich
wehrte. Die letzte Serie von Deportationen hatte begonnen
und die noch übrig gebliebenen Juden erhoben sich, um zu
kämpfen.

Durch einen Spalt zwischen zwei Häusern vor unseren
Fenstern zum Hof konnten wir über den Dächern eine
Rauchsäule aufsteigen sehen. Jeder Tag brachte neue
Nachrichten über den Kampf. Die Leute strömten zu den

Mauern, in der Hoffnung, irgendetwas zu sehen, und die Bäuerinnen, die unsere Lebensmittel brachten, zitterten vor lauter Aufregung.

»Wer hätte ihnen das zugetraut? Hat man schon jemals von einem kämpfenden Juden gehört?«

Ich dachte an Vaters Orden und sah Onkel in seiner zerfetzten Uniform, wie er während der Belagerung von Warschau im Jahre 1939 gekommen war, um uns allen Mut zu machen. Und an meine zahllosen Cousins, die bei Ausbruch des Krieges alle in der polnischen Armee dienten. Einige waren 1939 gefallen, andere in Gefangenschaft geraten, wie Onkel, andere im Ausland verschwunden. Hatten sie denn nicht gekämpft?

»Nützen wird es ihnen ja nichts«, knödelte die Bauernstimme in der Küche. »Ein paar Flugzeuge, ein paar Panzer und alles ist vorbei. Oder Gas. Warum verwenden sie kein Gas? Das würde sie bald ausräuchern, was? Das Ungeziefer ausräuchern, sage ich immer. Das ist das einzige Gute an diesem Hitler, dass er uns die Juden vom Hals schafft.«

Wie oft sollte ich in den folgenden Wochen solche Worte noch hören. Man war allgemein empört darüber, dass die Juden ausgerechnet diese Zeit des Jahres für ihren Kampf gewählt hatten. Es war Ostern, das Wetter herrlich und nun hatten die Bewohner der Häuser am Rand des Ghettos das Pech, dass sie ihre Fenster nicht öffnen konnten, um die Frühlingssonne zu genießen. Dichte Rauchwolken wogten über allem, drangen in die Häuser ein, ruinierten die Vorhänge. Und der Geruch!

Ich saß im hinteren Schlafzimmer, starrte wie hypnotisiert auf diese Rauchwolke und versuchte mir vorzustellen, was meine Eltern taten. Vater konnte man sich leicht mit einem Gewehr vorstellen, aber was war mit Mutter? Hockte sie irgendwo in einem Keller, wie wir zusammen in den achtundvierzig Stunden, bevor ich sie verließ? Zitterte und weinte sie allein, eingekeilt zwischen Fremden, und wartete auf die Explosion, die das Ende bedeutete? Mein Herz verkrampfte sich vor Elend. Ich hatte kein Recht gehabt, sie zu verlassen. Mein Platz war dort. Auch wenn ich ihr nicht helfen, sie nicht beschützen konnte, so wären wir doch wenigstens beisammen gewesen.

Die Rauchsäule schwankte, als meine Augen sich mit Tränen füllten. Ich war ein Feigling gewesen, ein Deserteur. Ich war davongelaufen und hatte es ihnen überlassen, meine Freiheit mit ihrem Leben zu bezahlen. Ich musste zurück.

Aber die Lage in der Wohnung veränderte sich rapide. Während das Ghetto seinen letzten Kampf kämpfte, zerfiel rund um mich die Familie und endlich begriff ich, warum man mich hierhergebracht hatte. Was auch immer Lydias Motive gewesen sein mochten, als sie uns anbot, mich zu sich zu nehmen, jetzt war ich nur noch ein Mittel, um Erich zu erpressen, damit er ihr alles gab, was sie haben wollte. Sie hatte jetzt eine Wohnung in der Stadt, die sie mit ihrem derzeitigen Freund gemeinsam bewohnte, und jeder ihrer Besuche bei uns endete in einem fürchterlichen Krach mit Erich. Jedes Mal ging sie mit einem Koffer weg und wir hatten jetzt kaum noch genügend Geschirr, um den Tisch zu decken. Die Bilder, die Kristallgläser, das Silber und die Tischwäsche waren verschwunden, nur die Möbel waren noch da. Ende April hatte sie Erich schließlich an den Rand des Bankrotts gebracht und alle seine Drohungen und Weigerungen beantwortete sie mit einer einzigen Gegendrohung: dass sie die Behörden von meiner Existenz in Kenntnis setzen würde. Aber ihre Stimmung schwankte von einem Extrem zum anderen und wir wussten nie, was wir vom nächsten Besuch zu erwarten hatten.

Von Zeit zu Zeit gab es eine tränenreiche Versöhnung.

Dann kam Lydia mit einem Arm voller Geschenke für jeden von uns, mit Bonbons und Orangen und Kuchen, und küsste uns alle und versprach, dass sie nie wieder fortgehen würde, und ein oder zwei Tage lang waren wir alle miteinander glücklich. Die Buben hängten sich an ihre Mutter und erstickten sie mit Küssen und Erich hörte zu stottern auf und sogar sein harter deutscher Akzent schien zu verschwinden. Eine kurze Zeit lang waren wir eine glückliche Familie, aber dann riss der Faden, Lydia verschwand für eine Nacht und wir waren wieder dort, wo wir eine Woche zuvor gewesen waren, warteten ängstlich auf ihren nächsten Besuch und wussten, dass sie wieder die Wohnung plündern und jedem Einzelnen Beschimpfungen ins Gesicht schreien würde.

Während der letzten Versöhnung war sie so weit gegangen, uns alle in ihre Wohnung zum Tee einzuladen. Zu meiner Verblüffung – und Sophies grenzenloser Verachtung – nahm Erich an. Er sagte immer Ja zu allem, was Lydia vorschlug, um sie nur ja bei Laune zu halten. Noch mehr überrascht war ich darüber, dass ich mit von der Partie sein sollte. Die Vorstellung, mich am helllichten Tag auf die Straße zu wagen, entsetzte mich und auch Erich äußerte vorsichtig Zweifel, ob das wohl klug wäre, aber Lydia gab nicht nach. »Entweder sie kommt mit oder ihr bleibt alle zu Haus. Ich möchte meine ganze Familie bei mir haben! Wenn ihr Angst habt, dann nehme ich sie allein mit und ihr kommt später nach.«

Wir machten uns eines sonnigen Nachmittags auf den Weg und spazierten durch eine der belebtesten Straßen von Warschau, in ihrer ganzen Länge, drängten uns durch die Menge, Lydia zog mich an der Hand, ich stolperte hinter ihr her, atemlos vor Aufregung und der ungewohnten körperlichen Bewegung, aber zu verschreckt, um mich umzusehen. Wir gingen nicht geradewegs zu ihrer Wohnung, wie sie versprochen hatte, sondern zuerst in mehrere Geschäfte und dann in ein Kaffeehaus, das zu dieser Tageszeit voll von Deutschen war. Während Lydia langsam ihre Kuchen aussuchte, stand ich mit dem Rücken zu dem überfüllten Raum, mein Gesicht berührte fast das Glas an der Theke. Die Verkäuferin mit Pappschachtel und Silberzange bewegte sich wie eine Schnecke und dann setzte Lydia dem allen noch die Krone auf, indem sie mich bat, mir doch meine Lieblingskuchen auszusuchen. Blind deutete ich auf das eine und andere Stück und betete, dass diese lächerliche Show aufhören möge, bevor mich jemand bemerkte. Ich hatte das deutliche Gefühl, dass es sich um eine Show handelte und dass es dabei nur um mich ging. Das ganze Café starrte mich an, jedermann auf der Straße musste mein Gesicht bemerkt haben, jeder wusste, wer ich war.

Es kam mir wie Stunden vor, bis wir endlich in der Wohnung waren und ich meinen Kopf wieder heben konnte. Es war eine Junggesellenwohnung in einem modernen Mietshaus: zwei kleine Zimmer mit riesigen Fenstern, die eine ganze Wand füllten, ein Badezimmer und ein kleiner Herd in einer Art Vertiefung im Vorzimmer. Über dem Diwan im Schlafzimmer hing Lydias Porträt, erst kürzlich von einem berühmten Maler gemalt. Letzte Weihnachten hatte Erich es bestellt und bald nach der Fertigstellung war es auf mysteriöse Weise aus dem Studio des Künstlers verschwunden. Erich war verzweifelt, vor allem auch deshalb, weil er es sich nicht leisten konnte, ein zweites zu bezahlen. Lydia schwor, dass es von den Deutschen bei einer Hausdurchsuchung beschlagnahmt worden war.

Ich beobachtete Erichs Gesicht, als er die Wohnung betrat und das Bild erblickte. Er blieb stehen, starrte es an, dann ging er schweigend ins Wohnzimmer weiter.

»Könnten wir jetzt Tee haben, Liebling?«, fragte er. »Es ist furchtbar heiß und wir haben einen langen Spaziergang hinter uns.«

Ein Mädchen in schwarzem Kleid und weißer Rüschenschürze servierte Tee, Schokolade und Kuchen. Sie ging im Zimmer herum und betrachtete uns neugierig, bis Lydia sie fragte, wie ihr denn ihre Familie gefiel. »Das ist mein Mann, das sind meine Kinder. Was meinen Sie, Marysia, sollen wir sie einladen, bei uns zu bleiben?«

Marysia schaute verlegen drein und lächelte unsicher. Dann sah sie mich an und verkündete: »Aber die ist doch nicht von Ihnen!«

»Doch, doch«, sagte Lydia. »Wie kommen Sie darauf?«

»Sie sieht Ihnen nicht ähnlich.«

»Wie sieht sie denn aus?«

»Sie sieht jüdisch aus.«

Lydia lachte. »Sie ist die Tochter meines Mannes aus erster Ehe. Schauen Sie ihn doch an, sehen die beiden sich nicht ähnlich?«

Marysia studierte Erichs Gesicht. »Er sieht auch jüdisch aus«, stellte sie fest, darüber mussten wir alle lachen und das Mädchen verließ das Zimmer.

Nur die Buben genossen die Kuchen. Erich und Lydia saßen steif am Tisch und stocherten auf ihren Tellern herum. Erich sah sich die Möbel an, die Nippsachen, die Bilder, das Silber, alles so schmerzlich vertraut, und seine Augen wurden immer trauriger. Ich überlegte, was für ein Mann das wohl war, mit dem Lydia die Wohnung teilte, und ob er Deutscher war oder Pole. Wir fuhren in einer Droschke nach Haus zurück, schweigend, alle mit einem Gefühl der Übelkeit nach so viel Schlagsahne und Süßigkeiten.

Am nächsten Tag läutete das Telefon, Sophie nahm den Hörer ab.

»Würden Sie Ihrer Gnädigen bitte sagen, wenn sie ein jüdisches Kind bei sich haben will, so ist das ihre Sache und geht niemanden etwas an, aber es wäre besser, es nicht in der Stadt vorzuführen, sonst wären wir leider gezwungen einzugreifen.«

Mit einem Klick wurde der Hörer am anderen Ende aufgelegt und Sophie starrte das Gerät an. Die Stimme war so laut gewesen, dass sowohl Erich wie auch ich jedes Wort gehört hatten. Sophie legte den Hörer auf und schaute uns an, die Augen rund vor Angst. Erich rieb sich nervös das Kinn.

»Jetzt sehe ich, warum sie auf dieser verrückten Tee-Party bestanden hatte. Damit musste man ja rechnen, dass jemand sie bemerken würde ... Stellt euch vor, sie in alle diese Geschäfte zu schleppen! Jetzt werden wir sie natürlich fortbringen müssen.« Traurig sah er mich an.

»Ich tu's nicht gern, Janie, du bedeutest mir so viel wie meine eigenen Jungen, aber wir müssen dich an einem sicheren Ort verstecken, sonst sind wir alle in Gefahr. Sag Lydia nichts. Und hab keine Angst. Solange ich lebe, werden sie dich nicht bekommen.«

Ich verzog mich in die Küche, setzte mich und starrte auf den Boden. Es war also wahr. Ich musste fort. Plötzlich schien mir die Wohnung der sicherste Platz auf Erden. Sogar Lydias Wutausbrüche schienen weniger gefährlich als das unbekannte Versteck, in das ich sollte. Vielleicht war alles nur ein Scherz? Vielleicht versuchte Lydias Freund, uns zu erschrecken? Vielleicht kommt sie bald und erklärt uns alles?

Aber Lydias nächster Besuch bestätigte nur meinen schlimmsten Verdacht. Sie war wütend und drohte, die Polizei zu rufen und uns alle verhaften zu lassen. Als sie sah, dass Sophie fortgehen wollte, schlug sie die Tür zu und sperrte sie ab.

»Ihr geht nirgends hin, bis ich es euch sage! Ich bin noch immer die Chefin in diesem Haus. Wenn ich euch fortschicke, dann werdet ihr ein für alle Mal fortgehen. Und glaub nur ja nicht, dass du mit ihr weglaufen kannst.« Sie drehte sich plötzlich zu mir und zerrte mich aus meiner Ecke heraus. »Der erste Polizist, der euch auf der Straße sieht, wird euch abknallen, euch alle beide! Und du brauchst auch nicht zu glauben, dass Sophie dich mitnimmt, die hat viel zu viel Angst. Keiner, der bei Verstand ist, wird dich jetzt nehmen. Wir werden dich so bald wie möglich loswerden. Ich komme an einem Tag der nächsten Woche her und hole die restlichen Sachen, und dass du ja aufmachst, wenn ich läute! Sonst komme ich mit der Gestapo zurück, das schwöre ich!«

Sie stürmte hinaus und ließ uns alle bestürzt zurück. Jetzt war alles aus, dachte ich. Sie war es also, die mich den Deutschen ausliefern würde. Warum hatte ich nur so lange gewartet? Jetzt gab es kein Ghetto mehr, wohin ich zurückgehen konnte. Alle waren fort und was immer mich erwartete, ich musste allein damit fertig werden. Lohnte sich das? Wäre es nicht besser gewesen, bei Mutter zu bleiben?

Ich sah zu Sophie hin. Sie machte Tee und schien plötzlich ganz ruhig.

»Was, glaubst du, wird jetzt passieren?«

Sie zuckte die Schultern. »Ich hab keine Ahnung und es ist mir auch ganz egal. Ich gehe. Mir reicht's. Ich will nicht erschossen werden, nicht einmal in meinem Alter. Für niemanden! Ich gehe, sobald ich eine andere Stelle finde, und ich werde niemandem sagen, wo ich bin. Du kannst heut Nacht bei mir schlafen und überhaupt, bis ich gehe. Das ist näher beim Hinterausgang. Aber wenn sie dich in der Nacht abholen kommen, dann bleibe ich hier und beschwöre, dass ich dich nicht kenne.«

Von diesem denkwürdigen Tag an wurde die Spannung

im Haus unerträglich. Sobald das Mittagessen vorbei war, nahm Sophie immer ihren Korb und flüchtete, die Jungen ihr auf den Fersen, in die Stadt und ließ mich allein zu Haus. Auf Zehenspitzen schlich ich durch das stille Zimmer und wühlte in ihrer Kommode, bis ich ihr altes Gebetbuch fand. Es war voll bunter Heiligenbilder und unzähliger Madonnen und Jesuskinder. Vorsichtig trug ich es zu meinem Diwan, kniete nieder – heilige Bücher durften immer nur auf den Knien gelesen werden – und las die Gebete, Litaneien, Hymnen, Vespern, Messen und Rosenkränze und strengte mich an, in diesem Mysterium einen Sinn zu finden.

Seit ich zu Lydia gekommen war, hatte ich beschlossen, katholisch zu werden, ich wollte mich unbedingt, bevor ich starb, auf diesen Schritt vorbereiten. Mein Entschluss hatte nichts mit Opportunismus zu tun. Falls man mich verhaftete, würde kein Zeugnis gegen mein Aussehen ins Gewicht fallen. Soweit es um diese Welt hier ging, war ich Jüdin, darüber machte ich mir keine Illusionen. Aber die katholische Religion hatte mich seit meiner frühesten Kindheit fasziniert. In einem areligiösen Haus aufgewachsen hatte ich versucht, in den Bibelstunden in der Schule etwas Trost zu finden, und war schließlich bei einem undeutlichen, aber jedenfalls Furcht erregenden Bild des alttestamentarischen Gottes, den man nur auf Aramäisch anreden durfte, gelandet; bei ein paar Gebeten in dieser Sprache, deren Bedeutung ich vergessen hatte; und weit und breit war kein apfelwangiger Engel, den ich meinen Schutzengel hätte nennen dürfen. Mit jedem Jahr wuchs meine Sehnsucht nach einem gütigen, schönen, verständnisvollen Gott und die Zeit im Ghetto verstärkte nur meinen Entschluss: unser eigener Gott kümmerte sich offenbar nicht um uns, wenn er es zuließ, dass Sein auserwähltes Volk auf diese furchtbare Weise umkam, also brauchte man sich auch nicht um Ihn zu kümmern. Als ich das Ghetto verließ, verließ ich auch Ihn, von da an wollte ich mein Heil bei den Christen suchen. Ihre Gebete waren wenigstens auf Polnisch und außerdem hatten sie Bilder, sodass man wusste, wer wer war. Das Vaterunser kannte ich schon, auch das Ave Maria und das Kredo, und endlich hatte ich auch das Rätsel der himmlischen Familienbeziehungen gelöst. Der große, gut aussehende Jesus mit einem blutenden Herzen über seinem Gewand war *nicht* der Vater des kleinen Jesuskindes und Mann der Madonna. So viel war mir jedenfalls aus Sophies Buch klar geworden, aber der Rest blieb undurchdringliches Geheimnis. Ich hatte es nie gewagt, Sophie um Hilfe zu bitten. Sie war die Haushälterin meiner Großmutter gewesen, gehörte fast zur Familie und ich hatte den starken Verdacht, dass sie mich als Verräterin betrachten würde.

Waren schon die Tage schwierig, so waren die Nächte noch viel furchtbarer. Ich lag im Studierzimmer auf einem neuen Diwan, auf dem ich überhaupt nicht schlafen konnte. Die neuen Federn gaben unter meinem geringen Gewicht nicht nach, ich rollte hilflos über die glatten Betttücher und hatte das Gefühl, dass ich auf einer riesigen Eisscholle liegend einen schwarzen Fluss hinuntertrieb. Jeden Augenblick konnte die Scholle umkippen und ich würde ins Wasser rutschen. Nirgends konnte ich mich festhalten, mich an niemanden um Trost und Hilfe wenden. Nach Luft ringend fuhr ich hoch, halb wach, drückte die Knie an mich und starrte in die undurchdringliche Finsternis. Die Verdunklungsvorhänge hatten jeden Schatten der Möbel ausgelöscht. So saß ich oft stundenlang, in meinem Kopf drehte sich alles vor Müdigkeit, aber ich wagte nicht, mich auf meine Eisscholle zurückzulegen. Seit vielen Jahren schlief ich zum ersten Mal ohne Mutter und ich hatte schreckliche Sehnsucht nach unserer durchhängenden Matratze und noch viel mehr nach Mutters warmem Körper neben meinem.

In den Jahren im Ghetto hatten wir oft darüber gejammert, wie unbequem es doch war, zusammen zu schlafen, und nach dem Tag geseufzt, an dem endlich jeder wieder ein eigenes Bett haben würde. Jetzt war ich allein und es schien mir, als würde ich nie wieder imstande sein zu schlafen. Irgendwann mitten in der Nacht rollte ich alle Decken und Kissen zu einem Haufen zusammen, kroch darunter und weinte, bis der erste Schimmer des Tageslichts endlich ins Zimmer drang.

Jeden Morgen, bevor Erich die Wohnung verließ, wiederholte er seinen strikten Befehl, Lydia die Tür nicht zu öffnen, während ich allein war. Er versicherte uns, dass sie es nicht wagen würde, die Polizei zu holen, und falls sie Krach schlug, würden schon die Nachbarn eingreifen und sie von der Wohnung fernhalten. Wenn irgendetwas Unvorhergesehenes passierte, sollte ich ihn im Geschäft anrufen, er würde sofort kommen. Auch Olga wurde über die angedrohte Invasion informiert, worauf sie von heftiger Panik ergriffen wurde. Sophie und ich besprachen ihr merkwürdiges Benehmen und kamen zu dem Schluss, dass sie Jüdin sein musste. Den Verdacht hatte ich schon seit Längerem. Olgas Gesicht war nicht besonders semitisch und es gab viele Frauen, die ihr Haar in dieser besonderen Gelbtönung färbten, obwohl es so himmelschreiend künstlich aussah. Aber ihre Nervosität, sobald jemand anrief, und der Zustand ständiger Alarmbereitschaft, in dem sie zu leben schien, das machte uns alle stutzig. Mir kam sie vor wie ein großer Hase mit gelbem Fell, der dauernd die Luft nach Feinden abschnüffelte. Und ihre runden, dunklen Augen waren oft rosa gerändert. Einmal brachte sie ihren Sohn mit und durch sein Aussehen fanden wir unseren Verdacht bestätigt.

Erich, dem sonst alle Kinder willkommen waren, untersagte es ihr, den Jungen noch einmal herzubringen, und zwar unter dem Vorwand, dass er unsere Stunden gestört hätte. Das war nicht wahr, das Kind war still wie eine Maus, folgte uns mit seinen riesigen schwarzen Augen und trotz unserer Bemühungen konnten wir kein einziges Wort aus ihm herausbringen.

»Was hätte ich denn sonst sagen sollen«, fragte Erich später. »Das Kind ist ganz eindeutig jüdisch, es könnte ihm leicht jemand auf der Straße nachgehen und hierherkommen. Und was würde dann geschehen? Olga ist verrückt, dass sie ihn überhaupt ausgehen lässt, sie sollte ihn verstecken, bis alles vorbei ist.«

Als Olga von Lydias Drohung erfuhr, wollte sie zuerst mit ihren Stunden aufhören, aber Erich war dagegen. Die Kinder litten wirklich schon genug. Die Stunden gingen also weiter, aber beim geringsten Geräusch fuhr Olga zusammen und hörte uns überhaupt nicht mehr zu.

Ich saß gerade am Klavier und probierte ein neues Stück, als die Glocke schrillte. Darauf folgte heftiges Poltern gegen die Tür und Lydias Stimme, die verlangte, hereingelassen zu werden. Ich schaute Olga an. Die wurde totenblass und starrte stumm auf die Tür.

»Ich darf sie nicht hereinlassen«, sagte ich, so ruhig ich konnte.

»Du bist verrückt«, flüsterte Olga. »Du musst die Tür öffnen, sonst wird sie sie einschlagen und die Polizei holen. Aber warte, bis ich fort bin. Mach nicht auf, bis ich draußen bin!«

Sie riss ihren Mantel und ihre Musiktasche an sich und verschwand über die Küchenstiege. Ich blieb im Korridor stehen, starrte auf die Eingangstür und hielt mir die Ohren zu. Der Lärm war entsetzlich und kein Nachbar kam zu Hilfe. Aber hören müssen sie sie, dachte ich, von Schreck gelähmt. Sie müssen doch ihre Schreie hören und alles, was sie über Erich sagt. Dann hören sie auch, dass ich hier drin bin, und wenn ich nicht sofort etwas tue, dann werden sie alle von meiner Existenz erfahren. Und dann werden sie alle kommen und ihr helfen, die Tür einzubrechen!

»Die Polizei ist hier bei mir«, dröhnte es vom Stiegenhaus zwischen Schlägen gegen die Tür. »Hör nur zu, wenn du mir nicht glaubst!« Das Getrommel hörte auf und ich konnte den schweren Tritt von mehreren Paar Stiefeln auf dem Flur draußen hören.

»Wenn du diese verdammte Tür jetzt nicht aufmachst, dann treten wir sie ein und ich blase dir das Licht aus, du, du . . .«

Wie im Traum ging ich den Korridor entlang. Die Sache war hoffnungslos. Eine Tür ist etwas Nützliches, warum soll man sie kaputt machen lassen? Wenn ich schon gehen muss, dann lieber still und leise. »Es tut mir leid, Erich«, murmelte ich, während ich Kette und Riegel von der schweren Tür schob. Mit einem Triumphschrei stürzte Lydia herein, packte mich an den Schultern und schüttelte mich, bis meine Zähne klapperten. Hinter ihr standen, überrascht und peinlich berührt, vier stämmige Möbelpacker. Ihre Stiefel waren es, die ich vom Flur draußen gehört hatte. Von Polizei keine Spur.

»Ich könnte dir den Kragen umdrehen, du kleines Ungeheuer«, zischte mir Lydia ins Ohr. »Geh mir aus den Augen, bis ich dich rufe.« Sie stieß mich in Richtung Küche. Ich lief zu Sophies Bett, fiel auf die Knie und vergrub mein Gesicht in den Daunen.

Jetzt war also alles aus. Sie nahmen die Möbel mit. Armer Erich! Nichts würde ihm bleiben. Und dann wird Lydia mit mir Schluss machen, dachte ich. Das sind meine letzten Stunden, vielleicht Minuten. Und was sollte ich tun? Beten? Ich schaute zu den Heiligenbildern über dem

Bett und seufzte. Ich war nicht getauft, hatte also wahrscheinlich gar kein Recht, sie anzurufen. Mein eigener Gott hatte Sein Gesicht von mir gewendet. Ich hatte niemanden.

Das ist meine Strafe dafür, dass ich meine Eltern verlassen habe, dachte ich. Jetzt muss ich allein sterben. Und diese Vorstellung erfüllte mich mit einem solchen Schrecken, dass ich überhaupt nichts mehr denken oder fühlen konnte und stattdessen nur auf die Tür starrte und wartete, dass Lydia zurückkam. Nach dem Lärm in der Wohnung zu urteilen, nahmen die Möbelpacker alles mit. Es kam mir sehr lange vor, bis der letzte Gegenstand hinausgeschleppt war und ich Lydias hohe Absätze über den nackten Fußboden klappern hörte. Ich stand auf, stellte mich in die Mitte der Küche und erwartete starr mein Schicksal. Halb und halb rechnete ich damit, dass sie mit einem Revolver in der Hand hereinkommen würde, und instinktiv verschränkte ich die Arme über meiner Brust. Ganz gleich, was geschah, ich durfte ihr nicht zeigen, dass ich Angst hatte. Ich würde ohne einen Laut sterben. Mit zusammengebissenen Zähnen starrte ich auf die Tür.

Lydia kam lächelnd herein und ließ sich graziös auf einen Küchenstuhl sinken. »Brrr, das wäre vorbei«, teilte sie mir mit, offenbar nicht im Bild über meine heroischen Absichten. Da ich nichts darauf sagte, stieg wieder die Wut in ihr hoch. »Du bist wirklich ein Rabenbraten! Lässt mich nicht in meine eigene Wohnung hinein! Ausgerechnet du! Nach allem, was ich für dich getan habe, Tausende Male mein Leben riskiert, meine eigenen Kinder Todesgefahren ausgesetzt. Schöne Dankbarkeit! Aber jetzt ist alles vorbei. Du gehst. Sogar Erich, dieser Trottel, wird einsehen, dass er dich nicht länger behalten kann.«

Sie drückte ihre Zigarette auf Sophies Lieblingsteller aus und stand auf. »Versuch ja keine Tricks! Wie Erich

anrufen. Aber dazu ist es jetzt ohnehin zu spät. Der Lastwagen ist weg, er wird die Sachen nie finden.« Sie lachte.
»Wie gern würde ich sein Gesicht sehen, wenn er herein-
kommt und die Wohnung leer findet, mit nichts drin als
nur dir, du Herzblatt! Er wird dir dankbar sein, was wetten wir! Schön, viel Spaß also bis zum nächsten Mal!
Bye-bye!«

Sie ging und ließ mich mitten in der Küche stehen, mit
verschränkten Armen, die Augen starr auf die Tür geheftet. Es kam mir vor, als wären nur wenige Minuten
vergangen, bis ich draußen Erichs Schritte hörte, wie er
immer zwei Stufen auf einmal nahm, und dann war er da,
rannte von einem Zimmer ins andere und starrte auf die
kahlen Wände. In der Wohnung war nichts mehr. Nicht
einmal Betten. Nur die Küche mit Sophies Feldbett war
unberührt. Das Buffet mit unserem gesamten Porzellan
war verschwunden, ebenso Erichs prachtvolle Marken-
sammlung. Im Schlafzimmer lagen die Kleider, die sie aus
den Schränken geworfen hatte, in großen Haufen auf dem
Boden.

Erich sah sich die Bescherung an und nickte langsam mit
dem Kopf. Auf seinem Gesicht stand ein schiefes Lächeln,
als würde er seinen Augen nicht ganz trauen. Plötzlich
drehte er sich um, sah mich hinter ihm stehen und etwas
wie Schmerz breitete sich in seinem Gesicht aus.

»Warum hast du das getan? Warum hast du diese Tür
aufgemacht? Ich habe dir doch gesagt ...«

Ich fing zu weinen an und sofort war er neben mir auf
den Knien, drückte mich an sich und wiegte mich vor und
zurück, wie ein kleines Kind.

»Ich konnte mir nicht helfen«, schluchzte ich. »Sie hat
geschrien und gegen die Tür getreten und dann hab ich
diese Männer gehört und gedacht, das sei die Polizei. Sie
hat so viel Lärm gemacht ...«

»Macht nichts, macht nichts«, stammelte er. »Natürlich warst du erschrocken, ich hätte das wissen sollen. Schau, ich bin nicht böse. Sie ist eine schlechte Person, eine durch und durch schlechte Person. Ich war ein Narr, dass ich es so lange nicht geglaubt habe. Aber jetzt weiß ich es und jetzt fangen wir ein neues Leben an, ein ganz neues Leben, wir werden alle so glücklich sein ohne sie … Wir werden ihr zeigen, wie glücklich wir sein können. Wir brauchen keine bösen Frauenzimmer in diesem Haus. Wir kommen schon allein zurecht.«

Er stand auf und ging noch einmal durch die Zimmer. »Ich gehe jetzt am besten fort und kümmere mich um Betten für heut Nacht. Von jetzt an müssen wir uns eben behelfen, so gut wir können.«

Als Sophie und die Jungen später zurückkamen, musste ich ihnen sagen, was passiert war. Sie waren hin- und hergerissen zwischen Zorn auf Lydia und Verachtung für mich, dass ich sie hereingelassen hatte, und schließlich sperrte ich mich im leeren Schlafzimmer ein, setzte mich auf den Fußboden und wartete, dass Erich zurückkam. Ich war ein Schandfleck für die Familie und ich schämte mich zu Tode. Ich hatte Erichs Vertrauen enttäuscht, ich war ein Feigling, ich hatte Lydia erlaubt, ihn und die Buben um alles zu bringen, was sie hatten, weil ich einfach nicht mutig genug gewesen war, ihre Drohungen auszuhalten, die sich schließlich als leeres Gerede entpuppt hatten. Ich verdiente es nicht weiterzuleben.

Als Erich mit ein paar Feldbetten und einem Tisch heimkam, tauchte ich wieder aus meiner Isolierung auf. Wir verbrachten Stunden damit, die Zimmer mit noch ein paar von den Nachbarn geborgten Möbeln einzurichten, und am Ende wurde das Ganze zu einem Spiel. Wir waren Entdecker, Siedler, Pioniere in den Blockhütten von Kanada. Bibi wurde vorübergehend ein Schlittenhund und wir dachten sogar daran, im leeren Speisezimmer Zelte aufzustellen und unser Essen hier auf einem Spirituskocher zu kochen, obwohl doch die Küche vollkommen in Ordnung war.

Ich spielte bei allem mit, aber innerlich betete ich, es möge alles schnell vorüber sein. So bald wie möglich musste ich dieses Haus verlassen. Ich hatte schon genügend Unannehmlichkeiten verursacht, von jetzt an wurde es lebensgefährlich und in der leeren Wohnung, wo ich ständig an meine Feigheit erinnert wurde, konnte ich ohnehin nicht leben.

Ich sprach Erich am nächsten Tag daraufhin an und er gab zu, dass er sich schon Gedanken gemacht hatte über einen sicheren Ort für mich und dass er zu diesem Zweck falsche Identitätspapiere für mich besorgen wollte. Bisher hatte ich überhaupt keine Papiere gehabt. »Wenn du erst einmal einen Fetzen Papier hast, kommst du vielleicht irgendwo hinein. Nicht weit von Warschau gibt es ein Nonnenkloster, wo eine meiner Angestellten ihre Tochter hat. Es hört sich an, als wäre es recht nett dort, mitten auf dem Land, mit einem Garten und einer Schule. Du kannst dort weiter Klavierstunden nehmen und wirst mit Mädchen in deinem Alter zusammen sein. Das Einzige ist, dass du furchtbar vorsichtig sein musst, damit niemand draufkommt, wer du bist. Wirklich niemand. Die Schwestern sind alle sehr gut und freundlich, aber sie sind auch nur Menschen und ich traue überhaupt keiner einzigen Frau mehr. Sie dürfen nie den geringsten Verdacht wegen deiner Herkunft schöpfen. Du musst alle Gebete lernen und fähig sein, alle Fragen sofort zu beantworten, ohne mit der Wimper zu zucken. Wenn es sich machen lässt, nehme ich dich in eine Kirche mit, bevor du weggehst, damit du siehst, was dort passiert. Ich verstehe selber nicht viel davon, aber vielleicht können dir die Buben ein bisschen was erklären.«

»Könntest du mich nicht vielleicht taufen lassen, bevor ich fortgehe?«, schlug ich schüchtern vor. »Dann würde ich wirklich zu ihnen gehören, weißt du.«

Er sah mich nachdenklich an. »Das ist eine sehr ernste Sache. Wenn du einmal getauft bist, bist du fürs ganze Leben Katholikin. Aufgeben kannst du das nie wieder. Ich habe die Erlaubnis deines Vaters dazu. Als ich das letzte Mal mit ihm gesprochen habe, als wir ausmachten, dass du zu uns kommst, da hat er mir klar und deutlich gesagt, dass ich dich so bald wie möglich taufen lassen soll. Natürlich hat er dabei weniger an die religiöse Seite gedacht, sondern hauptsächlich daran, dein Leben zu retten. Aber er hat mich jedenfalls darum gebeten. Willst du denn wirklich getauft werden?«

»Ja, ich will«, antwortete ich, ohne zu zögern. »Und nicht nur deshalb, weil das sicherer für mich wäre. Solange der Krieg dauert, können wir das Taufzeugnis ohnehin niemandem zeigen, denn ich hätte ja schon bei der Geburt getauft werden müssen. Ein wirklicher Schutz wird das also nicht sein, aber ich wollte immer schon katholisch werden . . .«

Ich lief scharlachrot an, während ich diese Worte herausbrachte.

Erich rieb sich das Kinn. »Ich frage mich, ob du nicht vielleicht noch zu jung bist für diese Entscheidung. Und falls nach dem Krieg dein Onkel oder deine Großeltern oder sonst jemand auftaucht – das heißt also alle anderen, außer deinem Vater –, dann werden sie mir vielleicht nicht glauben, dass ich seine Erlaubnis dazu hatte, und werden wütend sein.«

»Sicher nicht. Sie werden schon verstehen, dass das geschah, um mein Leben zu retten, und außerdem wird Vater da sein, um alles zu erklären.«

»Schön, wir werden sehen, was wir tun können. Ich

schaue mich nach einem Priester um ... Jemandem, dem wir trauen können ...«

Ein kalter Schauer lief mir über den Rücken. »Aber ein Priester würde mich doch nicht verraten? Wenigstens denen kann man doch trauen?«

Erich seufzte. »Ich weiß es nicht. Offen gestanden traue ich überhaupt keinem mehr. Auch keinen Pfarrern oder Klosterschwestern. Ich traue meinem eigenen Schatten nicht mehr. Und du wirst gut daran tun, genauso zu werden. Fehler können wir uns keine leisten.«

Ich zog mich ins leere Hinterzimmer zurück, um meine Gedanken zu ordnen. Die Vorstellung, in die Welt hinauszugehen, erschreckte mich, aber ich ging ja immerhin in eine Anstalt, wo ich vielleicht in der Menge untertauchen konnte. Was wusste ich denn schon über Klöster? Gar nichts. Aber Internate waren mir nicht so fremd. Ich hatte haufenweise Bücher darüber gelesen. Da gab es die russischen Internate, wo man immer zu zweit in einem Bett schlief, jeden Tag kaltes Hammelfleisch zum Abendessen bekam und immer unsterblich ineinander verliebt war. Dann gab es die englischen Schulen, wo von Lernen kaum jemals die Rede war, dafür aber viel von Spielen im Freien, von Hockey, Tennis, Schwimmen, Ponyreiten und wo man immer auf dem Land lebte. Es war, als hätte man das ganze Jahr lang Ferien.

Dann gab es Mutters Schule für höhere Töchter, aber das war am anderen Ende der Skala. Es würde eine strenge Disziplin geben und jede Menge Regeln und Traditionen, die ich lernen müsste. Das konnte ganz lustig sein.

Und viele Mädchen würden dort sein und darunter könnte ich vielleicht eine Freundin finden. Keine echte Freundin natürlich. Ich könnte ihr ja niemals die Wahrheit über mich sagen und unter echten Freundinnen darf man schließlich keine Geheimnisse voreinander haben.

Dann würde es eine Schule geben, endlich eine richtige Schule, mit Büchern und Tafeln und dem Geruch von Kreide. Wenn ich nur genug Arbeit hatte, dann fiel es mir sicher leichter, mit niemandem zu reden. Und Erich sagte, dass es auch einen Garten gab. Das war das Allerbeste.

Plötzlich sah ich alles vor mir. Ein hohes, dunkles, düsteres Gebäude mit vielen Reihen von kleinen Fenstern. Wie ein Gefängnis oder eine alte Burg. An jeder Ecke ein Turm, mit Turmuhr und großen Glocken. Und ein großer Garten – eher ein Park –, vernachlässigt, verwildert, voll alter Bäume, Büsche und unzugänglicher Verstecke. Dort würde ich meine Tage verbringen. Ich konnte den Duft des Mooses und der Farne und der Tannennadeln beinahe riechen. Und da ich mich ja notfalls immer im Garten verstecken konnte, würde mir die strenge Disziplin und alles andere vielleicht nicht so viel ausmachen. Ganze Tage würde ich in Gesellschaft von Büchern dort verbringen. Das wäre der allerbeste Ort, um das Ende des Krieges zu erwarten.

Sophie nahm die Nachricht sehr schlecht auf und fast gelang es ihr, meinen neu gefundenen Optimismus zu zerstören. »In ein Waisenhaus wirst du geschickt«, jammerte sie und wischte sich die Augen. »Dort werden sie dich prügeln und strafen und dich stundenlang knien lassen. Und im Winter wirst du barfuß gehen und von Kraut und Kartoffeln leben. Ach, mein armes Kind, wer hätte gedacht, dass es so weit kommt, dass du in so ein Haus gehen musst!«

Trotz meines festen Entschlusses, mich nicht aus der Fassung bringen zu lassen, begann doch mein Kinn zu zittern. »Aber, Sophie, so schlecht kann es nicht sein. Die Töchter von Frau P. sind dort und sie sind anscheinend ganz glücklich ... Frau P. hat das Haus doch empfohlen ...«

Aber Sophie wollte nichts hören. »Frau P. kann sagen, was sie will. Ich weiß, wie diese Anstalten aussehen. Waisen und Findelkinder kommen dorthin, Kinder von unbekannten Eltern oder solche, deren Eltern sie einfach loswerden wollen, weil sie Gott weiß was im Blut haben. Instinkte, Elemente, grausliche Sachen, wo unsereins nicht einmal eine Ahnung hat davon. Und ich wette, Läuse haben sie auch noch!«

Ihre Absätze trommelten auf dem Boden, wie immer, wenn sie sich aufregte, und die abgetretenen Schlapfen rutschten in alle Richtungen. Sie knallte den Topf auf den Herd, knurrte den ganzen Tag zornig vor sich hin und weigerte sich, auch nur ein Wort mit irgendjemandem zu sprechen.

Am nächsten Tag rief mich Erich ins leere hintere Schlafzimmer und reichte mir ein Papier. »Das ist deine neue Identität. Lern alles auswendig und vergiss, dass du jemals einen anderen Namen hattest.«

Meine Hand zitterte, als ich das Papier nahm. *Danuta Teresa Markowska*, las ich. *Geburtsdatum*: von jetzt an würde ich drei Monate jünger sein, aber das machte ja nicht so viel aus. Katholiken feierten eher ihren Namenstag als ihren Geburtstag. Ich musste mich bei Sophie erkundigen, wann ich Namenstag hatte. *Vatername: Wojciech*. Geboren – auch jünger als mein Vater. Der Name gefiel mir aber gar nicht. So hatte der Kutscher meines Großvaters geheißen, der nach Pferden und nach Bier roch und immer ausgebeulte braune Reithosen aus Kordsamt und hohe Schaftstiefel trug. Und außerdem hatte er O-Beine.

Mutter: Marysia. Mädchenname: Stolicka. Geboren – merkwürdig, sie war älter als meine Mutter. Aber wenigstens rief der Name keine unangenehmen Assoziationen wach. Da war natürlich Tante Marysia, aber sie war tot.

Was mich betraf, so war ich in Gdingen geboren. Angst stieg in mir hoch. Ich war nie in dieser Stadt gewesen und wusste kaum etwas darüber, außer dass es dort einen großen Hafen gab. Und was war, wenn in dem Kloster ein anderes Mädchen war, das aus Gdingen kam? Dann würde sie mich sicher ausfragen. Wo hast du gewohnt? In welcher Straße? In welchem Haus? Schule? Konnte ich sagen, dass ich nur dort geboren war, aber sonst in Warschau gelebt hatte oder, noch besser, in meiner eigenen Stadt, wo ich wenigstens jeden Stein kannte?

Aber Erich sagte, ich durfte nie etwas erwähnen, was irgendwie mit meinem früheren Leben zusammenhing. Keine Namen, keine Geständnisse, gar nichts! Ich begriff, dass ich eine ganze Welt bauen und mir jede ihrer kleinsten Einzelheiten ins Gedächtnis prägen musste.

»Das muss dir alles derart in Fleisch und Blut übergehen, dass du immer haargenau die gleiche Geschichte abspulst, und wenn sie dich um Mitternacht aus dem Schlaf wecken. Kein Zögern, keine Fehler, sonst bist du verloren. Und wir auch. Denk dran, wir müssen uns auf dich verlassen können. Wenn ich dich dorthin bringe, dann vergiss nicht, ich bin dein Onkel. Die Schwester deiner Mutter war meine erste Frau. Sie starb und dann heiratete ich Lydia. Auf diese Art wird sich niemand darüber wundern, dass wir verschiedene Familiennamen tragen. Ich werde dich so oft besuchen, wie ich kann, aber du selber darfst dich unter keinen Umständen bei mir melden. Keine Briefe, keine Anrufe. Mach dir keine Sorgen, falls ich längere Zeit nicht komme. Ich werde dich dort nicht allein lassen, aber falls ich beobachtet oder verfolgt werden sollte, muss ich natürlich sehr vorsichtig sein. Ich habe das Gefühl, Lydia wird herausfinden wollen, wo du bist, und das darf sie nie erfahren. Weißt du, ihr ist wirklich alles zuzutrauen. Weder die Jungen noch Sophie werden erfahren, wo du bist. Und ich habe versprochen, das Kostgeld für die beiden Töchter von Frau P. zu zahlen, das sollte ihr den Mund stopfen. Nicht, dass ich sie irgendwie verdächtigen möchte. Sie ist wirklich ein guter Mensch und hat es furchtbar schwer gehabt, seit ihr Mann umgebracht wurde. Sie hat mir die Adresse dieses Klosters gegeben und sie ist anscheinend sehr zufrieden damit. Ihre Mädchen sind begeistert, also glaub nur nicht alles, was Sophie dir erzählt. Wie zu Hause ist es natürlich nicht, aber wenigstens bist du unter lauter Mädchen in deinem eigenen Alter.«

Er zog mich an sich und drückte meinen Kopf an seine Brust. »Es bricht mir das Herz, Janie, dass ich dich fortschicken muss, aber du weißt doch, es geschieht genauso sehr um deinetwillen als wegen meiner Jungen. Vorläufig bist du dort sicherer als hier und das ist schließlich jetzt das Wichtigste. Wenn der Krieg vorbei ist ... Ja, und wenn, was Gott verhüten möge, deinen Eltern etwas geschieht, dann wirst du bei uns immer ein Zuhause haben. Ich werde dich adoptieren. Würde dir das gefallen?«

Ich versuchte verzweifelt, etwas Nettes darauf zu sagen, aber stattdessen brach ich in Tränen aus. Die Vorstellung, dass meine Eltern vielleicht nicht da sein und auf mich warten könnten, sobald der Krieg vorbei war, war zu schrecklich, um ernsthaft in Betracht gezogen zu werden.

Erich trocknete mir die Augen und versuchte, mich aufzuheitern. Es gab doch wirklich keinen Grund, so viel Angst zu haben. Klöster waren sichere, friedliche Orte, mit Gärten und Vögeln und Blumen. Und die Schwestern waren gütig und freundlich. »Du wirst viel im Freien herumlaufen können, vielleicht im Garten helfen, Blumen pflücken. Stell dir das vor! Wie lang ist es denn her, dass du zum letzten Mal in der Sonne und in der frischen Luft warst?«

Ich seufzte und schaute zum Fenster. Über ein Jahr war das her, die Tee-Party nicht mitgerechnet. Unmerklich war der Frühling in den Sommer übergegangen, jetzt hatten wir Ende August. Die Stadt röstete in der Sonnenglut, die Buben kamen jeden Tag mit sommersprossigen roten Gesichtern nach Haus und redeten von Eiscreme. Die Bäuerinnen in der Küche konnten jetzt nicht mehr so leicht schmuggeln, nachdem sie ein paar von ihren Kleiderschichten hatten ablegen müssen.

»Morgen schaue ich der Welt ins Auge.«

2

Eine lange, gebogene Allee von Lindenbäumen, in die Biegung kuschelt sich ein großer Gemüsegarten. Wir schreiten im Schatten der dunkelgrünen Blätter im unaufhörlichen Gesumm von Tausenden von Bienen. Reihen von konischen Bienenstöcken im Garten brummen vor Geschäftigkeit. Wir durchqueren einen großen Hof und kommen zu dem niedrigen, weiß gekalkten Rechteck des Hauses. Wir treten in einen dunklen Korridor und ich schnüffle vorsichtig den fremdartigen Geruch des Klosters. Den charakteristischen Anstaltsgeruch, nach frisch geschrubbten Holzböden, gestrigen Mahlzeiten und zu vielen Körpern, die auf engem Raum zusammenleben. Eine Tür geht auf.

»Die Schwester Oberin wird Sie empfangen.«

Die Schwester, die uns von der Pforte bis hierher begleitet hat, verschwindet mit einem leisen Klirren von Rosenkranzkugeln und wir betreten einen kleinen Raum, in dem sich eine andere Nonne von einem Stuhl erhebt.

Ich kämpfe gegen die Panik, die auf dem langen Weg immer stärker in mir aufgekommen ist. Ich darf nicht weinen, ich darf nicht weglaufen. Ich bin Danuta Markowska, ein Mädchen wie jedes andere, und ich habe nichts zu befürchten. Die Schwester Oberin ist eine winzige Person, mit einem runden, faltigen, von roten Adern durchzogenen Gesicht. Sie hat kleine, helle Augen und sie lächelt, als sie Erichs Hand nimmt. Er beugt sich tief darüber. Ich habe das Gefühl, ich sollte einen Knicks machen, aber meine Beine sind plötzlich aus Holz, ich kann nur stehen und starren.

»Das ist also unsere kleine Danka; was für schönes Haar du hast, Kind...« Ich versuche zu lächeln, fühle aber, dass mein Gesicht dabei einen Sprung bekommen wird. Sie tätschelt mich am Kopf, dann macht sie genau über mir eine rasche Bewegung mit der Hand, so als würde sie mich fortwinken. »Ist das das erste Mal, dass du von zu Hause fortgehst?« Ich nicke stumm, meine Augen füllen sich plötzlich mit Tränen. Sie nickt und zieht an einer kleinen Silberglocke. »Ich bin sicher, es wird dir hier gefallen. Wir freuen uns sehr, dass du zu uns kommst. Das Haus ist vorläufig noch recht leer. Die Schule beginnt nächste Woche, die meisten von unseren Mädchen sind noch zu Hause. In ein paar Tagen kommen sie alle zurück. Alice und Krysia führen dich jetzt herum. Das sind unsere ältesten Mädchen, sie gehen nie nach Hause.«

Die Tür geht auf, es erscheinen zwei bezopfte Mädchen etwa in meinem Alter. Sie knicksen, treten vor, küssen der Schwester Oberin die Hand, knicksen noch einmal, nehmen mich an den Händen und führen mich zur Tür. Erich lächelt und winkt. »Sei jetzt brav und tu, was man dir sagt. Ich werde dich bald besuchen kommen.« Die Tür schließt sich.

»Zuerst zeigen wir dir das Haus und dann können wir in den Garten gehen.« Sie öffnen die Tür zu einer großen Halle, die voller Bänke ist. An einem Ende sehe ich einen Altar, umgeben von einer atemberaubenden Mauer aus Blumen. Eine kleine rote Lampe an einer langen silbernen Kette hängt über den teppichbelegten Stufen davor. Eine hölzerne Balustrade trennt den Altar von der restlichen Halle.

»Das ist unsere Kapelle«, sagt Alice.

Ich stehe mitten in dem Durchgang zwischen den Bänken und starre auf das Geheimnis vor mir. Was geschieht hier? Die Luft ist kühl und wunderbar duftend. Blumen, und noch etwas – der süße, schwere, leicht würzige Duft von etwas Unbekanntem. Ich habe das Gefühl, dass ich etwas dazu sagen soll.

»Sehr hübsch«, sage ich aufs Geratewohl und sehe die Mädchen an. Zu meinem Entsetzen liegen sie im Eingang auf den Knien und sind gerade damit fertig, sich zu bekreuzigen.

Hätte ich dasselbe tun sollen? Jetzt, unter ihren vorwurfsvollen Blicken, kann ich es auch nicht mehr tun. Steif schreite ich hinaus, sie folgen mir, die Wendeltreppe hinauf in den ersten Stock, an jeder Wendung die Gipsfigur eines Heiligen. Wieder ein langer Gang. Eine andere Tür führt in einen großen, luftigen Schlafsaal mit Reihen von kleinen Betten. Die Bettdecken sind rosa, auf jedem Bett liegt ein Kissen mit einem rosa Rüschenüberzug, wie bei den Bauern. »Hier schlafen wir, genau über der Kapelle. Tagsüber Zutritt verboten.«

Auf der gegenüberliegenden Seite ist ein Speisesaal und Aufenthaltsraum, mit einfachen Holztischen und -bänken. Dahinter ist das Besuchszimmer, »unser kleiner Salon«, und ein dunkler Alkoven mit hölzernen Schließfächern, wie eine riesige Kommode. »Hier wirst du eine Schublade bekommen, wo du alle deine Sachen hineingeben kannst.« Der Fußboden im Salon ist spiegelblank gewichst, die Fenster sind fast ganz hinter Palmen und Farnen versteckt. »Hierher dürfen die Gäste kommen und hier haben wir auch unsere Weihnachtsfeier. Sonst dürfen wir nicht herein.«

Ein schneller Blick in die weiß gekachelte Küche, wo eine gewaltige, weiß beschürzte Schwester mit einem Gesicht wie ein rosiger Vollmond uns über riesige Kessel hinweg anstrahlt. »Eine Neue, Schwester Martha, sie heißt Danka.«

»Jetzt in den Garten. Das müssen wir ausnützen, solange wir können. An Wochentagen dürfen wir sonst nicht dorthin.«

Wir sitzen auf Bänken im Halbkreis rund um eine Statue der Madonna, genau wie die, die ich mir immer auf dem Friedhof zu Hause angeschaut habe. Ein paar Mädchen kommen zu uns gelaufen. Sie haben alle Zöpfe oder lange Flechten und tragen dunkelblaue Kleider mit schwarzen, rüschenbesetzten Schürzen.

»Wie hübsch«, sage ich, berühre die steifen Rüschen und sie lächeln stolz.

»Das ist unser Sonntagsstaat. Du bist ›privat‹, du musst also deine eigenen Kleider tragen. Aber du musst deinen Rock auslassen, er ist zu kurz.«

Überrascht betrachte ich mein Kleid. Es hat die übliche Länge, aber die Kleider der Mädchen reichen ihnen bis weit unter die Knie.

»Schwester Ludvika wird dich ausschimpfen, wenn du deine Knie zeigst. Das ist unanständig, weißt du das nicht? Ihr Mädchen von draußen seid immer zu kurz angezogen.« Alice streicht mir übers Haar. »Du hast wunderschönes Haar. Bei uns ist niemand so dunkel wie du. Drehst du dir in der Nacht Lockenwickler hinein? Das kannst du hier aber nicht machen. Schwester Ludvika wird dir sagen, dass du es glatt bürsten musst. Du musst Bänder finden, damit wir es zusammenbinden können. Sollen wir dir Zöpfe machen?«

Sie zogen ihre Kämme heraus und machten sich an die Arbeit, zogen meinen Kopf einmal auf die eine, dann auf die andere Seite, kämpften mit meinen drahtigen, dicken Locken. »Dein Haar ist zu dicht, aber Schwester Ludvika wird schon damit fertig werden. Du kannst ja nicht wie ein Heuschober herumgehen, das gehört sich nicht.«

Ich ließ mir die Haare mit Schnüren zusammenbinden und verlangte dann einen Spiegel, um zu sehen, was sie da gemacht hatten. Sie lachten: »Wir haben keinen Spiegel im Kloster. Keinen einzigen. Bist du eitel? Das nützt dir hier nichts. Wenn du wirklich unbedingt wissen willst, wie du aussiehst, dann kannst du Joanna bitten, dass sie dich in ihre Brillen schauen lässt. Das ist der einzige Spiegel, den wir haben.«

Ein lautes Läuten. Nachmittagspause. Wir laufen zum Haus zurück und setzen uns an die Tische. Jetzt sind wir schon viel mehr geworden. »Du kommst an meinen Tisch«, sagt Krysia. »Ich bin fünfzehn, ich bin hier die Älteste. Du musst mir folgen. Meine Mädchen sind hier die folgsamsten, ich verstehe es nämlich, mit ihnen fertig zu werden. Ich bin für dich verantwortlich und ich rate dir, lass dir lieber keinen Unsinn einfallen.« Sie legt eine Scheibe Brot mit irgendeinem grausigen rosaroten Zeug darauf auf meinen Emailteller.

»Steh auf zum Tischgebet.«

Sie sagt ein Gebet vor, ich bewege stumm die Lippen und bemühe mich, mir die Worte zu merken. Es gelingt mir, mich rechtzeitig mit den anderen zu bekreuzigen. Das ist das erste Mal, dass ich diese Zeremonie mitmache, und ich habe das Gefühl, als gehörte ich schon fast zu ihnen.

Eine sehr große Schwester gleitet ins Zimmer. Wie lautlos sie gehen. Wenn nicht der Rosenkranz klappern würde, man könnte sie gar nicht hören.

»Das ist die Neue, Schwester Ludvika.«

Krysia dreht mich zu der Schwester hin, die mir einen durchdringenden Blick zuwirft. Sie hat ein blasses Gesicht, vollkommen regelmäßige Züge und kalte Augen. Zeigt sie die Spur eines Lächelns, einen Schatten von Wärme oder Interesse?

Ich kann es nicht sagen. Ich habe es noch nicht gelernt, wie man in einem Gesicht liest, das von dem strengen Schwarz und Weiß eines Nonnenschleiers eingerahmt ist. Sie streckt mir ihre Hand entgegen. Ich überlege mir kurz, ob ich sie küssen soll, entscheide mich dagegen und mache einen steifen Knicks. Wenn ihr das nicht passt, kann ich auch nichts machen. Ich bin ja ohnehin nicht ich selber. Ich bin Danka Markowska, ein unbekanntes Mädchen. Und wenn die schlechte Noten bekommt, dann schert mich das überhaupt nicht.

Wir wenden uns unserem Essen zu, aber beim ersten Bissen verzieht sich mein Gesicht in einem Schock. Das Zeug ist unerträglich sauer. »Was soll denn das hier sein?«, frage ich und sofort wird von allen Seiten gezischt.

Keine Unterhaltungen bei den Mahlzeiten! Verzweifelt starre ich auf meinen Teller. Ich bin sehr hungrig, aber dieser Brei aus Quark und gekochten Mohrrüben dreht mir den Magen um. Ich blicke auf. Neun Augenpaare beobachten mich gespannt. Acht Teller bewegen sich vorsichtig in meine Richtung. Acht Gesichter lächeln bittend. Das neunte, Krysias Gesicht, runzelt die Stirn und die Teller ziehen sich zurück. Krysia schaut mich streng an und streckt ihre Hand aus. Ich lege mein Brot hinein. Die blauäugige Alice mir gegenüber schneidet ein Gesicht, ich muss laut kichern.

»Steh auf, Danka.«

Ungläubig schaue ich mich um. Schwester Ludvika deutet mir mit einer langen weißen Hand. Sie deutet in die Mitte des Raumes. »Hier bleibst du stehen, bis ich dir sage, dass du gehen kannst. Dass du neu bist, ist keine Entschuldigung für Ungehorsam.«

Ich starre sie verzweifelt an. Ich kann nicht hier stehen

und mich von allen anschauen lassen. Kannst du nicht sehen? Verstehst du nicht, dass ich mich verstecke? Kannst du es nicht in meinem Gesicht lesen? Ich presse meine Lippen zusammen und nehme meinen Platz mitten in der Halle ein, die Hände am Rücken, den Kopf hoch. Wenn Schwester Ludvika die Gefahr nicht sieht, dann werde ich mich auch nicht darüber aufregen. Und wenn Danka Markowska sich hier nicht gut einführt, dann macht mir das noch viel weniger. Janie David hätte sich schrecklich geschämt, aber Danka ist zäh.

Die Nachmittagspause ist zu Ende. Nach einem Gebet drängen die Mädchen hinaus, werfen mir neugierige Blicke zu. Krysia zuckt die Schultern und stelzt hinaus. »Wenn die sich so benimmt, dann will ich sie nicht in meiner Gruppe haben«, sagt sie laut. Alice blinzelt mir zu, ich blinzle zurück. Ich stehe in der leeren Halle, lausche auf die Geräusche aus dem Garten. Mädchen kommen aus Warschau zurück. Sie stürzen herein, suchen ihre Freundinnen, ziehen Verwandte hinter sich her. Dann halten sie jäh inne und starren mich an. Ich habe das Gefühl, dass manche Verwandte besonders neugierig sind und mich zu lang anstarren. Mein Rücken beginnt zu schmerzen, Tränen verwirren mir die Sicht. Irgendwo läutet wieder eine Glocke und Krysia kommt zurück. »Schwester Ludvika ist im Salon. Wenn du jetzt hingehst und dich entschuldigst, dann lässt sie dich vielleicht gehen. Und vergiss nicht, ihr die Hand zu küssen.«

»Ich küsse keinem die Hand. Und warum soll ich mich entschuldigen? Sie hat mich bestraft. Damit soll sie sich zufriedengeben. Ich bin ihr nichts schuldig.«

Krysia zuckt die Achseln. »Aha, wir sind stolz, was? Na, warte nur ab. Schwester Ludvika hat eine feste Hand. Sie wird dir das schon noch austreiben.«

»Du kannst Schwester Ludvika ausrichten, wenn sie

mich schlägt, dann wird ihr das noch leidtun. Ich kann auch kämpfen.«

Die Mädchen versammeln sich zum Abendessen und Schwester Ludvika kommt herein. Als sie vor mir stehen bleibt, zeigt sich der Schimmer einer Überraschung auf ihrem kalten Gesicht. Hat sie vergessen, dass ich noch immer hier war?

»Ich hoffe, du hast jetzt bereut. Du kannst zu deinem Tisch gehen.«

Ich gehe rund um sie herum und setze mich auf meinen Platz auf der Bank. Das Erstaunen auf allen Gesichtern sagt mir, dass ich mich schon wieder nicht so benommen habe wie erwartet. Aber mein Entschluss ist gefasst. Kein Händeküssen, keine Kriecherei, vor niemandem. Wenn sie hart sind, dann bin ich auch hart.

Das Abendessen vollzieht sich schweigend. Die Halle ist jetzt voll. Ich zwinge mich, den dicken Haferschleim hinunterzuwürgen, ohne Salz, Zucker, Milch oder Butter oder irgendeinen der sonstigen Zusätze, die das Zeug essbar machen würden. In der kurzen Pause nach dem Abendessen lässt Alice einen Apfel in meine Tasche gleiten. Schwester Ludvika klatscht in die Hände und wir knien uns alle nieder zum Abendgebet. Dann huschen wir schweigend in den Schlafsaal. Schnell den Kopf unter den kalten Wasserhahn, dann zurück zu den Betten, wo wir uns ausziehen. Ich spüre, wie neugierige Augen mich mustern, als ich mir das Kleid über den Kopf ziehe. Schwester Ludvika erscheint mit ihren weiten flatternden Ärmeln. »Nicht so, Kind, wir wollen doch nichts zur Schau stellen. Du musst lernen, dich auf anständige Weise auszuziehen. Man darf nichts sehen, was unsere Augen beleidigen könnte.« Sie streift mir mein Nachthemd über den Kopf und sagt, ich müsste mich darunter ausziehen. Ich fühle mich gedemütigt und bin wütend. Es war mir bis jetzt nicht eingefallen, dass mein Körper ein beleidigender Anblick sein könnte. Ich schlüpfe unter die Decke. Die mit frischem Stroh gefüllte Matratze knirscht laut. Es ist sehr ungemütlich. Wir setzen uns noch einmal auf, zu einem kurzen Gebet, und Schwester Ludvika zieht die Verdunklungsvorhänge herunter und sperrt einen herrlichen Sonnenuntergang aus. In dem Halbdunkel gleiten die Ältesten still herein und gehen zu ihren Betten. Ein rundlicher Schatten mit langen Zöpfen beugt sich über mich und berührt meine nassen Wangen.

»Wein nicht, Neue, du wirst dich hier schon noch wohlfühlen«, flüstert sie und streift meinen Kopf mit einem Kuss.

3

Die Räder des Anstaltslebens mahlten weiter und langsam gewöhnte ich mich an meine neue Umgebung. Ich
lernte die Routine, die Kniffe und Schliche, die Anstaltssprache. Ich beugte mich den Regeln gerade so weit, dass
ich nicht allzu sehr auffiel, legte aber immer Wert auf
einen kleinen Protest. Schon nach der ersten Woche im
Kloster war mir klar geworden, dass ich nie ganz so werden konnte wie die anderen, und je mehr Mühe ich mir
gab, umso mehr würde das auffallen. Die anderen, der
harte Kern des Hauses, hatten ihr ganzes Leben in solchen Anstalten verbracht. Sie hatten in Kinderkrippen
begonnen, in Kindergärten oder Findelhäusern und wurden nach und nach, je nach ihrem Alter, in das eine oder
andere Heim gebracht, wo sie die Anstaltstraditionen
lernten und die Atmosphäre in sich aufsogen, bis sie sich
jetzt im Alter von vierzehn oder fünfzehn Jahren auf dem
Höhepunkt dieser Laufbahn befanden. In etwa einem
Jahr mussten sie fortgehen, um draußen als Dienstboten
zu arbeiten. Aber solange sie noch im Kloster waren, waren sie die »Führerinnen«, die lebendigen Quellen von
Sitte und Tradition, die unangefochtenen, despotischen
Herrscherinnen. Die anderen waren entweder verächtli-
che, unwissende Anfängerinnen, denen man alles von
Grund auf einbläuen musste, oder »Private« und zu de-

nen gehörte ich. Die »Privaten« kamen von zu Hause ins Kloster, ihre Familien zahlten für den Aufenthalt, nicht die Regierung oder irgendwelche mildtätigen Organisationen, und es war klar, dass sie nie richtig dazugehören konnten.

Ohne die Umwälzungen des Krieges hätte keine von den »Privaten« je den Weg ins Kloster gefunden. Nie wären sie auf die Idee gekommen, das Kloster als ihr Zuhause zu betrachten. Sie gehörten woandershin, ihre Treue zum Kloster war nicht unerschütterlich, man konnte nicht damit rechnen, dass sie sich widerstandslos der Schwester Oberin als höchster Autorität unterwarfen. Ihre Kleider stachen heraus aus dem Einheitsblau der Anstaltsuniformen, sie hatten oft feinere Manieren, sie redeten über die Welt draußen, von der das echte Anstaltskind keine Ahnung hatte. Zwischen den beiden Lagern herrschte offene Feindschaft, nur dünn verhüllt von Nützlichkeitsüberlegungen. Die »Alten« wachten über den Zutritt zu Vergünstigungen und Privilegien und besaßen durchaus die Macht, das Leben einer »Privaten« zur Hölle zu machen. Die »Privaten« dagegen konnten die Autoritäten von draußen ins Spiel bringen und – und das war das Wichtigste – sie hatten ihr »Privatessen«. Das war die Hauptwaffe, das unüberwindbare Argument, das jeden Kampf entschied. Wir alle, die Alten genauso wie die Neuen, waren ständig hungrig. Unsere Mahlzeiten waren nicht nur nicht ausreichend, sondern häufig auch ungenießbar. Die »Privatessen«, die in Paketen geschickt oder von Verwandten gebracht wurden, waren im Schrank der Schwester eingeschlossen und wurden zweimal am Tag ihren glücklichen Besitzern in knappen Portionen zugemessen. Sobald der Schrank aufging, bildeten sich vor ihm Schlangen, während die Alte Garde im Korridor wartete, um sich dann auf die paar Glücklichen zu stürzen und ihnen, sei es durch Schmeichelei und gute Worte, sei es durch Gewalt, einen Teil abzuringen.

Während meiner ersten Woche im Kloster fastete ich buchstäblich die ganze Zeit, ich brachte nichts hinunter, trotz meinem ständig wachsenden Hunger. Als ich endlich den Ekel vor dem Geruch der Portion auf meinem Teller überwunden hatte, revoltierte mein Magen und es dauerte fast einen Monat, bis ich die Nahrung bei mir behalten konnte. Erich, dem dieser Umstand genauso unbekannt gewesen war wie mir, brachte mir vor seiner Abreise kein Essen und es dauerte über zwei Monate, bis ich ihn wiedersah. Und dann brachte er mir eine Tüte voll gekochter Karamellen, was mir, die ich auf ein paar Laibe Brot gehofft hatte, die Tränen der Enttäuschung in die Augen trieb.

Unser Tag begann um sieben Uhr mit dem Schrillen der Glocke. Die diensthabende Schwester ging zwischen den Bettenreihen hindurch und schüttelte dabei eine schwere Messingglocke, und bis es mir gelang, noch vor ihrem Eintreffen aufzuwachen, fuhr ich immer voll Entsetzen hoch, bereit, vor Zorn loszuschreien über dieses brutale Wecken. Nach einem kurzen, noch im Bett gemurmelten Gebet zogen wir uns unter den Decken an, wuschen uns, kämmten uns das Haar und machten unsere Betten, und zwar so, dass sie wie vollkommene rosa Schachteln aussahen. Die älteren Mädchen sahen uns dabei zu, schätzten die Ergebnisse mit dem Auge des Experten ab und rissen oft genug die Bettdecke und die Wolldecken wieder auf und befahlen ihrem Opfer, noch einmal von vorne zu beginnen.

Wenn die Betten gemacht waren, gingen wir gemeinsam in den Speisesaal und knieten uns zum Morgengebet nieder. Bald nach meiner Ankunft verkündete Schwester Ludvika, dass unsere Stimmen zu tief seien. Wir klängen wie ein Haufen alter Männer. Gebete sollten mit einem süßen, kindlichen Sopran aufgesagt werden, hoch und musikalisch, und wir sollten lernen, die Ohren Gottes nicht zu beleidigen. Dementsprechend begann sie also das Vaterunser auf einem hohen Ton und wir stimmten ein, halb singend und verzweifelt bemüht, unser Kichern zu unterdrücken, und mit vor Anstrengung geschlossenen Augen. Nach einer Woche voll merkwürdiger Geräusche brachten wir es endlich fertig, nicht mittendrin in Lachkrämpfe auszubrechen, und Schwester Ludvika holte die anderen Gruppen (es gab vier Gruppen von Kindern, jede mit einem eigenen Quartier), damit sie an unserer Tür zuhörten, während wir uns produzierten. Ihre Reaktion war voraussehbar. Sie lachten und machten uns nach, bis wir schon bei der Erwähnung des Gebets die Fäuste vor Wut ballten.

Nach dem Gebet wurden die Kessel hereingebracht und die Älteste an jedem Tisch verteilte das Essen an ihre Schützlinge. Wir hatten Emailteller, Emailbecher und Zinnbestecke. Außer am Sonntag gab es immer nur eine Art Grütze, einen Haferschrot, der so schlecht gereinigt war, dass wir die meiste Zeit damit verbrachten, die Hülsen auszuspucken. Ohne »private« Zucker- oder Butterzugaben war dieses in Wasser gekochte Gemisch tatsächlich ungenießbar. An Sonntagen gab es selbst gebackenes Brot, feucht und schwer wie Lehm, und »Kaffee« aus Eicheln. Das war eine höchst willkommene Abwechslung.

Vom Aufwachen bis zum Ende des Frühstücks hatte absolute Stille zu herrschen. Jeder, der nur ein Wort flüsterte, wurde sofort bestraft. Ein Lieblingsspiel der Alten Garde war es, das Bett eines besonderen Opfers gerade in dem Moment aufzureißen, wo das Frühstück hereingebracht wurde, und das Mädchen so lang im Schlafsaal das Bett machen zu lassen, bis es Zeit für die Schule war. Dadurch versäumte sie ihr Frühstück, das dann ihre Peinigerin gefälligerweise aufaß, damit kein Essen verschwendet wurde. So unglaublich mir das auch in den ersten Wochen hier vorkam, es gab tatsächlich Leute, die zwei Portionen Grütze essen konnten!

Das Schulgebäude stand am Tor, eine gute halbe Meile weiter an der gebogenen Lindenallee, durch die ich an meinem ersten Tag gegangen war. Die Dorfkinder gingen auch in diese Schule, betraten sie aber durch einen anderen Eingang. Die ersten paar Tage wartete ich vor Angst wie gelähmt auf irgendwelche spitzen Bemerkungen, aber nichts geschah und langsam wurde ich ruhiger. Meine größte Sorge war, dass ich weder Hefte noch Papier noch Bleistift hatte. Erich hatte versprochen, mir in der Woche nach meiner Ankunft alles zu bringen, was ich für die Schule brauchte, aber die Wochen vergingen und es kam kein Zeichen von ihm. Ich hatte kein Geld, um mir diese Dinge zu kaufen, und es war mir furchtbar peinlich, immer neue Ausreden finden zu müssen, warum ich ihm nicht schrieb. Schwester Ludvika hatte mir mehrere Male befohlen, ihm zu schreiben, und jede Woche gab ich zu, dass ich es wieder vergessen hatte, während ich in Wirklichkeit an nichts anderes dachte. Es gab so viele Dinge, die ich brauchte, angefangen von Bändern für mein Haar, das ich jetzt mit Bindfaden zusammenhalten musste, bis zum Essen, das zu einer fixen Idee geworden war. Außerdem brauchte ich dringend ein Gebetbuch, um mit meiner religiösen Erziehung nachzukommen, und das war überhaupt das nächste Problem geworden. Ich verbarg meine völlige Unkenntnis der katholischen Religion und lernte die Gebete, so schnell ich konnte, während ich so tat, als würde ich sie schon kennen. Bei der Messe machte ich alle Bewegungen der anderen nach, musste aber zugeben, dass ich noch nicht bei der Erstkommunion gewesen war, und die schockierte Art, wie Schwester Ludvika und die anderen Mädchen das aufnahmen, jagte mir große Angst ein, ich fürchtete, mich verraten zu haben. Offenbar war ich Jahre hinter allen anderen zurück und diese Unterlassung musste sofort gutgemacht werden. Schwester Ludvika lieh mir einige Bücher und überwachte persönlich meine Vorbereitungen. Sie hoffte, ich würde in zwei Monaten so weit sein, während ich absichtlich auf Zeitgewinn spielte, so schnell lernte, als ich nur konnte, aber nach außen überhaupt keinen Fortschritt zeigte. Die schreckliche Wahrheit war nämlich, dass ich nicht zur Beichte oder Erstkommunion gehen konnte, ohne vorher getauft worden zu sein, und trotz meiner vielen Bitten hatten wir in Warschau nicht die Zeit gefunden, uns darum zu kümmern. Und jetzt war es natürlich zu spät. Je mehr ich darüber erfuhr, umso mehr sehnte ich mich, in die Kirche aufgenommen zu werden, und umso schwieriger wurde es, Ausreden und Verschiebungen für etwas zu finden, was ich selber so dringend wollte.

An freien Nachmittagen ging ich im Garten herum und dachte über meine Lage nach und meine Hilflosigkeit trieb mir die Tränen des Zorns in die Augen. Angst und Verzweiflung brachten mich fast so weit, Schwester Margareta alles zu gestehen, der kleinen, blassen Nonne, die sich um unsere Seidenwürmer kümmerte, und die ich seit unserem ersten Zusammentreffen am Tor schüchtern verehrte. Aber die Angst vor möglichen Folgen hielt mich in letzter Minute davon ab. Ich vertraute Schwester Margareta vollkommen und wusste, dass sie mir helfen würde, indem sie mich sofort taufen lassen würde. Danach würde ich dann Schwester Ludvika durch einen plötzlichen Ausbruch von Intelligenz überraschen. Aber Erichs Worte klangen mir jedes Mal in den Ohren, wenn ich diesen Schritt in Betracht zog. Ich hatte ihn schon einmal verraten. Noch einmal durfte ich es nicht tun. Und außerdem, was sollte ich dann tun, wenn er mich daraufhin völlig aufgab? Vielleicht hatte er das ohnehin schon getan. Sieben Wochen waren vergangen und ich hatte nicht das geringste Lebenszeichen aus Warschau bekommen. Was war mit ihnen allen geschehen?

Diese schreckliche Ungewissheit, wie auch die ständige Furcht vor Entdeckung bedeckten meine Stirn ständig mit Runzeln und ließen mich in der Nacht nicht schlafen.

Nach dem Mittagessen, das an Wochentagen hauptsächlich aus halb verfaulten Kartoffeln und Kohl oder welkem Salat mit saurer Milch bestand, zog ich mich in die Hügel hinter dem Hauptgebäude zurück und wanderte zwischen den Bäumen herum, den Katechismus in der Hand, und tat so, als würde ich meine Lektionen lernen, während ich mir in Wirklichkeit vor Unruhe die Fingernägel zerbiss. Viel länger konnte ich sie nicht mehr hinhalten, das war klar. Schwester Ludvika schöpfte bereits Verdacht. Da war mein unseliges Aussehen, meine schwarzen Haare und Augen, mein fortgeschrittenes Alter – alle anderen Mädchen waren mit acht oder neun Jahren zur Erstkommunion gegangen – und meine unbegreifliche Schwerfälligkeit beim Erlernen des Katechismus, während ich alles andere offenbar ohne Schwierigkeiten begriff. Das konnte nicht lange gut gehen. Aber wenn ich jetzt zur Erstkommunion ging, dann würde ich damit eine Todsünde begehen. Alles lieber als das, beschloss ich. Wenn sich kein anderer Ausweg fand, dann würde ich eben die Wahrheit sagen müssen. Dann müsste ich aber auch schwören, dass Erich nicht die geringste Ahnung hatte, wer ich war, als er mich eines Nachts im Schnee auf der Straße auflas.

4

Manchmal gesellte sich Alice bei meinen einsamen Spaziergängen zu mir und wir tratschten vorsichtig über dieses und jenes. Alice kam aus dem Osten von Polen und ihre Stimme hatte den reizenden Tonfall jenes Landesteils, wo viel Russisch gesprochen wurde. Sie war auffallend zurückhaltend über ihre Vergangenheit und ich, die ich selbst keine Vertraulichkeiten austauschen wollte, respektierte ihr Schweigen. Soviel ich verstand, waren ihre Eltern nach Sibirien geschickt worden und wahrscheinlich gestorben. Sie war von einer Verwandten gerettet und letztes Jahr ins Kloster gebracht worden. Wenn sie groß war, wollte sie dem Karmeliterorden beitreten. Schnell erzählte sie mir alles, was sie über den Orden wusste, und ich war entsetzt von der Vorstellung, in ewigem Schweigen zu leben. Aber Alice gefiel das. Barfußgehen und in einem Sarg schlafen waren noch zusätzliche Genüsse. Aber es war das Schweigen, was sie am meisten anzog.

»War es ruhig in deiner Gegend, als der Krieg anfing?«, fragte ich sie.

»Ja, wir haben nicht viel gesehen.«

»Habt ihr keine Luftangriffe gehabt?«

»Nein ... so etwas gab es nicht ...«

Schweigend gingen wir Seite an Seite dahin. Der Nachmittag war sonnig und still. Ich brannte vor ungesagten

Dingen, vor Sorgen und einem überwältigenden Drang, über meine Probleme zu sprechen, zu beichten, um Hilfe zu bitten. Plötzlich erschien ein Flugzeug zwischen den Baumwipfeln und kam im Tiefflug über den Garten. Wie ein Blitz sausten wir vom Weg und vergruben uns ins Gebüsch. Das Flugzeug flog weiter und verschwand. Mit roten Gesichtern tauchten wir wieder auf, kichernd vor Verlegenheit.

Du hast also keine Flugzeugangriffe zu Hause gesehen, dachte ich. Aber du hast gelernt, schnell in Deckung zu gehen, wenn ein Flugzeug kommt ...

Nach der Freistunde kehrten wir in den Speisesaal zur Hausarbeit zurück, die – in Schweigen – bis zum Abendessen dauerte, bei dem wir weiterhin schweigend unseren Maisbrei hinunterwürgten, unsere Gebete aufsagten, und dann wandten wir uns noch einmal unseren Schulbüchern zu, bis es Schlafenszeit war.

Darauf noch einmal Beten, Katzenwäsche, dann ins Bett. Noch ein Gebet, einen Ellbogen aufs Kissen gestützt, bis endlich die Verdunklungsvorhänge zugezogen wurden und ich mit meinen Gedanken allein war. Jetzt war der Augenblick gekommen, um alles, was ich tagsüber gesagt und getan hatte, gründlich zu überprüfen. Hatte jemand etwas erraten? Verdacht geschöpft? Hätte ich dieses oder jenes nicht sagen sollen? Hätte sich ein katholisches Kind genauso benommen? Ich versuchte herauszufinden, ob ich mich in irgendeiner Weise anders benahm als die anderen, und wenn ich nichts finden konnte, dann freute ich mich zwar, machte mir aber gleichzeitig neue Sorgen. Wenn es also keinen Unterschied zwischen uns gab, warum dann der Hass, die Verachtung, die endlosen Witze über die Juden?

An Sonntagen gingen wir zur Messe und zur Abendandacht und ich sang im Chor. Ich freute mich sehr, dass ich dabei war, obwohl das hieß, dass man einmal in der

Woche um fünf Uhr aufstehen und in einer Messe für die Schwestern singen musste. Latein erschien mir als die schönste und geheimnisvollste aller Sprachen und ich rollte die unverständlichen Wörter mit einem beinahe sinnlichen Genuss von der Zunge. Auf ihre Bedeutung war ich gar nicht neugierig. Das würde ich schon später in der Schule lernen. Vorläufig war Latein für mich eben die feierliche, majestätische Sprache der Kirche, jedes Wort ein heiliges Geheimnis. Manchmal dachte ich kurz daran, dass ich für Aramäisch, die genauso unverständliche Sprache, die mich in der Schule viele Tränen gekostet hatte, nie das Gleiche hatte empfinden können.

Jeden Sonntagnachmittag saß ich geduldig im Aufenthaltsraum und wartete darauf, dass »sie« kamen. In der Anstaltssprache wurden Eltern, Verwandte oder Freunde, besonders wenn eine Person männlichen Geschlechts dabei war, zu »ihnen«. »Sie sind für dich gekommen«, lautete die traditionelle Formel und ich träumte von dem Tag, wo »sie« für mich kommen würden. Aber die Wochen vergingen ohne ein Zeichen von ihnen und jeden Sonntagnachmittag trug ich meine Enttäuschung in das kleine Pförtnerhaus neben der Schule und bot Schwester Margareta, die hier unter ihren Borden voll mit Seidenwürmern schaltete und waltete, meine Dienste an.

Das Kloster besaß eine Reihe von Maulbeerbäumen und hatte aus diesem Grund eine Quote von Seidenwürmern zur Aufzucht zugeteilt bekommen. Die Kokons mussten an die Deutschen abgeliefert werden, die wollten nämlich Seide. Als winzige, sich schlängelnde Fädchen mit stecknadelkopfgroßen Augen an dem einen Ende trafen die Würmer bei uns ein und wuchsen unter unseren liebevollen Händen zu fetten Raupen von der Größe eines Fingers. Sie waren die gefräßigsten Geschöpfe, die ich je gesehen hatte. Jeden Nachmittag kletterten ein paar von uns auf die Maulbeerbäume, um entsprechend saftige Blätter zu suchen. Die Würmer waren heikel, im Unterschied zu uns lehnten sie minderwertige Nahrungsmittel ab. Wir verteilten die Blätter auf die Stellagen und schauten zu, wie sie verschwanden. Der kleine Raum summte vom dauernden Malmen der Kiefer, die Würmer widmeten sich dem Geschäft des Essens und Wachsens mit einer geradezu wütenden Hingabe.

»Was geschieht, wenn sie den Kokon fertig gesponnen haben? Sie müssen sich doch durchbeißen, wenn sie herauskommen wollen. Macht das die Seide nicht kaputt?«

»So weit lassen wir sie nicht kommen«, erklärte Schwester Margareta. »Wenn die Kokons fertig sind, dann tauchen wir sie in kochendes Wasser und töten die Würmer. Und dann kann die Seide in der Fabrik abgewickelt werden.«

Ich war entsetzt. Wir fütterten die Raupen also nur, um sie am Ende zu töten? Meine Begeisterung für diese Arbeit ließ merklich nach. Jetzt trieb mich nur mehr die Freude an Schwester Margaretas Gesellschaft zum Pförtnerhaus.

Die Mädchen lachten über meine Anhänglichkeit. »Ich verstehe nicht, was du in ihr siehst. Sie sieht nicht einmal gut aus, wie Schwester Ludvika.«

Ich fuhr hoch und verteidigte meine Angebetete.

»Sie sieht nicht nur gut aus, sie ist schön!«

»Sie hat ein gelbes Gesicht und O-Beine, haha!«

»Ihre Haut hat die Farbe von Elfenbein. Von altem Elfenbein.« (Was wussten sie denn schon davon – hatten sie jemals Elfenbein gesehen?) »Und ihre Beine habt ihr ohnehin nicht gesehen, also warum lügt ihr? Und übrigens, O-Beine hat sie nicht!«

»Schau ihr nur einmal zu, wenn sie die Stiegen hinaufgeht, dann wirst du schon sehen!«

Ich sah Schwester Margareta zu, wie sie die Wendeltreppe hochstieg, sah aber nie mehr als ihre schwarz bestrumpften Knöchel und die waren schlank und gerade. Sie hatte ein sehr bleiches Gesicht mit außerordentlich dunklen, gütigen Augen. Ihre Haut war tatsächlich etwas gelblich – ich nannte es lieber altes Elfenbein –, aber auf ihren Wangen lag ein zarter rosa Schimmer, den vielleicht nur meine anbetenden Augen bemerkten; ich hielt sie jedenfalls für die schönste Nonne auf der ganzen Welt. Sie war still und freundlich, kommandierte nie herum wie Schwester Ludvika, stellte nie peinliche Fragen, zeigte nie diese gefährliche Neugierde auf meine Vergangenheit wie einige von den anderen Schwestern. Bei ihr konnte ich mich wohlfühlen, von der Gegenwart sprechen, von der Schule, von den Seidenwürmern, vom Buchbinden, das sie versprochen hatte mir beizubringen; und von ihren großen Plänen, bunte Glasfenster für unsere Kapelle zu machen.

Wenn ich so zwischen den Brettern voller Raupen herumging und kleine Zäune aus Eichenzweigen baute, an denen sie hinaufklettern sollten, um ihre Kokons zu spinnen, war ich oft sehr nahe daran, ihr alles zu sagen. Die Versuchung war so groß, dass ich an manchen Tagen hastig davonlief, mit einem flüchtig gemurmelten »Auf Wiedersehen«, aus lauter Angst, dass, wenn ich nur den Mund aufmachte, schon die ganze Wahrheit herausquoll.

Schwester Margareta bemerkte mein verzerrtes Gesicht, dachte, dass ich mir wegen Erich Sorgen machte, und mahnte mich gütig, doch nur Geduld zu haben.

Und endlich kam der große Tag. An einem Samstagnachmittag stürzte ein Mädchen in den Speiseraum und verkündete, dass »sie« für Danka gekommen waren – volle zwei Monate nach meiner Ankunft im Kloster. Ich rannte die Stiegen hinunter und warf mich in Erichs Arme. Er war allein. Wir gingen in den Garten und ich überschüttete ihn mit Fragen. Anscheinend war alles noch genauso wie früher. Immer noch kam Lydia manchmal auf Besuch, schrie ihnen das eine Mal Beschimpfungen entgegen und brachte das andere Mal Geschenke. Die Buben fragten nach mir und schickten mir Grüße. Sophie war noch immer bei ihnen. Sie schickte mir einen Schilling. Erich brachte eine Tüte Karamellen, aber meine Enttäuschung darüber war so deutlich, dass er sofort versprach, noch in der nächsten Woche mit handfesterer Nahrung wiederzukommen. Und noch etwas anderes brauchte ich dringend, ich versuchte den ganzen Nachmittag, meine Verlegenheit darüber niederzukämpfen, und brachte es erst heraus, als er schon am Fortgehen war. Ich brauchte einen Kamm mit ganz feinen Zähnen. Bald nach meiner Ankunft hatte ich zu meinem Entsetzen festgestellt, dass alle Mädchen Läuse im Haar hatten, und da ich meinen Kamm schon am zweiten Tag verloren hatte – er war viel zu hübsch, um nicht verloren zu gehen –, musste ich mir Kämme von anderen ausborgen und fürchtete daher jetzt das Schlimmste.

Diese höchst bedauerliche Situation schien außer mir niemand besonders aufzuregen. Einmal in der Woche inspizierte Schwester Ludvika unsere Köpfe und machte eine Liste von allen, die befallen waren. Nur die ganz Neuen standen nicht darauf, sonst las sich die Liste wie ein komplettes Verzeichnis unserer Gruppe. Bis jetzt war es mir gelungen, nicht auf diese Liste zu kommen, aber das konnte offensichtlich nicht mehr lange so bleiben.

Ich malte mir das Entsetzen aus, mit dem Mutter eine solche Nachricht aufgenommen hätte, und war erleichtert, als Erich sich nicht besonders aufregte. »In einer Anstalt muss man mit so was rechnen, aber wenn du wieder nach Hause kommst, werden wir dich schon sauber kriegen. Mach dir keine Sorgen.«

»Wann werde ich nach Hause kommen?«

Er seufzte. »Ich weiß es nicht. Nicht, solang Lydia in der Nähe ist. Zu Weihnachten vielleicht ...«

Zu Weihnachten! Aber zu Weihnachten sollte ich doch zur Erstkommunion gehen und ich hatte damit gerechnet, dass ich lange vorher einmal an einem Wochenende in Warschau getauft werden könnte. Viel länger konnte ich es nicht mehr hinausschieben. Ich versuchte, Erich das Problem klarzumachen, aber er konnte das nicht begreifen. Keiner von den beiden Jungen war bei der Erstkommunion gewesen und sie waren fast schon so alt wie ich. Konnte ich nicht einfach sagen, ich wäre nicht in Stimmung dafür? Oder noch besser, ich wollte das in Warschau erledigen, wo ein paar von meinen Verwandten dabei sein konnten? Oder wenn das nicht ging, konnte ich dann nicht einfach zu allem Ja und Amen sagen und die Sache einfach hinter mich bringen? Wenn ich nicht getauft war, dann machte das doch nichts. Das würde sicher nicht zählen.

Es war ganz klar, dass er nicht verstand, wie wichtig das alles war. Ich seufzte. Er versprach, dafür zu sorgen, dass ich zu Weihnachten getauft würde, und damit ging er.

Ein paar Tage später kam ein großes Esspaket für mich, zusammen mit all den anderen Sachen, die ich brauchte, und jetzt sah das Leben ganz anders aus. Was für einen Riesenunterschied ein Stück Butterbrot doch machte! Krysia, die Älteste von meiner Gruppe, wurde wieder freundlich, denn jetzt hatte ich ihr ja etwas anzubieten, als Gegenleistung für kleine Vergünstigungen. Sogar meine Stirne glättete sich. Mein Bett wurde nicht mehr jeden Morgen aufgerissen, ein paar kleine Gegenstände, die ich verloren hatte, lagen plötzlich wieder an ihrem gewöhnlichen Ort, und wenn bei den Mahlzeiten etwas übrig war, dann wurde mir ein Nachschlag angeboten. Aber das kostbarste Privileg war die Aussicht auf ein Bad.

Bisher hatte ich, in großen Zeitabständen, an der grotesken Zeremonie der allgemeinen Dusche teilgenommen. Dieses Ritual fand nur in den Sommermonaten statt, und dann auch nur alle drei oder vier Wochen. Wir wurden alle in den Keller getrieben, über dessen Betonboden eine Reihe von Duschen befestigt war. Die Fenster wurden mit dunklen Decken verhängt und in der undurchdringlichen Finsternis stellten wir uns in Reih und Glied unter dem dünnen Geriesel von kaltem Wasser auf, mit Unterhemd und Unterhose bekleidet, krampfhaft ein Stück rationierter Seife festhaltend, die hauptsächlich aus Lehm und Sand zu bestehen schien. Uns nackt auszuziehen wäre unkeusch gewesen, selbst in dieser pechschwarzen Finsternis, also seiften wir, so gut es ging, unsere Unterwäsche ein, kämpften verbissen um einen Platz unter der Dusche, rutschten auf dem glitschigen Beton aus, verloren unser Stück Seife oder stiegen darauf und trampelten gegenseitig auf unseren Handtüchern herum. Der feuchte, finstere Keller war ideal für Frösche, die umsprangen uns denn auch, landeten auf oder unter unseren Füßen, trieben die empfindsameren Kinder zu hysterischen Anfällen, die anderen zu einem Abscheu davor, sich zu waschen. Wild zerzaust, tropfend nass, schlammig bis zu den Knien tauchten wir wieder auf, eingehüllt in unsere feuchten Handtücher, mit denen wir uns abzutrocknen, gleichzeitig aber auch zu verhüllen versuchten, während wir uns trockene Unterwäsche anzogen.

Nachdem ich dieses Tollhaus ein- oder zweimal mitgemacht hatte, schwor ich mir, mich nie wieder zu waschen; bis ich herausfand, dass die Alte Garde ihr eigenes Arrangement hatte. Im Krankenrevier gab es ein Badezimmer mit einer richtigen Badewanne und mit ein bisschen Bestechung konnte man auf die Liste dieses höchst exklusiven Clubs gesetzt werden.

Wenn die Schwestern ihr Bad nahmen, dann bekamen ein paar von den älteren Mädchen die Erlaubnis, das übrig gebliebene Warmwasser aufzubrauchen. Ich musste zu meinem Abscheu erfahren, dass die Mädchen um die Begünstigung kämpften, im Badewasser ihrer Angebeteten baden zu dürfen. Wenn man Glück hatte und gerade in der Nähe war, wenn der Gegenstand der Verehrung in der Badewanne war, dann überließ sie einem vielleicht ihr Badewasser nach dem Verlassen des Bades. Mein Ekel war so spontan, dass ich ihn nicht verbergen konnte, und die Mädchen ritten darauf herum als ein weiteres Beispiel meines feinen Getues. Aber ich war fest entschlossen, entweder in reinem Wasser zu baden oder überhaupt nicht.

Ich würde meinen Fuß nicht einmal ins Badewasser der Schwester Oberin tauchen, erklärte ich, worauf sie alle voll Entsetzen von mir zurückwichen. Ich hatte eine Blasphemie ausgesprochen.

Durch einen Schirm von der schweigsamen Schwester getrennt, die ihren Rosenkranz betend in der Ecke saß, badeten wir eine nach der anderen. Das hatte rasch und energisch zu geschehen, Herumfläzen im Wasser war nicht erlaubt, und man vertraute darauf, dass wir natürlich auch nicht einen Blick auf unseren Körper werfen würden.

Das war das Dutzend Stücke Würfelzucker, die ich Krysia gegeben hatte, sehr wohl wert, dachte ich, während ich mich in dem lauwarmen Wasser ausstreckte und behaglich meine Rippen zählte. Aber lieber war ich schmutzig als noch einmal hungrig, beschloss ich und war sicher, dass sogar Mutter mich verstehen würde.

Alice und ich verbrachten fast unsere ganze freie Zeit zusammen. Wir machten Botengänge für Schwester Margareta in ihrem Pförtnerhaus und für Schwester Martha in der Küche. Schwester Margareta schenkte uns zum Dank dafür ein Lächeln, während wir von Schwester Martha meist einen handfesteren Lohn bekamen, der aber auch höchst willkommen war, wenn wir durch die spärlich bewaldeten Hügel hinter dem Hauptgebäude eilten und an die verschiedenen Gespenster dachten, die hier hausten. Die Hügel dehnten sich einige Meilen weit aus und gingen dann in das Dorf am anderen Ende über. Ein paar kleine Hütten und Blockhäuser standen auf den Lichtungen, jedes eine andere Gruppe der Anstaltsgemeinschaft beherbergend. Das gemütlichste und komfortabelste Haus wurde von den Priestern bewohnt, die zu dem Kloster gehörten, und von dem Franziskaner, der seine Tischlerwerkstatt in der Scheune daneben hatte. In dem größten Blockhaus, aus lauter Eichenbalken und mit schrägem Dach, wohnten ein paar Schwestern und hier befanden sich auch Wäschekammer und Nähstube. Hier wurden wir am häufigsten gebraucht, denn das Haus hatte kein fließendes Wasser, und wir hatten alle Hände voll zu tun, um das Wasser in Kübeln vom Hauptgebäude hierherzuschleppen. Ein kleiner Bungalow diente als Infektionsabteilung, manchmal auch als Einzelzelle für ein besonders bockiges Mädchen. Dann gab es noch einen großen Holzbau, wo die weltlichen Lehrerinnen lebten, darunter unsere Klassenlehrerin Frau Rolska, eine Kriegerwitwe, mit ihrem kleinen Sohn. Tief drinnen unter den Bäumen stand ein dunkles, einzelnes Gebäude mit kleinen Fenstern und einer schweren Tür. Das war das Heim der vierten Gruppe, eine Art Besserungsanstalt für schwierige Fälle, die aus anderen Anstalten hierhergeschickt wurden. Uns drohte man ständig mit der Übersiedlung in dieses Haus und die Legende berichtete, dass die Insassen nicht nur des Nachts und den größten Teil des Tages im Haus eingesperrt waren, sondern auch noch im Schlaf an den Knöcheln an ihre Betten gefesselt wurden. Wir sahen sie nur in der Kirche und durften nie mit ihnen reden.

Hinter unserem Gemüsegarten stand schließlich noch die Krankenabteilung, ein moderner, weiß gekalkter Würfel, dessen große Fenster nach allen Richtungen glänzten. Drinnen war es der sauberste Ort, den ich je gesehen hatte. Selbst mit klösterlichen Maßstäben gemessen war der leuchtende Schein auf dem Fußboden und auf allen anderen Flächen außergewöhnlich. Das Weiß von Vorhängen, Wänden, Schirmen und Bettwäsche ließ einen die Augen zusammenkneifen. Sogar die Blumen vor den Gipsheiligen schienen frischer und bunter als die Blumen im Garten.

Herrin über diesen antiseptischen Traum war Schwester Eulalia, ein blasser, flacher Schatten, die unkörperlichste Gestalt, die es gab, die geräuschlos in den zellenartigen Krankenzimmern aus und ein glitt, allgegenwärtig und allwissend wie ein wohlwollender Geist. Ihr unheimlich blasses Gesicht schien weder Augenbrauen noch Wimpern zu besitzen, ihre Augen waren blassgrau, ihre Lippen blutleer. Ihre Tracht fiel von dem großen runden Kragen schnurgerade zu den Zehen herunter und wir waren jederzeit bereit zu glauben, dass sich kein Körper darunter verbarg.

Im Kloster munkelte man allgemein, dass Schwester Eulalia nie schlief und dass sie drauf und dran war, an Tuberkulose zu sterben. Die erste Annahme schien mir zutreffend. Man konnte ihre ausgemergelte Silhouette zu jeder Tages- und Nachtzeit auf dem Weg zum Dorf über die Hügel wehen sehen. Es hieß, sie hätte eine glückliche Hand bei Niederkünften und eine lindernde bei Todesfällen, daher war sie bei den Bauern sehr gefragt. Wenn ich ihre dünne schwarze Gestalt so von den Herbstwinden angeblasen und gepeitscht sah, dann war ich dankbar für die große Tasche in ihren Händen, die als Einziges zu verhindern schien, dass sie über die Hügelkuppen davongeweht wurde.

Was allerdings die Tuberkulose angeht, so stand jede einzelne Nonne im Kloster irgendwann einmal im Verdacht, daran zu sterben. Selbst die apfelbäckige Schwester Martha, die sich in alle Richtungen ausbauschte wie ein Kissenberg in einem schwarzen Sack, war angeblich ein Opfer dieser Krankheit. Viele von den Mädchen waren schon einmal in dem Sanatorium hier gewesen und redeten über ihre »Flecken«, »Schatten« oder »Kavernen« mit dem Verständnis eines Fachmanns. Einige von ihnen hatte die Tbc zu Waisen gemacht, andere hatten noch immer Geschwister in den Sanatorien, andere waren gerade aus dem Sanatorium gekommen und sollten nächsten Sommer wieder hingehen. Sie hatten Fotos von ehemaligen Insassen, Freunden von ihnen, mit dem Todesdatum in kindlicher Schrift auf der Rückseite, sie beschrieben ihre letzten Stunden in allen makabren Einzelheiten. Tbc schien so natürlich zum Anstaltsleben zu gehören wie Läuse (oder Lämmer, wie sie in der Klostersprache hießen) und Trachome, die fast jeder irgendwann einmal bekam.

Im September, kurz nach Schulanfang, hatten wir lange »Kartoffelferien«. Wir ließen alles andere liegen und stehen und arbeiteten von morgens bis abends auf den Feldern. Schon nach dem ersten Morgen war es offenkundig, dass ich nicht mit den anderen Schritt halten konnte, ich wurde daher in die Küche abgeordnet, wo ich die restlichen Tage damit verbrachte, im Schatten einer Hütte die Kartoffeln für unser Abendessen zu schälen. Die ganze Woche lang gruben wir Kartoffeln aus, aßen Kartoffeln und sangen Kartoffellieder. Früh am Morgen gingen wir aus dem Haus, marschierten über tief gefurchte Sandwege und wischten mit unseren bloßen Füßen den Tau vom Gras.

Wir sangen und schwangen unsere Körbe und nach einer Stunde Marsch waren unsere Finger von der Hitze angeschwollen und sahen wie ein Kranz von Würsten aus. Die letzten paar Hundert Meter gingen wir mit über den Kopf ausgestreckten Händen, um unseren Blutkreislauf wieder in Gang zu bringen, und wenn uns dabei einmal ein Bauer begegnete, dann riss er die Augen auf. Wir bekamen besseres Essen, weil wir schwere Arbeit leisteten. Viel Brot und Margarine zusätzlich zu unseren Kartoffeln und wir toasteten die Scheiben in der sengenden Sonne, bis sie ganz knusprig und goldbraun waren.

Wenn die Sonne zum Zenit aufstieg, senkte sich Schweigen über die Felder. Sogar die Vögel zogen sich zu einer Siesta zurück. Ich schaute über das flache braune Land und beobachtete die kleinen Gestalten, die langsam mit funkelnden Schaufeln durch die Furchen krochen. Wie weit weg das alles war von dem ungezieferverseuchten, überfüllten Straßengewirr des Ghettos. Und wie sehr ich mich dennoch danach sehnte, dort zu sein, unter der Menge, den Gefahren, der Hässlichkeit, der Armut. Unter meinem Volk.

Die Dunkelheit kam jetzt schnell, Herbstnebel stiegen von den Feldern, Spinnwebfäden segelten im leichten Abendwind. Die Luft wurde kühl, süß vom Duft reifender Obstgärten, vom tiefen Geruch frisch aufgegrabener Erde, eine Andeutung von Verfall aus den dämmernden Wäldern. Die Blätter wurden gelb. Kastanien und Eicheln glitzerten zwischen den goldenen Flammen, die von den Eichen herabfielen, von den Buchen, den Pappeln, den Ahornen und den hohen silbrigen Birken. Der Abendwind seufzte in den Zweigen, schwer vom Versprechen des Regens.

An unserem letzten Tag in den Feldern machten wir ein Feuer aus Zweigen und Stroh und brieten unsere Kartoffeln in der Asche. Wir saßen und lauschten auf das ferne Bellen der Dorfhunde, schauten zu, wie die Finsternis aus den Wäldern quoll, müde und ein bisschen traurig und ein bisschen ängstlich vor der kommenden Nacht. Der Sommer war vorbei.

5

Im Pförtnerhaus waren die wie Perlmutter schimmernden Seideneier schon gesponnen. Wir fanden ein paar gelbe darunter und Schwester Margareta gab jedem von uns eines, zum Dank für unsere Hilfe. Ich legte meins in eine Schachtel und hoffte, den Moment zu erwischen, wenn die Larve ausschlüpfte.

Alice und ich boten Schwester Martha an, ihr beim Einkochen der Kürbisse zu helfen. Während ich das kochende Wasser im Auge behielt, beobachtete Alice den siedenden Essig. Schwester Martha flitzte durch die Küchentür ein und aus und Alice tanzte auf dem glitschigen Steinboden. Sie glitt aus, fiel gegen den Kessel und goss den ganzen Inhalt über sich. Der kochende Essig verbrannte ihr das Gesicht. Wir rasten zum Krankenrevier, wo ihr Schwester Eulalia die Augen auswusch, das Gesicht verband und sie ins Bett steckte. Ich ging an diesem Abend noch ein paar Mal zur Krankenabteilung, brachte Alice zuerst ihr eigenes Kissen, dann meines, und hoffte, mit ihr reden zu können, aber sie hatte ein Mittel gegen die Schmerzen bekommen und schlief.

Es dauerte eine Woche, bis ich sie wiedersehen durfte.

Sie trug noch den Verband, hob ihn aber ein bisschen hoch, damit ich ihr Gesicht sehen konnte, das braun war, wo der Essig sie verbrannt hatte, und von rohem Fleischrosa, wo sich die Haut geschält hatte. Ihre Augen waren noch geschlossen, die Lider geschwollen und verweint, und ich hatte nicht den Eindruck, als könnte sie jemals wieder sehen. Sie machte sich fürchterliche Sorgen darüber, und soviel ich mich auch bemühte, sie aufzuheitern, ich konnte keine geeigneten Worte finden.

Ich hatte inzwischen ihre kleine Schülerin übernommen, die sie auf die Aufnahmeprüfung vorbereitete, und verbrachte täglich eine Stunde damit, ihr die Anfangsgründe von Lesen, Rechnen und Schreiben beizubringen. Das Kind war willig, aber begriffsstutzig, und ich knirschte mit den Zähnen vor Ärger. Das bedeutete, zusätzlich zu meinen sämtlichen anderen Aufgaben, dass ich jetzt von morgens bis abends keine freie Minute mehr hatte, und wenn ich mich nicht genau an meinen Stundenplan hielt, dann hatte ich keine Zeit mehr zum Üben auf dem Klavier.

Kaum war das Mittagessen vorbei, begann der Dauerlauf zwischen der Schule und dem Hauptgebäude, mit täglichen Besuchen bei Alice in der Krankenabteilung und, wenn ich Glück hatte, ein paar Minuten im Pförtnerhaus, um Schwester Margareta zu begrüßen. An den Abenden saß ich länger über meinen Hausarbeiten, ging als Letzte zu Bett und kam am Morgen nicht mehr so leicht aus den Federn.

Anfang Oktober kam Erich wieder, diesmal mit den Buben, mit Paketen voll Essen und einer unfassbaren Nachricht: Im letzten Monat hatte er mehrere Briefe von Vater bekommen. Er hatte sie nicht mitgebracht, er gab sogar zu, dass er jeden einzelnen sofort nach der Lektüre verbrannt hatte, aber die Hauptsache daran war, dass Vater noch lebte. Er war in einer großen Stadt im Südosten von Warschau, hatte eine schwere Lungenentzündung gehabt und versteckte sich in irgendeinem Keller, aber jetzt ging es ihm besser und er hoffte, uns bald zu sehen. In jedem

Brief fragte er, ob Mutter bei uns sei. Ich fragte mich, was das bedeutete. Hatten sie sich denn getrennt? War sie noch irgendwo in Warschau? Hatte sie versucht, zu uns zu kommen, nachdem sie das Ghetto verlassen hatte? War ihr auf dem Weg zu uns irgendetwas zugestoßen? Das Ghetto hatte sich vor über sechs Monaten aufgelöst, wo war sie jetzt?

Erich wusste keine Antwort auf meine Fragen. Er redete von etwas anderem, wollte wieder über Vater sprechen, aber auch da schüttelte mich die Angst beim Gedanken an seine Krankheit. Das war die zweite Lungenentzündung innerhalb von zwei Jahren und er hatte es nie verstanden, auf sich selbst aufzupassen. Und jetzt lebte er in einem Keller... Aber meine größte und unausgesprochene Angst kam daher, dass die Stadt, aus der er uns schrieb, sehr nahe bei einem der größten Konzentrationslager war. Schrieb er uns denn wirklich aus der Stadt?

Mechanisch kümmerte ich mich um meine täglichen Arbeiten, ohne mit dem Kopf dabei zu sein. Ich hatte nie wirklich daran gezweifelt, dass meine Eltern am Leben waren, und die Briefe bestätigten zwar meinen Glauben, brachten mir aber einen neuen, sehr realen Grund zur Sorge. Vaters Krankheit und Mutters Verschwinden... das Schrecklichste an diesen Nachrichten war, dass die beiden nicht mehr zusammen waren.

Das kleine Mädchen, das ich vorbereiten sollte, brachte mir am Ende des Monats zehn Schillinge, als Honorar für Alice und mich. Ich wollte meinen Anteil nicht nehmen und gab auch Alice' Geld wieder zurück, ohne sie überhaupt zu fragen. Die Idee, für Geld zu unterrichten, schockierte mich, und obwohl ich das Geld dringend gebraucht hätte, hätte ich es für überaus ungehörig gehalten, es anzunehmen. Völlig verwirrt steckte das Kind das Geld wieder ein und fuhr mit seiner Lektion fort. Es war mitten am Nachmittag und nach einer Weile wickelte es ein fettiges Paket aus und entnahm ihm einen kalten Kartoffelkuchen.

Mein Inneres krampfte sich vor Hunger und Erinnerungen zusammen. Mit meinem »Privatessen« war es vorbei, ich lebte wieder mit dem fast ständigen Gefühl des Hungers. Gequält dachte ich, wenn das Kind mir statt des Geldes einen Kartoffelkuchen angeboten hätte, wäre ich nicht imstande gewesen, Nein zu sagen, und es tat mir einerseits leid, andererseits war ich froh, dass sie das nicht getan hatte.

Ich sah zu, wie sie aß, und sah Frau Szerell vor meinem geistigen Auge, wie sie sich über den Herd beugte, dabei einen Kartoffelpuffer nach dem anderen vertilgte und wir alle auf ihrem ungemachten Bett saßen. Es war noch kein Jahr her... Ich schützte Kopfweh vor, schickte das Kind weg und rannte, unfähig, meine Tränen zurückzuhalten, durch den dämmerigen Garten in die Kapelle. Dort konnte ich endlich meinem Schmerz freien Lauf lassen.

Bald darauf lud Schwester Margareta mich ein, einen Abend bei ihr im Pförtnerhaus zu verbringen, während sie Dienst hatte. Ich sollte ihr helfen, ein paar Kleider zu flicken. Ich flog über den Weg, meine Füße berührten kaum den Boden. Es war ein frischer Herbstabend, voll goldener Blätter, der dunkelblaue Himmel übersät mit Sternen. In ihrem kalten Funkeln spürte man schon das Kommen des Winters, aber die Luft war warm. Von Glück durchströmt sagte ich mein letztes Gedicht auf und dachte: Was wird Frau Rolska sagen, wenn ich es ihr statt eines Aufsatzes in die Hand gebe?

Als ich zum Pförtnerhaus kam, war es schon ganz dunkel und auf dem Tisch stand eine Öllampe. Wir holten unser Nähzeug heraus und setzten uns nahe an den Kachelofen.

»Wie geht's dir denn mit deiner Vorbereitung auf die heilige Kommunion?« Ich wurde vor Schreck ganz steif. In den letzten paar Wochen hatte ich das vollkommen vergessen.

»Ich habe jetzt nicht so viel Zeit«, stammelte ich, »mit den vielen Stunden und der Nachhilfe, wissen Sie ...«

»Ja, natürlich ... bist du sicher, dass du überhaupt getauft bist?«

Ich spürte, wie mir das Blut aus dem Gesicht wich und meine Hände zitterten. Das hatte bisher noch niemand angezweifelt.

»Ja, aber, Schwester Margareta, ist denn nicht jeder getauft?«

Sie lächelte. »Natürlich, Kind, ich habe ja auch gar nicht den Verdacht, dass du es nicht bist. Aber fragen tut ja nicht weh. Es treiben sich heutzutage so viele Leute herum. Leute, die anders sind, weißt du. Anders als wir. Nicht, dass du selber irgendwie anders wärst. Du bist genauso wie alle anderen kleinen Mädchen und wir haben dich genauso lieb wie alle unsere Kinder, nur, siehst du, du bist eben so ungewöhnlich dunkel ...«

Ich war wie betäubt, konnte ihr nicht ins Gesicht sehen.

»Würdest du sagen, dass du deinem Vater oder deiner Mutter ähnlich siehst?«

»Meiner Mutter«, zwang ich mich zu sagen, obwohl ich wusste, dass das gelogen war.

»Aha ... und deine Mutter ... war sie sehr fromm?«

»Ja, sehr.«

»Hatte sie vielleicht einen Beichtvater? Weißt du, einen Freund der Familie, einen, der euch alle gut kannte. Wie zum Beispiel der Priester, der deine Eltern getraut und dich getauft hat?«

»Ja.« Ich kam langsam wieder zu mir, redete jetzt ganz ruhig und schaute ihr dabei in die Augen. »Das war Vater

Wilecki, er ist sehr oft zu uns gekommen. Ich hätte ihm eigentlich schreiben sollen, nachdem ich nach Warschau kam, aber...« – ich lächelte verlegen – »leider habe ich seine Adresse verloren. Und er war ohnehin schon so furchtbar alt. Es kann ganz leicht sein, dass er jetzt schon gestorben ist.«

»Das ist aber schade, na ja, es macht nichts. Solang du nur selber ganz sicher bist, dass es wirklich keinen ernsten Grund gibt, dass du nicht zur Erstkommunion gehen kannst.«

»Nein, es gibt nichts, ich hätte nur gern meinen Onkel dabei und der kann nicht so oft herkommen, wie Sie wissen. Und ich glaube, er möchte, dass ich nächste Ostern Kommunion mache, zusammen mit seinen Jungen.«

»Ja, das wäre schön, nur ist es noch so lange bis dahin. In diesen unsicheren Zeiten ist es besser, nicht allzu lange zu warten. Wer weiß, was dir noch zustoßen kann?«

Sehr wahr, wer weiß das?

»Und dieser Onkel von dir – bist du sicher, dass er ein Mitglied unserer Kirche ist?«

Das war leicht: »O ja, da bin ich vollkommen sicher, obwohl er vielleicht nicht das ist, was Sie einen praktizierenden Christen nennen. Aber er geht an den meisten Sonntagen mit seinen Jungen zur Kirche.«

Schwester Margareta dachte nach, schaute dabei in die zuckende Lampe. »Hör zu, Danuta, ich möchte dir etwas sagen, ich hoffe nur, du nimmst es mir nicht übel, und es muss ein Geheimnis bleiben zwischen uns beiden.«

Meine Hände, die ein Unterhemd umklammerten, waren feucht und zittrig, aber es gelang mir, ihr ruhig ins Gesicht zu sehen und zu nicken.

»Wenn dein Onkel wieder auf Besuch kommt, dann versuch doch, ihn ein bisschen darüber auszuhorchen. Frag ihn nach deinen Eltern. Weißt du, es ist leicht möglich, dass sie es dir nie gesagt haben. Vielleicht ist es auch passiert, bevor du auf die Welt gekommen bist. Vielleicht sogar, bevor sie geheiratet haben. So viele Leute ändern heutzutage ihren Glauben.«

Langsam schimmerte ein Licht durch das verworrene Dunkel in meinem Geist. War es möglich, dass ich sie überzeugt hatte?

»Wenn du also mit deinem Onkel redest, dann versuch doch – aber sei sehr diplomatisch dabei, ich bitte dich – herauszufinden, ob beide Eltern in die Kirche hineingeboren wurden oder ob einer oder beide konvertiert sind. Und ob du selber getauft bist. Weißt du, wir können dich nicht zur Kommunion gehen lassen, wenn es daran irgendeinen Zweifel gibt, es wäre sonst eine Sünde.«

»Das weiß ich«, sagte ich ganz schlaff vor Erleichterung. »Ich hab mir selber Sorgen gemacht. Nicht, dass ich früher, bevor ich hierherkam, jemals daran gezweifelt hätte, dass ich getauft bin, aber... und ich bin wirklich ganz sicher, dass auch meine Eltern gute Katholiken waren. Aber ich werde Onkel danach fragen, und bis wir das erfahren, warten wir besser noch mit der Kommunion.«

»Jawohl«, stimmte Schwester Margareta zu, »wenn wir nur nicht zu lange warten müssen. Und wir können natürlich jederzeit jeden hier taufen lassen. Wirklich jeden... Und wir möchten nicht, dass du uns verlässt. Dazu besteht überhaupt keine Notwendigkeit. Solang sonst niemand etwas weiß, bist du bei uns sicher...«

Ich kehrte in völliger Dunkelheit zum Haus zurück und diesmal war ich ausnahmsweise zu sehr mit meinen Sorgen beschäftigt, um mich vor Gespenstern zu fürchten. Ich war sehr streng erzogen worden und glaubte fest daran, dass Lügen eine der ärgsten Sünden war, die man überhaupt begehen konnte. Und jetzt hatte ich den ganzen Abend nichts anderes getan, als den einen Menschen anzulügen, dem ich von allen am liebsten die Wahrheit gesagt hätte. Ich sah ihr in die Augen und log und log, während mir das Herz brach über den Dingen, die ich sagen musste. Aber ich log nicht nur für mich selber. Ich log auch, um Erich zu schützen. Dabei wusste ich, dass das alles nicht notwendig war. Ich hätte ruhig die Wahrheit zugeben, mich im Kloster taufen lassen und zur Kommunion gehen können und dann wäre ich genau gewesen wie alle anderen. Schwester Margareta war mir mehr als nur auf halbem Wege entgegengekommen. Aber ich hatte feierlich versprochen, nichts zu sagen, und bis Erich wiederkam, musste ich das Geheimnis für mich behalten.

Vorläufig jedenfalls war es mir gelungen, die Verwirrung noch zu vergrößern. Meine Eltern als Konvertiten, die mir die Wahrheit nicht sagen wollten! Wie überzeugend musste ich meine Rolle gespielt haben! Erich wird lachen, wenn ich es ihm erzähle. Arme Schwester Margareta! Was wird sie sagen, wenn sie schließlich die Wahrheit erfährt? Wie werde ich es fertigbringen, ihr von jetzt an weiter in ihr liebes Gesicht zu sehen?

Ich ging in die Kapelle und betete im finsteren Winkel versteckt aus ganzem Herzen um eine rasche Lösung und um Erichs Besuch.

6

Im November wurde Frau Rolska, unser Klassenvorstand, krank und ging zu Untersuchungen und Tests nach Warschau. In ihrer Abwesenheit wurde ich gebeten, einige von ihren Klassen zu übernehmen, darunter auch meine eigene. Ich unterrichtete alle möglichen Gegenstände und konnte es kaum fassen, dass ich den Anfängern Arithmetik beibringen sollte. Ich, die ich immer solche Schwierigkeiten mit Zahlen gehabt hatte, wurde mit diesem grässlichen Gegenstand betraut! Ich fand die neue Aufgabe faszinierend, aber auch sehr aufreibend. In polnischer Literatur ließ mir die Schwester Oberin freie Hand und statt langweiliger Übungen las ich ihnen lieber aus meinem Lieblingsbuch vor. Das Buch, das vom Leben eines Elefantenjungen in Indien handelte, war ein solcher Erfolg, dass diese Klasse zum ersten Mal zu spät zum Mittagessen kam, weil sie nicht gehen wollte, bis ich ans Ende eines Kapitels gekommen war.

Die meisten dieser Mädchen hatten noch nie freiwillig eine Zeile gelesen und hielten Schularbeit ohnehin für sinnlose Zeitverschwendung. Aber dass ihnen jemand vorlas, das war ihnen etwas so Unerhörtes, dass sie alle von Anfang an wie gefesselt waren, in einem engen Kreis saßen sie rund um meinen Tisch, wie verzaubert und ausnahmsweise einmal wirklich still. Ich war so stolz, als hätte ich das Buch selbst geschrieben, und träumte davon, eine eigene Klasse zu haben oder eine Gruppe, die immer gemeinsam lesen und lernen würde. Wie schön wäre es, diese stumpfen kleinen Seelen, diese auf dem Lande geborenen und aufgewachsenen Kinder, denen die Anstaltsroutine schon jede Neugier und Fantasie ausgetrieben hatte, zu wecken!

Wenn ich nicht schon vor langer Zeit beschlossen hätte, Ärztin zu werden, dann würde ich Lehrerin sein wollen, dachte ich, wie ich die Reihen von bezopften Köpfen vor mir sah, wie sie alle mit offenem Mund an meinen Worten hingen.

Ein neues Mädchen kam ins Kloster, das uns alle von Anfang an aufregte. Ihr Haar war vor ein paar Monaten nach einer Krankheit geschoren worden und war noch immer so kurz wie das eines Jungen. Das reizte die allmächtigen Ältesten in unserer Gruppe zu ein paar giftigen Bemerkungen, auf die die Neue mit überraschender Heftigkeit reagierte, und bevor wir es begriffen, hatten wir einen Sündenbock für alles. Halina, eine der Ältesten der Alten Garde, holte sie an ihren Tisch und erfand ein ganzes Folterprogramm für sie. Die Neue wurde mit Kleiderbügeln geschlagen, gegen Wände geschleudert und musste mit erhobenen Armen in einer Ecke knien, bis sie ohnmächtig wurde. Sie wurde am Knöchel an den Tisch gebunden, damit Halina sie im Auge behalten konnte, und an einem Halsband vom und zum Schlafsaal geführt. Niemand wagte es einzuschreiten. Das neue Mädchen wehrte sich, so gut sie konnte, aber es war klar, dass sie keine Chance hatte. Als sie ihre Schuhe auszog und in Socken von der Schule nach Haus ging, wurde zwar Halina gerügt, aber die Neue war es, die diese Socken den Rest der Woche über tragen musste. Mich rührte ihre Auflehnung besonders, denn in gewisser Weise war ich sie. Der Name der

Neuen war Janie, derselbe wie mein eigener, und jedes Mal, wenn sie gerufen wurde, musste ich mich beherrschen, um nicht zu antworten. Ich hatte lange gebraucht, bis ich automatisch auf Danka oder Danuta reagierte, und glücklicherweise hatte es bei meiner Ankunft hier keine Janie gegeben, aber jetzt passierte es mir manchmal, dass ich aufsprang oder antwortete, wenn jemand die andere rief, und dass ich dann immer Ausreden für mein merkwürdiges Benehmen finden musste.

Am Namenstag des heiligen Stanislaus Kostka hatten wir einen Tag schulfrei und es gab ein Konzert. Ausnahmsweise einmal erwies sich mein dunkles Haar als Vorteil, ich wurde ausersehen, die Rolle des Heiligen zu spielen. In der ersten Szene lag ich in einem riesigen Bett im Sterben, während Engel mich von allen Seiten umschwebten. Das Bett war herrlich gemütlich und bei den Proben entspannte ich mich darin so vollkommen, dass ich immer meinen Text vergaß.

Sobald der Vorhang hochging und das Publikum mich in den Kissen liegen sah, stieg ein allgemeines »Aaah!« hoch und mich erfasste echte Panik. Ich dachte an meine früheren vom Unglück verfolgten theatralischen Auftritte. Diesmal konnte eigentlich nichts Merkwürdiges irgendwo heraushängen, aber nach dem Gesumme zu schließen, das von unter der Rampe zu mir hochstieg, war ganz offensichtlich irgendetwas nicht in Ordnung.

Nervös sagte ich meinen Text auf und sprang sofort aus dem Bett, als der Vorhang fiel, um mich auf meine Seligsprechung vorzubereiten. Dann stand ich auf einem Stuhl, der hinter Topfpflanzen verborgen war, Heilige und Engel umdrängten mich und ein kleines Mädchen hielt hinter meinem Rücken eine starke Birne an meinen Heiligenschein, eine höchst kunstvolle Konstruktion, von Schwester Margareta selbst erarbeitet, um damit ihre geplanten bunten Glasfenster auszuprobieren. Der Heiligenschein war aus Pappkarton ausgeschnitten, seine festen Ränder und Unterteilungen waren mit buntem Seidenpapier ausgefüllt und das Ganze war an meinem Hinterkopf befestigt. Die Heiligenscheinbeleuchterin war in ihrem Eifer zu nahe gekommen und durch meine ganze lange Rede, die ich mit zum Gebet gefalteten Händen und zur Decke erhobenen Augen hielt, spürte ich die brennende Lampe im Nacken und wartete darauf, dass das Seidenpapier Feuer finge.

Endlich war alles vorbei. Als ich ins Publikum hinunterging, umringten sie mich alle ganz aufgeregt: »Deine Haare«, riefen sie, »sie haben deine Haare geschoren!« Mein Haar war zurückgekämmt und dann mit irgendeiner schmierigen Salbe wie ein Paar Stiefel gewichst worden, damit es flach am Kopf klebte. Und das Ergebnis war, dass mein Kopf wie geschoren aussah, was die Mädchen für eine denn doch übertriebene Hingabe an den heiligen Stanislaus hielten.

Weihnachten rückte näher. Alice kam aus dem Krankenhaus zurück. Sie konnte wieder normal sehen, aber es gab noch immer schwache braune Flecken auf ihren Augen und ihr Gesicht sah, wo die neue Haut wuchs, roh aus. Aber sie war noch immer sehr hübsch und Schwester Ludvika wählte sie aus, um im Krippenspiel die Jungfrau Maria darzustellen.

Für den Nikolaustag zogen wir Lose, um zu bestimmen, wer wem ein Geschenk geben sollte. Das war Schwester Ludvikas Idee, sie wollte damit erreichen, dass auch das unpopulärste Kind ein Geschenk bekäme. Abgesehen von dieser offiziellen Geschenkverteilung konnten wir natürlich zusätzlich unseren Freundinnen geben, was wir wollten.

Ich hatte fast kein Geld mehr, mein »Privatessen« war

auch schon lange aufgezehrt. Erich war nicht gekommen, wie er versprochen hatte, ich verlor schon jede Hoffnung, ihn zu sehen, nicht einmal zu Weihnachten. Ich machte eine Liste großartiger Geschenke, die ich meinen Freundinnen geben wollte, und verglich diese dann mit meinen bescheidenen Mitteln. Am Ende verschenkte ich schließlich meine eigenen »Schätze« – ein Holzschächtelchen, einen daumennagelgroßen Spiegel, meine bunten Bleistifte, meine Haarbänder. Ich bekam Schreibfedern, Stopfwolle, Ausschneidebilder und Abziehbilder. Wir fanden es alle furchtbar aufregend, Päckchen unter Kissen zu verstecken und unter unserem eigenen welche zu finden. An diesem Tag war das Abendessen ausnahmsweise einmal gut und die Alte Garde bekam Zuckerplätzchen, die sie unter unseren neidischen Blicken aß.

Schwester Ludvika verkündete, dass Janie zur Strafe für ihre dauernde Unfolgsamkeit von der Geschenkverteilung ausgeschlossen werden sollte. Aus Rache lehnte Janie ihrerseits es ab, dem Mädchen, dessen Namen sie in der Lotterie gezogen hatte, irgendetwas zu geben. Das andere Kind kam sich ungerecht bestraft vor und brach in Tränen aus. Wir organisierten schnell eine Sammlung, stellten aus unseren Geschenken ein Päckchen zusammen und überreichten es ihr. Dadurch war Janie ganz allein, sie saß in ihrer Ecke und starrte uns wild an, während wir tanzten und sangen. Mir tat die arme kleine Rebellin furchtbar leid, aber ich konnte es mir nicht leisten, Schwester Ludvika dadurch gegen mich aufzubringen, dass ich ihr etwas schenkte. Außerdem hätte sie jetzt sicher nichts angenommen.

Später am Abend kamen die offiziellen Gäste, um sich unsere Aufführung anzusehen. Es gab Lieder und Tänze und Gedichtaufsagen. Während wir alle damit beschäftigt waren, schlüpfte Janie hinaus und verschwand. Als sie beim Schlafengehen nicht da war, dachten wir, sie hätte sich vielleicht irgendwo versteckt und schmollte, und als sie auch später nicht auftauchte, hofften wir, sie wäre nach Warschau gelaufen, wo ihre Mutter lebte. Aber am nächsten Tag kam Janies Mutter, von der Schwester Oberin gerufen, in Tränen bei uns an und wir erfuhren, dass Janie nicht zu Hause angekommen war. Wir fanden nie heraus, was mit ihr passiert war, und keine von uns sah sie jemals wieder.

Am Nikolausabend wussten wir allerdings noch nichts von ihren Plänen und wir tanzten und sangen für unsere Gäste. Mir waren ein paar Nummern von unserer Vorstellung im Ghetto wieder eingefallen, ich brachte sie den anderen Mädchen bei und jetzt führten wir sie vor, zur großen Freude der Schwester Oberin und unseres Kaplans. Aber trotz unseres Erfolgs war ich sehr bedrückt und den ganzen Abend hindurch den Tränen nahe. Ich erinnerte mich so deutlich an die Mädchen, die in dem lang vergangenen Winter des Jahres 1940 mit mir getanzt und gesungen hatten, an die jungen Frauen, die alles organisiert hatten, an mein purpurrotes Strumpfband und das bestickte Kleid, an Mutter...

Ich war dankbar, als die Veranstaltung zu Ende war und ich mein Gesicht im dunklen Schlafsaal verstecken konnte. Ich fühlte mich zu Tode erschöpft. Der ständige Hunger und die Kälte und die Nervenanspannung, in der ich lebte – das alles wurde mir langsam zu viel. An den Zehen hatte ich Frostbeulen bekommen, und da meine Füße seit letztem Winter auch noch gewachsen waren, war es fast unmöglich, meine Füße jeden Morgen in meine Stiefel zu bekommen. Ich nahm die Schuhbänder heraus und dehnte die Seiten aus, so weit ich konnte, aber meine geschwollenen Füße passten noch immer nicht hinein und ich fürchtete den Augenblick, da ich aufstehen musste. Ich überlegte schon, ob ich nicht die Stiefelspitzen abschneiden und es lieber riskieren sollte, mir die Füße zu erfrieren, als jeden Morgen dieselbe Tortur durchzumachen. Seit dem Einbruch des kalten Wetters hatte mein Zahnfleisch zu bluten begonnen und war geschwollen und es fiel mir immer schwerer, etwas zu essen. Ich hoffte, ich würde richtig krank werden und ein paar Tage lang im Bett liegen bleiben. Dann könnte ich schlafen und endlich zu denken aufhören. Aber nur mit hohem Fieber oder nach einem Unfall wurde man in die Krankenabteilung gelassen, daher blieben meine Träume also vorläufig unerfüllt.

Ich unterrichtete weiterhin jeden Morgen, gab am Nachmittag ein paar schwierigen Kindern Nachhilfestunden und machte meine Hausarbeiten, wann ich eben Zeit dafür fand. Schwester Ludvika teilte mir eisig mit, dass sie, falls einer meiner Schützlinge die Prüfungen nicht bestünde, persönlich dafür sorgen würde, dass meine Weihnachtsferien ruiniert wären, und ich zweifelte nicht, dass sie ihr Versprechen halten würde. Unter den Kindern, um die ich mich jetzt kümmerte, war nur eine, Bronia, sowohl klug als auch lernwillig. Sie war neun, war neu im Kloster, war »privat« und ihre Mutter besuchte sie jeden Sonntag. Ein hübsches Kind mit geradem, dunkelbraunem Haar, das ihr Gesicht einrahmte wie ein Helm und ihr in dichten Fransen bis zu den Augen fiel. Ich überlegte manchmal, dass über sie, die fast so dunkel war wie ich, niemand jemals Zweifel haben könnte. Aber wenn ihr Haar lockig wäre oder ihre Wimpern länger oder ihre Augen trauriger...

Bronias Mutter schaute mich bei ihrem letzten Besuch lange an und bot mir für meine Mühe einen fürstlichen Betrag im Monat an. Ich war so perplex, dass Schwester Ludvika, die dabei war, in meinem Namen annahm. Es fiel mir schwer, meine eigene Reaktion zu verstehen. Schließlich brauchte ich das Geld. Ich hatte gewiss hart dafür gearbeitet. Aber die Vorstellung, Geld für etwas anzunehmen, das ich sehr gern tat und was ich ohnehin getan hätte, war mir widerwärtig. Ich fühlte mich jetzt bei Bronia steif und befangen und verdoppelte meine Bemühungen um die anderen, nicht zahlenden Schüler. Niemand sollte sagen, dass ich sie vernachlässigte, weil sie nicht zahlten!

Bronias Bett stand neben meinem, und nachdem das Licht gelöscht war, erzählte ich ihr Geschichten. Ich erinnerte mich an verschiedene historische Romanzen und adaptierte sie für ihre neunjährigen Ohren und überzeugte Schwester Ludvika davon, dass sie auf diese schmerzlose Art tatsächlich auch etwas Geschichte lernte. Bald folgte mir Bronia überallhin wie ein kleines Hündchen und ihre Zuneigung zu mir war so offenkundig, dass sie die Aufmerksamkeit und Eifersucht der Alten Garde erregte. Bronia als eine »Private« hatte einen großen Vorrat an Essen und man konnte sie leicht »anzapfen«. Sie war eine kostbare Quelle aller Arten von Köstlichkeiten und ihr Herz sollte den Großen nicht entfremdet werden. Ich nahm von ihr nie etwas an, aber die Alte Garde konnte das nicht glauben und sorgte jedenfalls dafür, dass wir so viel wie möglich auseinandergehalten wurden.

Bald nach dem Nikolausfest schaute Bronia einmal von ihren Schulbüchern auf und sah mir ängstlich und bekümmert ins Gesicht.

»Ich muss dich etwas fragen, Danka, aber versprich, dass du mir nicht bös bist.«

Ich versprach es.

»Ich sage das gar nicht gern, ich weiß, dass es nicht wahr ist, aber ich habe gehört, wie die älteren Mädchen geredet haben, und ich habe es meiner Mutter gesagt und sie hat gesagt, ich soll dich fragen.«

Mir lief es kalt über den Rücken vor Unruhe. »Also, was ist es?«

Sie rang ein paar Minuten lang mit sich, kratzte sich

den Kopf: »Sie sagen, du bist jüdisch! Aber das ist doch nicht wahr! Oder?« Die Worte platzten in den leeren Raum wie eine Bombe und mir wurde übel vor Panik. Bronia beugte sich nahe zu mir und sah mir flehend in die Augen.

»Sag, dass es nicht wahr ist«, bettelte sie.

»Wie dumm von ihnen, natürlich ist es nicht wahr.«

»Schwörst du es?«

Ich holte tief Atem. »Ich schwöre es.«

Ich beruhigte mich wieder. Ich hatte es geschworen, also musste es wahr sein.

Bronia seufzte und öffnete ihr Buch. »Mutter wird froh sein, wenn ich ihr das sage«, verkündete sie, den Kopf schon wieder woanders. Aber ich war noch nicht damit fertig.

»Bronia, hast du mich gern?«

Sie sah mich mit einem strahlenden Lächeln an.

»Wahnsinnig.«

»Und wenn ich jüdisch wäre, würde das einen Unterschied machen?«

Sofort machte sie ein langes Gesicht und in ihre braunen Augen schossen die Tränen. »Danka, wie kannst du nur so etwas sagen! Du weißt, ich könnte nicht … aber du bist doch nicht … du hast geschworen, dass du das nicht bist!«

»Ja, ja, ich weiß schon, ich wollte es nur wissen. Also reden wir nicht darüber, los, an die Arbeit.«

Als ich wieder allein war, dachte ich über diese neue Entwicklung nach. Wenn die Mädchen einmal darüber redeten, dann würden bald alle damit anfangen. Das war unmöglich. Da musste etwas geschehen. Mittlerweile verdoppelte ich meine Anstrengungen, mich im Haus nützlich zu machen. Eine der goldenen Anstaltsregeln ist: sich nie für irgendetwas freiwillig melden. Aber ich hatte

444

Angst, für faul gehalten zu werden, und sobald Schwester Ludvika nur Hilfe verlangte, trat ich schon automatisch vor. Meistens ging es darum, in dem dunklen und feuchten Keller unter der Küche Kartoffeln zu schälen. Die Letzte, die mit ihrer Portion fertig wurde, musste hinter den anderen aufräumen und auch diese Arbeit fiel unvermeidlich immer mir zu. Ich schleppte Wasser von und zum Haus der Schwestern, schüttete es dabei in meine offenen Stiefel und über meine Strümpfe, die dann stundenlang nicht trocken wurden. Ich wischte, putzte und rieb, erschöpft vor Hunger und Müdigkeit, bot meine Anstrengungen dem Schicksal dar, um es damit zu besänftigen.

In der winterlichen Dämmerung durch den Schlamm stapfend betrachtete ich bitter meine zerstörten Illusionen. Ich hatte mir, bevor ich ins Kloster gekommen war, vorgestellt, dass bei diesem Leben in der Gemeinschaft alle Arbeiten in fröhlicher Zusammenarbeit ausgeführt würden. Alles, was einer besaß, würde er freudig mit den anderen teilen, der Stärkere dem Schwächeren helfen, alle begeistert füreinander da sein. Stattdessen fand ich wilden Neid auf das geringste Stück Besitz, jeder hatte seine Pflichten starr abgegrenzt und freiwillige Hilfe gab es nicht. Dass einer etwas für den anderen tat, das geschah nur entweder durch Zwang von oben oder gegen Bezahlung. In beiden Fällen brachte man es so schnell wie möglich hinter sich, ohne jedes Interesse für das Ergebnis. Vielleicht kam das daher, dass nie jemand für irgendetwas gelobt wurde. Alle unsere Mühen würden uns ja im Himmel gelohnt, daher durfte man in dieser Welt keinen Lohn erwarten.

Und wenn man nie im Leben etwas Eigenes besessen hatte, weder Kleider noch Spielsachen, dann warf man sich vielleicht auf alles, was man erwischen konnte, und hütete es wie den kostbarsten Schatz, selbst wenn es nur eine Schere war oder die eigene Stopfnadel. Und wenn man ganz zufällig etwas »fand«, dann behielt man es natürlich. Selbst wenn man es in der Schublade einer anderen »gefunden« hatte. Es gab sicherlich Erklärungen für jeden Aspekt des Anstaltslebens. Aber solange man selbst mittendrin stak, half das nicht viel.

Nach der Abendandacht an den Sonntagabenden spielten wir Spiele oder lasen. Eines Abends spielten wir »Wie einer aussieht«. Wir sahen uns jedes Mädchen der Reihe nach an und stellten fest, woran uns ihr Aussehen erinnerte. Therese war ein Chinese, die kleine Lily eine Elster, die fette Krysia ein Karpfen. Hanka war ein Papagei und die rotgesichtige Ania eine Indianerin, weil die Mädchen alle glaubten, dass die Indianer rotbackig wären. Als die Reihe an mich kam, beschloss ich, einen großen Auftritt daraus zu machen.

»Ich werde euch sagen, wie ich aussehe«, bot ich mich an, ohne auf ihr Urteil zu warten. »Ich sehe wie eine Jüdin aus!«

Totenstille im Zimmer. Verdutzte Gesichter wenden sich mir zu und mustern mich, während ich nervös auf ihre Reaktion warte. Und hier ist sie: ein ungeheures Gewieher, eine Explosion von Gelächter.

Krysia steht von ihrem Tisch auf, wo die Alte Garde ihr Urteil fällt, und kommt zu mir: »Das war ein guter Witz, Danka, aber weißt du, da irrst du dich wirklich. Du siehst überhaupt nicht jüdisch aus. Also« – sie hebt ihre Stimme und alle schweigen wieder – »ich sage, Danka sieht überhaupt nicht jüdisch aus, sondern ganz gewöhnlich. Schwester Ludvika sagt, sie sieht spanisch aus, also wenn ich etwas anderes von euch höre, dann werdet ihr eine fangen!«

Zustimmendes Gemurmel steigt auf. »Komm und setz dich zu uns«, sagt Krysia und legt – unvorstellbar! – einen

Arm um meine Schultern und führt mich durch den überfüllten Raum zu ihrem Tisch. »Du solltest ohnehin bei uns
sein, du bist alt genug.« Ganz betäubt sehe ich, wie die
Alte Garde auf der Bank für mich Platz macht. Ich bin
drin. Ich gehöre dazu. Endlich habe ich Freunde.

7

Als wir am 10. Dezember erwachten, sahen wir den ersten schweren Schneefall dieses Winters. Sprachlos vor Verwunderung stand ich auf der Schwelle und sah mir die veränderte Landschaft an. Über allem lag der Schnee – Garten, Wege, Gebüsch waren unter einer weichen, flaumigen Decke verschwunden. Die Dächer trugen dicke Kissen. Die Bäume, ihre Äste halb verborgen, waren wie schwarze Bleistiftzeichnungen vor dem blendenden Weiß. Der Himmel hing tief herunter, überquellend von noch mehr Schnee, wie eine Daunendecke, die am Platzen ist. Vollkommenes Schweigen herrschte in dieser weißen Welt, sogar der Wind hatte sich gelegt.

Ich war die Erste aus dem Haus, noch kein Fußtritt hatte die fleckenlose Schneedecke vor mir berührt. Während ich noch stand und schaute, schoss ein Hase aus dem Gebüsch und hopste über den Hof. Er trug schon seinen Winterpelz und war von seiner Umgebung kaum zu unterscheiden. Seine Bewegungen waren merkwürdig langsam, als würde auch er sich bemühen, den Frieden nicht zu stören. Wäre er jetzt stehen geblieben, um auf seine Armbanduhr zu schauen, es hätte mich nicht im Geringsten überrascht. In diesem kurzen Augenblick der Verwunderung über die plötzliche Schönheit der Welt stieg wieder der kindliche Glaube in mir auf, dass Märchen Wahrheit werden könnten.

Mein Zahnfleisch schien von Tag zu Tag ärger zu werden, das Kauen fiel mir immer schwerer. Aber es kam mir dumm vor, bei Schwester Ludvika darüber zu klagen. Sie mochte mich nicht und ich ging ihr lieber aus dem Weg. Ich hatte das Gefühl, dass sie mich verachtete, weil ich trotz meines Alters nicht so stark war wie andere Mädchen. Ich konnte nie einen vollen Eimer Wasser schleppen, ohne die Hälfte dabei zu verschütten, und die Frühstückskessel konnte ich einfach nicht heben, auch nicht, wenn mir jemand dabei half. Der Ausdruck auf Schwester Ludvikas Gesicht zeigte deutlich, dass sie meine Tricks restlos durchschaute und dass ich mich nur vor meinen Pflichten drücken wollte.

Der Chor probte jetzt Weihnachtslieder und eine neue Messe. Ich bekam zum ersten Mal ein Solo, das neu einstudierte Benedictus, und ich war ganz gebläht vor Stolz. An diesem Sonntag stand ich auf einem Stuhl hinter Schwester Monica, die uns auf dem Harmonium begleitete, und sah mir die Gemeinde von oben an. Die kleine Kapelle war bis zum Bersten voll und heiß wie ein türkisches Bad. Es schneite wieder und die nassen Schals und Mäntel dampften in der Hitze. An den Wänden zu beiden Seiten der Kapelle knieten die Schwestern in einer dünnen doppelten Linie, wie die Perlen eines schwarzen Rosenkranzes. Die Kinder an der Altarbank, alle in ihren blauen Sonntagsgewändern mit großen Schleifen wie tropische Schmetterlinge, die zart auf ihren Köpfen saßen; der Chor auf Bänken und Stühlen, eng zusammengedrängt hinter dem Harmonium; und in der Mitte die vielfarbige Menge der Dorfleute.

Auf halbem Weg den Mittelgang hinauf lag eine männliche Gestalt auf dem roten Teppich hingestreckt. Der Dorfbibliothekar, ein leichenhaft aussehender Mann mit dünnem, sandfarbenem Haar und verwaschenen grauen

Augen. Er kniete immer im Mittelgang, schlug sich mit beiden Fäusten gegen die Brust, sobald die Messe begann, warf sich früher oder später zu Boden und blieb da liegen, bis die Gemeinde die Kapelle verlassen hatte.

»Das macht er schon seit Jahren«, erzählten mir die Mädchen. »Er ist furchtbar bigott. Wenn man sich in seine Bücherei einschreiben will, zieht er einem die Würmer aus der Nase, was machen deine Eltern, wo sind sie und so weiter. Und ob du in die Kirche gehst. Und immer, wenn du dir ein neues Buch holst, fragt er, wann du zum letzten Mal bei der Beichte warst und ob du am Sonntag in der Messe warst. Und wenn du Nein sagst, dann gibt er dir kein neues Buch, sondern brüllt, dass du verschwinden sollst!«

Obwohl ich sehr gern ein paar neue Bücher gehabt hätte, ging ich lieber nicht in seine Nähe.

Mein Auftritt kam. Ich sang das Benedictus und der Chor fiel mit einem ohrenbetäubenden Hosanna ein. Die Gemeinde wurde unruhig. Es war unerträglich heiß hier oben, dazu der Geruch von Weihrauch und Blumen, die schwitzenden Körper, die dampfenden Gewänder. Die Altarkerzen flackerten schwach, alles wich plötzlich vor mir zurück. Ich glitt vom Stuhl herunter auf den Boden. Ich wollte auf einmal nichts als schlafen.

Als ich wieder zu mir kam, saß ich auf den Stufen und Schwester Ludvika stand mit einem Glas Wasser über mir. Jemand brachte mich zur Krankenabteilung und stützte mich dabei kräftig, denn meine Knie gaben nach.

Schwester Eulalia schaute in meinen Mund und trat mit einem kleinen Schrei zurück. »Warum bist du nicht früher gekommen?«

Ich wusste es nicht. Ich war wieder zu müde zum Sprechen. Wieder erschien mir der Fußboden so unwiderstehlich einladend. Ich streckte mich in voller Länge darauf aus und schlief ein. Als ich aufwachte, lag ich in einem unbekannten Bett, sehr hoch und sehr weiß, mit einem weißen Schirm rundherum. Das Zimmer war klein und schachtelartig, mit blendend weißen Wänden und einem blonden Boden, der blank poliert war wie ein Spiegel. Ein kleines schwarzes Kreuz über meinem Kopf war der einzige Gegenstand, der das Weiß brach. Durch ein großes Fenster schaute der Winterhimmel herein. Es dämmerte. Schnee fiel. Lautlos schwebten Trauben von Sternen und schmolzen an den Fensterscheiben. Vollkommene Stille herrschte in der Welt. Mir wurde langsam unheimlich.

Ich musste wieder eingeschlafen sein, denn als ich das nächste Mal meine Augen öffnete, war das Licht an, der Verdunklungsvorhang zugezogen, der Winter ausgesperrt, und an meinem Bett saß Schwester Martha aus der Küche und strahlte mir ein apfelbäckiges Lächeln entgegen. In ihrem Schoß stand ein dampfender Teller, den sie mir triumphierend entgegenhielt: »Speziell für dich! Habe ich selbst gekocht. Schwester Eulalia sagt, wir müssen dich aufpäppeln, also, hier sind wir. Komm, koste!«

Vorsichtig nahm ich einen Löffel voll weißem Brei und sofort schossen mir die Tränen in die Augen und ich sah mich wild nach einem Platz um, wo ich es hinspucken konnte. Aber es gab in diesem makellosen Raum keine Stelle für eine derart unzivilisierte Geste, also würgte ich und würgte das Zeug endlich hinunter.

Schwester Martha sah besorgt drein. »Was ist denn los? Was fehlt dir? Das ist der beste Grießbrei, den wir haben. Ein Baby könnte ihn essen!«

Ich schaute sie an und die Tränen liefen mir übers Gesicht. Ich konnte ihr nicht sagen, dass sich der Grießbrei in meinem Mund anfühlte wie Kieselsteine, weil mein Gaumen offen war und blutete. Sie war so stolz auf ihre Kochkunst und es war so lieb von ihr, mir das Essen selbst zu bringen, da sie doch jemand anderen hätte schicken können. Schwester Eulalia gab die strikte Anordnung, mich zu füttern, und trotz meines Bettelns und Bittens musste ich zu jeder Mahlzeit einen Teller Grießbrei schlucken. Und in der Nacht, wenn ich in meiner weißen Schachtel allein war, dachte ich bitterlich an meine kindliche Auflehnung, wenn mein Kindermädchen mir jeden Morgen dasselbe widerwärtige Zeug eingegeben hatte. Damals hatte ich geschrien und gestrampelt und mich übergeben und darum gebettelt, Brot essen zu dürfen, wie alle anderen Leute auch. Aber ich hatte zweimal täglich meinen Grießbrei bekommen, bis zum Ausbruch des Krieges, als Grieß endlich zu teuer für uns geworden war.

Ich erinnerte mich lebhaft an die Tagträume, die ich vor so langer Zeit gehabt hatte, wenn ich am Kinderzimmerfenster saß und mir ausmalte, allein in der Welt zu sein, hungrig und frierend, aber frei. Ein Waisenkind im Schnee, das war eine meiner Lieblingsvorstellungen gewesen.

Hatte ich mir mein Schicksal selbst zugezogen? Strafte mich Gott jetzt für meine kindische Auflehnung? Hier lag ich nun, krank und frierend und hungrig, allein in einer feindlichen Welt, genauso, wie ich es mir einmal gewünscht hatte. Aber noch immer musste ich Grießbrei essen, nur war mir jetzt jeder Bissen eine Qual und ich schrie nicht auf vor Überdruss, sondern vor Schmerzen.

Bin ich wirklich selbst dran schuld? Ich war unsicher. Bin ich schuld an allem, was geschehen ist, was allen Menschen im Ghetto geschehen ist? Die Vorstellung war zu furchtbar, um sich länger damit zu befassen. Ich schob sie weg, ermahnte mich, doch nicht so dumm zu sein. Aber der Zweifel blieb; einmal in die Tiefen meines Geistes gepflanzt wuchs er und wuchs, trieb frische Schösslinge aus, schlang sich um meine innere Welt, würgte und entwurzelte und beugte mich in eine neue Form.

Nach zwei Wochen intensiver Fütterung, schmerzhafter Behandlung und einer großen Dosis von Vitaminpillen war mein Mund so weit geheilt, dass ich wieder normal essen konnte. Ich lag noch immer im Krankenrevier, als zwei Tage vor Weihnachten Erich mit den Buben ankam, um mich mit nach Hause zu nehmen.

8

Das war unser erstes Weihnachten, seit Lydia fort war, aber trotz der großen Tanne, die im Schmuck vom letzten Jahr glitzerte, wollte sich keine festliche Stimmung einstellen. In der Wohnung gab es kaum Möbel, die Fenster, nur von den Verdunklungsvorhängen geschützt, schienen viel mehr von der bitteren Winterkälte hereinzulassen als in den vergangenen Jahren. Heizmaterial war knapp, wir konnten nur das Wohnzimmer heizen. Unsere Schritte hallten auf dem nackten Fußboden, und obwohl wir uns Mühe gaben und uns alle unter dem Baum versammelten, um unsere Geschenke zu öffnen, waren unsere Gesichter traurig. Das Weihnachtsessen war still und bescheiden. Ich dachte an die fröhliche Pracht des voll besetzten Tisches, als ich zum ersten Mal hier auf Besuch gewesen war. Als wir jetzt aßen, schienen Lydias Gelächter und Tränen in dem leeren Raum hinter uns zu hängen und wir starrten alle schweigend auf unsere Teller. Sophie, die sich heute Abend ausnahmsweise dazu herbeigelassen hatte, mit uns zu essen, war mürrisch und seufzte und schniefte ununterbrochen. Nur Erich gab sich Mühe, froh zu erscheinen, aber seine Scherze, die er mit quälender Langsamkeit hervorstotterte, kamen wie gewöhnlich nicht an. Wir gingen früh ins Bett und verschliefen es, rechtzeitig zur Mette aufzustehen.

In den nächsten Tagen vergrub ich mich in die neuen

Bücher, die die Buben während meiner Abwesenheit bekommen hatten. Sie waren beide in diesen letzten sechs Monaten viel schwieriger geworden, Paul leistete sich fast jeden Abend einen hysterischen Anfall, brüllte, heulte und warf sich auf den Boden, wenn er irgendetwas nicht erreichte. Man konnte kaum glauben, dass er schon zwölf Jahre alt war. Sobald er sich aber ans Klavier setzte, kam einem sein Alter noch unglaublicher vor. Er hatte in den letzten Monaten große Fortschritte gemacht und Olga bestätigte, dass er jetzt reif war für eine Konzertkarriere. Er hing an mir wie eine Klette und versuchte sogar jeden Abend, zu mir ins Bett zu kriechen. Da er aber furchtbar unruhig schlief, schob ich ihn wieder hinaus. Die eine Nacht, in der ich nachgab, verbrachte ich schließlich in einem Sessel, um seinen dreschflegelartigen Fäusten zu entgehen. Im Gegensatz zu seinem älteren Bruder war Tommy noch ruhiger als vorher, konzentrierte sich auf seine Schularbeiten und besonders aufs Klavierspielen. Er spielte jetzt viel besser als ich, aber es war klar, dass er Paul nie einholen würde.

Erich zeigte mir den letzten Brief von Vater. Er war vor sechs Wochen eingetroffen, seither war nichts mehr gekommen. Unser Haushalt bekam Zuwachs in Gestalt eines großen, dunklen und sehr dünnen Priesters, der das kleine hintere Schlafzimmer bewohnte. Er war kaum jemals zu Haus, was nicht weiter überraschend war, da sein Zimmer nicht geheizt war und er sich nie zu uns ins Wohnzimmer setzte. Die Jungen und Sophie umspannen diese etwas unheimliche Gestalt mit den unglaublichsten Fantasievorstellungen. Es fiel uns auf, dass er wie ein Soldat ging, mit großen, weit ausgreifenden Schritten, dabei den Saum seiner Soutane in höchst respektloser Weise in die Luft schleudernd. Seine gesamte Habe trug er in einem kleinen Koffer versperrt mit sich herum und das Einzige, was wir jemals in seinem Schrank fanden, war ein Paar giftgrüner Socken. Wenn er am Morgen seine Stiefel in der Küche putzte, unterhielt er Sophie mit einer Auswahl von Marschliedern aus der Armee und mit Vorkriegsschlagern. Es kam vor, dass er, einen Besenstiel als Partner im Arm, ihr einen Tanzschritt vormachte.

Von Zeit zu Zeit hielten Erich und er lange geflüsterte Konferenzen in dem kleinen Schlafzimmer ab, und so intensiv wir auch am Schlüsselloch horchten, wir konnten nie ein Wort davon verstehen. Es war Sophie und den Jungen verboten, seinen Namen oder seine Anwesenheit irgendjemandem gegenüber zu erwähnen, und unsere Neugier wurde von Tag zu Tag größer.

Da wir die Weihnachtsmette versäumt hatten, beschlossen wir, stattdessen Silvester zu feiern. Paul und mir gelang es, wach zu bleiben, und so trotteten wir kurz vor Mitternacht, vor Kälte zitternd, die Gesichter vom Gähnen auseinandergerissen, in Pyjamas und Schlafrock ins Wohnzimmer. Wir setzten uns an den Tisch, zwischen uns schlief Tommy wie ein Stein, und Erich ging in die Küche, um Sophie herumzukriegen, dass sie uns etwas zu essen brachte. Auf dem Tisch stand eine große grüne Flasche, wir untersuchten sie ohne viel Interesse. »Champagne«, lasen wir. Wir gossen uns ein bisschen was ins Glas. Es zischte. Wir zuckten zusammen, als die kalte Flüssigkeit in unsere Mägen rann und die Bläschen uns in die Nase stiegen. Langsam schwappte eine warme Woge durch mich hindurch, ließ meine Knie schmelzen und breitete sich bis zu den Zehen aus. Wir gossen uns noch ein Glas ein. Es war nicht so süß wie erwartet, Limonade wäre uns lieber gewesen, aber wir hatten eben nichts anderes. Wir tranken und gossen uns noch ein bisschen ein. Tommy wollte sich um keinen Preis wecken lassen, also teilten wir seinen Anteil zwischen uns auf.

Durch die offene Tür zog es mir kalt auf den Rücken, ich ersuchte Paul, etwas dagegen zu unternehmen. Folgsam schob er seinen Stuhl zurück, stand auf und fiel mir zu Füßen. Dort blieb er, fand es offenbar recht gemütlich, drehte sich auf die Seite und schlief ein.

Erstaunt stand ich auf, aber sofort fing der Boden zu schwanken und zu schaukeln an, als wäre ich auf einem Schiff. Ich klammerte mich am Tisch fest und kämpfte mich zu meinem Stuhl zurück, aber er glitt mir aus der Hand, und um eine Kollision mit der Wand zu vermeiden, setzte ich mich auf den Boden und hielt mich am Tischbein fest.

So fand uns Erich ein paar Minuten später. Er durchschaute die Lage mit einem Blick, trank die letzten paar Tropfen des Champagners und schleppte uns alle in unsere Betten. Der Rest dieser Nacht blieb mir nur unklar im Gedächtnis.

Ich glaube, ich verbrachte sie hauptsächlich mit Wanderungen vom und zum Badezimmer, manchmal stieß ich dabei mit Paul zusammen, der dieselbe Reise erledigte, aber auf allen vieren. Am Morgen erwachte ich mit einem brummenden Schädel, und als ich die Augen aufmachte, schwankte der Weihnachtsbaum am anderen Ende des Zimmers und bewegte sich auf mich zu. Der Plafond hing herunter, die Wände drehten sich, es war wie auf einem Karussell. Mit einem Schauder schloss ich die Augen und zog mir die Decke über den Kopf. Aus dem Zimmer nebenan sagte mir Pauls Stöhnen und Jammern, dass auch er unter dem ersten Kater seines Lebens litt.

9

Die erste Woche von 1944 verging ruhig. Mit Sophies Hilfe reinigte und flickte ich meine Kleider und säuberte meinen Kopf. Erich verschaffte uns die notwendigen Medikamente und Vitaminpillen und mit der zusätzlichen Hilfe von Sophies Kochkünsten war mein Mund bald vollkommen geheilt. Erich versprach, mich weiterhin ausreichend mit Essen und Vitaminpillen zu versorgen, und endlich erlaubte er mir auch, ihm zu schreiben. Die Buben brachten eine Phiole mit Weihwasser aus der Kirche mit und Erich überlegte, wann er unserem Gast die Wahrheit sagen und ihn bitten konnte, mich zu taufen.

Am Samstag, dem 8. Januar, kam der Priester in die Wohnung gestürzt, offensichtlich in Panik, packte seinen kleinen Koffer und veschwand, nachdem er Sophie noch gesagt hatte, dass Erich am Morgen in seinem Geschäft verhaftet worden sei und wir jeden Augenblick mit der Gestapo rechnen konnten.

Sophie erzählte den Buben, Erich wäre aufs Land gefahren, um Speck einzukaufen, sie spielten also ganz unbekümmert weiter. Paul hatte einen neuen Vorrat von Propellern bekommen und ärgerte Sophie und mich mit ihnen bis zu Tränen, weil er sie uns immer wieder ins Gesicht schoss.

Am Nachmittag kam Olga zu Tommys Klavierstunde,

und als sie vom plötzlichen Verschwinden unseres Gastes erfuhr, fragte sie Tommy, ob es wahr sei, dass er überhaupt kein Priester gewesen sei, sondern mein Vater. Tommy starrte sie völlig überrascht und ungläubig an, dann zuckte er die Schultern und sagte, sie wäre eine Idiotin. Olga hatte diesmal wieder ihren Sohn mitgebracht. Über Tommys Unhöflichkeit beleidigt schimpfte sie mit dem Kind, das wie gewöhnlich in seiner Ecke hockte, und schlug ihn schließlich, bis seine Nase zu bluten anfing. Und dann, während Sophie ihn auf den Boden legte und ihm einen kalten Schlüssel unter den Nacken steckte, setzte Olga sich auf meinen Diwan und bekam einen hysterischen Anfall. Bis es uns gelungen war, sie beide zu beruhigen und nach Hause zu schicken, waren wir alle erschöpft und den Tränen nahe.

Ich verbrachte die Nacht bei Sophie im Bett, keiner von uns tat ein Auge zu. Wir redeten über Erich, machten uns Sorgen um ihn, fragten uns, wann wir ihn wohl wiedersehen würden, und zerbrachen uns den Kopf, warum man ihn verhaftet hatte. Ich überlegte, wie ich wieder ins Kloster gelangen konnte, und bedauerte bitterlich, dass ich jetzt, wo unser Priester geflohen war, ungetauft ins Kloster zurückkehren musste.

Am nächsten Morgen läutete das Telefon und Sophie reichte mir erstaunt den Hörer. »Ein Mann will mit dir sprechen«, verkündete sie. Meine Knie verwandelten sich in Gelee. Vater...? Wer sonst...?

Ich packte den Hörer mit beiden Händen, während mir eine fremde Stimme befahl, meine Sachen zu packen und mich in zwei Stunden an der Ecke der X-Straße einzufinden. »Du musst allein kommen«, verlangte die Stimme, weigerte sich aber, mir ihren Namen zu sagen. Ich legte auf und ging meine Sachen packen, ganz verrückt vor Hoffnung und Angst. War das wirklich Vater? War er gekommen, um mich zu holen? Oder war es eine Falle? Erich haben sie schon, jetzt holen sie mich.

Sophie saß weinend und händeringend an meinem Bett und rang mit sich, ob sie mit mir gehen sollte oder nicht.

»Ich weiß nicht, wo diese Straße ist, und ich kann niemanden fragen. Könntest du nicht vor mir hergehen, sodass ich dir folge?«

Sie zögerte. »Der Mann sagte, du sollst allein kommen.«

»Aber das erfährt er doch nicht«, bettelte ich. Dabei stieg langsam der Hintergedanke in mir auf: Falls das wirklich eine Falle sein sollte, dann hätte ich gern bei meiner Verhaftung einen Zeugen dabei. Ich wollte nicht auf geheimnisvolle Weise verschwinden wie schon so viele andere vor mir.

Schließlich gab Sophie nach und versprach, mir vorauszugehen und mich dann an der letzten Ecke vor der X-Straße zu verlassen. Ich packte meine Sachen in einen Ranzen und machte mich an einem frisch verschneiten Nachmittag auf den Weg, mit dem Gefühl, meinem Schicksal entgegenzugehen. Ich kämpfte gegen den aufsteigenden Wunsch, mein Gesicht zu verbergen und nur auf meine Füße zu schauen – doch dann würde ich Sophie aus den Augen verlieren. Aber die Straßen waren voll von Menschen und jeder Blick, der auf mich fiel, durchdrang mich wie ein Nagel. Falls ich jetzt erkannt wurde, nur ein paar Augenblicke, bevor ich Vater wieder sah ...

Sophie blieb bei einer Kreuzung stehen und bedeutete mir, dass sie jetzt umkehren würde. Von jetzt an bis zur nächsten Straße war ich ganz allein. Jetzt konnte ich meinen Blick senken und den gefährlichen Blicken der Passanten ausweichen. Ich kam zum Ort des Rendezvous und stand, angerempelt, gestoßen und hin- und hergeschoben, mitten an einer von Warschaus belebtesten Hauptstraßen. Ich wagte nicht aufzublicken. Ich werde seine Füße erkennen, dachte ich. Ein Paar Männerschuhe tauchten in meinem Blickfeld auf. Vorne abgerundet, eher klein, eindeutig zu klein ...

»Folge mir«, sagte die Stimme aus dem Telefon und ich blickte auf, zu erschüttert, um ein Wort herauszubringen. Es war Herr Linski, Erichs erster Friseur, mit makelloser Brillantinefrisur und einem Bleistiftschnurrbart.

Wir gingen zum Bahnhof, und während Herr Linski unsere Fahrkarten kaufen ging, stand ich in der Menge an der Bahnsteigsperre und blickte mich kühn um. Jetzt war es mir egal, ob mich jemand sah. Die Enttäuschung der letzten Stunde hatte mir jedes Interesse an meinem Überleben genommen. Erich war im Gefängnis, Vater, falls er noch am Leben war, weit weg von Warschau. Mutter war verschwunden. Und ich ging ungetauft ins Kloster zurück. Die Zukunft war unsicherer als je zuvor. Lohnte sich denn der Kampf überhaupt noch?

Zwei Fahrkarten in der Hand, kämpfte sich Herr Linski durch die Menge zu mir zurück. Sein auch sonst gelbliches Gesicht war noch blasser als gewöhnlich, seine Augen schossen ängstlich herum. Es war klar, dass er Angst hatte. Er wollte nicht mit mir gesehen werden. Ich schaute zum Bahnsteig, wo der Zug gerade einfuhr, und sah unter den Wartenden ein vertrautes schwarzes Gewand. Schwester Matilda aus dem Wäschezimmer!

»Sie brauchen nicht mit mir kommen«, flüsterte ich Herrn Linski zu, »ich werde mit der Schwester gehen.«

Sein Gesicht leuchtete auf. Ich fing an, mich mit aller Gewalt durch die Menge zu drängen. Schwester Matilda umfing mich in einer schwarzen Umarmung und zusammen kämpften wir uns zu einem Waggon durch.

Ganz kurz tauchte noch einmal Herr Linski in meinem Blickfeld auf, wie er, noch immer hinter der Sperre, unsere beiden Fahrkarten schwenkte. »Sie werden mich leider schmuggeln müssen«, sagte ich zu Schwester Matilda, »ich habe keinen Fahrschein.«

Um neugierigen Blicken auszuweichen, drehte ich mein Gesicht zum Fenster und schloss die Augen. Der Zug setzte sich ratternd und stoßend in Bewegung, ich verschluckte meine Tränen und strengte mich an, auch den Schmerz, die Enttäuschung und die plötzlich erwachte Sehnsucht hinunterzuschlucken. Vielleicht kommt noch alles zu einem guten Ende, versuchte ich mir einzureden, aber meine Hoffnungen fühlten sich hohl an. Ich glaubte selber nicht mehr richtig daran. 1944 hatte schlecht begonnen. In drei Monaten würde ich vierzehn. Ich fühlte mich alt und schrecklich müde.

10

Die Klosterroutine war nicht dazu angetan, mich aus meinem Trübsinn zu reißen. Die Kälte war beißend, die Morgen finsterer als je zuvor. Das Essen war noch schlechter geworden. Die meisten Mädchen kamen aus den Weihnachtsferien mit großen Vorräten an »Privatessen« zurück, aber ich hatte nichts mitgenommen, und jetzt litt ich jedes Mal Todesqualen, wenn die anderen ihre Vorräte auspackten. Aus Warschau kamen keine Nachrichten. Ich hatte keine Ahnung, was mit Erich geschehen war, und wagte nicht, nach Haus zu schreiben, aus Angst, dadurch alles noch schlimmer zu machen. Mein Zahnfleisch blutete schon wieder und meine Vitaminpillen hatte ich in Warschau gelassen.

In der ersten Schulwoche kehrte Frau Rolska nach ihrer Krankheit wieder aus Warschau zurück. Blass trat sie in unsere Klasse, die Augen vom Weinen geschwollen, und verkündete, dass sie fortginge. Sie wollte sich von jeder einzelnen von uns verabschieden, was sie mit tränenüberströmtem Gesicht auch tat. Sie hatte Tbc und ging in ein Sanatorium.

Im nächsten Augenblick brach in der Klasse die Hölle los. Die Mädchen weinten, schlugen mit den Fäusten auf ihre Pulte, ein paar bekamen Weinkrämpfe, andere übergaben sich, eine wurde ohnmächtig. Die Dummköpfe waren am lautesten in ihrem Schmerz und das Mädchen, das das Bewusstsein verloren hatte, war bei allen wegen ihres Ungehorsams und ihrer Verachtung aller Lehrer verrufen. Ich hatte Frau Rolska nicht so lange gekannt wie die meisten anderen Mädchen, aber die Hysterie war ansteckend, bald heulte ich zusammen mit dem Rest der Klasse. Frau Rolska küsste und umarmte uns eine nach der anderen, packte ihre Bücher und verließ endlich unter einem lauten Heulchorus die Klasse. Sobald die Ruhe wiederhergestellt war, stellten wir ein Hilfsprogramm zusammen. Frau Rolska würde erst in ein oder zwei Wochen in ihr Sanatorium fahren. Bis dahin mussten wir ihr noch zusätzliches Essen besorgen.

Alle steuerten ihr Taschengeld bei und die Tagesmädchen konnten Eier, Zucker und Milch von zu Hause bringen. »Und Würste«, rief die fette Frania, deren Vater ein Metzger war.

»Und wir müssen auch genug Talg besorgen«, mahnte Ada. »Talg ist das Beste für die Lungen.«

»Wir werden jeden Morgen ein Ei mit Zucker verrühren und es zu ihrem Haus bringen, vor dem Frühstück!«

»Aber wird sie das annehmen?«, zweifelte jemand.

Wir schlugen alle auf unsere Pultdeckel: »Sie muss!«

Der Entschluss, etwas für Frau Rolska zu tun, gab uns allen neuen Auftrieb. Wir schworen feierlich, härter zu arbeiten und einander bei den Hausaufgaben zu helfen. Ein neuer Geist senkte sich über die Klasse. In der Pause putzten wir Fenster und Pulte, wischten den Boden auf, ordneten unsere Kleider und Frisuren. Wir wollten die bravste Klasse in der ganzen Schule werden. In jeder Hinsicht eine Musterklasse. Am Ende der Woche würden wir alle beichten gehen und am Sonntag alle für Frau Rolska zur Kommunion. Die ganze Klasse geschlossen. Alle zusammen! Mir fiel das Herz in die Hose.

Am Abend zog ich meine Schublade heraus und brachte sie in den Aufenthaltsraum. Wie üblich scharten sich die Mädchen darum, um die fremden »Schätze« zu bewundern. Ich zog sie einen nach dem anderen heraus und verschenkte sie an die jeweils lauteste Bewunderin. Sie waren verblüfft. »Gehst du fort von uns?«

»Nein«, sagte ich – dieser plötzliche innere Drang, alle meine Sachen zu verschenken, machte mir selbst Angst.

Am nächsten Morgen kam kurz nach Schulbeginn ein Mädchen in unsere Klasse und sagte, eine Dame aus Warschau sei gekommen, um mich zu sehen. Ich stürzte hinaus und verlor mich in wilden Mutmaßungen. Lydia? Sophie doch wohl nicht? Wen gab es sonst noch?

In dem kleinen Salon drückte mich eine schlanke junge Frau an sich und stellte sich als Fräulein Lala vor. Sie war eine Kosmetikerin, die für Erich arbeitete. Sie brachte mir ein großes Esspaket, Vitaminpillen, Kleider und alle die Sachen, die ich in Warschau vergessen hatte. Und die Nachricht, dass Erich meinetwegen eingesperrt worden war! Jetzt war er wieder auf freiem Fuß, aber noch nicht gut genug beisammen, um selbst kommen zu können, deshalb hatte er das Fräulein zu kommen gebeten.

»Es kann sein, dass du bald von hier fortmusst. Erich vermutet, dass die Gestapo weiß, wo du bist. Und wenn sie ihn noch einmal einsperrt, dann wird er sich vielleicht nicht mehr helfen können. Verstehst du? Er konnte dir diesmal nicht schreiben, weil er einen gebrochenen Arm hat. Er glaubt, du wärst wahrscheinlich sicherer an einem Ort, wo nicht einmal er deine Adresse weiß. Sag den anderen Mädchen nichts. Ich werde dich bald holen kommen, und bis dahin schicken wir dir Essen und alles, was du sonst noch brauchst.« Damit drückte sie mich noch einmal an sich und fort war sie.

Wie betäubt ging ich in den Unterricht zurück und saß

die restlichen Stunden des Tages ab, ohne ein Wort davon aufzunehmen. Der arme Erich. Was hatten sie mit ihm gemacht? Hatten sie ihm den Arm gebrochen? Das war meine Schuld. Schon wieder meine Schuld. War es das wert? Ich war das doch sicher nicht wert. Wenn ich ihn nur sehen, es ihm selbst sagen könnte! Damit er aufhören würde, sich um mich zu kümmern, mich zu schützen ...

Am Abend rief Schwester Ludvika mich in den Salon. Sie war nach Warschau gefahren, um Erich zu sehen, und sie hatte Neuigkeiten für mich: »Es ist am besten, wenn du eine Weile von hier fortgehst. Richte dir dein bestes Kleid her und die paar Sachen, die du morgen brauchen wirst. Steh um fünf Uhr auf und geh hinunter in die Küche. Schwester Cecilia wird dich in dein neues Heim bringen und ich werde dir deine restlichen Sachen nachschicken, sobald ich kann. Und denk dran, zu keiner Menschenseele ein Wort!«

Ich ging in den dunklen Schlafraum und zog mich langsam aus. Die Kinder rund um mich schliefen, in Frieden und Sicherheit. Keiner kam sie abholen, sie mussten nicht herumziehen. Es war noch kein Jahr her, dass ich das Ghetto verlassen hatte, und jetzt musste ich schon wieder weiter. Die ganze Nacht warf ich mich in meinem kalten Bett herum, flüchtete und versteckte mich vor einem riesigen, allgegenwärtigen Feind, entging mit Mühe seinen langen Klauen, sprang in den Weltraum und stürzte donnernd zu Boden. Um fünf Uhr früh war ich bereits angekleidet und tappte vor Kälte und Müdigkeit zitternd in die noch finstere Küche. Dort fand mich Schwester Martha im Halbschlaf hinter dem Ofen kauernd. Ein ausgiebiges Frühstück aus Brot und Milch brachte meinen Blutkreislauf wieder in Gang, und wie ich so neben Schwester Cecilia durch die winterliche Dunkelheit ging, der trockene Schnee unter meinen Stiefeln krachte und ich die frische Landluft einatmete, da wurde ich mir einer leichten Regung von Neugierde bewusst. Mein alter Sinn für Abenteuer wurde wieder lebendig. Kam ich in ein anderes Kloster? Oder ein Privathaus? Wird es andere Kinder dort geben?

Ein graues Licht sickerte langsam durch die schneeträchtigen Wolken, als wir aus dem Bahnhof und wieder in eine Warschauer Straße traten. Wir nahmen eine Tram, die um diese Zeit fast leer war, und ratterten durch die verlassene morgendliche Stadt, bis wir bei einer Kreuzung ausstiegen und in eine von Kämpfen beschädigte, krumme Hintergasse einbogen. Irgendetwas an ihrem Aussehen kam mir bekannt vor und ich schaute mich neugierig um. Der Name, wo war der Name? Ich schaute am nächsten Haus empor und mein Herz blieb stehen. Das war das Ghetto. Genauer gesagt, das war das Ghetto am Anfang seines Bestehens gewesen, vor jenem Oktober vor zwei Jahren, als diese Straße zusammen mit anderen wieder an das übrige Warschau angeschlossen und die noch vorhandenen Juden in den älteren Teil des Ghettos gepresst wurden. Das echte Ghetto musste also auch hier in der Nähe sein. Ja, hinter dem Loch dort, wo ein Haus niedergebrannt war, stand eine hohe Mauer und dahinter war ein großer freier Raum und Häuserruinen, halb verkohlte Wände, nackte Kamine. War das mein Ziel?

Fragend blickte ich zu Schwester Cecilia auf, die mich nur fester an der Hand nahm, und wir rannten jetzt fast die Straße entlang, über die heimtückischen, vom Schnee bedeckten Katzenkopfsteine. Vor einem Tor blieben wir stehen und Schwester Cecilia läutete eine Glocke. Ein Guckloch ging auf; irgendein unsichtbarer Mensch musterte uns, dann schwang das Tor selber weit auf. Im Eingang stand eine schwarz gekleidete Nonne – genauso wie »meine« Nonnen gekleidet – und lächelte.

»Gelobt sei Jesus Christus«, sagten wir.

»In Ewigkeit Amen«, antwortete sie.

Während Schwester Cecilia sich mit meiner neuen Mutter Oberin unterhielt, wurde ich allein im leeren Refektorium gelassen. Es sah außerordentlich schäbig aus. Die weiß gekalkten Wände zeigten Spuren tiefer Schrammen. Auf jeder Seite gab es Löcher, die ungeschickt mit Zement geflickt waren. Die Fußbodenbretter waren abgetreten und aufgesplintert von tief eingefressenem Schmutz, den nicht einmal das klösterliche Schrubben mehr herausbringen konnte. Ich ging ans Fenster. Es ging auf einen typischen Warschauer Hof hinaus, ein schmales Rechteck tief unten zwischen grauen Wänden. Wir waren im »Vorderhaus«, dem Gebäude, das direkt auf die Straße ging. Die anderen drei Flügel der sechsstöckigen Anlage schienen unbewohnt. Eingeschlagene oder mit Brettern geflickte Fenster starrten stumm und jagten mir einen Schauer der Unruhe über den Rücken. Dunkelgraue Wände waren mit weißen Kugeleinschlägen gepfeffert, ein paar tiefere Löcher ließen rote Ziegel erkennen wie aufgerissenes Fleisch. Ein Tor führte zu einem anderen Hof, hinter dem, falls mein Orientierungssinn mich nicht trog, das Trümmerfeld des Ghettos lag. Ich schauderte und wandte mich zurück ins Zimmer. Durch die offene Tür sah ich die Kinder durch den Korridor laufen. Sie waren ärmlich gekleidet, sogar für Anstaltsbegriffe, in vollkommen verschossene Baumwollröcke, die überall geflickt waren. Keine Uniform; jedenfalls trug jede eine andere Art, aber alle waren sie kaum besser als Fetzen. Keine Schuhe oder Strümpfe. Die Räume waren kaum geheizt und die Januarkälte ließ die nackten Beine blaurot anlaufen. Auch keine Haarbänder, die Haare waren alle mit Bindfäden zusammengehalten.

Eins nach dem anderen kam ins Zimmer und eine Weile starrten wir einander an, voller Neugier. Breite Bauerngesichter mit hohen Wangenknochen, Stupsnasen, lachende Münder voller Zahnlücken. Sie glitten durchs Zimmer, betrachteten gründlich die Neue, kicherten hinter vorgehaltenen Händen. Weiche Stimmen erhoben sich in einer Art Singsang, benutzten Worte eines unbekannten Dialekts, ihr Akzent ähnelte keinem, den ich je gehört hatte.

Meine Neugierde siegte über meine Schüchternheit: »Woher seid ihr denn?«

»Von den Bergen«, sangen sie, »von den fernen Bergen hinter den Flüssen.«

Ich riss den Mund auf. Das war es also! Zu Anfang des Winters hatten wir schreckliche Geschichten gehört von einem Kloster im fernen südöstlichen Winkel des Landes, das von Ukrainern niedergebrannt worden war. Ein paar von den ältesten Mädchen waren dabei auf eine schreckliche und mysteriöse Weise umgekommen, der Rest flüchtete mit den Nonnen auf ein paar Bauernwagen und fuhr in nichts als Nachthemden und Decken gekleidet durch halb Polen, bis sie in Warschau ankamen. Jedes Kloster im ganzen Land erfuhr von dem Unglück und wurde um seine Hilfe gebeten. Jede Nacht beteten wir für ihre Sicherheit. Und hier war ich mitten unter ihnen, unter den ärmsten aller Klosterkinder.

»Hast du unsere Mutter Oberin schon gesehen?«, fragten sie.

»Du wirst sie gern haben. Sie ist eine richtige Mutter. Und Schwester Zofia? Hast du Schwester Zofia schon gesehen? Na, dann hast du noch was vor dir...«

In ihrem kleinen, blitzblank geputzten Zimmer wandte mir die Mutter Oberin ein langes, blasses Gesicht zu. Sie hatte ein schweres Kinn und eine lange, gerade Nase und die gütigsten, traurigsten grauen Augen.

»Willkommen in unserem Haus«, sagte sie und drückte

469

mich an sich. Überrascht schaute ich sie an. Eine Oberin, die nicht darauf wartete, dass man ihr die Hand küsste, sondern die einen selber küsste, und als Erste!

Im Aufenthaltsraum wurde mir ein Pult zugewiesen und eine leere Schuhschachtel in die Hand gedrückt. »Darin bewahren wir unsere Sachen auf. Für nichts sonst ist Platz und wir haben ohnehin nicht viel zum Hineingeben. Keine Schließfächer, keine Koffer. Nicht wie zu Haus.« In einem kleinen Raum wurde mir ein einzelner Haken angewiesen, der mir als Garderobe dienen sollte, und als ich meinen Mantel aufgehängt hatte und mich umdrehte, fand ich mich Aug in Aug mit einer großen Schwester.

»Schwester Zofia«, murmelte das Mädchen, das mich hierhergebracht hatte, und verschwand.

Einen Augenblick standen wir einander gegenüber und mich durchlief ein leichter Schauer über die Hässlichkeit des Gesichts vor mir. Ein breites Gesicht, von einem feinen Netz von purpurroten Adern durchzogen. Große, durchdringend blaue Augen, die Unterlider rot und hängend, wie von einem Gewicht heruntergezogen; ein paar breite, nach oben gerichtete Nasenlöcher, die mich wie ein zweites Paar Augen anzustarren schienen; eine kurze Oberlippe, aufgeworfen, die zwei lange Vorderzähne entblößte ... Ein lebhaftes, furchtloses, forderndes Gesicht.

»Du bist also unsere Neuerwerbung.« Die Stimme trieb mir neue Schauer über den Rücken. Sie war heiser, kratzend, kaum lauter als ein Flüstern. »Wie alt bist du?«

»Dreizehn.«

»Bist du schon getauft?«

Ich würgte, unfähig, ein Wort herauszubringen.

»Also nicht.« Das war eine Feststellung. »Das müssen wir in Ordnung bringen. Sag den anderen nichts. Du kannst jetzt gehen.«

Den Rest dieses Tages verbrachte ich wie im Taumel, lernte neue Mädchen und neue Schwestern kennen, beantwortete Fragen und inspizierte meine neue Umgebung. Das Kloster bewohnte die beiden mittleren Stockwerke des Hauses, die Schwestern hatten ihre Zimmer auf der anderen Seite der ehemaligen Dienstbotenstiege, die jetzt, der Boden rot und spiegelglatt gewichst, die Mauern weiß gekalkt, auf jedem Absatz ein Gipsheiliger, unverwechselbar klösterlich aussah.

Die beiden obersten Stockwerke waren von einer Besserungsanstalt für Mädchen belegt. Wieder hörte ich fürchterliche Geschichten über die Disziplin dort, über nächtliche Ketten, Einzelzellen und Wächterinnen mit neunschwänzigen Katzen am Gürtel.

»Die Kinder von unten wirst du heut Abend kennen lernen, wenn sie kommen, um uns tanzen zu sehen. Die sind alle bekloppt. Und dort« – zum Hof hin nickend und zu den eingeschlagenen Fenstern – »dort sind die Jids.« Ich muss überrascht ausgesehen haben, denn sie erklärten mir schnell, dass das Haus früher einmal im Ghetto gestanden hatte. Sie waren überzeugt, dass die Leichen der früheren Bewohner noch alle in den leeren Wohnungen herumlagen. Einige von den Mädchen hatten die Geister gehört oder sie hinter den Fenstern herumgehen sehen.

»Hinter dem Hof ist ein Garten und Schwester Zofia hat uns versprochen, dass wir im Sommer dort spielen dürfen. Und hinter dem Garten ist das Ghetto. Wenn du die Mauer hinaufkletterst, kannst du es sehen, aber wir dürfen nicht in ihre Nähe.«

Ich bemühte mich, alle diese Informationen zu verarbeiten, während mir gleichzeitig Schwester Zofias Worte pausenlos durch den Kopf gingen. Hatte sie es schon von vornherein gewusst oder hatte ich mich verraten?

Nach dem Abendessen waren die meisten Mädchen auf

einmal verschwunden, während wir anderen uns im Halbkreis auf den Boden des Aufenthaltsraums setzen mussten. Das Tanzen sollte bald beginnen. Ich war furchtbar müde und wäre am liebsten gleich ins Bett gegangen. Ich war seit fünf Uhr früh auf den Beinen und die letzte Nacht hatte ich auch nicht viel geschlafen.

Die Kinder von unten kamen herein und ich fuhr mit einem Ruck wieder hoch. Sie waren alle in lange Kartoffelsäcke aus dem gröbsten Kanvas gekleidet, in der Mitte mit einem dicken Seil gegürtet, gingen barfuß und alle Köpfe waren kahl geschoren. Es war unmöglich, Jungen und Mädchen voneinander zu unterscheiden, und die Wirkung war bestürzend. Einige waren offensichtlich behindert, ein paar gingen auf Krücken, ein oder zwei waren blind, einer hatte einen großen Buckel, während einige andere ihre riesigen Köpfe rollen ließen, sabbernd, mit kaum bewussten Augen leer herumstarrend.

Auf ein Kommando setzten sie sich alle an der uns gegenüberliegenden Seite zu Boden. Schwester Zofia setzte sich ans Harmonium. Die Mutter Oberin setzte sich mit den anderen Schwestern auf die wenigen vorhandenen Stühle. Die Musik begann und plötzlich brach in diesen mit nacktem Elend gefüllten Raum ein vielfarbiger Wirbelwind, singend und tanzend in einer Wolke von Samt und Seide, von Spitzen schäumend, mit Goldstücken und Perlen bestickt, mit fliegenden Bändern und Pfauenfedern, die über hohen Hüten nickten.

Der alte Fußboden erzitterte unter den roten Stiefeln, Messingglöckchen klingelten von weißen Ledergürteln, Perlenschnüre hüpften auf und ab über schwarzen Samtleibchen. Riesige Bauernröcke schwirrten vor meinen Augen, regenbogenbunte Streifen und glänzende Rosen, Spitzenschürzen flogen wie Flügel. Ich schlug meine Hände vor den Mund und setzte mich auf, unfähig, meinen Augen zu trauen. Das also waren die bloßfüßigen, in Kreton gekleideten verwahrlosten Kinder, die mir so leidgetan hatten!

Es war sofort klar, dass das eine hervorragend ausgebildete Gruppe war. Und sie tanzten mit so viel Lust und Liebe, als wären sie jetzt endlich in ihrem wahren Element. Schwester Zofia, über ihr Harmonium gebeugt, Platten auswechselnd auf dem alten Kurbelgrammofon, kam mir plötzlich viel jünger vor als heute Morgen und auf ihrem Gesicht war ein merkwürdig leidenschaftliches Lächeln. Die Mutter Oberin schaute strahlend auf ihre Schützlinge, wie jede Mutter, die stolz ist auf ihre Kinder, und ich hatte auf einmal das Gefühl, dass ich glücklich sein würde an diesem eigenartigen Ort, fast so, als wäre ich endlich zu Hause.

11

Ich brauchte nicht lang, um mich in diesem neuen Haus einzugewöhnen, besonders, da die Disziplin hier im Vergleich zu meinem alten Kloster recht locker war, die Mädchen passten offenbar auf sich selber auf. Wir lebten natürlich viel enger zusammen, wir mussten uns ja auf nur zwei Stockwerke beschränken. Spaziergänge in der Stadt galten als zu gefährlich, als dass man sie regelmäßig unternommen hätte, und ich sollte ohnehin nicht das Haus verlassen. Jeden Morgen hatten wir Unterricht, jeden Nachmittag irgendeine Art von gemeinsamer Beschäftigung. Wir kümmerten uns der Reihe nach um die Kleinsten und jede von uns hatte ein Kleinkind, für das sie verantwortlich war. Ich, als Neue, sollte auf das nächste Kind warten, das zu uns kam, und wenn es unter sieben war, dann sollte es mir gehören.

Sie erzählten mir auch in allen Einzelheiten die Geschichte jener schrecklichen Nacht, als ihr Haus in Flammen aufging und fünf von den ältesten Mädchen mit den betrunkenen Ukrainern verschwanden. Die Schwestern wurden mit Gewalt daran gehindert, ihnen zu Hilfe zu kommen, die ganze Gemeinschaft verbrachte den Rest dieser Nacht in einer Scheune, von einem bewaffneten Posten bewacht, zitternd in ihren Nachthemden.

Im Morgengrauen wurden die fünf Leichen im Garten

begraben und die Überlebenden fuhren auf ihren Leiterwagen fort ins Unbekannte. Beim Aufbrechen sahen sie die
Flammen aus dem Dach ihres Hauses schießen und die
Kinder weinten. Für die meisten von ihnen war es ihre einzige Heimat gewesen.

»Woher habt ihr die Tanzkostüme?«, fragte ich.

Die Mädchen lachten. »Das war natürlich Schwester
Zofia. Während wir alle auf unsere Leiterwagen stiegen,
zog sie ihre beiden Kisten heraus und bestand darauf, sie
mitzunehmen. Sonst würde sie nicht fortgehen. Und die
Ukrainer haben sie gelassen! Wir wussten nicht, was in
ihnen war, wir hofften heimlich, es wäre Essen, aber sie
wollte sie nicht aufmachen, bis wir hier waren. Und da
lagen sie! Unsere Kostüme und alle Noten der Schwester.
Sie sagte, andere Klöster würden sich schon um unsere All-
tagskleider kümmern und um unser Essen, aber solche
Kostüme könnten wir nie wieder bekommen. Und sie hat
natürlich recht gehabt. Alles ist handgenäht, die wollenen
Röcke sind handgewebt, die Spitze ist handgeklöppelt, der
Samt und der Satin alles von der besten Qualität. Und die
Stiefel! Woher würde man jetzt solche Stiefel bekommen?«

»Vor dem Krieg hatten wir eine recht bekannte Tanz-
gruppe«, erklärte Ela, die Älteste, ein sanftes, rehäugiges
Mädchen von sechzehn Jahren, die letzten Abend der Star
gewesen war. Sie hatte ein Solo getanzt im traditionellen
Kostüm einer Edelfrau, einem langen, engen Satinkleid
und einem Mantel, der mit Schwanenfedern besetzt war.
»Wir sind früher viel gereist, haben andere Klöster besucht
und Konzerte gegeben. Wir hatten ein wunderbares Programm. Vielleicht zeigt dir Schwester Zofia einmal ihre
Schnappschüsse. Sie hat uns das alles beigebracht, sie hat
auch unsere ganze Musik zusammengestellt. Auch einen
Chor hatten wir. Aber die besten Stimmen sind erwachsen
geworden und sind fast alle fortgegangen, am Ende waren

nur noch acht übrig und dann wurden fünf von ihnen getötet … Jetzt sind nur mehr Vera, Tamara und ich übrig von der alten Gruppe und ich kann eigentlich nicht singen, obwohl ich leidenschaftlich gern tanze. Und wir üben jetzt mit den Jungen. Sie haben aber Glück, wenn sie in die Kostüme passen. Seit der Krieg angefangen hat, erlaubt uns Schwester Zofia keine Änderungen mehr daran, damit nur ja nicht der Stoff kaputtgeht. Man muss einfach in die Kostüme hineinwachsen, und wenn man wieder herauswächst, kann man eben nicht mehr tanzen. Die Knabenkostüme sind so eng über der Brust, dass wir uns mit Gürteln einschnüren müssen, um sie zuknöpfen zu können. Schwester Zofia kann busige Mädchen sowieso nicht leiden, sie lässt einen gar nicht tanzen, wenn da vorn zu viel herumhängt. Sie sagt, sie kann das Schwabbeln nicht sehen!«

Diese Schwester Zofia machte mich wirklich neugierig; neugierig und zugleich ärgerlich. Ihre anmaßende Art und der unbedingte Gehorsam, den sie erwartete, gefielen mir gar nicht. Ich hasse Despoten, dachte ich. Wenn sie glaubt, sie kann mich herumkommandieren, dann täuscht sie sich. Meine rasche Niederlage bei unserem ersten Treffen wurmte mich noch immer und ich wartete schon klopfenden Herzens auf die nächste Gelegenheit.

Sie kam, als Schwester Zofia mich rief, um meine religiösen Vorbereitungen mit mir zu besprechen. Nach einer kurzen Befragung gab sie mir ein paar Bücher.

»Lies sie gründlich und pass auf, dass du sie nicht verlierst oder zerbeißt oder deine Stiefel damit auslegst. Kann man sich auf dich verlassen?«

Sprachlos starrte ich sie an.

»Was ist los? Warum schaust du so wild? Bin ich dir auf die Zehen getreten?«

»Ich verstehe einfach nicht, wie Sie solche schrecklichen

Sachen sagen können«, platzte ich heraus. »Ich liebe Bücher! Ich würde nie eins kaputt machen, auch wenn es mir nicht gefällt! Als ich klein war, habe ich mir sogar die Hände waschen müssen, bevor ich ein Buch auch nur angerührt habe!«

»Nein, wirklich... also das ist sicher ein schöner Grundsatz. Hoffentlich tust du's noch immer. Mir hat man übrigens dasselbe beigebracht. Wer hat's dir beigebracht?«

»Vater.«

»Hatte er auch Bücher gern?«

»Mein Vater? Natürlich. Er hat ununterbrochen gelesen...«

»Was hat er gelesen?«

»Ach, alles!«, rief ich und dachte an die Stöße von Büchern, die immer in unserer Wohnung herumlagen.

Schwester Zofia lachte. »Dann muss er ja ein sehr weiser Mann gewesen sein. Du musst mir einmal von ihm erzählen. Und jetzt lauf. Und es tut mir leid, dass ich dich gekränkt habe. Wir haben nicht oft Mädchen hier, die mit Büchern umgehen können.«

Auf dem Fensterbrett in unserem überfüllten Aufenthaltsraum sitzend dachte ich über dieses Treffen nach. Nein, die könnte ich nie gern haben, dachte ich. Sie ist viel zu hässlich, aber sie ist recht interessant, jedenfalls ganz anders. Schwester Margareta war mir lieber. In den ersten Wochen in Warschau fehlte sie mir sehr. Als Schwester Cecilia wieder kam, um mir meine Kleider zu bringen und andere Sachen, die ich nicht mitgenommen hatte, brachte sie mir auch Briefe von den Mädchen, die alle über mein Verschwinden vor Neugier platzten. Und sie brachte auch ein Billett von Schwester Margareta, die mir ihren Segen schickte und hoffte, mich bald wiederzusehen.

Aber am meisten regte mich Krysias Brief auf. »An dem

Tag, als du fortgingst«, schrieb sie, »kam am Nachmittag die Gestapo ins Kloster und sie fragten nach dir! Wir sagten natürlich alle, dass wir dich nicht kennen, und dann gingen sie wieder. Was hast du angestellt?«

Unmerklich glitten die Wintertage vorbei. Jetzt, wo ich wieder einmal in einem Haus eingesperrt war, wich die Außenwelt zurück und ich vergrub mich in Schularbeiten und in Schwester Zofias Bücher. Seit ihrer Ankunft in Warschau hatte sie sich schon wieder eine recht beachtliche Bibliothek zusammengestellt. Sie bat mich, alle Bücher zu lesen und sie dann nach den Altersstufen der Kinder zu katalogisieren. An den Abenden saß ich mit den ältesten Mädchen in einem Klassenzimmer und machte Baumwollknöpfe. Dafür bekamen wir eine kleine Geldsumme, die die Mutter Oberin für unsere persönliche Verwendung aufhob. Diese Arbeit war entsetzlich langweilig. Kleine Blechringe mussten mit einem kunstvollen Geflecht von Baumwollfäden ausgefüllt werden, der Blechring selber zuerst mit der gleichen Baumwolle umnäht werden. Bei der Arbeit las immer eine von uns laut vor, wenn wir nicht sangen oder Geschichten erzählten. Einer der hübschesten Bräuche in diesem Haus war, dass wir nach dem Lichtabdrehen statt dem Schweigegebot Geschichten hören durften. Ich tauchte tief ein in den Haufen der Bücher, die ich gelesen hatte, und bald war es meine Aufgabe, fast jeden Abend eine Geschichte zu erzählen.

Ich trat dem Chor bei und hörte voll Bewunderung Vera und Tamara singen. Beide waren echte Stars, aber während Tamara bescheiden und freundlich war und diese Gabe in aller Einfachheit annahm, benutzte Vera ihre außergewöhnliche Stimme als Waffe in ihrem ständigen Kampf mit Schwester Zofia.

Sie kam kaum jemals zu den Proben, sang aber immer alles richtig. Wir konnten nie sicher sein, ob sie zur Aufführung auch wirklich erscheinen würde, und sie hatte die Gabe, ihre Stimme gerade dann zu verlieren, wenn wir am meisten mit ihr rechneten. Sie schmollte und redete, wenn sie wusste, dass Schwester Zofia an einem neuen Musikstück arbeitete, oft ganze Tage lang nichts, sie wartete darauf, ganz förmlich zum Singen eingeladen zu werden. Wenn diese Einladung nicht kam, verlor sie die Nerven, brüllte mit den Kleinen herum, die in ständiger Angst vor ihren Launen lebten, schmiss und zerschmetterte Gegenstände und leistete sich schließlich irgendein größeres Vergehen, wie zum Beispiel ein Fenster einzuschlagen. Das bedeutete ein Verhör sowohl mit der Mutter Oberin als auch mit Schwester Zofia. Das Letztere dauerte oft Stunden, während denen wir alle wie auf Kohlen saßen. Wir suchten Ausreden, um an Schwester Zofias Zimmer vorbeizugehen, wo wir herumtrödelten, etwa um ein Schuhband zu binden, und pressten dabei ein Auge oder ein Ohr ans Schlüsselloch.

Manchmal wurden wir mit einem heftigen Aufruhr belohnt, der im Esszimmer deutlich gehört werden konnte. Einmal kam Vera triefnass zum Vorschein, heulend vor Zorn. Schwester Zofia, die mit einem Kübel in der Hand hinter ihr herlief, erklärte, sie hätte ihr den Kopf kurz untergetaucht, »um ihre Aufregung abzukühlen«. Ein anderes Mal beschwor Marysia, sie hätte Vera auf den Knien vor Schwester Zofia gesehen, das Gesicht auf ihren Schoß gebettet. Meistens kam sie erst spät am Abend wieder heraus, strahlend vor Glück, und ging geradewegs in die Kapelle, wo sie stundenlang betete. Am nächsten Tag füllte dann ihre Stimme, ein echter Alt, tief und rein wie eine Glocke, triumphierend die Kirche, hob fast das Dach von unserer kleinen Kapelle und schob die Wände weg. Aber eine Stunde später schnappte ihre Stimmung wieder um, sie schnob vor Verachtung, wenn wir ihr zu ihrem großartigen Gesang gratulierten, und vergrub sich dann irgendwo, wo niemand sie sah.

Ich hatte das dunkle Gefühl, dass sie mehr wollte als nur unsere Bewunderung, und als dieses Mehr nicht kam – niemand war jemals von Schwester Zofia gelobt worden –, fühlte sie, dass sie schon wieder eine Schlacht verloren hatte.

Von ihrem Aussehen her hätte keiner Vera auch nur eine Spur von künstlerischem Talent zugetraut. Sie war klein und stämmig, mit einem viereckigen Gesicht, kleinen grünen Augen, die über den vorstehenden Wangenknochen fast verschwanden, einer niedrigen Stirn und darüber geradem, mausigem Haar. Sie schien keinen Hals zu haben, der Kugelkopf saß direkt auf ihren kräftigen Schultern. Sie bewegte sich wie ein Block, auf kurzen, dicken Beinen, und ihr schmaler Mund klappte zu wie eine Falle. Es kam wie ein Schock, wenn man diese herrliche Stimme aus einem so unpassenden Körper strömen hörte. Es war, als wäre man Zeuge eines Wunders.

Vera war in einer Kleinstadt in ihrer ersten Dienstbotenstelle, als das Kloster niederbrannte. Als sie davon hörte, verließ sie ihre Herrschaft und fuhr auf dem Leiterwagen mit nach Warschau. Auf der ganzen Reise drang sie unentwegt in die Mutter Oberin, sie doch dableiben zu lassen, bis diese schließlich nachgab. Und jetzt, wo sie wieder unter den Ältesten aufgenommen war, lebte sie in ständiger Furcht, dass bald wieder eine Stelle für sie gefunden würde und dass sie dann das Kloster verlassen und wieder als Dienstmädchen arbeiten müsste, das Einzige, was sie gelernt hatte.

Tamara, der Sopran, war ein stilles Mädchen, sanft und goldhaarig, mit einem aufgedunsenen weißen Gesicht. Sie war rundlich und weich und ein wunderbares Kindermädchen für unsere Babys. Ihre Lungen waren schwach und Schwester Zofia ließ sie gar nicht gern singen. Tamara sang auch selten, aber wenn sie sang, dann war unser Chor wie verzaubert. Sie hatte eine natürliche Koloraturstimme, und wenn ich mir ihr fülliges Gesicht und ihre plumpe, mütterliche Figur ansah, dann fiel mir die Unstimmigkeit auf und ich spürte zum ersten Mal, dass die körperliche Erscheinung vielleicht doch nicht ein so unfehlbarer Schlüssel für Charakter und Fähigkeiten eines Menschen war, wie ich immer geglaubt hatte. Wenn ich mich an Mutters Operngeschichten erinnerte, dann hatte ich mir alle Heldinnen der Bühne immer so schön, schlank und graziös vorgestellt wie die Feen in den Märchen, und da ich nie einer wirklichen Aufführung beigewohnt hatte, hatte mir niemand meine Illusionen geraubt. Tamara war gerade in einem Sanatorium gewesen, als das Kloster zerstört wurde, und stieß erst zu den anderen, als sie schon in Warschau waren.

Ela war die einzige von den älteren Mädchen, die dabei war, als es passierte, und die unverletzt davongekommen war.

Als die Ukrainer in den Schlafsaal stürzten, packte sie schnell das jüngste Kind, ein sechs Monate altes Baby, und hielt es an ihre Brust.

»Das ist meins«, sagte sie zu ihnen. »Wenn ihr mich holt, müsst ihr es zuerst töten. Ich will keine Waise zurücklassen.«

Die Ukrainer zögerten, dann gingen sie. An jungen Müttern waren sie nicht interessiert, vielleicht weckte auch das Wort »Waise« ein menschliches Gefühl in ihren vom Schnaps aufgeweichten Gehirnen. Sie ließen Ela und das Baby in Ruhe und rührten auch die jüngeren Mädchen nicht an. Aber die anderen fünf erschossen sie mit Dumdum-Kugeln.

»Wenn der Krieg vorbei ist, gehen wir zurück in die

Berge. Wir werden unser Haus wieder aufbauen, wenn es sein muss, mit eigenen Händen. Alle die alten Mädchen haben versprochen, uns zu helfen. Sogar die verheirateten. Wir hatten das schönste Haus der Welt, in der schönsten Ecke des Landes. Wenn du nie in den Bergen gelebt hast, dann kannst du es dir gar nicht vorstellen. Wir alle hassen Warschau. So groß und so schmutzig und so laut! Zu Hause war der Schnee weiß, er verwandelte sich nie in diesen gräulichen Matsch wie hier. Und die Luft war so rein ...«

Dann wurden sie still, mit vor Sehnsucht feuchten Augen, und dann fing leise ein Lied an und bald sang die ganze Gruppe, über ihre Knöpfe oder ihr Stopfzeug gebeugt. Ich dachte an meine eigene Heimat, weit im Westen, in der alten Stadt, wo der tiefe Strom sich seinen Weg zwischen den schmalen Häusern bahnte, wo die alten steinernen Brücken und die steilen, schiefen Dächer meinen Horizont begrenzt hatten. Das war lange her. Würde ich sie je wieder sehen? Würde noch etwas davon übrig sein?

Diese Kinder konnten über ihre Heimat sprechen, sie konnten ihre Erinnerungen miteinander teilen und dadurch lebendig halten. Ich trug eine ganze Welt in meinem Inneren verschlossen, aber niemand durfte von ihrem Dasein etwas ahnen. Wenn mich jemand über meine Familie, meine Vergangenheit fragte, dann konnte ich nur lügen.

12

Eine Neue kam, und da sie fünf Jahre alt war, fragte mich Ela, ob ich sie als mein »eigenes« Kind nehmen würde. Schwester Adele, die neben ihrer Rolle als Kinderschwester jetzt auch noch Krankenschwester für uns alle geworden war, war gerade nicht da und ich ging ins Kinderzimmer, um meine Neuerwerbung kennenzulernen. In einer Ecke stand, den Rücken zur Wand, den Kopf gesenkt, ein Kind mit kupferroten Haaren. Die Gruppe rund um sie schloss sie in einem engen Ring ein.

»Wie heißt du? Wie haben sie dich genannt? Ryfka? Sara? Faya?«

Mein Magen verkrampfte sich vor Zorn. Es waren Kinder aller Altersstufen, angefangen von den jüngsten bis zu den paar zurückgebliebenen Zehnjährigen, die noch immer mit den Kleinen spielten. Eines von denen musste es gewesen sein, das mit der Verfolgung begonnen hatte. Warum hatten sie nicht mich gefragt?

»Sie heißt Franka«, sagte ich und schob sie alle energisch zurück. Dann nahm ich das Kind an der Hand und zog es aus der Ecke heraus. »Komm, ich führ dich herum. Und wenn einer von euch sie noch ein einziges Mal fragt, wie sie heißt oder geheißen hat, dann haue ich euch grün und blau«, versprach ich, bevor ich die Tür zuschlug.

Wir gingen durch die Räume in beiden Stockwerken,

ich munter dahinredend, das Kind stumm auf seine Füße starrend. Nicht ein einziges Mal bekam ich eine Antwort, nicht ein Wort, nicht ein Lächeln, nicht das geringste Zeichen von Interesse. Unter dem dichten kupferroten Lockenschopf schaute ein Augenpaar wie frisch geschälte Kastanien mit steinerner Gleichgültigkeit in die Welt. Kinn und Mund deuteten auf ein Maß von Dickköpfigkeit oder Angst, das keine Anstrengung durchbrechen würde. Obwohl mir völlig klar war, dass ihr Name nicht Franka war, hatte es keinen Zweck, sie zu fragen. Damit würde ich mir meine ohnehin schon feindselig eingestellte Gefangene noch weiter entfremden.

»Komm, wir wollen vor dem Abendessen noch dein Haar bürsten«, schlug ich vor. Ich nahm aus ihrer kleinen Tasche einen Kamm, zog sie zu mir und fing an, mich durch den undurchdringlichen Filz durchzukämpfen. Plötzlich zuckte sie zusammen und im gleichen Augenblick fiel mir der Kamm aus der Hand und ich trat mit einem Schrei des Abscheus zurück. Unter dem Haar hatte sie oben auf dem Scheitel eine riesige, schwärende Wunde, einen Brei aus Blut, Eiter und Läusen. Ich war wütend auf diese kleine Gestalt, die nun schon in der Ecke kauerte. »Du, du kleines ...« Aber ich hielt mich noch rechtzeitig zurück. Noch eine Sekunde vorher hätte ich sie am liebsten erwürgt, aber plötzlich schwemmte eine Welle des Mitleids meine Empörung fort. Von einem Kind in diesem Alter konnte man nicht erwarten ... Wer weiß, wo sie die letzten Monate verbracht hat? Wie sie behandelt worden war, dass sie sich in dieses granitene Schweigen flüchtete?

»Wir werden dir den Kopf rasieren müssen«, überlegte ich laut und plötzlich zuckten Schmerz und flehendes Bitten über ihr Gesicht und sie wich noch weiter vor mir zurück.

»Nein«, sagte sie, das erste Wort, das ich von ihr hörte. Überrascht sah ich sie an. Sie war doch sicher noch zu jung, um sich an die geschorenen Köpfe im Ghetto zu erinnern, aber vielleicht war ihr eine undeutliche Assoziation im Gedächtnis geblieben oder etwas, das sie gehört hatte. In meinen Augen jedenfalls bedeutete ein geschorener Schädel immer nur »Jude« und plötzlich beschloss ich, um Frankas Haar zu kämpfen.

»Bleib hier«, wies ich sie an. »Geh nicht weg, ich bin gleich wieder da. Wir werden deinen Kopf wieder gesund machen, ohne dich zu scheren. Ich versprech's dir!«

Es dauerte lange, bis ich Schwester Adele dazu überreden konnte, dass sie mich Franka behandeln ließ, umso mehr, als ich nicht erklären konnte, warum ich das Ganze so wichtig nahm. Vielen Kindern wurden bei ihrer Ankunft hier die Köpfe geschoren, wenn sie sehr arg von Läusen befallen waren, und niemand dachte sich viel dabei. Aber ich ließ nicht locker und am Ende gab sie nach und schickte mich mit der nötigen Ausrüstung zurück ins Badezimmer.

»Das wird ein bisschen wehtun«, warnte ich sie, während ich die Watte in das scharf riechende Desinfektionsmittel tauchte und ihr vorsichtig damit den Kopf betupfte. Sie schauderte, wich aber nicht aus. Von diesem Tag an sperrten wir uns jeden Nachmittag ins Badezimmer und ich reinigte, desinfizierte, stutzte und bürstete Frankas Haar. Bei diesen Sitzungen versuchte ich manchmal, sie auszuhorchen, sie über ihr bisheriges Leben auszufragen, woher sie kam, wo ihre Eltern waren, aber nie erhielt ich darauf etwas anderes als einen vorwurfsvollen Blick aus diesen großen Spanielaugen und Schweigen.

Als ihr Kopf endlich geheilt war, schickte ich sie wieder zur Gruppe der Kleinkinder zurück, im Bewusstsein, versagt zu haben. Obwohl ich sie jetzt jeden Morgen ankleidete, ihr Haar bürstete und ihre Kleider flickte, blieb das einzige Gefühl, das in ihrem Gesicht zum Ausdruck kam, eine allumfassende Gleichgültigkeit. Wegen Franka hatte ich jetzt mehr Kontakt mit der Vorschulgruppe und ich beobachtete sie mit Missbilligung. Sie waren ganz ohne Zweifel anders als ich oder meine Freundinnen in diesem Alter und ich versuchte, die Ursache für ihr merkwürdiges Benehmen herauszufinden.

Es musste das erzwungene Schweigen sein, fand ich. Sie haben einfach nie Gelegenheit zum Reden, also lernen sie es auch nie richtig. Schweigen vor dem Frühstück, Schweigen bei den Mahlzeiten, Schweigen während der Ruhestunde am Nachmittag, Schweigen nach dem Abendessen. Und zwischen diesen Schweigeperioden sind sie sich selbst überlassen oder einem älteren Mädchen ausgeliefert, das auf die gleiche Weise aufgezogen worden war wie sie und selbst nie sprechen gelernt hat. Ich dachte an meine Kinderfrau Stefa und die endlosen Geschichten, die sie mir immer erzählte. Wenn Schwester Adele Zeit hatte, versuchte sie es manchmal mit einem Märchen, aber die Aufmerksamkeit ihrer Zuhörer erlahmte schon nach den ersten paar Sätzen.

»Die Hälfte der Wörter verstehen sie nicht und es ist zu umständlich, sie ihnen zu erklären. Sie sind nicht an Geschichten gewöhnt, Worte bedeuten ihnen nichts, wenn man sie nicht bildlich darstellen kann, und wenn es nicht um etwas geht, das sie wirklich brennend interessiert.«

»Wie ›Essen‹ zum Beispiel«, sagte ich und sofort drehten sich mehrere Köpfe erwartungsvoll in meine Richtung.

»Ja, die armen Würmchen, sie sind sehr hungrig«, nickte Schwester Adele traurig. »Ich fürchte, sie werden unseren Geschichten erst dann zuhören, wenn sie einen vollen Magen haben. Und wann das sein wird, das weiß Gott allein.«

486

Ich war voll Bewunderung für Schwester Adele und die geduldige Art, wie sie mit ihren teilnahmslosen Schützlingen umging. Ich selber empfand nichts als Verzweiflung und Zorn, wenn ich mich allein um sie kümmern musste. Es war undenkbar, irgendein Spiel für sie zu organisieren, sie in einem Kreis gehen zu lassen und sich an den Händen zu fassen oder zu singen, sie für irgendetwas zu interessieren. Sie streiften durchs Zimmer wie eine Herde von Tieren und traten, boxten oder zwickten einander hinterrücks. Sie rauften miteinander und mussten getrennt werden oder hockten einfach an der Wand und starrten ins Leere.

»Ich hasse Kinder«, murmelte ich, während ich sie eines nach dem anderen hochzog, sie mühevoll in den Korridor beförderte und dort festhielt, bis die Glocke zum Essen läutete und sie alle blindlings ins Speisezimmer rannten. Wir wechselten einander ab beim Aufpassen auf die Kleinen und dazu gehörte auch, dass man bei den Mahlzeiten an ihrem Tisch saß. Angewidert sah ich ihnen zu, wie sie einander stießen und drängten, um zu ihren Plätzen zu kommen, und im Vorbeigehen von fremden Tellern Essen wegnahmen. Das Tischgebet sagten sie mit einem Auge auf dem Teller und das Amen klang noch im Raum, da stürzten sie sich schon darauf und schlangen ihr Essen direkt aus den Schüsseln hinunter, ohne Zuhilfenahme von Löffeln oder Gabeln.

»Schält eure Kartoffeln«, ordnete ich an. »Legt die Schalen an den Tellerrand und dann esst die Kartoffeln.« Verständnislos schauten sie mich an, schälten die Kartoffeln, wenn ich sie dazu zwang, aßen sie und aßen dann die Schalen. Ihre Gesichter zeigten deutlich, dass sie nicht begriffen, wozu das gut sein sollte. Ich gab auf.

Unser Essen war kümmerlich und keineswegs ausreichend, aber immerhin abwechslungsreicher als in meinem ersten Kloster. Schwester Viktoria aus der Küche und Schwester Helena aus der Wäschekammer gingen regelmäßig mit großen Säcken betteln und kamen manchmal mit interessanter Beute zurück, wie zum Beispiel großen Mengen von zerbrochenen Keksen oder Würsten, die nur einen ganz leichten Stich hatten.

An Sonntagen gab es immer eine kleine Überraschung, und wenn es etwas wirklich Gutes war, wie die Krapfen, die Schwester Viktoria an meinem ersten Sonntag hier auf den Tisch gezaubert hatte, dann steckte sie immer die Nase in den Speisesaal, um unsere Reaktion darauf zu sehen. Schwester Viktoria war die längste Klosterschwester, die ich je gesehen hatte. Sie war außerdem ungewöhnlich dunkel und knochig, mit langen Vorderzähnen in einem langen Gesicht und der unbestreitbaren Ähnlichkeit mit einem Pferd. Sie war sehr lustig, aber gleichzeitig sehr schüchtern, und wenn sie sich freute oder verlegen wurde, was beides sehr häufig passierte, dann stieß sie ein lautes, wieherndes Gelächter aus, dass die Fensterstöcke zitterten.

An dem Sonntag, als wir die mit Zucker glasierten Krapfen auf unseren Tellern fanden, warteten wir auf ihr schüchternes Erscheinen an der Tür, dann sprangen wir alle von unseren Sitzen, hoben sie in die Höhe und schleppten sie in die Mitte des Saals. Unter Rufen und Schreien und ihrem lauten Gewieher gelang es uns, sie bis zur Decke zu werfen und wieder zu fangen, bevor die Mutter Oberin hereinstürzte, ganz entsetzt über den höllischen Krach. Beim Anblick von Schwester Viktorias Stiefeln, Größe 42, die in der Luft herumstrampelten, setzte sie sich an den nächsten Tisch und schlug die Hände vors Gesicht, bemüht, ihr Lachen zu verbergen. Wir drängten uns alle um sie und dankten ihr für das gute Essen und wieder hatte ich das Gefühl, in eine glückliche Familie aufgenommen zu sein.

Langsam vergingen die Wochen. Der Winter schien endlos. Wir waren übereingekommen, dass ich im Frühling getauft werden und zu Ostern zur Erstkommunion gehen sollte, zusammen mit der Gruppe der Sechs- bis Siebenjährigen und einem anderen Mädchen in meinem Alter, Teresa, die auch noch nicht getauft worden war. Teresa sah nicht jüdisch aus und der Grund, den sie angab, klang durchaus glaubwürdig. Aber ich beobachtete sie von diesem Tag an und versuchte herauszufinden, ob sie wie ich war oder nicht. Dadurch zog ich mir ihre heftige Abneigung zu. Meine Aufmerksamkeit ging ihr auf die Nerven – offenbar war sie deutlich zu sehen –, aber ihre Ungeduld und Sprödigkeit reizten meine Neugier noch mehr. Wenn sie nichts zu verbergen hatte, warum ärgerte sie sich dann so über mich?

Schwester Zofia gab uns getrennt Unterricht und mir gefielen diese Stunden, die meistens zu hitzigen Diskussionen ausarteten, immer besser. Oft ließen wir meinen Katechismus liegen und unterhielten uns über Bücher, über neue Wörter, die ich entdeckt hatte, über ihren Ursprung und ihre Bedeutung. Wir verglichen, stellten gegenüber, debattierten, schlugen in Enzyklopädien nach und bemühten uns, vertraute Ausdrücke in neuem Zusammenhang anzuwenden. Es wurde mir zur Gewohnheit, lange Listen von Wörtern anzulegen, über die ich mir nicht ganz sicher war, und sie jede Woche zu meiner offiziellen Stunde mitzubringen. Aber noch öfter ging ich irgendwann am späten Nachmittag, wenn ich wusste, dass Schwester Zofia allein war, zu ihr und klopfte an ihre Tür.

Wenn ich wieder fortging, schwirrte mir der Kopf von der Entdeckung neuer Welten. Es gab so vieles, was ich lernen konnte! Das Universum war randvoll mit Wundern. Wenn man nur genug Zeit hätte, um zu lernen, könnte man alles erfahren. Dem menschlichen Wissen schienen keine Grenzen gesetzt, das Gehirn konnte ohne Schranken alles aufnehmen. Schwester Zofia glaubte daran, dass wir nach dem Tod alles wissen würden, was es zu wissen gab, ohne Anstrengung, ohne vorausgehendes Lernen. Wir würden einfach das Universum schauen und es im selben Augenblick begreifen. Die Aussicht war atemberaubend, aber ich wollte alles *jetzt* wissen. Ohne das Wort der Schwester im Geringsten anzuzweifeln, hatte ich doch die Absicht, über diese Welt herauszufinden, so viel ich konnte und so lange ich noch darin war.

Eines Abends saßen Schwester Zofia und ich allein im leeren Speisesaal und unterhielten uns über ein Buch, das ich gerade zurückgebracht hatte. Es handelte sich um eine Biografie von Pasteur und meine Augen leuchteten vor Begeisterung. »Wenn ich groß bin, will ich Ärztin werden.«

Schwester Zofia lächelte und hob ihre Augen zur Decke, mit einem Ausdruck von »lieber du als ich«, der mich zum Lachen brachte. »Das ist sicher ein sehr edler Beruf und ich hoffe, du verzeihst mir, wenn ich mich nicht dafür begeistere. Für mich ist alles, was mit dem menschlichen Körper zu tun hat, einfach unerträglich. Der Körper widert mich an.« Und es schauderte sie.

Am Anfang dieser Woche hatte sie uns in der Biologiestunde ein paar Dias gezeigt und nach ein paar Beispielen von Blumen und Blättern sahen wir ein Bild von den menschlichen Atmungs- und Verdauungsorganen. Schwester Zofias Stimme änderte sich merklich, als sie über »unser inneres Leitungssystem« redete. Am Ende gab es ein paar ziemlich abstoßende, lebhaft bunte Bilder von der Verbreitung der Tuberkelbazillen in verschiedenen Organen. Wir fanden das sehr interessant, aber Schwester Zofia erbleichte plötzlich, drehte den Projektor ab und hastete aus der Klasse.

»Jetzt wird sie sich übergeben«, flüsterte Ela. »Sie kann den menschlichen Körper nicht ertragen. Sie verachtet ihn so. Ist dir nicht aufgefallen, dass sie immer ›Kadaver‹ sagt statt Körper?«

Es war mir aufgefallen, aber ich hatte es für einen Tick gehalten. Aufgefallen war mir auch, dass ihre Einstellung ansteckend war und dass die ältesten Mädchen ihrem eigenen Körper gegenüber die gleiche Verachtung zeigten. Ihre Brüste mit Gürteln niederzubinden, wenn sie tanzten, schien nur eines der Symptome. In Schwester Zofias Gegenwart brachte niemand einen Bissen hinunter, auch ich konnte nichts essen, wenn ich ihre ironischen Blicke auf mir fühlte. Niemand hatte sie jemals essen sehen, niemand sie je anders als in Ausdrücken größter Verachtung über Essen reden hören. Wenn Schwester Zofia dabei war, dann erschien einem das Essen geradezu als etwas Unanständiges. Das war eben eines der notwendigen Übel unseres Daseins. Und es zeigte, wie groß ihr Einfluss auf die Mädchen war, dass sie, die doch immer hungrig waren, diese Einstellung, wenn auch vielleicht nur oberflächlich, von ihr übernahmen. Wenn wir unter uns waren, dann drehte sich die Unterhaltung sehr oft ums Essen und vergangene Festessen wurden oft mit großen Details ausgemalt und beschrieben. Jedes Mädchen hütete wie einen Schatz ein Foto, das an einem Frühlingstag vor dem Krieg in ihrem alten Heim in den Bergen aufgenommen worden war. In ihrem Sonntagsstaat standen sie da, lächelnd, und jede hielt eine kleine Orange in der Hand.

»Der Orangentag« wurde es genannt. Irgendein kirchlicher Wohltäter war mit einer Schachtel Orangen angekommen und jedes Kind hatte eine bekommen. Für viele war es die erste Orange ihres Lebens gewesen und niemand hatte seither noch einmal eine gegessen.

»Hast du jemals Orangen gegessen?«, fragten sie mich

und nur ungern gab ich es zu. Orangen waren zu Haus vor dem Krieg etwas ganz Gewöhnliches gewesen und selbst letztes Jahr hatte Lydia uns noch welche gebracht. Ich hatte Orangen gegessen und Bananen und sogar – so unglaublich es auch klang – eine Ananas, aber das würde mir hier ohnehin niemand glauben, und ich erwähnte es lieber gar nicht.

An diesem Abend fragte mich Schwester Zofia im leeren Speisesaal, nachdem sie noch einmal ihrem Abscheu vor dem menschlichen Körper Ausdruck verliehen hatte, ob mein Vater vielleicht Arzt gewesen war.

»Was hat er denn sonst gemacht?«, fragte sie, als ich den Kopf schüttelte. »Erzähl mir von ihm.«

Ich zögerte. Außer zu Sophie hatte ich über meinen Vater noch zu niemandem gesprochen. Wie konnte man über seine Eltern sprechen mit jemandem, der sie nicht kannte? Wie beschrieb man die vertrautesten und natürlich auch die am meisten bewunderten und geliebten Menschen auf eine Art, dass der Zuhörende einem glaubte?

Langsam begann ich zu sprechen. Über unsere Stadt vor dem Krieg, über Mutter und Stefa, unser Haus, die Mühle, den Park ... Über meine Großeltern und Tante Helena, die sich umgebracht hatte, weil sie am Erblinden war, über Sigi, der Diabetes hatte und immer sein Judo an mir ausprobierte; über den neunmalklugen Richard, der fünf Sprachen sprach. Aber am meisten über meinen Vater.

Als ich zum Ghetto kam, begann meine Stimme zu brechen. Schwester Zofia drehte die Lichter ab, hob den Verdunklungsvorhang und öffnete das Fenster. Die Winternacht blies einen kalten Hauch in das stickige Zimmer und instinktiv rückten wir näher zusammen.

»Erzähl mir über das Ghetto«, sagte sie und lehnte den Kopf an den Fensterrahmen.

Ängstlich musterte ich ihr Gesicht. Wenn sie jetzt eine

Spur von Abscheu zeigt, wenn meine Geschichte sie krank macht ... dann werde ich sie mein ganzes Leben lang hassen, dachte ich. Aber ich konnte nicht sehen, dass sich ihr Gesichtsausdruck verändert hätte, und bald wurde es auch zu finster. Ich erzählte, wie wir von einem Zimmer zum anderen zogen, ich redete von Vaters Krankheit, von seinem furchtbaren Husten, den Frostbeulen an seinen Füßen; von unserem Hunger und von den unzähligen Bettlern, die jeden Tag auf der Straße starben. Von Mutters Fehlgeburt und Rosas Baby; von der armen Rachel und dem verrückten, schreienden Elias; von Frau Kraut. Und den letzten schrecklichen Tagen im Keller. Und von meiner Flucht aus dem Ghetto vor etwas über einem Jahr und von Vaters Briefen, die letzten Herbst so mysteriös aufgehört hatten.

Die Worte flossen aus mir heraus wie Blut, stoßweise, heiß und verworren. Über den Rücken lief mir der Schweiß, meine Hände waren kalt und klamm, aber mein Kopf brannte. Als ich aufhörte, ganz benommen vor Müdigkeit, spürte ich nichts mehr als eine ungeheure Erleichterung. Der Abszess war aufgebrochen, die riesige Last von Lügen und Ängsten, die ich die ganze Zeit getragen hatte, hinweggewaschen. Ich lehnte mich zurück an die Wand, die Augen zu, und fühlte mich vor Glück ganz leicht.

Schwester Zofia blieb lange Zeit reglos stehen und starrte in die verschneite Nacht hinaus. Der Wind, der ihren Schleier aufbauschte, war noch immer scharf, aber in seinem Atem lag schon eine Ahnung von vorfrühlingshafter Milde. Irgendwo schmolz schon der Schnee, die im Eis gefangenen Flüsse sprengten ihre Fesseln, die Erde erwachte von ihrem langen Schlaf. Die Freiheit nahte. Zum ersten Mal wusste ich ohne jeden Zweifel, dass das Ende des Krieges nahe war.

»Dein Vater muss ein wunderbarer Mann sein. Ich

hoffe, ihn kennenzulernen... und deine Mutter auch, und bald.«

»Sicher werden Sie das«, versprach ich. »Ich bringe sie beide zu Ihnen, wenn sie nicht zuerst hierherkommen, zu mir.«

»Ich werde dich daran erinnern«, sagte sie lächelnd und strich mir mit einer ungeschickten Bewegung übers Haar. Dann sah sie, verlegen über diese ungewohnte Zärtlichkeit, auf ihre Uhr und rief entsetzt: »Schon Mitternacht vorbei! Um Himmels willen! Ins Bett mit dir, schnell!«

Ich lachte und rannte hinauf und fühlte mich so leicht wie eine Feder. »Ich liebe Schwester Zofia«, sang ich lautlos und warf in dem dunklen Schlafsaal die Kleider ab. »Ich liebe sie, verehre sie, bete sie an. Wie gut hat sie ihren Namen gewählt!«

Ich lag auf dem Rücken, die Beine gerade ausgestreckt, die Hände über der Brust gekreuzt. Schwester Zofia hatte einmal bemerkt, dass wir, für den Fall, dass wir in der Nacht starben, in dieser Haltung schlafen sollten. »Ihr wollt doch nicht in einer unschönen Lage vor Gottes Thron erscheinen, oder?«

Eigentlich glaubte ich nicht, dass der liebe Gott beleidigt wäre, wenn ich auf dem Gesicht liegend vor ihm erschien, aber Schwester Zofia hätte es gern gesehen, wenn wir wie die Statuen in den alten Königsgräbern schliefen, und um ihr einen Gefallen zu tun, war ich bereit, mich in Stein zu verwandeln.

13

Anfang März wurde das ganze Haus von einer Grippe-
epidemie heimgesucht. Eine nach der anderen legte sich
nieder, die Schwestern und die Mädchen, aber sie mussten so bald wie möglich wieder aufstehen, um die nächsten Opfer zu versorgen. Die Kleinen erwischte es am
schlimmsten und wir lösten einander als Nachtwachen in
ihrem Schlafsaal ab. Als ich an der Reihe war, nahm ich
die Öllampe und ein Buch und schlich auf Zehenspitzen
durch das schlafende Haus. In den Gitterbetten und auf
den harten Holzbetten warfen sich die Kleinen mit schar-
lachroten, angeschwollenen Gesichtern unruhig hin und
her. Wenn ich mich über sie beugte und ihr Bettzeug zu-
rechtzog, konnte ich spüren, wie von jedem kleinen Körper eine Hitzewelle aufstieg wie von einem glühenden
Ofen. Ich setzte mich auf ein leeres Bett, hörte ihrem rasselnden Atmen zu, wartete auf einen Hustenanfall bei
einer der Kleinsten, deren Lungen ohnehin nicht in Ordnung waren, und hoffte, dass keines von ihnen gerade
jetzt einen Erstickungsanfall bekäme oder gar sterben
würde.

Franka warf sich im Fieberdelirium in ihrem Bett
herum, ich setzte mich zu ihr und bemühte mich, sie festzuhalten. Ihr kupferrotes Haar, von der Krankheit unberührt, stand wie ein feuriger Heiligenschein um ihr

scharlachrotes Gesicht. Plötzlich richtete sie sich auf, fixierte mich mit weiten, blicklosen Augen, sagte sehr klar und deutlich: »Mein Name ist Sarah«, sank zurück und fiel in tiefen Schlaf.

Ich schaute mich schnell um, aber sonst war niemand so weit bei Bewusstsein, um gehört zu haben, was sie gesagt hatte. Ich zog ihr die Decke bis zur Nase und klopfte sie auf den Po. »Du bist Franka, mein Kind, vergiss das ja nicht.«

Ein paar Tage später lag ich selber im Bett, zusammen mit den meisten anderen älteren Mädchen. Wir dösten vor uns hin, gelangweilt, bedrückt von unserer Untätigkeit, aber zu schwach, um aufzustehen. Plötzlich kam ein Trampeln von genagelten Stiefeln vom Stiegenhaus, ein Rat-tat-tat an der Tür, und Vater Cäsar brach mit Freudengeheul herein. Wir quietschten, und während die eine Hälfte von uns in den Betten aufsprang, versteckte sich die andere Hälfte unter weiterem, Verschämtheit andeutendem Quietschen unter den Bettdecken.

Vater Cäsar, ein junger Franziskaner, war ein Freund des Hauses, er kam regelmäßig zu uns auf Besuch, um uns aufzuheitern. Er sang, gab uns Rätsel auf, erzählte Geschichten, organisierte lärmende Spiele, jagte uns unter dem ohrenbetäubenden Rattern seiner Stiefel die Stiegen hinauf und hinunter, sprang sogar über unsere Pulte, bis sich die Anstalt unter uns beklagte, dass die Decke auf sie stürze. Jetzt verkündete er, er wolle einen Krankenbesuch abstatten, setzte sich auf einen Tisch, kreuzte die Beine wie ein Türke und schlug die Soutane sorgfältig rund um sich ein. Er hatte einen großen Strauß Feldblumen, den er sich ungeschickt zwischen die Knie steckte.

»Tut mir leid, dass ich euch nichts Interessanteres mitgebracht habe. Die habe ich heute Morgen selbst gepflückt. Ihr bekommt jede eine Blume, aber dazu müsst ihr unter diesen Decken herauskommen«, lockte er und schaute auf ein paar zappelnde Deckenhaufen. »Kommt, kommt«, drängte er. »Zeigt nur eure Gesichter. Ihr wisst, ich hab sie schon öfter gesehen, und es hat mir nicht allzu sehr geschadet. Einmal werde ich den Anblick schon noch überstehen.«

Die Häufchen krümmten sich und ächzten vor Entsetzen.

»Bitte, bitte, nur die Gesichter«, bettelte Vater Cäsar, kam von seinem Tisch herunter und schritt zum nächsten Bett. »Komm, Martha, ich weiß, dass du da bist, ich habe dich gesehen. Mädchenhafte Scheu ist was Schönes, aber man muss ja nicht gleich daran ersticken.«

Damit nahm er einen Zipfel der Decke und zog daran. Marthas scharlachrotes Gesicht tauchte kurz auf, in geheucheltem Schreck laut quietschend, und sie kämpfte, um sich wieder zu verstecken. Vater Cäsar steckte ihr lachend ein Gänseblümchen ins Haar, als plötzlich die Tür aufflog und Schwester Blanche hereinmarschierte.

Im Nu war unser Gelächter erstorben. Vater Cäsar drehte sich um, sein Gesicht wurde nüchtern. Auf einmal sah er aus wie ein Schuljunge, den sein Direktor im Kino erwischt hat.

»Vater Cäsar!« Die Empörung in der Stimme der Schwester ließ uns alle erzittern und schweigend glitten wir unter unsere Decken und versteckten unsere Gesichter. Mit gesenktem Kopf verließ Vater Cäsar den Raum. Mit einem gezischten »Schämt euch!!« in unsere Richtung fegte Schwester Blanche hinter ihm hinaus.

»Wir werden ihn nie wieder sehen«, sagte eine traurige Stimme. Und wir sahen ihn auch nicht mehr, jedenfalls nicht, solange wir noch in Warschau blieben.

Gereizt fragte ich mich, warum wir ihn denn eigentlich »Vater« nennen mussten, wenn er sich nicht wie ein Vater benehmen durfte. Und warum wir in unseren zeltartigen Nachthemden »unanständig« waren, in unseren knappen Kleidchen aber nicht.

Schwester Blanche, die Schwester Adele in der Krankenabteilung ablöste, war als einzige von den Schwestern schon als Kind im Kloster gewesen, bevor sie den Schleier genommen hatte. Sie jagte mir genauso viel Angst ein wie allen anderen auch. Es hieß, sie konnte einem sogar wehtun, wenn sie nur die Temperatur maß, und die Mädchen litten lieber schweigend und warteten, bis Schwester Adele zurück war, bevor sie Schwester Blanche um Hilfe baten bei ihren Schiefern und ihren Abszessen. »Sie ist hart wie Stein«, lautete die allgemeine Meinung und ich hoffte, ich würde nie etwas mit ihr zu tun haben.

Die Mutter Oberin brachte mir von Erich ein Esspaket, was meine Rekonvaleszenz verschönerte, und einen Brief, in dem stand, dass »zu Hause« alles in Ordnung sei. Seit meiner Ankunft hier hatte die Mutter Oberin Erich regelmäßig einmal im Monat besucht, meine Briefe an ihn abgeliefert und mir zurückgebracht, was ich brauchte. Er fragte sie nie, woher sie kam.

In dieser Zeit fand ich auch heraus, warum das Essen in meinem ersten Kloster so gräulich gewesen war. Die Deutschen hatten verlangt, dass die ältesten Mädchen als Zwangsarbeiterinnen nach Deutschland gingen. Die Schwester Oberin weigerte sich, sie herzugeben. Darauf drohten die Deutschen mit dem Entzug sämtlicher Lebensmittelkarten. Die Schwester Oberin blieb fest und die Karten wurden eingezogen. Von da an war das Kloster buchstäblich auf sich selbst gestellt, verkaufte die meisten eigenen Erzeugnisse, um die notwendigen Grundnahrungsmittel dafür einzuhandeln, und gegessen wurde nur, was zum Verkaufen zu schlecht war. Aber die Alte Garde war in Sicherheit.

14

Der Frühling kam. Eine Woche vor Ostern ging ich mit Schwester Zofia zu einem Kinderheim irgendwo am anderen Ende von Warschau, wo ein ungeheuer alter und zittriger Priester mich taufte. Schwester Zofia, meine Taufpatin, hängte mir ein silbernes Medaillon um den Hals und drückte mich unerwartet an sich. Nachher, während sie draußen im Korridor wartete, kniete ich nieder und beichtete alle Sünden, die meine Taufe gerade von mir abgewaschen hatte.

»Das ist nur eine Vorsichtsmaßnahme«, hatte Schwester Zofia vorher erklärt. »Auf diese Weise brauchst du unserem Kaplan nächste Woche nicht sagen, dass du zum ersten Mal beichtest. Wir wollen ihn nicht überflüssigerweise neugierig machen.« Ich stimmte ihr zu. Ich fand unseren Kaplan so unausstehlich, wie ich das bei einem Gottesmann gerade noch wagte. Er hatte eine rundliche Figur, einen hochroten Kopf mit blitzblanken hellblauen Augen, die ihm unter farblosen Brauen leicht vorstanden. Er war erst in Warschau zum Kaplan des Klosters ernannt worden und nicht mit in den Bergen gewesen. Daher behandelte man ihn auch wie einen Fremden. Sein Benehmen machte die Sache unglücklicherweise nicht besser. Es war offenkundig, dass er sich bei Kindern nicht wohlfühlte und dass er – mit einigem Grund – überzeugt war, der Weg zu unseren Herzen ginge nur durch unsere Mägen. Deshalb zog er, wenn wir einander zufällig begegneten, automatisch eine Handvoll Bonbons aus der Tasche und verteilte sie irgendwie und eilte dann hinweg mit dem zufriedenen Gesichtsausdruck eines Menschen, der soeben seine tägliche gute Tat vollbracht hat. Die Bonbons waren immer schon halb geschmolzen und mit Bröseln und Tabak verklebt. Und obwohl wir so hungrig waren, gaben wir sie immer den Kleinen, die alles verschlangen, was nur irgend essbar war.

Sogar in der Kirche dachte unser Kaplan ans Essen. In seinen Predigten, die er in einem monotonen Geleier vortrug, mit automatischen, abgerundeten Bewegungen seiner pummeligen Hände, kam immer etwas über Essen und Nahrung vor.

»So wie das Essen nötig ist für euren Leib, genauso ist die geistliche Nahrung nötig für eure Seele.«

Wie oft hatte ich diese Worte aus dem fetten rosa Mund babbeln gehört, wie kleine Seifenblasen aus einem Strohhalm. Zur Begleitung unserer knurrenden Mägen ließ er sich des Langen und Breiten über dieses appetitanregende Thema aus und bemerkte weder unsere steinernen Gesichter noch das kannibalische Glimmen in den Augen der Kleinen. Sabbernd starrten sie ihn an, als wäre er eine große Puppe aus rosa Marzipan. Ich war sicher, dass sie leidenschaftlich gern ein bisschen an ihm geknabbert hätten, nur um zu sehen, ob er süß schmeckte.

Nein, es war sicher klüger, ihm nichts zu sagen. An Schwester Zofias Hand marschierte ich durch die belebten Straßen von Warschau und sog die scharfe Frühlingsluft ein. In den Parks öffneten sich die Fliederknospen. Das frische Gras spross, der Himmel war unendlich hoch, blass und rein, mit kleinen Federwölkchen, die einander jagten wie kleine Lämmer. Jetzt konnte mir niemand wehtun. Ich war getauft und hatte die Absolution empfangen. Wenn ich jetzt starb, dann würde ich zum Himmel auffahren wie eine Rakete. Nie wieder konnte ich einen solchen Zustand von Gnade und Reinheit erreichen. Meine Seele war weiß und fleckenlos. Ich hatte natürlich den festen Vorsatz, nie eine Todsünde zu begehen, aber selbst eine lässliche Sünde würde einen kleinen Fleck auf meiner frisch geputzten Seele hinterlassen und ich wollte sie gern so lang als irgend möglich weiß lassen. Vielleicht für immer, wenn ich wirklich aufpasste ... Zugegeben, sogar ein Heiliger beging Sünden – waren es siebenundsiebzig pro Tag? –, aber ich konnte doch sicher versuchen, meine auf ein Minimum zu beschränken.

Schließlich hatte ich wirklich besonderes Glück. Die meisten Leute wurden getauft, lange bevor sie verstanden, was das hieß, während ich imstande war, das Sakrament in seiner vollen Bedeutung zu erfassen, und versuchen konnte, die Forderungen, die dadurch an den Menschen gestellt wurden, zu erfüllen. Mein Kopf schwamm. Ich fühlte mich trunken von der Frühlingsluft, von der plötzlichen Freiheit der Bewegung, der Freiheit von Angst und der überwältigenden Freude darüber, dass ich endlich zur christlichen Kirche gehörte.

Vor einem großen grauen Gebäude blieb Schwester Zofia stehen. »Gehen wir Schwester Blanche besuchen. Sie hat letzte Woche eine schwere Operation gehabt, sie wird sich über unseren Besuch freuen. Und dann hast du auch eine Ausrede für die Mädchen zu Hause. Wenn sie dich fragen, wo du warst, kannst du sagen, wir haben Schwester Blanche besucht. Dann brauchst du nicht gleich nach deiner Beichte zu lügen.«

Wir fanden Schwester Blanche mitten in einem langen Krankensaal, wo die Betten einander beinahe berührten. Sogar im Mittelgang war noch eine zusätzliche Reihe von Betten aufgestellt. Die Frühlingssonne, die durch die hohen Fenster hereinströmte, verlor ihre ganze Fröhlichkeit in diesem schwer lastenden Krankengeruch. Ich starrte herum, hatte Angst, dass ich mich übergeben müsste, und noch mehr Angst, dass ich vielleicht im nächsten Bett ganz plötzlich etwas so Grässliches sehen würde, dass ich zu schreien anfing. Aber es gab gar nichts zu sehen. Die Patienten lagen, bis zur Brust fest zugedeckt, ruhig da, lasen, schliefen oder tratschten mit ihren Nachbarinnen.

Als Schwester Zofia an ein Bett trat, sah ich seine Insassin verblüfft an. Ohne ihre Haube und ihren Schleier hätte ich Schwester Blanche nie erkannt. Ihr Gesicht sah größer und kräftiger aus, die hohen Wangenknochen und das eckige Kinn wirkten beinahe männlich. Aber am meisten überraschte mich der dicke graue Zopf, der auf der Decke lag und fast bis zu ihren Knien reichte. Ich hatte immer gedacht, dass ihr Kopf geschoren war. Aber vielleicht schoren sie einem das Haar nur am Anfang und dann durfte man es wieder wachsen lassen.

Schwester Zofia schien unter der allgemeinen Atmosphäre genauso zu leiden wie ich. Sie konzentrierte sich auf Schwester Blanche mit der Verzweiflung eines Menschen, der tief atmet, um sich nicht übergeben zu müssen. Schwester Blanche beschrieb uns haarklein, was sie durchgemacht hatte, und fügte eine lange Liste von Beschwerden hinzu, ohne zu merken, dass wir beide blasser und blasser wurden.

Sie war wegen einer »Wanderniere« operiert worden, und obwohl sie selber die Wunde nicht sehen konnte, hatte sie doch das Gefühl, man hätte ihren Rücken von ganz unten bis hinauf zu den Schulterblättern aufgeschnitten. »Diagonal«, flüsterte sie. »Wo haben sie denn die Niere gesucht, das würde ich gern wissen. Sie kann doch nicht bis zur Brust gewandert sein? Und jetzt muss ich immer auf dem Rücken liegen, auf dieser furchtbar schmerzenden Stelle. Wenn ich auf dem Bauch liege, ersticke ich. Und die Schwestern sind so grob.« In diesem Augenblick kamen zwei junge Krankenschwestern näher und sie winkte sie ungeduldig zu sich. »Ich rutsche, würden Sie mich bitte wieder hinaufheben.«

Sie beugten sich über sie, verschränkten ihre Hände hinter ihrem Rücken und hoben sie langsam auf die Kissen hinauf. Schwester Blanche stöhnte und grub ihnen die Nägel in die Arme, aber die beiden lächelten und sagten »Sch!« zu ihr wie zu einem Kind.

Als sie fort waren, schaute Schwester Blanche triumphierend zu uns auf. »Habt ihr das gesehen? Kein Herz, kein Mitleid, nicht die geringste Rücksicht auf den Patienten. Ich bin nichts als ein weiterer Klumpen im Bett.«

Schwester Zofia war kreidebleich geworden, atmete schnell, auf ihrer Stirn standen Schweißperlen. Die alte Frau im Nebenbett streckte plötzlich einen Fuß unter den Decken hervor. Die große Zehe war schwarz. Ich starrte sie an.

»Gangrän«, flüsterte sie und hielt uns das ekelerregende Ding zur Inspektion hin.

Schwester Zofia packte mich an der Hand. »Wir müssen gehen«, brachte sie durch zusammengebissene Zähne heraus, zog mich hinter sich her und verließ im Laufschritt das Zimmer.

Draußen lehnte sie sich an eine Wand, die Augen geschlossen, atmete tief und presste die Hände auf den Bauch. »Gott erbarme sich unser«, stammelte sie endlich. »Ich könnte nie in einem Krankenhaus arbeiten. Und du?«, fragte sie, während langsam wieder etwas Farbe in ihr Gesicht kam. »Wie steht's mit deinen Zukunftsplänen?«

»Ich werde mich sicher daran gewöhnen«, murmelte ich. »Und wenn ich Ärztin bin, dann werde ich Ihren Hals gesund machen.«

Schwester Zofia sah mich verwundert an, dann lachte sie mit ihrer schrecklich heiseren Stimme. »Danka, ich hoffe, nicht alle deine Pläne sind so unerfüllbar wie dieser. Ich danke dir, das Angebot ist sehr lieb, aber bei meiner Stimme ist wirklich nichts mehr zu machen.«

Tief enttäuscht sah ich sie an. In meiner heutigen Stimmung war mir nichts unmöglich. Ich hätte Wunder wirken können.

»Was ist denn eigentlich los damit?«, fragte ich, sowohl meine gute Kinderstube als auch meinen ungeheuren Respekt vor Schwester Zofia vergessend, die mir beide hätten verbieten sollen, eine derart persönliche Frage zu stellen.

Stirnrunzelnd sah sie mich an, dann nahm sie meine Hand und wir machten uns auf einen raschen Marsch durch die belebte Straße. »Ich habe mir die Stimmbänder gebrochen, schon vor Jahren«, sagte sie plötzlich und ihre Stimme, die normalerweise überhaupt kein Timbre hatte, klang jetzt viel tiefer vor unterdrücktem Gefühl. »Ich hatte eine gute Stimme, Gott vergebe mir meine Eitelkeit, ich habe oft mit einem großen Chor in Kirchen gesungen, oft als Solistin. Ich sang aus ganzem Herzen und aus ganzer Seele; das ist lang her, als ich noch jung war. Ich strengte meine Stimme zu sehr an und eines Tages brach sie. Und jetzt krächze ich nur noch, sobald ich den Mund aufmache, und mir graut vor meiner eigenen Stimme. Aber das ist ein Teil meines Körpers, das ist nur meine physische Stimme, das ist nichts Wichtiges. Wenn ich mit ihr nicht den Herrn preisen kann, dann kann ich es auf andere Arten.«

Ich war nicht überzeugt. »Aber die Ärzte ... Hätten sie denn nichts tun können? Kann man wirklich nichts mehr machen?«

»Die Ärzte rieten mir eine lange Kur in einem warmen

Klima. Sie verschrieben mir eine Reise nach Italien oder Südfrankreich.« Sie zuckte die Achseln und lächelte ironisch.

»Ja und, warum sind Sie nicht gefahren? War das denn nicht wichtig? Sehr wichtig?«

Sie lachte. »Wirklich, Danka, du musst diese Dinge mit etwas mehr Verstand ansehen. Du kannst doch nicht wirklich glauben, dass mein armer Orden dafür Geld ausgeben würde, dass ich – oder irgendeine andere Nonne – meinen Hals in Südfrankreich ausheilen kann oder in Italien? Wir sind nicht reich, das weißt du doch. Es wäre eine Sünde gewesen, das bisschen, was wir haben, auf diese frivole Art zu verschwenden. Wenn sie es mir angeboten hätten, hätte ich es nicht angenommen. Aber davon war ohnehin keine Rede. Und es war jedenfalls der Wille Gottes. Vielleicht hatte ich mir auf meinen Gesang zu viel eingebildet, deshalb hat Er in Seiner Weisheit mir die Stimme genommen, um mich nicht weiter in Versuchung zu führen? Wer weiß? Es steht uns nicht zu, Sein Wirken infrage zu stellen.«

Darüber zerbrach ich mir den Kopf, bis wir zu Hause waren. Trotz Schwester Zofias offensichtlicher Aufrichtigkeit lehnte ich mich auf, ich konnte es nicht schlucken, wie sie ihren Verlust so ohne Weiteres akzeptierte. Was war mit dem Gleichnis von den Talenten? Wenn Gott dir ein Talent geschenkt hat – ich setzte die Münze mit der Begabung gleich, der Unterschied in der Bedeutung fiel mir nicht auf –, wenn du mit einem Talent auf die Welt gekommen bist, ganz egal, welchem, war es dann nicht deine Pflicht, es zu hüten und zu entwickeln und dann zum Ruhme Gottes zu benutzen? War es denn nicht falsch, die Gabe Gottes zu vernachlässigen, zu verschleudern oder durch Nachlässigkeit verkommen zu lassen? Ich dachte an meine eigenen Eltern, die so besorgt gewesen waren, um mir Gesundheit und Leben zu erhalten und das bisschen Begabung, das ich hatte, zu entwickeln. Taten denn katholische Eltern für ihre Kinder nicht dasselbe?

15

Am Ostersonntag war die Atmosphäre in unserem Haus engelhaft. Seit Tagen hatten wir uns auf das große Fest vorbereitet. Jedes Mädchen hatte heimlich jede Nonne aufgesucht, die sie im letzten Jahr vielleicht gekränkt hatte, und sie um Verzeihung gebeten. Alte Differenzen wurden beigelegt, Feinde schüttelten einander die Hände und schworen sich ewige Freundschaft. Wir versuchten, einander an Güte und Hilfsbereitschaft zu übertrumpfen. Am Sonntag grüßten wir einander mit »Christ ist erstanden«, anstatt des sonst üblichen »Gelobt sei Jesus Christus«, und liefen hinunter zu den Kleinen, um ihnen beim Anziehen zu helfen. Teresa und ich trugen knöchellange Kleider aus schwerem weißem Leinen, an Schultern und Hüften gesmokt. Mit wenig Grazie hingen sie an unseren dünnen Figuren. Schleier hatten wir keine, nur ein Kränzchen aus Asparagus und weißen Nelken im Haar.

Die Mutter Oberin gab mir ein wunderschönes Gebetbuch mit einem glänzenden weißen Einband. Schwester Margareta schickte einen weißen Rosenkranz. Einige Mädchen schenkten mir Heiligenbilder mit frommen Widmungen auf der Rückseite. Schnell sammelte ich alle die Schätze eines katholischen Kindes und jedes Geschenk machte mich noch ein bisschen glücklicher.

Die kleine Kapelle war angefüllt mit weißen Blumen und hohen Kerzen. Vor uns die Gruppe der kleinen Erstkommunikanten in ihren weißen Kleidern und Schleiern, mit kleinen Frühlingsblumensträußchen in der Hand, sah ganz verwandelt aus. Ich sah forschend in ihre Gesichter und war überrascht, wie ernst sie alle waren. Mit den großen Schleifen auf ihren Köpfen, gekrönt von weißen Blumen, verschleiert und schweigend, sahen sie wie eine ganz unbekannte Gruppe von Kindern aus. Schwester Adelaida zündete ihre Kerzen an und ermahnte sie noch einmal, sehr vorsichtig zu sein und die Flammen nicht an ihre Schleier zu bringen. Die Messe begann.

Im Gedränge in der kleinen Kapelle bemühte ich mich sehr, mich auf den Gottesdienst und auf meine Gebete zu konzentrieren, aber meine Aufmerksamkeit schweifte ab. Ich wusste, dass ich viel aufgeregter und glücklicher hätte sein sollen, da ich jetzt endlich zur Kommunion ging, aber plötzlich war ich mir meiner Gefühle nicht mehr so sicher. Wenn nur jemand aus meinem anderen – meinem wirklichen Leben hier sein könnte, dachte ich. Erich oder die Buben oder Sophie oder am liebsten natürlich, obwohl dazu ein Wunder hätte geschehen müssen, meine Eltern. Aber es gab keine Wunder.

Wenn ich in den vorhergegangenen Wochen doch nur meine Vorfreude mit den anderen hätte teilen dürfen, mit den anderen Mädchen darüber hätte sprechen können, dann hätte ich jetzt vielleicht mehr empfunden. Aber nach dem erzwungenen Schweigen und dem Heimlichtun wegen meiner Taufe und den halb geheimen Vorbereitungen für die heutige Feier hatte ich das Gefühl, dass mir etwas Wesentliches entgangen war.

Das alles war eine Privatangelegenheit zwischen mir und Gott und ich hoffte, Er würde mir ein Zeichen geben, Er würde mich auf irgendeine Weise seine Gegenwart spüren lassen, bevor die Messe aus war, um mir zu zeigen, dass ich nicht ganz allein war.

An der Altarbank gab es kein Zeichen. Kein blendender Lichtstrahl, keine plötzliche Musik in meiner Seele. Die Stimme des Kaplans ratterte dahin wie üblich, seine pummeligen Hände führten den Leib des Herrn an meinen Mund und ich ging damit in meine Ecke zurück, unfähig hinunterzuschlucken. Ich vergrub das Gesicht in meinen Händen und betete aus ganzer Seele darum, dass irgendetwas geschehe. Als ich nach langen Minuten meine Augen wieder öffnete, fiel mein Blick als Erstes auf eine leuchtend gelbe Flamme, die senkrecht vom Kopf der kleinen Alice aufstieg. Die Satinschleife in ihrem Haar hatte Feuer gefangen und loderte jetzt auf, unbemerkt von all den gesenkten Köpfen um sie. Ich starrte sie an wie gelähmt. Sollte ich aufspringen, mich durch die Menge drängen? Ein Teil von mir drängte mich zu handeln, der andere Teil hatte Angst, die anderen zu stören. Mein Zögern dauerte nur eine Sekunde. Aber bevor ich mich entscheiden konnte, stürzte schon Schwester Adele nach vorn und erstickte die Flamme in ihren Händen. Die anderen Kinder rührten sich kaum. Die meisten von ihnen, darunter auch Alice, hatten gar nicht bemerkt, was passiert war.

Als die Messe zu Ende war, blieb ich noch und betete inbrünstig. Ich betete für meine Eltern, tat zahlreiche Gelübde, weihte mein Leben und alle meine zukünftige Arbeit als Gegenleistung, wenn sie nur überlebten. Ich war zu jedem Opfer bereit. Wenn ich sterben müsste, dann war ich auch damit einverstanden, wenn ich sie nur einmal vor meinem Tod noch sehen durfte. Ich flehte, handelte, überredete, schmeichelte und stand endlich auf, um zu gehen, ohne mich sicherer zu fühlen als zuvor.

Als ich mich an der Tür zu einer letzten Kniebeuge umwandte, sah ich in der entferntesten Ecke des Raumes noch einen anderen Menschen im Gebet vertieft und ich wusste, dass Schwester Zofia mit mir gebetet hatte. Und dieses Wissen füllte mich plötzlich mit Frieden und dem Vertrauen, das ich in meinen eigenen Gebeten vergeblich gesucht hatte. Ruhig und glücklich ging ich in den Aufenthaltsraum, genauso, wie man sich – meiner Vorstellung nach – nach der Erstkommunion zu fühlen hatte.

16

Der Sommer kam sehr schnell und brachte drückende Hitze in die Stadt. Der kleine Platz hinter unserem Hof wurde in einen Gemüsegarten umgewandelt und wir durften dort spielen. Ich bekam einen großen Strohhut, ein flappendes Wagenrad, das mein Gesicht vor zufälligen Blicken von Leuten aus den Nachbarhäusern verbarg. Ich muss wie ein Pilz auf zwei Beinen ausgesehen haben, wenn ich zwischen den Beeten herumging oder auf einer Decke lag und heimlich die Fenster rundherum beobachtete. Neugier verzehrte mich. Was ging hinter diesen weißen Rüschenvorhängen vor? Wer lebte dort, was taten sie? Ich sehnte mich nach einem Blick ins gewöhnliche Leben, auf eine Familie, auf Frieden und Sicherheit in einer Welt, in der man nicht um seinen Platz kämpfen musste.

Aber mittlerweile näherte sich uns ein Kampf von anderer Art. Die Ostfront rückte immer weiter nach Warschau vor. Die Deutschen waren auf dem Rückzug. Wir trauten unseren Augen nicht, wenn wir sie auf Bauernleiterwagen, auf denen sich ihre Bündel stapelten, westwärts ziehen sahen. Zugladungen voll verwundeter Soldaten waren ständig auf der Reise von Osten nach Westen. Jeden Tag aufs Neue starrte die Bevölkerung verständnislos auf die Hinrichtungen an den Straßen, auf die Verhaftungen und Deportationen, die von Tag zu Tag blutrünstiger wurden. Aber das Blut war auf dem Pflaster noch nicht trocken, da erschienen schon, den deutschen Wachen zum Trotz, frische Blumen, um die Stelle zu bezeichnen, wo ein Märtyrer sein Leben gelassen hatte, und unsichtbare Pinsel malten an die Wände, dass jedes Opfer gerächt und jeder Tote gezählt würde und der Tag der Vergeltung nahe sei.

Fast jede Nacht kamen die Bomber und warfen ihre Last über der wartenden Stadt ab. An Schlaf war nicht mehr zu denken. Voll angekleidet lagen wir wartend auf unseren Betten und flüsterten nervös miteinander. Manchmal fielen die Bomben schon, bevor die Sirenen heulten, dann rasten wir wie verrückt in den Schlafsaal der Kleinen, wo jeder von uns seinen Schützling hatte. Wir weckten sie auf, wickelten sie in ihre Decken und zerrten die schreienden und strampelnden Kinder über die endlosen steinernen Stufen hinunter in den Keller.

In dieser Zeit wurde mir Franka so verhasst wie ich ihr wohl auch. Sie war jetzt ein großes, kräftig gebautes Kind, dem die Bomben überhaupt nichts machten, und trotz des Höllenlärms wollte sie um keinen Preis aufwachen. Aber sie war viel zu schwer, als dass ich sie hätte tragen können, und so kämpften wir jede Nacht in dem finsteren Raum einen verzweifelten Kampf miteinander, während draußen die Bomben pfiffen und explodierten, die Flugzeuge im Tiefflug dahinschossen und das trockene Tocktock der Flak unsere Fenster erschütterte.

Immer wenn es mir gelungen war, sie aufzurichten und in die Decke einzuwickeln, sank sie wieder aufs Bett zurück und wollte sich nicht vom Fleck rühren. Vor Wut schon fast schluchzend zog ich sie durchs schwarze Stiegenhaus, wo ein paar Stöße gegen das Geländer sie plötzlich weckten. Dann rannte sie schreiend bis hinunter und zog mich hinter sich her. Unten im Keller kroch sie sofort in eine Ecke und schlief wieder ein und ich nahm ein anderes Kind auf meinen Schoß und tröstete es bis zur Entwarnung.

Manchmal gelang es Ela, Vera und mir, nach dem Lichtabdrehen oben zu bleiben, in einem der vorderen Zimmer. Wir öffneten die Verandatüren und krochen auf den winzigen Balkon, von dem man auf die Straße blicken konnte. Dort blieben wir auf dem Bauch liegen und unterhielten uns flüsternd über die bevorstehende Schlacht. Manchmal konnten wir das Artilleriefeuer vom anderen Ufer der Weichsel hören, das tiefe Dröhnen und die gedämpften Explosionen, und wir fragten uns, ob die Russen nicht vielleicht heute Nacht den Fluss überqueren würden. Um keinen Preis der Welt wollten wir das versäumen, also blieben wir oben, bis ein weiterer Luftangriff uns die Stiegen hinunterscheuchte.

Einmal allerdings war es mir gelungen, auf dem Balkon zu bleiben. Der Luftangriff hatte so plötzlich begonnen, dass ich mich nicht fortwagte. Trauben von phosphoreszierenden Lichtern, blendend weiß, schwebten in unsere Straße hinunter und verwandelten die Nacht in strahlenden Tag. Die Bomben kamen, nachdem die Lichter und Feuersträuße über den dunklen Umrissen der Gebäude aufgeschossen waren. Hoch oben auf dem schwarzen Himmel wurde plötzlich ein winziges Silberflugzeug von den Scheinwerfern aufgespießt. Einen kurzen Augenblick lang hing es so, von einem Dutzend gekrümmter Lichtbogen festgehalten, wie ein silberner Stern oben auf einem gotischen Bogen in einer riesigen Kathedrale. Dann verschwand es, die Bogen fielen in sich zusammen, überkreuzten sich, streiften den Himmel ab und suchten nach einem anderen Stern, der sie wieder aufrichten würde.

Ich betete für das Leben des Piloten und dann, als die Bomben immer näher fielen, auch für unser eigenes. Es wäre schrecklich, jetzt, wo das Ende so nahe war, noch getötet zu werden.

Tagsüber verfolgte ich neugierig die merkwürdigen Vorgänge in dem leeren Flügel unseres Hauses. Junge Mädchen waren hier aufgetaucht, die die leeren Böden schrubbten und fegten, die Wände weiß anstrichen und putzten, was an Fenstern noch übrig war. Vergeblich bestürmten wir unsere Schwestern mit Fragen; sie waren anscheinend genauso neugierig wie wir. »Vielleicht zieht eine neue Anstalt hier ein«, sagte die Mutter Oberin eines Tages. »Wahrscheinlich sind sie bald da.«

Ela, Vera und Tamara schienen nicht überzeugt. Vera hatte vor Kurzem Verwandte besucht und war ganz außer sich vor Aufregung wieder zurückgekommen. Sie tanzte durchs ganze Haus in wilder, strahlender Freude, wollte ihr Geheimnis aber absolut nicht mit uns teilen.

»Ihr werdet es bald erfahren, sehr bald«, versprach sie jeden Tag.

Eine merkwürdige Unruhe durchströmte das Kloster. Mädchen redeten von Flucht. Fünf, die zu Jahresanfang in ein Sanatorium geschickt worden waren, kamen unangekündigt wieder zurück, sie waren fast den ganzen Weg zu Fuß gegangen. Beim letzten Bombenangriff waren die Brücken über den Fluss getroffen worden. Ein Bahnhof war beschädigt. Die Stadt fieberte vor Erregung. Deutsche »Siedler« treckten in immer größeren Zahlen nach Westen und die immer frechen Zeitungsjungen redeten die Gendarmen mit »Herr Temporär« an.

Einer dieser Gassenjungen hielt Vera auf ihrem Heimweg einmal auf und flüsterte ihr geheimnisvoll zu: »Fräulein, ich weiß ein Geheimnis, Fräulein ...«

»Was denn?«

»Hitler ist schwanger, bald gibt es ein kleines Deutschland!«, brüllte er und verschwand um die Ecke.

Die sengenden Julitage gingen ihrem Ende zu. Am letzten Sonntag verschwanden zwei Mädchen aus dem Haus, Renia, der Albino, und die furchtbar dünne Martha. Beide waren von frühester Kindheit an im Kloster gewesen und niemand hatte je etwas von ihrer Familie gehört. Renia mit ihrem weißen Haar, den rot geränderten blauen Augen und dem grässlichen Geruch aus ihrer flachen Nase war nie ein beliebtes Kind gewesen. Sie sah sehr schlecht, ihre Augen tanzten ständig von einer Seite zur anderen. Sie lebte in dauernder Angst, ihre Brille zu zerbrechen, und wir konnten alle nicht verstehen, wie sie es überhaupt gewagt hatte, auf die Straße zu gehen.

Martha dagegen war dumm genug, um alles zu wagen. Sie war meine Hauptquälerin und ich war froh, dass sie weg war. Sie war groß und dünn, hatte gerades blondes Haar, schräge grüne Augen und die höchste und weißeste »Alabasterstirn«, die ich je gesehen hatte. Sie war geistig zurückgeblieben, aber ihre Bosheit schien manchmal geradezu überirdisch. Bald nachdem ich das Opfer eines ihrer Angriffe geworden war, beschloss ich – wenn auch widerwillig –, meine alte, kindliche Gleichsetzung von Schönheit = Güte = Weisheit und Hässlichkeit = Schlechtigkeit = Dummheit einer Revision zu unterziehen.

Stefa, meine Vorkriegs-Kinderfrau, schien fest an diese Gleichung zu glauben. »Du bist ein hässliches Kind«, sagte sie, wenn ich schlimm war. »Rühr das nicht an, das ist schmutzig, hässlich, böse ...« Und wenn ich einmal besonders brav war: »Na, du bist aber ein schönes Mädchen.« Aber jedes Mal, wenn ich schlimm war, wurde ich etwas weniger schön.

Auch wenn sie ursprünglich vielleicht geistige Schönheit oder Hässlichkeit gemeint hatte, verstand ich darunter jedenfalls etwas rein Körperliches. Ein verkrüppelter Bettler vor der Kirche war so geworden, weil er schlimm gewesen war. Ein Kind mit einem von Kinderlähmung verkrüppelten Arm war gestraft worden, weil es die Hand gegen seine Eltern erhoben hatte. Eine niedrige Stirn bedeutete unweigerlich niedrige Intelligenz, eine hohe Stirn Weisheit. Die romantischen Heldinnen von Stefas Groschenromanen hatten unweigerlich eine hohe Alabasterstirn, einen schlanken weißen Hals und sehr lange, schmale Finger. Martha vereinte alle diese Gaben in sich, war aber ein Idiot, das stand außer Zweifel.

Andererseits hätte wohl niemand Schwester Zofia schön nennen können, aber sie war die Weisheit selbst und ich hatte mich gegen meinen Willen in sie verliebt. Ihr Aussehen schockierte mich immer wieder von Neuem; ihre Stimme tat mir in den Ohren weh; ich fürchtete mich vor ihrer spitzen Zunge und ich wäre lieber gestorben, als sie meine Gefühle für sie erraten zu lassen. Aber ich machte komplizierte Pläne, wie ich ein paar Minuten länger in ihrem Zimmer verbringen könnte, und kämmte meine Bücher nach unbekannten Wörtern oder unklaren Wendungen durch und durchwühlte mein Gedächtnis nach alten, unbeantworteten Fragen, nur damit ich einen legitimen Grund hatte, um an ihre Tür zu klopfen.

Dabei riskierte ich es, mich mit den anderen Mädchen zu verfeinden. Sie waren alle wahnsinnig eifersüchtig und lauerten auf das geringste Zeichen von Bevorzugung. Käme so eine Bevorzugung einmal heraus, dann würde mein Leben zur Qual. Merkwürdigerweise gab es um die Mutter Oberin keine Eifersüchteleien. Sie war gütig und freundlich, man konnte ihr leicht nahekommen, sie war immer mit Rat und Trost zur Hand und jeden Sonntagnachmittag gingen wir zu ihr, um ein paar Minuten mit ihr zu tratschen. Andere Schwestern hatten ihre Lieblinge unter den Mädchen, genauso wie einige Mädchen einzelne Schwestern besonders verehrten. Das akzeptierte jeder mit ein bisschen gutmütigem Spott und ganz ohne Neid. Aber mit Schwester Zofia war das anders. Wenn man von ihr aus irgendeinem Grund bevorzugt behandelt wurde, dann setzte man sich der sofortigen Rache der ganzen Gruppe aus und musste schleunigst büßen, indem man irgendetwas anstellte, wodurch Schwester Zofia gezwungen wurde, ihre gute Meinung über einen zu ändern.

Ich hatte den Eindruck, dass diese Lage sie manchmal verwirrte. Sie wurde ständig enttäuscht, ja entmutigt, da sie so oft ein Mädchen, kaum dass sie es einmal gelobt hatte, sofort für irgendeinen absichtlichen Verstoß bestrafen musste. Es überraschte mich, dass sie das nicht durchschaute, dass sie nie die Methode in unserem unerklärlichen Benehmen herausgefunden hatte. Eines Tages, wenn ich fortgehe, werde ich es ihr sagen, beschloss ich. Ich konnte mir nicht vorstellen, wie ich ohne sie leben sollte.

Am Dienstag, dem ersten August, ging die Mutter Oberin wie gewöhnlich zu Erich, um Geld und verschiedene andere Dinge für mich abzuholen. Mein Zahnfleisch machte mir noch immer zu schaffen und ich brauchte eine dauernde Zufuhr von Vitaminpillen. An diesem Tag kam die Mutter Oberin allerdings mit leeren Händen zurück. Sie erklärte, dass Erich nicht zu Hause war, ihr aber die Nachricht hinterlassen hätte, sie möge am nächsten Tag noch einmal kommen. Er habe ihr etwas Wichtiges mitzuteilen.

Ich verlor mich in Gedanken, überlegte, was das bedeuten könnte, als plötzlich auf der Straße ein Auflauf entstand. Schüsse fielen vor dem Haus und junge Männer tauchten über unserer Hofmauer auf. Sie stürzten durch den Garten, dass Schwestern und Kinder auseinanderstoben, sprangen über die Mauer zum Ghetto und verschwanden. Draußen auf der Straße ging das Schießen und das Laufen weiter.

Wir rannten hinauf, wo Vera wie verrückt auf dem Treppenabsatz tanzte. »Es hat begonnen! Es ist wirklich wahr!«, rief sie.

»Was?«, fragten wir und hielten ihre fliegenden Arme fest.

»Der Aufstand! Warschau erhebt sich, wir kämpfen gegen die Deutschen, endlich kämpfen wir!«

Am ersten Tag des Aufstands wurde unsere Straße von den Aufständischen eingenommen. Die Deutschen hielten das Ghetto und unser Garten mit seiner Grenzmauer war in der vordersten Kampflinie. Junge Männer in einer Vielfalt von Uniformen und mit rot-weißen Armbinden lagen mit ihren Gewehren in unseren Gemüsebeeten. Alle unsere Fenster zersplitterten noch in der ersten Stunde.

Jetzt begriffen wir auch, wer die jungen Frauen waren, die den leer stehenden Flügel unseres Hauses zu reinigen begonnen hatten. Das war keine neue Anstalt, die hier einzog. Sie waren alle Mitglieder der Untergrundbewegung und sie bereiteten ein Feldlazarett vor.

Das Wetter war immer noch herrlich und tagsüber nahmen die jungen Frauen auf den Tragbahren Sonnenbäder, so knapp bekleidet wie gerade noch möglich und unbeeindruckt von den verirrten Kugeln, die ab und zu von den Mauern abprallten. Unsere Schwestern schnalzten zuerst missbilligend mit der Zunge, aber als die Kämpfe immer heftiger wurden und immer mehr Männer sich in unserem Garten vergruben, fingen sie an, den Mädchen zuzulächeln und sie ins Haus einzuladen. Das Lazarett im Erdgeschoss war bald voll. Auf einem Küchentisch aus hellem Holz direkt am Eingang operierten zwei Chirurgen, solange das Tageslicht reichte. Schwester Adele als ausgebildete Krankenschwester ging wieder ihrer Pflicht nach, arbeitete den ganzen Tag und die ganze Nacht hindurch, konnte aber dennoch nicht allen Anforderungen gerecht werden.

Wir wurden gebeten, an der nächsten Straßenecke, wo ein tiefer Graben die deutschen Panzer aufhalten sollte, eine Barrikade bauen zu helfen. Ich beobachtete unsere Nachbarn von gegenüber, wie sie Sofas, Stühle, Schränke, sogar ein Klavier aus den Fenstern auf die Straße warfen, während andere diese kaputten Möbel zur Barrikade schleppten und mit der Meldung zurückkamen, dass sie zufriedenstellend in die Höhe wuchs.

In die Mauern der angrenzenden Häuser wurden Löcher gebohrt, damit die Aufständischen von einem Haus zum anderen gelangen konnten, ohne von draußen gesehen zu werden. Meine Begeisterung der ersten Tage erhielt den ersten Dämpfer, als ich diese Löcher sah. Auf diese Art und Weise hatte sich auch das Ghetto verteidigt. Wir hatten dieselben Löcher gehabt, um von Haus zu Haus und von Block zu Block zu schlüpfen, ohne gesehen zu werden. Die Ähnlichkeit unserer Lage machte mir plötzlich Angst, ich fühlte mich schwach vor Panik. War es denkbar, dass Warschau das gleiche Schicksal erwartete?

Die Kämpfe wurden heftiger. Jetzt gab es keine Zeit mehr für Sonnenbäder im Hof, die jungen Krankenschwestern nahmen ihre Gewehre in den Gemüsegarten mit und einige blieben ständig dort. Ich half Schwester Adele im Lazarett, wo die Verwundeten eng wie Sardinen auf dem gekachelten Boden nebeneinanderlagen. In Abständen bekamen wir Nachrichten, dass ein Haus in der Nachbarschaft getroffen war und Menschen in den Trümmern verschüttet seien. Dann machte sich ein Suchtrupp auf, jeder mit einer Rotkreuz-Binde, eine Rotkreuz-Fahne schwenkend, bis wir erkannten, dass die Deutschen gerade auf sie besonders zielten, sogar wenn Kinder die Tragbahren trugen.

Die Chirurgen operierten ohne Betäubung. Es gab kein Wasser, keinen Strom, kein Gas. Die deutschen und die polnischen Stellungen veränderten sich stündlich, die Front näherte sich und ging wieder zurück, Panzer fuhren bis direkt vor die Barrikade, Flugzeuge stürzten im Tiefflug über uns nieder, ständige Explosionen erschütterten das Haus. Als das Gebäude neben unserem einstürzte, gingen wir in den Keller hinunter und bald gesellten sich auch die Nachbarn und die Aufständischen zu uns. Unsere Feldbetten hatten wir schon Tage vorher hergerichtet, unser sämtliches Hab und Gut in Bündel gepackt. Unser einziges Schwein, das wir liebevoll das ganze letzte Jahr gefüttert hatten, wurde geschlachtet. Die nächsten drei oder vier Tage aßen wir nichts als Schweinefleisch. Obwohl sich keiner von uns erinnerte, jemals so viel Fleisch auf einmal gesehen zu haben, mussten wir zugeben, dass wir in dieser sengenden Hitze lieber etwas anderes gegessen hätten. Und weil wir kein Wasser hatten, konnten wir unsere Teller nicht spülen, sondern mussten sie stattdessen sauber lecken und sie bis zur nächsten Mahlzeit in unserer Schlafkoje aufheben.

Bei Kerzenschein sahen wir »unseren Soldaten« zu, wie sie ihre Gewehre putzten. Sie hatten ein bunt zusammengewürfeltes Sortiment und sie brachten uns alles bei, was wir über den Mechanismus dieser Waffen wissen wollten. Es war merkwürdig, wie viel Trost es einem gab, das schwere, kalte Metall in der Hand zu fühlen: wie viel Befriedigung, ein frisches Magazin einschnappen zu hören. Das Kerzenlicht, das sich in den polierten Läufen spiegelte, gab allen ein Gefühl von Dringlichkeit und Realität, ein Bewusstsein von der Kostbarkeit jeder Sekunde, sodass meine Hände sich zu Fäusten ballten vor lauter Sehnsucht, das nächste Gewehr zu packen, aus dem Keller hinauszurennen und zu kämpfen.

Aber als ich es endlich fertigbrachte, mich hinauszustehlen in die Finsternis, da konnte ich nur scheu in der

Tür stehen und hinaufstarren in den herrlichen Sommerhimmel, der übersät war von Myriaden von stillen Sternen, mit einem kreisrunden Mond, der hell und rein unter ihnen schwamm. Hinter zerbrochenen Fenstern leuchtete Kerzenschein, das Geflüster von jungen Stimmen kam aus den leeren Zimmern, wo unsere Soldaten schliefen, und von irgendwoher der Klang eines schrecklich verstimmten Klaviers, auf dem jemand Nacht für Nacht und mit äußerst wenig Erfolg Chopins Revolutionsetüde zu spielen versuchte.

Dies alles dauerte nur zehn Tage, aber es schien wie ein ganzes Leben. In den letzten vierundzwanzig Stunden, als die Kämpfe sich rund um unsere Straße zusammenzogen, blieben wir alle in unseren Feldbetten, eng aneinandergedrängt, wir beteten und bemühten uns zu verhindern, dass die Kleinen in Panik ausbrachen. Die Soldaten waren fort, ihre Waffen konnten uns keinen Trost mehr bieten. Die Deutschen mussten jede Minute hier sein und dann ...

Ich lag auf meinem Bett und konnte vor lauter Angst an nichts anderes denken als an das Ghetto. Genauso war es dort auch gewesen. Ich erinnerte mich noch an jeden einzelnen Moment der letzten vierundzwanzig Stunden, die ich mit Mutter in jenem Keller verbracht hatte. Nur hatte man dort wenigstens gewusst, dass es, was immer auch mit uns geschah, noch immer eine »andere Seite« gab. Es gab noch immer das übrige Warschau in relativer Sicherheit und Normalität, wenn es einem nur gelang, dorthin zu kommen. Es gab noch immer etwas Gleichgewicht in der Welt. Aber jetzt geschah das Gleiche hier, auf dieser »anderen Seite«, und es gab keinen Ausweg mehr.

Wieder fühlte ich, dass ich das Ghetto nie hätte verlassen sollen. Es war nicht richtig, sie dortzulassen, nur um dann irgendwo allein zu sterben. Wenn nur Vater hier wäre, dachte ich. Was würde er tun? Wenn er nicht mehr kämpfen könnte und meine Angst sähe, dann würde er versuchen, mich aufzuheitern. Er würde mir eine Geschichte erzählen.

Ich setzte mich in meinem Bett auf und schaute in den von Kerzen erhellten Keller. »Wollt ihr eine Geschichte hören?« Ich begann eine von Vaters wilden Abenteuergeschichten, bei denen ich mich als kleines Kind vor Lachen auf dem Boden gewälzt hatte. Und Wunder über Wunder, nach den ersten paar Minuten kam aus einer Ecke ein Kichern, dann noch eins und noch eins. Bald schüttelte sich der ganze Keller vor Gelächter, trotz dem ominösen Poltern und Krachen draußen und trotz der Wolken von Gips, die von der Decke fielen.

Schließlich stürzte Schwester Zofia in den Keller, voll Missbilligung über ein derart frivoles Benehmen in einer Stunde, die vielleicht unsere letzte war. Auf ihren Befehl hin krochen wir alle von unseren Liegen herunter, knieten uns auf den Boden und beteten um einen leichten Tod. Sie sagte uns, dass die Aufständischen in unserem Stadtteil besiegt waren und dass die Deutschen angeordnet hatten, dass die gesamte Zivilbevölkerung die Stadt verlassen musste. Mit erhobenen Händen marschierten alle zum Bahnhof, zwischen Reihen von auf sie gerichteten deutschen Gewehren. Was am Bahnhof geschah und wohin sie alle gingen, das wusste niemand.

Schwester Zofia hatte kaum ausgeredet, als schwere Schritte die Treppe herunterkamen und die Mutter Oberin, bleich wie der Tod, mit einem deutschen Offizier erschien. »Bitte sehen Sie selbst«, sagte sie. »Hier sind nur Kinder.«

Er schaute und nickte. Im nächsten Keller, wo sich die Leute aus den Nachbarhäusern drängten, schickte er alle hinaus. Nach einer Stunde kam die Mutter Oberin zurück. Mit vor Erregung zitternder Stimme sagte sie uns, es wäre ein Wunder geschehen. Wir könnten bis morgen bleiben und dann würde uns derselbe Offizier beim Auszug helfen.

Wir fielen auf die Knie und beteten. Der Offizier war ein Katholik und die Mutter Oberin, die ihre Jugend in Deutschland verbracht hatte, sprach perfekt Deutsch. Die beiden Faktoren zusammen hatten uns offenbar zu dem Wunder verholfen.

Bei Einbruch der Nacht krochen wir aus dem Keller, um Luft zu schöpfen, wichen aber im nächsten Moment in hellem Entsetzen zurück. Das Haus war von Ukrainern umstellt. In einem Zustand, der an hilflose Panik grenzte, krochen die Mädchen unter ihre Betten und schluchzten und beteten laut. Wir begriffen nicht, worauf die Ukrainer noch warteten. Wenn sie draußen waren, dann konnte das nur eines bedeuten.

Draußen war fürchterlich viel Krach. Die deutschen Soldaten inspizierten die leeren Häuser und vernichteten sie dann systematisch mit Panzern und Granaten. Falls sich die geringste Spur von »polnischen Banditen« fand, wie sie die Aufständischen nannten, dann durften die Bewohner ihre Häuser nicht verlassen, sondern wurden in ihnen verbrannt. Wir hörten das Getöse der Explosionen rund um uns und beteten um einen raschen Tod.

Plötzlich schien das ganze Haus zu schwanken, als irgendetwas im obersten Stockwerk explodierte. Eine Minute später hörten wir wütende Stimmen und schwere Stiefel, die heruntertrampelten. Ein ukrainischer Soldat brach in den Keller, schwenkte die Arme und stürzte sich auf die Mutter Oberin! »Ich kann nichts dafür«, schrie er noch immer gestikulierend und rollte seine Kappe verzweifelt in den Händen. »Das war ein Irrtum, wir haben ihnen gesagt, sie sollen nichts schmeißen! Wir sind hier, um Sie vor den Truppen zu schützen, aber irgendeiner hat geglaubt, das Haus ist leer, und eine Granate aufs Dach geworfen. Das passiert nicht wieder und wir löschen sofort das Feuer. Solang wir hier sind, könnt ihr in Frieden schlafen!« Er drehte sich um und nickte uns zu: »Gute Nacht, Kinder, schlaft gut!«

Wir waren zu perplex, um etwas zu erwidern.

Am nächsten Tag gingen wir im Morgengrauen hinauf, um zu packen. Wir blinzelten in dem hellen Sonnenlicht, schlichen gebückt von Zimmer zu Zimmer, krochen auf allen vieren unter den zerbrochenen Fenstern. Es war besser, wenn wir uns nicht zeigten, wer weiß, ob nicht sonst noch einer in seinem Übereifer eine Granate in unser Haus warf. Wir packten unsere Sachen zusammen und zogen alle unsere Kleider an, Winter- wie auch Sommerkleider, damit wir nicht so viel Gepäck schleppen mussten. Ich sollte auf die Kleinen aufpassen, bis wir alle hinuntergingen. Im letzten Moment ging ich noch mit Schwester Adele hinunter zu unseren Verletzten. Sie lagen auf Stroh, schmutzig und durstig, und wir ließen ihnen die letzten paar Krüge Wasser. Sie wussten, was geschah, und bettelten uns an, sie nicht zu verlassen.

Einer von ihnen, der beide Beine verloren hatte, klammerte sich an Schwester Adeles Kutte, ließ sich von ihr auf dem Kachelboden mitschleifen und flehte sie an, ihm einen Gnadenschuss zu geben. Wir machten uns los und ich lief hinauf, um die Kleinen zu beruhigen. Sie fürchteten sich schrecklich hier oben, bei jeder Explosion rannten sie zur Tür, ich musste sie immer wieder zurückdrängen. Es hatte keinen Zweck, ihnen zu erklären, dass alles vorbei war. Sie begriffen es nicht.

Ein Flugzeug kam im Tiefflug über unsere Straße, sein Schatten verdunkelte einen Moment lang das Zimmer. Das war zu viel. Das Dröhnen des Motors trieb sie in eine blinde Panik. Sie rissen die Tür auf, trampelten mich nieder und strömten in der nächsten Sekunde die Stiegen hinunter in die Sicherheit des Kellers.

Endlich waren wir fertig. Der deutsche Offizier erschien mit weiteren Ukrainern, einer Droschke und einem Lastwagen. Darauf luden wir die schwereren Fälle, der Rest wurde unter den Schwestern und den älteren Mädchen aufgeteilt. Die mittleren, zu denen auch ich gehörte, kümmerten sich um die Kleinen. Ich trug einen schweren Rucksack, meinen Wintermantel und eine Wollhaube, alle meine Kleider, über einem Arm eine Decke, in der anderen Hand hielt ich Frankas schwitzende Rechte. Wir hatten ihre Kupferlocken unter einer Mütze versteckt, und Schwester Zofia murmelte mir im Vorbeigehen zu, ich sollte sie am besten von den Deutschen wegdrehen.

Im letzten Augenblick merkten wir, dass die »Anstalt von unten«, die am Tag zuvor mit ihren verkrüppelten und geistig zurückgebliebenen Schützlingen aufgebrochen war, einen ihrer Jungen »vergessen« hatte. Er lag in einem leeren Zimmer, groß und schwer für seine vierzehn Jahre, mit deformierten Beinen, die in einem merkwürdigen Winkel vom Körper abstanden und ihn ganz offensichtlich nicht tragen konnten.

Die Schwestern betrachteten ihn ratlos. »Gehen kann er nicht«, erklärte Schwester Adele. »Er ist syphilitisch. Was sollen wir um Gottes willen tun?« Sie baten die Soldaten, ihn auf den Lastwagen zu laden. Die Soldaten kamen näher, warfen einen Blick auf die mit Geschwüren bedeckten Füße und wichen voll Abscheu zurück.

»Das rühren wir nicht an, wir wissen, was das ist«, sagten sie und halfen uns nicht, sosehr wir ihnen auch zuredeten und versicherten, dass das nicht ansteckend war. Schließlich legten ihn die Schwestern auf eine Decke und trugen ihn selber.

Die lange Prozession machte sich auf den Weg. An der Spitze kam der Offizier, die kleine Marysia auf dem Arm, ein zweites Kind an der Hand. Hinter ihm wir, die mittleren, jedes eine Kleine führend. Hinter uns die ältesten Mädchen, gebeugt unter ihren schweren Bündeln. Dann die Schwestern mit den schwersten Fällen und dem Jungen von unten. Am Ende im Schritttempo der Lastwagen, mit unseren restlichen Sachen beladen, einschließlich den zwei kostbaren Koffern mit den Tanzkostümen, eskortiert von bis an die Zähne bewaffneten Soldaten. Neben dem Lastwagen die Droschke, in der unser Kaplan auf seinen Bündeln saß.

Bei der ersten Barrikade überschlug sich die Droschke und unser Kaplan flog heraus. Er blieb unverletzt, aber das Pferd hatte sich ein Vorderbein gebrochen und musste erschossen werden. Die Bündel des Kaplans wurden auf den Lastwagen geladen und er ging jetzt mit den Schwestern am Ende des Zugs.

Wir waren kaum um die Ecke, als wir laute Explosionen hörten, uns umdrehten und eine große Rauchwolke über unserem Haus aufsteigen sahen. Ich dachte an die Verwundeten im Erdgeschoss und mein Inneres krampfte sich vor Entsetzen zusammen. Den Rest dieser albtraumhaften Wanderung schritt ich mit zusammengeballten Fäusten und Zähnen dahin, klammerte mich an den letzten Rest von Bewusstsein und kämpfte gegen den fast unwiderstehlichen Wunsch, aufzuschreien oder mich hinzulegen. Oder ins Feuer zu springen. Die Häuser, die zu beiden Seiten der Straße aufloderten, hatten eine schreckliche Faszination für mich, sehnsüchtig starrte ich dahin, entsetzt und gleichzeitig angezogen. Die Straßen, durch die wir geführt wurden, waren verlassen. Rechts und links brannten die Häuser in wild züngelndem Feuer, explodierend, unter ungeheurem Funkenregen zusammenbrechend oder vom Erdgeschoss bis zum Dach in eine glatte Flammenwand gehüllt. Einige waren schon ausgebrannt, nur die verkohlten Mauern standen noch, verschreckte Tauben flüchteten sich in die Rauchfänge, die versengten Federn zerzaust und zitternd.

Die Hitze war erdrückend. Zwischen den glühenden Öfen der Häuser schmolz der Asphalt und klebte an unseren Schuhen und ab und zu blieb eine stecken und verlor ihren Schuh. Der Himmel war hinter einer dichten Rauchwolke verborgen, die Sonne tauchte kurz hinter der Düsternis auf, wie eine polierte Kupferscheibe strahlte sie eine unnatürliche rote Glut aus, die in unseren tränenden Augen schmerzte.

Der deutsche Offizier ging langsam, hielt sich in der Mitte der Straße und deutete uns von Zeit zu Zeit, wir sollten nach rechts oder nach links schauen. Das erste Mal folgte ich ihm und starrte gehorsam in das brennende Inferno zu meiner Rechten, aber das nächste Mal schaute ich auf die andere Seite und wünschte sofort, ich hätte es nicht getan.

In einem ausgebrannten Geschäft lag in einer Ecke ein Haufen von kleinen Skeletten auf dem Boden. Ihre Knochen leuchteten weiß, ein paar Schädel waren abgefallen und in die Mitte des Fußbodens gerollt. Ich schluckte und legte meine Hand über Frankas Augen. Von da an drehte ich ihren Kopf immer in die Richtung, die der Deutsche uns angab, ich selber aber schaute in die andere. Es war richtig – wenn auch überraschend von einem Deutschen –, dass er uns die schrecklichsten Anblicke ersparen wollte, aber ich war kein Kind mehr und ich wollte sehen.

An einer großen Kreuzung in der Nähe eines ausgebrannten Krankenhauses stießen wir auf eine makabre Gruppe. Drei Kreaturen in zerrissenen, halb verbrannten Kleidern, die Köpfe mit Fetzen umwickelt, Gesichter und

Arme schwarz von Ruß, zogen einen Handwagen mit einem ganzen Berg von Leichen. Als sie uns sahen, blieben sie stehen und riefen uns etwas zu, aber sosehr ich mich auch bemühte, ich konnte kein Wort verstehen. Anscheinend wollten sie, dass wir kamen und ihnen halfen. Sie winkten uns mit den Armen und deuteten nach hinten. Auf das Krankenhaus? Gab es dort noch mehr Leichen? Der Deutsche brüllte ein Kommando und automatisch drehte ich Frankas Kopf in die andere Richtung. Sie hatte die ganze Zeit kein Wort gesagt, aber ihre Augen quollen ihr in höchst beunruhigender Weise fast aus dem Kopf. Sie war wie in Trance. Der Handwagen kam näher und ich sah, dass die Leichen zerstückelt waren, offenbar schon voller Wunden, bevor sie verbrannt wurden, und die eine ganz oben auf dem Berg hatte am Rücken ein großes Loch, durch das die Eingeweide herausfielen wie blaue und grüne Bänder. Ich erinnerte mich, von den Aufständischen gehört zu haben, dass die Deutschen, wenn sie ein Krankenhaus erobert hatten, zuerst die Patienten an die Betten festbanden, dann Petroleum über sie schütteten und dann das ganze Gebäude in Brand setzten. Das, was wir jetzt sahen, war wohl das Ergebnis dieses Verfahrens. Die Ärzte und die Krankenschwestern wurden als Erste an die Wand des Krankenhauses gestellt und erschossen.

Der gespenstische Wagen überholte uns und zog weiter, auf der mit Asche bedeckten Straße ließ er eine feuchte Spur zurück, die rußgeschwärzten Geister winkten und riefen uns noch immer. Ich musste mich an Frankas Hand festhalten, um nicht ins nächste Feuer zu rennen.

Wir bogen in eine neue Straße, eine neue Perspektive von brennenden Häusern und einstürzenden Mauern, und trafen auf einen jungen deutschen Offizier auf einem Motorrad. Als er uns sah, blieb er stehen und rief unserem Führer fröhlich zu: »Was, noch immer am Leben?« Dann nahm er seinen Rucksack ab, reichte ihn einem unserer Mädchen und fuhr aufheulend davon. Der Rucksack war voll Zucker.

Endlich, unserem Gefühl nach hatte der Marsch Stunden gedauert, kamen wir zum Bahnhof. Er stand auf einem Hügel, und während wir bergauf gingen, halb blind vor Rauch und Schweiß, klarte der Himmel auf, die Sonne strahlte wie immer und der Tag erschien plötzlich wieder in seinen natürlichen Farben. Die Waggons auf den Abstellgleisen waren eingerichtet wie komfortable Häuser, auf den Grasstreifen zwischen den Gleisen nahmen Soldaten und uniformierte Frauen Sonnenbäder. Große Kessel brodelten über Feuern, Radios plärrten, ein paar Zigeunerinnen tanzten.

Wir krochen in den Schatten und brachen alle in einem Haufen zusammen. Unser Deutscher reichte die kleine Marysia einer der Frauen. Sie ließen sie von Hand zu Hand gehen und waren entzückt, wie hübsch sie war. Sie brachten uns Schüsseln mit Suppe, Brotschnitten und gekochte Kartoffeln, bunte Gummibälle und Spielsachen, aber wir waren sogar zum Essen zu erschöpft. Warschau unter uns war versteckt von einem dicken, schwarzen Federbett aus Rauch. Das Dröhnen der Explosionen, das Knattern der Feuerwaffen, das jähe Aufschießen der Flammen erschütterte die Rauchwolke. Es schien, als würde die ganze Stadt kochen. Unsere Bündel wurden in Viehwaggons verladen, eine Lokomotive wurde angekuppelt und wir stiegen ein. In einer Ecke lag etwas Stroh, keuchend vor Hitze legten wir uns darauf.

»Sie sagen, wir können fahren, wohin wir wollen«, sagte die Mutter Oberin.

Ich sah mir die Kennzeichnungen der Wagen an. Einer war aus Italien, der andere aus Frankreich. Die winzigen Fenster hoch oben unter dem Dach waren mit Stacheldraht vergittert. Wer war darin aus diesen fernen Ländern gekommen? Juden auf ihrem Weg in die Lager? Offenbar jedenfalls irgendwelche Gefangenen, wegen des Stacheldrahts.

Mir fielen die Augen vor Müdigkeit zu. Der Zug fuhr aus der Station hinaus und das rhythmische Schlagen und Scheppern der Räder, dazu die erdrückende Hitze, ließen mich in einen unruhigen Schlaf fallen, aus dem ich hochfuhr, um Schwester Zofia auf einem Haufen Bündel stehen zu sehen, das Gesicht nahe am Stacheldraht des kleinen Fensters hoch oben unterm Dach, ängstlich die Straße absuchend.

Die Reise führte uns durch einen weiteren Bahnhof, wo für die Warschauer Flüchtlinge ein riesiges Durchgangslager errichtet worden war. Von hier fuhren die Züge nach Deutschland und in die Arbeitslager ab. Auf einem Nebengleis hielten wir kurz, nahe an einem anderen Zug mit lauter versiegelten Waggons, aus denen Rufe um Hilfe und um Wasser drangen. Wir erfuhren, dass der Zug hier, schwer bewacht, schon seit zwei Tagen stand, und die in die Viehwaggons gestopften Gefangenen starben drinnen vor Hitze und Durst. Unser Zug fuhr weiter und bald waren wir im offenen, flachen Land, mitten unter sommerlichen Feldern. Wir hielten an einer kleinen Station, die ganz leer war und jetzt, am späten Nachmittag, kühl und der Feuerwehrmann kam und half uns beim Ausladen.

Ein Bauernwagen nahm unsere Bündel und den lahmen Jungen auf, der uns jetzt schon wie ein altes Anstaltsmitglied vorkam. Die Schwestern und die kleineren Kinder kletterten auf einen zweiten Wagen. Die übrigen beschlossen, zusammen mit Schwester Zofia zu unserem neuen Heim, einem Kloster tief drinnen im Wald, zu Fuß zu gehen.

Wir marschierten auf einer breiten, sandigen Straße,

von alten Bäumen in ihrer sommerlichen Pracht überschattet. Wir hielten uns am Rand, neben seichten Gräben, wo das Wasser unter gefallenen Blättern stand. Zu beiden Seiten dehnten sich Wiesen unter dem klaren blauen Himmel, still und schläfrig in der Nachmittagshitze. Kühe und Ziegen grasten, Vögel zwitscherten in den Zweigen, Bienen summten. Es gab keinen anderen Laut. Langsam fingen wir an, uns umzusehen. Überrascht von so viel Schweigen starrten wir mit rot geränderten Augen herum, unfähig, das Licht zu ertragen. Eine leichte Verdüsterung des Horizonts weit hinter uns deutete Warschau an.

Langsam zogen wir uns die Kleider aus, Schicht um Schicht, endlich auch Schuhe und Strümpfe. Am Rand des Gebüsches setzten wir uns an einen Graben, wo das Wasser klar war, und badeten unsere Füße in dem kalten Bach. Seit wir aus dem Zug gestiegen waren, hatte kaum einer ein Wort gesagt.

Neben uns tauchte Schwester Zofia ihre Füße ins Wasser, schloss die Augen und lehnte sich gegen einen Baumstamm. Ihr Gesicht war von Ruß verschmiert, ihr sonst immer makellos weißer Kragen hatte schwarze Flecken. Die Stille dröhnte uns in den Ohren. Wie gern hätten wir uns ins grüne Moos unter den Bäumen gelegt, aber die Schwester scheuchte uns schon wieder hoch, eine nach der anderen, und trieb uns zur Eile an.

Die Sonne ging unter, als wir in ein Dorf kamen, wo Enten und Hühner schnatternd vor uns wegliefen und die Gartenzäune plötzlich voller entsetzter Bauerngesichter und winkender Hände waren. Schwester Zofias Protest zum Trotz trieben sie uns in ihre Häuser, riefen, die Hände ringend, Jesus, Maria und Joseph an, dass sie sich unserer erbarmten. Im Traum wandelnd wurde ich von einem Zimmer ins andere geschoben, überall an den Mauern stand die gleiche Wachmannschaft von Malven, die großen dunklen Gesichter der Sonnenblumen waren von gelben Blütenblättern gerahmt und die Obstgärten strotzten von reifenden Früchten. Krüge mit kalter Milch, Scheiben von dunklem Bauernbrot, Honigwaben, tropfend von klebrigem Gold, reife Tomaten und saure grüne Äpfel wurden uns in die Hände gedrückt.

Bald waren wir wieder draußen, stolperten unter unseren Bündeln, die sich bogen unter den unreifen Früchten, aßen blindlings, obwohl die Schwester uns anflehte, doch vorsichtig zu sein. Spät am Abend betraten wir den Hof unseres neuen Zuhauses, wo unter den Fichten schon die Tische gedeckt waren und große Teller mit Grütze im Abendwind kühlten. Wir bekamen im Schulhaus zwei Klassenzimmer angewiesen, wo schon frisches Stroh für uns zum Schlafen auf dem Boden ausgelegt war. Wir fielen hinein, zu müde, um uns auszuziehen, und sanken in den traumlosen Schlaf totaler Erschöpfung.

17

Es dauerte ein paar Tage, bis wir uns in unserem neuen
Heim eingerichtet hatten und die Lage beurteilen konnten. Der erste Eindruck war ernüchternd. Wir waren ganz
offensichtlich nicht willkommen. Das Kloster hier war
groß und anscheinend reich. Es bestand aus einer Bauern-
wirtschaft, zwei großen Gebäuden für Knaben und Mädchen, mehreren Häusern für die Schwestern, für Gäste
und Feldarbeiter, einer Krankenabteilung, einer Kirche
und einem modernen Schulhaus. In der Schule bekamen
wir zwei Klassenzimmer zugewiesen, die uns als Schlaf-
und Aufenthaltsraum zu dienen hatten, während unsere
Schwestern in kleine Zimmer am Ende des Korridors zogen. Wir aßen in der Halle im Erdgeschoss, standen rund
um unsere Tische, da es im ganzen Haus keine Stühle gab,
nur Pulte mit daran befestigten Bänken. Wenn wir uns
waschen wollten, dann mussten wir zuerst in das Reservoir am Dachboden Wasser pumpen. Daher marschierten
wir jeden Morgen in den Scheunenhof, wo zwei große Me-
tallräder mit langen, dünnen Griffen unter einem winzigen Dach auf uns warteten. Wir packten die Griffe und
drehten die Räder, so schnell wir konnten, uns mit aller
Kraft daran festhaltend. Wenn uns der Metallgriff aus der
Hand rutschte, dann traf er uns mit furchtbarer Gewalt
und erzeugte blutende Nasen, gebrochene Zähne oder

schmerzhaft zerschlagene Bäuche. Das war echte Schwerarbeit, denn die Räder hatten einen Durchmesser von über einem Meter, und wir verloren oft das Gleichgewicht, flogen mit ihnen durch die Luft und landeten mit dem Kopf auf dem Steinboden.

»Jetzt geht es ja noch«, sagten wir jeden Morgen, »aber wartet nur, bis es Winter wird.« Die Pumpe war von keiner Mauer geschützt und wir konnten uns lebhaft vorstellen, wie der eisige Wind durch den Hof pfiff und wir bis zu den Hüften im Schnee stehend die Räder drehten.

Das Essen wurde fast sofort zum Problem. Als unsere Gastgeber herausfanden, dass wir kein Geld hatten und in keiner Weise für unseren Unterhalt zahlen konnten, runzelten sie bekümmert die Stirn und beschnitten unsere Rationen auf ein Minimum. Ja, wenn wir nicht ein paar zusätzliche Mädchen erfunden hätten, dann hätte nicht einmal jeder bei den Mahlzeiten eine Portion bekommen können. Wir lebten fast ausschließlich von grobem Haferbrei und einem Schleim aus dunklem, grobem Mehl und Wasser. Einmal am Tag gingen zwei von uns mit einem Korb in die Klosterbäckerei, legten unsere – geschönte – Namensliste vor und erhielten die entsprechende Anzahl von Brotschnitten. Da das Brot wie Lehm war, war der volle Korb ungewöhnlich schwer, aber die beiden Trägerinnen bekamen eine Extrastulle, daher war der Wettbewerb um diese Aufgabe ungeheuer. Leider waren aber nur die stämmigsten Mädchen diesem Gewicht gewachsen und bald entwickelte sich ein schwarzer Markt, sowohl um ihr offiziell verdientes Zusatzbrot wie auch um die paar Scheiben, die die Mädchen immer klauten, wenn ihnen die Schwester den Rücken wandte.

Jeden Nachmittag gingen wir mit Schwester Adele, die sich in diesen Dingen auskannte, in den Wald und sammelten jede essbare Beere und jeden essbaren Pilz, die wir finden konnten. Das war ein Fest, solange die Beerenzeit dauerte, obwohl Beerensuchen mit bloßen Füßen zur Qual werden konnte. Wir durften essen, so viel wir wollten, wenn wir nur vorher unsere Krüge füllten.

Im Herbst begannen wir wieder mit dem Unterricht, wir hatten unsere eigenen Klassen und wurden wie früher von unseren eigenen Schwestern unterrichtet. Die anderen Kinder sahen wir nie und bekamen auch nie die Erlaubnis, sie zu besuchen. Unser Essen wurde als Letztes gekocht und wir bekamen nur, was die hier ansässigen Schwestern, Landarbeiter, verschiedene geflüchtete Priester und die hierhergehörigen Kinder übrig ließen.

Wir schliefen noch immer auf dem Stroh, das jetzt so voller Flöhe war, dass ich jede Nacht träumte, ich läge auf einem Ameisenhaufen. Verzweifelt versuchten wir, das Ungeziefer umzubringen, und jemand riet uns, unsere Decken auf ein Pferd zu legen. Der Geruch von Pferdeschweiß wirkt auf die Flöhe angeblich unwiderstehlich, sie wechselten daher sofort ihr Domizil. Wir legten alle unsere Decken auf die paar Pferde, die wir in der Meierei finden konnten, aber die Flöhe zeigten sich unbeeindruckt und von jetzt an hatten wir noch zusätzlich unter dem erstickenden Gestank des Pferdeschweißes zu leiden.

Weitere Flüchtlinge tauchten auf, einige durften im Schulhaus wohnen bleiben. Aus Warschau kamen grimmige Nachrichten: Die Deutschen hatten gewonnen und brannten jetzt methodisch die ganze Stadt nieder. Mehrere Priester fanden sich bei uns ein und eines Tages erschien zu unserer großen Freude auch Vater Cäsar, mit einem Rucksack auf dem Rücken und einem riesigen Grinsen auf seinem ausgezehrten Gesicht. Wir rannten zu ihm und hängten uns in Trauben an seine Schultern, bis er sich ins Gras setzte und in gespielter Verzweiflung den Kopf in den Händen versteckte. Wir brachten ihn im Triumph zu einem Zimmer im Schulgebäude, »unserem Haus«, wie wir es jetzt nannten, und bettelten, er solle bei uns bleiben. Er blieb.

Eine Gruppe von Mädchen aus einem großen Warschauer Kloster traf bei uns ein. Ihr Haus war von einem Panzer gerammt und unter großen Verlusten an Menschenleben niedergebrannt worden. Die Überlebenden hatte man in das große Auffanglager gebracht, das wir auf unserer Reise gesehen hatten, und von dort waren sie zur Zwangsarbeit nach Deutschland verschickt worden. Nur einer Handvoll war es gelungen, zu flüchten und zu uns zu stoßen. Sie bekamen einen fensterlosen kleinen Alkoven zugeteilt, wo sie am Boden schliefen, so eng gedrängt, dass die Letzte, die zu Bett ging, ihre Füße in den Korridor hinausragen lassen musste.

Uns ging es auch nicht viel besser. Wir schliefen in zwei langen Reihen an zwei Wänden, aber so eng nebeneinander, dass jedes Mal, wenn eine sich umdrehte, die ganze Reihe sich mit umdrehen musste, sonst wäre jemand erdrückt worden. Die Schlafstelle wurde vom restlichen Raum durch eine Holzplanke getrennt, die am Boden festgenagelt war, damit das Stroh nicht herausrutschte. Wir hatten uns ein paar Persenninge beschafft, die früher einmal als Lastwagendächer benutzt worden waren, auf denen schliefen wir jetzt; das hielt zwar die Flöhe in Schach, erhöhte aber keineswegs unseren Komfort.

Tagsüber machten wir unsere Hausarbeiten und hielten uns sonst so lange wie möglich im Freien auf. Aber sobald die Herbstregen kamen, würden wir nirgends mehr hingehen können.

Als Warschau fiel, gab es im Kloster einen Tag der Trauer und eine besondere Messe wurde gehalten für alle, die bei diesem Inferno umgekommen waren. Ein paar Tage später erschien eine Gruppe von deutschen Offizieren und requirierte zwei Räume im Erdgeschoss unseres Hauses. Wir waren empört und gleichzeitig zu Tode erschrocken. Mit »denen« im selben Haus leben zu müssen, das war die größte Erniedrigung, die man sich vorstellen konnte. Und um dem Ganzen die Krone aufzusetzen, nahmen wir noch immer unsere Mahlzeiten in der großen Halle unten ein, die die Deutschen durchqueren mussten, wenn sie ein und aus gingen. Wir dachten an das viele zusätzliche Pumpen, das da auf uns zukam, da diese Deutschen ja sicherlich zu jener Sorte Menschen gehörten, die sich jeden Tag wuschen, und ballten vor Zorn unsere Fäuste.

Aber das war eine erstaunliche Gruppe, still und überhaupt nicht gewalttätig. Sie waren Ingenieure, zählten nicht mehr zu den Jüngsten und beschwerten sich ganz offen über die Unannehmlichkeiten des Soldatenlebens. Sie waren hier, um Gräben und andere Anlagen im Hinblick auf die vorrückende russische Front zu entwerfen. Von Anfang an interessierten sie sich für die Kinder und bemühten sich um freundliche Beziehungen zu uns. Schwester Zofia setzte ihnen steinerne Gleichgültigkeit entgegen, weigerte sich, ihre Existenz überhaupt zur Kenntnis zu nehmen, und wir anderen folgten ihrem Beispiel. Die Deutschen schienen zuerst verblüfft, dann verletzt, dann fügten sie sich ins Unvermeidliche, ließen Schwester Zofia links liegen und konzentrierten sich auf die Kleinsten, die man natürlich am leichtesten herumkriegen konnte. Die Deutschen hatten große Vorräte an Lebensmitteln und sie schienen schockiert, als sie sahen, was wir aßen. Ihr Angebot von Eiern und Honig wurde von der Mutter Oberin höflich abgelehnt. Sie konnte sie aber nicht daran hindern, Obst oder Würfelzucker an die Kleinen zu verteilen, und die Soldaten schienen sich wirklich zu freuen, wenn ihre Gaben angenommen wurden. Wenn sie an unseren Tischen vorbeigingen, blieben sie oft stehen, hoben eine von den Kleinen hoch und trugen sie herum, bis sie ihr ein Lächeln entlockt hatten. Die Kleinen hatten bald alle Furcht vor den Uniformen verloren und sahen gekränkt drein, wenn wir sie energisch zur Ordnung riefen.

Da sie uns nicht gewinnen konnten, konzentrierten sie sich auf den Jungen. Seit unserer Ankunft schmachtete er in einem leeren Alkoven, langsam auf seinem Stroh verfaulend. Von einer Decke zugedeckt sah er recht normal aus, nur konnte er nicht sprechen und war wahrscheinlich auch noch taub. Wenn die Decken aufgehoben wurden, dann drehte der Anblick sogar Schwester Adele den Magen um, und der Gestank war unbeschreiblich. Die Deutschen trieben ein richtiges Bett mit Betttüchern für ihn auf und brachten den Jungen in den Gang hinunter, gerade vor ihre Tür. Dort fütterten sie ihn, wechselten seine Verbände und wachten über ihn wie eine Gruppe von ältlichen Onkeln. Und als die Zeit dafür kam, holten sie einen Priester, der dem Jungen die Sterbesakramente reichte, und folgten dem kleinen Sarg zu seinem Grab.

Danach konnte es die Mutter Oberin nicht mehr gut ablehnen, als sie zu ihr kamen und sie baten, ihnen zwei Mädchen zu schicken, die ihre Zimmer in Ordnung halten sollten. Vera, Tamara, Ela und Anka bekamen den Auftrag, diese Arbeit abwechselnd auszuführen. Schwester Zofia wehrte sich, besonders wegen Ela, um sie vor Schande zu bewahren, aber Ela selber überzeugte sie davon, dass sie diese Pflicht als ein besonderes Kreuz auf sich nehmen wollte und dass sie ihre Leiden für die Erlösung einer Seele im Fegefeuer aufopfern wollte.

Die Mädchen fanden die Zimmer makellos sauber, die Betten so ordentlich gemacht wie Schachteln, frische Blumen in Tonkrügen und nur ganz wenig Staub auf den Möbeln. Zum Dank für das bisschen Kehren und Wischen wurden sie mit Essen überschüttet, das sie, verschämt und zugleich überglücklich, zu uns heraufbrachten und mit uns teilten. Wir waren klug genug, Schwester Zofia nichts davon zu sagen. Wir nahmen das Essen ohne alle Gewissensbisse; irgendwie erschien uns das Aufessen dieser Sachen sogar als eine Art von Racheakt. Dann hatten sie weniger und außerdem war es sowieso alles polnisch.

Und wie um diese ungesunde Atmosphäre zu bekämpfen, veranstaltete Schwester Zofia jeden Nachmittag eine Chorprobe. Unser Gesang war wahrscheinlich in den Augen unserer Gastgeber das Einzige, was für uns sprach, also studierten wir neue Messen und Hymnen ein, sozusagen als Entschuldigung für unsere Existenz. Gleichzeitig lernten wir auch neue patriotische Lieder, die vom Untergrund kamen. Unser Probenzimmer lag neben dem Zimmer der Deutschen, aber wir waren überzeugt, dass sie kein Wort verstanden. Wir sangen, so laut wir nur konnten, schworen Rache, riefen zu den Waffen und stellten der ganzen weiten Welt unseren Trotz entgegen. Schwester Zofia drosch auf ihr Klavier ein, es war, als führte sie uns auf ihrem Schlachtross im Galopp in die Schlacht.

18

Der Herbst in diesem Jahr war wunderschön und der dichte Wald, der gleich über der Straße hinter der Schule begann, flammte im Gold und Scharlachrot seiner Ahorne, Eichen und Buchen. Vater Cäsar führte uns auf lange Wanderungen und wir sammelten Bucheckern, Kastanien und Tannenzapfen für den Weihnachtsschmuck. Wir fingen Frösche und Raupen und betrachteten sie durchs Vergrößerungsglas des Paters, was sie in Furcht einflößende Ungeheuer verwandelte. Wir spielten Verstecken, rutschten auf den Mooskissen aus und hockten uns endlich, müde vom Spielen, rund um ihn, der sich auf einen umgefallenen Baumstamm gesetzt hatte, und hörten seinen Geschichten und Rätseln zu. Oft brachte er uns einen Sack voll Obst, wurmige Äpfel und Birnen, angefaulte Pflaumen oder sogar Runken von altem Brot. Wir schlangen alles hinunter, ohne lange zu fragen, woher er es hatte.

Nur Ela und ich wussten, dass er in den Dörfern der Umgebung betteln ging, »für seine Kinder«. Aber der Hunger nagte so ununterbrochen an unseren Eingeweiden, dass wir keine Lust hatten, unsere Nahrung vorher einer gründlichen Prüfung zu unterziehen.

In unserer Küche kämpfte Schwester Viktoria tapfer mit ihren kümmerlichen Materialien, bemühte sich, aus klarem Wasser und sonst fast gar nichts, eine Suppe herzustellen. Da erhielt sie eines Tages den Besuch des fetten Joachim, des Kochs unserer Deutschen. Der fette Joachim war der größte und dickste Mensch, den wir je gesehen hatten. Er war riesenhaft. Mit seinem runden, glänzenden rosa Gesicht, das sich auf mehrere Kinne stützte, einer halbkugelförmigen Vorder- und einer nicht weniger wohl gepolsterten Rückenansicht erschien neben ihm sogar unser Kaplan beinahe unterernährt. Meistens schritt er in Hemdsärmeln, aufgerollt bis über seine Ellbogen voller Grübchen, durch die Gegend, in der Hand ein riesiges, funkelndes Tranchiermesser. Die Kleinen stoben in Panik auseinander, wenn er sich näherte, und auch wir anderen wurden vor Unruhe ganz steif. Er entblößte seine Zähne in einem wilden Grinsen und knurrte und schüttelte sich und wir waren nie sicher, ob er uns die Köpfe abschneiden oder vielleicht nur ein bisschen freundlich sein wollte.

Als der fette Joachim Schwester Viktoria in der Küche stellte, knurrend sein Messer schwingend, bekreuzigte sie sich, schloss die Augen und bereitete sich innerlich auf einen jähen Tod vor. Aber nichts geschah, und als sie die Augen wieder öffnete, war Joachim verschwunden, dafür jedoch lagen wunderbarerweise ein großes Stück Fleisch und eine Menge Gerste in unserer Suppe. Von da an wiederholte sich diese Szene häufig. Schwester Viktoria sträubte sich jedes Mal, wenn Joachim erschien, dann schloss sie entweder die Augen im Gebet oder rannte aus der Küche, während er unsere Kessel inspizierte und den Inhalt nach eigenem Gutdünken verbesserte.

Von dieser deutschen Intervention abgesehen war das einzige Fleisch, das wir in diesen Monaten zu Gesicht bekamen, ein Stück von einem Pferdegebiss, komplett mit ein paar schwärzlichen Zähnen, das wir einmal aus unserer Suppe fischten. Schwester Zofia, die dabei war, wurde totenblass und wollte schon Anweisung geben, die Suppe wegzuschütten, als sie nach einem Blick in die Gesichter der Kleinen ihre Meinung änderte. Mit einem Ausdruck grenzenlosen Abscheus sah sie uns beim Essen zu. Die Pferdezähne störten mich nicht im Geringsten, aber ihre Verachtung konnte ich nicht hinunterschlucken.

In diesen ruhigen Septembertagen hatte ich, wohin ich auch ging, das deutliche Gefühl, dass Vater nahe war. Das Gefühl war so stark, dass ich manchmal den Atem anhielt, weil ich jeden Augenblick damit rechnete, seine Stimme zu hören oder seine Hand auf meiner Schulter zu spüren. An den Sonntagen musterte ich die Menge in der kleinen Kirche, fest überzeugt, das nächste Gesicht würde seines sein. Ich fühlte seine Gegenwart so stark, dass ich manchmal die Augen schloss und mich zurücklehnte, in der Erwartung, dass er hinter mir stünde. Wenn ich allein im Wald ging, hörte ich seine Stimme so deutlich, als würde er hinter dem nächsten Baum stehen und rufen, und ich nahm die Gewohnheit an, mich überraschend umzudrehen, um ihn dabei zu erwischen, wie er sich mir näherte. Sogar in der Kirche war ich unruhig, spürte, wie sich seine Augen in meinen Hinterkopf bohrten, und konnte kaum das Ende des Gottesdienstes erwarten, wo ich mich durch die Menge drängte und ganz oben auf die kleine eiserne Stiege stellte, deutlich für jedermann sichtbar, in der Hoffnung, erkannt zu werden.

Schwester Zofia fiel mein merkwürdiges Benehmen auf und ich erklärte ihr, was ich fühlte. Sie war sehr verständnisvoll. Vielleicht versteckte sich Vater irgendwo im Wald, vielleicht näherte er sich uns. Sicher dachte er jedenfalls aus irgendeinem Grund sehr intensiv an mich. So etwas kam vor.

Sie erzählte mir dann von einem eigenen Erlebnis. Den ganzen Aufstand über war sie vollkommen ruhig geblieben und ging bis zum letzten Moment, als unsere Straße schon beschossen wurde, nicht in den Keller hinunter und erlaubte auch keiner von uns, dort zu bleiben. Der Grund war, dass sie um sich die Gegenwart eines Freundes spürte, eines Priesters – er war schon tot –, der in ihrem Noviziat ihr Beichtvater gewesen war. Sie hatte völliges Vertrauen in seinen Schutz und sie wusste, dass er ständig für sie und für uns alle betete. Als er noch lebte, erhielt sie oft telepathische Botschaften, die anscheinend auch mit seinem Tod nicht aufhörten. Eine ihrer größten Hoffnungen war, ihn in der nächsten Welt wiederzusehen.

Ich brütete über dieses Geständnis, wehrte mich aber, seine Bedeutung anzuerkennen; Vater lebte noch. Er musste einfach noch leben, sonst hatte ja auch die Tatsache meines Überlebens keinen Sinn. Ich hatte eine ähnliche Vorahnung kurz vor seiner Rückkehr aus Russland im Jahr 1940 gehabt, aber das hatte damals nur achtundvierzig Stunden gedauert, so lange, wie er in Warschau nach uns suchte. Dieses Mal aber dauerte es schon Wochen. Und mit jedem Tag, der ohne ihn zu Ende ging, sank ich tiefer in meine Depression.

Schwester Zofia zeigte mir ihr Mitgefühl dadurch, dass sie mich eines Tages fragte, an wen im Besonderen ich mich denn im Gebet gewandt hätte. »Wer ist dein liebster Heiliger?«, wollte sie wissen.

Ich musste zugeben, dass ich keinen Liebling unter den Heiligen hatte. Ich betete zu Jesus und Maria.

»Das ist natürlich der beste Weg, du gehst direkt zur Quelle der göttlichen Liebe, aber es könnte nicht schaden, wenn du auch noch jemand anderen um seine Fürbitte ersuchen würdest. Hast du irgendein Skapulier?«

Ich hatte keines.

Schwester Zofia öffnete ein wenig ihre Tracht und enthüllte ein wahres Arsenal von blechernen und in Leinen gebundenen Medaillons. »Ich mache keinen Schritt ohne sie. Solang ich sie habe, so lang weiß ich, dass ich sicher bin.« Nach ausführlicher Überlegung wählte sie zwei Medaillons und reichte sie mir mit dem Rat, sie mir sofort an mein Leibchen zu stecken.

Ich bemühte mich, meine Skepsis zu verbergen. Es fiel mir nur sehr schwer zu glauben, dass so ein Stückchen Blech mit einem ungeschickt daraufgepressten Bild irgendeine Macht haben sollte. Mit Unbehagen dachte ich an heidnische Amulette und an Hexenzauber, und dann, beschämt über meinen Mangel an Glauben, versuchte ich, mir meine Zweifel hinwegzurationalisieren. Vielleicht kam es ja gar nicht auf dieses Stückchen Blech an ... aber warum sollte man es dann überhaupt tragen? Die strahlende Aura rund um Schwester Zofia trübte sich plötzlich ein kleines bisschen. Jetzt kam sie mir fast schon menschlich vor.

Unsere Spaziergänge mit Vater Cäsar gefielen mir immer besser und besser. Während die anderen Mädchen rund um uns durch den Wald rannten, gingen wir nebeneinander her und verloren uns in tiefe Diskussionen. Mit ihm fühlte ich mich viel unbefangener als mit Schwester Zofia, die mich oft so einschüchterte, dass eine freie Diskussion kaum noch möglich war. Ihre Unbeugsamkeit, ihr Bestehen auf dem höchsten Standard in allem und jedem, ihr völliges Außerachtlassen aller menschlichen Schwächen und Bedürfnisse stellte sie völlig außerhalb meiner Reichweite. Ich verehrte sie als Ideal aller Tugenden, aber um mich nicht ihrer Verachtung, mit der sie so freigebig war, auszusetzen, log ich oder unterdrückte wenigstens eine ganz natürliche Reaktion, wie zum Beispiel zu essen, wenn ich hungrig war, oder zu zittern, wenn ich fror. Bei Vater Cäsar durfte ich ich selbst sein.

Wenn er bei den Dorfleuten um Essen bettelte, dann trug er dabei in seinem Herzen keine Verachtung für unseren vulgären Appetit. Und obwohl er nie eine Mahlzeit mit uns teilte und sich sogar lachend weigerte, auch nur einen Bissen von dem zu essen, was er uns brachte, und immer behauptete, er habe Magenverstimmung oder habe sich übergessen, wussten wir, dass er uns auch nicht das kleinste Krümchen wegnehmen wollte. Er war völlig unbefangen, rannte mit uns, sprang über Gräben, schleppte die Jüngsten auf dem Rücken oder versteckte sogar beim Versteckspiel ein Kleines in den Falten seiner Kutte. Schwester Zofia schreckte vor jeder Berührung zurück und verabscheute laute Spiele und was sie »Wildheit« nannte – das alles musste man um jeden Preis zu unterdrücken suchen. Aber was mir Vater Cäsar am sympathischsten machte, war seine völlig vorurteilslose Einstellung zu Wissen jeder Art. Sein Lerneifer, seine Gier, neue Bücher zu lesen und sie nachher mit jemandem zu besprechen, glich so sehr meinen Gefühlen, dass ich oft den Abgrund der Jahre, die uns trennten, sowie seine höhere Bildung völlig vergaß.

Unsere jüngste Entdeckung war, dass manche Leute bestimmte Worte in Farben sahen, und ich gab zu, dass ich das Alphabet schon immer in dieser Art gesehen hatte und auch die meisten Wörter, die mit einem Großbuchstaben begannen. Bisher hatte ich gedacht, dass es allen Leuten so ging. Ich hatte eine Liste der Buchstaben und der ihnen zugeordneten Farben für Vater Cäsar gemacht, der mich manchmal überraschend ausfragte, um zu sehen, ob sich diese Verbindungen änderten. Sie blieben immer gleich. Diese Verbindung zwischen Farben und Klängen war in meiner frühen Kindheit entstanden, sobald ich lesen gelernt hatte, und war unerschütterlich. Das passierte auch bei Vornamen und besonders bei der Kombination von zwei Namen, deren Farben sich manchmal genauso schmerzhaft schnitten wie eine musikalische Dissonanz. Dieses Thema beschäftigte uns manchmal stundenlang.

Schwester Zofia bemerkte mein neues Interesse und auch den Umstand, dass ich nicht die Einzige war, die Vater Cäsar faszinierend fand. Einige von den älteren Mädchen, mit Ausnahme von Vera, die nichts übrighatte für unsere »Hirngespräche«, kamen jetzt immer mit Vater Cäsar auf seinen Spaziergängen mit und rangen um seine Aufmerksamkeit. Er nahm sich für jede einzelne von uns Zeit und keine kam sich vernachlässigt vor.

An einem strahlenden Oktobernachmittag schickte Schwester Zofia den Chor nach der Probe fort, bat aber fünf von uns, noch zu bleiben.

»Mir ist bei einigen von euch eine neue Begeisterung aufgefallen«, krächzte sie und sammelte ihre Noten ein, »und ich würde euch gern warnen. Gegen jugendliche Begeisterung ist nichts einzuwenden. Es ist klar, dass ihr in eurem Alter noch öfter solche Anfälle haben werdet, aber bitte seid vorsichtig. Ihr lasst euch alle leicht führen und haltet gern jede neue Idee für ein Evangelium. Ich habe Vater Cäsar gern. Ich finde, er hat so etwas Frisches in seiner Einstellung. Eine gewisse Naivität, wenn ihr wisst, was ich damit meine. Das kommt im Wesentlichen von seiner großen Jugend und einem bestimmten Mangel an ... sagen wir, Erfahrung. Schließlich wird sich so ein Junge, der wahrscheinlich von einer Bauernfamilie stammt und als Kind kaum etwas gelernt hat, naturgemäß ganz überwältigt fühlen, wenn er in ein Seminar kommt und sieht, was es noch alles für ihn zu lernen gibt ... Wenn er einen guten Kopf hat und Wissensdurst, dann wirft er sich darauf, etwa wie ein Verdurstender sich in einen Bach wirft, um zu trinken. Es kommt ihm dabei vielleicht gar nicht so sehr darauf an, was er da trinkt. Neben echtem Wissen wird er auch allerhand aufnehmen, was reiner Mist ist, und es wird vielleicht Jahre dauern, bis er lernt, die Dinge zu sieben, bevor er sie als Ganzes schluckt. Aber bis er das lernt, ist er ein ziemlich zweifelhafter Führer, besonders für so eine Herde von dummen Gänsen, wie ihr es seid ... Also bitte, seid vorsichtig. Haltet eure Begeisterung im Zaum. Lasst ihm Zeit, mehr an sich selber zu arbeiten als an euch.«

Leicht verstört kehrten wir in unsere Zimmer zurück und vermieden es, einander in die Augen zu schauen. Es schien unglaublich, ja unmöglich, aber trotzdem ... war es denkbar, dass Schwester Zofia eifersüchtig war?

Ein paar Tage später nahm meine Beziehung zu Vater Cäsar eine unerwartete Wendung. Bei einem seiner häufigen Besuche in unserem Zimmer bemerkte er mein Tagebuch und fragte mich, neugierig wie immer, was ich da drin schrieb. Ich versuchte, es unter meinen Schulbüchern zu verstecken, aber er langte mit einem langen Arm über meine Schulter, schnappte das Tagebuch und hielt es hoch über seinen Kopf.

»Das werde ich lesen«, verkündete er. »Endlich werde ich alle deine Geheimnisse erfahren!«

Damit tanzte er durchs Zimmer und wich meinen verzweifelten Versuchen, das Buch wiederzubekommen, geschickt aus.

Mir wurde vor Entsetzen ganz kalt. Das Tagebuch enthielt ziemlich viel von meinen »Geheimnissen«, und obwohl das meiste in einem besonderen Alphabet geschrieben war, das ich erfunden hatte, als ich zu schreiben anfing, und das ich für kindersicher hielt, war mir doch klar, dass Vater Cäsar keine Schwierigkeit haben würde, es zu entziffern. Aber ich durfte gleichzeitig auch nicht zeigen, wie viel Angst ich hatte, denn das würde seine Neugier nur noch mehr reizen und außerdem auch die anderen Mädchen aufmerksam machen.

Er rannte in den Gang, ich hinter ihm her, und stürzte in das Zimmer, das er mit den anderen Priestern teilte.

Das war natürlich für alle anderen streng verbotenes Territorium, aber mir war jetzt schon alles egal. In gespieltem Entsetzen scheuchte mich Vater Cäsar hinaus.

»Du wirst einen Fluch auf dein dummes Haupt ziehen! Hier darfst du nicht herein!«

Ich zerrte an seinem Ärmel und versuchte noch immer, das Buch zu erwischen. Meine Aufregung musste ihm schließlich doch aufgefallen sein, denn er wurde plötzlich ernst, gab mir das Tagebuch zurück, kam zu mir in den Gang heraus und entschuldigte sich für sein Benehmen.

»Ich wollte dir wirklich nicht nahetreten. Jedes Kind hat immer ›schreckliche Geheimnisse‹, die einem Erwachsenen gar nicht so schrecklich vorkommen. Ich liebe Kinder und ich möchte mein ganzes Leben lang mit ihnen arbeiten. Natürlich möchte ich sie gern gut kennenlernen. Und ein Tagebuch ist das beste Mittel, um jemanden wirklich gut kennenzulernen. Deshalb wollte ich deins gern lesen. Ich dachte nicht, dass du mir das so übel nehmen würdest. Es tut mir schrecklich leid, dass ich dich so aufgeregt habe. Kannst du mir verzeihen?«

Ich nickte sprachlos.

Er hellte sich wieder auf. »Würdest du mich nur ein bisschen davon lesen lassen? Ein paar Seiten? Blättere einmal durch, streich die Seiten an, die ich nicht lesen soll, und ich verspreche dir, ich schaue sie nicht an. Wie wäre das?«

Ich wollte nicht kleinlich und undankbar aussehen und rundheraus ablehnen, aber ich glaubte nicht, dass er sein Versprechen halten würde. Das würde keiner.

»Ich muss es mir vorher noch durchlesen«, sagte ich unsicher.

»Großartig. Also, das ist ein Versprechen. Ich kann mich auf dich verlassen. Gib's mir in ein paar Tagen!«

Das Tagebuch an mich gepresst kehrte ich in unser Klassenzimmer zurück. Es war gar nicht notwendig, dass ich es durchlas. Es gab keine einzige Eintragung, wo nicht von kompromittierenden Dingen die Rede war. Vater Cäsars idealistische Vorstellungen von Kindheit waren ja sehr schön. Und es war erfreulich zu wissen, dass er sich so für mein Innenleben interessierte, aber das hatte nicht das Geringste zu tun mit meinen Erinnerungen an das Ghetto, meinen Ängsten um Vaters Sicherheit oder – vom Erhabenen zum Lächerlichen ist nur ein Schritt – mit meiner Scham darüber, dass ich, wie sich herausstellte, jetzt genauso Läuse hatte wie alle anderen. Davon war doch sicher nichts notwendig oder relevant für sein Verständnis der Kinderseele?

Aber ein Versprechen durfte man nicht brechen. Ich brütete zwei Tage lang unglücklich vor mich hin und am Freitag ging ich zu ihm zur Beichte.

»Ich bin in einer sehr schwierigen Lage, Vater«, flüsterte ich in die Finsternis des Beichtstuhls. »Ich habe ein Versprechen gegeben, das ich beim besten Willen nicht halten kann.«

»Erzähl mir alles«, sagte er.

Ich sagte es ihm. Er sprach mich frei und gab mir die Absolution. Als er an diesem Abend beim Essen durch die Halle ging, blieb er stehen und sah mich eine Minute lang an. Er sah verwirrt und traurig aus, kam aber später nie wieder darauf zurück. Aber von da an war er eher noch freundlicher und besorgter um mich als früher.

Der fette Joachim fuhr auf Urlaub und sofort verschlechterte sich unser Essen. Wieder traf eine Gruppe von Mädchen bei uns ein, die aus dem Lager außerhalb von Warschau hatte flüchten können. Von ihnen hörte ich, dass in meinem ersten Kloster jetzt vierhundert Kinder waren statt der üblichen etwa hundert; und dass das gesamte weltliche Personal nach Deutschland zur Zwangsarbeit verschleppt worden war. Frau Rolska, die bei Beginn des Aufstands ihr Sanatorium verlassen hatte, musste auch darunter gewesen sein.

Mit feuriger Pracht senkte sich der Herbst auf die Wälder rund um uns, aber die Flammen waren schon am Erlöschen, vom Regen erstickt, die Blätter wurden braun und an den Büschen wurden die essbaren Beeren immer weniger. Wir durchstreiften die Wälder wie ein Rudel hungriger Tiere, beknabberten und kosteten alles und zitterten ständig davor, dass einer sich einmal eine Mahlzeit aus den Belladonna-Beeren genehmigte, die überall am Waldrand wucherten. Bei der Vorstellung, dass der Winter immer näher rückte, liefen mir kalte Schauer über den Rücken; den ganzen Tag in stinkenden, kalten Zimmern eingesperrt zu sein, unter Mädchen, die vor lauter Enge alle stachelig wurden wie Brombeerstauden, und alles noch verschärft durch ständigen Hunger. Die früh einbrechende Dämmerung war trüb und bedrohlich, die kalten, nieseligen Morgen noch hoffnungsloser als zuvor. Mein Zahnfleisch blutete wieder, aber es hatte keinen Zweck, damit zu Schwester Adele zu gehen, denn sie hatte in ihrer Erste-Hilfe-Kiste nur noch Augentropfen, sonst gar nichts.

In dieser deprimierenden Atmosphäre verliebte sich Ela bis über beide Ohren in einen Priester, der hier zu Besuch war, einen stillen, zerbrechlichen, silberhaarigen Mann, der eine hohe Stellung in seinem Orden innehatte. Da er aber weder sie noch irgendein anderes Mädchen auch nur zu bemerken schien, konnte sie nur dadurch an ihn herankommen, dass sie jeden Freitag zur Beichte ging, und wir zerbrachen uns den Kopf darüber, was um Himmels willen sie denn zu beichten hatte, da sie wie immer die Verkörperung aller christlichen Tugenden war. Noch dazu dauerte jede ihrer Beichten unglaublich lange und man konnte sich einfach nicht vorstellen, dass ein Mensch in einer kurzen Woche so viele Sünden angesammelt hatte.

Schließlich bemerkte Schwester Zofia, was los war, und ihre Reaktion ließ nicht auf sich warten. Ela wurde ausgelacht, ihre Liebe auf jede Art verspottet, und das immer in unserer Gegenwart. Sie errötete, weinte, versuchte sich zu verteidigen, fuhr aber trotz allem mit ihren freitäglichen Seelenerforschungen fort. Die Mutter Oberin war die Einzige, die sie zu verstehen schien, ja sie sogar unterstützte.

»Es ist ihre erste Liebe«, versuchte sie uns zu erklären. »Jede von euch wird eines Tages Sterne sehen um den allergewöhnlichsten Menschen und die ganze Welt wird wie verzaubert sein. Ihr sollt Ela nicht auslachen. Ich bin sicher, dass früher oder später jede von euch die gleiche Erfahrung durchmachen wird, und es kann ganz leicht sein, dass ihr eine schlechtere Wahl trefft als sie.«

Der fette Joachim kam aus dem Urlaub zurück und trug einen fetten Arm in Gips und wir umarmten einander vor Freude. Anscheinend wurde jetzt Deutschland schwer zerbombt, seine Städte wurden in Schutt und Asche gelegt und seine Leute hockten in den Kellern, wie wir es so oft getan hatten.

»Geschieht ihnen recht«, stellten wir fest. »Endlich bekommen sie etwas ab von ihrer eigenen Medizin.« Man flüsterte sich allgemein zu, dass sich der fette Joachim seinen Arm bei einem Luftangriff gebrochen und dass er seine Familie verloren hatte. Die anderen Deutschen gingen herum und schauten drein wie Gewitterwolken, hatten offenbar große Sorgen, sie sahen finster und bedrückt aus. Ich machte weiter meine einsamen Waldspaziergänge, wann immer das Wetter es zuließ. Der Wald war der einzige Ort, wo ich Frieden fand, wo ich sicher war vor neugierigen Blicken und dauernden Störungen. Ich versuchte, wieder dieses Gefühl wachzurufen, dass Vater nahe war, aber es wurde jetzt immer schwächer, so als würde er sich von mir entfernen. Falls er wirklich in diesen Wäldern gewesen war, musste er in eine andere Richtung gegangen sein, dachte ich unglücklich. Er hatte gar nicht bemerkt, wie nahe wir einander gewesen waren.

Als ich so ziellos von einem Baum zum anderen ging, kam ich in die Nähe einer kleinen Lichtung und blieb plötzlich stehen. Auf einem umgestürzten Baumstamm auf einem kleinen Grasflecken saß der fette Joachim. Sein gebrochener Arm lag ungeschickt auf seinen Knien, seine fassartige Brust hob und senkte sich heftig und große Tränen fielen eine nach der anderen auf die weiße Gipsschale. Ich drückte mich flach an einen Baum und starrte ihn mit offenem Mund an. Mein erster Gedanke war, dass sein Arm ihn heftig schmerzte, und eine wilde Freude stieg in mir auf, dass ich einen Deutschen über einen so läppischen Schmerz hier heulen sah. Aber sofort verjagte ein zweiter Gedanke diesen ersten. Männer weinten nicht wegen einem gebrochenen Arm. Große, stämmige deutsche Soldaten schon gar nicht.

»Es ist seine Familie, ihretwegen weint er«, dachte ich. Meine Freude verflog in nichts. Meine Eingeweide schienen sich schmerzhaft zu verknoten, genauso wie wenn ich an meine eigenen Eltern dachte. Ich wehrte mich gegen dieses Gefühl, war entsetzt darüber, schämte mich, aber es wollte nicht verschwinden.

Angesichts dieses furchtbaren Schmerzes sah ich die grüne Uniform gar nicht mehr, die für alles stand, was ich hasste und fürchtete. Ich hatte nur den einen unwiderstehlichen Wunsch: zu ihm hinzulaufen, an seiner Seite zu knien und mit ihm zusammen über alle unsere Toten zu weinen. Aber das wäre natürlich Wahnsinn, wenn nicht überhaupt Verrat gewesen.

Ich trat von dem Baum zurück und kroch lautlos in den Wald. Nach einem langen Spaziergang hatte ich mich endlich so weit gefangen, dass ich wieder heimgehen konnte.

Aber ein kleiner nagender Zweifel blieb. Warum hatten mich Joachims Tränen so aufgeregt? Warum hatte ich mich nicht stattdessen darüber gefreut? Hatte ich durch diese erbärmliche Schwäche nicht meine eigene Seite verraten? Es war doch sicherlich absurd zu glauben, dass ein Jude und ein Deutscher jemals vereint sein könnten, und sei es im Schmerz? Verstört über meine Reaktion, zu beschämt, um darüber mit jemandem zu sprechen, nicht einmal mit Vater Cäsar, zog ich mich noch weiter in mich selbst und in meine Bücher und meine Träume zurück.

Bald nach diesem denkwürdigen Tag kam der älteste »unserer« Deutschen zur Mutter Oberin und teilte ihr mit, dass eine Gruppe von Ukrainern in eines der Zimmer im Erdgeschoss einziehen würde. »Von jetzt an müssen alle Mädchen oben bleiben«, warnte er sie. »Sie sollen sich nicht allzu viel im Haus zeigen und lassen Sie sie nie, unter keinen Umständen, die Zimmer dieser Männer aufräumen. Wir werden leider auch auf unsere Aufräumemädchen verzichten müssen, denn die Ukrainer werden neben uns wohnen. Diese Männer sind wie wilde Tiere, man kann nie wissen, was sie im Schilde führen.«

Blass vor Sorgen dankte ihm die Mutter Oberin für seine Warnung und er sah sie an und schüttelte traurig den Kopf. Im Gehen wandte er sich noch einmal um: »Und lassen Sie die Kinder alle diese patriotischen Lieder nicht gerade vor unserer Nase singen; wir können die Worte nämlich verstehen . . .«, und damit ging er schnell hinaus.

Wir schleppten unsere Esstische in den ersten Stock und lebten von diesem Tag an in ständiger Furcht vor unseren neuen Nachbarn. Sie kamen in der nächsten Nacht, betranken sich sofort und fingen zu singen an. Später in derselben Woche schossen zwei von ihnen mit Pistolen aufeinander los, rannten schießend unser Stiegenhaus hinauf und hinunter und wurden schließlich von den Deutschen entwaffnet. Wir hörten Schüsse und Schreie und die gutturalen Flüche der Deutschen und bis zum Morgen traute sich niemand zu schlafen.

Als die Kartoffelferien kamen, blieb ich zu Haus. Mein Skorbut fing wieder an, jeder Bissen schmerzte mich. Bei der geringsten körperlichen Anstrengung fiel ich in Ohnmacht oder bekam solche Atemnot, dass ich jedes Mal überzeugt war, ich müsste sterben. An meinen Händen und auf einer Fußsohle bildeten sich merkwürdig aussehende Abszesse und schließlich musste ich doch, wenn auch ungern, Schwester Blanche aufsuchen.

Sie untersuchte meine eitrige Hand und ließ sie voll Abscheu wieder fallen: »Du hast Krätze.«

»Das ist nicht wahr!«, rief ich empört.

»Doch. Du wäschst dich nicht oft genug, daher kommt es. Wir tun, was wir können, um dir Reinlichkeit beizubringen, aber wie können wir hoffen, gegen rassische Eigenheiten anzukommen? Was von einer Generation zur anderen weitervererbt wird ... Dein Volk war immer dreckig und wird es immer sein ...«

Ich war sprachlos vor Empörung, unfähig, eine Antwort zu finden. Natürlich war jedermann im Kloster fest davon überzeugt, dass Juden schmutzig waren. Zahlreiche Geschichten waren darüber im Umlauf und es würde sicher niemandem je gelingen, an dieser Überzeugung zu rütteln.

»Du gehst jetzt in deine Klasse und erklärst Schwester Zofia, warum du nicht mehr zum Unterricht kommen kannst. Es geht nicht, dass du alle anderen mit Krätze ansteckst. Dann kommst du zu mir zurück und ich werde mich um das Weitere kümmern.«

Ich versuchte zu protestieren, aber meine Stimme blieb mir im Hals stecken. Schwester Zofia war der letzte Mensch auf Erden, dem ich diese Mitteilung machen wollte. Aber Schwester Blanche wusste genau, wie mir zumute war, und zwang mich zu gehen. Ich betrat die Klasse und blieb stehen, in dem schmalen Gang zwischen den Pulten schwankend. Schwester Zofia hob die Augen von ihrem Buch und runzelte die Stirn. »Steh nicht da herum, du kommst ohnehin schon zu spät. Hast du eine Entschuldigung?«

Ich machte den Mund auf und rang nach Luft. Lieber sterbe ich, bevor ich es ihr sage, dachte ich verzweifelt und hoffte, dass ich tatsächlich tot umfallen würde, bevor die schrecklichen Worte ausgesprochen wurden.

Schwester Zofia musterte mich ungeduldig. »Also? Was ist los? Wenn du nichts zu sagen hast, dann bleib nicht stehen und schnapp nicht nach Luft wie ein Fisch auf dem Trockenen. Setz dich!«

»Ich kann nicht mehr zum Unterricht kommen«, hörte ich mich krächzen, »ich habe die Krätze.«

Der Klasse entrang sich ein Laut des Entsetzens. Schwester Zofia richtete sich starr auf, wich instinktiv vor Abscheu zurück und ich schloss die Augen.

»Hinaus«, hörte ich die heisere Stimme flüstern, durch das Geräusch von steigendem Wasser und Glockenläuten hindurch, und spürte, wie die kalten Wellen über mir zusammenschlugen. »Du solltest dich schämen, mit so einer Nachricht hier aufzutauchen. Ich verstehe überhaupt nicht, warum du gekommen bist. Bist du stolz darauf?«

Die Tür fiel zu. Ich fand zu dem Korridor zurück, wo Schwester Blanche in einer weißen Schürze mich ins Badezimmer winkte. In zornigem Schweigen zog sie mich aus, stellte ein großes Becken mit heißem Wasser auf einen Hocker und beugte mich darüber.

»Ich werde dich jetzt von oben bis unten abschrubben, vielleicht wirst du davon gesund.« Damit nahm sie eine Bürste mit ganz steifen Borsten und machte sich an die Arbeit, als wäre ich ein Möbelstück. Ich dachte, die Bürste würde mir Streifen vom Rücken reißen, aber ich biss die Zähne zusammen und wartete verbittert darauf, was sie wohl mit meiner Hand tun würde. Die war mit Abszessen bedeckt, alle Gelenke waren aufgesprungen und entzündet und meine Handfläche sah aus wie eine kleine vulkanische Insel in vollem Ausbruch. Schwester Blanche packte mich energisch an den Fingern und fuhr mit der Bürste darüber, als würde sie Stiefel putzen. Ich riss mich von ihr los und flüchtete in die Ecke. Die Vulkane spuckten alle Blut auf den Kachelboden.

»Na, na, nur keine Hysterie«, ermahnte sie mich und warf mir ein Handtuch über den zitternden Körper. »Wenigstens bist du den Dreck losgeworden ...«

Sie stellte das Waschbecken auf den Boden, schob mich auf den Hocker und kniete nieder, um mir die Füße zu waschen. Wieder biss ich die Zähne zusammen und betete um Kraft. Ich hatte es nie ertragen können, wenn jemand meine Füße anrührte, aber das war jetzt nicht der Zeitpunkt, um kitzlig zu sein. Irgendwie hielt ich durch, solange sie an meinem gesunden Bein schrubbte. Am linken Fuß hatte ich zwei riesige Abszesse mitten auf der Sohle und er war weit über den Knöchel hinauf geschwollen. Schwester Blanche hob ihn aus dem Wasser und da verlor ich barmherzigerweise das Bewusstsein. Bevor sich jedoch die Dunkelheit auf mich senkte, spürte ich eine riesige Flamme des Schmerzes mein Bein emporschlagen und hörte einen durchdringenden Schrei.

Als ich einen Augenblick später zu mir kam, war das Badezimmer voller Mädchen, die mit offenen Mündern starrten. Schwester Blanche saß in einer großen Seifenwasserlache auf dem Boden und war triefnass. Ich musste, bevor ich in Ohnmacht gefallen war, das Waschbecken umgestoßen haben. Sie krabbelte hoch, wrang ihre Tracht aus, warf die Bürste auf den Boden und stelzte hinaus, vor Wut sprachlos. Ela und Tamara halfen mir auf und verbanden meinen Fuß, aus dem das Blut spritzte wie aus einem Geysir. Einen Moment später kam Schwester Blanche zurück.

»Zieh das an.« Sie reichte mir einen dünnen Kattunkittel, der von oben bis unten durchgerissen war. »Das ist alles, was du von jetzt an tragen kannst. Du kannst uns nicht zumuten, dass wir alle deine Kleider desinfizieren.« Schweigend führte sie mich die Stiegen hinauf bis fast unters Dach, wo ein Bund Stroh auf den Zementboden des Stiegenabsatzes geworfen war. Hier in der Ecke, zwischen zwei Treppen und den langen Fenstern, wo das Stiegenhaus eine Biegung machte, sollte ich bleiben, bis ich geheilt war. Ich bekam noch eine fadenscheinige Decke, dann ließen sie mich allein.

Ich kauerte mich in die Ecke, die am weitesten von den Fenstern entfernt war. Die Hälfte der Scheiben war eingeschlagen. Grau und bedrohlich sah der Novemberhimmel zu mir herein. Kurz zuvor hatte es leicht geschneit und es sah so aus, als würde bald noch mehr Schnee herunterkommen. Der Wind pfiff durch die Löcher in den Scheiben, raschelte im Stroh und blies durch meine Decke. Mein Fuß pochte. Die Abszesse schlossen sich, schwollen aber mit alarmierender Schnelligkeit wieder an. Von meinem Knöchel bis zum Knie zog sich ein breiter roter Striemen.

»Hier werde ich sterben«, dachte ich. »Ich werde vor Kälte sterben, wenn mir nicht jemand noch ein paar Decken bringt oder etwas zum Anziehen.« Mein Kattunkleid wärmte überhaupt nicht. Die normalen Hungergefühle hatten sich in einen beißenden Schmerz verwandelt, der manchmal so arg wurde, dass ich mich zusammenkrümmte. In der Dämmerung kam Schwester

Blanche zu meinem Lager heraufgerauscht und trug eine Dose mit etwas drin, das aussah wie Schuhschmiere, und noch eine Bürste, diesmal war es eine Zahnbürste. Auf dem Boden kniend versuchte sie, mir die schwarze Schmiere auf die Hand zu schmieren, aber das Zeug war hart gefroren wie Stein, die Zahnbürste kratzte kleine Brocken heraus und presste sie auf meine Wunden. Ich schaute finster und wand mich und konnte sie am Ende davon überzeugen, dass ich das am besten selbst erledigte. Ich war sicher, dass es ohnehin nichts nützen würde. Die Schmiere war für Krätze, und was auch immer ich hatte, Krätze war es jedenfalls nicht.

Die Nacht, die ich auf diesem Treppenabsatz verbrachte, wird mir für immer als die finsterste und schmerzvollste aller Nächte meines Lebens im Gedächtnis bleiben. Zu der beißenden Kälte und dem Hunger und den unerklärlichen Qualen in meinem Magen kam noch der peinigende Schmerz in meinem Bein dazu, das aus der Haut zu platzen schien. Die Abszesse waren einer nach dem anderen »reif« geworden, aber die Haut war nach einem Sommer lang Barfußgehen im Wald zäh wie Leder, sie wollte nicht nachgeben. Ich suchte wie verrückt nach einem scharfen Gegenstand, um sie aufzustechen, aber ich fand nichts. Nicht einmal meine Nägel waren lang genug.

Irgendwann während dieser endlosen Stunden fiel mir plötzlich ein, dass ich doch eine große Sicherheitsnadel hatte, die sehr wohl als Skalpell dienen konnte. Als man mir die Unterkleider ausgezogen hatte, hatte ich mir die beiden Medaillons von Schwester Zofia an mein Kattunkleid gesteckt; fieberhaft machte ich jetzt die Nadel auf, schüttelte die Medaillons auf den Boden und rannte mir, ohne eine Sekunde zu zögern, die Spitze in den Fuß. Die sofortige Erleichterung trieb mir die Tränen in die Augen. Ich durchstach den anderen Abszess, heftete die Medaillons wieder an mein Kleid und kroch dann hinunter in unseren Gang. Der hatte einen Holzfußboden, der mir nach dem windgepeitschten Zementfußboden auf dem Treppenabsatz richtig warm vorkam. Noch zweimal durchstach ich mir in dieser Nacht meinen Fuß, bemerkte dabei, dass die Nadel ziemlich rostig war, fragte mich vage, was für Folgen meine chirurgischen Eingriffe haben würden, und schleppte mich im Morgengrauen wieder hinauf.

Vor Kälte zitternd und vor Fieber glühend verkroch ich mich im Stroh. Der Zement fühlte sich wie ein Eisblock an, der Wind blies Hagel und Schnee durch die eingeschlagenen Fenster. Ich zog meine Knie bis zum Kinn hoch, schloss meine Augen vor dem tobenden Winterhimmel und sank in einen halb bewussten Traum; zurück in die verwinkelten Gassen voller Schlaglöcher, durchwogt von einer abgerissenen Menge; in den schmutzigen, hart gefrorenen Schnee, zu den erfrorenen nackten Körpern an den Wänden, zugedeckt mit Zeitungspapier, an dem der Wind zerrte. Zurück ins Ghetto.

... mit Tosia durch unsere Straße gehend, jede hängte sich an Vaters Hand und versuchte, über vereiste Stellen zu rutschen. Vater, wie er über unsere ungeschickten Bewegungen lachte. Tosia und ich, beide so warm angezogen gegen die Kälte, dass wir steif waren wie Schneemänner. Bei der Kreuzung, wo die Schlaglöcher besonders tief sind und das Katzenkopfpflaster verräterisch unter dem harten Schnee lauert, verabschieden wir uns von Tosia, die auf der gegenüberliegenden Straßenseite wohnt, in dem Eckhaus.

Wir stehen und sehen ihr zu, wie sie über die Hügel und Löcher auf der Straße klettert, steifbeinig in ihren wollenen Strümpfen, die Arme ungeschickt ausgestreckt, rutschend und kichernd, während wir ihr ermunternd zurufen. Endlich hat sie die andere Seite erreicht, jetzt klettert sie über den riesigen Berg von schmutzigem Schnee im Rinnstein. In diesem Augenblick fällt Vater aber etwas sehr Wichtiges ein und er ruft sie zurück.

Verschreckt steht sie am Straßenrand, hat große Angst davor, diesen Weg noch einmal machen zu müssen.

»Du musst zurückkommen, Tosia, es ist sehr wichtig. Es tut mir leid, dass ich dir's nicht vorhin gesagt habe. Nein, zubrüllen kann ich dir's nicht. Es ist ein Geheimnis!«

Mit einem Stöhnen geht Tosia los, weicht den Gruben auf der vereisten Straße aus, während wir sie drängen und ermuntern und ermutigen. Keuchend kommt sie an und hängt sich an Vaters Arm, glühend vor Neugier.

»Was ist es denn?«

»Was ich dir sagen wollte, Tosia, Liebling: Du musst sehr vorsichtig sein, wenn du über die Straße gehst. Es ist furchtbar rutschig ...«

Mit Yola zwischen den Trümmern eines ausgebombten Krankenhauses herumlaufend – oder war es eine Kirche? Durch eine vom Wind gepeitschte kalte Straße voll von trockenen Blättern. Yola erspäht die leere Metallhülse eines Papierkorbs, noch immer auf seinem Pfosten. Im Nu ist sie dort und drin, ihre dünne Gestalt rutscht bis hinunter, ihr lachendes Gesicht guckt zwischen ihren Knien zu mir herauf. Zusammengefaltet sitzt sie drin, wie ein Känguru-Baby in der Bauchtasche seiner Mutter. Der Korb fällt herunter und der Aufprall treibt sie so fest hinein, dass sie nicht mehr herauskann, und ein paar Momente lang kämpfen wir verzweifelt zwischen Angst und Gelächter, ungewiss, ob das der beste aller Witze ist oder aber ein schreckliches Unglück. Es gelingt mir, sie herauszuziehen, sie klopft ihren Mantel ab, ein paar Augenblicke lang gehen wir Seite an Seite, ernst und gesetzt, zwei wahre Mustermädchen auf einem Spaziergang, bis uns plötzlich der

Herbstwind in die Röcke fährt und unser Haar zerzaust, und wir lachen und laufen und tanzen und die trockenen Blätter um uns schwirren ...

Und dann bin ich zu Haus, wirklich zu Haus, in unserer Stadt vor dem Krieg, und es muss mein Geburtstag sein und Weihnachten zusammen, was in Wirklichkeit nie passieren könnte, denn Weihnachten feiern wir nie und mein Geburtstag ist außerdem drei Monate später, aber jetzt feiern wir beides zusammen und Mutter fragt mich, wen ich gern zu meiner Geburtstagsfeier einladen möchte.

»Alle Kinder aus dem Kloster«, sage ich.

»Und was sollen wir ihnen zu essen anbieten?«

Ich überlege lange; sonst gab's immer Brötchen und Kuchen und Schokolade und Obst und alle Arten von Keksen. Nein, wenn man so hungrig ist wie wir, dann mag man keine Kuchen.

»Machen wir einen großen Topf voll Gemüsesuppe mit viel Kartoffeln drin.« Und glühend vor Vorfreude wache ich auf meiner Handvoll Stroh auf und spüre, dass die Abszesse sich wieder gefüllt haben und dass es Zeit ist, sie mit meiner rostigen Nadel aufzustechen, bevor mich der Schmerz wahnsinnig macht ...

Spät am selben Nachmittag kommt Schwester Adele von ihrer Reise zurück und besucht mich. Sie bringt die gleiche Salbendose mit, hat aber so viel Verstand, sie ein paar Minuten lang auf dem Ofen zu lassen, bis das Zeug geschmolzen ist. Jetzt muss man es nicht mit der Bürste hineinreiben, es geht auch mit dem Finger.

Während ich meine Hände mit der schwarzen, übel riechenden Schmiere einreibe, sieht sie sich meinen Fuß an und schnalzt dabei wie eine besorgte Glucke. »Du brauchst eine Injektion, das sieht sehr bös aus.« Mein Knie war geschwollen und der rote Striemen schob sich schon über meinen Schenkel. Von meinen chirurgischen Eingriffen sagte ich lieber nichts, zeigte ihr aber schüchtern meine Hände.

»Glauben Sie wirklich, dass das Krätze ist?«

Verblüfft sah sie mich an. »Krätze? Was für eine furchtbare Idee! Wer hat dir denn das in den Kopf gesetzt? Du hast nicht im Geringsten Krätze, Kind. Du hast Gelbsucht, du hast in diesem Fuß hier eine böse Infektion und deine Knochen sind offen wegen der Unterernährung. Du brauchst Essen und viel Vitaminpillen und Lebertran, doch das Einzige, was ich habe, ist diese schwarze Schmiere und Zinkaugentropfen!« Plötzlich klang ihre Stimme nahe den Tränen und nur wegen meiner schrecklich schmierigen Arme wagte ich es nicht, sie an mich zu drücken.

»Wir müssen dich auch von diesem Treppenabsatz herunterholen, sonst erfrierst du uns noch. Wie hast du nur die letzte Nacht durchgestanden?«

Glücklicherweise wartete sie nicht auf eine Antwort. Innerhalb einer Stunde war ich wieder unten im Gemeinschaftsraum, nachdem Schwester Adele nachdrücklichst erklärt hatte, dass ich trotz meiner offenen Wunden und meiner Gelbsucht nicht ansteckend war. Die Heizkörper waren vom Morgen her noch halbwegs warm; statt des Strohs hatten wir jetzt Matratzen, auf denen wir zu zweit schliefen. Meine Bettgenossin war Tamara, rundlich und weich, und wir schliefen wegen der Wärme eng umschlungen. Da sie nichts gegen meine Abszesse hatte, stieß ich mich erst recht nicht an ihrer Tbc, obwohl sie seit dem Sommer zwei kleine Blutstürze gehabt hatte und ihre Brust auf höchst faszinierende Weise pfiff und ratterte. Es war, als würde man mit einer großen schnurrenden Katze schlafen. Verbunden und sauber fühlte ich mich jetzt ganz glücklich, obwohl ich wusste, dass ich bald sterben würde. Bis zum Frühling würde ich es keinesfalls mehr machen.

Meine Rückkehr in die Gruppe fiel zusammen mit dem Wiederauftauchen von zwei anderen unerwarteten Heimkehrern. Die erste war Alice, die zu Anfang des Sommers von einem Warschauer Flüchtlingspaar »adoptiert« worden war. Sie hatten ihre einzige Tochter bei einem Fliegerangriff verloren und der Mann dachte, dass ein anderes Kind seiner Frau vielleicht helfen würde, über den Schmerz hinwegzukommen. Die Schwestern gaben ihre Kinder gar nicht gern her und unter normalen Umständen wäre auch nichts draus geworden. Aber da wir in diesem Winter alle dem Verhungern entgegensahen, brachten sie ihre Skrupel zum Schweigen und wählten die kleine Alice.

Sie war das stillste und ordentlichste Kind in der ganzen Anstalt. Nie waren ihre Haare zerzaust, nie ein Fleck auf ihrem blassen kleinen Gesicht. Keiner hatte sie jemals weinen oder schreien gehört. Sie redete, wenn überhaupt, fast nur im Flüsterton, tat nie mit bei wilden Spielen, raufte nie mit den anderen und schien auf ihre stille Art recht glücklich zu sein.

Nach der Adoption kam sie uns ein- oder zweimal besuchen und wir trauten kaum unseren Augen. In einem wunderschönen schwarzen Kleid, das so kurz war, dass ihr Po hervorschaute, mit leuchtendem Haar und gerötetem Gesicht schnatterte sie pausenlos auf jeden ein, der bereit war, ihr zuzuhören. Und noch erstaunlicher war, dass sie, die früher jeden körperlichen Kontakt vermieden hatte, uns jetzt auf den Schoß sprang und ganz natürlich ihre Arme um uns legte. Aber was uns am meisten auffiel, war der Ausdruck ihrer Augen. Zum ersten Mal blitzten und strahlten sie. Endlich war Alice lebendig geworden.

Wir fragten sie wegen der schwarzen Kleider, die sie immer trug, und sie erklärte uns, das wäre aus Trauer um das andere kleine Mädchen, das gestorben war. Ihre neue

Mami weinte sehr oft, aber mit ihrem neuen Papa war es sehr lustig. Er hatte ihr eine Puppe gekauft und einen Luftballon und das gehörte ihr ganz allein. Sie hatte ihre eigenen Kleider, Unterwäsche und Schuhe, ihr eigenes Bett mit Kissen, ihren eigenen Stuhl und Tasse und Teller. Alles gehörte ihr ganz allein und sie drückte die Puppe an ihre schwarz gekleidete Brust und zählte uns noch einmal die lange Liste ihrer Besitztümer auf. Jedenfalls war sie wirklich gut genährt und gekleidet und es war klar, dass es ihr in ihrer neuen Umgebung gut gefiel.

Aber als es anfing, richtig kalt zu werden, kam sie zurück. Das Experiment war fehlgeschlagen. Die Frau konnte nicht aufhören, um ihr verlorenes Kind zu weinen, und der Mann hatte die Geduld verloren. Alice kam mit ihren sämtlichen Besitztümern zurück und dem Versprechen, dass ihre »Eltern« sie bald besuchen würden, woraus aber nie etwas wurde. Schon am nächsten Tag saß sie wieder an ihrem alten Platz im Saal der Kleinen an der Wand, in ihrem alten Anstaltskleid – ihre schwarzen Kleider waren für den Anstaltsgeschmack zu kurz –, presste ihre Puppe an sich und starrte mit dumpfen, blicklosen Augen vor sich hin. Und so blieb sie, still und teilnahmslos, solange ich mich an sie erinnern kann.

Die zweite Heimkehrerin war Martha, die dünne Martha mit der Alabasterstirn, die kurz vor dem Aufstand aus unserem Haus verschwunden war. Sie erschien eines Abends, größer und dicker und sonnengebräunt und blieb schüchtern auf ihrem Bündel sitzen, während wir mit der Nachricht zur Mutter Oberin liefen.

Sie wollte uns nicht erzählen, was passiert war, nur dass sie den Aufstand in Warschau miterlebt hatte, in einem Keller versteckt, dass sie zusammen mit Renia, dem Albino, evakuiert worden war und dass sie beide nach Deutschland zum Arbeiten geschickt werden sollten, als

Martha, Renia zurücklassend, aus dem Zug gesprungen war. Sie war von ein paar Bauern gerettet worden, die sie bei sich aufgenommen hatten und bei denen sie bis zum Herbst gearbeitet hatte. Dann hatte sie gehört, wo wir waren, war davongelaufen und hatte uns gefunden.

»Du hast es dir jedenfalls sehr gut gehen lassen«, bemerkte Vera. »Du hast sehr zugenommen. Schau dir nur deinen Bauch an!« Wir sahen alle auf ihren großen, vorstehenden Bauch, den sie vergeblich vor unseren Blicken zu verbergen trachtete. Ein verlegenes Schweigen senkte sich auf die Gruppe. Martha senkte den Kopf und begann leise zu weinen. Vera schnaubte vor Verachtung und drehte sich auf den Fersen um. Ein paar Augenblicke später wurde Martha zur Mutter Oberin geholt. Sie verließ uns noch am selben Abend, ganz heimlich, ohne sich von irgendjemandem zu verabschieden.

19

Der November näherte sich seinem nieselnden Ende. Ich konnte wieder gehen, mein Fuß war schließlich doch noch ganz von selbst geheilt. Aber für jede richtige Arbeit war ich zu schwach, und obwohl ich mich jeden Morgen pflichtgemäß zum Wasserpumpen meldete, rang ich schon nach ein oder zwei Radumdrehungen nach Luft und war kaum noch imstande, mich in unseren Saal zurückzuschleppen. Die Mädchen hofften immer auf Vater Cäsar oder einen der anderen jungen Priester, die uns oft helfen kamen und die das Reservoir in der halben Zeit, die wir dafür brauchten, vollpumpten. Einmal lud Vater Cäsar auch unsern Kaplan ein, um zu »helfen«, und wir dachten schon, den armen Mann würde der Schlag treffen. Mit purpurrotem Gesicht keuchte er auf seiner Seite des Rades, der Schweiß lief ihm ins Genick, mit voller Kraft hängte er sich dran, während Vater Cäsar auf der anderen Seite sich wie eine verrückte Windmühle drehte und von einem Ohr zum anderen grinste. Als sie fertig waren, stolperte der Kaplan zu einem der Stützpfosten, ließ sich schwer dagegen fallen und wischte sich mit zittrigen Händen das Gesicht ab. Vater Cäsar streckte seine langen Arme zum Dach hinauf, sog tief Luft ein und lachte laut.

»Brrr! Man kann direkt spüren, wie gut einem das tut. Wir haben hier wirklich nicht genug Bewegung. Ich hoffe,

566

Sie werden jetzt öfter kommen, Hochwürden. Die Mädchen haben sicher nichts dagegen, wenn wir ihnen bei ihrer Arbeit helfen.«

Die Mädchen waren begeistert und schauten sich von jetzt an immer die Augen aus, aber obwohl Vater Cäsar kam, wann immer er konnte, sahen wir unseren Kaplan nie wieder auf dieser Seite des Gutshofs.

Da ich von der schweren Arbeit jetzt entschuldigt war, hatte ich meistens die Aufgabe, mich um die Kleinen zu kümmern, und meine Abneigung gegen sie wurde von Tag zu Tag größer. Es schien unmöglich, noch an sie heranzukommen. Sie saßen an der Wand, starrten blicklos vor sich hin, kauten an großen Bissen von Kerzentalg und wiegten sich hin und her. Diese sinnlose automatische Bewegung, die von den zurückgebliebensten Kindern, einem Zwillingspaar, begonnen worden war, schien ansteckend zu sein. Wenn ich sie nicht aus ihrer Starre wecken konnte, dann hatte ich vor mir eine Reihe Kinder, die sich vorwärts- und rückwärtswiegten, die Köpfe an der Wand anschlagend, mit verglasten Augen und mit Mündern, die unaufhörlich auf diesem üblen Zeug kauten.

Meistens kam gerade dann Schwester Zofia dazu, steckte ihren Kopf zur Tür herein und explodierte vor Zorn: Ich war ein Parasit, unfähig zur allerleichtesten Arbeit, unfähig, meine Nahrung zu verdienen. Schämte ich mich denn nicht zu essen?

Ihre Stimme weckte die kleinen Monster, die mit einem boshaften Leuchten in ihren Augen zugehört hatten und jetzt brav und folgsam aufstanden und bei irgendeinem läppischen Spiel mitmachten, solange die Schwester dabei war. Nichts schien einfacher, als sie zu unterhalten, sie wollten doch brav sein, man musste sich nur ein bisschen für sie interessieren ... Schwester Zofia ging hinaus und sofort ließen sich meine Schützlinge, wo sie gerade waren, zu Boden fallen, und alle meine Bitten und Drohungen stießen auf taube Ohren. Ich hatte ein Gefühl, als könnte ich sie alle umbringen.

Eine merkwürdige Unruhe breitete sich im Haus aus. In unsere zwei Säle eingesperrt stritten wir, weinten, rauften oder saßen an den Fensterbrettern, taub gegen den Lärm rund um uns, und starrten auf die schwarze Wand des Waldes jenseits der Straße. Bei Sonnenuntergang schien der Himmel darüber wie in Blut gebadet und uns allen zog sich das Herz zusammen, wir spürten, dass irgendetwas Furchtbares dort lauerte, bereit, auf uns loszuspringen, wenn wir nicht hinschauten. Abgeschnitten von jedem Kontakt mit der Außenwelt, bis auf die wilden Gerüchte der Bauern, die am Sonntag in unsere Kirche kamen, wussten wir, dass eine große Gefahr immer näher kam, und fragten uns, ob wir auch dieses Mal verschont bleiben würden. Wie um uns aus diesem Brüten zu reißen, organisierte Schwester Zofia fast jeden zweiten Tag Konzerte und Tänze. Die Kostüme wurden dauernd geputzt und geflickt, jeden Nachmittag wurden vergessene Stücke geprobt und die kleine, zusammenfaltbare Bühne blieb jetzt immer aufgeklappt stehen. Die Ukrainer waren glücklicherweise an den meisten Abenden nicht da, aber die Deutschen kamen immer pünktlich, obwohl sie nicht eingeladen waren. Sie standen ganz hinten, nickten, stampften und klatschten und riefen häufig nach einer Zugabe. Ihr Beifall gefiel Schwester Zofia und brachte sie gleichzeitig auf. Sie schaute finster drein, hämmerte die Begleitung ins Klavier und war offensichtlich nicht imstande, mit ihren gemischten Gefühlen fertigzuwerden.

Am Tag des heiligen Andreas gossen wir Wachs in Wasser und prophezeiten daraus unsere Zukunft. Meine drei Voraussagen sagten zweimal, dass ich jung sterben würde, und einmal, dass ich ins Kloster gehen würde. Die leichte

Angst, die das in allen von uns hervorrief, löste sich allerdings in nichts auf, als der einzigen verheirateten Frau unter uns – einer pensionierten Lehrerin – vorausgesagt
wurde, sie würde als alte Jungfer sterben.

Wir fingen an, Weihnachtslieder einzustudieren. Tamara
hatte wegen ihrer Brust den Chor verlassen und weinte
sich jede Nacht die Augen darüber aus. Wir hatten alle geschworen, der Mutter Oberin nichts über ihre Blutstürze
zu sagen. Sie würde sich nur schreckliche Sorgen machen,
aber tun konnte ohnehin niemand etwas. Für ein Sanatorium war kein Geld vorhanden, und selbst wenn es welches gegeben hätte, so wollte Tamara jetzt ohnehin nicht
von uns fortgehen, wo Tag und Nacht diese Bedrohung
über uns hing. Vera, die jetzt die einzige Starsolistin war,
wurde noch schwieriger, und als sie eines Tages den Anweisungen der Schwester partout nicht gehorchen wollte,
brach der Sturm los. Schwester Zofia schmetterte den
Klavierdeckel zu und stand auf, scharlachrot vor Zorn:
»Wenn du nicht tust, was ich dir sage, kannst du selber den
Chor leiten. Ich habe genug von deinen Wutanfällen!«

Sie verließ den Raum und schlug die Tür zu und sofort
stürzten wir uns alle auf Vera. Wir trieben sie in eine Ecke
und schrien hysterisch und schüttelten unsere Fäuste unter
ihrer Nase. Wir beschuldigten sie jeder Sünde im Katechismus, beleidigten sie auf jede erdenkliche Art und sagten ihr endlich, sie solle verschwinden. Sie wurde ganz
blass und lief hinaus. Aber wir waren noch nicht besänf-
tigt. Wir beschlossen, ihr nach guter alter Klostertradition
eine Tracht Prügel zu verpassen. Mit einer dicken Decke
hinter unseren Rücken versteckt schlichen wir zum Saal
der Kleinen, wohin sie sich geflüchtet hatte, und eine von
uns rief sie unter einem Vorwand heraus. Sobald die Tür
aufging, sprangen wir auf und wickelten ihren Kopf in die
Decke. Dann schleiften wir sie in unseren Saal, warfen sie

auf den Boden und droschen mit allem, was uns in die Hände fiel, auf sie los. Theoretisch waren eigentlich nur weiche Gegenstände wie Gürtel oder Handtücher gestattet, aber am Ende wurden in dem Tumult ein paar Schuhe eingesetzt. Wir droschen auf sie ein, bis uns die Arme schmerzten, dann erst ließen wir sie gehen.

Sie hastete fort, noch immer in ihre Decke gehüllt, und wir rechneten damit, dass wir sie tagelang nicht zu sehen bekämen. Zu unserer Überraschung erschien sie jedoch früh am nächsten Morgen und wartete vor einem Beichtstuhl. Am nächsten Tag ging sie zur Kommunion und zu unserer grenzenlosen Verblüffung ging sie von da ab jeden Tag zur Kommunion. Früher hatte sie sorgfältig darauf geachtet, dass sie ja nicht öfter als zwei- oder dreimal in ebenso vielen Monaten zur Kommunion ging, und hatte uns »religiöse Fanatiker« genannt. Irgendwann, wahrscheinlich mitten in der Nacht, hatte sie sich auch mit Schwester Zofia ausgesöhnt und die ließ sie wieder zum Chor kommen. Wir waren blamiert, offensichtlich im Unrecht – wer würde schon ein Mädchen der Heuchelei bezichtigen, das jeden Tag zur Kommunion ging – und kochten vor unterdrückter Wut. Aber Vera hatte sich anscheinend wirklich geändert. Zu meiner peinlichen Überraschung und nicht geringen Angst entwickelte sie ein Interesse an mir und war so freundlich zu mir, dass sich mein Misstrauen schließlich legte. Ich verbrachte jetzt fast den ganzen Tag am Boden, lag auf unserer Matratze, drückte mich an die lauwarmen Heizkörper und schwebte oft in einem merkwürdigen Dämmerzustand zwischen Traum und Wachen. Meine Knochen wollten nicht heilen, neue Abszesse erschienen an meinen Händen und im Genick und Schwester Adele schüttelte den Kopf und seufzte und versicherte mir jeden Tag, wir müssten beten, dass ich das richtige Medikament bekäme, bevor es zu spät war.

Vielleicht war es der neue christliche Geist, der Vera dazu trieb, lange Stunden bei mir auf der Matratze zu sitzen, zu reden, laut zu träumen oder mir zuzuhören. Meine Abszesse stanken und ich sah oft gerümpfte Nasen in meiner Nähe. Ich zerbrach mir gar nicht erst den Kopf darüber, wodurch sich Veras Einstellung zu mir geändert hatte. Wenn sie mich früher überhaupt zur Kenntnis genommen hatte, dann höchstens, um sich über mein vornehmes Benehmen lustig zu machen, über meine »feunen« Tischmanieren und die anderen Eigenheiten, an denen ich jetzt genauso starrsinnig hing, wie ich sie zu Hause abgelehnt hatte. Diese Dinge sonderten mich von den anderen Kindern ab, führten zu zahllosen Zusammenstößen, aber sie allein – zusammen mit detaillierten Zeichnungen unserer Vorkriegswohnung – waren mein Anker in diesem schwebenden Dasein. Ich starrte oft stundenlang auf meine Zeichnungen, fügte hier etwas hinzu, änderte dort eine Kleinigkeit, bis die Räume wieder lebendig wurden und vollkommen, bis zum letzten Kaktus in den Fenstern.

Zwischen der Gegenwart und der Vergangenheit schwebend fand ich mich manchmal in dieser anderen Welt wieder, in der immer sonnigen und warmen Sommerwelt vor 1939, und sah mich wieder zu Hause. Früh am Morgen vielleicht, wenn die Glocken der Stadt zur Frühmesse riefen. Da war Stefa, wie ein Schlafwandler schreitend, während sie kehrte und wischte und putzte und dabei in atemloser Spannung meiner Mutter zuhörte, die ihr blind von einem Raum zum anderen folgte, über Besen und Bürsten stolperte, ihre Augen fest auf die jüngste Nummer von Stefas Groschenheften gerichtet. Stefa wartete manchmal schon derartig gierig auf das nächste Heft, dass sie, kaum war es erschienen, zum nächsten Zeitungsstand an der Ecke stürzte, um es zu kaufen, und sich dann sofort hineinvertiefte und die Hausarbeit nicht anrührte.

Bei solchen Gelegenheiten musste Mutter ihr gut zureden, damit sie doch ihre Arbeit tat, während Mutter ihr auf dem Fuße von einem Zimmer ins andere folgte und ihr dabei laut die letzte, haarsträubende Episode aus *Entführung in der Hochzeitsnacht* oder *Wo ist Eva?* vorlas. Mein Vater versicherte natürlich allen unseren Freunden und Verwandten, dass Mutter diesen Geschichten selber verfallen war und dass sie einfach nicht imstande war zu warten, bis Stefa sie gelesen hatte. Ich hatte oft in den Stößen von alten Nummern geblättert, die in Stefas Zimmer Staub fingen, aber da es in ihnen keine Bilder gab, stellten sie für mich keine Versuchung dar.

Der Ton der Glocken wurde drängender, ich schwebte zurück in die kalte Realität, wo die Glocken vom Kirchturm uns zur Messe riefen. Langsam rappelte ich mich hoch, mich auf die Heizkörper oder auf Veras Hand stützend. Mein Kopf schwamm, bei der geringsten Anstrengung schwirrten Schauer von schwarzen Blütenblättern und funkelnden Sternen vor meinen Augen. Ich konnte mich nicht bücken oder niederbeugen, ohne das Gleichgewicht zu verlieren, und nach den zwei Treppen zu unserem Gang hinauf keuchte ich und rang nach Luft. Unser wöchentlicher Waschtag wurde zum Albtraum. Das war das einzige Mal in der ganzen Woche, dass wir uns auszogen und in warmem Wasser wuschen. Es war auch das einzige Mal in der Woche, wo uns richtig warm wurde. Jeden Samstagnachmittag schleppten wir Kübel mit heißem Wasser in unser Badezimmer, wo es nur Kaltwasserhähne gab. Aber die Kübel mussten vom Waschhaus am anderen Ende des großen Hofes durch dichten Schnee herübergetragen werden. Das Wasser war gerade noch lauwarm, wenn wir ankamen, aber in meinem Fall machte das kaum etwas aus, denn ich hatte ohnehin nur mehr ganz wenig Wasser im Kübel. Der Kübel war mir viel zu schwer, ich schleifte ihn fast den ganzen Weg hinter mir her, verschüttete Wasser im Schnee und, was noch übrig war, im Stiegenhaus. Ich konnte den Kübel nicht die Stiegen heraufschleppen, auch nicht halb voll; die Sache endete meistens damit, dass ich mich mit kaltem Leitungswasser waschen und obendrein auch noch die Stiegen aufwischen musste.

20

»Wie schreibt man ein Tagebuch?«, fragte Vera eines Tages. Ich erklärte es ihr.

»Aber ist das nicht ziemlich gefährlich? Ich meine, jeder kann es lesen.«

Ich dachte nach. Natürlich konnte es jeder lesen und mancher tat es wahrscheinlich auch, aber das durfte man sich nicht eingestehen, das war einfach zu entmutigend. »So etwas Gemeines würde niemand tun. Ein Tagebuch ist etwas Persönliches, streng Privates. Das liest man einfach nicht.«

Sie sah mich an, keineswegs überzeugt, aber es war klar, dass sie mir gern glauben wollte. Wir beide, die wir gleichermaßen enttäuscht und verbittert waren von der Erfahrung des Lebens in der Gemeinschaft, wir wollten beide plötzlich das Unmögliche glauben: dass sich selbst unter den kleinen Wilden, mit denen wir zusammenlebten, eine Spur von Eigenleben erhalten ließ.

»Du kannst es schließlich irgendwo verstecken oder es auf eine Weise schreiben, dass niemand es versteht«, murmelte ich endlich.

Ein paar Tage später brachte sie mir ihre ersten paar Seiten zum Lesen. Ich lehnte ab. Ein Tagebuch darf von niemandem gelesen werden, auch nicht von einer Freundin. Aber sie gab nicht nach, drohte mit einem ihrer beachtlichen Wutausbrüche und ich nahm das Buch. In Wirklichkeit brannte ich ja vor Neugier.

Was ich sah, überraschte und enttäuschte mich zugleich. Was sie da schrieb, war so unzusammenhängend und ihre Rechtschreibung war derart wüst, dass es auf den ersten Blick ganz unverständlich aussah. Nach dem, was sie hier geschrieben hatte, zu urteilen, war Vera kaum über das Analphabetenstadium hinaus. Aber was ich diesen wild hingekritzelten Seiten dennoch entnahm, traf mich wie ein Schock. Da stand nichts über Vera selbst, über ihr Leben oder ihre Gedanken. Auch nichts über die anderen Mädchen. Das Tagebuch war lediglich eine Aufzählung von allem, was Schwester Zofia während des Tages getan oder gesagt hatte, wie sie Vera angeschaut oder nicht angeschaut hatte. Offenbar verbrachte Vera jede wache Minute damit, der Schwester nachzuspionieren, und war offenbar überzeugt, dass alles, was sie tat oder sagte, direkt auf Vera gemünzt war. Wenn sie mit einer von uns oder mit den anderen Schwestern redete oder sie ansah, dann tat sie das nur, weil sie in diesem Moment auf Vera böse war und sie strafen wollte. Wenn sie sie aber direkt ansah, dann hatte sie ihr vergeben. Jeder ihrer Sätze wurde nach einer verborgenen Bedeutung abgesucht und spielte auf verwickelte Art auf irgendetwas an, was sich zwischen den beiden vor Wochen oder sogar Monaten abgespielt hatte. Jedes Wort, das an Vera gerichtet war, versetzte sie in den siebenten Himmel, jede »Vermeidung« stürzte sie in die tiefsten Tiefen des Hasses.

Auf jeder Seite wurde ein Mord ins Auge gefasst, Mord an jedem Mädchen, das sich ihr in den Weg stellte, das Schwester Zofias Aufmerksamkeit auch nur einen Moment auf sich zog. Es gab auch leidenschaftliche Liebe, verzweifelte Neubewertungen, Schuldbekenntnisse und die ausgefallensten Schwüre und Gelöbnisse. Und überall

575

in diesen quälerischen Notizen bezog sie sich auf Schwester Zofia immer als M.

Wieso M? fragte ich mich. Wofür steht das?

»M für Mutter«, sagte Vera.

Ich war zu schockiert, um etwas dazu zu sagen, und bald danach zerriss Vera ihr Tagebuch, nannte es einen Blödsinn, einen dummen Zeitvertreib, nur etwas für Gänse, und unsere Freundschaft kühlte sich ab. Allerdings fing sie nicht wieder damit an, mich wie früher bei jeder passenden Gelegenheit zu quälen. Ihre Matratze lag genau hinter meiner und sie hatte mich früher immer damit rasend gemacht, dass sie ihre Füße auf meinen Kopf legte oder mich ins Gesicht trat, wofür ich mich revanchierte, indem ich sie in die Zehen zwickte. Jetzt kamen mir ihre Füße nicht mehr in die Nähe und ich konnte in Frieden schlafen und von Orangen träumen.

Aus irgendeinem Grund erschienen, kaum schloss ich die Augen, in meinen Träumen immer sofort Orangen. Ich konnte sie sehen und riechen. Ich konnte die ölige, narbige Schale berühren; ich konnte sogar die winzigen Tröpfchen des beißenden Saftes in meinem Gesicht spüren. Da lagen sie, leuchtend und duftend, auf meinem Strohkissen, nahe an meiner Wange. Aber ich brauchte nur nach ihnen zu greifen, da war der Traum aus.

Weihnachten war in diesem Jahr das armseligste, das wir bisher gehabt hatten. Nichts als ein Stück Hering und eine gekochte Kartoffel bekamen wir zum Abendessen, das früh war, damit wir alle in die Mette gehen konnten. Ich war so krank, dass die Mutter Oberin mich davon befreite, und kroch sofort nach dem Essen wieder auf meine Matratze. Die Ukrainer waren fort; da nur die Deutschen im Haus waren, konnten die Mädchen unten auf den Beginn des Gottesdienstes warten. Sobald die Glocken zu läuten begannen, verließen alle das Haus, und ich blieb zu Hause,

ausnahmsweise einmal ganz allein. Das Schweigen be-
drückte mich. Ich stand auf, schwankend von der Anstrengung, ging von einem Zimmer ins andere, spähte misstrauisch herum, als erwartete ich, sie alle zu finden, wie
sie hier lagen und auf mich lauerten. Wie immer sah man
auch jetzt den Räumen an, dass zu viele Leute drin
wohnten; Bücher, Nähzeug, Schuhe und Strümpfe lagen
auf den Matratzen und auf dem Boden. Trotz der Bemühungen der Schwester war es unmöglich, hier Ordnung zu
halten.

Von irgendwo tief aus meiner Erinnerung stieg ein Bild
von anderen, in Eile verlassenen Räumen auf und tanzte
vor meinen Augen. Die ungemachten Betten, die herausge-
zogenen Schubladen und offenen Kästen, das ungewa-
schene Geschirr der leeren Zimmer im Ghetto. Plötzlich
sehnte ich mich nach dem unaufhörlichen Krach, den pat-
zigen Stimmen, dem groben Stoßen und Drängen, das mir
sonst den ganzen Tag lang auf die Nerven ging. Die Einsamkeit konnte ich nicht ertragen.

Ich stolperte in unser Zimmer zurück, zog mir sämtliche Kleider an, die ich finden konnte, und ging keuchend
vor Anstrengung hinaus. Die kalte Luft stach mir mit tausend Nadeln ins Gesicht, der Atem gefror mir in der Kehle.
Langsam, unter schrecklichen Mühen, bahnte ich mir
einen Weg durch den kniehohen Schnee. Es musste doch
einen Pfad geben, den die anderen gegangen waren, aber
in der Finsternis und in meiner Panik konnte ich ihn nicht
finden. Die kleine Kirche mit ihren strahlenden Lichtern,
ihren bunten Glasfenstern, die trotz des Verdunklungs-
zwangs leuchteten, mit ihren Mauern, die sich beinahe
dehnen mussten, um die Menge aufzunehmen, mit ihrer
Wärme und dem Gesang schien mir der einzige sichere Ort
in der Finsternis, die sie umgab, und ich kämpfte mich
zu ihr hin, durch Wogen von Kälte und Schwindel, und

hatte das Gefühl, wenn ich sie nicht rechtzeitig erreichte, dann würde aus dem Wald hinter mir etwas Schreckliches herauskommen und die ganze Welt in die Luft fliegen.

Kaum war ich drinnen, trieben mich die Hitze, der Weihrauch und der Sauerstoffmangel beinahe wieder hinaus, aber ich schlängelte mich durch die Bauern hindurch, ging der grünen Mauer der deutschen Soldaten, die nach Bier rochen, aus dem Weg und sank endlich an meiner gewohnten Stelle zu Boden. Der Chor schien ausgezeichnet bei Stimme und es tat mir leid, dass ich nicht dabei war. Schwester Zofia hätte mich gleich zurückgeschickt, wenn ich es gewagt hätte, mich dort zu zeigen, so blieb ich lieber in der Nähe der Tür. Nach der Kommunion wurde die stickige Hitze unerträglich. Ich wusste, ich würde in Ohnmacht fallen, wenn es mir nicht gelänge hinauszukommen, ich kämpfte mich also wieder zur Tür durch und dort brach ich schluchzend vor Erschöpfung auf den schneebedeckten eisernen Stufen zusammen. Als ich wieder Luft bekam, schluckte ich ein bisschen Schnee, lehnte mich gegen das brennend kalte Eisen und sah mich um. Es war eine vollkommene Nacht mit einem klaren, unendlich weit entfernten Himmel, strahlenden eisigen Sternen, die in der Dunkelheit funkelten, und die ganze Welt schlafend unter einem weißen Federbett von frisch gefallenem Schnee. Dunkler noch als die Nacht ragte der Wald drohend über der Straße auf, die jetzt unterm Schnee verschwunden war. Langsam, aber unerbittlich schien sich der Wald uns zu nähern, jede Nacht sich sein schwarzer Ring enger um unsere kleine Welt zu schließen, bis wir eines Tages beim Aufwachen die schwarzen Stämme direkt unter unseren Fenstern finden würden. Diese unvernünftige Angst wie auch die Kälte froren mich an die Stufen fest, unfähig, mich zu rühren, saß ich da, hielt den

Wald mit meinem Blick in Schach, bis die Messe zu Ende war, die erste Welle von aufbrechenden Pfarrkindern mich von meinem Platz scheuchte und ich zwischen ihren dicken Gestalten verborgen leise zu meinem Bett schlich.

Die nächsten Tage vergingen in pausenlosen Konzerten und Tanzen und Singen. Ausnahmsweise tanzten jetzt auch einmal die Schwestern und Schwester Blanche eröffnete den Ball mit einem komplizierten Walzer mit Ela. Die Deutschen waren begeistert und fehlten kein einziges Mal. Sie gingen durchs Haus mit den Kleinen auf den Armen oder sie ließen sie auf ihren Knien reiten. Sie verteilten Brot und Honig an jeden, der es haben wollte, und versuchten sogar, mit uns mitzusingen.

Zu Neujahr gab es noch einen »Ball« und wir blieben bis Mitternacht auf, um das Jahr 1945 zu begrüßen. Das sechste Jahr des Krieges begann. Wer hätte das für möglich gehalten, sinnierte ich und betrachtete die wirbelnden bunten Röcke. Wie weit entfernt war jetzt 1939 – das letzte Jahr meiner Kindheit – und wo waren alle die, die diese Reise mit mir angetreten hatten? Und wohin ging ich? Die schneeverwehte Straße vor unserem Fenster bog um den Waldrand und entschwand den Blicken, als hätten die Bäume sie verschlungen. Die Bauern kamen von der anderen Seite her, über die Felder. Keiner kam jemals über diese Straße. Wir durften das Klostergebiet nicht verlassen. Keine Wagen, keine Pferde, kein Mensch erschien jemals auf dieser Straße, seit die letzten Warschauer Flüchtlinge über ihren gelben Sand zu uns hergestolpert waren. Und sie waren bei uns geblieben. Niemand war je auf dieser Straße weitergegangen. Vielleicht führte sie ins Nichts.

In drei Monaten bin ich fünfzehn, dachte ich am Neujahrsmorgen und starrte aus dem Fenster auf die Straße. Selbst wenn ich es erlebe, was wird aus meinem Leben? So etwas wie diese Straße hier, die einzige, die von hier fort-führt, die Straße ins Nichts?

»Glückliches neues Jahr«, sagte eine heisere Stimme ne-ben mir, ich drehte mich erschrocken um und erblickte Schwester Zofia, die mich mit rot geränderten Augen an-sah. »Mögest du ein guter Christ werden und ein wunder-barer Mensch, wie dein Vater.« Schweigend verließ sie mich, mit einem leichten Klirren ihres Rosenkranzes, und als ich mich schnell wieder zum Fenster wandte, ver-wischte sich die Straße und löste sich plötzlich in Tränen auf.

Am Montag, den 15. Januar, erhielten die Deutschen und die Ukrainer ihren Marschbefehl, und während sie unten herumpolterten und fluchten und ihre Ausrüstung herumwarfen, saßen wir in unseren Zimmern und wagten kaum zu atmen. Es war gar nicht ausgeschlossen, dass sie, bevor sie gingen, noch schnell das Haus niederbrannten. Die russische Front kam sehr schnell näher und jede Nacht loderte der schwarze Winterhorizont von brennen-den Dörfern. Die Deutschen zogen sich in guter Ordnung zurück, arbeiteten detaillierte Pläne aus und hinterließen nichts als Schnee und verkohlte Ruinen. Gegen Abend sagte uns das reglose Schweigen, dass wir noch einmal da-vongekommen waren. Wir rannten hinunter, um uns zu überzeugen. Die Zimmer waren leer. Zwischen den unge-machten Betten und den umgeworfenen Tischen lagen Dutzende Eier zerbrochen am Boden. Die Deutschen hat-ten jede Woche Kisten voll Eier bekommen; mit Zucker geschlagen und mit ein paar Tropfen Kognak schien das ihre Hauptnahrung. Wir hofften, noch ein paar ganze Eier zu finden, aber sie waren gründlich gewesen. Keine einzige Schale war ganz geblieben.

In dieser Nacht weckte uns Schwester Zofia auf und be-fahl uns allen hinunterzukommen. Ich stürzte ans Fenster.

Der Horizont im Osten über den offenen Feldern war eine leuchtende Linie, pulsierend, vibrierend, Flammenbüschel und leuchtende Orangen hochwerfend, als näherte sich uns eine Gruppe von Jongleuren, die im Gehen spielte. Hinter dem nackten Wald zu beiden Seiten des Hauses verkündete ein roter Schein über den nächsten Dörfern, dass die Deutschen Zeit gehabt hatten, sich wohlgeordnet zurückzuziehen, und dass sie plangemäß alles hinter sich verbrannten. Eine einsame Glocke läutete Alarm, bald fiel unsere Glocke ein und aus ihren geplünderten Häusern strömten die Bauern herbei, um bei uns Zuflucht zu suchen.

Die Nacht verging mit fieberhaftem Packen und Bündel-in-den-Keller-Schleppen. Dann setzten wir uns, erschöpft und schon halb schlafend, auf die nach Osten blickenden Torstufen, sahen, während es langsam Tag wurde, dem verlöschenden Glühen zu und warteten auf das Unvermeidliche. Aber nichts geschah an diesem Morgen. Müde gingen wir wieder hinauf und warfen uns voll angezogen auf unsere Matratzen.

Spät am Nachmittag wachte ich auf und kletterte aufs Fensterbrett. Schwarz und schweigend stand der Wald da. Die Straße war leer, der Schnee unberührt. Da erblickte ich eine Gruppe von Reitern, die aus dem Nichts aufgetaucht war und auf uns zuhielt. Sie trugen Steppjacken und runde Pelzmützen, die Ohrenschützer waren unter dem Kinn zusammengebunden. Auf jeder Mütze war ein roter Stern. Sie ritten in den Stallhof und ich sah sie absteigen und mit den Knechten gestikulieren, die offenbar zu verblüfft waren, um überhaupt zu reagieren. Die Neuankömmlinge verschwanden im Stall und tauchten ein paar Minuten später wieder auf, diesmal auf Klosterpferden reitend. In scharfem Galopp zogen sie davon, ihre erschöpften Tiere hatten sie zurückgelassen, und erst als sie auf der Straße verschwunden waren, wachten die Knechte aus ihrer Erstarrung auf und rannten schreiend zu den Toren.

Die Mutter Oberin erschien in der Tür. »Kinder, die Russen sind da. Lasst uns dem Herrn danken, dass er in diesen letzten Stunden unser Leben geschont hat, und lasst uns beten, dass er weiterhin seine Hand über uns hält.«

An diesem Abend ritt eine zweite Gruppe von Russen durchs Tor herein. Diesmal wurden sie von einem Offizier geführt und die Mutter Oberin ging, um ihn zu begrüßen. Er salutierte und nahm die Mütze ab, während er sie ins Haus zurück eskortierte.

Beim Schlafengehen erschien Schwester Zofia in der Tür: »Chormitglieder aufstehen! Aber hopp, hopp!«

Schnell zogen wir uns an und stolperten hinaus.

»Der russische Offizier hat Heimweh. Irgendeiner hat erwähnt, dass wir aus dem Osten kommen, und er will ein paar Lieder hören. Ich gehe nicht mit euch, ihr müsst ohne Noten singen.«

Der Offizier saß bei der Mutter Oberin im Zimmer, vor sich ein Glas Tee, zwischen den Fingern eine scharf riechende Zigarette. Sein Gesicht hellte sich auf, als er uns sah: »Ah, Mädchen, kleine Mädchen, ich höre, ihr singt wie Lerchen ... singt für mich!«

Wir setzten uns eng nebeneinander auf den Boden, schwangen im Takt hin und her und sangen: russische Lieder, ukrainische Lieder, Balladen, Liebeslieder, Soldatenlieder, Lieder über die einsamen Nächte im Schützengraben, wenn die Kugeln im Dunkeln pfeifen, Lieder über sibirische Dörfer und kaukasische Berge; über Weizenfelder und über die endlose Steppe, wo die Lerche im Himmel hängt wie ein silbernes Glöckchen; über Apfel- und Birnbäume im Frühling und über ein Mädchen namens Katiuscha ...

Und der Mann in der fremden Uniform mit einem roten Stern und vielen Orden saß über seinem Glas mit kaltem Tee und weinte.

Wir sangen bis zum Morgengrauen. Als der Offizier sich am Morgen verabschiedete, beugte er sich über die Hand der Mutter Oberin und verkündete feierlich, dass sie einen Orden verdient habe für die Art, wie sie ihre Kinder erzogen hatte, und einen zweiten Orden für ihre harte Arbeit und die vielen Gefahren, die wir hatten durchstehen müssen. Er war voll Bewunderung und bedauerte es, dass er nicht länger bleiben konnte. Er würde diese Nacht nie vergessen.

Als wir schlaftrunken zurück in unser Zimmer wankten, sahen wir ihn an der Spitze seiner kleinen Gruppe fortreiten. Seine Soldaten ritten auf den Pferden, die ihre Kameraden am Tag zuvor hiergelassen hatten, ihre eigenen ließen sie wiederum bei uns im Stall.

Unbekümmert um die eiskalte Zugluft hockte ich auf dem Fensterbrett, presste meine Stirn an die kalte Scheibe und versuchte mir klarzumachen, dass alles vorbei war. Der Krieg war zu Ende. Es wurde zwar noch gekämpft, der Waffenstillstand war noch nicht unterzeichnet und von unseren Eroberern drohten uns neue Gefahren, aber ich war frei. Ich brauchte meine Identität nicht länger zu verbergen. Jetzt konnte ich offen zugeben, wer ich war. Ich durfte ihnen meinen Namen sagen. Als ich das begriff, begann sich mein Kopf zu drehen. Ich war nicht länger Danka Markowska. Janie David hatte überlebt. Als wir am Abend alle tratschend auf unseren Matratzen saßen, verkündete ich, dass ich vielleicht bald fortgehen würde und dass ich jetzt bereit war, etwas in ihre Stammbücher zu schreiben. Das verursachte eine kleine Sensation. Bisher hatte ich mich nämlich standhaft geweigert, die üblichen zuckersüßen Verse in die Stammbücher der Mädchen zu schreiben, und vorgegeben, dass ich solche Sentimentalitäten verachtete. Aber in Wahrheit hatte ich es nicht über mich gebracht, mich in diesen kleinen Büchern, die von den Mädchen als höchster Schatz gehütet wurden, »für alle Ewigkeit« mit einem falschen Namen einzutragen. Ich wollte ihnen nicht als Danka in Erinnerung bleiben. Aber jetzt war das alles anders. Ich rief nach den Büchern, und als sie sie mir brachten, unterzeichnete ich jedes einzelne mit meinem vollen Namen und blickte dann mit »kühler Überlegenheit« auf, als die Mädchen überraschte Rufe ausstießen und eine Erklärung verlangten.

»Das habt ihr doch sicher gewusst…«, sagte ich gedehnt, ihre Verwirrung genießend. »Sagt doch nicht, dass ihr das nicht erraten habt…«

Als ich mit Schwester Zofia allein war, konnte ich meine Aufregung nicht länger beherrschen. »Ich bin sicher, dass Vater jetzt jeden Tag hier sein wird. Sicher sucht er mich, vielleicht kommt er jetzt gerade in den Hof… ach, ich werde sterben vor Freude, wenn ich ihn sehe.«

Schwester Zofia nickte und lächelte. »Ich bin sehr gespannt auf ihn, nach allem, was du mir von ihm erzählt hast… Das wird wirklich ein großer Tag sein, wenn er endlich kommt. Aber bemüh dich um ein bisschen Geduld, sonst verbrennst du uns vorher noch wie eine Kerze, und was soll ich ihm dann sagen?«

Mittlerweile löste sich das Kloster auf. Die Mädchen machten sich in Gruppen zum Aufbruch bereit. Die Flüchtlinge verließen uns als Erste. Als Nächste kamen unsere ältesten Mädchen an die Reihe, unter ihnen Ela, Tamara und Vera. Jetzt, wo die unmittelbare Gefahr vorüber war, wollte unser unwilliger Gastgeber uns nicht länger am Hals haben. Unser eigenes Kloster hatte nicht genügend Geld, um uns alle beisammenzuhalten. Andere Häuser versprachen Hilfe, aber die Mädchen sollten unter ihnen aufgeteilt werden, ein paar wollten ins Gymnasium gehen, andere auf technische Schulen. Man redete von Hauswirtschaftslehre, von Sekretärinnenkursen, von Krankenpflegekursen.

Ela ging weinend in eine Ecke, als ihr Priester seinen Marschbefehl bekam. Vater Cäsar und unser Kaplan wollten beide in den Westen. Ich hörte ihren Plänen zu, geistesabwesend und fern, und wartete auf meinen großen Tag. Wenn bis März niemand kam, dann würde ich allein nach Westen gehen oder vielleicht zusammen mit Vater Cäsar, zurück in meine Heimatstadt, um zu sehen, wer heimgekommen war. Inzwischen hatte Schwester Adele immerhin eine neue Salbe bekommen und meine Hände wurden wieder gesund.

Am Freitag, dem 23. Februar, kam während der Abendandacht Schwester Adele in unser Zimmer und kniete neben mir nieder. »Zieh dich an, Danusia« – sie riefen mich alle noch immer mit diesem Namen –, »es ist jemand für dich gekommen.«

Das Zimmer schwamm plötzlich in Finsternis. Ich rang nach Atem, während sie mir in meine Kleider half. Zitternd lehnte ich mich an ihren Arm, während sie mit mir zum Korridor ging. Dort blieb ich stehen und zog sie am Ärmel.

»Der Mann ... der gekommen ist, ist er sehr groß und dunkel?«

Mit einem traurigen Lächeln sah sie mich an. »Also ... nein ... groß würde ich ihn nicht nennen ... aber er ist sehr dunkel.«

Schlagartig verließ mich meine Aufregung und mir wurde übel vor Enttäuschung. Das war nicht Vater... Langsam ging ich die Stiegen hinunter, fast gleichgültig, als wäre mir alles egal. In der Halle standen die Mutter

Oberin und Erich, und erst als ich in seinen Armen war, fing ich zu weinen an und mir war, als könnte ich nie wieder aufhören.

Später saß ich auf seinem Schoß, den Kopf an seine Schulter geschmiegt, und hörte ihm zu, wie er uns stotternd von seiner langen Suche von einem Dorf zum anderen berichtete, von den Dutzenden Waisenhäusern und Klöstern, die er besucht, den unzähligen Kindern, die er angesehen hatte, und seiner Enttäuschung und Angst, wenn sich wieder einmal eine Spur als falsch erwiesen hatte.

»Schließlich, Janie, hatte ich nicht einmal in Warschau gewusst, wo du warst. Aus Angst vor einer möglichen Verhaftung fragte ich die Mutter Oberin nie, woher sie kam. Und an dem Tag, als der Aufstand begann – ich wusste schon vorher davon –, wollte ich, dass du zu uns zurückkämest. Den ganzen Tag wartete ich auf die Mutter Oberin und dann wurde ich weggerufen, kurz bevor sie kam ... Während der Kämpfe zitterte ich ständig um dich, und als alles vorbei war, befand ich mich mit den Jungen in Tschenstochau und hatte überhaupt keine Ahnung, was mit dir passiert war oder wo ich mit dem Suchen anfangen sollte.

Vielleicht war es übrigens gar nicht so schlecht, dass du damals nicht zu uns zurückgekommen bist. Unser Haus wurde von einer Bombe zerstört und wir waren alle im Keller verschüttet. Wir drei hatten Glück, wir wurden unverletzt herausgeschaufelt, aber viele Leute fanden dort den Tod. Und dann in Tschenstochau hatten wir überhaupt keinen Groschen mehr. Die Buben verkauften Streichhölzer und Schuhbänder auf der Straße, während ich mich bemühte, Arbeit zu finden. Jetzt sind sie bei Verwandten in der Stadt, in unserer Heimatstadt, Janie, und morgen fahren wir dorthin zurück!«

»Und Lydia?«

Er seufzte. »... Ich weiß nicht, was mit ihr passiert ist ... Habe überhaupt nichts gehört. Bei uns ist sie jedenfalls nicht.«

»Und Sophie?«

»Sophie ist leider in Deutschland. Sie wurde zur Zwangsarbeit verschleppt. Wir können nur hoffen, dass sie wieder zurückkommt ... Sie ist zwar alt, aber sie ist zäh, vielleicht kommt sie durch ...«

In meinem Kopf drehte sich alles, mir fiel nichts mehr ein, was ich sagen konnte.

Früh am nächsten Morgen, nach vielen Verabschiedungen, machten wir uns auf den Weg zu dem gleichen kleinen Bahnhof, von dem wir im Sommer gekommen waren. Die Mutter Oberin küsste mich und ich musste ihr feierlich versprechen, dass ich das Kloster nie vergessen und dass ich nie meinen Glauben verleugnen würde. Das versprach ich gern. Ich zweifelte keinen Augenblick daran, dass ich in der katholischen Kirche bleiben würde. Schwester Adele, Schwester Viktoria, Schwester Helena und sogar Schwester Blanche kamen, um mir Auf Wiedersehen zu sagen. Sie umarmten mich alle und jede nahm mir auf verschiedene Arten das gleiche Versprechen ab. Vater Cäsar schrieb sich meine Adresse auf und versprach, mich zu besuchen, sobald er konnte. Wir tauschten alle Adressen aus, gegenwärtige und zukünftige, und endlich ging ich, meinen alten Rucksack auf dem Rücken, Schwester Zofias Hand in der meinen. Sie wollte uns den halben Weg bis zum Bahnhof begleiten.

Es war ein kalter Morgen, der beißende Wind hinderte uns am Sprechen. Bevor sie ging, ließ Schwester Zofia noch ihre Fotografie in meine Tasche gleiten, nachdem ich es schon aufgegeben hatte, sie darum zu bitten. Wir alle wussten, dass Schwester Zofia nur ein paar Exemplare eines alten Fotos besaß, das noch aus ihrer Jugend stammte, und dass sie nur ihren Lieblingen eines gab. Jetzt hatte nur Ela eines, die anderen hatte sie die Jahre über unter den ganz besonders vom Schicksal begünstigten älteren Mädchen verteilt. Bis zu diesem Moment hätte ich nie geglaubt, dass ich ihr mehr bedeutete als irgendein anderes Mädchen im Haus. Sie schrieb ihren Namen und eine kurze Widmung auf die Rückseite, in der künstlichen Zierschrift, die sie sich vor Jahren zugelegt hatte, »damit niemand meinen Charakter aus meiner Schrift ablesen kann«.

Wir erkämpften uns unseren Weg gegen den Wind, über die Straße ins Nichts, die sich plötzlich vor mir aufgetan hatte. Nach einer Stunde blieb Schwester Zofia stehen und deutete über die schneebedeckten Felder: »Hier ist der Weg, geht einfach geradeaus, dann kommt ihr in einer Stunde zum Bahnhof.«

Ich hielt ihre Hand fest, unfähig, sie loszulassen. Sanft machte sie sich frei, zog mein vereistes Gesicht in ihre schwarz behandschuhten Hände und küsste mich auf die Stirn. Dann schob sie mich zu Erich und machte das Zeichen des Kreuzes über mir.

»Geh in Gottes Namen. Und vergiss nicht.«

Erich zog mich fort, ich stolperte hinter ihm drein durch die vereisten Furchen und drehte mich alle paar Schritte um. Die einsame schwarze Gestalt in der Weite der weißen Felder stand still, einen Arm erhoben, winkte mit wehendem Schleier, die weiten Röcke vom Wind gebauscht, bis eine Biegung der Straße sie meinen Blicken entzog.

Am Bahnhof wogte eine erregte Menschenmenge und stürzte sich kämpfend auf jeden Zug. Männer, Frauen und Kinder mit Rucksäcken und unordentlichen Bündeln kletterten durch die Fenster und übers Dach, klammerten sich an die Lokomotive, hockten auf den Puffern und hingen wie Blutegel an den Trittbrettern.

Es gelang uns nicht, in den Zug zu kommen, aber Erich brachte es noch im letzten Moment fertig, auf den leiterähnlichen metallenen Stufen Fuß zu fassen und mich zu sich hinaufzuziehen. Wir klammerten uns an eiserne Griffe und spürten, wie unsere Handschuhe sofort daran festfroren. Der Zug fuhr schneller, ich schloss meine Augen und drückte mich ganz flach gegen den Waggon und konzentrierte meine ganze Kraft darauf, mich festzuhalten. Erichs Arm hinter meinem Rücken presste mich an die ratternde Wand des Waggons, während ich betete, dass wir noch einmal davonkämen. In den Kurven drückte mich die Zentrifugalkraft entweder noch platter gegen den Zug oder aber sie drohte, mich fortzureißen. Jedes Mal, wenn wir uns einer niedrigen Brücke oder einem Tunnel näherten, warnte ein Pfiff die Leute auf dem Dach und sie legten sich ganz flach hin und hielten sich an den Ventilatoren fest. Wenn die Gefahr vorbei war, stieß die Lokomotive zweimal ein kurzes Fauchen aus und überall hoben sich Köpfe und den ganzen Zug entlang wurden erleichterte Seufzer, Flüche und Witze ausgestoßen. In einem kritischen Augenblick, als ich schon meinte, meine Finger würden loslassen, fuhr aus dem Fenster über mir eine Hand heraus, packte meinen Kopf und presste ihn an die Waggonwand. Bei der nächsten Station zog mich dieselbe Hand in den Zug und Erich folgte mir. Wir standen noch mehrere Haltestellen atemlos zwischen den anderen Passagieren eingekeilt und wehrten uns bei jeder Station gegen die Massenbewegungen in und aus dem Waggon.

Wir mussten mehrere Male umsteigen, da die Züge noch keineswegs fahrplanmäßig verkehrten und manchmal stunden-, wenn nicht sogar tagelang mitten auf offenem Feld stehen blieben. Am zweiten Tag unserer Reise fanden wir uns sogar vorübergehend in der Lokomotive selber, neben dem Fahrer und dem Heizer, und mir wurde vor Angst jedes Mal schlecht, wenn die Tür zum Kessel aufging und das flammende Inferno enthüllte, das uns die Gesichter versengte. Die beiden Männer, die für die Maschine zuständig waren, lachten und sangen und versicherten uns, dass »das alte Mädchen« überhitzt sei und jeden Augenblick in die Luft fliegen würde. Das war das einzige Mal auf unserer dreitägigen Reise, dass wir nicht froren, aber ich war trotzdem froh, als wir endlich von der Lokomotive herunterkamen.

Den letzten Teil der Reise verbrachten wir relativ behaglich, in einem richtigen Abteil und ohne dass jemand auf unseren Zehen stand. Erich hatte endlich einen Sitzplatz gefunden und döste erschöpft vor sich hin, ich saß auf seinem Schoß. Neben uns hockte ein schrecklich verdreckter, verbrauchter Mann und bemühte sich um meine Aufmerksamkeit. Ich ignorierte sein Lächeln und seine schüchtern ausgestreckte Hand. Ich war zu müde zum Schlafen; den Kopf auf Erichs Schulter, starrte ich durchs Fenster auf die rasch heller werdende Landschaft.

Wir näherten uns der Westgrenze der Vorkriegszeit, aber wo wir jetzt waren, da war im Krieg deutsches Gebiet gewesen. Der Frühling war schon überall sichtbar. Der schmelzende Schnee enthüllte Flecken von Grün, von den Dächern und Hügeln rauschten und tropften kleine silbrige Bächlein. Bald sind wir zu Hause ...

Endlich gelang es dem Mann, Erich zu wecken, und jetzt bemühte er sich, ein Gespräch in Gang zu bringen. »Sie fahren auch nach Haus ...?«, sagte er auf gut Glück und dabei kamen mitten in seinem mehrere Tage alten Stoppelbart ein paar gelbliche Zahnstumpen zum Vorschein.

Erich gab zu, dass wir nach Haus fuhren.

»Ihre Tochter?« Der Mann lächelte mich an und ich bemerkte plötzlich, dass sein Gesicht zu einer Grimasse verzogen war und dass seine Augen vor Verzweiflung leuchteten.

Erich nickte wieder.

»Ah...« Der Atem des Mannes krächzte in seiner Kehle.

»Ihre Tochter. Sie haben eine Tochter... Sie sind ein glücklicher Mann... Was für ein Glück, so eine Tochter zu haben. Wie alt ist sie? Zehn?«

Ich wollte protestieren, aber Erich drückte mir warnend die Hand. Der Mann starrte mich an und Hunger und Verzweiflung malten sich jetzt ganz deutlich auf seinem verwüsteten Gesicht.

Wie alt war er, fragte ich mich. Dreißig? Fünfzig? Unmöglich zu sagen.

»Ich hatte auch eine Tochter«, flüsterte er mühsam. »Und einen Sohn. Eine Tochter und einen Sohn. Ich war glücklich... Der glücklichste Mann der Welt. Haben Sie noch mehr Kinder?«, wandte er sich mit plötzlich erwachtem Misstrauen an Erich.

Erich schüttelte den Kopf. »Nein, nur sie.«

»Achten Sie gut auf sie, wenn sie das einzige ist, das Sie haben. Sie ist ein Schatz.«

Er streckte die Hand aus und zog mich am Ärmel. »Sie müssen doch müde sein, lassen Sie sie ein bisschen auf meinem Schoß sitzen, ruhen Sie sich aus. Komm, kleines Mädchen, schlaf an meiner Schulter.«

Ich hielt mich an Erichs Ärmel fest, aber er schob mich sanft zu dem Mann hin.

»Das ist sehr freundlich von Ihnen. Sie ist ein bisschen schwer. Wenn Sie wirklich nichts dagegen haben...«

Der Mann legte mir einen schäbigen Arm um die Schultern und drückte mein Gesicht in seinen Kragen. Ich hielt vor Abscheu den Atem an. Der Mann war entsetzlich schmutzig. Er stank. Er drückte mich eng an sich, wiegte sich im Rhythmus des Zuges und redete mir zu, ich sollte schlafen, als wäre ich ein Baby.

»Eine Tochter... eine Tochter«, murmelte er von Zeit zu Zeit. »So ein wunderbarer Schatz...«

Der Waggon füllte sich wieder und ich stand von seinem Schoß auf und stellte mich ans Fenster. Wir fuhren durch eine offene Landschaft, wo bis vor Kurzem noch heftig gekämpft worden war. Riesige Krater klafften in den Feldern, nasse Erdklumpen, Baumstümpfe und Steine waren wirr übereinandergehäuft und hier und dort lagen grün gekleidete Männer, wie Marionetten mit gerissenen Fäden, in merkwürdig sorglosen Stellungen, achtlos zum Abfall geworfen. Schweigend, mit starren Gesichtern schauten die Passagiere hinaus.

Das ist das Letzte, was ich von ihnen sehe, dachte ich und plötzlich fiel mir ein, wie neugierig ich im Herbst 1939 noch auf sie gewesen war, als ich mir von unserem Bauernwagen aus den Hals verrenkt hatte, um nur ja die Deutschen noch einmal zu sehen, bevor der Krieg vorbei war. Das war in Warschau gewesen. Und jetzt gab es kein Warschau mehr und ich war auf dem Weg nach Hause.

Erich versicherte mir, dass unsere Stadt unzerstört geblieben war, und als wir näher kamen, suchte ich den Horizont ängstlich nach der mir so wohlvertrauten Silhouette ab. Es war noch alles da, genauso wie ich es im Gedächtnis hatte. Die Kirchtürme, die Rauchfänge, die Hügel, die dunkelgrünen Flecken des Parks, der Fluss...

... Kalisch... Meine Beine zitterten, als wir in der Abenddämmerung durch die vertrauten Straßen gingen. Es war alles noch da. Unser Haus, mit dunklen, leeren

Fenstern: das Haus meiner Großeltern, die Farbe bröckelte von den Mauern ab und wieder dunkle Fenster. Morgen schon kommen vielleicht die alten Bewohner wieder zurück und das Leben wird zurückschnappen zu dem Augenblick im Jahr 1939, da wir die Stadt verlassen hatten. Ich wollte stehen bleiben, alles ansehen, die Wände berühren ... aber Erich zog mich weiter, er wollte seine Jungen wiedersehen.

»Morgen kommen wir her und sehen, wer da ist; morgen beginnt endlich wieder das Leben.«

In einer kleinen Wohnung, die Erichs Tante gehörte, stürzten sich Paul und Tomek auf uns und eine Weile war alles nur Konfusion, Tränen und Küsse und Bibi kläffte und umsprang uns. Beide waren hoch aufgeschossen und furchtbar dünn und blass.

»Als ich euch das letzte Mal sah, war ich die Größte und jetzt schaut euch an! Zwei Bohnenstangen!«, lachte ich und hielt sie an den Armen fest. Wie Türme ragten sie über mir auf, größer als Erich, Paul mit sommersprossigem, rundem Gesicht, Tomek fesch und blond, keine Spur mehr von babyhafter Weichheit, während ich noch immer so groß war wie damals, als wir uns zum letzten Mal gesehen hatten. Ich trug tatsächlich noch immer einen Pullover aus dem Winter von 1938. Er war jetzt zwar überall gestopft und reichte mir nur knapp bis zum Handgelenk, aber sonst passte er mir durchaus noch. Und ich war fast fünfzehn Jahre alt!

Wir schliefen auf dem Boden, alle drei zusammen auf einer Matratze, klammerten uns im Schlaf aneinander fest. Am nächsten Morgen beim Frühstück nahm Erich meine Hände.

»Janie, versprich mir etwas ...«

»Ich verspreche ...«

»Versprich mir, dass du, falls deine Eltern nicht zurückkommen ... dass du dann bei uns bleibst. Ich möchte dich adoptieren.«

Ich holte tief Luft. »Ich verspreche, bei euch zu bleiben, bis meine Eltern zurückkommen.«

Wir machten uns auf den Weg in die Stadt. In unserem Haus hob mich Stanislaw mitten in unserem kleinen Hof hoch und lachte laut auf vor Glück, Tränen strömten über seinen hängenden Schnurrbart.

»Du hast dich überhaupt nicht verändert! Und wo ist Papa? Und Mama? Sind sie auch zurück?«

Ich erklärte, dass ich allein war.

»Ach, dann kommen sie jetzt jeden Tag zurück. Alle werden bald zurück sein. Und wenn Papa da ist, dann habe ich etwas für ihn. Schau ...« Er drängte uns in sein kleines Haus im Hof und holte aus einer Ecke eine dicke Schnur. »Erinnerst du dich an Herrn Junge, den Feldscher? Das ist der Strick, an dem er sich erhängt hat. Oben auf dem Dachboden. Ich habe ihn selbst abgeschnitten. Ich hab ihn mir aufgehoben, als Glücksbringer, aber wenn dein Vater kommt, dann geb ich ihm den Strick. Euer Haus hat dem alten Schurken, der deine Mami vor die Tür gesetzt hat, kein Glück gebracht. An dem Tag, als die Deutschen abzogen, hat er sich erhängt ...«

Im Haus meiner Großeltern stürzte mir ein ältliches Ehepaar entgegen. »Janie! Dass du noch lebst! Wo sind die anderen?«

Ich starrte in die kaum bekannten Gesichter. »Wir sind deine Cousins! Erkennst du uns denn nicht?«

Überrascht schaute ich sie an. Das waren keine Cousins. Die Frau hatte früher einmal in einem Geschäft im Haus meiner Großeltern gearbeitet, der Mann war ihr Ehemann. Cousins ...?

Sie pressten mich an sich, küssten mich, streichelten mich und schnalzten wie zwei alte Hennen. »Nein, so ein

Glück, dich hier zu sehen, wo wohnst du jetzt? Wann bist du zurückgekommen? Macht nichts, jetzt ziehst du zu uns. Und bleibst bei uns, bis der Rest deiner Familie zurückkommt.«

Ich versuchte zu protestieren, aber sie erdrückten mich wieder mit Küssen, und Erich, der nur verwirrt stammelte, wurde von ihnen buchstäblich angefallen. Ich versuchte, ihm zu erklären, dass das keineswegs Verwandte von mir waren, dass ich nicht bei ihnen bleiben wollte, dass ich es doch ihm versprochen hatte, aber Erich gab ihrem Drängen schon langsam nach. Die Familie, natürlich, gesetzliche Ansprüche ... praktisch *in loco parentis* ... Vormundschaft über Minderjährige ... natürlich, natürlich, entschuldigen Sie bitte ... hoffentlich wirst du uns schreiben ...

Die tränenverschmierten Gesichter der Jungen, mein Rucksack, meine Kleider ... die leeren Häuser und die verlassenen Straßen wichen zurück, als wir zum Bahnhof zurückrasten, die beiden fremden Leute neben mir pausenlos drängend, auf mich einredend, meine Arme in ihrem entschlossenen Griff.

Wieder ein übervoller Zug und die lange Reise zurück nach Osten, in dieselbe Stadt, dieselbe Straße, dasselbe Haus, wo Mutter und ich auf den Ausbruch des Krieges gewartet hatten ...

»Das ist jetzt unser Haus. Wir haben unseren Namen auf euren Namen umschreiben lassen, um die rechtliche Seite zu vereinfachen. Das Erbe, verstehst du ... Es gibt doch so vieles zu retten. Alle eure Häuser, die Mühle, der Wald, die Gärten, eine Unmenge von Arbeit. Adam hat sich die Füße ausgerissen, um mit allem fertig zu werden. Wir können es doch nicht an den Staat fallen lassen, weißt du. Wenn nicht sofort jemand seine Ansprüche geltend macht, dann wird alles verstaatlicht. Wir mussten es tun, verstehst du?«

Und später am Abend im Bad setzte Irena mir zu: »Es ist doch wahr, oder nicht, dass dieser Erich dich zu seiner Geliebten machen wollte?«

Ich explodierte, empört und verletzt, aber sie winkte ab, großmütig, vergebend. »Schon gut, schon gut, sprechen wir nicht mehr darüber. Was vorbei ist, ist vorbei. Du brauchst ihn nie wieder zu sehen.«

Sie bemerkte das Silbermedaillon, das mir Schwester Zofia zur Taufe geschenkt hatte.

»Das kannst du jetzt abnehmen. Jetzt ist der Hokuspokus überflüssig. Der Krieg ist vorbei.«

»Aber ich will es haben, es gehört mir. Ich glaube daran. Ich bin Katholikin!«

Sie lachten und schüttelten ihre Köpfe. »Armes Kind, noch immer zu Tode erschreckt. Was haben sie mit dir gemacht, diese Schwestern? Was haben sie dir eingetrichtert? Komm, komm, jetzt bist du zu Hause, erzähl uns alles über das Kloster...«

Beharrlich hielt ich meinen Mund geschlossen und starrte die beiden an, zwei widerwärtige Fremde, lüstern nach Aufregung, nach Geld, nach Erbschaft. Sie brachten kein Wort aus mir heraus und im Bett betete ich stundenlang um eine schleunige Rückkehr meiner Eltern, damit ich dieses Haus verlassen konnte.

Am Morgen war mein Medaillon verschwunden. Samt der Kette war es verschwunden, während ich schlief. Verständnislos schauten Adam und Irena mich an, während ich trotzig weinte und bettelte. »Wir haben es nicht gesehen. Wir würden so etwas nie anrühren. Du musst das alles geträumt haben.«

Am Sonntag wollte ich noch vor dem Frühstück zur Kirche, aber sie versperrten die Tür. »Nicht aus diesem Haus. Es ist Zeit, dass du aus deinem Traum erwachst. Das hier ist kein Kloster. Wir wollen uns nicht zum Gespött des ganzen Hauses machen. Jeder weiß, wer du bist, jeder kennt deine Eltern und Großeltern. Du täuschst keinen. Schluss damit.«

Am nächsten Tag lief ich davon.

21

Der Bahnhof war überfüllt, aber ich konnte mich in ein Abteil hineinzwängen, das voller Frauen war. Sie machten Platz für mich, und als der Zug langsam durch die offene Landschaft ratterte, wurde die Atmosphäre immer freundlicher. Sie hatten Lebensmittel bei sich, um sie in anderen Städten zu verkaufen. Sie waren begierig zu wissen, was ich verkaufte, und wollten es mir nicht glauben, dass ich selber mein einziges Schmuggelgut war. Sie lachten gutmütig, als ich ihnen gestand, dass ich davonlief. Sie teilten ihr Essen mit mir und heiterten mich mit ihren anzüglichen Geschichten auf.

An einem kleinen Bahnhof tauchte vor unserem Fenster ein Mann auf und wollte herein. Die Frauen versperrten ihm den Weg. »Das Abteil ist voll. Kein Platz!« Sie drängten sich alle ans Fenster, um zu zeigen, dass es auch keine Stehplätze mehr gab. Er gab nicht nach und die dickste und entschlossenste der Frauen drängte ihn schroff weg.

»Hier kannst du nicht herein. Eine Frau liegt da drin in den Wehen!«

Er versuchte, einen Blick über ihre Schultern zu werfen, misstrauisch und nicht überzeugt. Neben mir stieß jemand ein durch Mark und Bein gehendes Stöhnen aus, da sprang der Mann hastig wieder hinunter.

»Ihr macht doch keine Witze . . .?«

»Natürlich nicht! So was ist doch kein Witz! Habt ihr das gehört, Mädchen? Eine Frau in den Wehen – und Witze machen! Typisch Mann! Und jetzt weg mit dir!«

Noch ein Stöhnen und der Mann fuhr sichtlich zusammen.

»Kann ich euch vielleicht helfen? Ein Arzt? Soll ich euch einen Arzt finden? Vielleicht ist einer im Zug.«

»Wir brauchen keinen Arzt. Wir werden schon allein damit fertig. Fort mit dir!«

Er sank zurück, während der Zug aus dem Bahnhof fuhr, und wir bogen uns alle vor Lachen. »Ihr hättet sein Gesicht sehen sollen, als er dieses Stöhnen gehört hat! Ich hab schon geglaubt, er wird ohnmächtig.«

Bei der nächsten Haltestelle war er wieder da und spähte ins Abteil herein. »Also, was ist es? Ein Junge? Wo ist die glückliche Mutter?«

Voll Empörung schoben sie ihn wieder weg. »So einfach ist das nicht, Babys kommen nicht in einer Stunde auf die Welt...«

Misstrauen zeigte sich wieder auf seinem Gesicht, aber er verschwand, versprach, uns am nächsten Bahnhof wieder zu besuchen, aber dort wollte ich aussteigen.

Diesmal sahen die Straßen weniger verlassen aus. In den paar Tagen, wo ich fort gewesen war, waren mehr Leute zurückgekommen. Scharf sah ich ihnen allen ins Gesicht, während ich mich auf den Weg zu dem ärmeren Viertel am Fluss machte, wo Erich und die Jungen lebten. Aber als ich zu der kleinen Wohnung kam, war nur die alte Frau da.

»Sie sind fort«, teilte sie mir lakonisch mit, ihr Gesicht eine Maske aus altem, verfältetem Leder. »Erich wurde letzte Woche verhaftet. Frag mich nicht, warum. Ich weiß nicht, was er während der Besatzungszeit getan hat, und ich will es auch nicht wissen.« Die Jungen waren anscheinend von einem Onkel nach Kattowitz genommen worden. Damit schlug sie mir die Tür vor der Nase zu.

Ich ging zurück ins Stadtzentrum, versuchte, meine Gedanken zu ordnen und mir darüber klar zu werden, was ich jetzt tun sollte. Ich hatte kein Geld und kein Dach über dem Kopf. Bis jetzt hatte ich noch keinen Bekannten getroffen, aber das war nur eine Frage der Zeit, bis meine Eltern oder irgendwelche anderen Familienmitglieder zurückkehrten. Das konnte Tage dauern, Wochen, vielleicht sogar Monate. Oder vielleicht waren sie auch schon da und suchten mich ... Ich hob den Kopf und rannte durch die breite Straße, die rund um den Park führte. An der Brücke, die in seine vom Frühlingsregen getränkte feuchte Wildnis führte, warf ich sehnsüchtige Blicke dorthin. Richtig zu Hause werde ich mich erst fühlen, wenn ich wieder im Park bin ... Aber das musste noch warten.

Im Haus meiner Großmutter stieß ich auf einen dünnen, dunkelhaarigen Mann in der Uniform eines amerikanischen Leutnants. Wir starrten einander an, dann umarmten wir uns, noch immer unseren Augen kaum trauend. Das also war mein Onkel? Ganz anders als der fesche Offizier der letzten Tage vor dem Krieg, nichts mehr von dem bärtigen Soldaten, der uns in den Kellern von Warschau Mut zugesprochen hatte. Aus den seltenen Briefen, die er uns aus seinem Oflag irgendwo in Deutschland geschickt hatte; aus diesen merkwürdigen Formularbriefen auf satiniertem Papier, mit Bleistift geschrieben, die wir ausradieren mussten, um dann auf demselben Papier zu antworten; aus diesen vorsichtigen, immer zuversichtlichen Nachrichten und den letzten beiden Erscheinungen hatte ich mir eine Art Puzzle-Bild meines Onkels zusammengebastelt. Das strahlende Vorkriegsbild am Lenkrad seines silbergrauen Sportwagens und der raue Krieger der ersten Kriegsmonate, beide waren jäh verschwunden, als er eines Tages nicht mehr erschien, bald nachdem die Deutschen Warschau genommen hatten und wir damit rechneten, dass er gefangen worden war.

Die ganzen Kriegsjahre hatten wir uns um ihn Sorgen gemacht, auf seine Briefe gewartet, Pakete geschickt, Informationen über unsere Lage zu ihm zu schmuggeln versucht und dann, in den letzten chaotischen Monaten, hatte Erich das übernommen, hatte treu und verlässlich die Korrespondenz mit ihm, einem unbekannten Soldaten, weitergeführt.

Nach den ersten Augenblicken der Verwirrung erzählte ich ihm, wie ich hierherkam, im festen Glauben, dass ich, da er ja jetzt zurück war, bei ihm bleiben konnte. Aber er runzelte unsicher und besorgt die Stirn.

»Janie, ich glaube, vorläufig ist es am besten, wenn du wieder zu Adam und Irena zurückgehst. Ich kampiere nur in dieser Wohnung, schlafe auf dem Boden und das ganze Haus ist mit Ratten und Mäusen verseucht. Das ist kein Ort für ein kleines Mädchen.«

»Aber ich bin kein kleines Mädchen! Ich bin fast fünfzehn. Ich könnte dir den Haushalt machen und Ratten stören mich überhaupt nicht! Und Boden schrubben kann ich sehr gut!«

»Du, fünfzehn?« Er sah sehr erstaunt drein und ich musste mein ganzes Leben vor ihm abspulen lassen, bis er mir mein Alter glaubte.

»Ich kann nichts dafür, dass ich in den letzten paar Jahren nicht gewachsen bin. Ich hatte nicht genug zu essen. Aber vielleicht hole ich noch auf. Und jedenfalls will ich bei dir bleiben. Ich hasse Irena!«

Er schüttelte den Kopf und fing an, sich seinen Mantel anzuziehen. »Ich bringe dich zum Zug. Adam und Irena werden sich jetzt, wo ich zurück bin, anders benehmen. Sie werden fürchterlich enttäuscht sein darüber, dass ich überlebt habe. Das passt ihnen sicher überhaupt nicht in ihre Pläne, aber sie werden es jedenfalls nicht wagen, dich hinauszuwerfen. Du wirst schon sehen.«

Bevor wir den Bahnhof erreichten, gelang es mir, Onkel das Versprechen abzunehmen, dass er mir, falls meine Eltern bis zum Sommer nicht zurück wären, in Kalisch ein Zimmer finden würde, wo ich allein leben konnte. Bald würde die Schule wieder beginnen und darauf freute ich mich schon.

Wieder im Zug, eingekeilt zwischen zwei asthmatischen alten Herren, die nach Bier und Tabak stanken, brütete ich über die letzten Stunden nach. Wenigstens war es nicht umsonst gewesen. Ich hatte Onkel gefunden, hatte sein Versprechen einer Rückkehr nach Kalisch, wo ich allein leben durfte, um auf die Rückkehr der Familie zu warten. Der Zug hielt auf einem Feld. In der Finsternis draußen hörte man Stimmen, fluchend, protestierend. Anscheinend fuhren wir nicht weiter. Züge aus dem Westen, von der deutschen Front, wurden in Kürze erwartet und die hatten Vorfahrt. Wir verließen die stickigen Abteile und verstreuten uns über die Gleise. Andere Züge standen neben unserem, die langen Waggonlinien schwarz und schweigend, die Lokomotiven heftig atmend, weiße Rauchfedern ausstoßend, Dampf zischte zwischen den riesigen Rädern hervor...

»Steigen wir am besten in diese anderen Züge«, riet jemand im Dunkeln. »Die fahren vielleicht vor uns ab.«

Der Zug auf dem nächsten Gleis schien leer. Ich näherte mich einem Viehwaggon, dessen Tür einen Spalt offen stand, drückte dagegen, fand zu meiner Überraschung kaum Widerstand und schwang mich über die Schwelle. Mein Kopf schwirrte mir vor Anstrengung, funkelnde Sterne tanzten vor meinen Augen. Eine Weile blieb ich am Boden sitzen und bemühte mich, wieder zu Atem zu kommen. Als sich die Finsternis endlich lichtete und meine Augen wieder klar sahen, bemerkte ich, vor mir auf dem Boden hockend, mit vor Erstaunen aufgerissenem Mund, einen russischen Soldaten, halb bekleidet, einen Arm in Gips.

Es folgte noch einmal ein langes Schweigen, während wir einander anstarrten. Als ich wieder zu mir kam, erfasste mich Panik. Es war für ein weibliches Wesen, ganz gleich welchen Alters, höchst unratsam, sich im selben Waggon aufzuhalten wie ein russischer Soldat. Nach den Geschichten, die das Land überfluteten, zu schließen, reichte ein gebrochener Arm keineswegs, um ihre befreierische Glut zu dämpfen.

Ich ging rückwärts zur Tür, aber er war schneller als ich und verriegelte sie mit einem dumpfen Poltern. Gleichzeitig merkte ich, dass der Zug jetzt fuhr. Der Russe drehte die an einem Haken hängende Öllampe höher und das Innere des Waggons schälte sich aus dem Schatten heraus. Hölzerne Feldbetten an den Wänden, mit schlafenden Männern belegt, Schienen und verbundene Gliedmaßen, die in unnatürlichen Winkeln abstanden, der dicke, ekelerregende Gestank von Blut, Medikamenten und schmutzigen Verbänden ... ein Spitalszug, auf der Durchfahrt von der Front zu einem Krankenhaus irgendwo in Polen oder Russland.

In der Mitte des Raumes stand ein großer Eisenofen, rot glühend, darauf ein singender Kessel. Es gab einen Holztisch und zwei klapprige Sessel, die auf und ab hüpften, wenn der Zug über die Schwellen fuhr. Mein Gastgeber setzte sich auf den einen Stuhl und lud mich mit großartiger Gebärde ein, auf dem anderen Platz zu nehmen. Ich setzte mich. Er nickte, befriedigt, lächelte ermutigend. Von einigen Betten wandten sich neugierige Gesichter zu mir. Ich versuchte, die nur halb verstandenen Fragen in einem Gemisch aus Polnisch und Russisch zu beantworten, mit viel Winken der Hände und Nicken der Köpfe, und endlich konnten wir uns einigermaßen miteinander verständigen. Sie fuhren durch die große Stadt, wo ich aussteigen wollte, und bis dahin konnte ich bei ihnen bleiben. Sie schätzten mein Alter auf etwa zehn Jahre und ich ließ sie dabei. Es war sicherer, fünf Jahre jünger zu sein.

Der Anführer nahm einen großen Laib Brot und eine Speckseite aus einer Dose unter dem Tisch, stützte sich auf seinen vergipsten Arm und begann, mit einem Taschenmesser auf das Essen loszugehen. Ich trug die dicken Brote zu den Betten, stieg auf die unteren Betten, um die oberen zu erreichen, oft packte mich eine hilfreiche Hand am Knöchel, während die erstaunten Gesichter in den Kissen eindeutig erkennen ließen, dass von den plötzlich erwachten Soldaten einige dachten, sie würden träumen. Auf die Brote folgten zinnerne Becher mit kaltem Wasser. Das heiße Wasser war anscheinend nicht zum Trinken da, und als ich meine Verwunderung darüber ausdrückte, erfuhr ich, dass für Kranke kaltes Wasser am besten war.

Die Zeit verging mit stockenden Ansätzen zu einer Unterhaltung, aber bald gingen uns die Vokabeln völlig aus. Keiner machte Anstalten, mich zu vergewaltigen, ich verlor meine Angst, genoss die Wärme des Ofens und kaute an meinem dicken Brot. Der Speck hatte einen Stich und das Brot war hart wie Stein, aber ich war hungrig genug, um alles zu essen. Der Zug ratterte durch mehrere Stationen, ohne anzuhalten, bis er mein Ziel erreichte, wo er glücklicherweise stehen blieb, und nach einer hastigen Verabschiedung half man mir schnell hinunter.

22

Die letzten vierundzwanzig Stunden hatten anscheinend meine Energie völlig erschöpft, die folgenden Wochen lösten sich in Nebel auf. Es war mir klar, dass ich im Bett lag und dass Adam und Irena und manchmal auch Onkel durch die Wolken rund um mich herein- und hinausschwammen. Ein stechender Schmerz bohrte in meiner Brust und meine Lungen wurden bei jedem Atemzug in Stücke gerissen. Kaum öffnete ich die Augen, stand immer Essen vor mir, zuerst auf gehäuften Tellern, später auf gehäuften Löffeln, und müde dachte ich, dass jetzt mein Traum endlich wahr geworden war – ich war zu Haus, lag im Bett und wurde mit Essen vollgestopft –, aber ich hatte nichts davon. Das einfachste Essen war für meinen geschrumpften Magen zu schwer und ich heulte vor Enttäuschung und Zorn, dass ich nichts bei mir behalten konnte.

Als ich endlich aufstehen durfte, war der Frühling zum Sommer erblüht und drückende Hitze lastete über der alten Stadt. Der Krieg war offiziell zu Ende. Irena redete angeregt von Urlaub; Onkel sollte uns beide in irgendeinen schönen Bergkurort schicken – auf seine Kosten, aber ich weigerte mich, irgendwo anders hinzuziehen als nach Kalisch. Ich hatte noch immer nicht gehört, dass jemand zurückgekommen wäre, jemand von meiner Familie; sonst strömten jede Woche Hunderte Menschen zurück in den Westen. Es konnte sich nur mehr um Tage handeln. Ich musste dort sein.

Endlich gaben sie nach. Ein winziges Zimmer wurde im Stadtzentrum gefunden, gerade an der Ecke des Hauptplatzes, wo das Rathaus stand, grau und gedrungen, mit seinem dünnen Turm in den Sommerhimmel zeigend. Die Straße, in der mein neues Heim war, lief steil und winkelig wie ein tiefer, dunkler Bach zwischen den alten Häusern, umrundete den Vorhof einer alten Kirche und ergoss sich auf den Marktplatz. Es war nicht weit von meiner neuen Schule, vom Park und von unseren alten Wohnungen. Onkel lebte noch immer in der gleichen Wohnung, die jetzt vollgepfropft war mit den Möbeln der Familie, die er irgendwie hatte retten können und die er für »sie« aufbewahrte. Die Ratten und Mäuse waren noch immer da, aber er hatte jetzt einen Job, bei dem er manchmal wochenlang abwesend war, und außerdem war es ihm ohnehin egal, wie er lebte.

Wir lebten beide – ohne dass wir jemals darüber gesprochen hätten – »provisorisch«, nachlässig, ungeduldig, auf den Tag wartend, an dem die Familie zurückkehren, an dem das wirkliche Leben beginnen würde.

Ich war froh, endlich allein zu sein, weg von Adam und Irena, mit ihrem ständigen Genörgel über Geld, ihrer Art, Onkel nachzuspionieren, und ihrer dauernden Angst, nicht genug vom »Erbe« zu bekommen. Es war geradezu komisch, wie enttäuscht sie jedes Mal waren, wenn ein entfernter Verwandter von irgendwo aus Europa schrieb, um uns wissen zu lassen, dass auch er überlebt hatte. Mehrere Cousins fanden sich im Ausland, nachdem sie von verschiedenen ausländischen oder von der polnischen Armee demobilisiert worden waren. Und wenn sie Stalingrad, Sibirien, die Lager in Persien, Monte Cassino, Libyen und den französischen Maquis überlebt hatten, dann mussten doch sicher auch die paar Zivilisten, um deren Leben ich betete, verschont worden sein?

Durch die dunklen, feuchten Alleen des Parks wandernd, nach den Spuren meiner kindlichen Spiele suchend, zwang ich mich zu dem Glauben, dass noch alles so werden könnte, wie ich es während des Krieges erträumt hatte. Wie sehr hatte ich mich immer nach dem Park gesehnt, überzeugt, dass ich nur wieder hineingehen musste, damit auch alles andere automatisch normal würde. Hier war der Park und der Fluss und das weiße Theatergebäude, das sich im ruhigen Wasser spiegelte. Hier war der Teich, auf dem wir im Winter immer Schlittschuh liefen, nur die Schwäne fehlten. Die Russen hatten sie gegessen.

Das Glashaus der Orangerie war leer und kalt, die Dächer und die Wände hatten Risse, nur ein paar Pfauen hatten überlebt, sie sahen aber aus wie von Motten zerbissen. In diesem schmalen Gang zwischen zwei Stechpalmenhecken war ich einmal einer Zigeunerbande in die Arme gelaufen. Ich erinnerte mich noch ganz deutlich an mein Entsetzen beim Anblick dieser dunkeläugigen, bunt gekleideten Gruppe und wie ich aufheulend in Stefas Arme gelaufen war. Zigeuner stahlen Kinder, besonders dunkeläugige, dunkelhaarige Kinder wie mich. Tratschend rauschten sie vorbei, ihre langen, ausgefransten Röcke schwangen um braune Knöchel, Perlen und Armreifen und hängende Ohrringe klirrten und läuteten bei jedem Schritt. Sie hatten lange Zöpfe, grelle Tücher und schnell herumschießende Augen.

Und jetzt waren auch sie verschwunden, nicht nur aus dem Park, sondern vom Angesicht der Erde ... Tod war überall, jede kindliche Erinnerung schien in der Gaskammer zu enden. In meinem alten Haus zeigten mir Stanislaw und seine Frau einen offiziell aussehenden Brief mit einer ausländischen Marke: »Hier steht, also, unser Sohn Joseph, der als Pilot nach England gegangen ist, der ist von einem Feindflug nicht zurückgekommen. Was glaubst du, was heißt das?«

Vor meinen Augen erschien ein Bild des großen, rußverschmierten Schmiedelehrlings in einer Lederschürze. Also so hat er geendet ... Ich dachte an den Silberstern, den die Scheinwerfer über Warschau festgenagelt hatten. War das vielleicht Joseph gewesen? Ist es damals passiert?

»Was sollen wir jetzt tun?«, fragte Stanislaw, sein Hängeschnauzbart ritt auf und ab, wie immer, wenn er über einem Problem brütete. »Das ist die einzige Adresse, die wir hatten. Wo können wir uns jetzt nach ihm erkundigen? Sie sagen, er ist vermisst oder so etwas. Dumm, was? Aber wie diese Flugzeuge sich zurechtfinden, verstehe ich sowieso nicht. Wahrscheinlich sitzt er irgendwo im Ausland und denkt nach, wie er heimkommen kann. Glaubst du, wenn wir dem Roten Kreuz schreiben, dass die ihn finden?«

Ich sagte, ich wüsste das nicht. Das Ausland war weit, da konnte einer leicht verloren gehen. Vielleicht würde Joseph wieder zurückkommen, sobald sich alles beruhigt hatte.

»Ja, das haben wir uns auch gedacht«, stimmten sie mir erleichtert zu. »Diese Ausländer in England verstehen nicht, wie das mit uns ist. Wir warten, dass Joseph nach Haus kommt, und dann wird er uns schon alles erklären.«

23

Am Ende dieses Sommers begann die Schule und ich stellte mich meinem ersten »richtigen« Unterricht in einem Zustand der Panik. Diesmal gab es keine Anstaltskinder. Hier waren alle »privat«. Schon die ersten paar Tage zeigten mir, dass ich auch hier wieder anders war als die anderen. Nicht nur, dass ich die Kleinste und beinahe auch die Jüngste war, ich war auch die Einzige, die allein lebte. Wenn man die allgemeine Lage des Landes betrachtete, dann konnte man es nur als einen bemerkenswerten Zufall bezeichnen, dass alle anderen in ihrem eigenen Heim lebten, mit zumindest einem Elternteil. Sie sahen alle wie normale Halbwüchsige aus: Sie hatten hübsche Kleider, anmutige Figuren, ausgetüftelte Frisuren und von den Älteren (wir waren eine sehr gemischte Gruppe) trugen ein paar in der Stadt sogar Lippenstift. Angesichts von so viel knospender Weiblichkeit war mir nach einem tiefen Blick in den Spiegel klar, dass ich da nie dazugehören konnte. Ganz plötzlich und zum ersten Mal hatte ich das Gefühl, dass mein Platz in einer Anstalt war.

Wir waren im Vorkriegs-Mädchengymnasium untergebracht, in das auch meine Mutter gegangen war, aber bald gesellte sich auch, wegen eines verzweifelten Mangels an Lehrern sowie an sämtlichen Lehrmitteln, das Knabengymnasium zu uns. Unsere Physik- und Chemielabors

wurden von den Schülern selbst gebaut und unsere Ausrüstung bestand anfangs nur aus einem Dutzend Brennern
und ein paar leeren Konservendosen und Marmeladeglä-
sern. Wir benutzten einen bunt zusammengewürfelten
Haufen von Büchern, einige waren völlig veraltet, in anderen Gegenständen hatten wir wieder nur ein oder zwei
Exemplare für die ganze Klasse.

Es gab keine Altersgrenze. Viele Schüler hatten in den
letzten sechs Jahren überhaupt nichts gelernt, das Ziel war
daher, so viel wie möglich so schnell wie möglich in ihre
Köpfe zu stopfen, bevor sie alle die Schule verließen, um zu
arbeiten oder zu heiraten. Der Unterricht wurde in drei
Schichten abgehalten und die Begeisterung der Schüler
schien sie über jedes Hindernis hinwegzutragen. Gleichzeitig hatten ihre Erfahrungen im Krieg sie überaus kri-
tisch gemacht gegenüber einem Buchwissen, das für die
Vorkriegsjugend bestimmt gewesen war.

Ich bemühte mich, das Unbehagen darüber, dass ich
mich in einer Gesellschaft weltkluger Mitschüler befand,
durch Konzentration auf meine Aufgaben zu überspielen.
Ich zweifelte nicht daran, dass ich die Klassenbeste werden
oder jedenfalls ganz an der Spitze sein könnte, wenn ich
mich darum bemühte. Aber überraschenderweise stellte
sich heraus, dass ich mich einfach nicht konzentrieren
konnte, dass mein Verstand seinen Dienst versagte. Tag für
Tag saß ich den Unterricht ab, nahm kaum wahr, was rund
um mich vorging, schämte mich überhaupt nicht, wenn ich
eine Frage nicht beantworten konnte, sondern empfand
nichts als Gleichgültigkeit und Langeweile. Zu Anfang jeder Stunde gab es immer eine kurze Panik, wenn mir klar
wurde, dass ich schon wieder nicht vorbereitet war, dann
lehnte ich mich zurück und erwartete geradezu trotzig eine
weitere Niederlage. Wenn mein Name aufgerufen wurde,
stand ich auf und ließ mir entweder eine improvisierte

Antwort einfallen, was manchmal gelang, oder wenn das nicht ging, dann zuckte ich einfach die Achseln, was die Lehrer zur Weißglut brachte und meinen ein oder zwei Freunden die Röte der Verlegenheit in die Wangen trieb. In gewisser Weise genoss ich diese Konfrontationen sogar.

Einige Lehrer erinnerten sich an meine Eltern und sie zogen häufig Vergleiche. »Deine Mutter hätte nie eine so miserable Arbeit abgeliefert.«

»Dein Vater konnte es sich leisten, manchmal den Narren zu spielen, aber keiner konnte ihm das Wasser reichen, wenn er sich einmal zur Arbeit entschloss; er war wirklich genial, der beste Mathematiker, den ich je hatte.«

»Sie war meine begabteste Schülerin, du hättest ihre Aufsätze sehen sollen; sie würde sich deiner schämen.«

Und einmal, von einer besonders geistesabwesenden Dame: »Wo ist deine Mutter? Warum kommt sie nicht zu mir? Ich möchte über deine Arbeiten mit ihr sprechen.«

»Können Sie leider nicht«, antwortete ich kurz und ging ohne weitere Erklärungen aus der Klasse.

Das war alles nicht wichtig. Das war eine Übergangszeit, ein Wartespiel, das sie mit mir spielten. Wenn sie zurückkamen und das Leben ernsthaft begann, dann würde ich es ihnen allen zeigen ... In zwei Wochen wäre ich an der Spitze, aber im Moment hatte ich an Wichtigeres zu denken als an Latein und Mathematik!

Ich betrachtete die zornigen und verzweifelten Gesichter meiner Lehrer mit einer Art von schmerzlicher Befriedigung. Geschieht ihnen recht, ist ohnehin alles ihre Schuld. Sehen sie denn nicht, dass ich in Ruhe gelassen werden will? Die werden aber schauen, wenn ich plötzlich aufwache und zu arbeiten anfange!

Das Schuljahr schritt immer weiter und in mir regte sich der Verdacht, dass ich vielleicht doch jetzt schon zu arbeiten anfangen sollte, falls ich in die nächste Klasse aufsteigen wollte, aber noch immer verweigerte mein Verstand den Dienst. Ich war jetzt schon so weit hinter den anderen zurück, dass ich sie nur durch eine wirklich konzentrierte und systematische Anstrengung noch einholen konnte. In meinem winzigen Zimmer – so winzig, dass ich in der Mitte sitzend sämtliche Möbel an der Wand mit den Fingern berühren konnte – saß ich Abend für Abend, starrte die Bücher vor mir an, manchmal überflog ich sogar den Text oder blätterte die Seiten um, aber ich war unfähig, nur einen einzigen Satz zu behalten. Irgendetwas in meinem Geist, eine Angel, eine Schraube – ich versuchte mir vorzustellen, wie sie aussah – war ausgefallen und die ganze Maschinerie wollte sich nicht mehr drehen.

Mit einem Teller belegter Brote auf meinem Tisch – ich hatte meine Unfähigkeit, etwas zu essen, überwunden und war ins andere Extrem gefallen – saß ich und mampfte fleißig, bis tief in die Nacht hinein, und empfand nichts als eine leichte Angst und eine lähmende Resignation bei dem Gedanken, morgen einen neuen Schultag durchstehen zu müssen.

Kaum war die Schule aus, ließ ich meine Freunde stehen und rannte hinaus, so schnell ich konnte. Ich hetzte die Stiegen hinauf, stürzte ins Vorzimmer und spähte in jeden Raum. Dann zog ich enttäuscht meinen Mantel aus und setzte mich zum Warten ans Fenster. Vielleicht kommen sie heute Nachmittag …

Manchmal wachte ich am Morgen auf und spürte, dass es heute geschehen würde. Oder morgen. Auf jeden Fall noch diesen Monat! Ich sprang aus dem Bett, packte meine Bücher, lief den ganzen Weg zur Schule, platzend vor Glück und gutem Willen, lächelte dem Himmel zu und jedem Menschen, der mir begegnete. In den Pausen gelang es mir, wenigstens einen Teil meiner Hausübungen zu erledigen, den Rest schrieb ich von den beiden treuen Freundinnen ab, die ich irgendwie erworben hatte, und dann überraschte ich die Lehrer mit unerwarteten Antworten. Und im Unterricht verschlang ich gierig jedes Wort, voller Begeisterung darüber, dass alles so leicht war, so einfach, so logisch und schön. Wie hatte ich das jemals schwierig oder uninteressant finden können! Die Welt war eine faszinierende Schatzhöhle und ich war erst fünfzehn! Was ich alles noch leisten konnte, hatte einfach keine Grenzen ... Am Nachmittag überredete ich dann meine beiden Freundinnen zu einem Spaziergang, oder falls ich Geld hatte, lud ich sie zu einem Festschmaus in unsere Lieblingskonditorei ein. Dort schlugen wir uns mit matschigen Cremekuchen voll, die wir mit Kübeln von Zitronentee hinunterspülten, und erzählten uns dabei die gräulichsten und ekelerregendsten Geschichten, die wir uns ausdenken konnten. Wem es dabei gelang, den anderen ihre Kuchen zu vergraulen, dem gehörte das restliche Essen. Aber meistens verließen nur die Kunden an den nächsten Tischen das Lokal, mit empörten Blicken zu uns herüber, manchmal auch mit Beschwerden bei der Geschäftsführung. Wir lachten nur.

Aber langsam verflog meine Hochstimmung und am nächsten Tag wachte ich auf und sah die Welt als sinnlosen, bedrohlichen Dschungel, als Puzzle, das ich nicht zusammensetzen konnte. Angesichts der verschiedenen Aufgaben, die auf mich warteten, sobald ich aufgestanden war, befiel mich ein heilloser Schrecken und ich versteckte mein Gesicht in den Decken und stöhnte vor Verzweiflung.

Da war es doch besser, die erste Stunde zu versäumen oder lieber gleich gar nicht in die Schule zu gehen. Ich war in den letzten Monaten so oft krank gewesen und hatte so viele ärztliche Zeugnisse zum Beweis dafür, dass einmal mehr Fehlen kaum auffallen würde. Wenn ich mich überhaupt aus dem Bett herausschleppte, dann nur, um in den

Park zu gehen, wo ich mich auf eine nasse Bank hockte, oft im nieselnden Herbstregen, und mich vollkommen meiner Depression überließ.

Das Leben war unmöglich. Es war zu schwierig. Ich verstand nicht zu leben. Und es gab niemanden, der es mir zeigte, der mir sagte, was ich tun sollte, wie ich es tun sollte, und am wichtigsten: warum ich es tun sollte.

In meinen Jahren im Kloster hatte ich mich immer nach Alleinsein gesehnt, nach einem eigenen Zimmer, das ich absperren konnte, wenn mir danach zumute war. Aber wie so viele von meinen früheren Träumen war auch dieser, kaum hatte ich ihn erreicht, zu Staub zerfallen. Jetzt hatte ich ein eigenes Zimmer. Ich lebte allein. Und ich hasste es.

Vielleicht war ich einfach nicht richtig lebensfähig. Ein eckiger Pfropfen in einem runden Loch. Ich werde nie passen, nie dazugehören, zu nichts und niemandem, dachte ich. Das Leben war einfach zu schmerzhaft, alles kostete zu viel Anstrengung. Ich wünschte, ich könnte sterben.

Ich saß im tropfenden Gebüsch und starrte auf den schnell dahinfließenden Strom, in dem sich der graue Himmel spiegelte. Der Strom war breit und tief, voller Wirbel, verräterisch. Viele waren hier ertrunken. Vater war einmal voll bekleidet hineingesprungen, um einen Jungen zu retten. Und sobald er ihn herausgezogen und sich überzeugt hatte, dass ihm weiter nichts fehlte, schlug er ihn so fest ins Gesicht, dass der junge Mann beinahe noch einmal hineingefallen wäre.

»Das ist dafür, dass du so verdammt dämlich warst und dein Leben und meines aufs Spiel gesetzt hast! Warum gehst du hinein, wenn du nicht schwimmen kannst?«

Der Junge stammelte, dass er geglaubt hatte, er wäre ein guter Schwimmer.

»Wir werden sehen«, sagte Vater. »Komm morgen zum Bootshaus und zeig mir, was du kannst.«

Von diesem Tag an trainierte Vater den ganzen Sommer mit dem Jungen, bis dieser am Ende wirklich ein hervorragender Schwimmer war. Ich hatte ihn vor ein paar Wochen getroffen und er hatte mir die Geschichte erzählt. Bis dahin hatte ich mich an den Zwischenfall nur als an den Tag erinnert, als Vater tropfnass in einer Kutsche nach Haus kam, und an Mutters Zorn darüber, wie achtlos er mit seinen Kleidern umging.

Der junge Mann, jetzt Mitte zwanzig, sprach von Vater mit Ehrfurcht und Enthusiasmus. Auch er war sicher, dass Vater bald zurückkäme ...

»Ich warte noch etwas länger, bis zum Jahresende, dann werden wir weitersehen.«

Ich ging heim, zog mich um und setzte mich mit meinen Schulbüchern an den Tisch. Um Mitternacht saß ich noch immer dort, starrte die erste Seite an, sah nichts. Manchmal, viel zu selten, bekam ich einen Brief von Schwester Zofia oder von Ela. Ungeduldig verschlang ich sie, küsste ihre Unterschriften, dann gab ich mich sehnsüchtigen Erinnerungen hin. Das Kloster, im Wesentlichen noch intakt, war jetzt in einer kleinen Stadt untergebracht. Sie hatten ein Haus und einen Garten. Schwester Zofia schickte mir ein Foto. Die ältesten Mädchen waren weg. Tamara sollte bald an ihrer noch übrigen »guten« Lunge operiert werden. Vera besuchte eine Hauswirtschaftsschule, tat sich dort sehr schwer und schrieb »merkwürdige« Briefe an Schwester Zofia. Ela und Teresa, das Mädchen, das ihre Erstkommunion zusammen mit mir gemacht hatte und die ich vage im Verdacht hatte, jüdisch zu sein, lebten zusammen in einem Zimmer in derselben Stadt und besuchten das Gymnasium.

»Teresa hat sich wirklich als ein tapferes Mädchen entpuppt«, schrieb Schwester Zofia. »Wie du weißt, war sie von der gleichen Abstammung wie du.«

»Ich hab's gewusst!«, rief ich und zum ersten Mal wurde mir klar, dass Schwester Zofia es einfach nicht über sich brachte, das Wort »Jude« zu sagen oder zu schreiben. Äußerstenfalls, wenn es wirklich nicht anders ging, sagte sie »Israelit«, was irgendwie biblisch klang und viel weniger »unhöflich«.

»Bald nachdem du weggingst, fand unsere kleine Teresa ihre Eltern wieder. Sie kamen und holten sie und in der nächsten Woche rannte sie wieder zu uns. Sie erlaubten ihr nicht, zur Kirche zu gehen, und wollten nicht begreifen, dass sie jetzt Katholikin war, also verließ sie sie. Sie kamen hinter ihr her. Wir hatten ein paar laute und unschöne Szenen. Sie drohten uns mit der Polizei, aber am Ende gewann Teresa oder vielmehr der Glauben. Sie lehnte sogar jedes Geld von ihnen ab. Sie boten ihr finanzielle Unterstützung an, solang sie noch zur Schule geht, aber sie lebt lieber von dem bisschen, das wir ihr geben können, und von den Einkünften aus den Privatstunden, die sie am Abend gibt. Sie hat ein sehr anstrengendes Leben, ist aber sehr glücklich dabei. Wir brauchen uns keine Sorgen um sie zu machen. Und wie steht's mit dir?«

Wie stand es denn mit mir? Unglücklich starrte ich auf die Zierschrift. Ich wusste selbst die Antwort nicht mehr. Solang ich bei Adam und Irena war, war das Leben einfach. Ich war in jeder Weise gegen sie, sie brauchten nur »weiß« zu sagen und schon antwortete ich »schwarz«. Ich glaubte von ganzem Herzen an alles, was ich im Kloster gelernt hatte, und kam meinen religiösen Pflichten gewissenhaft nach. Als sie mir verboten, an Sonntagen das Haus ohne Frühstück zu verlassen, ließ ich mich am Samstagabend von unserem alten Hausmeister oder von Großmutters Schneiderin im Nebenhaus einladen, unter dem Vorwand, dass wir gern beisammen wären und von alten Zeiten redeten. Dann blieb ich die Nacht über dort und erregte am nächsten Morgen tränenreiche Verblüffung durch meine Ankündigung, dass ich jetzt zur Kirche gehen wollte.

Adam und Irena hassten sowohl den Hausmeister mit seiner Familie wie auch die Schneiderin, aber sie hatten zu viel Angst vor ihnen, um etwas einzuwenden. In diesen merkwürdigen Zeiten wusste man nie, wann die Macht plötzlich auf die »Massen« überging. Vielleicht wandten die sich dann gegen einen, stifteten irgendwelchen Schaden ... Ich meinerseits hatte das Gefühl, dass dieses raffgierige Pärchen Angst davor hatte, irgendjemand könnte ihre Geldbeschaffungsmethoden unter die Lupe nehmen, und genoss ihren hilflosen Zorn.

Es gab endlose wütende Diskussionen oder vielmehr Monologe, da ich mich normalerweise gar nicht erst in solche Gespräche verwickeln ließ.

»Wie kannst du nur so dumm sein, so dickschädlig und so blind?«, fing Irena immer wieder an. »Wie kannst du nur an irgendetwas glauben und erst recht an einen Gott der Liebe? Wo zum Teufel siehst du Liebe? Zeig's mir. Ich möchte das auch gern sehen. Geh, zeig's mir! Ich kann nichts sehen außer Elend und Schmerz. Und Konzentrationslager und Gaskammern. Das sehe ich. Du siehst Liebe.

Weißt du, wie viele Millionen umgekommen sind im letzten Krieg? Und Gott hat keinen Finger gerührt, um sie zu retten. Warum? Was haben sie getan, um einen solchen Tod zu verdienen? Was haben sie getan, dass sie sterben mussten?

... deiner Meinung nach dürfen wir also den göttlichen Plan nicht anzweifeln? Er weiß schon, was Er tut, und Er hat immer recht. Also hat Er recht gehabt damit, dass er Millionen umkommen ließ, ja? Sie haben es also nicht anders verdient? Meine Eltern und deine Eltern und alle Eltern, sie waren so schlecht, dass sie das Konzentrationslager verdient haben? Und das wagst du zu sagen?

... Na schön, sie haben es also verdient, sie waren die ärgsten Verbrecher auf der Welt und sie haben es verdient, dass sie so sterben. Um ihrer schrecklichen Sünden willen. Gut und schön. Und was ist mit den Kindern? Was ist mit den Babys? Für welche Sünden mussten sie denn sterben?

Wenn es einen Gott gibt und Er solche Dinge zulässt, dann will ich überhaupt nichts von Ihm wissen. Es ist nicht wahr, dass Er für uns sorgt oder für irgendjemand anderen, genauso wenig wie es stimmt, dass irgendwo in diesem Universum Gerechtigkeit existiert. Die Bösen werden nicht bestraft und die Guten nicht belohnt. Und für uns Menschen gilt: Es gibt keinen Gott!«

Ich konnte die richtige Antwort nicht finden und bald fiel mir überhaupt nichts mehr dazu ein. Was ich sagte, klang immer unglaublich glatt und naiv, obwohl ich das gar nicht wollte. Aber wie konnte man über göttliche Liebe und Gerechtigkeit reden, über Gott, den liebenden Vater, wenn es ein Auschwitz gab?

Ich suchte und betete in den dunklen alten Kirchen um eine Antwort, aber es kam keine. Die Plattitüden, die ich in den Beichtstühlen zu hören bekam, verstärkten nur meine Unsicherheit. Zum ersten Mal seit mehreren Jahren spürte ich, wie der Boden unter meinen Füßen nachgab, ich suchte verzweifelt nach etwas Festem, wo ich mich anhalten konnte, aber was ich auch berührte, zerfiel mir unter den Händen.

Ich wich einer direkten Antwort auf Schwester Zofias Brief aus, versicherte ihr nur, dass ich regelmäßig in die Kirche ging und nie meine Gebete vergaß. Ich sagte ihr nicht, wie hohl sie jetzt in meinen Ohren klangen. In einem meiner Briefe wagte ich es endlich, von meiner hoffnungslosen Liebe für sie zu sprechen und ihr zu sagen, was sie mir in diesen düsteren Tagen bedeutet hatte. Ihre Antwort kam sofort, voller Überraschung und Bedauern.

»Ich wäre nicht einen Augenblick lang auf den Gedanken gekommen, dass du solche Gefühle für mich hattest, und ich kann dir nicht sagen, wie leid es mir tut ... Hätte ich das gewusst, dann hätte ich versucht, dir viel mehr Zeit zu widmen und so viel Liebe zu schenken wie ich kann, die Liebe, ohne die kein junges Menschenkind glücklich wird ... aber ich hielt dich immer für so selbstständig und unabhängig ... Jetzt verstehe ich, was hinter deinen häufigen Besuchen in meinem Zimmer stand, und ich schäme mich sehr, dass ich das nicht früher begriff. Ich dachte wirklich, dein einziges Motiv wäre ein unlöschbarer Wissensdurst und sonst nichts, es schmeichelte meiner Eitelkeit, dich hierzuhaben, diese trockenen, abstrakten Sachen zu besprechen, endlich jemanden zu haben, der verstand, worüber ich redete ... und dabei wolltest du die ganze Zeit etwas anderes haben. Ich schäme mich so über meine Blindheit.«

24

In diesem hoffnungslosen und unendlich langen Winter von 1945/46 kam ich wieder mit Sabina zusammen, einem Mädchen, das ich früher, vor dem Krieg, als wir beide noch Kinder waren, flüchtig gekannt hatte. Sabina, die ein oder zwei Jahre jünger war, hatte den Krieg zusammen mit ihrer ganzen Familie überlebt und ich konnte mich über dieses Phänomen einfach nie genug wundern. Eine ganze Familie! Mutter, Vater, Tochter und Sohn, und alle sahen sie aus wie Karikaturen aus dem Stürmer! Und sie waren auch nicht fortgegangen. Sie waren nicht in Russland. Verschiedene polnische Freunde in einer benachbarten Stadt hatten sie versteckt, ein Beweis für eine wirklich außerordentliche Tapferkeit, denn diese Gesichter hätte sogar der dümmste Deutsche auf den ersten Blick erkannt.

Als es kälter wurde und mein kümmerlich beheiztes Zimmer allzu ungemütlich, besuchte ich Sabina öfter und öfter. Sie interessierte mich nicht als Person und wir hatten einander nicht viel zu sagen, aber was mich anzog, war diese Atmosphäre von Vollständigkeit und Stabilität und noch etwas Undefinierbares, was meine vereiste Seele auftaute und was ich keineswegs erkennen wollte. Ich saß in einer Ecke ihres kleinen Speisezimmers, folgte ihnen mit den Augen, schweigend und scheinbar gleichgültig, während ich durch jede Pore meiner Haut dieses merkwürdige

Etwas einsog, welches bewirkte, dass ich mich in diesem düsteren, schäbigen Haushalt wohler fühlte als bei meinen nicht jüdischen Freunden.

Manchmal machten Sabina und ich einen Spaziergang und da fiel mir auch ihre Obsession zum ersten Mal auf. Sabina ging mit zu Boden gesenktem Kopf, das Gesicht im Mantelkragen versteckt, der immer hochgestellt war, auch wenn die Sonne schien. Ihre dunklen, leicht vorstehenden Augen schossen rasche, verschreckte Blicke auf die Passanten. Manchmal drehte sie sich ganz plötzlich zu einer Auslage und blieb stehen, offenbar fasziniert von dem, was sie da sah, dann ging sie vorsichtig und mit noch ängstlicheren Blicken weiter. Manchmal zog sie mich in einen Hauseingang und stand bleich und keuchend eine Weile lang dort drinnen, bevor sie sich wieder hinauswagte.

Als ich sie wegen dieses merkwürdigen Benehmens befragte, schien sie erstaunt über meine Unwissenheit.

»Aber siehst du es denn nicht? Sie schauen uns an!«

»Wer?«

»Alle!«

Verständnislos starrte ich sie an. »Natürlich schauen sie ... warum denn nicht?« Und dann, als mir ein Licht aufging: »Aber, Sabina, jetzt hast du doch keine Angst mehr? Der Krieg ist vorbei! Jetzt können sie uns nichts mehr tun. Lass sie schauen!«

Sie verbarg das Gesicht in den Händen. »Ich halte es nicht aus, wenn mich jemand anschaut. Ich weiß, was sie denken ... sie hassen uns ... sie fragen sich, wie wir wohl überlebt haben, und wünschen, wir hätten es nicht geschafft. Wenn sie nur eine Gelegenheit hätten, uns umzubringen, dann würden sie es tun!«

»Aber, Saba, nein wirklich, reiß dich zusammen! Die Deutschen sind fort, niemand wird jetzt noch Juden umbringen!«

Sie sah mich an, als hätte ich den Verstand verloren. »Niemand? Also du weißt nicht mehr, was in K. passiert ist, kaum dass die Deutschen fort waren? Ein Pogrom! Ja, ein Pogrom. Genau wie in den guten alten Zeiten vor dem Krieg. Es tat ihnen leid, dass die Deutschen ein paar Juden übrig gelassen hatten, die durften nicht entkommen. So gern haben sie uns nämlich, deine Polen!«

Hilflos stand ich vor ihr. Sie hatte recht. Es hatte ein Pogrom gegeben. Und es gab Antisemitismus, wie es ihn immer gegeben hatte, wie es ihn immer geben würde. Und es gab Polen, die ganz offen bedauerten, dass Hitler nicht die Zeit gehabt hatte, uns alle aus dem Weg zu räumen. Erst vor ein paar Tagen war mir ein Mann auf einem Fahrrad gefolgt, nahe an mich herangefahren, um mir ins Gesicht zu sehen, dann zischte er »Jude!«, spuckte vor mir aus und fuhr fort. Und keiner war eingeschritten.

»Wie du jetzt, nach allem, was sie uns angetan haben, zu ihnen übergehen kannst, das geht über meinen Verstand«, fuhr Sabina fort. »Kommst du dir nicht komisch vor in einer Kirche? Spürst du nicht, wie sich alle diese Augen in deinen Rücken bohren, siehst du denn nicht, dass sie dich nicht dort haben wollen, dass du nicht dazugehörst? Jeder kennt dich in dieser Stadt. Jeder erinnert sich an deine Familie. Sie wissen, dass du Jüdin bist, und ganz gleich, wie oft du in die Kirche gehst, du wirst Jüdin bleiben. Und das werden sie dir eines Tages auch ins Gesicht sagen, falls sie es nicht schon getan haben. Ich würde lieber sterben, als dieses Risiko auf mich nehmen. Ich will nur eines: dieses Land verlassen – und mich so weit als möglich von ihnen fernhalten, solange ich noch hier bin.«

»Aber, Saba«, warf ich ein, »sie können doch nicht alle schlecht sein. Schau, mich haben die Schwestern versteckt, die wussten, wer ich war, und du und deine Familie, ihr wurdet auch von Polen gerettet ...«

»Die Nonnen dachten, dass sie deine Seele hätten, und an mehr waren sie nicht interessiert. Wenn man dich erkannt und verhaftet hätte, dann wärest du ihrer Meinung nach immerhin als Katholikin gestorben und damit wäre eigentlich alles in Ordnung gewesen, obwohl man dich wegen deiner jüdischen Herkunft ermordet hätte! Und wir, wir hatten eben Glück. Ich bestreite nicht, dass es ein paar tapfere Polen gab, die große Gefahren auf sich nahmen. Und vergiss nicht, dass sie sich ja vor ihren polnischen Mitbürgern in Acht nehmen mussten, nicht vor den Deutschen, die einen Juden ohnehin kaum jemals erkannten. Aber es gab nicht viele Gute. Nicht genügend Gute. Sie hätten Sodom und Gomorrha nicht gerettet und sie haben die Ehre dieses Landes nicht gerettet.«

Allein in meinem winzigen Zimmer brütete ich über diesen bitteren Wahrheiten und fand sie unbestreitbar. Vielleicht war das nicht die ganze Wahrheit ... Vielleicht würde ich mit der Zeit noch die hellere, gesündere Seite dieser tragischen Farce entdecken ... Vielleicht ... Ich sehnte mich nach einer klaren Antwort, nach einem eindeutigen »Ja« oder »Nein«. Nach etwas, an dem ich mich festhalten, mein Leben darauf aufbauen konnte, aber unter meinen Füßen war kein Fels, sondern nur rasch verwehender Sand. Nichts war sicher oder beständig. Die alten, anerkannten Werte zerbrachen und nichts Neues trat an ihre Stelle. Immer mehr hatte ich das Gefühl, dass ich am Rand des Lebens stand, angerempelt von den vielen Passanten, aber unfähig, mich zu ihnen zu gesellen, mit ihnen zu gehen oder das Ziel zu erkennen, auf das sie alle mit solcher Geschwindigkeit zurasten. Ich war aus dem Tritt geraten mit dem Leben und mit der Wirklichkeit, mein ungeschicktes Stolpern hatte mich unerträglich erschöpft und ich wollte von dem allem langsam gar nichts mehr wissen. In den Nächten vergrub ich mich in Bücher, je romantischer und unwahrscheinlicher, desto besser, während mein ganzes Taschengeld für Kinokarten draufging.

Es gab in der Stadt nur drei Kinos und meistens zeigten zwei von ihnen denselben Film. Mein Taschengeld, mit dem ich auch meine Schulsachen, Seife, Schuhcreme oder Zahnpasta kaufen musste, reichte gerade für zwei Karten. Wenn es, wenn auch selten, doch einmal vorkam, dass drei verschiedene Filme gespielt wurden, dann geriet ich in Panik. Ich musste sie alle drei sehen, ganz gleich, wie alt, zerrissen oder läppisch sie waren. Nur in den Stunden, die ich im Kino verbrachte, hob sich die feuchte Decke von meinem Geist, nur hier konnte ich irgendetwas fühlen, lachen oder sogar ein bisschen weinen. Kaum gingen die Lichter aus, holte ich tief Atem und spürte, wie das Leben zurückkam. Hier war ich sicher. Hier durfte ich mir alle diese Gefühle gestatten, die mir der Kontakt mit der Welt, kaum trat ich hinaus auf die Straße, automatisch wieder verschüttete.

Ich sah *Gunga Din* fünfmal und *Der große Walzer* sechsmal und glaubte jedes Mal, ich würde sterben, aber es gelang mir, keine einzige Träne zu vergießen. Ich wusste, wenn ich nur einmal zu weinen anfing, dann würde etwas Schreckliches passieren, eine Explosion mich zerstören und vielleicht die ganze Welt; oder sie würden mich in eine Zwangsjacke stecken.

Englische und russische Filme wechselten ab mit einigen sehr alten, sehr löchrigen und schlecht zusammengeklebten französischen Filmen. *Carnet de Bal* und ein Film, in dem Josephine Baker in einem Vogelkäfig sang, waren beide so verstümmelt, dass weder ich noch meine Freunde jemals die Geschichte durchschauen konnten. Die – seltenen – Disney-Cartoons erfüllten uns mit rückhaltloser Begeisterung und wir zahlten gern für eine unmöglich süße russische Geschichte voll stahläugiger Helden und hysterisch schüchterner Maiden, nur um noch einmal einen Blick auf seine flauschigen Tiere werfen zu können.

Meistens ging ich ins Kino, ohne mir vorher die Bilder genauer anzusehen. Auf diese Weise geriet ich eines Tages in einen Film aus einem Konzentrationslager. Es musste Auschwitz oder Majdanek im Augenblick der russischen Befreiung gewesen sein.

Die Haufen von nackten Leichen, die überfüllten Bunker, die mit Asche bestreuten Felder, die Gaskammern, die Öfen. Die Berge von Haar und Brillen und Zähnen und Spielzeug und später in den weißen Zellen die Militärärzte, wie sie diese lebenden Skelette untersuchten, die mit wilden, eingesunkenen Augen in die Kamera schauten, verständnislos, fragend, eine Antwort verlangend . . .

In meinen Sessel zurückgesunken saß ich vor dem Horror. Immer wenn die Kamera zu einer Nahaufnahme zoomte und wieder ein nackter Körper untersucht wurde, blieb mein Herz vor Erregung stehen. Jetzt! Jetzt ist es einer von ihnen, jetzt in der nächsten Sekunde werde ich sie erkennen . . .

Ich erkannte niemanden, aber es gab so viele von ihnen, »Millionen«, sagte jemand in der Finsternis. Warum?

Dort sind sie, dachte ich, ich muss sie sehen, und wenn ich mir eine Sekunde lang die Augen zuhielt, weil die Bilder auf der Leinwand so obszön waren, dann senkte ich meine Hände sofort wieder. Ich hatte kein Recht, mich zu verstecken. Nie wieder werde ich das Recht haben, mich zu verstecken, zu drücken, mein Gesicht vor Angst oder Abscheu abzuwenden. Wenn sie diesen Tod gestorben sein konnten, dann werde ich das Bild dieses Todes mit mir herumtragen müssen, solange ich lebe.

Das Publikum im Kino weinte, fiel in Ohnmacht, betete

laut. Mit zusammengepressten Zähnen trat ich hinaus in die kalte Winternacht, Mord im Herzen. Mein letzter Kindertraum war tot: Es gab keinen Gott.

25

Das große Vorderzimmer mit einem Balkon auf den Hauptplatz hinaus wurde zu Jahresanfang von einem jungen Offizier gemietet, der sich von einer Wunde am Bein erholte. Die Wunde war an der linken Ferse und so war es unvermeidlich, dass wir ihn Achilles nannten.

Er war groß, schlank, breitschultrig und hatte die Taille einer Sanduhr. Er hatte ein schmales Gesicht, dunkles, lockiges Haar und ein Paar große Augen, so hellgrau, dass bei einer gewissen Beleuchtung die Farbe vollkommen verschwand und er noch mehr wie eine Statue aussah.

Trotz seiner Uniform und seines guten Aussehens wurde er sehr leicht verlegen und das männerverschlingende Glimmen in den Augen unserer Vermieterin sandte ihn Hals über Kopf entweder in sein Zimmer oder in meines, wo wir hysterisch zu kichern anfingen, makabre Gedichte eigener Fabrikation rezitierten, Karten spielten oder uns einfach Beleidigungen an den Kopf schleuderten, bis einem von uns nichts mehr einfiel.

Ich war glücklich in seiner Gesellschaft, so glücklich, wie ich sein konnte angesichts der Lähmung, die meine Seele ergriffen hatte, oder was es war, mit dem man fühlte. In meiner Verwirrung war ich gar nicht mehr sicher, ob Seelen überhaupt existierten, und wenn ja, wozu.

Da ohnehin schon alles egal war, konnte ich auch meine

Rolle einer im Kloster erzogenen jungen Dame vergessen und Achilles' Witze mit Obszönitäten parieren, dass er rot wurde und mich ungläubig anstarrte. Immerhin, das war mein erster Erfolg bei einem erwachsenen Mann und ich lachte darüber und betrachtete mich voll Bitterkeit im Spiegel. Keiner würde mich jemals auch nur im Entferntesten für hübsch halten. Außerdem sah ich noch immer wie eine Zwölfjährige aus und das war mir auch ganz recht. Eine erwachsene, »verantwortungsbewusste« Person zu werden, das erschien mir als das erschreckendste aller Schicksale. Verantwortlich wofür? Für das, was geschehen war? Solange ich ein Kind war, konnte man mich wenigstens *dafür* nicht verantwortlich machen.

Und so behandelte ich Achilles weiterhin als einen Freund, erzählte ihm Witze, rauchte seine Zigaretten und versteckte zum Zeichen meiner Wertschätzung tote Mäuse und lebende Frösche in seinen hohen Stiefeln.

Irgendwie näherte sich der Winter seinem Ende. Ich ging zu keinem der »Karneval«-Tänze, die unsere Schule organisierte. Als kurz vor Neujahr die erste Einladung kam, starrte ich den hübschen Jungen, unseren Klassensprecher, der in Erwartung meiner huldvollen Annahme seines freundlichen Angebots vor mir stand, verständnislos an.

»Idiot«, zischte ich durch zusammengepresste Zähne, wandte mich auf dem Absatz um und rannte aus der Klasse, aber nicht, ohne noch zu sehen, wie er einen Schritt zurücktrat, als hätte ich ihn geschlagen, sein Gesicht gerötet vor Zorn und Verblüffung.

Ich lief hinaus aus dem Gebäude und bis hinunter zum Park. Narren, Kretins, Idioten: »Möchtest du mit mir zum Tanz kommen?« Ich? Zum Tanz? Wie können sie es wagen ... Ich stampfte auf und trat in den tiefen Schnee, und dass mir die Tränen übers Gesicht liefen, bemerkte ich erst, als sie in der kalten Luft zu brennen begannen. Danach bekam ich keine Einladungen mehr und ich tat so, als hörte und merkte ich nichts von den aufgeregten Vorbereitungen, den neuen Kleidern, dem Getratsch und Gekicher in der Mädchentoilette. Ich wartete noch immer, nur wartete ich nach diesen endlosen Monaten nicht mehr so sehr auf ihre Rückkehr, nach der mein richtiges Leben beginnen würde, als vielmehr auf eine Bestätigung, nach der ich dann sterben durfte.

Mit den ersten warmen Frühlingstagen gab ich es auf, so zu tun, als würde ich etwas lernen, und verbrachte meine freie Zeit im Park, kopfabwärts auf der steilen Uferböschung liegend, und starrte in den Fluss. Am verwildertsten Ende des Parks gab es eine Stelle, die wie der Bug eines Schiffs in die graue Gabelung des rasch fließenden Wassers stach und wo man vergessen konnte, dass dahinter Land und eine Stadt waren. Von dort, wo ich lag, war nur die weite Wasserfläche zu sehen, silbergrau oder frühlingsgrün, manchmal einen blauen Flecken Himmel widerspiegelnd oder einen blendenden Schauer von Sonnenstrahlen, die sich an der Oberfläche brachen. Die Weiden wurden grün und hüllten das Ufer in einen halb durchsichtigen Nebel. Der ganze Park erwachte aus seinem Winterschlaf und jeden Tag bemerkte ich neue Zeichen erwachenden Lebens in den schwellenden Knospen, den schimmernden jungen Blättern, dem sprießenden Gras und den leuchtenden Farben der Feldblumen vor den dunklen Baumstämmen.

Das Leben kehrte zurück. Ich beobachtete dieses Phänomen der Natur voll Misstrauen und Verbitterung. Die neuen Farben, der Vogelgesang, der frische Duft schienen wie eine Verhöhnung des Lebens, wie ich es gekannt hatte. Im nassen Gras liegend grub ich alle die verbotenen literarischen Klischees aus und wandte sie auf meine eigene Existenz an. Mein Leben – wenn ich am Leben blieb – würde eine weite, graue Wüste sein, wie dieser Fluss … eine unerträgliche Aussicht … kein Sonnenstrahl die Düsternis erhellend – furchtbar … wenn es regnete, dann weinte der Himmel über all das Elend in der Welt … und die Tage gingen einer nach dem anderen dahin, wie schwarze Rosenkranzperlen, bis diese sinnlose Existenz sich ihrem lang schon überfälligen Ende näherte …

Toll. Ich konnte mir Schwester Zofias Reaktion auf dieses Stück kreativer Schriftstellerei bestens ausmalen. Aber das war jetzt mein wirkliches Leben und es war ein Klischee, ein höchst verschwommenes, sinnloses, abgedroschenes, nutzloses Klischee. Und ich musste es bis zum Ende durchstehen.

26

Erichs Fall kam vor Gericht, ein volles Jahr nach seiner Verhaftung. Ich war Zeuge und trug dazu bei, dass er freikam. Onkel bot ihm eine Wohnung in einem unserer Häuser an, aber er zog es vor, Kalisch zu verlassen und sein Glück in Warschau zu versuchen. Ich sah ihn nur einmal, einen grauhaarigen, graugesichtigen kleinen Mann in einem schlotternden Mantel. Er sah sehr krank aus und klagte über Atemnot. Er war für Lydias Sünden während der Besatzungszeit eingesperrt worden. Schließlich, so beschloss es der bürokratische Verstand, wenn er von Geburt Deutscher war und sie Polin und wenn in dieser Familie jemand mit der Besatzungsmacht kollaboriert hatte, dann konnte das nur er gewesen sein. Das schien logisch. Zufällig war es nicht wahr. Es dauerte ein Jahr, bis die Behörden ihren furchtbaren Fehler einsahen, und dieses eine Jahr im Gefängnis bewirkte, was sechs Jahre harten Kampfes nicht hatten erreichen können: Erich war ein gebrochener Mann, körperlich wie seelisch – von seiner Liebe zu Lydia allerdings hatte ihn auch das Gefängnis nicht kuriert. Als er kurze Zeit später starb, waren seine Taschen voll von ihren Fotos.

An einem herrlichen Frühlingstag ging ich gerade trübsinnig über eine belebte Brücke nach Haus, als ein scharfes Klippklapp von Pferdehufen mich den Kopf heben ließ.

Eine kleine Kavallerieabteilung tänzelte durch die Straße auf uns zu. Die Menge teilte sich, um sie durchzulassen, und alle die müden Rücken streckten sich, die hängenden Gesichter hellten sich auf, die Augen leuchteten beim Anblick dieser wunderbar gepflegten Tiere und Männer.

Der Offizier, der den Trupp anführte, hob eine behandschuhte Hand und salutierte und die Menge reckte sich die Hälse aus, um die derart geehrte Person zu sehen, und ihre verblüfften Blicke fielen auf mich. Achilles hatte sein Versprechen wahr gemacht, mich mitten in der Stadt von seinem Pferd zu salutieren, worauf ich in eine liebliche Prinzessin verwandelt und er mich über die sieben Meere hin entführen würde. Das Pferd musste ein schneeweißer Schimmel sein, aber seines war kastanienbraun, daher wirkte der Zauber nicht. Gelähmt stand ich mitten auf der Brücke und wünschte, sie würde sich öffnen und mich in den Fluss versinken lassen. Rund um mich war ein Meer von verschwommenen Gesichtern, die ich mehr fühlte als sah, und alle lachten. Stell dir einen Kavallerieoffizier vor, einen feschen jungen Mann in Paradeuniform, und der salutierte diese... Wer war sie überhaupt?... Muss ein Witz sein... Das konnte er doch nicht ernst meinen. Und überhaupt, glaubst du nicht, sie ist... sie muss doch...

Kopf voran tauchte ich unter in der Menge, schob und rempelte mich wieder heraus und rannte zum Park, so schnell mich meine Füße trugen. Oh, Achilles, wie konntest du?... Weißt du nicht, kannst du nicht sehen, dass ich es nicht ertrage, wenn mich jemand ansieht...? Siehst du denn nicht, wie lächerlich ich ausgesehen haben muss, wie es schmerzte, dass mich alle diese Augen durchdringend, forschend anstarrten? Wusstest du nicht, wie sehr ich mich vor den Blicken der Leute fürchte?

Ganz unvermittelt kam die Wahrheit in mir zum Durchbruch. Die gleiche Wahrheit, die ich bei Sabina verspottete und die ich in mir selber nicht erkennen wollte. Jawohl, ich hatte Angst. Seit dem Frühling des Jahres 1940 und unseren Ausflügen mit Mutter und Cousine Rosa in die Warschauer Parks hatte ich immer schon Angst gehabt, mein Gesicht zu zeigen, Angst, angestarrt zu werden, ganz gleich, von wem. Ich hatte Angst seit dem Tag, als der Straßenbahnschaffner Johnnie Yankiel nannte und diese unbekannte Frau von einem fahrenden Wagen abspringen musste. Von diesem Tag an bedeutete mein Gesicht Gefahr, eine Einladung zu Beleidigungen oder zu Schlimmerem, und jede persönliche Bemerkung über mein Aussehen, und sei sie noch so schmeichelhaft und gut gemeint, stürzte mich in Panik.

Ich erinnerte mich, wie ich unter Schwester Ludvikas Händen schwitzte, als sie meinen Kopf nach Läusen absuchte und eine Bemerkung machte über mein dichtes Haar. Wahrscheinlich eine ganz unschuldige Bemerkung, aber ich überlegte sofort krampfhaft, ob jüdisches Haar vielleicht besonders dicht war, und heimlich studierte ich die Haare der anderen Mädchen und versuchte, ihr Volumen abzuschätzen.

Und sogar in der Kirche ... ja, Sabina hatte recht ... sogar in der Kirche war die Angst gegenwärtig. Ich versteckte mich immer hinter der dicksten Säule in der dunkelsten Ecke und jedes Mal, wenn ich mich der Kommunionbank näherte, rechnete ich halb und halb damit, zurückgewiesen oder um eine Bescheinigung gebeten zu werden ... Sogar dort brannten die Blicke und immer, wenn zwei die Köpfe zusammensteckten, hatte ich den Verdacht, dass sie vielleicht über mich tuschelten.

Es hatte zu regnen begonnen, aber ich blieb am Ufer sitzen, in den Fluss starrend, zu erschüttert von dem kurzen Blick auf das, was ich da in mir trug, um ans Fortgehen zu denken. Der warme Frühlingsregen trommelte mir auf den Kopf, teilte rückwärts mein Haar und klebte mir das Kleid an den Rücken, bis es durchsichtig und klebrig war wie ein nasser Umschlag. Wie konnte ich auf diese Art weiterleben? Wo jeder Blick schmerzte, jedes Wort ein gegen mich abgeschossener Pfeil war, wo eine unerwartete Bewegung auf der Straße einen Angriff bedeutete und jede Nacht mir Träume brachte, so furchtbar, dass ich sie nicht ertragen konnte, dass ich aufwachte und in mein Kissen schluchzte und schrie. So konnte es nicht weitergehen. Bis jetzt hatte ich nicht den Mut gehabt, dem allen selbst ein Ende zu machen, wegen der leisen Hoffnung, dass noch jemand – morgen vielleicht – zurückkommen würde, und dann musste ich da sein, um sie zu sehen. Mir fehlte der Mut oder die Willensstärke, um dem ein für alle Mal ein Ende zu machen; dennoch erkannte ich jetzt ganz klar, dass ich mit dieser Angst nicht weiterleben konnte. Es schien keinen Ausweg zu geben.

Der Regen hatte mich endlich aus dem Gebüsch getrieben, und als ich in dem heftigen Guss davoneilte und mir vollkommen nackt vorkam in meinem triefnassen Kleid, schloss ich einen letzten Handel mit mir selber. Schließlich war seit Kriegsende erst ein Jahr vergangen. Noch immer kamen Leute zurück. Jede Woche brachte neue Geschichten von einem wundersamen plötzlichen Auftauchen von Menschen, die man schon lang tot geglaubt hatte. Es war nur eine Frage von Glauben und Geduld. Ich werde bis zum Ende des Sommers warten oder vielleicht bis Weihnachten und mich dann entscheiden ...

27

Der Sommer kam früh und die Hitze war erdrückend. Ich überlegte, wie ich es Onkel am besten beibrachte, dass ich keine Aussicht hatte, in die nächste Klasse versetzt zu werden. So etwas war in unserer Familie noch nie vorgekommen und ich rechnete mit einer donnernden Reaktion. Ich war in die Leihbibliothek gegangen und ertastete mir gerade meinen Weg eine dunkle Wendeltreppe hinunter, als mich ein Mann an der Schulter packte. In meiner Versunkenheit hatte ich ihn nicht auf der Treppe bemerkt und jetzt riss ich meinen Arm aus seinem Griff und starrte ihm misstrauisch ins Gesicht. Ich kannte ihn nicht, aber ich war daran gewöhnt, dass verschiedene Leute mich erkannten, Freunde meiner Eltern, an die ich mich nicht erinnerte, also war ich nicht überrascht, als er meinen Namen sagte.

»Ja, ich bin Janie David«, antwortete ich und wollte an ihm vorbei. Er hielt mich noch einmal auf.

»Ich kenne Sie nicht«, sagte er und etwas in seiner zögernden Stimme bewirkte, dass ich stehen blieb und mich ihm zuwandte. In der Dunkelheit der Treppe war sein Gesicht im Gegenlicht, das Licht fiel nur auf mich.

»Ich war nie zuvor in dieser Stadt«, fuhr er fort. »Aber ich kannte Ihren Vater ... wir waren zusammen in Majdanek ... im Frühling 1944. Ich und ein paar andere konnten fliehen. Wir bestürmten Ihren Vater, mit uns zu kommen. Aber er war sehr krank und hatte Angst, er wäre für uns ein Klotz am Bein oder würde uns Schwierigkeiten bringen. Wir versuchten, ihn zu überreden, aber er kam nicht mit. Er war zu schwach. Aber er sprach so viel über Sie, mit uns allen. Wir kannten Sie alle. Er rezitierte Ihre Gedichte. Er war so stolz auf Sie. Er hoffte, Sie würden überleben ... Bevor wir gingen, bat er jeden von uns, nach dem Krieg nach Kalisch zu gehen und zu sehen, ob Sie hier wären ... und Ihnen zu sagen, wie sehr er Sie liebte und dass er bis zum Ende an Sie gedacht hat. Ich konnte mich nicht mehr an die Adresse erinnern, aber als ich Sie sah, war ich ganz sicher, wer Sie sind. Sie sehen ihm so ähnlich ...«

Ich tauchte aus einer langen Finsternis auf, auf der Stiege sitzend, meine Bücher an mich drückend. Der Fremde war verschwunden. Hatte ich alles geträumt? In plötzlicher Panik sprang ich auf und rannte hinaus und ihm nach, aber im Eingang war niemand und draußen strömte die Menge in Sommerkleidern vorbei wie immer. Und plötzlich fiel mir ein, dass ich mich nicht einmal an sein Gesicht erinnerte ...

Ich ging heim, schritt langsam und vollkommen gefasst durch die Stadt. Langsam ging ich die Stiegen hinauf, öffnete die Tür, trat in mein Zimmer, drehte den Schlüssel um und ließ mich sehr vorsichtig aufs Bett gleiten. Durch das offene Fenster starrte der strahlende Himmel herein und ich starrte, ohne mit der Wimper zu zucken, zurück. Ich empfand nichts. Mein Kopf war innen voll Watte, mein Körper hatte aufgehört zu existieren. Ich wusste nicht, ob ich atmete und mich bewegte. Mein einziger Gedanke war, dass ich in diesem Zustand bleiben musste, dass ich ihn aufrechterhalten musste wie eine Betäubung, denn sobald er verging, würde der Schmerz, der sich irgendwo in meinem Körper versteckte, angreifen und dann würde ich schreien müssen.

Der Himmel verblasste, dämmerte, wurde endlich finster. Die Sterne kamen heraus. Reglos, empfindungslos lag ich da, fragte mich manchmal, ob man sich vielleicht nach dem Tod so fühlte, konnte aber keinen Gedanken in mir Wurzel fassen lassen, denn ein Gedanke würde zum anderen führen . . .

Als der Himmel von Neuem bleich wurde und die Dächer im Sonnenaufgang erröteten, stand ich auf, steif, mit ungeschickten Bewegungen, als wären meine Glieder gebrochen, packte ein paar Sachen zusammen, schob sie in einen Rucksack, schrieb ein paar Zeilen an meine Vermieterin und verließ leise das Haus.

Sobald die Straßen mit ihrem Katzenkopfpflaster hinter mir lagen, zog ich Schuhe und Socken aus und das Gefühl des warmen, rauen Sandes war die erste körperliche Empfindung, die ich mir seit gestern bewusst aufzunehmen erlaubte. Ich ging langsam, nach einer Weile fiel ich in den leichten Marschschritt der Klostertage, wenn wir über die Feldwege gewandert waren.

Die Sonne stand hoch und brannte, als mich ein Bauernwagen überholte und der Kutscher nach hinten nickte. Ich sprang auf die Bretter zwischen den Hinterrädern und kauerte dort auf einem Bündel Stroh, bis wir zu einer großen Kreuzung kamen. Ich brauchte nicht nach der Richtung zu fragen. Die Karte des ganzen Weges war in mein Gedächtnis eingegraben und ich war sicher, dass ich den Weg instinktiv finden konnte.

Mit einem schweigenden Nicken glitt ich vom Wagen und wandte mich einer Sandstraße zwischen zwei dunklen Wänden von Föhren zu. Der vertraute kühle Geruch des Harzes, das tiefe Flüstern der Äste, der gelbe Sand. Eine riesige Welle stieg in mir auf, drohte mich zu verschlingen, und ich kämpfte mit zusammengepressten Zähnen, um sie niederzuhalten. Dafür war hier weder Zeit noch Ort. Aber den werde ich bald erreichen.

Die Straße bog in einen schmalen Feldweg ein und plötzlich war alles da: der verrückte Zaun, der sich an Baumstümpfe lehnte, das gähnende Tor, das an einer Angel hing; Enten und Gänse, Hühner und Babys und ein bellender weißer Terrier mit einem Fleck über dem einen Auge. Der offene Brunnen unter dem Birnbaum. Die weiße Farbe, die von den Mauern der mit wildem Wein überwachsenen Villa abblätterte. Eine blonde junge Frau kam auf die Veranda heraus, ein kleines Kind hing an ihrem Rock, der Rock war eng über ihren schwangeren Leib gezogen. Einen langen Augenblick starrten wir einander an.

»Christina?«

»Janie?«

»Komm herein«, sagt Christina und tritt zurück. Die Holzbretter der Veranda sind trocken und warm. Durch das kleine Fenster im Hinterzimmer schaue ich schnell in den Obstgarten, der jetzt ganz verwildert ist, und muss eine neue Welle von unerträglichen Erinnerungen unterdrücken.

»Du kannst hierbleiben, solange du willst«, sagt Christina später, als wir vor Tellern mit gekochten Kartoffeln und saurer Milch sitzen. »Ich bleibe hier, bis ich im Oktober das Kind kriege, und bis dahin bist auch du willkommen. Ich freue mich, jemanden bei mir zu haben.«

Ich nicke schweigend. Christina glaubt wahrscheinlich, dass ich sehr müde bin, während ich nur einfach unfähig bin zu sprechen. Bei Sonnenuntergang inspizieren wir den Obstgarten. »Seit Papa letzten Winter gestorben ist, ist keiner da, der hier Ordnung hält«, erklärt Christina. »Der Hausmeister – erinnerst du dich an ihn und seinen Haufen Kinder? –, nun ja, er ist noch immer da, aber er hat ohnehin alle Hände voll zu tun. Seine Frau bekommt immer noch jedes Jahr ein Kind, nur dass es seit Kriegsanfang lauter Jungen waren. Anna, die Älteste, ist verheiratet und bekommt auch schon jedes Jahr ein Baby. Maryla, mit der du immer gespielt hast, hat diesen Frühling geheiratet und lebt jetzt im nächsten Dorf.«

Ich hob meine Augen vom Boden und da vor mir stand die riesige alte Eiche. An der mein Vater an jenem ersten Tag in Kreuzwege, vor so vielen Hunderten von Jahren, meine Schaukel aufgehängt hatte. An den Wochenenden, wenn meine Eltern auf Besuch kamen, deckte Stefa unter ihrem weit ausgreifenden Schirm den Tisch. Und in der Nacht schlief Tadek in ihrem Geäst. Und da steht sie jetzt, schwarz und nackt, bis zu den Wurzeln gespalten, die beiden Hälften voneinander weggebeugt.

»Ja, es ist wirklich schade«, sagte Christina. »Sie wurde 1940 vom Blitz getroffen. So ein Gewitter hatten wir noch nie. Es war fürchterlich. Ich hätte den Baum fällen lassen sollen, aber ich bringe es einfach nicht über mich. Er ist viel älter als das Haus und ich hoffe noch immer jeden Frühling, dass er wieder austreibt.«

In dieser Nacht sitze ich in der winzigen, geweißten Zelle auf dem Bett, das ganze Bettzeug um mich aufgehäuft, und zittere vor Furcht. Durch die vorhanglosen Fenster sieht der Mond aus wie ein gebleichter Totenschädel. Ich sehe seltsame Schatten in den Ecken und seltsame Gerüche steigen aus dem fremden Boden auf. Und ohne hinzuschauen, weiß ich, dass die Wände und die Decke voll sind von Würmern, Insekten, Spinnen und namenlosen Geschöpfen und dass sie jeden Augenblick mein Bett überfallen werden.

Es gibt kein elektrisches Licht in Kreuzwege, ich habe meine Kerze am Fenster gelassen, zu weit weg, um sie vom Bett aus zu erreichen, und nichts könnte mich dazu bringen, einen Fuß auf den Boden zu setzen, wo es ebenfalls von Gewürm wimmelt. Zitternd sitze ich da, der Schweiß rinnt mir über den Rücken, während die weißen Wände sich in eine Leinwand verwandeln und das Mondlicht Leichen malt, nackte, ausgezehrte Körper, Stacheldraht, Wachtürme und Baracken und die hohen Rauchfänge der Krematorien. Ich bin von ihnen umzingelt, der Geruch des Verbrennens ist in meinen Nasenlöchern, ich verstecke den Kopf in den Armen, um nichts zu sehen. Aber da sind sie auch.

Durch das offene Fenster murmelt der Obstgarten mit lang vergessenen Stimmen, die Dorfhunde bellen, ein Nachtvogel trillert. Und die dunkle Wand des Waldes über der Straße flüstert mir eine drängende Botschaft zu, die ich nicht länger verstehe. Vor vielen, vielen Jahren, oder war es in einem anderen Leben, war ich hier einmal glücklich. Jetzt kam ich her, um zu sterben, in der Hoffnung, Ruhe zu finden, aber ich brachte meine Qual mit und sie lässt mich nicht in Frieden. Ich habe das Ende des Weges erreicht. Hier muss ich bleiben, bis ich sterbe oder bis ich einen Ausweg finde in ein anderes Leben.

»Wie war's denn hier im Krieg?«, frage ich Christina eines Morgens beim Frühstück.

»Ach, es war ruhig. Ich war die ganze Zeit hier, weißt du. Papa war mit Janice in der Stadt – sie ist jetzt in der Schule – und Tadek war in Warschau. Er war beim Aufstand dabei und wurde nach Deutschland geschickt, in ein Lager. Jetzt ist er zurück; vielleicht kommt er eines Tages vorbei. Hier hatten wir überhaupt keine Deutschen. Unten im Dorf, beim Postamt und im Geschäft, da waren sie ein paarmal und natürlich sind sie auf der Hauptstraße auf und ab marschiert, aber in den Wald sind sie nie gekommen, unseren kleinen Feldweg haben sie nie gefunden. Stell dir vor... wenn ihr hiergeblieben wärt, niemand hätte es erfahren... Deine Eltern und du und Stefa. Ihr hättet die leere Wohnung haben können...«

Ich stand abrupt vom Tisch auf. »Ich mache jetzt einen Spaziergang. Bis dann.«

»Komm zu Mittag zurück, ich werde uns was kochen. Schau, ob du wilde Erdbeeren findest, wenn du in den Wald gehst. Die werden jetzt reif...«

Der Wald verschlingt mich in seiner duftenden Dämmerung.

Ich liege auf einem Teppich aus Moos und Nadeln und lasse mich von der drängenden Stimme der tanzenden Äste in Schlaf wiegen.

Den Rest dieses Sommers verbrachte ich im Wald. Jeden Morgen ging ich mit einem Korb und einem Krug von zu Hause fort und füllte sie mit Pilzen und Beeren auf meinem Weg in den fernsten Winkel dieser Wildnis. Dort gab es eine kleine Lichtung, einen kreisförmigen Teppich aus langem Gras, mit ein paar weißen Birken, die an den Rändern standen. In der Mitte dieses Grasfleckens gab es einen kleinen runden Teich, ein klares blaues Auge, das fest und heiter den Blick der Sonne erwiderte. Kein Geräusch der Außenwelt drang in diesen Hort meiner Zuflucht; nur die Vögel, die in den Bäumen sangen, und die Hunderte von Fröschen, die am späten Nachmittag rund um den Teich quakten. Hier lag ich lange Stunden, starrte in den Himmel und spürte nichts außer dem kühlen, feuchten Gras unter meinem Rücken und der Sonne, die mir auf die Haut brannte.

Christina fand einen alten Schwimmanzug, den ich 1939 bei meinem letzten Aufenthalt hier getragen hatte, und ich stand zitternd da, den vertrauten marineblauen Wollstoff in der Hand, mit dem kleinen Jantzen-Mädchen, das graziös von meiner Hüfte ins Wasser sprang.

Ich war in den Jahren seither so wenig gewachsen, dass ich den Schwimmanzug noch immer tragen konnte, und den Rest dieses Sommers zog ich nichts anderes mehr an.

Als die Pilzzeit kam, aßen wir nichts anderes und ich lernte ihre vielen Arten erkennen. Es gab welche, die nur in dem jungen Tannenwald wuchsen, der erst vor Kurzem gesetzt war, wo die Äste bis zum Boden reichten, sodass niemand eindringen konnte. Aber die Millionen Nadeln schreckten mich nicht, mit dem Kopf voran tauchte ich unter die tiefsten Zweige und kroch auf Händen und Knien geradewegs bis in die Mitte des Dickichts. Auf den Boden festgenagelt von den stechenden Zweigen, die bei jeder Bewegung meinen Rücken peitschten, erlebte ich dort einen Augenblick schwärzester Panik. Ich konnte nicht aufstehen, ohne dass mir die halbe Haut abgerissen wurde; ich konnte nicht weiter als einen Viertelmeter vor mir sehen; wenn ich jetzt die Richtung verlor, dann konnte ich stundenlang auf den Händen und Knien im Kreis kriechen, ohne jemals hinauszukommen. Der Geruch war erstickend, mein Kopf drehte sich und die Finsternis drohte mich zu verschlingen. Ich schob mich weiter, zuckend, meine Augen verdeckend, Haarbüschel an den Stämmen zurücklassend, meine Knie bluteten und meine Brust brannte vor plötzlichem Luftmangel.

Ich schoss aus diesem Wald hinaus wie eine Kugel aus einem Gewehr, saß keuchend im Gras und blinzelte im jähen Sonnenlicht. Es brauchte eine Stunde, um mir die Nadeln aus dem Haar zu bürsten, und ich war über und über zerkratzt, aber außer einem vollen Korb von Pilzen hatte ich auch noch eine seltsam hochgestimmte Empfindung, fast wie Triumph, als hätte ich etwas Großes geleistet.

Bei jedem Ausflug in das Dickicht kehrte dieses Gefühl wieder. Jedes Mal dieses entschlossene Untertauchen, Kopf voran, in die stachelige Mauer der jungen Bäume; das verbissene Kriechen unter den Ästen auf der Suche nach Pilzen, dann ein kurzer Moment der Panik, wenn ich den Mittelpunkt erreicht hatte und mir klar wurde, dass ich weder aufstehen noch meine Richtung erkennen konnte. Und dann die bewusste Anstrengung, meine Angst zu beherrschen und meinen Weg ins Freie zu finden.

Nach dieser Prüfung warf ich mich ins lange Gras auf meiner kleinen Lichtung und schlief bis zum Abend. Langsam vergingen die heißen Sommertage und unmerklich kam ich heraus aus meiner Trance. Im kühlen Gras liegend und in den blauen Emailhimmel starrend ertappte ich mich dabei, wie ich plötzlich an Kalisch dachte, an meine Freunde dort, an Onkel, an viele alltägliche Dinge, sogar an meine Schulaufgaben. Ich konnte mir noch immer nicht vorstellen, dass ich wieder dort leben sollte, mich für irgendetwas interessieren könnte. Diese Dinge gehörten zu einem anderen Leben, zu einer Vergangenheit, in die ich nie mehr eingehen würde. Ich konnte nicht im Geringsten erkennen, was vor mir lag, aber zum ersten Mal, seit der Schlag gefallen war, war ich bereit zuzugeben, dass eine Zukunft auf mich wartete. Dass ich nicht sterben würde; dass es bald notwendig würde, Pläne für ein neues Leben zu machen, das weitergehen würde, trotz allem, was geschehen war.

Onkel hatte vage davon gesprochen, dass er nach Australien auswandern wollte, und als ich zum ersten Mal davon hörte, lehnte ich die Idee entsetzt ab. Ich konnte mir nicht vorstellen, jemals Polen oder gar Kalisch zu verlassen. Schließlich war das hier das einzige Leben, das ich kannte. Das war die Sprache, in der ich denken, lieben, beten, fühlen gelernt hatte. Die Sprache, in der ich noch immer Gedichte und Lieder schrieb, obwohl ich nicht länger betete. Was sollte aus mir werden, was mir bleiben, wenn ich auch das noch verlor?

Konnte man denn im Alter von sechzehn Jahren noch ein neues Leben beginnen, neue Interessen entwickeln? Und wer würde mir dabei helfen? Nein, das konnte ich nicht tun, ich hatte viel zu viel Angst. Und dennoch, wie ich jetzt so im Wald von Kreuzwege darüber nachdachte, schien das der einzige vernünftige Ausweg. Da ich mir nicht vorstellen konnte, hier zu leben, und da ich vorläufig aber auch noch nicht sterben würde, sollte ich vielleicht doch versuchen, ein ganz neues Leben anzufangen. Vielleicht sollte ich fortgehen aus dieser Stadt, die ich über alles liebte, die aber zum Grab aller meiner Erinnerungen geworden war; von diesem Land, dem einzigen, das ich kannte, und das zu einem riesigen Friedhof geworden war, bewohnt von Millionen nach Rache schreienden Geistern; fort, so weit wie möglich, ans andere Ende der Welt, wo keine genagelten Stiefel jemals über die Erde schritten und keine Bombentrichter die Felder verunstalteten. Ich wusste nichts über Australien, das in meinem Geografiebuch eine Seite im letzten Kapitel einnahm, zusammen mit dem Mond. Es schien eine gute Wahl.

In der Nacht konnte ich noch immer nicht schlafen, zitternd schaute ich zu, wie die weißen Wände sich auflösten und Szenen aus den Lagern zeigten, aber jetzt konnte ich manchmal auch andere Dinge sehen: unser altes Zimmer im Ghetto, Frau Kraut und ihren Mann, Rachel, die Sjercks, die Beatusse, die Straßen, die Menschenmengen, die Tore des Umschlagplatzes, die ich als Einzige nicht passiert hatte. Langsam, Wort für Wort, Gedanke für Gedanke, begann ich das Unsagbare zu benennen, die Worte auszusprechen und die Gefühle, die sie erweckten, zu beherrschen: Meine Eltern waren tot. Ich schluckte den

Schmerz hinunter und sah zum Himmel hinauf und erwartete keinen Blitz mehr aus heiterem Himmel, der mich traf dafür, dass ich eine solche Blasphemie auszusprechen wagte.

Solange es noch eine leise Hoffnung gegeben hatte, dass Vater überlebt hatte, solange war auch Mutters Überleben gerade noch möglich gewesen ... Irgendwie hatte ich trotz Vaters Brief geglaubt, dass sie beide irgendwo zusammen waren und eines Tages zurückkommen würden. Jetzt gab es keine Hoffnung mehr. Mutter musste im Tod allein gewesen sein. Wie und wann? Hatte sie uns, Erich und Lydia, wirklich gesucht, hatte sie versucht, vom Ghetto aus zu uns zu gelangen, durch diese paar kurzen Straßen, die seine Tore von unserem Haus trennten? Was war geschehen? Wer hatte sie auf den Straßen von Warschau verraten? Wie war sie gestorben?

Und Vater? Der Mann sagte, er sei dort gewesen, im Lager, im Jahr 1944. Plötzlich erinnerte ich mich wieder an dieses außergewöhnliche Gefühl von Vaters Nähe, dort in den Wäldern rund um das Kloster. Majdanek wurde im Juli 1944 von den Russen genommen. Wenn Vater damals noch lebte, war er wenigstens in Freiheit gestorben. Vielleicht ... vielleicht hatte er noch bis zum Herbst gelebt, als ich ihn so nahe spürte, dass ich jeden Augenblick mit seinem Erscheinen rechnete. War er damals wirklich gegenwärtig, im Geist, der schon seinen Körper verlassen hatte? Oder lebte er noch und dachte seine letzten Gedanken?

Ich drehte mich um und verbarg das Gesicht im langen Gras. Die Erde drehte sich mit erschreckender Schnelligkeit, raste durch die ewige Nacht, und ich klammerte mich mit beiden Händen fest, presste mich an ihre unnachgiebige Oberfläche. Wenn ich nur auch da unten sein könnte, wie alle die, die schon friedlich tot und begraben waren.

Wie sicher würde ich mich endlich fühlen. Aber ich war draußen, die Erde wollte mich noch nicht, und es gab keinen Weg zu denen, die schon darunter waren. Es hatte keinen Sinn, mit den Fäusten auf sie zu schlagen und darum zu betteln, dass sie mich einließ. Ich musste die mir zugemessene Zeit zu Ende leben – allein.

Ich schloss meine Augen, drückte mich mit dem Rücken gegen die Erde und wiederholte laut: »Meine Eltern sind tot. Sie starben in einem Konzentrationslager oder, von ihren Mitbürgern verraten, auf einer Straße der Stadt. Wie, wann oder wo genau das geschah und wo sie begraben sind, werde ich nie erfahren. Es wird kein Grab geben, das ihre sterblichen Überreste aufnimmt. Dieses ganze Land ist ein Grab, die ganze Erde ein riesiges Grab, und irgendwo sind sie ein Teil davon. Ich kann jetzt fortgehen, aber solange ich die Erde berühren kann, solange bin ich auch mit ihnen verbunden.«

Durch halb geschlossene Augen schien der strahlende Himmel. Vor seinem harten blauen Hintergrund tanzte ein leuchtendes Muster von Blättern. Ich erwachte nach einem langen Schlaf, in dem der Duft in der Sonne reifender Äpfel und Birnen wie durch ein Wunder wiedergekommen war und sogar jetzt noch die Luft um mich erfüllte. Die Erde war weich. Ich lag auf dem Rücken, spürte, wie der Boden unter mir nachgab, wie eine warme Wiege. Gras wuchs zwischen meinen Fingern und über meinen Leib; Ameisen krochen über meine Beine. Ruhig sah ich ihnen zu, ohne jeden Schauer der Angst. Sie und ich, wir alle gehörten der Erde an. Sie war die einzige unzerstörbare Grundlage unseres Daseins. Sie gab uns das Leben und zu ihr werden wir alle eines Tages heimkehren. Das war die einzige Sicherheit, der einzige Trost.

Aus den Obstgärten, die in der Herbstsonne träumten,

brachte der Wind den Duft reifender Früchte. Den Duft des zurückkehrenden Lebens. Den Duft des Friedens.

Ein Stück Fremde

Erinnerungen an eine Jugend

Für L. L.

I

Im Sommer 1946 beschloss mein Onkel, der als einziger
überlebender Verwandter mein Vormund war, dass wir
beide Polen verlassen würden. Es war kein leichter Entschluss. Seit Kriegsende hatten wir darauf gewartet, dass
jemand aus unserer Familie zurückkehren würde. Aus Lagern, Gefängnissen, ausländischen Armeen und dem Exil
kamen Überlebende zurück. Fast täglich erfuhr man, dass
jemand heimgekehrt war. Aber zu uns kam niemand. Aus
Paris teilte uns ein entfernter Verwandter mit, dass er und
sein Bruder den Krieg überlebt hatten. Sie waren seit den
frühen dreißiger Jahren in Frankreich, hatten Französinnen
geheiratet und sich in Paris niedergelassen. Sie erkundigten
sich nach dem Schicksal der Familie und luden uns ein, bei
ihnen zu bleiben, falls wir Polen verlassen wollten. Es war
unwahrscheinlich, dass jetzt noch jemand von unseren Angehörigen auftauchen würde. Angesichts der – bürger-
kriegsähnlichen – politischen Verhältnisse in Polen begann
mein Onkel seine Zelte abzubrechen. Er suchte nach einer
Möglichkeit, mich zunächst allein ins Ausland zu schicken.
   Am Ende des Schuljahres war ich nahezu die Schlechtes-
te in der Klasse. Versetzt wurde ich nur, weil ich dem Direktor gesagt hatte, ich würde das Land verlassen und aller
Voraussicht nach seiner renommierten Anstalt nie wieder
Schande machen. Die besten Noten hatte ich in Religion –

bei einem bewundernswerten alten Priester, der vor dem Krieg schon meinen Onkel und andere Familienmitglieder unterrichtet hatte. Damals lehrte er an einem Knabengymnasium. Nach dem Krieg wurden die Schulen wegen Personalmangels zusammengelegt, und so kam es, dass er mein Religionslehrer wurde. Er erinnerte sich an meine zwar nicht strenggläubige, aber dennoch jüdische Familie, fand es erfreulich, dass ich mir bei den Nonnen der verschiedenen Klöster eine gründliche Kenntnis der katholischen Religion erworben hatte, und war – im Gegensatz zu allen anderen Lehrern, die mich immer so abschätzig mit meinen Eltern verglichen – stets gütig zu mir. In Polnisch und Literatur hatte ich gute Noten, die übrigen waren verheerend. Zu Hause stellte ich mich auf den Balkon im fünften Stock und sagte meine Noten auf. »Ich bin ein Versager. Ich habe dem Andenken meiner Eltern Schande gemacht.« Ich blickte zur Straße hinab, auf der reger Betrieb herrschte. Wenn ich hinunterspränge, wäre mir alles vergeben. Dann müsste ich nicht mit diesem Schandfleck weiterleben. Ich beugte mich zurück und sah zum Himmel empor. »Ich bin ein Versager«, wiederholte ich. »Aber es ist mir egal.«

Kurz darauf verließ ich meine Heimatstadt Kalisch und fuhr in ein Kinderheim im Südwesten Polens.

Zabrze war eine alte deutsche Stadt. Sie gehörte zu den »Wiedergewonnenen Gebieten«, die nach Kriegsende von Ostdeutschland abgetrennt und Polen eingegliedert worden waren. Ich war beeindruckt von den großen, behaglichen Wohnhäusern und eleganten – aber leider gähnend leeren – Läden mit ihren schwarzen Glasfassaden, von den Straßenbahnen und Oberleitungsbussen, vor allem aber von der geheimnisvollen Atmosphäre einer Stadt, die fast ihre gesamte Einwohnerschaft verloren hatte und sich jetzt mit Neuankömmlingen füllte, von denen die meisten ebenfalls Flüchtlinge waren – aus den von Sowjetrussland annektierten polnischen Ostprovinzen. »Wie ein blutleerer Körper, der eine Transfusion unbekannter Herkunft bekommt«, schrieb ich in mein Tagebuch. »Sie wird den Empfänger entweder neu beleben oder töten. Nichts passt hier zusammen.«

Das Gleiche galt natürlich auch für mich selber. Nach den Jahren im Kloster, dem rückhaltlosen Übertritt zum katholischen Glauben und der jähen Ernüchterung, die ich erlebt hatte, als ich das Kloster verließ und sah, wie das Leben »draußen« wirklich war, befand ich mich jetzt in einem jüdisch-orthodoxen Kinderheim. Es war anscheinend das einzige, das mich aufnehmen wollte. Die von verschiedenen jüdischen Organisationen betriebenen Heime erhielten von Zeit zu Zeit die Genehmigung, einen Kinder-Sammeltransport ins Ausland zu schicken. Dies war in den ersten Nachkriegsjahren, als die polnischen Grenzen so gut wie gesperrt waren, die einzige Möglichkeit, hinauszukommen. Eine ganze Anzahl Kinder durfte nach England und Frankreich reisen, und die wenigen, die dort Verwandte hatten, durften bei ihnen bleiben. Weitaus die meisten Kinder aber wurden nach Palästina geschickt.

»Aus den wiedergewonnenen Gebieten ins Gelobte Land«, schrieb ich in mein Tagebuch. »Aber *ich* nicht.«

Zabrze, Donnerstag, 29. August 1946

Onkel hat dem Heimleiter klipp und klar gesagt, dass ich in London oder Paris bei unseren Verwandten bleiben werde. Ich will nicht nach Palästina. Ich möchte nicht in ein Land, in dem Krieg geführt wird. Für mich war es schon schwierig genug, den letzten Krieg zu überstehen. Und ich möchte nicht in einem Kibbuz leben. Mir hat das Gemeinschaftsleben im Kloster gereicht. Ich wünsche mir nur, endlich in Ruhe gelassen zu werden. Ein Zimmer für mich allein zu haben, dessen Tür ich absperren kann. Eigene Kleider zu tragen. In eine Schule zu gehen, wo mich niemand kennt und wo mich niemand mit meinen Eltern vergleichen kann. Und auf die Universität zu gehen. Ich weiß noch nicht genau, was ich studieren möchte. Wahrscheinlich Medizin. Ich möchte anderen helfen. Nützlich sein. Obwohl ich natürlich am liebsten Dichterin werden möchte. Aber man kann – wie Fräulein Vogel, unsere Literaturlehrerin, sagt – nicht studieren, um Schriftsteller zu werden. Das *ist* man, oder man ist es nicht ... Außerdem sagt sie, bevor man überhaupt ans Schreiben denken kann, muss man ein Thema haben. Und worüber könnte ich schon schreiben? Ich habe nichts gesehen, nichts erlebt, nichts Erwähnenswertes getan. Sicher, ich bin erst sechzehn. Vielleicht erlebe ich, wenn ich reise, interessante Abenteuer. Aber in welcher Sprache soll ich schreiben? Polnisch wird mir, glaube ich, nicht viel nützen, wenn ich im Ausland bin. Wie soll ich es aber jemals schaffen, mich in einer Fremdsprache auszudrücken?

Nächste Woche fängt die Schule an, aber ich gehe nicht hin, weil ich in ein, zwei Monaten in Paris sein werde. Oder in London. Ach, ich hoffe so sehr, dass es London sein wird!

Mein erster Monat in Zabrze war vorüber, aber noch immer gab es keine definitiven Abreisepläne. Umso öfter falschen Alarm. Einmal standen wir schon mit gepackten Koffern bereit, als plötzlich alles abgeblasen wurde.

Im Heim sieht es wie auf einem Bahnhof aus. Überall stehen Koffer herum, und niemand tut etwas, um es hier ein bisschen behaglicher zu machen. Alles ist so kahl und schmuddelig. Die Betten sind derart verwanzt, dass Halina, Anna und ich, die drei Ältesten, jetzt auf den Esstischen schlafen. Warum muss es in allen Kinderheimen so viel Ungeziefer geben? Unsere Behelfsbetten sind ziemlich hart, aber wir werden wenigstens nicht bei lebendigem Leibe aufgefressen. Was für ein Unterschied zwischen hier und dem Kloster, das trotz schrecklicher Armut immer sauber gescheuert und gewachst und voller Blumen war! Dort hat es Bilder und Statuetten der Heiligen Familie gegeben, und Heiligenfiguren, Stickereien und Dekorationen aus einfachstem Material, zum Beispiel aus getrockneten Gräsern und Blumen, aus Stroh oder Blättern ... Hier sitzen wir auf unseren Koffern, machen uns kaum mehr die Mühe, uns umzuziehen, und warten auf den nächsten Zug. Das Bad funktioniert nicht. Wir waschen uns unter einem Kaltwasserhahn und gehen hie und da in die städtische Badeanstalt.

Mir scheint, ich habe seit Kriegsende eine Art Leben auf Abruf geführt und ständig darauf gewartet, dass etwas geschieht. Aber es geschieht nichts. Ein neues Datum taucht auf, wieder etwas, worauf ich warten muss, bevor ich endlich ein normales Leben führen darf. Ich habe es wirklich satt. Wenn wenigstens etwas davon eingetroffen, wenigstens ein Ziel erreicht worden wäre, bevor ich anfangen muss, aufs nächste zu warten.

Im Speisesaal hingen mehrere Porträts bärtiger alter Männer, die Herrn Sobel, unseren Heimleiter, zu außergewöhnlichem Eifer anspornten. Er hatte geschworen, uns alle in der kurzen Zeit, die wir unter seiner Obhut verbringen würden, zum jüdischen Glauben zu bekehren. Die zahlreichen jüngeren Kinder waren gefügig und lernten brav. Wir anderen aber erinnerten uns nur zu gut an die christliche Glaubenslehre, mit der wir dort, wo wir überlebt hatten, vertraut geworden waren. Wir hatten sie, zusammen mit einer gehörigen Portion Antisemitismus, unbewusst von unseren Mentoren übernommen. Zum jüdischen Glauben zurückzukehren, nachdem wir in jene andere, farbenprächtigere und für viele ungleich verlockendere Religion hineingeschmeckt hatten, war nicht leicht. Die meisten von uns waren getauft und betrachteten sich als Christen auf Lebenszeit.

Die überwiegende Mehrzahl war katholisch, nur zwei oder drei waren evangelisch-lutherisch, und eine Einzige war – Gott steh ihr bei! – methodistisch.

»Während des Krieges hatte man natürlich keine Wahl«, schrieb ich damals in mein Tagebuch. »Auch die Evangelisch-Lutherischen und die Methodisten sind so etwas wie Christen.«

Anna und Halina allerdings, die einzigen Mädchen, die fast gleichaltrig mit mir waren, nahmen Unterricht in Hebräisch, jüdischer Geschichte und Palästinakunde. Sie waren erpicht darauf, nach Palästina auszuwandern und notfalls für dessen Unabhängigkeit zu kämpfen. Ich weigerte mich mitzumachen. Ich wollte nicht nach Palästina und hatte auch nicht vor zu konvertieren. Ich war mir nicht sicher, ob ich mich noch als Katholikin bezeichnen konnte. Aber als Jüdin wollte ich bestimmt nicht bezeichnet werden. Als Herr Sobel beschloss, uns hebräische Namen zu geben, reagierte ich nicht, wenn ich mit meinem neuen Namen angesprochen wurde. Ich war das Namenwechseln leid. Im Krieg hatte ich unter einem falschen Namen leben müssen, der überhaupt nicht zu mir gepasst hatte.

»Wenn meinen Eltern der Name gut genug war, den sie für mich aussuchten, dann genügt er mir auch«, erklärte ich Herrn Sobel und sah ihn zu meiner Befriedigung leichenblass werden: Das Andenken unserer toten Eltern war geheiligt und der Hinweis auf sie ließ jedes Argument verstummen. Immer dann, wenn normale Leute rot wurden, wurde Herr Sobel blass. Es war eine seiner vielen Eigenarten.

Wenn er überschwänglich von den zionistischen Führern sprach, deren Porträts im Speisesaal hingen, verging mir der Appetit. »Ich lasse mich nicht mit Religion vollstopfen«, schrieb ich am 7. September, einem Samstag, an dem, wie üblich, das Schreiben verboten war.

»Warum zum Teufel sollte ich nicht schreiben? Das ist doch keine anstrengende Arbeit. Ich meißle diese Worte doch nicht auf eine Steintafel!«

Das Haus war leer. Alle außer mir waren in die Synagoge gegangen. Ich schrieb meinem Onkel einen sechs Seiten langen Brief, in dem ich ihn bat, mich wieder nach Hause kommen zu lassen. Ich hätte mich damit abgefunden, in Polen zu bleiben. Ich würde wieder zur Schule gehen, ja sogar ins Kloster zurückkehren, falls es keine andere Möglichkeit gab, mich unterzubringen. Er könnte allein nach Frankreich oder auch nach Australien auswandern. Wir würden einander nie wiedersehen. Es würde mir das Herz brechen ... Tränen tropften aufs Papier.

Onkels Antwort bestand aus drei Sätzen: Ich sollte Herrn Sobel gehorchen, keine Schwierigkeiten machen und Hebräisch lernen, weil er sich jetzt doch mit dem Gedanken trage, statt nach Australien nach Palästina auszuwandern.

Ich war niedergeschmettert. Das konnte doch nicht sein Ernst sein! Er hatte bestimmt nicht vor, sich in Palästina niederzulassen! So plötzlich konnte er seine Pläne doch nicht geändert haben! Nein, es war natürlich bloß eine Finte, damit ich endlich Ruhe geben würde. Glaubte er wirklich, mich mit einer derart albernen Lüge an der Nase herumführen zu können? Na schön, wenn er mich nicht nach Hause holen wollte, blieb mir nur eins übrig: Ich musste erreichen, dass man mich hinauswarf.

Von einem Ausflug in die Stadt brachte ich eine Tüte mit Schinkensemmeln und Schweinswürstchen mit, die ich am Abend in Gegenwart aller verzehren wollte. Im Speisesaal stand ein Neuankömmling. Eine gertenschlanke, blauäugige Blondine, elegant angezogen und geschminkt. Sie rauchte eine amerikanische Zigarette. Ihre Fingernägel waren lang und rot lackiert. Sie hieß Lilka. Bevor die Kinder aus der Synagoge zurückgekehrt waren, hatten wir beide die Schinkensemmeln und die Würstchen aufgegessen und waren Freundinnen geworden.

An diesem Abend bot ich Lilka an, nachts mit auf meinem Tisch zu schlafen, weil unsere Betten immer noch verwanzt waren. Man hatte uns – als Neujahrsgeschenk – versprochen, das Ungeziefer auszuräuchern. Annette, die die letzten Kriegsjahre in einem Kinderheim in Taschkent verbracht hatte, kam in den Speisesaal, um für uns zu singen und zu tanzen. Da sie ihr Nachthemd verloren hatte, tanzte sie halb nackt, nur in ein Laken gehüllt. Ihre langen roten Haare hingen aufgelöst herab. Sie wiegte sich im Mondlicht hin und her, machte mit den erhobenen Armen schlangenartige Bewegungen und sang seltsam traurige Lieder in einer fremden Sprache. Es klang geheimnisvoll und bedrohlich wie eine Beschwörung oder Zauberformel, die uns alle unwiderruflich verwandeln würde.

Annette war vierzehn. Sie sprach fließend Russisch und erzählte die deftigsten Geschichten, die wir je gehört hatten. Von Glaubenszweifeln wurde sie nicht im Geringsten geplagt. In dem usbekischen Kinderheim hatte man sie gelehrt, es gebe keinen Gott, und davon war sie nicht abzubringen – es sei denn, jemand hätte sie vom Gegenteil überzeugen können, womit in Zabrze wohl kaum zu rechnen war. Sie hörte sich Herrn Sobels Unterweisungen an und hielt sich mit spöttischem Achselzucken an die Vorschriften. Sich nur ja nicht aus der Ruhe bringen lassen!

Lilka vertrat, als sie von unseren Problemen erfuhr, einen objektiven Standpunkt. Man sei jüdisch, befand sie, wenn man als Jude geboren sei. Egal, welchen Glauben man während des Krieges angenommen habe, als die Zeiten ... hm ... schwierig waren. Kann man wohl sagen! Es machte ihr nichts aus, meine Schinkensemmeln zu essen, aber sie ging, wenn's sein musste, in die Synagoge. Und sie riet mir allen Ernstes mitzukommen. Man müsste doch vernünftig sein. Schließlich wären wir nur deshalb hier, weil wir aus Polen hinauskommen wollten. Sobald wir das geschafft hätten, brauchten wir Herrn Sobel und seinesgleichen nie mehr zu sehen. Aber solange wir hier bleiben müssten, sollten wir lieber nicht zu viel riskieren.

»Du bist doch nicht im Ernst darauf aus, hinausgeworfen zu werden, oder?« Ich sah sie an und mein Entschluss kam ins Wanken. Jetzt, da sie hier war, würde es Spaß machen zu bleiben. Nun hatte ich wenigstens jemanden, mit dem ich reden konnte.

Lilkas Tante und Onkel, die sie nach Zabrze gebracht hatten, wohnten in Krakau, der alten Hauptstadt mit den herrlichen Renaissancebauten. Sie würden Lilka sicher oft besuchen und vielleicht sogar uns beide für ein Wochenende zu sich einladen ...

»Lass dich bloß nicht hinauswerfen!«, flehte Lilka. »Mit dir kann ich reden. Ich drehe durch, wenn du nicht mehr hier bist. Die anderen kann ich nämlich nicht ausstehen. Wir beide sollten zusammenhalten!«

Ich beschloss, ein bisschen länger zu bleiben.

Bei meiner Ankunft war das Haus fast leer gewesen, weil gerade ein Sammeltransport ins Ausland abgegangen war. Und nun hatte eines der Mädchen aus London geschrieben. »Die Welt ist so schön und so unerreichbar...« Ich war entgeistert. Das konnte doch nicht stimmen! Wenn *ich* erst einmal draußen war – oh, dann würde für mich nichts unerreichbar sein! »Ich bin fest entschlossen alles zu erreichen, und wenn ich Tag und Nacht arbeiten und von Wasser und Brot leben muss. Wenn ich mir einmal etwas vorgenommen habe, dann schaffe ich's auch! Ich werde es ihnen schon zeigen!«, schrieb ich an jenem Abend wild entschlossen in mein Tagebuch.

Zabrze, Mittwoch, 4. September 1946

Eine der alten Damen, die hier bei uns im Erdgeschoss wohnen, ist schwer erkrankt. Sie ist schon seit einer Woche krank, aber gestern wurde es so schlimm, dass ein Arzt geholt werden musste. Er sagte, es sei Rippenfellentzündung und er müsste ihre Lunge punktieren. Er brauchte jemanden, der ihm half, und ich erklärte mich bereit, weil Frau Weismann, unsere gutmütige Wirtschafterin, einer Ohnmacht nahe war. Als wir ins Zimmer kamen, begann die alte Dame jämmerlich zu schreien. Ich dachte, nur Kinder schreien, wenn sie einen Doktor sehen. Ich erinnere mich lebhaft an mein eigenes Geschrei ... Dem Arzt machte das allerdings gar nichts aus. Trotzdem – jedes Mal von Angstschreien empfangen zu werden, wenn man ein Krankenzimmer betritt ... Es gehört bestimmt viel Mut dazu, sich daran zu gewöhnen. Auf den Gedanken, dass auch dies dazugehört, wenn man Arzt wird, bin ich vorher nie gekommen ... Also, er hat die Lunge punktiert. Bis er die Kanüle eingeführt hatte, war schon alles mit Blut bespritzt;

die alte Dame stöhnte, ich hielt das Becken und versuchte nicht hinzuschauen.

Danach habe ich das Blut auf dem Stuhl und am Fußboden weggewischt, das Zimmer in Ordnung gebracht und den ganzen Abfall weggeworfen. Der Arzt hat mir die Hand geschüttelt und sich bedankt. Ich sagte ihm, dass ich Ärztin werden möchte. Er hielt das für eine sehr gute Idee. Und er hat mich ernst genommen, im Gegensatz zu all den anderen – Onkel eingeschlossen –, die immer bloß sagen: »Absolviere erst mal die Schule, dann sehen wir weiter!«

Das einzig Schlimme an der Sache ist, dass ich vergangene Nacht mit grässlichen Rückenschmerzen aufgewacht bin. Genau an der Stelle, wo der Arzt die Nadel in den Rücken der alten Dame gespießt hat. Es wäre schrecklich, wenn *ich* jetzt Rippenfellentzündung bekäme.

Zabrze, Freitag, 6. September 1946

Herr Sobel sagt, ich sei eine Verräterin. Wir getauften Christen seien alle Verräter. Dreimal täglich müssen wir bei den Mahlzeiten einen Ausbruch religiösen Wahns über uns ergehen lassen. Herr Sobel thront am oberen Ende des Tisches, wir sitzen – nach Altersstufen gestaffelt – an den Längsseiten, und die Kleinen haben einen eigenen Tisch. Abgesehen von den Porträts der bärtigen alten Männer ist der Raum völlig schmucklos. Immer wenn Herr Sobel mit einer Schimpfkanonade beginnt, schaut er zu einem dieser Porträts hinüber, deutet mit dem Löffel darauf und ruft den bedauernswerten Mann als Zeugen an.

Zu unserer Freude hat uns »Pappi Kinderklau« besucht und zwei Kinder hergebracht, einen etwa vierzehnjährigen Jungen und ein zwölfjähriges Mädchen. Pappi Kinderklau ist Rabbi und Hauptmann. Nie zuvor habe ich einen Rabbi wie ihn gesehen – man merkt ihm gar nicht an, dass er einer ist. Statt schwarzer Kleidung trägt er eine Militäruniform. Seine roten Haare sind kurz geschoren – am ganzen Kopf. Er hat strahlend blaue Augen, eine Stupsnase und ein ansteckendes Lachen. Er ist schon ziemlich alt. Lilka sagt, er muss mindestens dreißig sein. Er reist durchs ganze Land, liest jüdische Kinder auf und bringt sie zu ihren Familien zurück oder in jüdische Kinderheime. Wir alle wären froh, wenn *er* unser Heimleiter wäre, anstelle des grässlichen S., der bei diesem letzten Besuch zum Glück das Bett hüten musste – mit einem scheußlichen Malaria-Anfall. »Wenn er erwartet, dass eine von uns an sein Bett eilt, um ihm mit lilienweißer Hand die fiebrige Stirn zu kühlen – haha!«

Das neu eingetroffene Mädchen, Natalia, schien geradewegs aus einem Kuhstall gekommen zu sein. Sie war barfuß und braun gebrannt, hatte flachsblonde Haare, blaue Augen und ein breites Bauerngesicht. Und sie hatte auch einen breiten bäurischen Akzent und konnte weder lesen noch schreiben. Fast während des ganzen Krieges hatte sie in irgendeinem gottverlassenen Dorf Ziegen gehütet. Niemand hätte sie für ein jüdisches Kind gehalten, aber das war sie allem Anschein nach.

»Ihr muss alles erst beigebracht werden«, jammerte Frau Weismann. »Auch dass sie sich das Gesicht waschen und Schuhe anziehen muss ...« Vom Barfußlaufen jahraus, jahrein hatte Natalia harte, rissige Fußsohlen bekommen. Und verlaust war sie auch. Als wir ihr die Haare mit Paraffin wuschen, geriet sie ganz außer sich. Genau wie die Bauern, bei denen sie aufgewachsen war, glaubte sie, dass nur kerngesunde Menschen, ob sauber oder schmutzig, Läuse bekämen: War man gesund, dann nisteten sich eben irgendwann einige dieser winzigen Tierchen bei einem ein; nur wenn man krank wurde oder im Sterben lag, suchten sie das Weite. Natalia erzählte, sie hätte schon öfter gesehen, wie Läuse auf dem Kopfkissen eines Sterbenden um ihr Leben gerannt seien. Das sei ein sicheres Zeichen für drohendes Unheil – genau so sicher, wie wenn die Ratten ein sinkendes Schiff verlassen ... Was wir mit ihr machten, war ihr daher gar nicht recht. Als Frau Weismann sie mit Annas und meiner Hilfe in dem großen Waschzuber säuberte, wehrte sie sich wie wild. Es war offenbar das erste Bad ihres Lebens, und sie war überzeugt, dass wir sie ertränken wollten. Sauber geschrubbt, penetrant nach Paraffin riechend und ein Handtuch um den Kopf gewickelt, suchte sie schließlich Zuflucht auf einem Fensterbrett. Nach einer Weile begann sie zu singen. Wir warfen einander erstaunte Blicke zu. Natalia sang wie eine Lerche; ihre Stimme schwang sich mühelos die Tonleiter empor und verströmte sich in Einsamkeit. Sie sang bekannte Bauernlieder, Balladen und Klagelieder, naive Weisen von unglücklich Liebenden und jungen Burschen, die in den Krieg ziehen und nicht zurückkehren. Wir lauschten schweigend – zu gerührt, um mitzusingen.

Der Vierzehnjährige, der zusammen mit Natalia zu uns gekommen war, hieß Marek. Er hatte dunkle Haare, dunkle Augen und Grübchen in den Wangen. Ein richtiger Racker, wie sich bald herausstellte. Im Gegensatz zu Natalia war er ein Stadtkind: Geboren und aufgewachsen in Warschau, wo er sogar am Aufstand teilgenommen und in der Altstadt Tragbahren geschleppt hatte. Im letzten Moment hatte er mit einigen Gefährten durch die Abwasserkanäle fliehen können, dann aber war er den Deutschen, die den Einstiegsschacht bewachten und einen nach dem anderen abführten, in die Hände gefallen und in ein Lager abtransportiert worden, von wo aus Züge nach Deutschland und in die Zwangsarbeitslager fuhren. Aber wieder konnte Marek fliehen. Er gelangte in ein Städtchen, wo er sich bis Kriegsende recht und schlecht durchschlug: Er verkaufte auf der Straße Zigaretten, Streichhölzer und Süßigkeiten und übernachtete in zerstörten Häusern. Wie er von unserem Rabbi entdeckt worden war und wo er sich im vergangenen Jahr aufgehalten hatte, war ein Geheimnis, das er nicht lüften wollte. Fragte man ihn danach, so grinste er bloß, ließ seine Grübchen spielen und machte dann plötzlich eine ordinäre Bemerkung, die sein engelhaftes Aussehen Lügen strafte.

Zabrze, Dienstag, 10. September 1946

Ich werde wohl doch durchbrennen. Tut mir leid wegen Lilka, aber gewisse Dinge gehen mir wirklich über die Hutschnur. Ich lasse mich nicht mit Religion – egal, mit welcher – vollstopfen. Da ich nicht mehr katholisch sein kann, da ein einziger Blick auf diese Welt zeigt, dass alle Religionen fauler Zauber sind, muss ich atheistisch sein dürfen. Oder meine ich »agnostisch«? Eins von beiden jedenfalls, ich weiß nicht genau, was der Unterschied ist. Aber niemand kann nach alledem eine strenggläubige Jüdin aus mir machen, um Himmels willen, nein! Nach dem Krach gestern Abend weiß ich wirklich nicht, wie wir überhaupt noch mit Sobel reden könnten, oder er mit uns. Wir hatten, ganz unter uns, eine heftige Debatte über Religion. Zuerst stritten die Katholiken und die Protestanten miteinander, dann fielen alle über unsere einzige Methodistin her, die in Tränen ausbrach und wegrannte. Als sie die Tür aufriss, sahen wir Sobel, der draußen gelauscht hatte. Er war leichenblass. Insgeheim hatte ich Mitleid mit ihm. Wo er sich doch so viel Mühe gegeben hat! Es kam zu einer Auseinandersetzung, bei der er uns wieder »Verräter« nannte. Er fragte, wie wir es denn nach allem, was den Juden angetan wurde – zumal im letzten Krieg –, fertig brächten, uns jetzt auf die andere Seite zu schlagen, die Seite derer, die uns das alles angetan haben. Aber die Menschen, die uns gerettet haben? Es sind Christen gewesen. Echte Christen. Und genau das wollte ich einmal werden. Niemand hat jemals versucht, mich zum Übertritt zu bewegen. Es war mein eigener Entschluss. Lange bevor ich ein Kloster zu sehen bekam. Vor dem Krieg, als ich noch ziemlich klein war und mein Kindermädchen und meine katholischen Freunde um ihre Engel und Weihnachtsbäume und all die schönen Heiligenbilder beneidet habe.

Gewiss, das war kindisch. Aber als ich ins Kloster kam und das alles wiederfand, nach dem Ghetto, nach dem Tod und der Vernichtung aller, die ich kannte, war es für mich wie im Himmel. Mein einziger Wunsch war, daran teilhaben zu dürfen, endlich zu wissen, wohin ich gehörte, das Recht zu haben, dort zu bleiben, wo Frieden und Schönheit waren, Blumen, Weihrauch und Musik. Alle ihre Gebete sprachen von Liebe – welch ein Gegensatz zu allem, was ich gerade »draußen« miterlebt hatte. Ich gab mich dieser neuen Religion von ganzem Herzen hin und konnte nur hoffen akzeptiert zu werden. Ich versuchte sogar zu vergessen, wie ich aussah, obwohl man mich nur anzuschauen brauchte, um zu wissen, woher ich kam. Ich redete mir ein, genau wie alle anderen auszusehen. Das war gar nicht so schwierig, wie es klingt. Im Kloster gab es keine Spiegel.

War das denn so falsch? Habe ich wirklich Verrat begangen an meinen Eltern, meiner ganzen Familie, all denen, die sterben mussten, bloß weil sie Juden waren? Ich wollte meine Eltern nicht im Ghetto zurücklassen. Ich bin weggegangen, weil sie mir versprachen, so bald wie möglich nachzukommen. Und das habe ich ihnen geglaubt. Ich weiß nicht, was ich getan hätte, wenn ich gewusst hätte, dass sie nicht kommen würden. Ich weiß es wirklich nicht. Doch, ich weiß es. Ich wäre bei ihnen geblieben. Mutter hat mich einmal gefragt, ob ich mich bei Erich vielleicht irgendwie unglücklich fühle. Ich sagte Nein, das täte ich nicht. Und das stimmte auch. Ich bin schrecklich gern hingegangen. Aber wenn ich gewusst hätte, was passieren würde – dass meine Eltern zurückbleiben und sterben mussten und dass Lydia mich später dazu benützte, Erich zu erpressen und zu ruinieren ... Nein, dann hätte ich das Ghetto nie verlassen. Es wäre viel besser gewesen zu sterben. Dann hätten wir doch wenigstens zusammen sterben können, Mutter und ich. Sie hätte nicht allein sterben müssen, unter Fremden, verängstigt und einsam, so furchtbar einsam ... Und ich? Wer weiß denn, was mir noch alles passieren wird und wo und wann ich sterben werde? War es der Mühe wert? Zu leiden, ums Überleben zu kämpfen, zu hoffen – und dann das hier? Und eine Verräterin genannt zu werden? Ich wollte, ich könnte *jetzt* sterben und dieser schrecklichen Ungewissheit ein Ende machen.

Als er aufhörte uns anzubrüllen, um Atem zu holen, fragte ich »unseren Führer«, wo er denn während des Krieges gewesen sei. Ich wusste es bereits – wegen seines Akzents –, aber ich wollte, dass die anderen »Verräter« es von ihm selbst zu hören bekämen. »In Russland«, sagte er. »Warum sind Sie nicht, wie so viele andere, die dort waren, in die polnische Armee eingetreten?« Er wurde ganz blass und stammelte etwas, das darauf hinauslief, dass er nicht tauglich gewesen sei und sich damals in einem anderen Landesteil aufgehalten habe. Und dieser Mann nennt uns Verräter!

Ich brannte dann doch nicht durch, dank Lilkas Bemühungen und diplomatischem Geschick. Dazu kam, dass Sobel plötzlich seine Taktik änderte. An einem sonnigen Nachmittag lud er Anna, Halina und mich ein mit ihm in die Stadt zu gehen, um Ausschau nach Büchern, Bleistiften, Radiergummis und Schulranzen für die Kleineren zu halten. Es war natürlich nichts aufzutreiben. Aber in einem Laden bot man uns eine Schachtel mit vierundzwanzig im Ausland hergestellten Farbstiften an. Ein ganzer Regenbogen! Ich konnte den Blick einfach nicht davon losreißen, und zu meiner Überraschung kaufte Sobel die Farbstifte. Für mich! Dann ging er mit uns in ein Café, wo wir uns mit Sahnetörtchen vollstopften. Sobel schien es wirklich zu freuen, wie dankbar wir auf seine Freigebigkeit reagierten. »Offenbar erwartet er keine Gegenleistung«, schrieb ich am Abend in mein Tagebuch. »Ich werde mich im Zaum halten müssen. Vielleicht nicht mehr ganz so auffällig rauchen, obzwar Lilka unentwegt pafft.«

Am Neujahrstag (26. September) weigerte ich mich in die Synagoge zu gehen, und verbrachte den ganzen Tag mit Lesen, Rauchen und Tagebuchschreiben. Von den Kindern, die nach England geschickt worden waren, kamen so deprimierende Nachrichten, dass die Sammeltransporte nach London vorläufig eingestellt werden sollten. Anscheinend wurden die Kinder dort wie Hausklaven behandelt und erhielten keinerlei Schulbildung. Ob jenes Mädchen *das* gemeint hatte, als es schrieb, die Welt sei so unerreichbar? Und ich war so unglücklich gewesen, weil ich diesen Sammeltransport um ein paar Tage versäumt hatte!

Lilka hatte mir ihr größtes Geheimnis anvertraut: Ihre Tante war in Wirklichkeit ihre Mutter und ihr Onkel war ihr Stiefvater. Hätte man das hier gewusst, dann wäre Lilka nicht ins Kinderheim aufgenommen worden. Es musste also geheim gehalten werden, bis wir im Ausland waren. Ihre Eltern hatten vor, sich in Frankreich niederzulassen, wo Lilka ihre weitere Schulbildung erhalten sollte. So ein Glück! Ich beneidete sie so heftig, wie es die Freundschaft, die uns verband, zuließ. Sich darauf verlassen zu können, dass alles schon genau geplant ist ... Bis in die späten Nachtstunden unterhielten wir uns darüber.

»Ich bin hier, glaube ich, diejenige, die sich am meisten erträumt«, schrieb ich tags darauf. »Ich wünsche mir so sehr herumzureisen und alles zu sehen. Nach der Verwüstung Europas möchte ich die Länder kennenlernen, wo niemals Krieg gewesen ist. Solche Länder muss es doch geben? Die anderen Mädchen wollen alle bloß ein neues Zuhause finden – am liebsten in Palästina –, sich verheiraten und Kinder bekommen. Ich möchte zuerst eine Weltreise machen. Lilka sagt, sie wird mindestens dreimal heiraten und keinem ihrer Ehemänner treu sein. Für mich wäre das, glaube ich, nicht das Richtige.«

Lilkas Mutter kam zu Besuch und berichtete, dass diesen Monat wieder ein Sammeltransport abgehen sollte und dass die Dinge, die wir über das harte Leben in London gehört hatten, gar nicht wahr seien. Im Gegenteil: Die Kinder würden dort fabelhaft behandelt. Aber Lilka wurde nicht nach London geschickt. Sie sollte auf den Transport nach Paris warten. Ich hatte also nach wie vor meine Zweifel. Wieder einmal tischte uns jemand plumpe Lügen auf, in der Erwartung, dass wir im Nu unsere Meinung ändern würden, wie es sich für brave Kinder gehört, die alles glauben, was ihnen die Erwachsenen sagen. Vielleicht war das alles damit zu erklären, dass es im Grund egal war, was mit denen geschah, die nicht nach Palästina auswanderten.

Ich weiß nicht, wie ich anfangen und wie ich es beschreiben soll. Ich bin furchtbar unglücklich. Gestern war Versöhnungstag, und ich gab Lilkas Drängen nach (eigentlich war es Erpressung – sie weiß, wie sehr ich sie bewundere) und ging mit ihr und ihren Eltern und natürlich mit allen anderen hier im Heim in die Synagoge. Wir saßen auf der Galerie. Die Männer waren unten. Ich schaute herum. Eine ganze Anzahl gut gekleideter Frauen war da, Lilkas Mutter sah wirklich schön aus, vorkriegsmäßig. Ganz so, als ob ihr in den letzten Jahren überhaupt nichts zugestoßen wäre. Und ich musste daran denken, dass ich, als ich das letzte Mal in einer Synagoge gesessen und mich umgeschaut und reihenweise elegante, schöne, parfümierte Damen gesehen hatte, noch in meiner Heimatstadt war, als Achtjährige, im letzten Vorkriegsjahr.

Meine Mutter, Tante Lola und Großmutter waren da – alle drei in Schwarz –, und viele hübsche Verwandte, in Pelzen – jedenfalls kam es mir damals so vor. Schleier waren große Mode, und kecke, schräg auf der Stirn thronende Hütchen. Mutters winziger Schleier, der ihr bloß bis zur Nasenspitze reichte, hatte Samtpünktchen – sie lachte oft darüber und sagte, wenn sie diesen Schleier trage, sei die ganze Welt getüpfelt.

Großmutters schönes Silberhaar schimmerte durch ihren spinnwebzarten Schleier, ebenso die Perlenstränge, die sie immer um den Hals trug. Mutter hat oft gesagt, Großmutter sei wegen ihres Schwanenhalses und graziösen kleinen Kopfes eine wahre Freude für jede Putzmacherin. Bei ihr sehe jeder Hut elegant aus.

Während des Krieges, im Ghetto, sind wir nie in die Synagoge gegangen. Mutter war dafür viel zu verängstigt und verbittert. Und Papa wollte natürlich überhaupt nichts davon wissen. Er hat immer gesagt, in der Synagoge sei er nur ein einziges Mal gewesen, nämlich an seinem Hochzeitstag, und bloß Mutter zuliebe!

Also, da war ich nun. Unentwegt betrachtete ich die Frauen und auch die Männer da unten. Diese Leute waren also samt und sonders Juden. So also sahen sie aus. Die meisten hatten nichts Semitisches an sich. Vermutlich hatten sie eben deshalb überlebt und bildeten jetzt, in einer so kleinen Versammlung, die Mehrheit. Vor dem Krieg dürfte es genau umgekehrt gewesen sein. Manche wirkten vornehm, manche schäbig, und etliche sahen krank aus. Einige waren halb verhungert: abgezehrte Gesichter, eingesunkene Augen, hohlbrüstig, zitternde Hände. Die meisten schienen einander nicht zu kennen, aber da war etwas, das sie verband, eine Art Verwandtschaft, eine Stimmung fast wie die freudige Überraschung bei einem Wiedersehen alter Freunde. Man konnte beobachten, wie manche von ihnen unentwegt umherspähten, neugierig oder erwartungsvoll – vielleicht weil sie ein vertrautes Gesicht zu entdecken hofften. Obwohl ich mir vorgenommen hatte, bloß Beobachterin zu sein, war ich sehr gerührt. Und später, als sich alle zusammenfanden, um miteinander zu reden, und Lilka den Arm um mich legte und mich mit einem Mädchen bekannt machen wollte, das mit seinen Eltern gekommen war, habe ich mich ziemlich grob von ihr losgerissen und bin, ohne ein Wort zu sagen, nach Hause gerannt. Ich weiß nicht, warum, aber ich habe die ganze Nacht geweint und kann heute an überhaupt nichts mehr denken.

Sie sind mein Volk. Diese Juden, die ich in der Synagoge gesehen habe. Sie gehören zu mir. Ich gehöre zu ihnen. Wir sind eine Familie, und daran wird sich niemals etwas ändern. Wie wenn man mit schwarzen Augen und schwarzem Haar geboren wird und lieber eine blauäugige Blondine wäre. Das geht nicht. Gefärbtes Haar sieht immer gefärbt aus, und die Leute überlegen sich, welche Farbe es von Natur aus gehabt hat.

Ich bin eine Jüdin, die eine Katholikin sein wollte, getauft wurde, regelmäßig zur Kirche, zur Beichte und zur Kommunion ging, von einem Bischof gefirmt wurde und den Namen Maria annahm. Und danach habe ich mich jahrelang bemüht, mich als etwas auszugeben, das ich gar nicht war. Weil ich als etwas anderes geboren wurde und weil ich das immer bleiben werde. Ich werde nie wieder eine Kirche betreten.

Ich habe an Schwester Zofia und die Mutter Oberin und an Margareta und Agatha geschrieben und ihnen von meiner Entdeckung und meinem Entschluss berichtet. Falls sie nie mehr ein Wort von sich hören lassen, wird es mir sehr leid tun, aber ändern wird es nichts. VON JETZT AN KEINE LÜGEN MEHR.

2

Ende Oktober kam Pappi Kinderklau wieder zu uns, mit einer Dreijährigen und deren Mutter. Die beiden bekamen ein Parterrezimmer, das sie kaum je verließen. Die Kleine weinte den ganzen Tag und war nicht zu bewegen, etwas zu essen. Auch die Frau weinte. Das Kind weigerte sich, sie »Mama« zu nennen, stieß sie jedes Mal weg, wenn sie es auf den Arm nehmen wollte, und schrie nach seiner Mami, seinem Papi und nach Bolek, der allem Anschein nach sein Bruder war. Bevor das Geheimnis aufgeklärt wurde, lud mich Pappi Kinderklau ein, übers Wochenende mit ihm zu seiner Schwester nach Krakau zu fahren.

Ich war begeistert. »Pappi« machte mir diesen Vorschlag ganz spontan – fünf Minuten vor seiner Abfahrt. Er stopfte mein Nachthemd, ein paar Kleidungsstücke, meine Zahnbürste und meinen Kamm in die riesigen Taschen seines Uniformmantels, dann rannten wir zum Bahnhof.

Ich blieb vier Tage bei seiner Schwester und gemeinsam unternahmen wir Exkursionen durch die herrliche Altstadt. Wir besichtigten katholische und russisch-orthodoxe Kirchen, das Königsschloss, das Tuchhaus aus der Renaissance und ein Kinderheim, das ich schauderhaft fand, weil es dort so schmuddelig und entsetzlich laut war. Abends gingen wir ins Ballett und ins Theater. Der Rabbi und seine Schwester waren sehr nett zu mir. Sie erwiesen sich als sehr bewandert und als ausgezeichnete Fremdenführer in dieser Stadt, die sie ganz offensichtlich liebten. Ich schlief auf dem Sofa im Esszimmer, wo es genauso roch wie vor dem Krieg in Großmutters Speisekammer. Es waren die glücklichsten Tage, die ich seit langem erlebt hatte.

Zabrze, Dienstag, 22. Oktober 1946

Auf der Rückfahrt von Krakau nach Zabrze kam mir plötzlich ein merkwürdiger Gedanke: Pappi Kinderklau erinnert mich an Pater Cäsar, den Franziskanermönch, der uns während des Krieges öfters im Kloster besuchte und letztes Jahr sogar zu mir nach Kalisch kam. Ein Rabbi und ein Mönch – was für ein komischer Vergleich, dachte ich, und trotzdem . . .

Wieso erinnerte mich Pappi Kinderklau an ihn? Weil beide jung waren, sich für ihren Glauben begeisterten und Kinder liebten, obwohl sie selber keine hatten? Beide gingen um »ihrer Kinder« willen bis zum Äußersten. Der eine bettelte für sie, der andere entführte sie. Beide handelten im Namen ihres Gottes, zum Wohle unserer Seelen und Körper. Was sie wohl zueinander sagen würden, wenn sie sich jemals begegneten?

Als ich nach Zabrze zurückkam, hatte man Anna, Halina, Lilka und mir, also den vier Ältesten, ein eigenes Zimmer gegeben. Das Haus war inzwischen desinfiziert worden, sodass wir jetzt endlich in unseren Betten schlafen konnten. Wir brachten unsere Habseligkeiten in das kleine Zimmer im oberen Stockwerk, hingen ein scharlachrot und golden bemaltes Schild an die Tür, das verkündete: »Nieder mit den Banausen!«, und nannten uns »Die großen Vier«.

»Ich bin jetzt sehr glücklich«, schrieb ich am Dienstag, dem 22. Oktober. »Das Haus steht auf einer kleinen Anhöhe, und da jemand dafür gesorgt hat, dass die Gebäude ringsum von der Artillerie dem Erdboden gleichgemacht wurden, ist die Aussicht von meinem Fenster aus einfach enorm. Ich kann stundenlang dasitzen, diese fremde, geheimnisvolle Stadt betrachten und träumen ...«

Wir waren endlich dahinter gekommen, was es mit dem kleinen Mädchen auf sich hatte, das vor Kurzem von unserem Rabbi hergebracht worden war. Die richtige Mutter hatte das Kind in dem Krankenhaus, wo sie es zur Welt gebracht hatte, zurücklassen müssen, dann war es von einer polnischen Familie adoptiert worden, die nichts von seiner jüdischen Herkunft wusste. Die Mutter hatte den Krieg überlebt, aber ihren Mann und zwei Söhne verloren. Es gelang ihr, den Namen der Adoptiveltern festzustellen, doch diese weigerten sich, das Kind zurückzugeben. Die Sache kam vor Gericht, das zugunsten der leiblichen Mutter entschied. Daraufhin wurde das Kind von den Adoptiveltern in einer anderen Gegend Polens versteckt. Sie legten Berufung ein, das Appellationsgericht revidierte das Urteil und sprach ihnen das Kind zu. Die Kleine wurde wieder nach Hause gebracht, und dies war der Moment, in dem unser Hauptmann auf der Bildfläche erschien. Er entführte das Kind und brachte es, zusammen mit der richtigen Mutter, zu uns. Natürlich fahndete die Polizei nach ihnen, und uns war es schleierhaft, wie die beiden es jemals schaffen sollten, das Land zu verlassen.

Die Kleine schrie nach wie vor nach Mami und Papi, nach ihrem Kindermädchen, ihrem großen Bruder und ihren Spielsachen. Sie scheute vor der unglücklichen Frau zurück, die nicht begreifen konnte, dass es einfach nicht möglich war, einer Dreijährigen die Zusammenhänge zu »erklären«. Das ganze Heim war wegen dieses Problems in zwei Lager gespalten. Wer war im Recht? Wem sollte die Kleine zugesprochen werden? Ich neigte stark zu der Ansicht, man hätte sie bei den Adoptiveltern lassen sollen. Sie war zweifellos zu jung, um diese Tragödie zu verstehen, aber doch schon in einem Alter, in dem ihr der plötzliche Verlust all derer, die sie gekannt und geliebt hatte, das Herz brechen würde. Und dieser Schaden würde auch später, wenn sie im Stande war, die Zusammenhänge zu begreifen, nicht mehr gutgemacht werden können.

Bei den »Großen Vier« löste es eine gewisse Aufregung aus, dass plötzlich ein junger Mann in unserem Kreis auftauchte. Er war zwar kein Hausgenosse (sein Vater gehörte dem Komitee des Kinderheimes an), aber bald kam er regelmäßig zu Besuch. Er hieß Julian, war um die neunzehn, klein und dick, mit einem Vollmondgesicht und großen, runden, dunklen Augen. Er nahm sich ungeheuer ernst, was uns sofort dazu animierte, ihm alle möglichen Streiche zu spielen und wie verrückt zu kichern, sobald er auftauchte. Er ließ das alles gutmütig über sich ergehen und besuchte uns immer wieder. Wir schlossen daraus, dass er sich in eine von uns verliebt haben musste, aber keine erhob Anspruch darauf, die Auserwählte zu sein. Julian, so fanden wir, war kein geeigneter Verehrer.

Mir machten die Briefe zu schaffen, in denen meine Freundinnen sich zu meiner Glaubenskrise nach dem Versöhnungstag äußerten. Margareta, vernünftig wie immer, schrieb mir, Religion sei eine Privatangelegenheit, die nur einen selbst und Gott etwas anginge. Da niemand genau wissen könne, was in einem anderen Menschen vorgeht, sei keiner imstande, ihm einen Rat zu erteilen. Für sie persönlich sei Religion nie ein besonderes Problem gewesen. Sie, die als Katholikin geboren und erzogen worden sei, halte dies für die einzig mögliche Lebensweise und sei daher nie von Zweifeln geplagt worden. Margareta hatte diese Antwort auf die Seite eines Schulheftes gekritzelt, die sie während einer Mathematikstunde herausgerissen hatte – wie sie mir im Postskriptum mitteilte.

Agatha bestürmte mich – auf blassblauem Briefpapier mit Büttenrand –, gegen den Dämon der Versuchung anzukämpfen. Ich sollte mich sofort um Rücksprache mit einem Priester bemühen und ihn um Beistand bitten. Auch wenn es mir vielleicht schwer fiele, sollte ich seinen Rat strikt befolgen. Es sei, nachdem man mich doch bereits auf den rechten Weg geführt habe, schier unfasslich, dass ich jetzt schwankend geworden sei, und umso ernster müsste meine Sünde genommen werden. Außerdem sei es unpatriotisch. Alle echten Polen seien Katholiken. Den wahren Glauben aufzugeben, bedeute, meine Nationalität aufzugeben und alles, was am heiligsten sei, zu verleugnen – und das ausgerechnet kurz bevor ich ins Exil ginge, wo ich meiner Religion dringend bedürfte, um auf dem rechten Weg zu bleiben. So viel dürfte ein Mensch einfach nicht aufgeben. Die einzige Hoffnung für mich sei, sofort um geistlichen Beistand zu bitten.

Agatha stand kurz vor der Emigration nach England, wo ihr Vater auf sie wartete. Ich fragte mich, ob in ihren Brief an mich auch etwas von den Gedanken eingeflossen war, die sie sich über die eigene Zukunft machte. Sie, die einer streng katholischen Familie entstammte und von jenem leidenschaftlichen Patriotismus erfüllt war, der den Dienst zum Wohle des Vaterlandes über alle anderen Ideale stellt, wanderte gegen den eigenen Willen aus, zusammen mit Mutter und Bruder, die zum Vater nach England wollten. Sie war fest entschlossen, bei der ersten Gelegenheit nach Polen zurückzukehren. »Ich komme zurück, um hier zu arbeiten, egal, unter welchem Regime«, hatte sie an unserem letzten gemeinsamen Tag in Kalisch erklärt. »Ich werde mein Leben dem Kampf um ein freies Polen widmen. Unter Ausländern werde ich mein Dasein bestimmt nicht fristen!«

Sie räumte ein, dass meine Situation anders war. Es wäre, so meinte sie, vielleicht schwierig, aber nicht unmöglich für mich, nach der Auswanderung meines Onkels allein hierzubleiben. Was den Antisemitismus betraf, dessen ich mir mehr und mehr bewusst wurde, so tat Agatha ihn als pure Einbildung ab. Ein Überbleibsel aus den Kriegsjahren, das von der Wirklichkeit bald hinweggefegt sein würde. Wie es denn nach den Schrecken des letzten Krieges überhaupt noch so etwas wie Antisemitismus geben könnte? Und falls er tatsächlich noch existiere, in Einzelfällen, in den Gehirnen unbelehrbarer Nazis – was könnte das *mir* anhaben? Ich sei getauft, ich sei Katholikin geworden. Sie habe, da sie erst seit kurzem in Kalisch wohne, meine Familie nicht gekannt. Meine Vergangenheit existiere nicht mehr, sie sei vom Taufwasser weggewaschen worden.

Am meisten überraschte mich Schwester Zofias Brief: »Ich hatte immer Bedenken, ob es richtig war, Dich während des Krieges, als niemand von Deinen Angehörigen bei Dir sein konnte, taufen zu lassen. Ich hätte es nicht zugelassen, wenn ich geglaubt hätte, dass jemand aus Deiner Familie überleben würde. Aber wir waren damals alle in Todesgefahr, und die Möglichkeit, eine Seele zu retten, war eine allzu große Versuchung. Nach allem, was Du mir von deinen Eltern erzählt hattest, was für gescheite, prächtige Menschen sie wären, glaubte ich, dass sie eingewilligt hätten, wenn sie zugegen gewesen wären. Ganz sicher war ich mir allerdings nicht. Aber die damals getroffene Entscheidung ist unwiderruflich. Du wirst immer Katholikin bleiben, und ich bete darum, dass Du auf den rechten Weg zurückfinden wirst, bevor es zu spät ist.«

Aber es war doch *mein* Wunsch, getauft zu werden, dachte ich verstört. Damals war es für mich wirklich um Leben oder Tod gegangen. Ich hätte nicht weiterleben können, ohne den Trost der Religion, ohne das Gefühl, dass ich akzeptiert worden war und dass meine Gebete erhört wurden. Hatte Schwester Zofia tatsächlich damit gerechnet, dass alle meine Angehörigen umkommen würden? Hätte ich auch nur einen Moment geglaubt, dass meine Eltern nicht überleben würden, dann wäre ich bestimmt gestorben. Ja, dessen war ich mir ganz sicher. Nur weil ich sie wiedersehen wollte, hatte ich ums Überleben gekämpft. Ich hatte mir vorgestellt, wie erschüttert sie wären, wenn sie mich nicht wiederfinden würden. Wenn ich gewusst hätte ... Mich taufen zu lassen, war die erste unabhängige Entscheidung meines Lebens. Damals, als Vierzehnjährige, war ich bereit, die ganze Verantwortung für diesen unwiderruflichen Entschluss zu tragen, und ich zweifelte nicht im Geringsten daran, dass Schwester Zofia ihn von ganzem Herzen billigte. Der Gedanke, dass sie Bedenken gehabt hatte, verstörte mich. Gab es in dieser Welt denn nichts absolut Gültiges? Wieder einmal wurde ein lang gehegter Glaube durch den Einblick in die Wirklichkeit zerstört.

Lilka nahm es mir übel, dass ich ihr keinen dieser Briefe zeigen wollte. »Ich neige immer mehr dazu, meine Privatangelegenheiten für mich zu behalten«, schrieb ich in mein Tagebuch. »Ich habe Lilka sehr gern, sie ist das einzige Mädchen, mit dem ich reden kann, aber gewisse Gedanken müssen geheim gehalten werden. Sonst geht ihr tieferer Sinn verloren. Wenn ich doch ein Zimmer für mich allein hätte! Und ein verschließbares Kästchen!«

Gelangweilt und verärgert machte sich Lilka jetzt planmäßig daran, »unseren Sobel zu piesacken«. »Unsere Devise heißt: Nieder mit den Banausen! – also handeln wir doch endlich danach!«, erklärte sie. Die Gelegenheit dazu bot sich fast umgehend. Als Lilka eines Nachts auf ihrem Bett herumhopste, brach es plötzlich zusammen. Die Holzstäbe unter unseren Matratzen waren etwas zu kurz; man brauchte nur eine heftige Bewegung zu machen und schon fielen sie mitsamt der Matratze herunter. Mit lautem Gepolter plumpste Lilka auf den Fußboden, wobei sie mit dem Hinterkopf heftig an das Kopfbrett des Bettes stieß. Da wir sie für bewusstlos hielten, rannte Anna hinaus, um den Heimleiter zu holen. Als er endlich erschien (Anna hatte ihn aufwecken müssen, was gar nicht so einfach war), konnte Lilka schon wieder klar denken und ihren Sinn fürs Theatralische beweisen. In ihrem von der Schulter gerutschten Nachthemd, die blonden Haare wie einen Heiligenschein um den Kopf gebreitet, lag sie hingestreckt da, inmitten der Bruchstücke ihres Bettes.

Herr S. war wie vom Donner gerührt und wir fürchteten schon fast um seinen Verstand. Als er seine fünf Sinne endlich wieder beieinander hatte, stürzte er zu Lilka und versuchte sie aus dem Trümmerhaufen zu heben. Unentwegt strich er ihr übers Nachthemd, fragte besorgt, ob sie sich verletzt habe und ob er ihren Rücken untersuchen solle. Wir sahen von unseren Betten aus zu und platzten fast vor unterdrücktem Lachen.

Und von dieser denkwürdigen Nacht an brach Lilkas Bett unweigerlich einmal pro Woche zusammen und Herr S. kam ihr jedes Mal schleunigst zu Hilfe.

»Jede Woche hat Lilka ein spärlicheres Nachthemd an«, notierte ich. »Dass dieser Trottel nicht merkt, was gespielt wird! Jedes Mal bringt er sich fast um vor Sorge und ist vor Schreck ganz durcheinander. Und jedes Mal verspricht er uns hoch und heilig, unsere Betten richten zu lassen, aber unternommen wird natürlich nichts. O ja, er ist wirklich ein Banause und verdient kein Mitgefühl!«

Eine schreckliche Nachricht! Es heißt, wir dürfen weder unsere Tagebücher noch irgendwelche privaten Schriftstücke mit ins Ausland nehmen. An der Grenze wird alles von Zollbeamten gelesen und vernichtet. Ich weiß nicht, was ich tun soll. Ich *kann* meine Tagebücher nicht zurücklassen! Ich habe schon einen ganzen Stoß Tagebücher und will nicht, dass jemand sie liest. Irgendwie muss ich sie über die Grenze schmuggeln. O Gott, warum diese neue Schikane? Müssen sie uns denn alles wegnehmen?

Um uns von unseren Sorgen abzulenken, brachte uns Julian, dem wir den Spitznamen »Unser x-beiniger Ritter« gegeben hatten, drei Theaterkarten und eine große Schachtel Sahnetörtchen. Das Theaterstück fanden wir albern, die Törtchen köstlich. Julian ließ seines fallen, kroch auf dem Teppich herum, um die Krümel aufzusammeln, und kitzelte uns an den Fußgelenken. In bester Laune kehrten wir ins Heim zurück. Durch seinen Erfolg ermutigt, sagte uns Julian, dass nächstens ein Operngastspiel in Zabrze stattfinden werde und dass er versuchen wollte Karten zu bekommen. Da ich noch nie in einer Oper gewesen war, hoffte ich mitgenommen zu werden.

Mit dem neuen Wintermantel, den Onkel mir kurz vor meiner Abreise aus Kalisch hatte anfertigen lassen, war etwas absolut nicht in Ordnung. Beim Laufen schob sich unter dem Pelzfutter mein Kleid immer höher, bis hinauf zu den Achselhöhlen. Es war völlig unmöglich, den Mantel in Gegenwart anderer Leute auszuziehen. Ich musste mir jedes Mal einen einsamen Winkel suchen, wo ich meinen Rock wieder nach unten ziehen konnte, der dann Knitterfalten wie eine Ziehharmonika hatte. Im Theater, als Julian mir wie ein perfekter Gentleman aus dem Mantel helfen wollte, musste mir Lilka zu Hilfe kommen: Sie forderte Julian lauthals auf, ihr den Mantel abzunehmen, woraufhin sein Vollmondgesicht ganz rot anlief. Ich versteckte mich rasch hinter ein paar Stühlen und zog verzweifelt mein frisch gebügeltes Kleid nach unten, das natürlich wieder schrecklich zerknittert war. Die einzige Möglichkeit, sagte ich mir zähneknirschend, war, den Mantel auch bei bitterkaltem Wetter nicht zuzuknöpfen und schließlich an Lungenentzündung zu sterben.

Von einem der seltenen Besucher, die – auf der Reise in exotischere Gegenden oder auf der Rückreise – gelegentlich bei uns im Heim übernachteten, bekam Lilka ein Päckchen ausländische Zigaretten. Wir beide pafften, dem offiziellen Rauchverbot zum Trotz, auf unserem Zimmer. Herr Sobel rauchte in seinem und zuweilen bliesen wir nachts Rauch durchs Schlüsselloch in sein Schlafzimmer. Eine Zigarettenpackung wie diese hatten wir noch nie gesehen. Wir öffneten sie gespannt. Lilka rauchte eine ganze Zigarette, ich schaffte nur eine halbe. Wir fanden beide, dass sie einen komischen, unangenehmen Geschmack hatten und lieber für Gäste aufbewahrt werden sollten. In der Nacht musste sich Lilka heftig übergeben und kurz darauf ging es mir ebenso. Am nächsten Tag zeigten wir Julian die Zigaretten. Er war überzeugt, dass sie Rauschgift enthielten, und riet uns sie wegzuwerfen, damit wir nur ja nicht süchtig würden.

»Ich habe eine bessere Idee«, erklärte Lilka. »Wir geben sie Sobel, zum Beweis dafür, dass wir das Rauchen wirklich aufgeben wollen.« Am Abend händigten wir ihm das Päckchen aus, woraufhin er uns vor versammelter Mannschaft ein Lob aussprach. Und nun warteten wir Nacht für Nacht darauf, dass der Unglückliche die Wirkung dieser Zigaretten zu spüren bekäme. Doch wir warteten vergebens. Er war entweder widerstandsfähiger als wir oder hatte irgendwie gemerkt, dass die Zigaretten verdächtig aussahen. Vielleicht bewahrte er sie für eine besondere Gelegenheit auf. Wir beide trösteten uns damit, wieder die üblichen Camels zu paffen.

Getreu seinem Versprechen erschien Julian eines Tages wieder mit einer Schachtel Sahnetörtchen und zwei Karten für »Carmen«. Lilka erklärte, sie fände Bizet langweilig – also ging ich mit Julian ins Theater. Weil diesmal niemand da war, um ihn abzulenken, als er mir aus dem Mantel helfen wollte, musste ich ihm mein Missgeschick beichten. Er inspizierte mein entsetzlich verknautschtes Kleid, das ich vorher so sorgfältig gebügelt hatte, und schien von dem Problem fasziniert. Wir teilten uns die Törtchen und redeten einander nicht mehr so steif wie bisher mit »Herr« und »Fräulein« an.

Zabrze, 31. Oktober 1946

Julian sieht aus, als wäre er aus lauter Würsten zusammengesetzt. Er hat Wurstlippen, Würstchenfinger und Schinkenschenkel. Ich bin sicher, dass er in einem Bett aus Kartoffelsalat schläft. Und dabei behauptet er ganz unverfroren, er hätte eine Menge Flirts und Liebesaffären und ließe viele gebrochene Herzen hinter sich zurück. Saure Trauben, ganz bestimmt! Ach, diese Männer!

Was »Carmen« betrifft: Es wäre besser gewesen, wenn die Sänger es geschafft hätten, im Takt mit dem Orchester zu singen, und wenn die Carmen nicht wie die Großmutter der Chorsängerinnen ausgesehen hätte. Der arme Don Jose hätte der Bruder eines gewissen Julian sein können: klein, dick und gefallsüchtig. Aber der Torero war eine Wucht. Viel zu gut für Carmen. Er hätte sich lieber in Micaëla verlieben sollen, die jung und schön war und wie ein Engel gesungen hat. Die ganze Geschichte hat deshalb höchst unglaubhaft gewirkt. Aber die Musik, die Chöre, Tänze und Kostüme waren fabelhaft. Und die Törtchen auch.

Anfang November gab es für uns keinen Zweifel mehr, dass Julian sich verknallt hatte, aber eine Zeit lang waren wir nicht sicher, in welche von uns beiden. »Ich hatte gehofft, dass Lilka diejenige ist«, schrieb ich eines Abends in mein Tagebuch. »Aber zu meinem Entsetzen deutet jetzt alles darauf hin, dass *ich* es bin!«

Zabrze, 2. November 1946

Zum Glück ist er zu schüchtern, etwas Peinliches zu sagen, und wir alle ignorieren schlankweg seine Seufzer und die anderen Symptome. Aber er lässt sich von unserem Benehmen nicht abschrecken. Er wird zwar rot, stottert und scheint manchmal, wenn wir allzu bissig gewesen sind, den Tränen nahe, aber trotzdem kommt er immer wieder, fast täglich. Und jedes Mal lässt er eine Kleinigkeit für uns da. Er drückt uns diese Mitbringsel nicht einfach in die Hand, vielleicht weil er zu schüchtern ist. Er kommt zu uns herauf, dann unterhalten wir uns über Musik, Bücher und Filme – immer zu fünft. Ich habe ihm gesagt, dass ich mein Leben lang reisen, mich nie an einem bestimmten Ort niederlassen und nicht mehr besitzen möchte, als man in einem Koffer verstauen kann. Er will Rechtsanwalt werden, wie sein Vater.

Sobald er sich verabschiedet hat, fangen wir zu suchen an. Unter den Kissen, hinter den Büchern, unter den Möbeln. Und dort entdecken wir's auch meistens: eine Schachtel Bonbons, Pralinés oder Geleefrüchte, mit einer Widmung, die er in mikroskopisch kleiner Schrift auf ein

683

blatt- oder blütenförmiges Stückchen Pappkarton geschrieben hat. »Etwas Süßes für die Süßen«, oder ähnlich
kitschige Sprüche, wie sie Mädchen einander ins Poesieal-
bum schreiben. Nicht besonders männlich. Wie kann man
Respekt vor jemandem haben, der solche Plattitüden ver-
zapft? Die Süßigkeiten allerdings wissen die »Großen Vier«
durchaus zu schätzen – deshalb bemühen wir uns, zu dem
armen Kerl nicht allzu eklig zu sein. Ich glaube nicht, dass
ich herzlos bin. Schließlich habe ich ihn noch nie irgendwie ermutigt, und es ist doch nicht meine Schuld, dass er
verliebt ist. Nachdem ich das jetzt tatsächlich hingeschrie-
ben habe, kommt es mir unsagbar lächerlich vor. Er ist
natürlich *nicht* verliebt! Wie sollte sich jemand ausgerechnet in mich verlieben?

Weil unser Badezimmer immer noch außer Betrieb war,
pilgerten die »Großen Vier« einmal wöchentlich in die
städtische Badeanstalt. In dem Gebäude befand sich auch
ein Schwimmbecken, aber leider Gottes konnte keine von
uns schwimmen. Und es gab dort zahlreiche blau und
grün gekachelte Badekabinen mit Zwischenwänden aus
Sperrholz und Milchglas. Lilka, Anna, Halina und ich
nahmen immer vier nebeneinanderliegende Kabinen. Wir
aalten uns im warmen, blau oder grün schimmernden
Wasser und sangen gemeinsam. Die Akustik war fantastisch. Wir brachten unser umfangreiches Repertoire zu
Gehör: Volkslieder, Schlager, patriotische Lieder aus der
Vorkriegszeit und den Kriegsjahren, Partisanenlieder, Lie-
besballaden und Filmsongs. Besonders gern sangen wir
die Barcarole aus »Hoffmanns Erzählungen«. Oft erhielten
wir begeisterten Beifall aus den anderen Kabinen, mussten
auf Zuruf dieses und jenes Lied wiederholen oder Zuhö-
rerwünsche erfüllen. Sogar die Frau, die am Eingang die
Eintrittskarten verkaufte, lächelte uns wohlwollend zu.

Das Verhalten Barbaras, eine der Jüngeren im Heim, gab allmählich Anlass zu ernstlicher Besorgnis. Die Vierzehnjährige mit den langen schwarzen Haaren und den veilchenblauen Augen war auffallend hübsch. Dieses schweigsame Mädchen, das nie lächelte, war von seinem Bruder ins Heim gebracht worden, der Sobel gebeten hatte, »wieder eine gute Jüdin aus ihr zu machen«. Auch Barbara war während des Krieges durch christlichen Unterricht »verseucht« worden. Anfangs sagte sie ganz einfach zu allem »Nein«. Als Sobel immer gereizter wurde, begann sie zu fluchen und auf jeden einzuschlagen, der ihr nahe kam. Schließlich verstummte sie vollends und Mitte November reagierte sie auf gar nichts mehr. Sie war nicht ansprechbar und schien nichts zu sehen und zu hören. Dann aß sie keinen Bissen mehr. Frau Weismann vergoss Tränen. Sie versuchte Barbara mit dem Löffel zu füttern, doch das Mädchen presste die Lippen zusammen und drehte den Kopf hin und her wie ein Baby. Wir hofften zunächst, dass der Hunger sie doch noch dazu treiben würde und ließen hier und dort etwas zu essen herumliegen, aber das holten sich andere Kinder. Barbara saß einfach da, weigerte sich zu sprechen, zu essen, sich zu waschen und schließlich auch zu schlafen. Das ganze Haus war in Aufruhr.

Die Nachricht vom Kriegsausbruch in Palästina stürzte mich noch mehr in Verwirrung. Warum kämpften die Juden gegen die Briten? Gestern waren sie doch noch miteinander verbündet!

Am 12. November erfuhren wir, dass unsere Abreise bevorstand. Sie wurde auf den 21. November festgesetzt. Nun brach das Chaos aus. Mitten in das Tohuwabohu platzte Julian herein, wieder mit einer großen Schachtel Sahnetörtchen und drei Theaterkarten. Lilka, er und ich stürmten aus dem Haus, um für ein paar Stunden der

Wirklichkeit zu entfliehen. Ich saß im Theater und bekam kein einziges Wort von dem Stück mit, weil mir ganz andere Gedanken im Kopf herumschwirrten. Es war noch so viel zu erledigen: Briefe, Ferngespräche, Abschiedsgrüße an Freunde und an meinen Onkel, der sich immer so ausweichend verhielt. Wie sollte ich meine Habseligkeiten einpacken und was davon in den kleinen Koffer stecken, wie lange würde die Reise dauern, war London oder Paris das Ziel und wo sollte ich meine Tagebücher verstecken?

Da dies der letzte Abend war, an dem wir ausgehen durften, waren wir nach dem Theater bei Julians Eltern eingeladen. Es gab ein köstliches Abendessen, noch mehr selbst gebackenen Kuchen, dazu Kaffee mit Schlagsahne und einen sehr süßen Tokaier. Julian wollte mir einige seiner Bücher zeigen. Ich ging mit ihm in sein Zimmer, wo er zu meinem Entsetzen vor mir aufs Knie fiel und mir einen Heiratsantrag machte. Er war schrecklich ernst und vor lauter Aufregung (und sicher auch von zu viel Tokaier) ganz rot im Gesicht. Das alles war einfach zu viel für mich. Ich wich blindlings zurück, stieß an einen Stuhl, setzte mich und brach in Gelächter aus. Was für eine blödsinnige Idee! Auch wenn wir jetzt noch nicht heiraten könnten, sollte ich sofort aus dem Heim ausziehen und bei seiner Familie wohnen (das hatte er alles mit seinen Eltern besprochen, die einverstanden waren). Dann würden wir beide nach Palästina auswandern und dort nach Abschluss unseres Studiums heiraten.

Der Anblick seines verzweifelten Gesichts brachte mich wieder zur Vernunft. Ich hörte zu lachen auf und versuchte – vergeblich – den Schaden wieder gutzumachen. Ich wusste, dass ich Julian tief gekränkt hatte und bemühte mich zerknirscht, ihm klar zu machen, warum sein Plan völlig unmöglich sei. Ich sei noch zu jung, beteuerte ich ihm, um ans Heiraten zu denken. Mein Onkel würde niemals seine Einwilligung geben. Und ich hätte nicht vor, nach Palästina auszuwandern. Ich würde Zabrze am 21. mit dem Sammeltransport verlassen. Nur eine einzige Tatsache verschwieg ich bei diesen überstürzten Erklärungen: dass ich keineswegs in ihn verliebt war, sondern ihn und seinen Heiratsantrag lächerlich fand.

»Es war mein erster Heiratsantrag und ich habe mich sehr schlecht benommen«, schrieb ich, von Gewissensbissen geplagt, in mein Tagebuch. »Ach Gott, hoffentlich sind die anderen, die ich bekommen werde, nicht auch so unmöglich!«

Tags darauf wurde Barbara weggebracht. Sie war in einen Trancezustand verfallen und saß starr wie eine Statue da, während Sobel wütend mit den Fäusten auf den Tisch schlug. Frau Weismann ließ einen Arzt kommen, der Barbara schleunigst ins Krankenhaus brachte. Sie kam nicht mehr zurück.

Zabrze, Freitag, 15. November 1946

Gestern sind einige Mädchen nach England abgereist: Eva Ettinger, Ala Salzberg, die kleine Misia und zwei, drei andere. Nicht zu fassen, dass wir uns nie wiedersehen werden!

Ich habe an alle, die ich kenne, Briefe und Postkarten geschrieben und mehrmals bei Onkel angerufen, aber er ist nie da. Die übrige Zeit habe ich damit zugebracht, am Fenster zu sitzen und hinauszuschauen. Auch diese Aussicht werde ich nie mehr sehen. Julian hat angekündigt, dass er noch einmal kommen wird, wahrscheinlich morgen. Ich muss mich bemühen, sehr nett zu ihm zu sein. Jedenfalls meinen das die anderen. Als ob mir etwas daran läge! *Er* reist nicht am 21. ab! Wenn Onkel nicht kommt, werde ich niemanden haben, der mich zum Zug bringt. Sogar Lilka weint, obwohl sie doch in Paris ihre Eltern wiedersehen wird. Ich will nicht nach Frankreich. Paris ist eine verruchte Stadt! Ich kenne zwar niemanden, der schon einmal dort gewesen ist, aber ich habe schon so viel darüber gehört und gelesen, was für schreckliche Dinge sich dort abspielen! Schwester Zofia ist der gleichen Meinung. Sie betet darum, dass ich nicht nach Paris, sondern nach London geschickt werde.

Um nicht unentwegt an die immer näher rückende Abreise zu denken, durften wir öfters ins Kino gehen. Wir sahen Leslie Howard in »Pimpernel Smith«, und ich war hin- und hergerissen: Leslie Howard oder Erroll Flynn? Howard, fanden wir, war ein typischer englischer Gentleman – obwohl natürlich noch keine von uns einem Engländer begegnet war. Nur durch Margareta und ihre Briefe an Wilfred hatte ich einen Engländer etwas näher kennengelernt. Nach dem Warschauer Aufstand wurden Margareta und ihre Eltern in ein Zwangsarbeitslager geschickt. In den Baracken waren auch einige englische Kriegsgefangene untergebracht. Sie waren die Einzigen, die vom Roten Kreuz Lebensmittelpakete erhielten, teilten sie aber nicht mit den anderen. Ausgenommen Wilfred, von dem Margareta Kakao bekam. Sie war damals vierzehn, Wilfred war zwanzig. Sie unterhielten sich in einer Mischung aus Englisch und Deutsch. Bei dem großen Luftangriff auf Dresden, als fast die ganze Stadt zerstört wurde, lagen die beiden auf einem Kartoffelacker. Sie hatten entsetzliche Angst.

Margareta erzählte mir von den Angriffswellen der alliierten Flugzeuge, die dicht über ihnen auf die Stadt zubrausten; dass vor lauter Explosionen die Erde bebte, dass die Bomber beim Rückflug schneller und höher flogen und dass sie und Wilfred in Todesangst versuchten sich einzugraben, sich aber zugleich bewusst waren, dass es »ihre« Flugzeuge und nicht die des Feindes waren.

Später äußerten einige der englischen Kriegsgefangenen ihr Bedauern darüber, dass bei dem Luftangriff so viele unschuldige Menschen umgekommen und so viele Kunstschätze vernichtet worden seien. Worauf Margareta und die anderen Polen, die gerade erst den Aufstand und die völlige Zerstörung Warschaus (das dabei rund eine Viertelmillion seiner Einwohner verlor) miterlebt hatten, den Engländern empört zuriefen: »Höchste Zeit, dass sie ihre eigene bittere Pille zu schlucken bekommen!« Ich stimmte ihr rückhaltlos zu. Auch ich hatte in Warschau gewohnt und das Gemetzel miterlebt.

Nach Kriegsende kehrte Margareta nach Kalisch zurück und begann einen recht unbeholfenen, mühseligen Briefwechsel mit Wilfred, der jetzt wieder in seiner Heimatstadt Manchester war. Ich half ihr bei diesen Briefen. Wir beide nahmen bei Agathas Mutter Englischunterricht, aber unsere Sprachkenntnisse waren so dürftig, dass diese Briefe sicher nahezu unverständlich waren. Agathas Mutter übersetzte Wilfreds Briefe für uns, und wir zitterten jedes Mal vor Angst, er könnte irgendetwas geschrieben haben, was diese sehr gesittete Dame verletzen oder schockieren würde. Mein Beitrag zu diesem Briefwechsel bestand hauptsächlich aus lustigen Zeichnungen, die das wiedergaben, was wir nicht in Worte fassen konnten. Briefe ins Ausland mussten im offenen Kuvert beim Postamt abgeliefert werden, wo sie von einer Beamtin missfällig überprüft wurden. Wir kamen nie dahinter, ob sie tatsächlich Englisch konnte oder ob die Zeichnungen daran schuld waren, dass sie jedes Mal die Stirn runzelte und verächtlich die Nase rümpfte. Vielleicht war sie der Meinung, die Post sei eine viel zu seriöse Institution, um dergleichen Frivolitäten durchgehen zu lassen, zumal wenn es sich um Briefe an Ausländer handelte.

Wir fragten uns, ob in anderen Ländern die Briefe ebenfalls unverschlossen abgegeben werden mussten, um dann von Postbeamten zensiert zu werden. Na ja, bald würden wir's wissen.

Zabrze, Sonntag, 17. November 1946

Angst und Kummer, das ist alles, was mir geblieben ist. Keine Spur von freudiger Erregung. Wo ist meine famose Abenteuerlust? Ich möchte Polen nicht verlassen. Aber ich muss. Einfach deshalb, weil ich hier nirgends eine Bleibe habe. Onkel will sobald wie möglich ins Ausland, vielleicht nach Australien. Und was in aller Welt sollte ich, wenn er fort ist, ganz allein hier tun? Ich hätte weder Geld für meinen Lebensunterhalt noch eine Unterkunft. Aber ich möchte nicht fort. Wenn ich mir vorstelle, dass ich vielleicht nie zurückkomme, dass ich Kalisch, den Park, das Haus, in dem ich vor dem Krieg gewohnt habe, nie wiedersehe ... mein ganzes Leben entzweigeschnitten ... ich ertrage diesen Gedanken nicht und kann trotzdem an nichts anderes denken.

In diesen letzten, chaotischen Tagen vertraute mir Lilka ihr großes Geheimnis an: Sie war verliebt. In einen viel älteren Mann, der geschieden war (mindestens zweimal), in Krakau wohnte und Arzt war. Sie hatte ihn kennengelernt, als sie wegen einer Erkältung in seiner Praxis vorsprach. Als er sie untersuchte – die beiden waren allein in der Wohnung –, wurde er plötzlich leichenblass, stieß sie weg (er hatte ihre Brust abgehört) und flüsterte mit bebender Stimme: »Sie haben den schönsten Körper, den ich je gesehen habe!«

Dann entschuldigte er sich bei ihr, griff sich an die Stirn und bat um ein Glas Wasser, weil er einer Ohnmacht nahe sei. Die arme Lilka zitterte wie Espenlaub. Sie war ganz überwältigt von dem, was er zu ihr gesagt hatte. »Schließlich war er Arzt und hatte bestimmt schon Hunderte von Frauen gesehen – wenn er mir also sagte, ich sei schön ...« Sie brachte ihm Wasser, dann zog sie sich schleunigst an. Der Arzt begleitete sie zur Tür und bat sie, niemandem von diesem Vorfall zu erzählen. Hätte sie ohnehin nicht getan!

Ein paar Wochen später sahen sie sich bei einer Einladung wieder und wurden einander von der Gastgeberin in aller Form vorgestellt. Er forderte Lilka zum Tanzen auf ... »Und seitdem ist er ihre große Liebe. Und sie die seine. Sie treffen sich jedes Mal, wenn Lilka nach Krakau fährt. Ihre Eltern dürfen aber nichts davon wissen, wegen seines Alters und seiner gesellschaftlichen Position ... Und wegen seiner zwei geschiedenen Ehen ...«

Ich schrieb diese Geschichte in mein Tagebuch, fand alles sehr romantisch und dachte: Lilka hat wirklich Glück – aber plötzlich schoss mir ein Gedanke durch den Kopf. Wenn ihre Eltern nichts von ihren Wochenendbesuchen in Krakau erfahren dürfen, wo übernachtet sie dann eigentlich? Der Federhalter fiel mir aus der Hand. Und ich hatte ihr vertraut und alle ihre Lügen geglaubt und sogar mein Bett mit ihr geteilt ...

Zabrze, Mittwoch, 20. November 1946

Nun muss ich wirklich Abschied nehmen. Liebster Papa, liebste Mutter, wo ihr auch seid, wo immer eure Asche verstreut sein mag, ich gehe von euch fort. Verzeiht mir. Solange ich hiergeblieben bin, hat es immer noch, nach all diesen Jahren, einen kleinen Hoffnungsschimmer für mich gegeben, dass ihr doch noch am Leben sein könntet, wenigstens einer von euch, und dass ihr mich finden würdet. Aber ihr seid nicht gekommen, es muss also wahr sein – ihr lebt nicht mehr und ich verlasse dieses unglückliche, verfluchte und geliebte Land. Nachdem mich hier, wo ich geboren und aufgewachsen bin, niemand mehr haben will, werde ich mich nirgendwo zu Hause fühlen. Es tut noch zu weh, darüber nachzudenken, aber wenigstens mir selber muss ich es eingestehen: Hier mag man uns nicht. Vielleicht mag man uns nirgendwo. In Frankreich nicht, in England nicht, vielleicht nicht einmal in Australien. Aber es hat keinen Sinn, so zu tun, als wäre man jemand anders. *Das* wenigstens habe ich in diesen sechzehn Jahren gelernt. Und nun werde ich halt weitermachen und hoffen, dass ich irgendwo in Frieden leben kann.

Vielleicht werde ich eines Tages, wenn dieses Land frei sein wird, wirklich frei, wie es früher einmal war, zurückkehren und eurem Andenken ein Denkmal errichten, weil es kein Grab gibt, auf das ich einen Grabstein setzen oder einen Blumenstrauß legen kann.

Ade, mein geliebter Papa, ade, meine geliebte Mama. Ade, meine Kindheit und alles, was ich gekannt und geliebt, worauf ich vertraut und woran ich jeden Tag meines Lebens geglaubt habe.

3

Wir verließen Zabrze am Donnerstag, dem 21. November. Zunächst fuhren wir nach Lodz, wo der Sammeltransport zusammengestellt wurde. Tags darauf, an einem bitterkalten Morgen, stiegen wir in »unseren« Zug. Eine lange Reihe Viehwaggons, vollgepackt mit rund vierhundert Jugendlichen aller Altersstufen, von Kleinkindern bis zu fast schon erwachsenen Burschen und Mädchen. Verschiedene Organisationen durften eine bestimmte Anzahl der von ihnen betreuten Jugendlichen ins Ausland schicken. Jede politische und religiöse Richtung war vertreten, und nun wimmelten die verschiedenen Gruppen aufgeregt durcheinander, verstauten ihr Gepäck, entrollten Fahnen und Transparente und begannen zu singen. Die mit Rotkreuzfahnen und polnischen Flaggen geschmückte Lokomotive ließ einen schrillen Pfiff ertönen. Auf dem überfüllten Bahnsteig standen Verwandte und Freunde, riefen den Kindern Abschiedsgrüße zu und weinten. Wir waren unterwegs ins große Unbekannte.

Am Tag vor unserer Abfahrt hatte man uns gesagt, dass wir, nur für die Dauer der Reise, andere Namen haben müssten. Der Grund war leicht zu erraten: Unsere Ausreisegenehmigungen wurden bereits zum zweiten Mal benützt. In anderen Worten: Wir reisten illegal.

Unser Waggon war unterteilt: Links befanden sich die

Schlafkojen der Mädchen, rechts die der Jungen. In der Mitte stand ein Ofen, der (nach einem Turnusplan) Tag und Nacht geheizt wurde, und hinter zwei Wolldecken befand sich eine behelfsmäßige Toilette, bestehend aus zwei Eimern und einem Waschbecken. Unsere kleine Gruppe aus Zabrze war jetzt mit einer größeren und ausgelasseneren Gruppe sozialistischer Zionisten aus einem anderen Heim zusammen. Die meisten von ihnen waren Burschen von sechzehn Jahren aufwärts, die alle darauf brannten, möglichst bald in Palästina zu landen. Wir waren hingerissen von ihrer Begeisterung und Herzlichkeit. Noch nie hatte ich eine solche Kameradschaftlichkeit erlebt. Wenn das Zusammenleben im Kibbuz genau so war, sollte ich dann nicht vielleicht meine Pläne nochmals überdenken ...?

Von den wenigen Mädchen, die zu dieser Gruppe gehörten, hatte nur ein einziges vor, in Paris zu bleiben: Inka, mollig, elegant und für ihre – angeblich – sechzehn Jahre schon sehr reif. Ihre Eltern wollten, genau wie Lilkas Eltern, später nachkommen.

Nur Lilka sträubte sich gegen die kameradschaftliche Stimmung, die in unserem Waggon herrschte. Wie üblich wartete sie darauf, Aufmerksamkeit zu erregen. Aber da wir alle viel zu gespannt darauf waren, einander näher kennenzulernen, schmollte sie ganz allein vor sich hin.

In unserem Waggon waren an die vierzig Jugendliche (weit mehr Jungen als Mädchen) und ein älterer Mann untergebracht, der die ganze Gruppe beaufsichtigen sollte. Als er sich vorstellte, gebrauchte er die unheimliche deutsche Bezeichnung »Gruppenführer«, und sofort verlor er jede Kontrolle über uns. Wir ließen uns doch nicht von einem herumkommandieren, der sich *so* nannte – Gott bewahre! –, auch wenn er Jude war! Er sprach eine Mischung aus Russisch und Jiddisch und betrachtete es als seine wichtigste Aufgabe, die Jungen von den Mädchen getrennt zu halten. Wir beschlossen ihn ganz einfach zu übersehen. Nieder mit den Banausen! Nieder mit der Obrigkeit! Wir hatten uns aufgemacht die Welt zu erobern!

Aber es war noch nicht so weit ... Unser Zug fuhr wieder dieselbe Strecke, die wir tags zuvor zurückgelegt hatten. Wir fuhren nach Süden, über Zabrze, in Richtung Tschechoslowakei. Als der Zug an der Grenze hielt, verbreiteten sich in den Waggons sofort die wildesten Gerüchte: Jetzt würden alle persönlichen Schriftstücke, sämtliche Fotos, Adressenlisten, Tagebücher und Briefe konfisziert werden! Einige älter aussehende Kinder seien aus dem Zug geholt worden! Der Trick mit unseren falschen Namen sei entdeckt worden und nun würden die Gruppenleiter verhaftet! Diese Gerüchte stellten sich dann zwar als unzutreffend heraus, aber zunächst waren wir starr vor Entsetzen. Ich überlegte mir gerade, wo ich meine Fotos und Tagebücher verstecken sollte, als die Waggontür aufgeschoben wurde und der Zollbeamte hereinkam.

Alles ging gut, bis unsere Halina an der Reihe war. Sie hatte ihren Koffer bereits geöffnet und ihre Violine daneben gelegt. Das Instrument hatte ihrem Vater gehört, der vor dem Krieg ein berühmter Geiger gewesen war. Halina hatte schon als Fünfjährige Geigenunterricht bekommen und mit zehn Jahren, bei Kriegsausbruch, bereits im Rundfunk gespielt und Konzerte gegeben. Während des Kriegs war sie von ihrem Vater weiter ausgebildet worden. Dann wurde er nach Treblinka abtransportiert und kam nicht zurück. Halina hatte es irgendwie geschafft, seine Geige zu retten. Obzwar sie sich immer geweigert hatte anderen etwas vorzuspielen, hatte sie heimlich geübt und darauf geachtet, dass das Instrument in tadellosem Zustand blieb. Sie wollte es natürlich mit nach Palästina nehmen.

Der Zollbeamte beäugte es misstrauisch und fragte, was das sei. Banause, Idiot, Trottel – na was denn schon? Ein Maschinengewehr vielleicht? Allen im Waggon war anzusehen, dass sie das Gleiche wie ich dachten. »Wem gehört es denn?«, fragte der Beamte. »Mir«, sagte Halina, die dicht neben der Geige stand. »Ach wirklich? Dann spiel doch mal was vor!« Wir erstarrten. Soviel wir wussten, hatte Halina seit Langem nicht mehr geübt. Und Geigespielen gehört ja nicht zu den Dingen, die man, wie zum Beispiel Rad fahren, nie verlernt ...

Mit großer Gelassenheit nahm Halina die Geige, schob sie sich unters Kinn, zupfte ein paarmal die Saiten, stellte irgendetwas nach – und begann zu spielen. Einen Moment lang klangen die ersten Takte von Tschaikowskis Violinkonzert durch den Waggon. Dann legte Halina, noch immer völlig gelassen, die Geige in den Kasten zurück. Der Zollbeamte war genau so baff wie wir. Er sagte kein Wort mehr, gab aber dem Koffer der Nächsten, die an die Reihe kam, einen heftigen Schubs, so dass er verkehrt herum auf den staubigen Boden fiel. Wir atmeten erleichtert auf. Später flüsterte Halina mir zu, diese paar Takte seien das Einzige, was sie aus ihrem früheren Repertoire noch auswendig spielen könnte. Und während sie den Geigenkasten in einem sicheren Winkel verstaute, fügte sie hinzu: »Selbst wenn es um mein Leben gegangen wäre – mehr hätte ich nicht spielen können. Es war wie ein Wunder – ich dachte, ich könnte mich an keine einzige Note erinnern.«
Der Zollbeamte rief meinen Namen auf und ich sprang von dem oberen Bett herunter, auf dem ich gesessen hatte. Ich war schrecklich nervös und fürchtete um meine paar Habseligkeiten, versuchte aber trotzdem, einen unbekümmerten Eindruck zu machen. Zu meinem Entsetzen landete ich nicht graziös auf dem Boden, sondern baumelte

plötzlich in der Luft und ruderte hilflos mit den Armen, wie eine Marionette. Mein Kleid hatte sich an einem vorstehenden Nagel festgehakt und der vorzügliche englische Wollstoff gab nicht nach. Ohrenbetäubendes Gelächter! Die ganze Gesellschaft bog sich vor Vergnügen, während ich, vor Scham den Tränen nahe, da oben hing. Sogar der Zollbeamte lachte. Ausgerechnet er hielt mich dann so lange fest, bis jemand mein Kleid von dem Nagel losgemacht hatte. Meine Gelassenheit war im Eimer, aber meine Habseligkeiten wurden in Ruhe gelassen – nichts wurde beschlagnahmt.

Kurz danach wurden die Türen wieder geschlossen. Die Lokomotive pfiff – und wir fuhren ab, diesmal endgültig. Ein paar Zollbeamte winkten uns sogar nach!

Sobald die Grenzposten außer Sichtweite waren, schoben wir die Türen auf beiden Seiten des Waggons auf. Trotz des schneidend kalten Windes hockten wir in der rasch hereinbrechenden Dunkelheit dicht nebeneinander auf dem Boden und betrachteten die fremde Gegend. Jetzt waren wir also im Ausland!

»Ich will nicht fort!«, sangen die Räder, als ich in die anbrechende Nacht hinausstarrte. Trotz allem, was dort geschehen war: der Krieg, das Ghetto, die unzähligen Toten – Polen war mein Heimatland und Polnisch die einzige Sprache, die mir vertraut war. Selbst wenn ich eines Tages einigermaßen fließend Französisch sprechen könnte, würden diese fremden Wörter für mich nie die Würze und den Duft jener Wörter haben, die von Anfang an, weiter zurück, als die Erinnerung reicht, in mir verwurzelt waren. Sie hatten jeden Gedanken und jede Empfindung ausgedrückt, die ich jemals gehabt hatte. »Niemals werde ich ein Gedicht in einer Fremdsprache schreiben«, flüsterte ich vor mich hin.

Spät in der Nacht trafen wir in Prag ein. Der Zug hielt

auf einer Brücke. Vor uns zog sich die Stadt eine Anhöhe hinauf, die von einer mittelalterlichen Burg gekrönt war. Unter uns glitzerten Lichter im Fluss, als läge eine zweite Stadt unter der stillen schwarzen Wasseroberfläche. Ich schwor mir, später einmal hierher zurückzukommen, um die Stadt bei Tageslicht zu sehen.

Zum Abendessen bekamen wir eine dünne Suppe. Mit der Verteilung der Brote hatte etwas nicht geklappt – unser Waggon war leer ausgegangen. Wir kletterten in unsere Kojen, in denen jeweils zwei von uns schlafen mussten. Ich teilte meine Koje mit Halina. Um zu demonstrieren, wie sehr ihr hier alles gegen den Strich ging, zog es Lilka vor, das obere Bett mit Anna zu teilen, mit der sie bisher nichts zu tun haben wollte, weil sie fand, Anna sei »gewöhnlich«.

Ich wachte im Finstern auf, fürchtete mich entsetzlich und wusste eine Weile überhaupt nicht mehr, wo ich war. Es hatte schon so viele ähnliche Eisenbahnfahrten gegeben, Menschen in Viehwaggons, qualvoll eingeklemmt in einem schmutzigen Winkel, ungewaschen, durstig, verängstigt, im Ungewissen darüber, wo die Reise enden würde. Ich hob den Arm und berührte, nur eine Handbreit über meinem Kopf, das obere Bett. Es wölbte sich gefährlich nach unten. Im nächsten Moment krachte es durch, und Lilka und Anna plumpsten auf uns herunter. Und nun brach auch unsere Koje zusammen, und wir landeten alle vier, inmitten der zersplitterten Überreste, auf den Gepäckstücken, die wir unter die Koje geschoben hatten.

Die beiden jungen Burschen, die Ofenwache hatten, kamen uns zu Hilfe. Den Rest der Nacht verbrachten wir sitzend, in Decken gehüllt, die Arme umeinandergeschlungen, vor Kälte zitternd. Als wir am Morgen die Türen aufschoben, war die Welt da draußen silbern und weiß. Alles glitzerte vom Frost und von den ersten Sonnenstrahlen. Nebelschwaden über den stillen Wäldern und nirgends eine Fußspur, nirgends ein Zeichen dafür, dass hier Menschen wohnten! Es war eine Märchenlandschaft und wir hielten den Atem an und umarmten einander vor Freude.

Deutschland, Sonntag, 24. November 1946

Wir sind in Bayern. Es ist unglaublich schön. Ringsum Berge, flammend rote und goldene Wälder, kupfer- und purpurfarben gesprenkelt, wo Ahornbäume und Eichen zwischen Birken, Buchen und Platanen stehen. Keine Föhren mehr. Gestern, in der Tschechoslowakei, als die Sonne die eisige Kälte vertrieb, waren Regenbogen am Himmel, und wir fuhren durch Tunnel und an Wasserfällen vorbei – die ganze Welt war wie in kaltem, klarem Wasser gebadet, und die Luft war wie Kristall. Jetzt tut sich, wie wenn man ein Buch aufschlägt, hinter jeder Biegung der Bahnstrecke ein Tal auf – mit winzigen Märchendörfern, Spielzeughäusern, unglaublich ordentlichen, akkuraten, schachbrettartigen Feldern und Wiesen. Die asphaltierte Straße zieht sich wie ein frisch gebügeltes schwarzes Band dahin und führt von einem Haus zum andern.

. Gravitätische deutsche Bauern im Sonntagsstaat: Sie tragen dunkle Kirchgangkleidung und hohe Hüte. Sie stehen an den Bahnübergängen und winken uns zu. Worauf wir leere Konservendosen und Papierbündel mit freundlichen Botschaften wie zum Beispiel »Hitler kaputt!« oder »Deutschland kaputt!« hinauswerfen und bei jedem Treffer »Hurra« rufen. Wir haben die Türen auf beiden Seiten des Waggons geöffnet, uns im Kreis auf den Boden gehockt, im Türkensitz, Arm in Arm – und singen. Der kleine Simon sitzt in einer von zwei kräftigen Jungen festgehaltenen Kohlenkiste an der Außenkante und wirft alles Mögliche hinaus. Die Deutschen lachen, schwenken ihre Hüte und ihre schneeweißen Taschentücher. Wir schütteln die Fäuste, schneiden grässliche Grimassen und johlen deutsche Flüche. Ach, wie schön ist die Welt!

Wir singen polnische Marschlieder, russische Soldatenlieder, hebräische Lieder, die unsere »Kibbuzniks« besser können als wir anderen, alle möglichen Nationalhymnen und die Internationale in sämtlichen Sprachen, in denen sie uns geläufig ist. Der beste Sänger in unserem Waggon ist Ilja, ein Georgier und der hübscheste Junge, dem ich je begegnet bin. Er hat pechschwarze Haare, große schwarze Augen mit auffallend langen Wimpern, eine goldbraune Haut, herrliche Zähne und eine Hakennase. Und wie er singt! Man könnte ihm stundenlang zuhören. Wirklich gut singen zu können, eine schöne Stimme und das absolute Gehör zu haben – das ist wirklich ein Gottesgeschenk.

Und während wir, die Arme umeinandergeschlungen, dasitzen, singen und die fantastische Landschaft betrachten, sind wir ganz erfüllt von Solidaritätsgefühl. Und auch von Liebe. Ich glaube, ich könnte über eine Grenze nach der anderen fahren, von Land zu Land reisen, das Meer überqueren, in einem Kibbuz leben und mit bloßen Händen auf dem Feld arbeiten – vorausgesetzt, wir dürften immer beieinander sein und singen.

Zum Frühstück gab es schwarzen Kaffee und trockenes Brot. Mit der Verteilung von Dosenmilch und Margarine hatte etwas nicht geklappt. Wir gewöhnten uns allmählich an das Leben in unserem Zug und an die primitiven Verhältnisse. Von Zeit zu Zeit hielt der Zug auf offener Strecke, dann verzogen wir uns rasch hinter Büsche und Bäume. In Bächen und Gräben wurden in aller Eile rituelle Waschungen vorgenommen. Bevor es weiterging, ließ der

Lokomotivführer ein Signal ertönen – drei kurze Pfiffe –, und wenn er ein paar Meter gefahren war, bremste er wieder und sammelte die Nachzügler ein. Bisher war noch niemand verloren gegangen. Bei der Essensausgabe passierten auch weiterhin Pannen – mittags zum Beispiel bekamen wir bloß Ölsardinen und das dazugehörige Brot wurde erst abends mit der Suppe verteilt. Aber das machte keinem etwas aus. Wir waren zu glücklich, um Hunger zu haben.

Bloß noch eine Grenze, und wir würden in Frankreich sein.

Am Abend hatten wir, wegen der Bettenkatastrophe in der vergangenen Nacht, zwei Schlafkojen zu wenig. Anna und ich richteten uns auf einem Gepäckstapel eine Art Nachtlager her. Lilka und Halina krochen in die leere Koje der beiden Jungen, die Ofenwache hatten. Mitten in der Nacht wurden wir von fürchterlichem Gezeter geweckt: Unser »Gruppenführer« hatte entdeckt, dass »Mädchen mit Jungen schliefen«, und wurde fast vom Schlag gerührt. Er tobte in seiner langen grauen Unterhose herum, drohte uns an, den Zug halten zu lassen, uns alle hinauszuwerfen, sich selber aus dem Zug zu stürzen (laute Hurrarufe!), uns verhaften zu lassen ... Sein Gekeife war schwer zu verstehen, aber wir genossen seinen Auftritt und feuerten, über den Rand unserer Kojen gebeugt, den »Gruppenführer« an. Da er vernünftigen Argumenten nicht zugänglich war, sondern auf der »Ausmerzung solcher Sittenlosigkeit« bestand, kletterten Lilka und Halina aus der Koje, in der sie so friedlich geschlafen hatten, und gesellten sich zu den beiden Jungen am Ofen. Den Rest der Nacht verbrachten die vier damit, in Decken gewickelt miteinander zu schmusen, sich zu küssen und zu kichern. Die Sittenlosigkeit war ausgemerzt worden.

Als der Zug auf einem Bahnhof in der amerikanischen Zone hielt, sahen wir zum ersten Mal amerikanische Soldaten und wurden geradezu überschüttet mit Schokolade, Kaugummi und Zigaretten. Jetzt war Inka nicht mehr zu halten. »Ich haue ab«, flüsterte sie mir zu. »Ich fahre per Anhalter mit den Amerikanern. Was für tolle Uniformen die haben! Wetten, dass ich rascher als ihr in Paris bin?« Ich steckte ihr einen Zettel mit der Adresse meiner Verwandten zu. »Ruf sie an, sobald du dort bist, und sag ihnen, dass ich unterwegs bin.« Sie versprach es mir.

Nach der herrlichen Landschaft Bayerns wirkte das französische Flachland langweilig. Trübes Wetter setzte ein. Es regnete. Wir schlossen die Waggontüren und setzten uns, aneinandergekuschelt, an den Ofen. Im Flüsterton sprachen wir von unseren Plänen und Zukunftshoffnungen.

Am Montag, dem 25. November, trafen wir in Vitry ein. Wir wurden in ein großes, sehr kaltes Haus gebracht, in dem wir uns wieder wie in einer Anstalt vorkamen. Es ist bloß eine Durchgangsstation, sagten wir zueinander. Wir bleiben bestimmt nur ein, zwei Tage hier. Wir wuschen uns mit eiskaltem Wasser und schliefen in eiskalten Betten in eiskalten Räumen. Zum Frühstück gab es Kakao und riesige Brotlaibe, die noch ofenwarm waren. Und so viel Marmelade, wie wir verdrücken konnten. Das hob unsere Stimmung. Dann mussten wir zur ärztlichen Untersuchung. In einem großen Raum, in dem sechs Ärzte saßen, mussten wir in unserer Unterwäsche Schlange stehen und wurden ganz blau vor Kälte. Die Ärzte benützten keine Stethoskope, sondern legten uns ein Leinenhandtuch auf Brust und Rücken und hielten ihr Ohr daran. Mein Arzt hatte ein enorm großes, rotes, behaartes Ohr und eine angenehme Stimme, aber ich verstand natürlich kein Wort. Die Krankenschwestern, die bei der Untersuchung assistierten, waren barsch und ungeduldig und schrien uns an, wenn wir nicht wussten, was wir tun sollten. Ich konnte mir nicht verkneifen, zu Lilka hinüberzuspähen, die direkt neben mir untersucht wurde. Ihr Arzt war jung, offenbar sehr tüchtig und kein bisschen beeindruckt von ihrer Alabasterschönheit. Obwohl Lilka vor Kälte schlotterte und eine Gänsehaut hatte, sah sie, als sie sich entkleidet hatte, wie eine griechische Statue aus. Sie nahm dann diese unangenehme Prozedur zum Anlass, sich über den Arztberuf zu mokieren: »Stellst du dir deine Zukunft so vor?« Ein Zahnarzt untersuchte unsere Zähne, eine Krankenschwester unsere Haare. Die meisten »Kibbuzniks« hatten Läuse. Später inspizierten wir etwas besorgt unsere Kleidung, wobei wir vor allem die Nähte sorgfältig überprüften, aber zum Glück entdeckten wir nichts.

»Wie gern würde ich alles, was ich auf der Reise anhatte, wegwerfen und neue Sachen tragen«, schrieb ich am Abend in mein Tagebuch. »Aber erst in Paris. Dort wird mein neues Leben beginnen.«

Zwei Tage nach der Ankunft in Vitry wurden wir gruppenweise in einen großen Hof beordert. Man teilte uns mit, dass man uns jetzt nach Paris bringen werde, wo wir geröntgt werden, ein Bad nehmen und in einem Restaurant essen sollten. Ungeduldig warteten wir im eiskalten Wind, während Mitglieder französischer Jugendorganisationen herumrannten, Befehle auf Französisch und Hebräisch brüllten und sich ungeheuer wichtig vorkamen, allerdings ohne jeden Erfolg. Wir bestaunten die höchst sonderbare Aufmachung dieser jungen Burschen: unwahrscheinlich kurze Hosen, Rollsöckchen, klobige Stiefel, kurzärmelige Hemden und riesige Mützen, die so steif wie Teller waren und ganz merkwürdig auf dem Kopf thronten. Mit etwas, das wie ein Strick aussah, hatten sie sich rote Tücher um den Hals gebunden. Offensichtlich froren sie sich fast zu Tode. Was vielleicht ihre fieberhafte Aktivität erklärte.

Lilka spähte zum Hofeingang hinüber. »Deine Verwandten sind da«, wisperte sie. »Unmöglich«, wisperte ich zurück. Doch das Paar, das in den Hof gekommen war, ging schnurstracks auf uns zu: ein hoch gewachsener junger Mann in einer Royal-Air-Force-Uniform und eine Dame, die etwas älter war und goldblonde Haare hatte. Sie küssten mich auf beide Wangen, der junge Mann flüsterte mir zu: »Ich bin Adam«, und die Dame sagte: »Du darfst Tante zu mir sagen. Wir wollen dich abholen.«

Im nächsten Moment waren wir von Funktionären umringt, die wissen wollten, wer die beiden Fremden seien und warum sie mit mir sprächen. Unser »Gruppenführer« kam japsend angerannt: »Sie dürfen sie nicht mitnehmen! Wenn Sie glauben, Sie könnten einfach mit ihr weggehen, irren Sie sich!«

»Das ist mein Cousin Adam«, sagte ich. Endlich hatte ich ihn wiedererkannt. Das letzte Mal hatte ich ihn vor dem Krieg gesehen, als er ungefähr vierzehn war. Adam, mein Cousin um zwei Ecken herum, war der Neffe des Pariser Verwandten, bei dem ich bleiben sollte. Wie Adam den Krieg überlebt hatte, wusste ich nicht. Ich hatte gehört, dass er und seine Eltern nach Sibirien deportiert worden waren. Wie sie es geschafft hatten, in den Westen zu gelangen, und warum Adam die blaue Uniform trug, war mir ein Rätsel. Aber ich war glücklich, ihn wieder zu sehen. Ich hatte keine Ahnung, wer die Dame war. Unser Gruppenführer hopste, wie üblich, wutentbrannt herum. Kinder verschwänden direkt vor seiner Nase, zeterte er. Und er sei verantwortlich! Persönlich dafür verantwortlich, uns alle nach Palästina zu bringen! Ich wies darauf hin, dass mein Reiseziel von Anfang an feststand: Ich sollte bei meinen Verwandten in Paris bleiben.

»Bei welchen Verwandten?«, brüllte der Gruppenführer außer sich vor Wut. »Du hast keine Familie! Palästina ist deine Familie! Dort warten deine Brüder und Schwestern auf dich!«

»Dann müssen Sie mich mit jemandem verwechseln. Ich habe niemals Brüder und Schwestern gehabt. Meine Verwandten leben in Paris und ich bleibe bei ihnen. Nur deshalb bin ich hergekommen.«

Der Gruppenführer wollte Adam zurückdrängen. »Sie haben kein Recht, hier zu sein! Wir fahren nach Paris. Sie können nicht mitkommen!«

»Wir fahren auch nach Paris«, erwiderte Adam. »Sie können uns nicht daran hindern, in den Zug zu steigen.«

»Aber es ist Ihnen nicht gestattet, mit ihr zu sprechen!«, konterte der Gruppenführer sichtlich verzweifelt.

»Wir haben uns seit Kriegsbeginn nicht mehr gesehen. Wollen Sie uns etwa verbieten, miteinander zu reden?«

Am Ende gingen wir vier nebeneinander zum Bahnhof. Der Gruppenführer ließ sich kein Wort unseres Gesprächs entgehen. Erst im Zug nach Paris konnten wir ein paar private Worte wechseln. »Woher hast du gewusst, dass ich angekommen bin?«, flüsterte ich.

»Deine Freundin Inka hat Maurice angerufen und sich nach dir erkundigt. Ich bin sofort mit Marina ...« – das war die blonde Dame – »... losgefahren, aber unterwegs haben wir Leute getroffen, die gerade vergeblich versucht hatten, eines der Kinder in Vitry zu besuchen. Sie wiesen uns auf die Schwierigkeiten hin: Niemand soll erfahren, dass ihr hier seid, und keiner von euch darf den Sammeltransport verlassen. Ihr sollt alle nach Palästina geschickt werden. Aber dort lassen die Briten niemanden mehr einreisen. Die Häfen sind blockiert, die Schiffe müssen umkehren, und trotzdem sind ständig neue Auswanderer nach Palästina unterwegs. Aber keine Bange – irgendwie holen wir dich hier heraus.«

Nach der Ankunft in Paris gingen wir in Zweierreihen

die Treppe zur Metro hinunter. Unser Gruppenführer geriet in Panik, als er versuchte seine ungebärdigen Schutzbefohlenen samt und sonders in denselben Waggon zu zwängen, bevor sich die Türen schlossen. In dem Durcheinander stiegen Adam, Marina und ich in den nächsten Waggon. Wir stellten uns ans Zwischenfenster und winkten dem geplagten Gruppenführer lächelnd zu, um ihm auf diese Weise zu beteuern, dass wir nichts Unerlaubtes vorhatten – dann bewegten Adam und ich uns langsam auf die Tür zu, während Marinas Blondkopf weiterhin am Zwischenfenster zu sehen war.

»Sobald wir das SORTIE-Schild auf dieser Seite des Zugs sehen, springen wir hinaus«, sagte Adam. Wir hofften zu Gott, dass wir es schaffen würden, bevor die ganze Gruppe ausstieg. Ein paar Minuten später war es so weit: ein großes SORTIE-Schild und ein überfüllter Bahnsteig. Als die Türen sich wieder schlossen, sprangen wir im letzten Moment hinaus. Wir rannten zur Treppe, nahmen immer zwei Stufen auf einmal und kamen atemlos auf die Straße hinaus – an einer verkehrsreichen Kreuzung. Vor uns: eine Brücke, die Seine und Notre-Dame.

»Jetzt zeige ich dir Paris«, sagte Adam. Hand in Hand schlenderten wir hinüber zur Ile de la Cité. Wir gingen in die Kathedrale, und wenngleich ich mich nicht mehr als Katholikin betrachtete, flüsterte ich rasch ein Gebet, um Gott für meine Rettung zu danken.

Zwei Stunden später waren wir bei Onkel Maurice.

4

»Ich bin in Paris«, schrieb ich an diesem Abend. »Ich bin aus Vitry durchgebrannt – mit einem englischen Flieger.«

Onkel Maurice und seine Frau empfingen mich mit offenen Armen. Das letzte Mal hatte ich die beiden 1939 gesehen, als sie uns in Kalisch besuchten. Ich konnte mich überhaupt nicht mehr an sie erinnern. Maurice, der älteste von Mutters zahlreichen Cousins, war ein kleiner, schmächtiger, schon ziemlich kahlköpfiger Mann, der unentwegt scharfe französische Zigaretten rauchte. Er brauste leicht auf, war einerseits rasch gekränkt, andererseits aber großzügig und warmherzig. Außerdem war er ein Träumer und schmiedete Pläne, wie man allen, die er kannte, zu ihrem Glück verhelfen könnte.

Simone, seine französische Frau, ein kleines Persönchen mit dunklen Haaren und großen dunklen Augen, begrüßte mich mit einer parfümgeschwängerten Umarmung. Dass sie kein Wort Polnisch konnte, hinderte sie nicht daran, fast pausenlos auf mich einzureden, wobei sie oft mitten in ihrem Monolog zu lachen anfing oder »O là là là là là là!« trällerte. Zuweilen ließ sich Maurice dazu bewegen, mir zuliebe etwas von ihrem Wortschwall zu übersetzen. Im Lauf der vielen Jahre, die er nun schon in Frankreich lebte, war sein Polnisch eingerostet und strotzte von Fremdwörtern.

Sein Sohn Yves, der gerade aus dem Internat nach Hause gekommen war, war in meinem Alter. Der schlanke Sechzehnjährige, der bereits seine Eltern überragte, hatte seidiges braunes Haar, Augen wie aus braunem Samt und ein scheues Lächeln. Er hatte etwas ungemein Ansprechendes, Empfindsames an sich. Dem Beispiel seiner Eltern folgend, küsste er mich auf beide Wangen, wobei er rot anlief wie ein Pfirsich. Dann zog er sich in den entferntesten Winkel des Zimmers zurück und sagte den ganzen Abend kein Wort mehr.

Marina, die geweint hatte, seit Adam und ich eingetroffen waren, trocknete endlich ihre Tränen und machte sich in aller Form mit mir bekannt. Sie sagte, sie habe mich bereits voriges Jahr in Kalisch kennengelernt, als sie meinen Onkel besuchte, mit dem sie geschäftlich zu tun hatte. Sie habe mir den Platz im Kinderheim besorgt und meine Reise nach Frankreich bezahlt. Hier in Paris warte sie auf das Einreisevisum nach Australien, wo sie eine Tante und einen Onkel habe. Sie hoffe in ein paar Wochen abreisen zu können. Sobald sie in Melbourne angekommen sei, werde sie meinem Onkel und mir die notwendigen Papiere schicken, damit wir nachkommen könnten. Da Maurice und Simone kein Zimmer für mich hätten, sollte ich einstweilen bei ihr im Hotel wohnen.

Mir schwirrte der Kopf vor lauter neuen Eindrücken: fremde Menschen, eine fremde Sprache, das unablässige, laute Durcheinanderreden. Maurice kam aus der Küche hereingestürmt, wo er das Abendessen zubereitet hatte. »Simone kann nicht kochen«, erklärte mir Adam. »Sie hat keinen Geruchssinn, deshalb schmeckt für sie alles gleich. Dafür kocht Maurice umso besser. Du wirst schon sehen.« Simone, die das anscheinend mitbekommen hatte, lachte schallend. »À table, mes enfants, à table!«

Wir setzten uns an einen großen Tisch, der mit Geschirr

von bester Qualität gedeckt war. Ein Festessen sollte das werden – mir zu Ehren. Maurice machte eine Flasche Wein auf und brachte den ersten Gang herein: eine riesige Platte, mit Eisstückchen bedeckt, auf denen ein ganzer Berg Austern lag. Ich traute meinen Augen nicht. Noch nie im Leben hatte ich Austern gesehen, und keine Macht der Welt würde mich dazu bringen, eine zu kosten. »Du weißt doch wohl, dass sie noch leben«, sagte Adam. Er träufelte etwas Zitronensaft auf das grünlich weiße Klümpchen in der Muschelschale. Mir schauderte. Der Atem stockte mir vor Entsetzen. Adam spießte das Klümpchen auf und schluckte es hinunter. Ein schrilles Quieksen war zu hören, das aus Adams Hals zu kommen schien. Mir standen die Haare zu Berge. Adam schmatzte. »Die war prima! Hat sich gewehrt, bis sie unten war!« Er griff nach der nächsten Muschelschale. Ich blickte entgeistert um mich. Alle amüsierten sich köstlich. Sogar der sanfte Yves verleibte sich bedenkenlos Austern ein.

Auch die anderen Gerichte waren mir nicht geheuer. Das Fleisch war noch blutig und, nach polnischem Geschmack, nicht genießbar. Die Sauce Vinaigrette auf dem merkwürdig stachligen Salat trieb mir das Wasser in die Augen. In Polen wurde Salat mit Sahne und Zucker angemacht. Was aber noch schlimmer war: Meinen Wein konnte ich erst trinken, als ich ihn gezuckert und mit Wasser verdünnt hatte. Mir war klar, dass ich bei meiner ersten Begegnung mit dem wirklichen Frankreich kläglich versagte. Als das Obst serviert wurde, war mein Kopf nach vorn gesunken. »Armes Kind!«, flüsterten sie. »Zu viel Aufregung für einen einzigen Tag.« Ich war beschwipst, hungrig und entsetzlich müde.

»Morgen holen wir deine Sachen in Vitry ab, und dann müssen wir dir irgendeinen Ausweis besorgen, für die Anmeldung im Hotel.«

Es war ein ziemlich weiter Weg vom Boulevard Barbès bis zu Marinas Hotel direkt gegenüber der Gare de l'Est. Über dem Eingang stand in großen Lettern »Terminus Est«. Komischer Name für ein Hotel, dachte ich, noch immer völlig verwirrt. Natürlich ist das Hotel fertig, sonst könnten doch keine Leute darin wohnen. Ich war überwältigt von der prächtigen Innenausstattung. Fünf Fahrstühle! Ein so pompöses Gebäude hatte ich noch nie betreten. Wir fuhren in den dritten Stock. Mitten in unserem Zimmer stand ein großes Bett. Völlig benommen zog ich mich aus, und kaum hatte ich den Kopf aufs Kissen gelegt, da war ich auch schon eingeschlafen.

Adams Versuch, tags darauf mein Gepäck in Vitry abzuholen, war ein Fiasko. »Die Eigentümerin kann nur Anspruch auf ihren Koffer erheben, wenn sie pflichtgemäß hierher zurückkehrt«, lautete die Nachricht, die Adam aus Vitry mitbrachte – zusammen mit meiner kleinen Reisetasche, die er mit Lilkas Hilfe herausgeschmuggelt hatte. »Ich fürchte, du wirst deine Sachen nie wiedersehen.« »Das Schlimmste ist«, erklärten meine Verwandten, »dass wir jetzt nicht das geringste Beweisstück haben, aus dem hervorgeht, wer sie wirklich ist. Sie kann sich nicht im Hotel anmelden, sie bekommt keine Lebensmittelkarten, und falls sie aus irgendeinem Grund von der Polizei angehalten wird, deportiert man sie.« »Warum erzählt ihr der Polizei nicht einfach die ganze Geschichte?«, fragte Yves. »Dann geben sie ihr bestimmt einen Ausweis und holen vielleicht sogar ihr Gepäck in Vitry ab.« – »Ich darf niemandem sagen, wie ich nach Frankreich gekommen bin«, erklärte ich. »Die Ausreisegenehmigung ist nämlich schon zum zweiten Mal benützt worden. Soviel ich weiß, sind wir alle illegal hier.«

»Erst mal sollten wir ihre Kleider herausholen«, sagte Simone. Ich war hin- und hergerissen zwischen der Freude darüber, dass ich meine Fotos und Tagebücher, die in der kleinen Reisetasche waren, wiederhatte, und der Verzweiflung darüber, dass ich Mutters Briefe und den kleinen Anhänger nie wiedersehen würde, weil sie in meinem großen Koffer waren. Der Anhänger war aus Silber – ein kleines Herz mit einer Taube aus blauem und weißem Emaille darauf, die einen goldenen Ölbaumzweig im Schnabel hielt. In dem Anhänger bewahrte ich ein »M« auf, das ich aus Mutters letztem Brief ausgeschnitten hatte. Ihre Unterschrift. Mutter hatte diesen Anhänger als kleines Mädchen getragen und wie durch ein Wunder hatte er den Krieg heil überstanden.

Im Hotel »Terminus Est« weinte Marina dem Empfangschef etwas vor und schaffte es, sich in kaum verständlichem Französisch derart verwirrend über mein Identitätsproblem auszulassen, dass der Arme nie wieder wagte, nach meinem Ausweis zu fragen.

Beschwichtigt durch einen wöchentlichen »pot au vin« – ein Trinkgeld –, änderte er, ohne zu murren und ohne einen Anhaltspunkt zu haben, alle paar Tage meinen Namen sowie alle weiteren Angaben zu meiner Person und zu dem Verhältnis, in dem ich zu Marina stand. Offiziell existierte ich nicht. Gemeinsam mit Marina sprach ich bei sämtlichen jüdischen Organisationen vor – vergeblich. Zunächst erklärte man uns, ich müsste sofort nach Vitry zurückkehren. Gelegentlich drohte man uns sogar mit der Polizei, bis wir darauf hinwiesen, dass diese vermutlich weit mehr an dem interessiert wäre, was ich zu berichten hatte. Etwas später fixierte man uns ganz verwundert: In Vitry seien doch gar keine Kinder eingetroffen. Noch nie! Von einem Sammeltransport aus Polen wollte niemand etwas gehört haben. Und ein Koffer war natürlich auch nicht da.

Wir wussten bereits, dass die Kinder nicht mehr in Vitry waren. In der zweiten Woche nach meiner Ankunft in Paris war Halina bei Maurice erschienen, um sich von mir zu verabschieden. Ich ging mit ihr ins Hotel, wo sie ein Bad nahm. Später kamen auch Ilja, der hübsche Georgier, und Marek, den wir ebenfalls in unserem Waggon kennen gelernt hatten. Am 17. Dezember sollten sie die Reise nach Palästina antreten. Sie brachten mir ein Geschenk: einen kleinen Schneemann mit schwarzem Zylinder und großer roter Nase, der eine winzige rote Kerze hielt. Ich zündete sie an, dann fuhren wir alle vier mit dem Finger durch die Flamme, küssten einander und wünschten uns gegenseitig viel Glück für die Zukunft. Ich wünschte ihnen eine sichere Landung im Gelobten Land, sie wünschten mir ein glückliches Leben in Australien. Wir tauschten Fotos aus. Ilja sang ein russisches Lied, das furchtbar traurig klang. Genau wie in unserem Eisenbahnwaggon saßen wir jetzt mit verschränkten Armen in dem kalten Hotelzimmer. Nach einer Weile verabschiedeten sich die drei.

Wieder wäre ich am liebsten mit ihnen gegangen. Jetzt war der richtige Moment. Ehe ich in Paris neu anfing – mit der Schule und der Arbeit und dem Französischlernen. Bevor ich hier Fuß fassen würde. Ich brauchte niemanden um Erlaubnis zu bitten. Niemand hatte das Recht, mich hierzubehalten. Doch ich ging *nicht* mit. Stattdessen wartete ich auf Marina und ging dann mit ihr zum Boulevard Barbès, um bei Maurice und Simone zu Abend zu essen.

Allmählich überwand ich mein anfängliches Befremden. Maurices Wohnung, klein, vollgestopft und – was ich sehr verwunderlich fand – ohne Badezimmer, wurde für mich ein zweites Zuhause. »Drei kleine Zimmer«, schrieb ich in mein Tagebuch. »Hässliche alte Möbel. Man kann sich kaum bewegen. Ein winziges Hinterzimmer, vollgestopft mit Pelzen, auf dem Fußboden Stapel von noch nicht zugeschnittenen Fellen, an der Decke Schienen, an denen reihenweise Pelzmäntel hängen. In der einen Ecke ein Klappbett für Yves, wenn er zu Hause übernachtet. Der Pelzgeruch verschlägt einem den Atem, und weil Motten hereinfliegen könnten, darf das Fenster nicht geöffnet werden. Es geht sowieso bloß auf einen düsteren, muffigen, schachtähnlichen Hinterhof hinaus, aus dem nur Ruß hereindringt. Und dabei wirkt das Haus so ansehnlich und gepflegt; an einem großen Boulevard gelegen, Wohnung im ersten Stock, Vordereingang. Das Treppenhaus wird von der Concierge peinlich sauber gefegt und gewachst, die Treppe hat sogar einen Läufer, und an der untersten Stufe ist ein Emailleschild: »Bitte Füße abstreifen!« Aber in der Wohnung gibt es keine Waschgelegenheit außer einem kleinen Waschbecken in einer Nische des winzigen Flurs und einem Kaltwasserhahn in der engen, keilförmigen Küche. Und hier wohnen Maurice und Simone schon so lange, wie sie verheiratet sind!

Und abrackern müssen sie sich auch. Um sieben Uhr aufstehen, wenn es noch ganz dunkel und sehr kalt ist. Wegen des Mangels an Heizmaterial wird die Zentralheizung, genau wie bei uns im Hotel, bis zum Nachmittag nicht einmal lauwarm. Dann ein hastiges Frühstück und um acht Uhr sind die beiden drunten im Laden. Es ist ein Pelzgeschäft, im Winter ist »Saison«. Der Laden ist von acht Uhr morgens bis acht Uhr abends geöffnet, die Mittagspause ist kurz, und es ist üblich, dass Kunden und Lieferanten während der Essenszeit und an Sonntagen herauf in die Wohnung kommen.

In der kleinen, eiskalten Werkstatt hinter dem Laden steht Maurice, einen grünen Augenschirm umgebunden, an dem langen Tisch und schneidet mit einer Rasierklinge unangenehm riechende Felle zu. Madame Blanche, seine einzige »ouvrière«, näht die Teile mit einer Maschine aneinander, die sehr merkwürdig aussieht. Sie hat zwei waagrecht angebrachte Räder, zwischen die man die Lederränder schiebt, wobei man das Fell auf der Innenseite sorgfältig glatt streichen muss – dann steppt eine Nadel, die sich senkrecht bewegt, die Teile zusammen.

Vorn im Laden, in dem ringsum große Spiegel sind, empfängt Simone die Kundschaft, nimmt Maß und erledigt die Anproben. In jeder freien Minute näht sie Mantelfutter ein oder näht Knöpfe, Etiketten, Haken und Ösen an und schaut immer wieder auf die Uhr, damit sie noch rechtzeitig in die benachbarten Läden flitzen kann, um Lebensmittel, oder was sie sonst noch dringend im Haushalt braucht, zu besorgen. Maurice erhebt jedes Mal Einspruch, wenn Simone weggeht. Dann kommt es zu einer heftigen, unverständlichen Auseinandersetzung. Ich bin immer gern bereit mit Simone zum Einkaufen zu gehen.

Meist ist es bloß einen Katzensprung weit, wo jeder jeden kennt und so ziemlich das gleiche Leben führt – »an den Ladentisch gekettet«. Simone stellt mich als ihre »kleine Verwandte, gerade erst aus Polen angekommen« vor, dann flüstert sie den Leuten rasch etwas zu. Alle sehen mich verwundert an und schütteln den Kopf: »*O là là, Madame, ah, bon Dieu, bon Dieu, bon Dieu ...*« Manchmal schenken sie mir Süßigkeiten, als ob ich noch ein Kind wäre.

Wir haben hier eine *boulangerie,* eine *charcuterie,* eine chemische Reinigung (mit Wäscherei), eine *crémerie* und ein Geschäft mit dem fabelhaften Namen »Marchand des Couleurs«. »*Quelle vie, Madame, quelle drôle de vie!*«

In jenen kalten, dunklen Wintertagen überkam mich die Langeweile wie ein lähmender Nebel. Es gab einfach niemanden, mit dem ich reden, und nichts, was ich tun konnte. Ich saß entweder in unserem Hotelzimmer herum, wo ich, die Füße an den lauwarmen Heizkörper gestemmt, stundenlang auf den Platz vor der Gare de l'Est hinuntersah, oder ging zu Maurice in den Laden, wo ich wieder herumsaß und mich verzweifelt bemühte, die Gespräche, die dort geführt wurden, zu verstehen. Zuweilen half ich beim Einkaufen und bei der Hausarbeit. Solange er in Paris war, hatte Adam lange Spaziergänge mit mir gemacht und mir berühmte Sehenswürdigkeiten gezeigt, doch als sein Urlaub zu Ende ging, war er nach England zurückgekehrt. Von Zeit zu Zeit rannten Marina und ich verschiedenen jüdischen Wohlfahrtsorganisationen von Neuem die Tür ein, in der vergeblichen Hoffnung, mein Gepäck wiederzubekommen. Manchmal (aber leider viel zu selten) ließ sich Marina polnische Bücher von ihren Freunden leihen, die in allen möglichen schäbigen Pariser Hotels wohnten und auf Einreisevisen in dieses oder jenes Land warteten. Ich verschlang jedes dieser Bücher in ein paar Stunden. Wenn wir, was selten vorkam, nicht bei Maurice zu Abend aßen, kaufte Marina eine halbe Baguette, zwei Eier oder eine Portion marinierten Hering, dann schmuggelten wir unsere Einkäufe ins Hotel, wo es streng verboten war, in den Zimmern zu essen. Die Eier kochten wir in einem Glas Wasser – mit einem Tauchsieder, mit dem wir uns auch unzählige Tassen schwachen Tee zubereiteten. Nur gelegentlich zersprang dabei ein Glas. Die Essensabfälle nahmen wir am nächsten Tag mit auf die Straße und warfen sie in einen Abfallkorb.

Ich erzählte Marina von meinen heimlichen Hoffnungen und Plänen, und es verletzte mich tief, wie sie darauf reagierte. Der Arztberuf sei nichts für Frauen, erklärte sie. Eine Frau könnte nicht gleichzeitig praktizieren und Ehefrau und Mutter sein. Bestenfalls könnte sie, wenn sie das große Glück hätte, einen Arzt zu heiraten, in seiner Praxis mithelfen. Aber natürlich könnten nicht alle Mädchen so viel Glück haben. Marinas erster Mann war Arzt gewesen. Er war im Warschauer Ghetto umgebracht worden. Von ihm hatte Marina – die Musik und Geschichte studiert hatte – genug über Medizin gelernt, um bei Gesprächen so viele Fachausdrücke einfließen zu lassen, dass sie manchmal selber für eine Ärztin gehalten wurde. Sie beklagte meine mangelhafte Schulbildung, und um mir klar zu machen, wie viel ich versäumt hatte, überschüttete sie mich geradezu mit lateinischen Zitaten.

Ihrer Ansicht nach war dies ein weiterer Grund, warum ich nie Medizin studieren könnte: Latein sei für dieses Studium unerlässlich, und dafür fehle mir ganz einfach jede Voraussetzung. Um diese Tatsache zu unterstreichen, leierte sie eine lange Reihe Grammatikregeln und Ausnahmefälle herunter, als handelte es sich dabei um Zauberformeln. Ich war am Boden zerstört.

War Marina einmal in Fahrt gekommen, dann ließ sie sich kaum mehr bremsen. Ich konnte nur versuchen ihren Redestrom auf ein anderes Thema hinzulenken – zum Beispiel auf das Ballett. Sie hatte von ihrem fünften Lebensjahr bis zum Schulabschluss Ballettunterricht bekommen und war mit der Ballettschule aufgetreten. Obzwar sie niemals vorgehabt hatte Tänzerin zu werden – für ein Mädchen ihrer Herkunft war das kein anständiger Beruf –, zählte das Ballett noch immer zu ihren Hauptinteressen. Dass sie so schlank war und den Eindruck machte, als hätte sie überhaupt keine Hüften, führte sie auf das ständige Korsetttragen und auf ihre tänzerische Ausbildung zurück. »Aber meine Beine nicht«, fügte sie jedes Mal hinzu und zeigte ihre strammen Waden und kräftigen Fußgelenke. »Das kommt alles vom Tennis.« Worauf sie ausführlich von Tennispartien an herrlichen Nachmittagen vor dem Krieg erzählte. Sie hatte ein paradiesisches Leben geführt. Der Krieg hatte alles zerstört. Ihre Eltern, ihre

Schwestern und Schwäger, ein kleiner Neffe und schließlich auch ihr Mann waren umgekommen. Nur Marina hatte überlebt – in einem Versteck im »arischen« Teil Warschaus, mit blond gebleichten Haaren (die sie auch jetzt noch hatte), meist in irgendeinem Café arbeitend und in ständiger Angst, entdeckt, verhaftet und umgebracht zu werden. Die ungeheure Anstrengung, die es sie gekostet hatte, unter solchen Umständen zu überleben, hatte ihrer Gesundheit, insbesondere ihren Nerven, derart zugesetzt, dass sie jedes Mal, wenn sie über die jüngste Vergangenheit sprach, in Tränen ausbrach. Hatte sie einmal zu erzählen angefangen, dann konnte sie nicht mehr aufhören, bis alle Anwesenden – und natürlich auch sie selber – völlig erschöpft waren.

Schon bald stand ihre Meinung über mich fest: »Völliger Mangel an Sensibilität«, erklärte sie ihren Freunden in meiner Gegenwart, und alle sahen mich entsetzt an. »Merkt nichts von dem, was um sie herum vorgeht. Nichts berührt sie. Man könnte meinen, für sie hätte es gar keinen Krieg gegeben. Wärt ihr nicht froh, wenn ihr auch so sein könntet? Dann könnte man unbeschwert durchs Leben spazieren ... Ich selber bin, leider Gottes, viel zu sensibel ...« Worauf ein so heftiger Tränenausbruch folgte, dass ihre Freunde sich sofort um sie scharten.

»Und das alles, weil ich nicht über den Krieg sprechen will«, schrieb ich in mein Tagebuch. »Keine zehn Pferde kriegen mich jetzt noch dazu, ein Wort darüber zu sagen. Bestimmt nicht in Gegenwart Marinas und ihrer Kumpel. Und *wie* sie ständig versucht etwas aus mir herauszukriegen! Warum will sie es überhaupt wissen, wenn doch jedes Wort über den Krieg sie sofort zum Weinen bringt? Es gibt eben Dinge, die zu persönlich und zu schmerzlich sind, als dass man darüber sprechen könnte. Aber Marina ergeht sich in Einzelheiten, bei denen ich aufschreien könnte. *Das* beweist, glaube ich, Mangel an Sensibilität. Sie bringt andere zum Schaudern vor lauter Entsetzen und Verlegenheit. Dann fängt sie zu weinen an, und wir alle haben nichts Eiligeres zu tun, als sie zu trösten. Und sie hört nie auf, bevor nicht alle anderen genauso unglücklich sind wie sie selbst.«

Zuweilen gab es auch glückliche Stunden. Wir sahen uns den Film »Fantasia« an. (Maurice, Simone, Yves und ich.) Noch Tage danach lebte ich wie in einem Traum aus Musik und Farbe. Ein andermal lud mich Marina in die Opéra ein. Wir sahen das Ballett »Les Sylphides«. Mädchen schwebten wie Puderquasten über die Bühne, die Gesetze der Schwerkraft schienen aufgehoben. In der Nacht beschwerten sich unsere Hotelnachbarn, als Marina versuchte das Spektakel für mich zu wiederholen.

Auf Maurices Drängen hatte ich an meinen Onkel geschrieben, von meinem Pech (mit dem Koffer) berichtet und um Hilfe gebeten. Nach wie vor besaß ich nur das Kleid, in dem ich durchgebrannt war und das ich tagtäglich trug. Marina lieh mir etwas von ihrer hauchzarten, stickereiverzierten Unterwäsche, die ich kaum anzufassen wagte. Weil das Wäschetrocknen in unserem kalten Badezimmer tagelang dauerte, brauchte ich dringend etwas Eigenes zum Anziehen. Die Antwort meines Onkels war wie ein Donnerschlag: Er glaubte mir kein Wort. Für ihn bestand kein Zweifel daran, dass mir der Koffer gestohlen worden war, als ich gedankenlos die Tauben unter dem Dach des Stationsgebäudes begafft hatte. Er habe mich mit völlig neuer Garderobe ausgestattet und werde das nicht noch einmal tun!

Ich las den Brief bei Maurice am Esstisch und brach in Tränen aus. Die Familie war wie vom Donner gerührt. Die stürmische Auseinandersetzung in Französisch, zu der es kam, als der Brief für Simone übersetzt worden war, konnte ich nicht verstehen, doch tags darauf wurde ich in ein Geschäft mitgenommen, wo man mir das Nötigste kaufte. Erleichtert gab ich Marina die geborgten Sachen zurück. Unterdessen schrieb Simone, die immer noch wütend war, meinem Onkel einen französischen Brief. Am nächsten Tag sprachen Marina und ich erneut bei einer jüdischen Organisation vor, wo man mich als Flüchtling registrierte und mir tausend Francs gab.

Weihnachten stand vor der Tür. Ich hatte meine letzten paar Francs für Postkarten an meine Freunde in Polen ausgegeben und besaß wieder einmal keinen roten Heller. Ein trauriges Weihnachtsfest würde das werden! Seit Jahren das erste, das ich nicht feiern würde. Ich hatte keine Weihnachtslieder zu hören und noch fast keinen Festschmuck zu sehen bekommen. In Polen bereiteten sich jetzt alle auf die hohen Festtage vor.

In der Woche vor Weihnachten fanden es meine Verwandten an der Zeit, wegen meines illegalen Status' etwas zu unternehmen. Der Empfangschef des Hotels machte wieder Schwierigkeiten, und Marina hatte es satt, ihn zu bestechen. Schlotternd vor Angst machten Simone und ich uns auf den Weg zur Präfektur der Ile de la Cité. Gemeinsam mit zahlreichen anderen angstvollen Menschen warteten wir stundenlang auf Bänken in kalten, staubigen Korridoren. Als wir endlich an die Reihe kamen, führte man uns in ein kleines Büro, in dem ein Mann an einem großen Schreibtisch saß und mir eine Unmenge Fragen stellte. Da ich sie natürlich nicht verstand, wollte Simone an meiner Stelle antworten, doch nun wurde ein anderer Mann, der gebrochen Polnisch sprach, als Dolmetscher zugezogen.

Warum ich nach Frankreich gekommen sei? Um mit meinen Verwandten zusammen zu sein. Wie ich hergekommen sei? Da mir eingeprägt worden war, kein Wort über den Sammeltransport verlauten zu lassen, erklärte ich, dass ich, wie so viele andere auch, die polnisch-tschechische Grenze illegal überschritten hätte. Daraufhin wurde eine große Landkarte geholt und auf dem Schreibtisch ausgebreitet. »Zeigen Sie uns, wo.« Zum Glück wusste ich, an welcher Stelle viele polnische Flüchtlinge die Grenze überschritten. Etliche Reisende, die ins Ausland wollten oder von dort kamen, hatten in Zabrze Station gemacht und, weil sie bei uns im Heim nichts zu befürchten hatten, offen über die Route gesprochen. Ich deutete auf die betreffende Stelle, dann erzählte ich, dass ich ohne Fahrkarte in den Zug gestiegen sei, mich immer, wenn es brenzlich wurde, unter den Sitzen versteckt hätte, auf diese Weise nach Deutschland gelangt und schließlich in Frankreich angekommen sei. Ich beschrieb die Route, die ich mit dem Sammeltransport gefahren war. Alles passte recht gut zusammen. Entgegen Simones bösen Vorahnungen wurde ich nicht verhaftet, sondern aufgefordert, mich am übernächsten Tag wieder in der Präfektur zu melden.

Als wir zum zweiten Mal hingingen, warteten neben mir mehrere Italiener, die ebenfalls illegal über die Grenze gekommen waren. Auch sie sprachen kein Wort Französisch. Wir warteten – wieder stundenlang – in einem kleinen Raum. Simone war draußen im Korridor geblieben. Würde ich sie jemals wiedersehen? Maurice war überzeugt, dass man mich direkt von der Präfektur aus deportieren würde.

Dann erschienen mehrere Beamte, die alle gleichzeitig redeten. Sie waren ziemlich gereizt, weil keiner von uns verstand, was sie sagten. Wir wurden gewogen und gemessen, dann wurden unsere Fingerabdrücke genommen. Bevor wir uns auf die Waage stellten, mussten wir die Schuhe ausziehen. Eine Italienerin verstand diese Anordnung falsch und begann sich zu entkleiden. Die französischen Polizisten umringten sie, fuchtelten mit den Armen und versuchten ihr Einhalt zu gebieten. Es nützte aber nicht viel. Als die Frau endlich begriff, hatte sie bloß noch ihren Schlüpfer an. Sie wurde puterrot und brach in Tränen aus, während alle anderen, auch ihre Landsleute, lachten.

Die Franzosen behandelten die Italiener überhaupt sehr grob, stießen sie herum und brüllten sie an. Zu mir hingegen waren sie sehr freundlich. Sie strichen mir übers Haar, schnitten Grimassen und blinzelten mir zu, damit ich mich nicht vor ihnen fürchtete. Als sie unsere Fingerabdrücke genommen hatten, säuberten sie mir sogar mit irgendetwas Glitschigem die Hände – eine höfliche Geste, deren sie sich gegenüber den Italienern nicht befleißigten. Ich wünschte mir sehnlich verstehen zu können, was sie sagten. Als ich wieder zu Simone hinausgegangen war, wies man uns an, nächste Woche nochmals in der Präfektur vorzusprechen.

Paris, Dienstag, 24. Dezember 1946

Heiliger Abend, aber in dieser Stadt merkt man wenig davon. Hin und wieder geht jemand vorbei, der einen Weihnachtsbaum nach Hause trägt. Einige Läden sind weihnachtlich dekoriert, aber Schnee gibt es hier nicht, bloß Matsch und diesen feuchten, durchdringenden, eiskalten Wind. In Polen ist bestimmt hinter fast jedem Fenster ein Christbaum zu sehen. Hier – nichts. Ein Tag wie jeder andere.

Marina hat einen Brief von ihrer Tante in Melbourne bekommen. Sie reist im Januar ab. Und ich? Wieder in ein Heim?

O Gott! Die Glocken läuten! Mitternacht! Noël ... Allen eine fröhliche Weihnacht, auch wenn ich nicht mehr daran glauben kann.

In den folgenden Tagen bekam ich Briefe und Karten aus Polen, mit Waffelstückchen vom Weihnachtsmahl. Vergebens versuchte ich Simone die Bedeutung dieser Waffeln zu erklären. Wann, ach wann würde ich mich endlich verständlich machen können! Ich kam mir wie eine Taubstumme vor. Dieses Minderwertigkeitsgefühl war unerträglich. Ich hielt es nicht mehr in der Werkstatt aus. Obwohl es eiskalt war, machte ich einen langen Spaziergang. Ich lief sehr schnell – den Weg zum Montmartre hinauf. Droben, vor der Kirche Sacré-Cœur, klammerte ich mich an die Balustrade, schützte mein Gesicht vor dem schneidenden Wind und blickte, während mir die Kälte und der Zorn das Wasser in die Augen trieben, auf die graue Stadt hinunter. Das war die Welt, von der ich noch vor kurzem in Zabrze geträumt hatte. Und nun hatte sich gezeigt, dass sie unerreichbar war. Genau wie jenes unbekannte Mädchen geschrieben hatte. Aber nicht mehr lange, schwor ich mir. Ich würde diese Schranke niederreißen.

Ich kehrte ins Hotel »Terminus Est« zurück, wo Marina sich wie üblich mit ihren Freunden unterhielt. Tränenströme wechselten unglaublich rasch mit hektischem Gelächter ab. Ich saß in einem Winkel und wollte nichts damit zu tun haben.

Der ganze Boulevard Rochechouart, von der Kreuzung Boulevard Barbès über die Place d'Anvers bis zur Place Pigalle, und der ganze Boulevard de Clichy wurden ein einziger Rummelplatz. Auf der Fahrbahn waren Buden errichtet und jede hatte ein besonderes »spectacle« zu bieten. Man konnte Ungeheuer und Ringkämpfer bestaunen, es gab Schießbuden, Geisterbahnen, einen »Liebestunnel«, alle möglichen Karussells, Schiffsschaukeln und außerdem viele verlockende Schleckereien. Lautsprecher dröhnten, die Besucher drängten sich und rempelten einander an. Auf den Gehsteigen ging es recht alltäglich zu, wenn auch etwas betriebsamer als sonst. Da gab es Kinos, Cafés, Restaurants und Nachtclubs, die meist recht anrüchig wirkten und Fotos von nackten Mädchen ausgestellt hatten.

Yves und ich schlenderten den Boulevard entlang und blieben vor jeder Bude stehen, bloß um zu schauen. Ich hätte zu gern eines dieser großen bunten Bonbons probiert, die an einem Stäbchen steckten, oder ein paar Nüsse oder die riesigen Pfannkuchen, die im Freien gebacken wurden, oder mir eine Tüte geröstete Kastanien gekauft – aber wir hatten beide kein Geld. Yves legte mir den Arm um die Schultern. Das behagte mir nicht. Ich genierte mich, obwohl die anderen Leute genauso herumliefen – manche Paare küssten sich sogar in aller Öffentlichkeit! Wärmer war es natürlich schon, wenn er den Arm um mich legte, und sicherer fühlte ich mich auch. Manche Männer, die ich auf dem Boulevard sah, jagten mir schreckliche Angst ein. Immer wenn ich einen Moment allein war, flüsterten sie mir im Vorbeigehen etwas ins Ohr und versuchten sogar, mir unter den dicken Wintermantel zu greifen. In solchen Momenten war ich froh, dass ich kein Französisch konnte.

Es war schon ziemlich spät. Yves begleitete mich zum Hotel. Ich wollte ihm unser Zimmer und das prächtige Bad zeigen. Als wir den Fahrstuhl nehmen wollten, sprach uns ein Portier an. Ich verstand nicht, was er sagte, aber allem Anschein nach hatte er etwas dagegen, dass ich Yves mit hinaufnehmen wollte. Yves wurde feuerrot, dann begann er, dem Portier sehr nachdrücklich etwas zu erklären, aber schließlich ließ er mich allein hinauffahren. Er machte einen schrecklich verlegenen Eindruck.

Ich schaue, ehrlich gesagt, lieber nicht in den Spiegel. Mein Haar lässt sich einfach nicht mehr bändigen. Wenn ich es flechten will, sträubt es sich wie Draht, und eine Stunde später muss ich mich schon wieder frisieren. Haarnadeln halten nicht – mein Haar ist einfach zu buschig. Ich habe festgestellt, dass mein linkes Ohr absteht und mein rechtes anliegt. Meine Zähne sind viel zu groß und stehen vor, aber für eine Spange – falls sich überhaupt jemand die Mühe machen würde –, ist es schon viel zu spät. Meine Figur ist nicht zu beschreiben. Ich habe überhaupt keine. Ich wollte, die Frauen würden lange, lose Kleider tragen, wie Zelte, bis zum Boden hinunter. Vielleicht wäre mir dann wohler in meiner Haut. Und Marina, die so sicher auftritt und so talentiert ist, sorgt natürlich dafür, dass ich nur noch unzufriedener mit mir bin. Sie wirft mir vor, ich sei nicht feminin genug und kein bisschen modebewusst. Aber wo soll ich denn etwas über Mode lernen? Mode ist doch bestimmt etwas, das man erst lernen muss.

Marina sagt, in Australien sind alle Leute ganz verrückt auf Sport, besonders auf Tennis, Schwimmen und Reiten. Seit ich das gehört habe, schwant mir wieder Schlimmes. Aber vielleicht lassen sie mich trotzdem einreisen.

Paris, Samstag, 28. Dezember 1946

Gestern habe ich nicht mehr ans Abendessen gedacht und die Kartoffeln und den Kochtopf anbrennen lassen. Um noch etwas zu retten, habe ich kaltes Wasser in den Topf gegossen, damit die Kartoffeln, die noch ziemlich hart waren, weiterkochen könnten. Es hat furchtbar gezischt und gespritzt, der siedend heiße Dampf hätte mir das Gesicht verbrannt, wenn ich nicht vor Schrecken zurückgesprungen wäre – und ausgerechnet in diesem Moment kam Maurice herein. Ich war entsetzt und auf einen Wutausbruch gefasst, aber zu meiner Überraschung lachte er nur.

Maurice ist der Einzige, der sagt, dass ich zur Schule gehen und die Matura machen soll. (Hier heißt das »bachot«.) Andererseits zwingt er Yves dazu, Kürschner zu werden. Wo Yves doch unbedingt Arzt werden möchte! Sicher, er hat schlechte Noten. Die schlechtesten, die man überhaupt bekommen kann. Er sagt, für die Schule interessiert er sich nicht – nur für die Medizin. Ständig kauft oder leiht er sich medizinische Lehrbücher. Aber Maurice ist unerbittlich. Nur für Yves hat er sein Geschäft aufgebaut – sagt er – und nur seinetwegen rackert er sich zwölf Stunden am Tag ab. Damit Yves eines Tages das Geschäft übernehmen kann und seine Eltern ihre wohlverdiente Ruhe bekommen. Worauf Yves erwidert, lieber würde er sich umbringen. Und das glaube ich ihm auch.

Paris, Sonntag, 29. Dezember 1946

Wieder in der Präfektur gewesen (gestern) und wieder stundenlang im Korridor gewartet. Wieder Fragen beantwortet. Wieder ein riesiges Formular, das ausgefüllt werden muss. Jetzt brauchen sie jemanden, der beschwört, wer ich wirklich bin. Aber einsperren werden sie mich vielleicht doch nicht.

Es gibt Probleme wegen Marinas Schiff, das Saigon anlaufen soll, aber dort ist Krieg – es ist also nicht sicher, ob sie überhaupt mit diesem Schiff fahren kann. Onkels Abreise aus Polen war für gestern geplant, vielleicht ist er morgen hier. Er wird sicher in der Gare de l'Est ankommen, direkt gegenüber unseren Fenstern. Alles schön und gut, aber ich habe starke Zweifel. Es sähe Onkel so gar nicht ähnlich, auch wirklich zu tun, was er gesagt hat.

Alle streiten sich unentwegt darüber, was ich tun soll. Schule? Französisch lernen? Eine Taschnerlehre? Schneiderin werden? Ich wollte, ich wäre erst zwölf Jahre alt oder schon zwanzig.

Das Wetter ist plötzlich umgeschlagen. Es ist warm und regnerisch. Strahlender Sonnenschein wechselt mit Schauern ab, als ob es schon Frühling geworden wäre.

Marina sagt, ihr Onkel in Australien will nichts mit Einwanderern zu tun haben, schon gar nicht mit Juden – obwohl er doch selber Jude und erst kurz vor dem Krieg nach Melbourne gekommen ist. Seine Freunde sind samt und sonders Engländer und Australier. Marina meint, er muss ein außergewöhnlicher Mensch sein, denn die Australier seien bekannt dafür, dass sie, genau wie die Engländer, nichts für Ausländer übrig haben und sich kaum je mit ihnen anfreunden.

Simone sagt, dass Marina in Melbourne bestimmt wieder heiraten wird und mich dann wohl kaum bei sich haben möchte. Als ich Marina darauf ansprach, war sie so empört, dass ich mich mindestens fünfmal bei ihr entschuldigen musste. Trotzdem hat sie es mir noch nicht verziehen. Sie schwört, dass sie nie mehr heiraten wird.

Marina kann manchmal sehr schwierig sein. Sie hat an allem, was ich sage, etwas auszusetzen und lacht mich aus, bis ich schließlich gar nichts mehr sage. Dann behauptet sie, ich sei eingeschnappt, was ein Zeichen von Undankbarkeit sei. Nach all den Sorgen, die ich ihnen hier bereitet, nach all den Ausgaben, die ich verursacht hätte ... Ich kann einfach nichts recht machen!

Onkel ist nicht gekommen. Da er auch nicht geschrieben hat, tappen wir völlig im Dunkeln. Gestern und heute haben Marina und ich stundenlang auf dem Bahnhof gefroren, während wir auf »seinen« Zug warteten. Höchstwahrscheinlich wird nun auch Marina ihre Abreise verschieben müssen, weil ihr Schiff für den französischen Truppentransport nach Saigon requiriert werden soll.

Was für ein Jahr das gewesen ist! Angefangen hat es für mich ganz alltäglich, in meiner schönen Heimatstadt Kalisch, und zu Ende geht es für mich hier in Paris. Für das neue Jahr habe ich nur einen einzigen Wunsch: dass es mir die Ausreise nach Australien bringt. Und bis dahin ein bisschen Ruhe und Frieden. Es macht mir nichts aus, hart zu arbeiten, aber ich möchte wieder zur Schule gehen und alles lernen, was ich versäumt habe. Ich möchte weder Schneiderin werden noch das Taschnerhandwerk erlernen. Ich habe diese verfluchten sechs Kriegsjahre doch nicht überstanden, um dann mein Leben lang die Launen bornierter Damen zu befriedigen!

Gerade hat draußen jemand so gepfiffen, wie Papa in Warschau gepfiffen hat, wenn Mutter oder ich ans Fenster kommen sollten. Ich bin aufgesprungen und habe hinausgeschaut, aber es war natürlich bloß ein Passant ... Ach, Papa, bleib doch bitte noch eine Weile bei mir! Bis ich irgendwo ein Zuhause gefunden habe. Ich habe solche Angst davor, was das neue Jahr bringen wird.

Das neue Jahr begann mit einer Einladung bei Maurice. Auch Adam und Marina waren da. Es gab wieder Austern, aber diesmal versuchten die anderen erst gar nicht, sie mir schmackhaft zu machen. Aus dem Fleisch quoll das Blut wieder über den ganzen Teller, doch ich lernte allmählich, wenigstens ein bisschen davon zu essen, ohne mir anmerken zu lassen, wie schwer es mir fiel. Ich machte Fortschritte.

Zum Abschluss gab es Champagner und *marrons glacés*, die ich noch nie gegessen hatte und widerlich fand. Wir umarmten und küssten einander, Marina und Simone waren in Tränen aufgelöst. Erst lange nach Mitternacht ging ich mit Marina ins Hotel zurück. Auf den Straßen herrschte reger Betrieb. Autos hupten, überall torkelten Nachtschwärmer herum. Man hatte uns vorsichtshalber gesagt, dass wildfremde Leute uns möglicherweise küssen würden – das sei hier üblich, und man dürfe sich nicht dagegen wehren, weil das nicht nur als schlechtes Benehmen gelte, sondern auch Unglück bringe. Aber wir wurden von niemandem aufgehalten und kehrten ungeküsst ins Hotel zurück.

Am nächsten Morgen stand ich lange am Fenster und schaute zur Bahnhofshalle hinüber. Mehrere Eisenbahner kamen heraus. Sie umarmten sich, küssten einander immer wieder auf beide Wangen und schüttelten sich die Hand. Es schneite leicht, die Flocken waren wie ein Gazevorhang, und die ganze Szene sah unwirklich aus, wie ein Ballett.

Zu Neujahr bekam ich von Maurice, Simone und Yves einen wunderschönen grünen Füllfederhalter. Und von Marina ein Fotoalbum. Ich freute mich sehr, aber es beschämte mich, dass ich ihnen nicht mal eine Kleinigkeit kaufen konnte.

Marina bat mich unentwegt, an Onkel zu schreiben und mich zu erkundigen, wann er endlich kommen würde. Ihr Drängen machte mich stutzig, und allmählich kam mir ein Verdacht: Marina interessierte sich für meinen Onkel. Sollte ich *deshalb* zu ihr nach Melbourne kommen? Damit dann auch mein Onkel nachkäme? War ich der Köder?

Wenn es sich so verhielt, musste ich sie warnen: Die Sache würde schief gehen. Bloß um bei mir zu sein, würde Onkel bestimmt nicht nach Melbourne kommen. Du liebe Güte!

Aber ich wusste nicht, wie ich dieses Thema möglichst taktvoll zur Sprache bringen sollte. Da Marina sich immer so viel Mühe gab, uns glauben zu machen, dass sie sich dem Andenken ihres Mannes verpflichtet fühle und dass für eine intelligente, gebildete Frau die Ehe ohnehin eine Erniedrigung bedeute, würde sie vielleicht schon eine Andeutung in dieser Richtung als schwere Kränkung empfinden ...

Freitag, den 3. Januar, erhielt Marina die Nachricht, dass ihr Schiff tatsächlich für den Truppentransport nach Saigon benützt werden sollte. Für sie bedeutete das eine lange Verzögerung. Sie beschloss, Freunde in Italien zu besuchen. Da Yves mittlerweile ins Internat zurückgekehrt war, sollte ich in seinem Zimmer – dem mit den vielen Pelzen – einquartiert werden.

Und arbeiten sollte ich jetzt auch – in Herrn Burstins »Atelier«, wo Damenhandtaschen und Gürtel angefertigt wurden.

Marina begleitete mich zu meinem künftigen Arbeitgeber. Wie Maurice war auch Herr Burstin vor dem Krieg aus Polen eingewandert und mit einer Französin verheiratet. Er hatte eine kleine Werkstatt und bisher noch keinen Lehrling. Um Maurice einen Gefallen zu tun, erklärte er sich bereit, mich kostenlos auszubilden.

»Wenn du ein nützliches Handwerk erlernst, kannst du wirklich unabhängig werden«, sagte Marina. »Vielleicht eröffnen wir gemeinsam eine Werkstatt – in Australien.«

»Soll ich denn nicht mehr zur Schule gehen?«

»Wozu denn? Schau mich an! Ich habe an der Warschauer Universität *zwei* akademische Grade erworben. Ich wollte, ich wäre stattdessen Damenschneiderin geworden.«

Das einzig Erfreuliche an diesem Tag war, dass ich von der Präfektur eine Aufenthaltsgenehmigung für sechs Monate und die mir zustehenden Lebensmittelkarten und Bezugsscheine erhielt. Ich war wieder legal! Der Mann, der mir das kostbare Dokument übergab, las aus einer Akte eine lange Rede vor, schüttelte Simone die Hand und tätschelte mir die Wange. »Tu das nie wieder!«, ermahnte er mich, und ich versprach es nie wieder zu tun. Simone sagte immerzu: »*Merci, Monsieur, merci mille fois, merci infiniment, merci toujours*« – bis wir draußen waren.

5

Montag, den 6. Januar, fing ich bei Herrn Burstin zu arbeiten an. Von acht Uhr morgens bis sechs Uhr abends. Ich saß in dem muffigen Raum, den er als »Atelier« bezeichnete, und klebte mit einem übel riechenden Leim Lederteile aneinander. Ein Topf mit diesem grässlichen Zeug stand brodelnd auf dem kleinen eisernen Ofen in der Ecke. Auf einem hohen Hocker am Arbeitstisch sitzend, stanzte ich Löcher in Ledergürtel und versuchte an den Längsrändern mit einer erhitzten Messerklinge gerade Linien zu ziehen. An diesem ersten Arbeitstag tat mir nachmittags der Arm so weh, dass ich ihn kaum mehr bewegen konnte. Und plötzlich liefen mir die Tränen herunter. Zum Glück war Herr Burstin weggegangen. Ich legte den Kopf auf den verschmutzten Arbeitstisch und schluchzte. Marina hatte gut reden, wenn sie mir bei jeder Gelegenheit einhämmerte, dass die Pariser Mode und eine Lehrzeit in Paris mir zu meinem Glück verhelfen würden. Nur *dafür* (so sagte ich mir immer wieder), konnte ich diesen ganzen Krieg doch nicht überstanden haben ...

Zur Feier meines ersten Arbeitstages führte mich Marina zum Abendessen aus. Ich ließ mich überreden, eine ganze Portion Miesmuscheln zu essen. Zu meinem Erstaunen fand ich sie delikat. In der Nacht jedoch schreckte ich aus einem Albtraum hoch. Tausende von amerikanischen

M. P.-Jeeps waren vorwärts und rückwärts über mich hinweggerollt. Vor Schmerzen stöhnend, stand ich dann plötzlich in einem Klassenzimmer, in dem an jedem Pult eine Mona Lisa saß. Das volle gelbliche Gesicht mit dem süßlichen, geheimnisvollen Lächeln bewegte sich vor mir auf und ab, bis mir schwindlig wurde. Reihenweise Mona Lisas, eine genau wie die andere und alle fast durchsichtig ... Ich stand auf und übergab mich, dann weinte ich mich wieder in den Schlaf.

Am nächsten Tag bekam ich einen Brief von Margareta. »Lass dich von keinem dazu drängen, zur Arbeit zu gehen«, schrieb sie mir. »Wenn du einmal damit angefangen hast, wirst du nie mehr zur Schule gehen und dann kannst du dir die Universität aus dem Kopf schlagen. Stell dir vor, wie dir in ein paar Jahren zumute sein wird, wenn wir uns alle wiedersehen!«

Jetzt war es mir fast schon recht, dass sich zwischen meinen Freundinnen und mir allmählich eine Kluft auftat.

Paris, Montag, 13. Januar 1947

OPEJ, die jüdische Organisation, an die sich Simone um meinetwillen gewandt und die mir vor einigen Wochen tausend Francs gegeben hat, scheint sich für mein weiteres Schicksal zu interessieren. Sie will mich einer Eignungsprüfung unterziehen lassen, um mir dann eventuell eine Berufsausbildung zu ermöglichen. Ich habe keine Ahnung, was damit gemeint ist. Jedenfalls aber habe ich mich dank der erneuten Hilfsbereitschaft dieser Organisation in der Alliance Française einschreiben können. Endlich werde ich Französisch lernen.

Zu meiner großen Erleichterung hat Herr Burstin erklärt, er könnte vorläufig auch ohne mich auskommen. Die

Zeiten seien schwierig und im Ledergeschäft sei jetzt die
»tote Saison«. Vielleicht im Frühjahr...

Meine Stimmung hat sich sehr gebessert, obwohl ich
aus dem »Terminus Est« in das winzige, mit Pelzen vollgestopfte Zimmer bei Maurice umziehen muss. Bevor ich
ausziehe, werde ich noch einmal ein ausgiebiges Bad nehmen.

Gestern Abend, als ich auf die Metro wartete, sah ich
plötzlich Lilka und Anna auf dem Bahnsteig gegenüber
stehen. Ich rief zu ihnen hinüber, sie riefen zurück. So laut,
dass es im ganzen Bahnhof zu hören war, schrie ich ihnen
die Adresse von Maurice zu, worauf die beiden mir ebenso
lautstark ihren Besuch ankündigten. Dann kam der Zug,
und Marina, die über unseren Radau wütend war, zerrte
mich hinein.

Als ich zum ersten Mal in die Alliance Française ging, begleitete mich Marina bis zur Tür des Klassenzimmers. Wir
hatten uns verspätet, die Tür war bereits geschlossen. Mich
befiel eine an Panik grenzende Scheu. Ich brachte es einfach nicht fertig, diese Tür zu öffnen, einer fremden Schul-
klasse und einer Lehrerin gegenüberzutreten, der ich nicht
erklären konnte, weshalb ich zu spät kam. »Wir sollten
lieber gehen und morgen wiederkommen«, flüsterte ich.
Marina riss die Tür auf, schob mich hinein, rief der Lehrerin etwas Unverständliches zu, lachte nervös und knallte
die Tür zu. Ich wankte blindlings zum nächsten freien
Stuhl und starrte bis zum Ende der Unterrichtsstunde
unentwegt auf meine im Schoß zusammengekrampften
Hände.

Am Abend besuchten mich Lilka und Anna bei Maurice
und blieben zum Essen. Sie waren zurzeit gemeinsam mit
anderen jungen Leuten, die alle auf die Abreise nach Palästina warteten, auf einem Bauernhof nahe der Pyrenäen

einquartiert. Es war eine Art Vorbereitung auf das Leben im Kibbuz. Den meisten Jugendlichen, die in Frankreich Verwandte hatten, war es gelungen, sich heimlich abzusetzen. Was meinen Koffer betraf, so wussten Lilka und Anna nur, dass man ihn ins Büro des Heimleiters gebracht hatte.

»Lilka hat sich verändert«, schrieb ich in mein Tagebuch. »Sie ist stark geschminkt, raucht wie ein Schlot und hat zugenommen.« Im Flüsterton vertraute sie mir an, dass sie sich wahnsinnig in jemanden auf dem Bauernhof verliebt habe, ihn aber wegen einer »Tragödie« nicht heiraten könne. Näheres wollte sie mir nicht erzählen.

Marina missfielen beide. Lilka, so erklärte sie, segle offenbar unter falscher Flagge. Sie sei in Wirklichkeit etliche Jahre älter als sechzehn, außerdem färbe sie sich die Haare. Ich widersprach. In Zabrze hatte ich Lilka oft die Haare gewaschen, und mir war dabei nie aufgefallen, dass der Haaransatz dunkler gewesen wäre. Mein Schamgefühl hinderte mich daran, hinzuzufügen, dass ich Lilka auch schon nackt gesehen hatte und dass sie am Körper ebenfalls blond behaart war.

Marina über Anna: »Die sollte wirklich bald heiraten. Sie hat so breite Hüften – sie braucht einen Mann und Kinder.« Diese rätselhafte Bemerkung wollte sie nicht näher erläutern. Sie nickte nur und hüllte sich – ausnahmsweise – in Schweigen. Das Einzige, was ich darüber noch von ihr zu hören bekam, war: »Eines Tages wirst du verstehen, was ich meine.« Ich kam zu dem Schluss, dass »breite Hüften« und »großer Busen« zu den vernichtendsten Ausdrücken in Marinas Wortschatz zählten. Sie bezeichneten etwas Vulgäres und unaussprechlich anstößige Gelüste. Beides passte ganz und gar nicht zu unserer sanften Anna.

Zu meiner zweiten Unterrichtsstunde in der Alliance

Française ging ich allein, war pünktlich dort und stellte, zu meiner Beruhigung schon bald fest, dass die anderen Schülerinnen offenbar auch nicht besser Französisch konnten als ich. Die Lehrerin, eine ältere Frau, hager und grauhaarig, sprach langsam und deutlich. Zu meiner Freude konnte ich fast jedes Wort verstehen.

»Ich habe mir fest vorgenommen, so gute Fortschritte zu machen, dass ich dort bleiben darf, auch wenn ich wieder bei Herrn B. arbeiten muss«, schrieb ich in mein Tagebuch.

Maurice allerdings war skeptisch. Er hatte mir ein winziges polnisch-französisches Wörterbuch gegeben und mir empfohlen, jeden Tag eine Seite auswendig zu lernen. »Das genügt. So habe *ich* Französisch gelernt, als ich hierher kam – und schau mich jetzt an! Ich kann mich mit den gebildetsten Leuten dieses Landes unterhalten. Wenn man erst mal die Wörter versteht, kommt der ganze grammatikalische Kram ganz von selbst dazu.«

Ich konnte das nicht so recht glauben, wagte aber nicht, Zweifel an seiner Behauptung zu äußern. Er war ein so netter, freigebiger und amüsanter Mensch. Ich war in puncto Wohnung und Lebensunterhalt völlig auf ihn angewiesen. Freigebig war er auch gegenüber meinen Freundinnen. Für Lilka und Anna zum Beispiel bereitete er eines seiner »speziellen« Diners zu, und es freute mich, dass sie allem, was er servierte, tüchtig zusprachen, auch dem blutigen Fleisch.

Ich hatte ihn um Rat wegen meines unglückseligen Wintermantels gebeten, unter dem sich nach wie vor mein Kleid hochschob, und Maurice hatte gebrüllt vor Lachen. »Dieser Schneider hat bestimmt nichts von Pelzen verstanden. Er hat die Felle verkehrt herum eingenäht, und weil die Haare in die falsche Richtung verlaufen, schiebt der Pelz dein Kleid hoch. Da bleibt nichts anderes übrig, als die Felle richtig herum einzunähen.« Er versprach die Sache in Ordnung zu bringen, sobald er Zeit dafür hätte, und erzählte mir, dass ihm, als er noch ein Anfänger in diesem Gewerbe war, der gleiche Fehler unterlaufen sei, und zwar bei einem Mantel, den eine Tänzerin der »Folies Bergère« bestellt hatte. Eines Tages, als gerade viel Kundschaft im Laden war, kam sie in ihrem neuen Mantel herein. »Monsieur, sehen Sie mal, was Sie angerichtet haben!« Sie machte den Mantel auf. Ihr Kleid war bis zu den Achselhöhlen hinaufgerutscht und darunter war sie splitterfasernackt.

Paris, Dienstag, 14. Januar 1947

Ein verrückter Tag. Mein Wecker ist stehen geblieben. Es ist ein alter Wecker, den Simone irgendwo entdeckt hat; er ist nie richtig gegangen. Weil ich Angst hatte, zu verschlafen und zu spät zum Unterricht in die Alliance zu kommen, schlief ich fast die ganze Nacht nicht. Ich wachte im Stockdunkeln auf und sah aufs Zifferblatt: 7 Uhr 30! Entsetzt sprang ich aus dem Bett. Es wunderte mich allerdings ein bisschen, dass meine Verwandten noch schliefen. In ein paar Minuten war ich fertig. Ich wollte gerade weggehen, als Simone aus dem Schlafzimmer kam. »Um Himmels willen, wo willst du denn hin? Die Metro fährt doch um diese Zeit noch nicht.« Ich sah auf Simones Uhr. Es war erst vier. Zurück ins Bett.

Unruhig döste ich bis sieben Uhr vor mich hin. Stand auf, ging weg. Fuhr zur Alliance. Wieder eine Überraschung: Alles war dunkel, die Rollläden waren heruntergelassen. Ging wieder in die Metrostation, wo es wenigstens warm und trocken war, und betrachtete eine Weile den Stadtplan – obzwar ich nicht gern allein herumstehe, weil dann immer irgendjemand versucht, sich mit mir zu unterhalten. Ich hatte kein Geld, um in ein Café zu gehen; aber das hätte ich ohnehin nicht gewagt. Schließlich kehrte ich zur Schule zurück. Immer noch geschlossen. Ich läutete. Musste lange warten, dann öffnete eine fette, schlaftrunkene Dame im Morgenrock die Tür, ohne die Sicherheitskette auszuhängen, nuschelte etwas, das ich nicht verstand, und machte wieder zu. Ich ging zurück zur Metro, wo ich eine Uhr entdeckte. Es war erst acht. Dann lief ich auf dem Boulevard Raspail auf und ab, bis neun Uhr, als der Eingang endlich aufgesperrt wurde.

Die Lehrerin möchte mich in eine höhere Klasse überweisen, aber das habe ich abgelehnt. Mir gefällt es hier, es tut so gut, wirklich zu verstehen, was gesagt wird. Ich glaube nicht, dass ich es in einem Kurs für Fortgeschrittene schaffen würde. Und ich möchte einfach nicht in eine neue Gruppe. Bisher habe ich noch mit niemandem in meiner Klasse gesprochen, obzwar wir einander zulächeln und dank der Namensverlesung wissen, wie die anderen heißen.

Zu Hause fand ich zwei Briefe vor, einen von Agatha, einen vom Onkel. Er hat es nicht eilig, Polen zu verlassen. Nächsten Monat könnten wir ihn hier erwarten. Vielleicht.

Agathas Brief ist voller erhebender Gedanken: *Sursum corda,* rät sie mir, und *nil desperandum.* Ja, ja, auch ich habe früher einmal *Gaudeamus igitur* gesungen, aber ich finde nicht, dass es zurzeit viel Grund zum Fröhlichsein gibt.

Paris, Freitag, 17. Januar 1947

Ich habe einen nagelneuen Wecker, der bestimmt das ganze Haus aufweckt, wenn ich ihn das nächste Mal einstelle. Er klingt wie Feueralarm. Simone braucht ihn nicht.

Sie ist jeden Morgen auf, wenn's noch dunkel ist. Schlotternd vor Kälte zieht sie sich an, dann kümmert sie sich, noch ganz schlaftrunken, ums Frühstück. Ich kleide mich wegen der grässlichen Kälte unter der Bettdecke an, tauche einen Finger ins eiskalte Wasser und streiche mir damit übers Gesicht, dann fahre ich mit dem Kamm durch meine Vogelnestfrisur und flitze in die *boulangerie* gegenüber, die zu dieser Tageszeit strahlend beleuchtet ist, wie ein Königsschloss. Ein ganz erstaunlicher Laden ist das, mit vielen Spiegeln und weißgrauem Marmor. Immer muss man dort Schlange stehen. Ich kaufe eine Baguette – knusprig, warm und kanariengelb, weil Maismehl dafür verwendet wird –, dann renne ich heim. Hinter den meisten Fenstern brennt schon Licht. Der Kaffee wird in einer braunen Teekanne serviert. Es gibt darüber einen komplizierten Familienwitz, den ich bisher noch nicht verstanden habe. Wir trinken aus Porzellanschalen, Maurice und Simone tunken ihr Butterbrot hinein. Dann gehen sie in den Laden hinunter. Ich spüle das Geschirr, räume die Wohnung auf und sause los, in die Alliance. Einigermaßen warm und behaglich fühle ich mich erst, wenn ich in der Metro bin. Da könnte ich stundenlang sitzen, die warmen Gerüche einatmen, lesen oder bloß vor mich hin dösen. Jeden Morgen wache ich mit Kopfschmerzen auf. Das kommt von dem Zeug, das Maurice zum Schutz gegen Motten auf die Pelze streut. Ob es sie wirklich umbringt, oder ob sie bloß Kopfweh davon bekommen?

Paris, Montag, 20. Januar 1947

Gestern Abend fand wieder ein Familiendiner statt, diesmal zur Begrüßung von Maurices jüngerem Bruder, der mit seiner Frau aus Deutschland eingetroffen ist. Die ganze Aufregung und die Vorfreude auf seine Ankunft sind mir entgangen, bloß weil ich nicht verstanden habe, was geredet wurde! Jack ist einige Jahre jünger als Maurice. Sie sind sechs Brüder und sechs Schwestern gewesen, Maurice und Anna (Adams Mutter) waren die Ältesten. Jack sieht ein bisschen wie Humphrey Bogart aus: klein, schlank, dunkle Haare, eng stehende Augen und ein schiefes Lächeln. Er hat vorstehende Zähne und – obwohl er kein wirklich gut aussehender Mann ist – sehr viel Charme. Lena, seine Frau, ist eine sehr schlanke Blondine, gut einen Kopf größer als er. Ihre Haare sind so hell, dass sie fast weiß wirken, aber gefärbt sind sie ganz bestimmt nicht. Sie hat große blaue Augen, eine Stupsnase und einen kleinen Mund. Sie ist schüchtern, bescheiden und überglücklich, in Paris und endlich wieder mit ihrem Mann vereint zu sein. Die beiden waren mir sofort sympathisch.

Lena und Jack haben bei Kriegsausbruch geheiratet und sind kurz darauf getrennt worden. Jack, Anna, Georg (Annas Mann) und Adam wurden nach Sibirien deportiert. Irgendwie ergab es sich dann, dass nur Jack in die Sowjetarmee eingezogen wurde. Als Kriegsverletzter wurde er zur Erholung in den Süden geschickt. Er floh, schlug sich in Richtung persische Grenze durch und schloss sich dann der von General Anders befehligten polnischen Armee an. Er kämpfte in Italien und Nordafrika, wurde nochmals verwundet und traf in einem ägyptischen Lazarett Anna wieder, die dort als Krankenschwester arbeitete. Georg, der ebenfalls an diesen Feldzügen teilgenommen und außerdem in Monte Cassino gekämpft hat, überstand den Krieg unversehrt.

Lena, die in Polen geblieben war, zog nach Warschau, wo sie sich kümmerlich durchschlug, meist als Kellnerin. Wegen ihrer blonden Haare wurde sie nicht für eine Jüdin gehalten, obzwar sie einmal verhaftet wurde. Die polnische Polizei, die herausfinden wollte, ob Lena als »arisch« einzustufen sei, forderte sie auf, das Vaterunser zu beten, und stellte ihr knifflige Fragen, zum Beispiel: »Wie viele Knöpfe hat eine Priestersoutane?« Außerdem schnitt man ihr eine Haarsträhne ab, die dann untersucht wurde. Als man nichts nachweisen konnte, wurde Lena freigelassen.

Nach Kriegsende hielt sich Jack, gemeinsam mit Anna, Georg und Adam, in England auf. Es gelang ihm, durch das Rote Kreuz Verbindung mit Lena aufzunehmen, aber bis vor Kurzem hatte sie keinerlei Möglichkeit, Polen zu verlassen. Erst Anfang des Jahres ergab sich für sie eine Gelegenheit, nach Deutschland zu gelangen. Und dann war es endlich so weit: Nach acht Jahren waren sie und Jack wieder beieinander. Und in Paris! Maurice hat ihnen eine kleine, auf halber Höhe des Montmartre gelegene Wohnung besorgt. Das war vor zwei Monaten. Seitdem hatten sich die beiden nicht mehr blicken lassen. »Sie müssen einander erst wieder richtig kennenlernen«, sagte Maurice. Und Simone sagte lachend: »Paris ist die Stadt der Liebenden.«

Das Diner war herrlich. Ausnahmsweise wurde die Unterhaltung auf Polnisch geführt, weil weder Lena noch Jack Französisch kann. Später war die Stimmung gedrückt, weil die meisten, von denen wir sprachen, tot sind. Und wie wird die Zukunft aussehen? Jack könnte nach England zurückkehren, aber das möchte er nicht. England, erklärte er uns, sei ein kaltes Land, dessen kalte Einwohner auf Ausländer herabsähen. Sie seien von einem Überlegenheitsgefühl ganz eigener Art durchdrungen – fälschlicherweise allerdings, wie sie den vielen Ausländern, die überall auf der Welt an ihrer Seite gekämpft hatten und jetzt von ihnen verächtlich und misstrauisch behandelt wurden, nur zu deutlich bewiesen hätten. Aber wohin auswandern? »Trinken wir auf unser Wiedersehen in Australien! Nächstes Jahr in Melbourne!« Wir tranken einander zu.

»Na, Maurice, und du?« Maurice hob sein Glas. »Warum nicht? Ich auch! Die ganze Familie in Melbourne!« »Ohne mich!«, sagte Simone, die zumindest diese paar Sätze verstanden hatte.

Meine neu entdeckten Verwandten waren genau so kinobegeistert wie ich, also gingen wir drei gleich am nächsten Tag in einen alten Vorkriegsfilm mit Marta Eggerth: »The Unfinished Symphony« [»Leise flehen meine Lieder«]. Die Handlung war uns unwichtig – Hauptsache, wir waren beieinander.

Täglich verstärkten sich die Gerüchte, dass bald ein neuer Krieg ausbrechen werde. »Russland gegen Amerika – wegen Polen«, erklärte Jack. »Und diesmal wird niemand in Europa davonkommen – wegen der Atombombe.«

Seit ich bei meinen Verwandten wohnte, bekam ich die heftigen Auseinandersetzungen mit, die sie fast täglich miteinander hatten und die mich umso mehr erschreckten, als ich immer noch nicht ergründen konnte, worum es dabei ging.

Die meiste Zeit verbrachte ich jetzt bei Lena, in ihrer winzigen Wohnung. Das frisch getünchte Zimmer war sonnig und sehr warm. Es befand sich im fünften Stock (kein Fahrstuhl) eines jener Häuser, die mit ihrem abblätternden gelben Verputz so aussahen, als ob sie von einer Hautkrankheit befallen wären. Aber durch die beiden hohen, schmalen Fenster strahlte die Sonne, und der kleine eiserne Ofen, auf dem Lena kochte, verbreitete viel mehr Wärme als die Zentralheizung in Maurices Wohnung. Lena hatte aus einem Stoffrest, den sie an einem Marktstand gekauft hatte, Vorhänge genäht. Simone steuerte eine große Tischlampe bei, die, ebenso wie das Bügeleisen und der Radioapparat, an der Deckenlampe angeschlossen werden musste. Lena borgte sich eine uralte Nähmaschine und hoffte Aufträge für Heimarbeit zu bekommen. Jack versuchte in Paris Arbeit zu finden. Ohne Arbeitserlaubnis und Französischkenntnisse waren die Aussichten schlecht, doch nichts konnte Jacks Zuversicht dämpfen, nichts konnte der Liebe, die ihn mit Lena verband, etwas anhaben.

Ich sah Lena fasziniert zu, wenn sie – Jacks Rasierspiegel vor sich auf dem Tisch – ihr Gesicht zurechtmachte. Für ihre normalerweise fast unsichtbaren Wimpern und Augenbrauen benützte sie schwarze Tusche, die sie mit Spucke flüssig machte und mit einem Bürstchen sorgfältig auftrug, sowie einen schwarzen Stift, mit dem sie sich kühn geschwungene Bögen über die Augen malte. Sie war so kurzsichtig, dass sie, sobald sie die Brille abnahm, um Augen-Make-up aufzulegen, mit der Nase an den Spiegel stieß.

Dann bürstete sie ihr seidenweiches Haar, bis es sich wie ein Heiligenschein duftig um ihren Kopf bauschte, tupfte sich ein paar Tropfen »Jean-Marie Farina« hinter die Ohren und schminkte sich die gespitzten Lippen mit einem blassrosa Lippenstift. Mit den stark schattierten Augenlidern klimpernd, überprüfte sie dann das Ergebnis. Jetzt konnte sie der Welt gegenübertreten. Ich betrachtete sie mit unverhohlener Bewunderung. Die Idee, mich zu schminken, war mir noch nie gekommen, aber ich bewunderte die Kunstfertigkeit, die es erforderte, einen Durchschnittstyp wie Lena in fast so etwas wie einen Filmstar zu verwandeln.

Im Kino am Boulevard Barbès sahen wir drei uns einen Abenteuerfilm mit Douglas Fairbanks jr. an. Zu meiner ungeheuren Überraschung stellte ich fest, dass Douglas

Fairbanks, den ich in Zabrze in »Gunga Din« gesehen hatte, kein Schwarzer (wie in diesem Film), sondern der weiße Mann mit dem Schnurrbart war. Wieder einmal war ich hin- und hergerissen, nämlich zwischen Fairbanks, Flynn und Howard, und jeder neue Film, in dem einer von ihnen spielte, verschlimmerte mein Dilemma. Lena amüsierte sich darüber. In wen ich verliebt sei, wollte sie wissen. »Hab ich dir eben erst gesagt …«, maulte ich. »Nein, du Schäfchen, ich meine doch im wirklichen Leben.« Ich war entgeistert. Mich in einen Mann zu verlieben – diese Vorstellung war einfach lachhaft. Keiner, der mir jemals begegnet war, hatte auch nur die entfernteste Ähnlichkeit mit den schneidigen, mutigen, schlagfertigen und zartfühlenden Kinohelden. Wie könnte ich mich jemals für einen Mann interessieren, der ihnen nicht das Wasser reichen konnte?

»Ist es Adam?«, bohrte Lena weiter. Ich konnte sie davon überzeugen, dass ich nicht in Adam verliebt war.

»Oder vielleicht Yves?« Sie ließ nicht locker. Ich beteuerte ihr, ich hätte meinen französischen Cousin doch nur flüchtig kennengelernt. Lena wollte einfach nicht glauben, dass ich keinen Liebeskummer hatte. In meinem Alter nicht verliebt zu sein – das sei nicht normal.

Paris, Freitag, 31. Januar 1947

Auf einmal kommen alle so ganz nebenbei auf mein Alter zu sprechen. In meinem Alter – meint Marina – sei man schon zu alt für die Schule. Folglich müsste ich zur Arbeit gehen. Ich könnte nicht erwarten, dass mir jemand hilft oder mich finanziell unterstützt – weil die Leute sich dann Gedanken machen würden. Was für Gedanken?

In meinem Alter – meint Lena – müsste ich verliebt sein,

am besten in den Mann, den ich einmal heiraten werde. Andernfalls würden es die Leute komisch finden. Wer sind sie eigentlich, diese Leute, die sich anscheinend so sehr für mein Leben interessieren und so erpicht darauf sind, Kritik an mir zu üben? Welches Recht haben sie auf mich? Und wer sagt, dass sechzehnjährige Mädchen dies und das tun müssen? Plötzlich bin ich fast schon zu alt, um Pläne zu machen und etwas Neues anzufangen. Aber die Zeit hat keine Grenzen, sie hört niemals auf. Es kommt nur darauf an, was man mit ihr machen und wie gut man sie nützen will – vorausgesetzt natürlich, man hat die Chance dazu. Aber wenn ich meinen Verwandten glauben soll, ist meine Zeit schon fast vorbei.

»Irgendwie warten wir alle darauf, dass die Vorsehung uns die Entscheidung abnimmt«, hatte ich tags zuvor geschrieben. »Glückliche Marina! Ihr kommen niemals Zweifel. Hat sie sich einmal etwas vorgenommen, dann tut sie's auch. Sogar Schiffe ändern ihren Kurs, um sie an ihr Ziel zu bringen.«

Die Vorsehung hatte mich offenbar erhört und griff ein. Jack wurde das australische Visum verweigert. Er war niedergeschmettert. Lena weinte. Allem Anschein nach hatten die beiden ihre ganze Hoffnung darauf gesetzt, in Australien ein neues Leben zu beginnen. Lena wollte nicht länger in dieser Wohnung bleiben. Ein Loch sei das! Wenn sie schon auf unbestimmte Zeit in Paris bleiben müssten, dann wollte sie eine anständige Wohnung haben, mit Küche, Bad, Warmwasseranschluss, Toilette und Zentralheizung. Sie sei doch nicht nach Paris gekommen, um in einem Elendsviertel zu hausen. Jack wandte ein, er hätte nicht einmal genug, um die jetzige Miete zu zahlen. Es kam zu einer heftigen Auseinandersetzung, und ich zog mich erschreckt in die Ecke zurück, in der Jacks Radio stand, das meist auf den Sender BBC eingestellt war. Das kleine Zimmer war von Musik durchflutet. Jemand sang »At the Balalaika«. Das Lied, dem ich in den Sommernächten des Jahres 1939, im Landhaus in Kreuzwege, so hingerissen gelauscht hatte. Auf der anderen Seite jener Schallplatte war das Lied »Harbour Lights« …

Plötzlich lag ich schluchzend auf dem Diwan. Jack und Lena hörten zu streiten auf und versuchten mich zu trösten. Sie glaubten, ich hätte ihretwegen die Fassung verloren, aber ich weinte, weil dieses Lied alles, was ich vergessen zu haben glaubte, zurückgebracht hatte. Das alles lag ja erst acht Jahre zurück. So lange schon? Genau die Hälfte meines Lebens. Ich hatte versucht, es zu verdrängen, nie mehr darüber zu sprechen, nicht mehr daran zu denken, es ein für alle Mal aus meiner Erinnerung zu verbannen – und plötzlich brachte ein abgedroschenes, sentimentales Lied das alles mit solcher Intensität zurück, dass ich mich nicht mehr zur Wehr setzen konnte.

Paris, Samstag, 1. Februar 1947

Es ist wieder kalt geworden. In der Wohnung ist es den ganzen Tag düster und eiskalt. Die Alliance ist für mich der einzige helle, freundliche, warme Aufenthaltsort, aber leider gehe ich nur dreimal in der Woche hin. Trotz der Kälte werden an den Straßenständen Blumen verkauft. Rote und rosa Nelken und herrliche Mimosen, meine Lieblingsblumen. Marina sagt, die Kombination von Rosa und Gelb verletzt ihr ästhetisches Empfinden. Mich stört diese Mischung überhaupt nicht, aber ich habe eben, wie Marina mir oft genug sagt, keinen Schönheitssinn. »Sie kann nichts dafür, die Arme – so etwas muss einem angeboren sein«, hat sie ihren Freunden erklärt, als ob ich gar nicht im Zimmer gewesen wäre. »Aber bedauerlich ist es trotzdem. Zumal bei einer Frau.« Ihr sei (wie sie mir bei ihrer Abschiedsfeier sagte) nie zuvor ein so unweibliches Mädchen wie ich begegnet. Mir fehle der Sinn für exquisite Dinge – wie zum Beispiel die unzähligen Taschentücher, Krägen und Manschetten, die sie eigenhändig umsäumt und bestickt hat, und die von ihr selbst entworfenen, raffinierten Kleider, die sie sich vor ihrer Abreise von einer polnischen Schneiderin nähen ließ. An all diesen Falten, Biesen und Passepoils muss die Schneiderin wochenlang gearbeitet haben.

Kein Mann, so erklärte sie mir, würde sich nach einer Frau umdrehen, die so wenig Wert auf ihr Äußeres lege und so linkisch und ungraziös sei wie ich. Ein Mann erwarte von einer Frau, dass sie sein Dasein, dem es so oft an Schönheit mangle, verschöne. In dieser Hinsicht sei ich ein hoffnungsloser Fall. Unter Marinas schonungslos kritischen Blicken wurde ich mir meiner Unzulänglichkeit schmerzhaft bewusst. Doch obwohl sie ständig an mir herumnörgelte und ich mich von ihr gedemütigt fühlte, hörte ich nicht auf, sie zu bewundern. Ich sah ein, dass vieles, was sie an mir auszusetzen hatte, den Tatsachen entsprach, und ich hoffte, ihr eines Tages vielleicht ein bisschen ähnlicher zu werden.

»Wenn sie sich bloß nicht so abfällig über meine Freude am Lesen äußern würde!«, schrieb ich in mein Tagebuch. »Ich muss Zeit zum Schreiben und Nachdenken haben, doch Marina sagt, das sei eine ungesunde Einstellung, die zu Marasmus und Wahnsinn führen kann. Ich weiß nicht, was Marasmus ist, aber ich bin überzeugt, dass es mich wahnsinnig machen würde, wenn ich nicht mehr träumen und darüber schreiben dürfte.«

Marina ist gestern abgereist. Wir haben sie zum Bahnhof begleitet. Auf dem Bahnsteig herrschte großes Gedränge. Als sich der Zug in Bewegung setzte, hatte ich das komische Gefühl, dass *ich* mich bewegte und alles um mich herum still stand. Marina hat mir ihr Bügeleisen dagelassen, ein Paar Schuhe und einige Kleiderbügel. Sie und Simone und Lena waren in Tränen aufgelöst. Ich konnte einfach nicht weinen. Aber ich werde Marina vermissen. Ich weiß nicht, wann ihr Schiff in Port Said sein wird und wie lange die Fahrt nach Batavia, dem nächsten Anlaufhafen, dauert. Ich glaube, ich fange gleich heute an, ihr einen Brief zu schreiben.

Seit Marina fort ist, kommt es mir wahrscheinlicher vor, dass auch ich abreisen werde. Wie schade, dass sie Onkel nicht mehr getroffen hat! Er hat lange nichts mehr von sich hören lassen. Ob er sich's wieder einmal anders überlegt hat?

6

Ein paar Tage später durfte ich mit Simone zum Einkaufen gehen. Zu meiner Überraschung kaufte sie nur Sachen für mich. Als wir später in einem Café saßen, teilte sie mir ganz beiläufig mit: »Wir fahren nächste Woche in Urlaub. Da du nicht allein in der Wohnung bleiben kannst, habe ich dich in einem sehr netten Internat angemeldet. Es ist ganz in der Nähe, gleich hinter dem Boulevard Barbès. Du kannst dort Französisch lernen und an allen Kursen teilnehmen, die dich interessieren – du brauchst also nicht mehr in die Alliance zu gehen. Du wirst morgen im Internat erwartet.«

Mir verschlug es die Sprache. Am Sonntag machten wir uns mit meinem kleinen Koffer auf den Weg. Der erste Eindruck war schlimm. Ein altes graues Haus, entsetzlich kalt und nicht besonders sauber. Das Badezimmer war zugesperrt. Man dürfe zweimal in der Woche baden, erklärte man uns. Für Bäder müsste extra bezahlt werden. Die meisten Schülerinnen nähmen alle vierzehn Tage ein Bad.

Geleitet wurde das Internat von vier ältlichen Demoiselles, die alle schwarz gekleidet und körperlich behindert waren. Die eine lispelte und sabberte, die andere schielte, die dritte hinkte, die vierte war bucklig und ging am Stock. Es war ein katholisches Internat, das eine Hauskapelle hatte und regelmäßig von einem Priester besucht wurde.

Ich war beunruhigt, weil ich nicht wusste, was Simone der *directrice* bezüglich meiner Konfession gesagt hatte, und wie ich mich verhalten sollte. Ob man erwartete, dass ich zur Messe ging?

Nur zwei Schülerinnen waren in meinem Alter. Die anderen waren jünger. Die Kinder waren nett und laut und gaben sich alle Mühe, sich verständlich zu machen und mich zum Lachen zu bringen. Als ich in dem eiskalten Schlafsaal – in dem die Kopfenden der Betten so dicht aneinandergerückt waren, dass man sich kaum hindurchzwängen konnte – meine Habseligkeiten auspackte, guckten sie sich jedes einzelne Stück genau an und machten allerlei unverständliche Bemerkungen. Genau wie im Kloster, dachte ich.

Wieder in einer Anstalt! Plötzlich bin ich wieder eine Gefangene! Und diesmal kann ich nicht einmal mit den anderen reden.

In dem schmalen Bett wälzte ich mich schlaflos von einer Seite auf die andere. Statt eines Kopfkissens hatte ich hier nur eine harte Rolle, eine Art Polster, an das ich mich nicht gewöhnen konnte. Und sämtliche Fenster waren geschlossen. Mein Versuch, das Fenster in der Nähe meines Bettes zu öffnen, rief entsetzten Protest hervor. Offenbar hielt man die Nachtluft für etwas schrecklich Gefährliches. Die Kälte, der Mief (und die Verzweiflung) hielten mich bis zum Morgengrauen wach.

Paris, Dienstag, 11. Februar 1947

Mein größter Wunsch: niemals jemandem verpflichtet sein. Möglichst bald unabhängig und selbstständig werden. Lieber möchte ich allein leben, als immer wieder woandershin abgeschoben werden, ohne dass man mich fragt, ob es mir recht ist oder nicht, ohne dass man mir vorher etwas davon sagt – wie es mir diesmal passiert ist, wie es mir passiert ist, solange ich zurückdenken kann. Ich möchte nicht so werden wie Jack und Lena, die in eine völlig ausweglose Situation geraten sind und tatsächlich nicht wissen, wo sie ihre nächste Mahlzeit hernehmen sollen. Ich muss lernen, auf irgendeinem Gebiet wirklich gute Arbeit zu leisten. Aber wie Maurice und Simone möchte ich auch nicht werden. Für sie besteht das Leben nur aus Arbeit. Was haben sie davon, dass sie in Paris wohnen? Ebenso gut könnten sie in irgendeinem gottverlassenen Provinznest leben. Vielleicht wären sie dort glücklicher. Maurice ganz bestimmt. Er träumt vom Fischen und vom Ruhestand, den er, mit der Angelrute in der Hand, in einem Boot genießen möchte. Ich weiß nicht, ob er wirklich etwas von Booten und von Fischen versteht, aber ist es nicht traurig, dass er auf seinen Lebensabend warten muss, um endlich tun zu können, was er möchte? Und wenn er gar nicht so lange lebt?

Paris, Donnerstag, 13. Februar 1947

Wir sind gerade von einem Spaziergang durch den Alten Montmartre zurückgekommen. Wie schön und romantisch! Vor dem Hintergrund des strahlend blauen Himmels sieht die Basilika tatsächlich wie eine riesige Sahnetorte aus. In den Grünanlagen hat es, obzwar sie natürlich in dieser Jahreszeit kahl sind, von Kindern und Vögeln gewimmelt. Und es gibt in diesem Stadtviertel so viele faszinierende Läden: Gemälde, Porzellan, alte Möbel, Bücher und Stiche ... Leider mussten wir in einer ordentlichen Zweierreihe spazieren gehen und durften nicht stehen bleiben.

Meine Eignungsprüfung fiel etwas enttäuschend aus, nicht zuletzt für die junge Frau, die mir die Aufgaben stellte. Niemand hatte ihr gesagt, dass meine Französischkenntnisse mehr als dürftig waren. Die meisten Prüfungsaufgaben mussten deshalb fallen gelassen werden, und ich verbrachte eine recht angenehme Stunde damit, Puzzles zusammenzusetzen, Bilder, in denen etwas fehlte, zu ergänzen und einen Weg durch Labyrinthe zu suchen. Zu meiner Verblüffung wies mich das Ergebnis als »außergewöhnlich begabt« fürs Malen und Zeichnen aus (und wohl auch fürs Zusammensetzen von Puzzles). Aber statt mich schnurstracks in die Kunstakademie zu schicken, riet mir die Examinatorin, als Lehrmädchen in einer Damenschneiderei zu arbeiten.

Im Internat stellte sich unterdessen heraus, dass der Französischunterricht bei der hinkenden Demoiselle pure Zeitverschwendung war. Sie gab mir ganze Kolonnen von Vokabeln zum Auswendiglernen, und wenn ich die Wörter nicht verstand, schrie sie mich derart an, dass ich in panischer Angst aus dem Klassenzimmer floh. Ich war die Älteste in der Klasse, aber ich kam nicht mit. Der Englischunterricht, den die schielende Demoiselle erteilte, war ein Abklatsch des Französischunterrichts: Wir mussten listenweise Grammatikregeln und Vokabeln auswendig lernen, von deren eigentlicher Bedeutung wir keine Ahnung hatten. Es tat mir Leid, dass Simone alles im Voraus bezahlt hatte, ausgerechnet sie, die sich jede Ausgabe zweimal überlegte!

Paris, Samstag, 22. Februar 1947

Es schneit wieder und es ist bitterkalt. So kalt, dass ich den Federhalter kaum mehr halten kann. Meine Füße sind geschwollen und jucken – es ist schier unerträglich, morgens die Stiefel anzuziehen. Marina hat's gut, sie kann sich in der Tropensonne aalen. (Sie hat mir aus Port Said geschrieben.) Heute nehme ich ein Bad. Dass ich darauf bestanden habe, zweimal in der Woche zu baden, scheint hier großes Aufsehen erregt zu haben. Baden schadet, genau wie frische Luft, der Gesundheit.

Alle Mädchen hier haben Familie und verbringen fast jedes Wochenende zu Hause. Warum sie dann überhaupt in diesem grässlichen Internat wohnen, ist mir schleierhaft. Im Kloster haben wir genäht, gestickt, uns im Singen und Tanzen geübt und natürlich auch das ganze Haus geputzt und geschrubbt – es gab also immer genug zu tun. Hier hat man Unterricht, das ist alles. Die armen Kinder!

Paris, Donnerstag, 27. Februar 1947

Völlig unerwartet hat mich Madame la directrice gefragt, ob ich bei der Sonntagsmesse in der Kapelle das »Ave Maria« von Gounod singen möchte. Ich fand das Angebot ungeheuer verlockend, lehnte aber trotzdem ab. »Warum denn nicht?«, wollte sie wissen. Ich schlug in meinem Wörterbuch nach und antwortete: »Weil ich Jüdin bin.« Woher weiß sie überhaupt, dass ich singen kann? Ein Rätsel. Ob Simone ihr das erzählt hat?

Maurice ist zurückgekommen, Simone bleibt noch eine Woche im Süden. Großzügig wie stets, hat er mir fünfhundert Francs geschenkt, die ich sofort für Briefpapier und zwei polnische Bücher ausgegeben habe.

Die Kriegsgerüchte verstärken sich wieder. Jack macht die düstere Prophezeiung, dass wir als Erste nach Sibirien deportiert werden, wenn die Russen kommen. Australien wäre natürlich unsere Rettung, aber vermutlich kommt keiner von uns rechtzeitig dorthin. Ausgenommen Marina.

Jack und Lena haben mich abgeholt, um mich mit Jacks Bruder Charles (der ebenfalls Kürschner ist) und seiner Frau, Mimi, bekannt zu machen. Ich traute meinen Ohren nicht: Charles und Mimi leben schon fast so lange wie Maurice hier in Paris. Zu ihrem Pelzgeschäft läuft man vom Boulevard Barbès aus bloß zwanzig Minuten. Charles ist einige Jahre vor Kriegsausbruch nach Paris gekommen. Er hat, mit Maurices Hilfe, das Kürschnerhandwerk erlernt und sich dann in Mimi, eine junge Witwe türkischer Herkunft, verliebt. Eigentlich spanischer Herkunft, sagt Lena. Mimis Vorfahren sind während der Inquisition aus Spanien ausgewandert und ließen sich in der Türkei nieder, haben aber allem Anschein nach die Sprache und die Gebräuche von Generation zu Generation beibehalten und sich stets als Spanier gefühlt.

Charles' Eltern waren gegen diese Heirat, weil Mimi verwitwet war und ein paar Jahre älter ist als er. Charles musste nach Hause zurückkehren. Doch schon bald kreuzte er wieder in Paris auf, heiratete Mimi und fuhr mit ihr nach Polen, wo sie im Handumdrehen die ganze Familie bezauberte.

Warum mir denn niemand gesagt habe, dass die beiden in Paris leben, wollte ich wissen. Weil Maurice und Simone nicht mit Charles und Mimi verkehren, erklärte Lena. Der Zwist hat den Krieg überdauert und ist mittlerweile so verwickelt, dass niemand mehr weiß, wie er angefangen hat und wer eigentlich schuld daran war. Von Zeit zu Zeit kommt es durch einen neuen Vorfall zu weiteren Misshelligkeiten, wird durch eine Äußerung oder Geste, die als unverzeihliche Beleidigung empfunden wird, der Ärger weiter angeheizt. Ich finde das befremdlich.

Wir gingen in den Laden. Er liegt in einer ruhigen Straße, in der Nähe der Metrostation Anvers. Er ist kleiner als der Laden von Maurice und mit eleganten weißen Stilmöbeln ausgestattet. In den beiden Schaufenstern waren (im Gegensatz zu der chaotischen Fülle bei Maurice) nur je zwei Mäntel ausgestellt. Die Werkstatt war sauber und gut gelüftet. Wir setzten uns an einen wunderschön gedeckten Tisch, auf dem weder das Leinentischtuch noch die Blumenvase fehlte.

Charles, ein paar Jahre älter als Jack, ist ein zurückhaltender, distinguiert wirkender Mann. Auch er hat ein etwas schiefes Lächeln und vorstehende Zähne. Seine dunklen, welligen Haare sind an den Schläfen silbergrau. Mimi ist sehr klein, mollig, gepflegt gekleidet, geschminkt und gut frisiert. Sie hat große schwarze Augen. Wenn sie redet, blitzen die großen Ringe an ihren sorgfältig manikürten Fingern. Und die Ohrringe und Broschen funkeln, wenn dieses rundliche Persönchen im Zimmer herumhopst und pausenlos in gebrochenem, aber verständlichem Polnisch schnattert.

Auch dort wurde ich mit parfümgeschwängerten Umarmungen begrüßt und mit Fragen überschüttet. Die beiden waren hell empört, als sie hörten, auf welche Weise mir mein Koffer abhanden gekommen war. Hätten sie das schon damals erfahren, dann hätten sie es bestimmt geschafft, ihn zurückzuholen! Jetzt sei es natürlich zu spät.

Mimi hat versprochen, mir etwas zum Anziehen herauszusuchen. Ich darf jederzeit zu ihnen kommen und zum Mittag- oder Abendessen bleiben. Und wenn Onkel eintrifft, soll ich ihn sofort zu ihnen bringen.

Ich bin mit gemischten Gefühlen ins Internat zurückgekehrt. Es ist wundervoll, eine neue »Familie« zu finden. Jetzt habe ich hier schon sechs Verwandte. Überall bin ich willkommen. Trotzdem – wie ist es möglich, dass in unserer gegenwärtigen Situation, nach allem, was wir im Krieg durchgemacht haben, zwei Brüder, die so nahe beieinander wohnen, überhaupt keine Notiz voneinander nehmen?

Claudine, die älteste Schülerin im Internat, hat mir »Les aventures de Sophie« geliehen. Ich habe das Buch in der polnischen Übersetzung gelesen, als ich noch ziemlich klein war, und jetzt stelle ich zu meiner Überraschung fest, dass ich es auf Französisch fast mühelos lesen kann. Claudine hat es mit sechzehn Jahren zum ersten Mal gelesen. Sie ist seit Kriegsende im Internat und sagt, dass sie es mit achtzehn Jahren verlassen wird, um ihren Cousin zu heiraten, der ein Jahr älter und ebenfalls in einem Internat ist. Sie sei schon seit frühester Kindheit mit ihm verlobt. Ich dachte zunächst, ich hätte sie falsch verstanden, aber sie zeigte mir ihren Verlobungsring, den sie in ihrem Koffer aufbewahrt, und ein Foto ihres Zukünftigen. »Wie ist er denn?«, fragte ich. Sie zuckte die Achseln. So gut kenne sie ihn eigentlich noch gar nicht. Sie hätten sich immer nur in den Ferien getroffen und sich bisher nicht viel zu sagen gehabt. Sie finde es gar nicht sonderbar, dass alles von ihren Eltern arrangiert worden sei. Sie vertraue voll und ganz auf deren Urteilsvermögen.

In jener Nacht hatte ich einen seltsamen Traum: Ich sollte allein nach Korsika gehen, um dort die Sommerferien zu verbringen. Ich machte mich auf den Weg, eine kerzengerade Landstraße entlang, und sah plötzlich auf der linken Seite das Trocadero mit seiner weitläufigen Terrasse, verschiedene Statuen und die geschweiften Seitenflügel des Palais Chaillot. Und auf der rechten Seite – den alten Park von Kalisch. Ich bog nach rechts ab und entdeckte dort meine Schulfreundinnen, eine nach der anderen: Wie erwachsene Frauen gekleidet, sehr würdevoll, schritten sie auf den schattigen Wegen dahin. »Kommt mit!«, rief ich ihnen zu. »Ich zeige euch etwas Wunderschönes!« Wir überquerten die Landstraße und gingen ins Trocadero, wo merkwürdigerweise der Boden fußhoch mit goldenem, raschelndem Herbstlaub bedeckt war. Alle waren verblüfft und stießen erstaunte Rufe aus, und im nächsten Moment rannten wir hin und her, lasen Blätter und Kastanien auf, machten uns Halsketten und Kronen und schnitzten aus den Kastanien Körbchen, Tiere und Pilze, genau wie wir es als Kinder getan hatten. Dann ließ ich die anderen, ins Spiel vertieft, dort zurück, ging heimlich, still und leise zu der Straße hinüber, auf der ich hergekommen war und machte mich wieder auf den Weg – aber nicht nach Korsika. Ich ging nach Hause.

Das Wetter wurde besser, und wieder machten wir einen langen Montmartre-Spaziergang. Die Läden waren offen und quollen über, bis aufs Trottoir hinaus. Vor den Cafés standen Tische und Stühle, ein Schuster saß auf seiner Türschwelle, arbeitete und sang dabei aus voller Kehle. Es gab hier so viele Läden, die ich mir zu gern genauer angesehen hätte! Amerikanische Soldaten schlenderten durch die engen Straßen, überall waren Liebespaare zu sehen, die sich zärtlich küssten, und von der Sacré-Cœur-Terrasse aus konnte man ganz Paris überblicken.

Bei Maurice fand ich einen Brief von Schwester Zofia vor, auf den ich schon lange gewartet hatte. Ihr langes Schweigen (ich hatte ihr inzwischen mindestens dreimal geschrieben) erklärte sie damit, dass die Vorbereitungen für das Passionsspiel, das an Ostern aufgeführt werden sollte, sie völlig in Anspruch genommen hätten. Und jetzt, nach wochenlanger Plackerei und endlosen Proben, hatte man ihr untersagt, das Stück aufzuführen, »weil es anscheinend ein schlechtes Licht auf die Juden wirft, die diese Regierung unter ihre Fittiche genommen hat und gegen die man nichts sagen darf, auch wenn es noch so gerechtfertigt ist!« Was sie sonst noch schrieb, klang ebenfalls bitter ironisch und, wie mir schien, antisemitisch. Ich war über diesen Ausbruch, der Schwester Zofia gar nicht ähnlich sah, so entsetzt, dass ich ihr sofort eine Erwiderung schickte. »Es ist mir egal, wenn ich nie wieder von ihr höre«, schrieb ich am Abend in mein Tagebuch. »Ich habe es nicht nötig, mir jemals wieder derartige Bemerkungen anzuhören, und einen solchen Ton auch nicht. Jahrelang habe ich, demütig und von Schuldgefühlen gepeinigt, diese Märchen geschluckt: Die Juden haben Christus gemordet ... Sein Blut komme über uns ... Sie haben unseren Herrn gekreuzigt ... Ich nehme das einfach nicht mehr hin. Ich habe Schwester Zofia klipp und klar mitgeteilt, was ich von dieser ganzen Geschichte halte und was wirklich dahintersteckt.«

Paris, Dienstag, 4. März 1947

Herr Burstin ist wieder in meinem Leben aufgetaucht und hat den Termin festgesetzt, an dem ich die Arbeit bei ihm wieder aufnehmen soll. Ein ziemlich harter Schlag für mich. Simone ist wieder da. Ich hoffe, dass ich in die Wohnung am Boulevard Barbès und in die Alliance Française zurückkehren darf. Letzte Nacht wieder ein sonderbarer Traum: Meine Freundinnen Margareta und Agatha besuchten mich in Paris, kamen mir aber merkwürdig reserviert und wortkarg vor. Erst als ich sie mit Fragen traktiert hatte, rückten sie mit der Wahrheit heraus: Ihre Eltern hatten ihnen verboten mit mir zu sprechen, weil ich in Paris verdorben worden sei. Ich war so gekränkt und traurig, dass ich nichts darauf erwidern konnte – und dann bin ich aufgewacht. Von den Dächern ringsum drang das Gekreisch der Katzen in unseren Schlafsaal. Eine schrie wie ein Baby. Anfangs glaubte ich, dass irgendwo im Haus tatsächlich ein Baby schrie, und überlegte mir, welche unserer Demoiselles es in ihrem Bett versteckt haben könnte und warum – doch plötzlich kreischte das »Baby« direkt vor dem Fenster. Geräusche wie bei einer Balgerei waren zu hören, dann verebbte der Kampfeslärm allmählich über den Giebeln. Ich steckte den Kopf unters Kissen, stopfte mir die Finger in die Ohren und fühlte mich so unbehaglich und unglücklich, dass ich die ganze Nacht nicht mehr einschlafen konnte.

Paris, Dienstag, 11. März 1947

Ich arbeite bei Burstin und finde es grässlich. Noch dazu will er mir nichts dafür zahlen und mir später auch keinerlei Zeugnis geben, weil ich keine Arbeitserlaubnis habe und er mir ja bloß »einen Gefallen tut«.

Die Werkstatt ist trist und stinkt nach Leim, Färbemitteln und Leder. Herr Burstin redet kaum mit mir. Er zeigt mir, was ich tun soll, dann verschwindet er. Seine Frau ist den ganzen Tag nicht zu Hause. Simone sagt, sie führt ihr eigenes Leben, und ich dürfte Herrn B. nicht nach ihr fragen. Ich verstehe nicht, warum er mir, bloß weil ich (wieder einmal!) illegal bin, nichts bezahlen will. Maurice möchte sich zu diesem Thema nicht äußern. Er sagt immer nur, ich soll mir keine Sorgen machen – wenn ich bei Burstin ausgelernt hätte, würde er mich in ein richtiges Atelier schicken, wo ich nach einem Monat ein Diplom bekäme. Das klingt nicht überzeugend. Warum kann ich nicht sofort dort anfangen? Mimi und Charles sind verständnisvoll, wollen sich aber nicht einmischen. Sie sagen, mit Maurice und Simone hätten sie schon genug Unannehmlichkeiten gehabt.

Paris, Mittwoch, 19. März 1947

Onkel ist da. Er ist gestern angekommen. Ich nahm einen Tag Urlaub, um ihn in der Gare de l'Est abzuholen. Lena hatte versprochen mitzukommen, überlegte sich's aber im letzten Moment anders – wegen der eisigen Kälte. Ich habe also allein gewartet, über vier Stunden. Von der Bahnhofshalle aus konnte ich die Fenster von Marinas Zimmer im »Terminus Est« sehen. Sie dürfte vor ein paar Tagen in Melbourne eingetroffen sein. Das Erste, was Onkel zu mir sagte, war: »Du bist gewachsen!« Vor dem Bahnhof blieben wir einen Moment stehen. Onkel hatte Tränen in den Augen. Sicher von dem eisigen Wind. Dann nahmen wir das Gepäck und gingen zur Metro hinunter.

Bei Maurice gab es eine große Willkommensfeier. Sie hatten sich seit 1939 nicht mehr gesehen und inzwischen ist so viel passiert. Auch Jack und Lena waren da. Charles und Mimi hatten keine Einladung erhalten. Mir tat das sehr leid: Es wäre eine gute Gelegenheit gewesen, das Kriegsbeil zu begraben. Es gab wieder Austern und diesmal – Champagner. Onkel nahm seine alte, vor dem Krieg in der Schweiz gekaufte Omega-Armbanduhr ab und überreichte sie mir als Geburtstagsgeschenk. »Wenn du's dir später einmal leisten kannst, dir eine Damenarmbanduhr zu kaufen, kannst du mir die hier zurückgeben. Ich möchte sie als Erinnerung an alte Zeiten aufbewahren.« Ich war ganz benommen vor Freude. Meine erste Uhr! Sie ist sehr groß und hat ein breites Lederarmband, grüne Leuchtzeiger und einen roten Sekundenzeiger. Sie ist unglaublich schön.

Onkel hatte auch einige meiner Bücher mitgebracht, eine ganze Menge polnischen Wodka für Maurice und Pralinés für die anderen Familienmitglieder. Pralinés aus Polen!

Nichts auf der Welt schmeckt *so* gut! Maurice und Simone lehnten allerdings dankend ab: Ihnen war ausländische Kost nicht geheuer.

Paris, Mittwoch, 26. März 1947

Ich bin ganz durcheinander. Jedes Mal, wenn ich mit Onkel zusammen bin, kommt es zu einer Debatte darüber, wie es mit mir weitergehen soll. Er meint, ich sollte nach Polen zurückkehren und dort die Schule absolvieren. Er sagt, wenn ich in Frankreich bliebe, könnte ich nicht mehr zur Schule gehen. Ich könnte kein Französisch und würde meinen Rückstand nie aufholen; außerdem habe er kein Geld. Daher müsste ich, falls ich hier bliebe, ein Handwerk erlernen. Maurice, der mir allmählich völlig unrealistisch vorkommt, redet dann sofort von der Kunstakademie: Das wäre das Richtige für mich. Um dann Schneiderin zu werden oder Ledertaschen anzufertigen?

Alle halten es für selbstverständlich, dass ich nichts zu sagen habe, wenn es um meine Zukunft geht. Tag für Tag soll ich mit einem anderen Plan einverstanden und dankbar dafür sein, dass sie sich meinetwegen den Kopf zerbrechen.

Ich habe Marina einen verzweifelten Brief geschrieben. Sie ist jetzt meine einzige Hoffnung. Wenn ich nicht nach Australien auswandern kann, bleibt mir nichts anderes übrig als mich umzubringen.

In Frankreich breitet sich eine Pockenepidemie aus, morgen werden wir alle geimpft.

Herr Burstin stellte keine großen Anforderungen an mich. Morgens gab er mir eine Aufstellung, die er hastig auf einen Fetzen Papier gekritzelt hatte: Soundso viele Gürtel dieser oder jener Farbe verzieren und lackieren – dann verschwand er für den Rest des Tages. Ich arbeitete, bis mir die Arme wehtaten. Ich saß in dem muffigen »Atelier« und sah durch die schmutzigen Fensterscheiben hinaus in den Frühlingstag. Bei dem Gedanken, dass ich mein Leben verplemperte und dass die Zeit immer kostbarer wurde, packte mich der Zorn. Die französische Sprache stellte mich vor unüberwindliche Schwierigkeiten. Hatte Marina recht gehabt, als sie sagte, ich hätte zum Lernen einfach nicht genug Grips? Dieser Gedanke ärgerte und entsetzte mich. Im hintersten Winkel der Werkstatt lag ein Stoß illustrierter Zeitschriften. Aufs Geratewohl schlug ich eine auf: Ein strahlend schönes Gesicht lächelte mich an. Der Name dieser Schönheit war Nyota Inyoka. Eine indische Tänzerin, die zurzeit in einer Revue auftrat. Sie trug ein fantastisches Kostüm und der Kopfputz auf ihren schwarzen Haaren war das reinste Brillantfeuerwerk. Um Hals und Arme hatte sie sich Blumengirlanden geschlungen. Auf ihrer dunklen Haut glitzerten Armreife, Spangen, Ohrgehänge und Halsketten. Ihre langen, geschweiften Hände hatten die längsten Fingernägel, die ich je gesehen hatte. Die großen dunklen Augen waren schwarz umrandet und mitten auf ihre Stirn war ein Punkt gemalt. Sie schien ganz in Gold, Silber und Blumen eingehüllt. Die Hände wie beim Beten aneinander gelegt, lächelte sie mich so sanft und zuversichtlich an, als wollte sie sagen: »Keine Bange, es wird schon alles gut.«

Mit einem in rote Farbe getauchten Pinsel bemalte ich ihre Lippen, und sie lächelte mir dankbar zu. Es war ein Schwarz-Weiß-Foto. Wie hinreißend sie in Farbe aussehen musste! Neben ihr schönes Gesicht hatte Herr Burstin etwas gekritzelt, das zweifellos für jemanden wie mich bestimmt war: *noir 36, bordeaux 54, marron 30.*

Paris, Donnerstag, 27. März 1947

Gürtel, Gürtel, Gürtel! Ich habe eine Mordswut, wenn ich daran denke. Ganz zweifellos mache ich die Arbeit, für die er bezahlt wird, und bekomme dabei wunde Hände und Kopfweh.

Paris, Sonntag, 30. März 1947

So, damit hat sich's! Ich habe bei diesem verfluchten Burstin aufgehört! Letzten Freitag kam er am Spätnachmittag zurück, hatte eine Fahne und war auffallend freundlich. Er nahm keinen Anstoß daran, dass ich Zeitschriften las statt zu arbeiten. Er erkundigte sich nach meinen Fortschritten im Französischen und erbot sich, mir hie und da Nachhilfestunden zu geben! Und ich Dummkopf strahlte ihn dankbar an und erklärte mich einverstanden. Wenn ohnehin so wenig Arbeit anfiel, warum sollte er mir dann nicht etwas Nützliches beibringen?

»Fangen wir doch gleich damit an!«, sagte er und nahm mich bei der Hand. »Aber nicht hier, wo es so schmutzig ist.«

Zu meiner Verblüffung führte er mich schnurstracks ins Schlafzimmer. Obwohl es schon auf den Abend zuging, war das riesige Bett noch nicht gemacht. Na ja, was soll ich lange drumherum reden – es kam zu einem kurzen, aber heftigen Handgemenge, das ich gewann. Am Ende lag er ganz ausgepumpt auf dem Bett und presste die Hand ans Gesicht, dem ich hoffentlich einen Denkzettel auf Lebenszeit verpasst habe. Ich rannte hinaus, als stünde das Haus in Flammen. Ich habe vergessen meinen Mantel mitzunehmen, aber keine Macht der Welt wird mich dazu bringen, noch einmal hinzugehen.

Auf dem Weg zu Mimi konnte ich meine Fassung noch bewahren, aber sobald ich die Werkstatt betreten hatte, brach ich in Tränen aus. Zu meinem eigenen Erstaunen. Ich hatte keine Ahnung, warum ich weinte. Da Kundschaft im Laden war, kamen Mimi und Charles abwechselnd zu mir in die Werkstatt und versuchten herauszubekommen, was mit mir los war. Schließlich platzte ich damit heraus. Mimi ging zum Telefon und rief Simone an – zum ersten Mal seit Kriegsende. Es kam zu einer heftigen Auseinandersetzung. Mimi sprach so schnell, dass ich kein Wort verstand, aber allem Anschein nach gab sie Simone die Schuld daran, dass ich B. in die Klauen geraten war. Das Wortgefecht dauerte sehr lange. Am Ende knallte Mimi den Hörer auf die Gabel, dann kippten wir einen (ja, ich auch!), und danach ging ich ins Internat zurück – mit der strikten Anweisung, niemandem etwas von dem Vorfall zu sagen. Wie käme ich dazu!

Nun bin ich also ein freier Mensch. Ich hoffe bloß, dass jemand meinen Mantel dort herausholt.

7

Ostern und Pessach fielen in dieselbe Woche. Das Internat war fast leer. Zum Seder-Mahl luden Simone und Maurice auch Charles und Mimi ein, die ihnen jedoch eine Absage erteilten. Der alte Zwist flammte wieder auf.

Schließlich wurde der Beschluss gefasst, dass ich in einem Vierteljahr nach Polen zurückkehren sollte, falls Marina mir in der Zwischenzeit kein australisches Einreisevisum beschaffen könnte. Ich hatte das entsetzliche Gefühl, versagt zu haben. Onkel hatte den Zeitpunkt nach eigenem Gutdünken festgesetzt, ohne sich mit jemandem zu beraten. Und obendrein sollte ich in den nächsten drei Monaten fließend Französisch sprechen lernen und mir wenigstens einige Englischkenntnisse aneignen, damit ich nach ein paar Monaten Paris etwas vorzuweisen hätte. Und dann sollte ich also zurück nach Kalisch und mich, so gut wie möglich, wieder in der Schule eingewöhnen. Kein Wort darüber, wie ich dort ganz allein zurechtkommen sollte. Hauptsache, ich war erst mal aus dem Weg. Das einzige Zugeständnis, das ich meinem Onkel abringen konnte (als handelte es sich dabei um den letzten Wunsch einer zum Tode Verurteilten), war, dass ich jetzt wieder in die Alliance Française gehen durfte. Und zwar zusammen mit Lena, die in der Anfängerklasse unterrichtet wurde, während ich in die zweite Klasse vorgerückt war.

Onkel hatte sich in einem Hotel am Boulevard Barbès einquartiert, nur ein paar Minuten von Maurices Wohnung entfernt. Es war düster, muffig und sehr schäbig. Die meisten Logiergäste waren Araber und die Atmosphäre war äußerst *louche*.

Ich hatte Agatha und Margareta geschrieben, dass ich bald nach Polen zurückkehren würde. Um die gleiche Zeit erhielt ich einen Brief von Schwester Zofia. Unter Berufung auf einen Priester, den sie seit Jahren kenne und zu dem sie volles Vertrauen habe, versicherte sie mir, dass strenggläubige Juden kleine Christenkinder schlachteten, um das Blut für ihre Matzen zu verwenden.

Auf dem Tisch, an dem ich diesen Brief las, lag ein ganzer Berg knuspriger Pessachmatzen. Ich nahm eine, ging damit ans Fenster, knabberte geistesabwesend (machten Matzen dick?) und beobachtete den dichten Verkehr auf dem Boulevard. Das ganze Leben war ein einziger großer Wirrwarr. Es gab einfach keine Möglichkeit, andere zu verstehen, nicht einmal diejenigen, die einem am nächsten standen. Ihre Entscheidungen würden immer rätselhaft, ihr Verhalten immer unbegreiflich bleiben. Oder war vielleicht bloß *ich* unfähig zu verstehen? War ich wirklich so schwer von Begriff? Wie sollte ich dann überhaupt weiterleben?

Ich presste mein Gesicht an die Fensterscheibe und betete zu dem, der mir jetzt vielleicht zuhörte, mochte es der Gott der Juden oder der Gott der Christen sein: »O Gott, wenn es dich gibt, lass mich bitte bald sterben!«

Paris, Montag, 7. April 1947

Eine wahre Lawine von Osterkarten ist aus Polen angerollt gekommen, was mich sehr beschämt hat, weil ich keine einzige Karte geschickt habe. Ich bin, glaube ich, schrecklich egozentrisch geworden. Das kommt daher, dass ich niemanden habe, mit dem ich reden kann. Das heißt, niemanden in meinem Alter. Onkel zum Beispiel scheint mich eher für einen Gegenstand als für ein menschliches Wesen zu halten. Ich weiß nicht, was man ihm über den Vorfall in Burstins Wohnung erzählt hat. Er spricht nie davon und fragt auch nicht, warum ich nicht mehr zur Arbeit gehe, obschon er das ganz offensichtlich missbilligt. Aber er selber arbeitet ja auch nicht. Er »sieht sich nach Arbeit um«. Er hat an jedem Wort, das ich auf Französisch sage, etwas auszusetzen, macht sich über meine Fehler lustig und erzählt sie jedem weiter, sodass ich gar nicht mehr wage, in seiner Gegenwart den Mund aufzumachen. Und darüber ärgert *er* sich.

Unter diesen Umständen löste Margaretas Brief, der so fröhlich und zuversichtlich klang, nur bittere Gefühle in mir aus – und Scham darüber, dass ich so reagierte. Sie berichtete von einem Fest, zu dem sie eingeladen war, und von einem neuen Kleid; vom Kalischer Park, wo jetzt alles grünte und blühte – und von ihren heimlichen Träumen, in denen sie sich in einem großen Haus wohnen sah, auf dem Land, aber nicht allzu weit von der Stadt entfernt. Sie würde Familie haben, einen Ehemann, gut aussehend, aber nicht allzu hübsch – hübsche Männer seien eitel und gerieten zu leicht auf Abwege. Er dürfte sogar hässlich sein – allerdings nicht allzu hässlich –, wenn er ansonsten ein gütiger, aufrichtiger, liebevoller Mensch wäre. Nur wenige Kinder, aber umso mehr Tiere. Und einen Garten. Sie sei überzeugt, dass sie ihr Glück finden werde, befürchte jedoch, dass Agatha und ich zu anspruchsvoll und unnachgiebig seien. Sie fürchte, wir erwarteten zu viel vom Leben. Schneiderin zu werden, sei doch gar nicht so übel. Mein Zeichentalent könnte mir da sehr zustatten kommen. Sie habe kürzlich einen Film gesehen, in dem der Held Chef eines großen Pariser Modehauses war. Er sei schwerreich gewesen und in den besten Gesellschaftskreisen verkehrt. Er selber hätte es gar nicht mehr nötig gehabt, zu arbeiten, aber irgendwo musste doch auch er einmal angefangen haben. Na also – weshalb regte ich mich eigentlich so auf?

Agatha hingegen vertrat nach wie vor den Standpunkt, dass eine gute Schulbildung der einzig richtige Weg und die Tätigkeit des Arztes der edelste Beruf überhaupt sei. Jetzt, da auch sie sich außerhalb Polens aufhalte (sie schrieb mir aus einem Displaced-Persons-Lager in Deutschland), sehe sie allmählich ein, dass nicht alles ausschließlich von uns selber abhinge. Trotzdem sei sie fest entschlossen, möglichst bald nach Polen zurückzukehren, das sie ja nicht freiwillig verlassen habe. Es sei ihr einziger Wunsch, für ein freies, unabhängiges Polen zu kämpfen, und zwar nicht vom Ausland aus, sondern daheim in Polen. Aber Agatha war ja keine Jüdin. Sie riet mir davon ab, nach Polen zurückzukehren. »Du wirst die Atmosphäre hier noch genauso erstickend und feindselig finden wie vor deiner Abreise. Diesmal aber wirst du allein sein. Hast du dir das überlegt?«

Und ob! Ich konnte doch an nichts anderes mehr denken! Agatha hatte natürlich nicht nur das politische Klima – all diese Lügen und die Schrecken des Polizeistaates – gemeint, sondern auch den Antisemitismus, der genauso grassierte wie eh und je. Ich war dankbar für ihre Warnung.

Am zweiten Pessachabend kam ein Cousin Simones mit Frau und Baby zum Essen. Bevor aufgetragen wurde, setzte er sich ans Klavier. Er konnte wirklich sehr gut spielen, aber nie spielte er etwas zu Ende, sondern jedes Mal begann er mittendrin mit einem anderen Klavierstück.

Chopin, Schumann, Liszt, Schubert ... Am liebsten hätte ich seine Hände auf den Tasten festgehalten und gesagt: »Weiter! Nicht schon wieder etwas anderes ...«

Er hatte tief liegende schwarze Augen, einen sehr schmalen Mund, der fast lippenlos wirkte, ein hageres Gesicht und einen gehetzten Blick. Seine Hände zitterten. Am Esstisch fiel ihm ständig irgendetwas hinunter, er wollte mit niemandem reden, und wenn er angesprochen wurde, stierte er wie ein verängstigtes Tier. Seine nicht jüdische Frau, eine stille, blasse Blondine, beobachtete ihn besorgt, hob alles auf, was ihm aus der Hand fiel und wischte weg, was er verschüttete. Das Baby plärrte unentwegt.

Später erzählte mir Simone, ihr Cousin habe diese Frau aus Dankbarkeit geheiratet, weil sie ihm das Leben gerettet hatte, als er sich während des Krieges in ihrem Elternhaus auf dem Land versteckt hielt. Mir leuchtete diese Erklärung nicht ein. Aus Dankbarkeit? Glaubte er denn, dem Mädchen damit einen Gefallen getan zu haben? Es musste doch die Hölle sein, mit einem solchen Mann zusammenzuleben.

Onkel war mit einem neuen Plan herausgerückt: Er wollte mir zwei Jahre »geben«, um in Polen die Matura zu machen. »Wenn er mir bloß nicht immer solche Fristen setzen würde!«, schrieb ich gereizt in mein Tagebuch. »Er ist nicht Gott und hat kein Verfügungsrecht über die Zeit. In zwei Jahren die Reifeprüfung zu schaffen, ist für mich so unmöglich wie durch die Luft zu fliegen. Und das weiß er auch.«

Simone erzählte mir eine komische Geschichte. Als Maurice während des Krieges eine Zeit lang in Haft war, verbrachte sie die Abende meistens bei ihren Angehörigen und wurde dann von einem ihrer zahlreichen Cousins, Onkel und Brüder nach Hause begleitet. (Die meisten von ihnen wurden später umgebracht.) Oft tranken sie noch ein letztes Glas in dem Café neben der Kürschnerei. Dem Inhaber des Lokals, der Simone und Maurice seit Jahren kannte, fiel das natürlich auf. Als ihm Simone nach der Freilassung ihres Mannes die gute Nachricht überbrachte, blinzelte er ihr zu und erklärte: »Madame, Ihr Geheimnis ist bei mir in sicherer Hut. Sie können sich auf meine Diskretion verlassen!« Im ersten Moment begriff Simone gar nicht, was er damit meinte, dann aber bog sie sich vor Lachen. »Stell dir vor«, sagte sie zu mir, »der hat geglaubt, ich brächte Nacht für Nacht fremde Männer mit nach Hause, während mein eigener Mann im Gefängnis saß!« Das Komische daran war: Sie sagte das in einem solchen Ton, dass mir bis heute nicht klar ist, ob sie über die Vermutung dieses Mannes empört war oder ob sie sich geschmeichelt fühlte!

Paris, Donnerstag, 10. April 1947

Dieselbe Organisation, die dafür gesorgt hat, dass ich eine Eignungsprüfung machen durfte, hat mit einer neuen Überraschung aufgewartet: Sie will mir den Zeichenunterricht an einer Kunstschule bezahlen! Ich bin überglücklich. Simone ist genau so begeistert wie ich. Wir werden eine Künstlerin in der Familie haben!

Paris, Montag, 14. April 1947

Gestern haben mich Mimi und Charles nach St. Cloud mitgenommen. Wir sind kilometerweit gelaufen und waren sehr erhitzt und müde. Nach Paris kehrten wir zusammen mit ein paar Tausend anderen Parisern zurück, die anscheinend auch alle in St. Cloud gewesen waren. Mimi hatte mich eingeladen bei ihr zu übernachten. Ich nahm ein Bad und wusch mir die Haare, dann setzte ich mich auf den Balkon und ließ sie in der untergehenden Sonne trocknen. Mimi hat ein sehr gutes Abendessen gekocht. Ich schlief auf dem Wohnzimmersofa. Die Wohnung ist im fünften Stock, die Fenster gehen auf die Avenue de Neuilly hinaus. Der Verkehr hörte die ganze Nacht nicht auf. Ich lag da, hörte dem Getöse zu und fühlte mich atemberaubend glücklich: Zum ersten Mal seit meiner Ankunft in Paris hatte ich das Gefühl, hierher zu gehören.

Bei Simone war wieder ein Brief aus Polen für mich angekommen. Von Barbara, einer Schulfreundin. Auch sie rät mir dringend, nicht zurückzukehren. Sie schildert ausführlich, wie deprimierend das Leben in Polen ist, und schreibt, es sei wirklich ein Glück für mich, in Paris zu leben ...

Lena tut sich in der Alliance sehr schwer. Sie beklagt sich darüber, dass sie die Tafel nicht einmal von der ersten Reihe aus sehen kann und dass ihr die anderen in der Klasse weit voraus sind. Vielleicht hat sie ganz einfach kein Talent für Sprachen.

Paris, Dienstag, 15. April 1947

Als ich heute in den Hof der Alliance kam, sah ich bei einigen anderen jungen Leuten ein Mädchen stehen. Sie sah mich auch und rannte auf mich zu. Es war Inka! Das Mädchen, das unseren Zug heimlich verlassen hatte, um sich von den Amerikanern nach Paris fahren zu lassen. Wir umarmten und küssten einander. Ich betrachtete sie voller Bewunderung: schick angezogen, bemalt wie eine Puppe, mollig und strahlend. Eine richtige Parisienne. Sie hat mir erzählt, dass sie mit ihren inzwischen ebenfalls aus Polen eingetroffenen Eltern in Paris wohnt.

Als ich ihr sagte, dass ich vielleicht schon bald nach Polen zurückkehre, rief sie: »Ach, wenn ich doch auch zurückkönnte! Wollen wir nicht tauschen?« Ich starrte sie ungläubig an. Sie war sich bestimmt nicht klar darüber, wie gut sie es hatte. »Ich kann dir jetzt nicht erklären, warum ich zurück möchte. Vielleicht später einmal . . .«

»Sie ist sicher in jemanden da drüben verliebt«, war Lenas Meinung. »Sag ihr, sie soll keine Dummheit machen. Kein Mann ist ein solches Opfer wert.«

»Was mich betrifft . . .«, verkündete sie ganz ungeniert, als wir mit der Metro nach Hause fuhren, ». . . ich habe während des ganzen Krieges nichts von Jack gehört, aber ich bin ihm immer treu geblieben. Nicht, dass es an Gelegenheit gemangelt hätte – das kannst du dir ja denken. War vielleicht blöd von mir, aber so bin ich nun mal. Wie alle Männer hatte *er* in dieser Hinsicht natürlich keine Skrupel . . . Jetzt fragt er mich ständig, wie es denn damals gewesen sei, ob ich in Warschau nicht vielleicht mit einem anderen . . . na, du weißt schon . . . Ich weigere mich, darauf zu antworten. Er soll glauben, was er will! Sein Leben lang wird er sich darüber den Kopf zerbrechen.«

Paris, Mittwoch, 16. April 1947

Die *directrice* des Internats lud mich, zwei unserer Demoiselles und eine ältere Schülerin zu einem Diskussionsabend im Gemeindesaal einer Kirche ein. Ich überlegte mir etwas verdattert, wie ausgerechnet ich zu dieser Ehre kam. Sie weiß doch, dass ich Jüdin bin. Allerdings weiß sie auch, dass ich Jahre im Kloster verbracht habe. Hoffte sie etwa, ich würde in den Schoß der Kirche zurückkehren?

Das Diskussionsthema lautete: »Gottesliebe in einer säkularisierten Gesellschaft.« Was darüber gesagt wurde, fand ich so wenig anregend, dass ich mir lieber das Publikum betrachtete, das vorwiegend aus Frauen älteren Jahrgangs bestand. Zu schade, dass ich weder Bleistift noch Papier mitgenommen hatte! Eine Galerie von Gustave-Doré-Typen. Diese Chignons, diese Zähne, diese Kinnpartien, diese Nasen! Eine wahrhaft monströse Versammlung! Und wie hingerissen sie alle dem ausgesprochen gut aussehenden jungen Priester zuhörten, der über – Anbetung als menschliches Bedürfnis sprach. Ich fand das grausam und zugleich erbärmlich.

Paris, Donnerstag, 17. April 1947

Ich bin zurzeit so rastlos. Ich wache frühzeitig auf, bei strahlendem Sonnenschein und Vogelgezwitscher. Ja, sogar im Zentrum von Paris singen die Vögel bei Tagesanbruch. Dann möchte ich aufstehen und rennen, immer weiterrennen, durch taufeuchte Wälder, hügelaufwärts, bergaufwärts, während mir der Wind durchs Haar bläst. Oder ... barfuß durch warmes, feuchtes Gras. Ich möchte die Arme hochreißen und schreien und Luftsprünge machen und mich auf Teppichen aus Frühlingsblumen herumwälzen. Aber das muss ich mir jetzt wohl aus dem Kopf schlagen. Ich möchte gern etwas Faszinierendes, Lohnendes, Nützliches und Gutes tun. Aber auch das ist unwahrscheinlich.

Ich musste meine Verwandten bei einem Spaziergang auf den Champs-Élysées begleiten, wo wir, nach einem endlos langen Schaufensterbummel, in ein Café gingen und Schokolade tranken. Da es noch zu kühl war, um im Freien zu sitzen, nahmen wir im verglasten Teil der Terrasse Platz. Ich saß da, gaffte und sagte kein Wort. Simone, Lena, Maurice und Jack redeten unentwegt. Die Tische ringsum waren dicht besetzt. Liebespaare, die einander ganz versunken in die Augen sahen. Mehrere ältere Männer und Frauen (ganz fürchterlich geschminkt und in den extravagantesten Kleidern, die ich je gesehen hatte) schwatzten lauthals miteinander, lachten und gestikulierten, rauchten, hüstelten und disputierten. Im ganzen Café waren sie die Ältesten und Lebhaftesten. Eine einzelne Dame, elegant gekleidet, mit einem fabelhaften grünen Hut auf dem kupferroten Haar, beobachtete alles und jeden. Ihr Blick war ausdruckslos, ihr Mund zusammengekniffen, die Hände hatte sie im Schoß gefaltet. Vor ihr auf dem Tisch stand ein winziges Tässchen mit schwarzem Kaffee. Sie ließ es unberührt stehen, saß bloß da und beobachtete gelassen, was um sie herum vorging. Ob sie jemanden erwartete? Sie machte den Eindruck, als würde sie nie auf jemanden warten, sondern immer nur herumsitzen. Als wir gekommen waren, hatte sie schon an diesem Tisch gesessen, und als wir Stunden später gingen, saß sie immer noch da.

Im Kreis meiner redseligen Verwandten kam ich mir schrecklich überflüssig vor. Draußen war es schon ziemlich dunkel, Wind war aufgekommen, und ich brauchte gar nicht durch die Glasscheiben zu sehen, um zu wissen, dass dort draußen in den kalten, dunklen Straßen weiße Kastanienblüten in die Rinnsteine geweht wurden und unter die Schuhsohlen der Passanten und in die Tunnel der Metro. Mir war zumute, als wären sie mir aus dem Herzen gerissen und vom kalten Atemhauch des Schicksals in die Nacht hinausgeweht worden. Und mit ihnen ein Teil meiner Seele – der innerste und geheimste. In meinem Leben war kein Platz mehr für Träume. Wovon denn noch träumen, wenn das Leben mich in die gleiche Schablone zwängte wie Millionen andere unbedeutende, farblose Geschöpfe? Nur ich selber wusste, dass ich nicht in diese Schablone passte und dass die Bürde, die ich zu tragen hatte, zu schwer war. Was sollte ich tun? Versuchen mich anzupassen? Die Vergangenheit abschütteln, meine Träume begraben? Oder das alles mit mir herumtragen, nicht auf meine Verwandten hören und so wenig ins gängige Muster passen wie die Faust aufs Auge?

Paris, Sonntag, 20. April 1947

Heute ist der Himmel makellos blau. Keine einzige Wolke. Der Wind hat sich gelegt. Niemand denkt mehr an die Blüten von gestern. Für sie war es das Ende. Für andere – beginnt der Frühling gerade erst. Für mich ist Herbst. Nicht nur meine Kindheit, sondern – fast schon – meine Jugend neigt sich ihrem Ende zu. Ich werde sicher über vieles in diesem Tagebuch lachen, wenn ich es in zehn Jahren wieder lese. Ich kann nur hoffen, dass ich dann auch über *diese* Eintragung lache. Dass sich alles als Trugschluss herausstellt. Dass ich dann meine gegenwärtige Stimmung völlig vergessen haben werde, die Ängste und den Kummer, die mich dazu bewogen haben, diese Eintragung zu machen – und den Aufruhr der Gefühle. Amen.

Tags darauf traf der lang erwartete Brief von Marina ein. Sie war gut in Melbourne angekommen und tat ihr Möglichstes, um Onkel und mich hinüberzuholen. Australien sei ein Paradies, von dem wir im alten, morschen Europa nur träumen könnten. Und sie selber sei die glücklichste Frau der Welt.

Die unmittelbare Folge dieses Briefes war, dass der Plan,

mich schleunigst nach Polen zurückzuschicken, ad acta gelegt wurde und ich mich einverstanden erklärte, das Schneiderhandwerk zu erlernen.

Lilka kam nach Paris zurück und besuchte mich. Sie war sonnengebräunt und machte einen glücklichen Eindruck. Ich wurde mit Neuigkeiten überschüttet: Halina hatte auf der Überfahrt von Marseille nach Palästina einen Marokkaner geheiratet. Das Schiff war von den Briten abgefangen und nach Zypern geschickt worden. Sobel war mit dem letzten Kindertransport aus Zabrze in Vitry eingetroffen. Ein Mädchen, das mit diesem Transport gekommen war, hatte behauptet, mich aus der Zeit im Warschauer Ghetto zu kennen. Leider konnte sich Lilka nicht an den Namen dieses Mädchens erinnern. OPEJ, die jüdische Organisation, die mir schon mehrmals zu Hilfe gekommen war, hatte auch Kinderheime eingerichtet, die nicht religiös orientiert waren. Wenn man uns doch in eines dieser Heime aufnehmen würde! Dann könnten wir beide in der Alliance Française Kurse belegen.

Paris, Montag, 28. April 1947

Gestern war ein rundherum schöner Tag. Am Morgen ging ich mit Lilka zum Trocadero, wo sie in wilde Begeisterung geriet, und ich ebenfalls. Zu aufgeregt, um langsam zu gehen, rannten wir hinunter zur Brücke, unter der wir tanzten und sangen und unsere belegten Brote aßen. Dann stürmten wir die Stufen auf der anderen Seite hinauf – immer zwei auf einmal – und rannten zum Eiffelturm. Wir nahmen den Fahrstuhl zur zweiten Plattform, wo wir eine Viertelstunde lang unentwegt im Kreis herumrannten, vor Vergnügen quietschten und Süßigkeiten vertilgten. Dann zurück zum Trocadero, wo wir ganz plötzlich im Aquarium landeten. Ich kann gar nicht beschreiben, wie wir uns freuten und wie wir staunten! Vom vielen Laufen müde, schlenderten wir zwischen großen, beleuchteten Wasserbehältern herum, vor deren Bewohnern wir Fischgrimassen schnitten.

Am Nachmittag gingen wir zur Place de l'Étoile. Hinauf auf den Arc de Triomphe, damit Lilka den Stern drunten auf dem Pflaster bewundern konnte. Dann durch die Avenue Foch zum Bois de Boulogne. Die Sonne brannte. Wir suchten lange nach einer Bank im Schatten. Schließlich ließen wir uns ins Gras plumpsen. Ich hatte eine polnische Lyrik-Anthologie mitgenommen, die mir einer von Marinas Freunden geschenkt hatte. Ich begann daraus vorzulesen, und plötzlich brach Lilka in Tränen aus, und ich auch. Wir lagen unter einem Kastanienbaum und heulten. Wir waren müde und einsam und hatten Heimweh. Und wir konnten uns nicht mal ein einziges Tütchen Eis kaufen.

Lilka erzählte mir, in dem Heim, wo sie bis vor Kurzem untergebracht war, sei es so grässlich gewesen, dass sie fast verrückt geworden wäre. Sie habe kein einziges Wort Französisch gelernt.

Am nächsten Tag sprachen wir im Büro der OPEJ vor, wo jede von uns zweitausend Francs, einen Pullover und ein Paar Socken bekam. Zur Feier des Tages gingen wir ins Kino, um uns »Jane Eyre« [»Die Waise von Lowood«] anzusehen. Ich hatte vor langer Zeit das Buch gelesen, und als ich Mr Rochester jetzt leibhaftig vor mir sah, war ich tief enttäuscht. Ich konnte einfach nicht verstehen, was ihr an *dem* gefiel.

Der 1. Mai ist in Frankreich der Tag der Maiglöckchen. An allen Straßenecken werden sie korbweise feilgeboten. Jeder schenkt sie jedem. Auch ich habe einen Stängel Maiglöckchen bekommen – von Jack! Was für ein schöner Brauch!

Mein Onkel hatte endlich eingesehen, dass das Internat wirklich unmöglich war. Seit wir wärmeres Wetter hatten, waren die Zimmer voller Katzengestank. Das Essen, das noch nie viel getaugt hatte, war inzwischen so schlecht geworden, dass es eigentlich gar nicht mehr genießbar war. Und die Demoiselles, die sich sogar bei strahlender Frühlingssonne in dicke schwarze Umhängetücher hüllten, brachten immer weniger Verständnis für die ausgelassenen Mädchen auf und schrien wie Pfaue, sobald eine von uns auftauchte. Es war nach wie vor verboten, die Fenster des Schlafsaals zu öffnen, in dem wir zu sechst schliefen – meist ungewaschen. Die Jüngste, die elfjährige Micheline, wurde krank. Ihre einzige Verwandte, eine Tante, arbeitete zwölf Stunden am Tag in einem Bistro. Micheline verbrachte dort jedes Wochenende und half beim Geschirrspülen. An ihrem zwölften Geburtstag sollte sie aus dem Internat in die Wohnung ihrer Tante umziehen und dann ebenfalls eine Ganztagsarbeit übernehmen. An jenem Sonntag war sie in der Kapelle ohnmächtig geworden, woraufhin man sie ins Bett gesteckt hatte. Ihr Gesichtchen war aschfahl und sie hatte dunkle Ringe unter den Augen. Niemand erkundigte sich, ob sie etwas brauchte. Da es zu warm war, um zugedeckt im Bett zu liegen, sah ich, dass Micheline ganz schwarze Füße hatte. Und ihre Zehennägel waren so lang, dass sie sich nach unten krümmten. Als ich ihr die Nägel schneiden wollte, schrie die arme Kleine so jämmerlich, dass ich es schleunigst bleiben ließ.

In derselben Woche musste ich wegen heftiger Kopfschmerzen einen Tag im Bett bleiben. Eine unserer Demoiselles brachte uns beiden eine Tasse »tisane«. Ich roch an meiner und goss das Zeug ins Klosett. Micheline trank ihre Tasse aus und musste sich sofort übergeben.

In Jacks und Lenas gemütlichem kleinen Zimmer, das im Winter so warm und sonnig gewesen war, war es jetzt so heiß und stickig wie in einem Ofen. Kein bisschen Durchzug, nicht einmal, wenn beide Fenster geöffnet waren. Die Wände speicherten tagsüber die Hitze und nachts war im Zimmer die gleiche Temperatur wie mittags. Onkel empfahl mir, »L'Assomoir« von Zola zu lesen – daraus könnte ich ersehen, wie wenig sich seither für die Pariser Armen geändert hätte. In der Stadtbibliothek, in der Simone mich eingeschrieben hatte, blätterte ich in dem Buch, fand es sprachlich aber zu anspruchsvoll für mich. Mein dringendstes Problem war zu diesem Zeitpunkt, wie ich meinem Onkel beibringen sollte, dass ich ein Paar Sandalen brauchte. Ich lief immer noch in den schweren Stiefeln herum, die ich aus Polen mitgebracht hatte, und bei diesem heißen Wetter waren meine Füße, an denen eben erst die Frostbeulen verheilt waren, geschwollen und voller Blasen.

Auf Onkels Vorschlag ging Lena mit mir zu der polnischen Schneiderin, die Marinas Kleider genäht hatte, und bat sie, mich als Lehrmädchen anzunehmen. Meine Verwandten waren von dieser Idee begeistert, mich dagegen erfüllte sie mit tiefem Widerwillen. Madame Jenia war nicht besonders angetan von dem Vorschlag, mich einzustellen. Wie sie erklärte, bekäme sie zwar mehr Aufträge, als sie bewältigen könnte, aber ein Lehrmädchen, das kaum wisse, wie man eine Nadel hält, wäre für sie eher eine Belastung als eine Hilfe. Sie erzählte uns von ihrer eigenen Lehrzeit in Polen. Von dem langen Arbeitstag, den strengen Anforderungen, die an sie gestellt worden waren, und dem hohen Lehrgeld, das sie für ihre Ausbildung bezahlen musste. Da wir es uns nicht leisten konnten, ihr überhaupt etwas zu bezahlen, regte sich in mir ein Hoffnungsschimmer ... Doch plötzlich lenkte Madame Jenia ein. Sie hätte ohnehin nicht vor, noch lange in Paris zu bleiben. In Kürze werde sie ihr australisches Einreisevisum erhalten, und es wäre ihr arg, enttäuschte Kundinnen zurücklassen zu müssen. Na schön – wenn ich meine Verpflegung mitbrächte und Punkt neun Uhr zur Arbeit erschiene ... Sie könne noch nicht genau sagen, wie viele Stunden ich täglich arbeiten müsste. Sie selber arbeite eigentlich durchgehend, notfalls sieben Tage die Woche, und wenn ich wirklich etwas lernen wolle, wäre ich gut beraten, ihrem Beispiel zu folgen.

Mein Onkel, der mit dem Ergebnis dieses Gesprächs sehr zufrieden war, lud mich ins Kino ein. Wir sahen einen Film, in dem Dorothy Maguire ein heimatloses taubstummes Mädchen spielte, das in eine Horrorgeschichte verwickelt wird, die mir unklar blieb. Das Wetter in diesem Film war schauderhaft – Gewitter, Sturm, wolkenbruchartiger Regen. Als wir auf den Boulevard Rochechouart hinauskamen, goss es auch hier in Strömen.

Paris, Freitag, 16. Mai 1947

Ich habe mit der Arbeit bei Madame Jenia angefangen, in ihrem schäbigen kleinen Hotel in der Rue de Rome. Ich verbringe meine Tage damit, in einem kleinen, düsteren Zimmer, das von Madame Jenias Schwiegermutter bewohnt wird, Nähte zu versäubern. Das Zimmer geht auf einen schachtartigen Hinterhof hinaus. Die Toilette (in jeder Etage nur eine einzige) ist gleich nebenan, deshalb empfiehlt es sich, das Fenster auch bei heißem Wetter geschlossen zu halten. Madame Jenia und ihr Mann bewohnen ein größeres Zimmer, dessen Fenster auf die Straße hinausgehen. In diesem Zimmer werden die Kundinnen empfangen und auch die Anproben finden dort statt. Manchmal werde ich hineingerufen, um das Nadelkissen zu halten oder beim Maßnehmen zu helfen. »Ein Lehrmädchen?«, fragen die Damen und mustern mich neugierig. »Sie sieht noch sehr jung aus ... Sie lassen sie doch hoffentlich nicht an mein Kleid, Madame Jenia – Sie wissen doch, dass ich mich nur auf Ihre eigene Arbeit verlasse ...« Und dann wenden sie das halbfertige Kleid um und suchen nach irgendwelchen Mängeln. Sich vorzustellen, man müsste sein ganzes Leben damit verbringen, sich bei dieser Gesellschaft lieb Kind zu machen!

Wir arbeiteten illegal, weil weder Madame J. noch ich eine Arbeitserlaubnis hatten. Zum Glück war der Inhaber des Hotels hilfsbereit, das heißt – bestechlich. Er gab uns ein Zeichen, sobald ein Inspektor aufkreuzte. Dann stopften wir die Sachen, an denen wir gerade arbeiteten, flugs in die Betten, warfen ein Tuch über die Nähmaschine und holten unsere Teetassen. Wenn der Inspektor hereinkam, saßen wir am Tisch und tranken Tee.

Paris Donnerstag, 22. Mai 1947

Weil Madame J. kein Französisch kann, erledige ich die Besorgungen, kaufe Nähmaterial und liefere die Kleider bei den Kundinnen ab. Auch wenn ich mich noch so sehr beeile – jedes Mal werde ich ausgezankt, weil ich zu lange gebraucht hätte. Den Unterricht in der Alliance musste ich vorläufig aufgeben, weil ich immer sehr lange arbeiten muss. Als ich das letzte Mal dort war, habe ich Inka getroffen. Sie kehrt nach Polen zurück. Dort ist ein junger – nicht jüdischer – Mann, der sie heiraten möchte. Sie liebt ihn sehr, aber ihre Eltern wissen nichts davon. Sie würden ihr die Rückkehr nie erlauben. Inka war auf dem Konsulat, um einen Pass zu beantragen. Aber was wird geschehen, wenn sie ihn bekommt?

In der Pause sah ich, wie sie einen gut aussehenden Amerikaner ansprach, den sie noch gar nicht kannte. »Hallo, wollen Sie mir denn keine Zigarette anbieten?«, fragte sie und klimperte mit den Wimpern. Der junge Mann wurde rot – ich weiß nicht, ob aus Verlegenheit oder aus freudiger Überraschung – und hielt ihr sofort die Packung hin. Inka zündete sich eine Zigarette an, blies ihm den Rauch ins Gesicht und plapperte in ihrem fehlerhaften Französisch frisch drauf los. Wie kann sie sich so benehmen, wenn sie wirklich in einen anderen verliebt ist?

Der Konflikt zwischen Maurice und Yves ist kürzlich wieder aufgeflammt. Onkel hat zu meiner Überraschung Yves' Partei ergriffen. Er hat versprochen, sich bei Maurice für ihn einzusetzen, vorausgesetzt, dass Yves bei seinen Prüfungen wirklich gut abschneidet. Ich frage mich, warum Onkel, wenn es um *meine* Weiterbildung geht, nicht meine Partei ergreift. Bin ich ihm weniger wichtig als Yves? Warum?

Paris, Montag, 9. Juni 1947

Vor einer Woche musste Lena mitten in der Nacht ins Krankenhaus gebracht werden: Blinddarmoperation. Jetzt ist sie wieder zu Hause – noch blasser als zuvor. Onkel zieht sie auf: »Jetzt musst du zwei Mal durchs Zimmer gehen, bevor ich dich überhaupt bemerke. Und wenn du seitwärts stehst, bist du überhaupt nicht mehr zu sehen.«

Wegen der drückenden Hitze haben mich Mimi und Charles am Sonntag in den Bois de Boulogne mitgenommen. Dort war es schattig, geheimnisvoll und friedlich. Das Licht der Lampen schimmerte durch den grünen Blättervorhang. Autos glitten fast lautlos vorbei. Wenn ich doch eine ganze Woche unter den Bäumen bleiben dürfte!

Paris, Montag, 9. Juni 1947

Die Bäcker und die Eisenbahner streiken, und wir warten jeden Moment darauf, dass die Metro den Betrieb einstellt. Wie schön – dann kann ich einen Tag bei Simone im Laden bleiben. Man kann doch nicht verlangen, dass ich zu Fuß in die Rue de Rome und zurücklaufe.

Madame J. hat mir erlaubt ein ganzes Kleid zusammenzuheften, was man, wie sie sagt, normalerweise erst nach einem vollen Lehrjahr tun darf. Trotzdem macht mir das Schneidern so wenig Spaß wie zuvor.

Neulich kam ganz unerwartet ein Brief aus Kanada, von einem Großonkel, der sich vor fünfzig Jahren dort niedergelassen hat. Er erklärt sich bereit, mich bei sich aufzunehmen. Onkel war sofort damit einverstanden. Ich jedoch habe große Bedenken. Was soll ich denn bei diesen alten Leuten (sie müssen über siebzig sein) – mit wem kann ich denn da drüben reden?

Ich bin wieder in einem Heim. In Viroflay. Das ist ein Dorf an der Vorortstrecke, zwischen Sèvres und Versailles. Von hier aus braucht man eine Stunde bis zur Rue de Rome. Das Gebäude ist eine große Villa, zu der ein Garten gehört. Es muss früher ein privater Wohnsitz gewesen sein. Wir sind nur zwölf Mädchen in diesem Heim, die Hälfte davon Französinnen, dazu zwei Schwestern aus Ungarn, ein Mädchen aus Spanien, eines aus Russland – und Lilka und ich.

Onkel hat mich letzten Montag hierher gebracht. In dieser fürchterlichen Hitze hat er meinen schweren Koffer auf der Schulter vom Bahnhof hierher getragen. Er hat sich bemüht, vergnügt zu sein, aber in Wirklichkeit waren wir beide sehr traurig. Ich glaube, dass wir einander in einem fort missverstehen und nie die richtigen Worte finden, um unsere Gefühle auszudrücken. Wenn Onkel doch nur einsähe, dass ich ein völlig normaler Mensch bin, der vernünftigen Argumenten zugänglich ist und mit dem man offen sprechen kann! Nachdem er mich und Lilka hier untergebracht hat, müsste ich ihm eigentlich dankbar sein. Andererseits scheint es ihn überhaupt nicht zu kümmern, wie es jetzt weitergehen soll. Australien, Kanada, Polen – ihm ist das egal, wenn ich ihm nur aus den Augen bin.

Hier ist es ganz nett. Sehr sauber. Offensichtlich hat sich jemand Mühe gegeben, das Heim so einzurichten, dass man sich wie zu Hause fühlt. In den Schlafräumen sind rosa Bettdecken und Vorhänge. Das Bad (ständig warmes Wasser) darf jederzeit benutzt werden. Sämtliche Mädchen sind ungefähr in meinem Alter. Die meisten arbeiten in Paris, einige – darunter die Schwestern aus Ungarn – gehen hier zur Schule. Es ist natürlich ein Heim der OPEJ.

Wir stehen gegen sechs Uhr auf und gehen kurz nach sieben weg. Vor Mitternacht geht hier niemand zu Bett, was ziemlich aufreibend ist. Die Mahlzeiten nehmen wir auf einer von wildem Wein und Winden überwucherten Veranda ein. Die Heimleiterin, Frau Klein, ist eine ältere Dame, die oft auch für uns kocht, nicht, weil das zu ihren Aufgaben gehört (hier gibt es eine Köchin), sondern weil es ihr Spaß macht. Sie steht beim Morgengrauen auf, um uns Croissants zum Frühstück zu backen. Alle Mädchen lieben sie und bekommen, bevor sie zur Arbeit fahren, von ihr einen Kuss auf die Wange. Ich glaube, es wird mir hier gefallen.

Viroflay, Sonntag, 22. Juni 1947

Inka hat ihre Haare strohblond gefärbt und sieht schauderhaft aus. Sie wird nicht abreisen. Ihr Vater hat ihren Passantrag entdeckt und die Wahrheit aus ihr herausbekommen. Die beiden hatten eine schreckliche Auseinandersetzung und nun muss Inka hierbleiben. Sie wird weiterhin in die Alliance gehen, bis sie den ganzen Kurs absolviert hat. Die Glückliche!

Wieder setzte eine Hitzewelle ein, die bis Ende Juni anhielt. Die meisten Mädchen verbrachten ihre Freizeit im Schwimmbad. Ich blieb im Heim, zog die rosa Vorhänge vor die offenen Fenster und genoss die ungewohnte Stille. Der Garten rings um die Villa war ein farbenprächtiges Blütenmeer. Wenn das Leben doch öfter so wäre wie jetzt, dachte ich.

Das Heim erhielt amerikanische Lebensmittelpakete, und wir durften jeden Tag eine ganze Dose Ölsardinen oder Frühstücksfleisch oder Corned Beef, ein großes Stück

Brot und obendrein auch noch Schokolade mit zur Arbeit nehmen. Da ich eine ganze Dose allein nicht schaffen konnte, teilte ich sie jedes Mal mit Madame J., was diese allerdings nicht davon abhielt, mir immer wieder hinzureiben, dass ich von Glück sagen könnte, kostenlos bei ihr in die Lehre gehen zu dürfen.

Madame J. bestand darauf, dass ich die Tür abschloss, wenn ich allein arbeitete. Eines Tages schlief ich vor lauter Hitze und Erschöpfung am Arbeitstisch ein. Ich wachte erst auf, als Madame J., ihre Schwiegermutter und der Hotelportier mich rüttelten und auf mich einschrien. Offenbar hatte ich so fest geschlafen, dass ich nicht gehört hatte, wie Madame J. an die Tür hämmerte. Dann hatte sie den Portier holen und aufschließen lassen müssen. Sie hatten geglaubt, ich sei tot.

Viroflay, Samstag, 28. Juni 1947

Mimi und Charles luden Jack, Lena, Onkel und mich zum Essen ein. Wie üblich war auch Mimis ungarischer Arzt da. Er ist ein melancholischer Mann, weder jung noch alt, mit einem breiten, dunklen Gesicht und weit auseinanderstehenden braunen Augen. Seine Zähne sind klein und kurz wie Kinderzähne. Ich bin mir nicht sicher, ob er tatsächlich in Frankreich praktizieren darf, aber jedenfalls kommt er oft zu Mimi, und sie konsultiert ihn wegen ihrer unzähligen Beschwerden. Nach dem Essen gingen wir in den Bois und legten uns unter einen Baum. Jack schlief sofort ein. Der Doktor flüsterte Lena zu, sie sollte sich neben ihn setzen – *»parceque j'ai tant besoin de vous«.* Sie rückte hinüber und legte den Kopf in seinen Schoß. Mimi durchbohrte die beiden mit Blicken. Später hörte ich sie gereizt zu Charles sagen, es könnte ihr ja eigentlich egal sein, aber es wäre ihr doch lieber, wenn ihr Probleme im Zusammenhang mit ihrer Schwägerin und ihrem Freund erspart blieben.

Wie soll ich beginnen? Ich habe – nicht zum ersten Mal – festgestellt, dass ich, wenn etwas wirklich Erschütterndes passiert ist, nichts darüber schreiben kann. Das heißt: nichts, was über die Tatsachen hinausgeht. Also, das ist passiert: Am Sonntag habe ich »Pour qui sonne le glas« [»Wem die Stunde schlägt«] gesehen. Zum ersten Mal in meinem Leben habe ich im Kino geweint und auch noch im Zug zurück nach Viroflay. Ich selber habe es erst gemerkt, als eine Frau mich fragte, was denn mit mir los sei, und ich nicht antworten konnte, weil mir die Stimme versagte. Im Heim ging ich sofort in das Schlafzimmer, das ich mit fünf anderen Mädchen teile. Zum Glück waren die meisten in dieser heißen Sommernacht noch draußen. Ich habe, glaube ich, die ganze Nacht geweint.

Am Morgen hatte ich verschwollene Augen und so heftige Kopfschmerzen, dass ich nicht aufstehen konnte. Frau Klein kam herauf, weil ich nicht zum Frühstück erschienen war, und ließ einen Arzt kommen. Wieder konnte ich nicht erklären, warum ich weinte. Er gab mir etwas, das mir dann endlich zum Einschlafen verhalf. Als ich heute früh – Dienstag – aufwachte, saß Onkel an meinem Bett. Er sah ganz hilflos aus, um nicht zu sagen verdattert. Ich war sehr überrascht, ihn hier zu sehen. Madame J. hatte, als ich am Montag nicht zur Arbeit kam, bei Maurice angerufen – deshalb war Onkel nach Viroflay gefahren.

Als er sah, dass ich aufgewacht war, stand er sofort auf und wollte gehen, aber ich griff nach seiner Hand, und da setzte er sich wieder. Wir begannen über so ernste Themen wie Krieg und Tod zu sprechen, und über Menschen, die fortgehen und nicht wiederkommen. Und darüber, dass man versuchen sollte, niemanden zu lieben und an niemandem zu hängen, weil es ja doch nur unerträglich wehtut, wenn diese Menschen sterben. Ich glaube, Onkel hat beinahe verstanden, was ich meinte, denn bevor er sich – Stunden später – verabschiedete, strich er mir übers Haar und sagte so unsicher, wie ich ihn noch nie erlebt habe: »Vielleicht war es doch nicht richtig, dich in diesen Film mitzunehmen.«

Doch, es war richtig, auch wenn es für mich das Schmerzlichste war, was ich jemals gesehen habe. So schmerzlich wie im wirklichen Leben, wie der wirkliche Verlust, der wirkliche Abschied, wenn man weiß, dass man diese Augen nie mehr sehen, diese Stimme nie mehr hören wird. Ich war dort, bei Ingrid Bergman, und habe lautlos geschrien, genau wie damals, als der Lastwagen mit meinem Vater davonfuhr und der Schneesturm alles um mich herum verschwimmen ließ und ich allein zurückblieb, auf einer stillen, öden Straße. Ich habe immer Angst gehabt, mich gehen zu lassen. Zu viel über die Vergangenheit nachzudenken. Zuzulassen, dass ich von Neuem den schneidenden Schmerz der Trennung, des unwiederbringlichen Verlustes empfände. Ich hatte das alles – so glaubte ich jedenfalls – tief und sicher im geheimsten Winkel meines Herzens begraben und einen großen, schweren Stein auf die Falltür gerollt, die hinabführt zum Unsagbaren. Arbeit, Lernen, Freunde, Gegenwart und Zukunft. Immer nur daran denken. Nie an die Vergangenheit. Das alles, so glaubte ich, würde begraben bleiben, bis es in Staub zerfällt. Und ausgerechnet als ich es am wenigsten erwartete (woher sollte ich wissen, wovon dieser Film handelt?), ist es hervorgebrochen und hat mein prekäres Gleichgewicht erschüttert. Sobald ich zu weinen begonnen hatte, konnte ich nicht mehr aufhören. Noch jetzt laufen mir die Tränen herunter, aber es tut nicht mehr ganz so weh. Und ich bin ohnehin zu müde, um jetzt noch etwas empfinden zu können.

Wir waren zu sechst in dem rosa und weiß eingerichteten Schlafziminer: Marta und Zuzi (die ungarischen Schwestern), Tamara und Annette (Französinnen), Lilka und ich. Marta hatte blonde Haare und spielte Klavier. Zuzi, dunkel wie eine Zigeunerin, spielte Geige. Beide nahmen in Paris Musikunterricht und übten täglich mehrere Stunden. Sie sprachen gut Französisch, außerdem Deutsch und Englisch, und gingen in Versailles zur Schule. Ihre Mutter wohnte in Paris. Sie hatten einen Bruder, der Cello spielte und ebenfalls in einem Heim in Frankreich untergebracht war. Ihr Vater, ein Universitätsprofessor, saß in Ungarn im Gefängnis. Die Familie wartete auf seine Freilassung und wollte dann in die USA auswandern. Die beiden Schwestern waren uns anderen gegenüber sehr zurückhaltend, unterhielten sich auf Ungarisch und führten jeden Abend lange Telefongespräche mit ihrer Mutter.

Tamara, dick und blond und trotz ihres Namens Französin, trieb sich ständig bei diesen beiden herum, bediente sie und tat ihnen auf eine Art und Weise schön, die wir abstoßend fanden. Sie ging in dieselbe Klasse wie Zuzi, der sie die Bücher in die Schule und nach Hause trug.

Annette war die Hübscheste von allen. Sie war fünfzehn, hatte eine ganz schmale Taille (eine Figur wie eine Sanduhr), einen makellosen Teint, porzellanblaue Augen und dichtes kastanienbraunes Haar, das sie sich über der Stirn in Löckchen drehte. Sie duftete nach Eau de Cologne und hatte immer lackierte Fingernägel. Sie wartete ungeduldig auf ihren sechzehnten Geburtstag, weil sie dann zu ihrer Tante ziehen würde, die in Paris eine Parfümerie besaß. Die meiste Zeit verbrachte sie damit, sich im Spiegel zu betrachten und sich den Inhalt geheimnisvoller Porzellantöpfchen auf ihre Porzellanhaut zu tupfen. Sie war in sich und die Welt verliebt. Ihr einziges Bestreben war, alles und jeden hübsch aussehen und angenehm duften zu lassen. Obwohl wir anderen uns über Annettes Getue und Selbstverliebtheit lustig machten, waren wir gern mit ihr zusammen, allein schon wegen der Duftwolke, die sie auf Schritt und Tritt umgab.

Lilka hatte vom ersten Tag an kein Hehl daraus gemacht, dass sie ihrer Ansicht nach eine Stufe über sämtlichen anderen Heimbewohnerinnen stand. Das hieß, dass sie auch mit mir möglichst wenig zu tun haben wollte. Sie tat so, als hätte sie mich erst vor Kurzem kennengelernt, und zwar rein zufällig. Ab September wollte sie in Viroflay zur Schule gehen, deshalb lernte sie Französisch. Aus unerfindlichen Gründen fand sie sich mit ihren Lehrbüchern immer dort ein, wo gerade die meisten von uns versammelt waren oder wo die ungarischen Schwestern musizierten, und begann dann – laut! – zu lernen.

Zwei Filme versetzten mich dann wieder in eine fröhlichere Stimmung: »Swing Romance« [»Second Chorus«] mit Fred Astaire und Paulette Goddard und »L'amour vient en dansant« [»You'll Never Get Rich«], ebenfalls mit Fred Astaire, dessen Partnerin diesmal Rita Hayworth war.

Paris, Sonntag, 6. Juli 1947

Gestern erhielt Onkel einen Brief von Marina. Sie bittet ihn, mir zu erlauben, zu ihr nach Melbourne zu kommen. Lena sagt, in Wirklichkeit ginge es Marina nur um meinen Onkel. Es läge ihr bestimmt nicht viel daran, *mich* hinüberzuholen. Lena hat meine Minuspunkte aufgezählt: kein Geld, kein Englisch, keinerlei Fachkenntnisse. Das alles habe ich schon oft genug zu hören bekommen. Was soll ich denn tun? Im Heim dürfen wir bleiben, bis wir achtzehn sind. Dann schickt man uns einfach weg. Die französischen Mädchen brauchen sich wenigstens keine Sorgen wegen einer Aufenthaltsgenehmigung und Arbeitserlaubnis zu machen, aber für uns Ausländerinnen sieht die Sache ganz anders aus. Soll ich mich also für Kanada entscheiden oder mich nochmals an das polnische Konsulat wenden?

»Manchmal ist es besser, ein Kind zu sein«, schrieb ich in mein Tagebuch. »Ohne Fragen zu stellen, *das* zu akzeptieren, was einem angeboten wird. Aber sobald einem die Augen geöffnet worden sind, ist es leider unmöglich, sie wieder zu verschließen. Der ganze Prozess des Erwachsenwerdens besteht vielleicht nur aus einer Folge unerfreulicher Enthüllungen, die wiederum eine lange Folge erschreckender Zukunftsaussichten eröffnen.

Wenn ich doch jemanden hätte, der älter, klüger und absolut vertrauenswürdig ist, und mit dem ich über das alles sprechen könnte! Einen Menschen, der mich versteht, sich nie über mich lustig macht, mich nie auszankt oder mir sagt, ich sei an allem selber schuld. Auch wenn das sehr oft stimmt. Aber einen solchen Menschen gibt es nirgends.«

Paris, Mittwoch, 9. Juli 1947

Ich hätte den Krieg nicht überleben dürfen. Zum Sterben hat es damals unzählige Möglichkeiten gegeben. Ich hätte meine Eltern nie verlassen sollen. Ich hätte Mutter nicht allein sterben lassen dürfen. Dafür werde ich jetzt bestraft.

Jetzt stirbt man nicht mehr so leicht. Man muss es sich selber antun. Niemand würde es einem ohne Weiteres antun, wie im Krieg. Jetzt muss ich mein Leben auf mich nehmen, mein unbeholfenes, unnützes Dasein, das mir und allen Betroffenen eine Last ist. Wenn ich plötzlich verschwände – was für eine Erleichterung wäre das für sie und für mich!

Am 14. Juli blieb ich zu Hause. Madame J. rief in Viroflay an und forderte mich auf, sofort zur Arbeit zu kommen. Frau Klein nahm mir den Hörer aus der Hand und erklärte meiner Arbeitgeberin in unmissverständlichem Französisch, was diese von ihr aus am Nationalfeiertag tun könnte … Ich hatte schon seit einigen Wochen keinen freien Tag mehr gehabt, weil viele von Madame J.s Kundinnen in Urlaub fahren und ihre neuen Kleider mitnehmen wollten.

Am Abend sahen wir uns das Feuerwerk an, das in Versailles stattfand und von unserem Dach aus gut zu sehen war. Einige Mädchen wollten nach Versailles fahren, Frau Klein jedoch fürchtete, dass ihnen etwas zustoßen könnte, und da sie Respekt vor ihr hatten, verzichteten sie auf den Ausflug.

Ich war erschöpft und deprimiert und wünschte mir nur noch, im Bett zu bleiben und tagelang zu schlafen. Das Leben war zu kostbar, um es mit Nähen zu verplempern. Mir war klar, dass mir eine Rolle aufgezwungen wurde, in der ich mich selber nicht mehr erkennen konnte. Ein einziges So-tun-als-ob. Das Gefühl, in eine aussichtslose und verlogene Situation geraten zu sein, war niederschmetternd.

Viroflay, Samstag, 19. Juli 1947

Drei Schiffe mit 4500 jüdischen Auswanderern warten vor der Hafeneinfahrt von Haifa auf Landeerlaubnis. Die Briten lassen sie nicht landen. Sie bestehen darauf, dass die Auswanderer nach Marseille, ihrem letzten Anlaufhafen, zurückfahren. Es ist nicht zu fassen!

Viroflay, Dienstag, 29. Juli 1947

Die drei Schiffe nähern sich Port-de-Bouc. Bevor sie in Haifa umkehren mussten, ist es zu verzweifelten Auseinandersetzungen gekommen. Wir können über nichts anderes mehr reden. Das Radio ist ständig eingeschaltet, und wir kaufen jede Zeitung, die wir auftreiben können. Die Auswanderer haben erklärt, sie würden sich lieber umbringen, als in Marseille von Bord zu gehen.

Viroflay, Donnerstag, 31. Juli 1947

Die drei Auswandererschiffe »Exodus«, »Empire Rival« und »Ocean Vigour« sind in Port-de-Bouc eingelaufen. Das Rote Kreuz versorgt sie mit Medikamenten, Milch und Babynahrung. Die Passagiere sollen gewaltsam an Land gebracht werden. Die Franzosen nennen diese drei Schiffe »Bateaux Cages«, und die Engländer haben an dieser Bezeichnung Anstoß genommen. Das ist der Gipfel der Heuchelei!

Während der letzten Julitage war ich ganz benommen. Ich verfolgte die Zeitungsmeldungen über die drei Schiffe und arbeitete täglich, auch am Wochenende, bis zum späten

Abend. Als ich eines Tages ein Kleid bei einer Kundin ab-
lieferte, bat sie mich, einen Moment auf der Treppe zu
warten. Ich dachte, sie wollte mir etwas für Madame J.
mitgeben, doch dann drückte sie mir ein Trinkgeld in die
Hand. Ich gab es ganz impulsiv zurück und rannte wie
von Furien gehetzt die Treppe hinunter. Wer von uns beiden verdutzter war, hätte ich nicht sagen können. Ich war
den Tränen nahe, so gedemütigt fühlte ich mich. Trotzdem: Das Geld hätte ich dringend nötig gehabt. Ich war
völlig abgebrannt, zumal mein Onkel in Urlaub gefahren
war.

Malmaison, Sonntag, 3. August 1947

Als ich kürzlich einen ähnlichen Botengang erledigt hatte
(diesmal gab ich das Paket schleunigst an der Tür ab und
rannte weg), blieb ich mit dem Fahrstuhl stecken. Schauderhaft! Es war einer dieser Glas-und-Spiegel-Käfige, die
in einem Schacht aus verschnörkeltem Schmiedeeisen hängen. Die gewachste, teppichbelegte Treppe wand sich kor-
kenzieherartig um den Fahrstuhlschacht. »Un escalier en
colimaçon« wird das hier genannt. Wahrscheinlich hatte
ich die Innentür zu früh öffnen wollen – jedenfalls blieb
der Fahrstuhl ein Stück über dem Erdgeschoss stehen. Die
Außentür direkt unterhalb des Fahrstuhlbodens konnte
ich nicht öffnen. Im Haus regte sich nichts. Eine Alarm-
klingel war nicht vorhanden. Zum Glück war es im Lift
ziemlich dunkel und kühl, während draußen eine sen-
gende Hitze herrschte. Es roch angenehm nach Bienen-
wachs. Ich saß auf dem Boden und wartete. Es dauerte
sehr lange, bis ich endlich jemanden kommen hörte. Ich
wurde ein bisschen nervös. War es ein Mann oder eine
Frau? Jemand, dem man vertrauen konnte? Es passierten

doch so viele schreckliche Dinge, und da saß ich nun in diesem Käfig – völlig wehrlos, falls ich einem Killer oder irgendeinem perversen Kerl in die Hände fiel. Ich rief. *»Monsieur, eh, monsieur?«* Ich wusste nicht, wie ich meine Notlage erklären sollte, doch der Mann verstand sofort, holte die Concierge – und ein paar Minuten später war ich befreit. Ich murmelte ein paar Dankesworte und stürmte hinaus, bevor man mir Fragen stellen konnte.

Madame J. ist am 1. August verreist und wir sind nach Malmaison umgezogen.

Das Heim in Viroflay war vorübergehend geschlossen worden, weil die meisten Mädchen in die Sommerferien gefahren waren. Anna (aus Zabrze) wurde ebenfalls in dem Heim in Malmaison einquartiert. Es bestand aus zwei Häusern, dem Haupt- und dem Nebengebäude, die in einem großen, verwilderten Garten standen. Beide Häuser waren unbeschreiblich verschmutzt. In jedem Winkel lagen haufenweise Lumpen und Unrat herum. Die Holzböden waren dreckverkrustet. Wir verbrauchten ein ganzes Paket Scheuerpulver, bevor wir uns in die Badewanne trauten. Überall wimmelte es von Wanzen, Flöhen und Küchenschaben und nachts schwirrten ganze Scharen von Stechmücken herum. Wir waren von Kopf bis Fuß mit Stichen bedeckt und wachten jeden Morgen mit geschwollenem Gesicht auf.

Die »Alteingesessenen« waren alles andere als freundlich: Eine Clique fast schon erwachsener Mädchen und Jungen (diese waren in der Überzahl), die meist nichts Besseres zu tun hatten, als ihr Radio in voller Lautstärke spielen zu lassen. Immer nur Dschungelmusik, leider Gottes! Da sie es nicht einmal nachts leiser stellten, konnten wir nur tagsüber ein paar Stunden schlafen – vorausgesetzt, dass die »Wilden« abgezogen waren, um Paris unsicher zu machen. Zum Glück waren wir im Nebengebäude und sie im Hauptgebäude untergebracht.

Da ich mir vor dem Umzug genug Lesestoff besorgt hatte, saß ich meistens mit einem Buch im Garten. Ich hatte gerade »Cyrano de Bergerac« gelesen und war begeistert vom Esprit und Stil dieses Theaterstücks. Was für eine Offenbarung die französische Sprache für mich geworden war!

In Paris sahen wir den Film »The Phantom of the Opéra« mit Nelson Eddy, Claude Rains und der jungen Schauspielerin Susanna Foster, die wie eine Lerche sang. Das Kino war ganz nahe bei Charles' Laden, aber auch Mimi und Charles machten Urlaub, und das Geschäft war geschlossen.

Malmaison, Montag, 4. August 1947

Hier in Malmaison steht ein Klavier, und obwohl es schrecklich verstimmt ist, übe ich jeden Tag, um nicht alles zu verlernen.

Malmaison, Dienstag, 5. August 1947

Als Vergeltung für den Tod der beiden britischen Sergeanten, die am 31. Juli bei Tel-Aviv von der Untergrundbewegung »Irgun« gehängt wurden, ist es in London, Manchester und Liverpool zu antisemitischen Ausschreitungen gekommen. Synagogen wurden überfallen und Fabriken niedergebrannt. O Gott, fängt das jetzt wieder an?

Die jungen Burschen aus dem Hauptgebäude kommen herüber, um uns zu piesacken, vor allem nachts. Sie klettern durch die Fenster herein und kippen unsere Betten um – zum Schabernack, nicht aus Bosheit –, aber wir wollen nichts mit ihnen zu tun haben. Ihnen leuchtet das nicht ein.

Big Charlie, ein blonder Hüne, ist ganz hingerissen von Annette. Neben ihm sieht sie wie ein Meißner Porzellanfigürchen aus. Sie fürchtet, die Sonne könnte ihrem Teint schaden, und Big Charlie schleicht sich immer wieder von hinten an sie heran und reißt ihr den Sonnenhut vom Kopf. Dann klettert er affenartig auf den nächsten Baum, wobei er den Hut mit den Zähnen festhält. Wir wissen nicht so recht, wie wir ihm beibringen könnten, dass Jungen, die in Shorts auf Bäume klettern, Unterhosen tragen sollten.

Malmaison, Sonntag, 10. August 1947

Am Freitag gingen wir in die Oper und sahen »Die Zauberflöte«. Es war FANTASTISCH. Wir waren zu siebt: Lilka, Marta, Zuzi, Denise, Simone, Anna und ich. Wir saßen auf dem Olymp, der hintersten Reihe der obersten (4.) Galerie, deshalb konnten wir die obere Hälfte der Bühne nicht sehen, aber das hat uns nichts ausgemacht. Die Musik, die Kostüme, der Gesang, die ganze märchenhafte Zauberwelt ... Wir hatten kein Programmheft, ich weiß also nicht, welche Sänger auftraten, aber auch das hat uns nichts ausgemacht.

Die Königin der Nacht muss allerdings sehr nervös gewesen sein. Bei der großen Koloratur-Arie, als sie auf einer Wolke stand, versagte ihr beim höchsten Ton die Stimme. Und sofort fuhr das ganze Publikum hoch und machte »Aaah ...«. Die Arme! Ich habe mir Gedanken darüber gemacht, wie sie es durchstehen und ob ihr hinterher jemand die Leviten lesen würde.

Um Mitternacht machten wir uns auf den Heimweg

durch das dunkle, stille Paris. Wir mussten eine halbe Stunde auf unseren Zug warten. Wir setzten uns in ein Straßencafé und tranken zusammen eine Limonade. Aus einer Gasse tauchte eine Frau auf, groß und stattlich, aber schäbig gekleidet und mit einer Brille auf der Nase. Sie sprach jeden Mann, der vorbeikam, derart dreist und aufdringlich an, dass wir wie gelähmt an unserem Tisch saßen und gafften. Wir waren so verdattert, dass wir beinahe unseren Zug versäumt hätten.

Malmaison, Mittwoch, 13. August 1947

Früher muss es hier wunderschön gewesen sein. Direkt gegenüber hatte Napoleons Josephine ihr Schloss, in einem Park. Und das Haus und der Garten gehörten einem von Napoleons Generälen. Jetzt ist alles schrecklich vernachlässigt, aber in den alten Ruinen sind noch Spuren einstiger Schönheit zu entdecken.

Heute früh bin ich aus einem langen Traum aufgewacht, den ich vergessen hatte, sobald ich die Augen aufmachte, doch er war so voller Glückseligkeit, dass dieses Gefühl den ganzen Tag anhielt.

Angesichts der Schwierigkeiten, die das Leben in dem neuen Heim mit sich brachte, schlossen wir uns enger zusammen. Mit Ausnahme Lilkas. Marta, die während Tamaras Abwesenheit etwas auftaute und Vertrauen zu mir fasste, war ebenfalls der Meinung, Lilka sei für das Leben in einer solchen Gemeinschaft ungeeignet. Wir sprachen über meine einstige Freundin und konstatierten, dass sie etliche Charakterfehler hatte: Sie war selbstsüchtig, unzuverlässig und hochnäsig. Ich staunte über Martas Beobachtungsgabe.

In der Bibliothek hatte ich mir eine Gesamtausgabe der

Theaterstücke von Molière ausgeliehen, die ich jetzt durch-
ackerte. Eigentlich las ich Dramen nicht besonders gern,
aber ich bewunderte die geistreichen Pointen und die Ele-
ganz der Sprache, die mir von Tag zu Tag mehr Freude
machte. Außerdem eignete ich mir ziemlich viel Pariser
»argot« an – mit dem Ergebnis, dass man sich erstaunt
nach mir umsah, wenn ich mit Simone beim Einkaufen
war, und dass sie jedes Mal hastig erklärte, ich wüsste gar
nicht, was ich da sagte.

Nacht für Nacht fielen Sternschnuppen. Ich wollte mir
jedes Mal etwas wünschen, doch mir schwirrte der Kopf
von undefinierbaren Sehnsüchten und Ängsten.

Ich besuchte Jack und Lena in Paris, und um frische Luft
zu schnappen, gingen wir hinauf zur Sacré-Cœur-Kirche.
Die Stadt flimmerte unter dem Hitzeschleier. Jack erzählte
von seinen Jugendjahren, den sorglosen Tagen daheim auf
dem väterlichen Besitztum tief in der polnischen Provinz,
von seinen Brüdern und Schwestern. Sie waren zu zwölft!
Eine richtige Rasselbande, die Zweikämpfe ausfocht, auf
ungesattelten Pferden ritt, schwamm und segelte. Immer
wenn ein Hauslehrer ihnen am Ende des Schuljahres
schlechte Noten androhte, fuhren sie mit ihm in einem
kleinen Boot bis zur Mitte eines Flusses, der breit und gefährlich war. Ließ sich der Hauslehrer dann immer noch
nicht umstimmen, musste er zum Ufer zurück um sein Leben schwimmen. Als Charles mit Mimi nach Hause gekommen war, um sie der Familie vorzustellen, hatte Mimi
zwei seiner jüngeren Brüder gebeten, ihr ein paar Worte
Polnisch beizubringen, mit denen sie am Abend die Verwandtschaft begrüßen wollte. Die beiden versprachen,
sich etwas Passendes einfallen zu lassen. Als der große
Moment gekommen war, trat Mimi mit strahlendem
Lächeln ins Zimmer und sagte: »Ihr könnt mich alle am

Arsch lecken!« Ihre Aussprache war tadellos. »Von diesem Moment an hat Mimi zur Familie gehört«, berichtete Jack.

»Ich besaß nur ein einziges weißes Baumwollkleid«, erzählte Lena. »Wir waren noch nicht verheiratet, und Jacks Eltern wollten natürlich nicht, dass er mich zur Frau nahm. Weil ich zu arm war.« Der Ton, in dem sie das sagte, verriet eine gewisse Selbstgefälligkeit, wenn nicht sogar Genugtuung: Unter den gegenwärtigen Umständen musste ihr das alles lächerlich vorkommen. »Jack hatte mich eingeladen, eine Weile dort zu bleiben. Jeder in dieser Familie lud ständig irgendwelche Bekannte ein. Das Haus stand jedem offen. Man ging einfach hin, erklärte, man sei mit einem Sohn oder einer Tochter des Hauses befreundet, und schon bekam man ein Zimmer. Manche Leute blieben wochenlang da, ohne dass jemand wusste, wer sie eigentlich waren. Also, ich hatte nur dieses eine Kleid. Ich habe es jeden Abend gewaschen und jeden Morgen vor dem Frühstück gebügelt, um immer wie aus dem Ei gepellt auszusehen ... Und ich hatte sehr langes Haar ...«

»Du musst reizend ausgesehen haben«, sagte ich mitfühlend. Wie konnte man denn gegen Lena etwas einzuwenden haben ...

»Ein Leben war das damals! Der Fluss, die Boote, die Pferde. Mein Bruder hat die Feuerwehr inspiziert, hoch zu Ross, bloß mit seiner Badehose bekleidet, aber einen Messinghelm auf dem Kopf ...«

»Und Erdbeerfelder hatten wir, kannst du dir das vorstellen? Wir haben immer einen Eimer Rahm mit hinausgenommen und Erdbeeren gegessen, bis wir nicht mehr konnten.«

»Und der übrige Rahm«, sagte ich, »wurde dem, der als Letzter kam, über den Kopf gegossen.« Ich hatte diese Geschichten so oft im Warschauer Ghetto zu hören bekommen, wenn wir Jacks Eltern besuchten, die in einem winzigen Zimmer hausten. Entwurzelt und enteignet, nicht daran gewöhnt, in der Stadt und in einem einzigen Zimmer zu leben, voller Sorge um ihre Kinder, die in der ganzen Welt verstreut waren und in mindestens drei verschiedenen Armeen kämpften ... Die beiden starben, wie meine Großeltern, bei der »großen Selektion« ...

Malmaison, Dienstag, 19. August 1947

Die Passagiere der »Exodus« sind in den Hungerstreik getreten.

Hier bei uns hat der Preis für ein Kilo Brot (es ist immer noch schwefelgelb) die Rekordhöhe von vierundzwanzig Francs erreicht. Wie uns ein Arzt in einem langen Zeitungsartikel versichert, besteht trotz der seltsamen Farbe und des merkwürdigen Geruchs keine Gefahr, dass der Genuss dieses Brotes zu Pellagra oder angeborenem Schwachsinn führt.

Die Damenmode ändert sich. Endlich! Die wattierten Schultern und kurzen, geraden Röcke sind passee. Die Konturen werden fließender. Abgerundete, natürlichere Schulterpartien, längere, glockige Röcke. Da man aber zu solchen Röcken viel mehr Stoff braucht, bezweifle ich, dass sie sich durchsetzen werden.

Malmaison, Freitag, 22. August 1947

Man hat den Auswanderern auf der »Exodus« ein Ultimatum gestellt: entweder in Frankreich von Bord gehen oder nach Hamburg zurückfahren. Die Engländer können doch nicht erwarten, dass diese Menschen, von denen die meisten wie durch ein Wunder die deutschen Konzentrationslager überlebt haben, nach Deutschland zurückkehren! Wissen sie denn nicht, was in Europa passiert ist? Oder stimmt es (wie hier alle behaupten), dass sie es sehr wohl wissen, aber keinerlei menschliche Gefühle haben und sich einfach darüber hinwegsetzen?

Malmaison, Samstag, 23. August 1947

Die »Exodus« fährt, von zwei Kriegsschiffen eskortiert, nach Hamburg zurück. Wenn sie dort einläuft, kommt es bestimmt zu entsetzlichen Szenen. Manche Leute sagen voraus, dass niemand das Schiff lebend verlassen wird.

Ab September sollte ich an einem Kurs in der Modefachschule teilnehmen, wo ich das Zuschneiden und Entwerfen von Kleidern lernen sollte. Ich stand der Sache skeptisch gegenüber. Dass ich etwas so Schwieriges und Geheimnisvolles erlernen könnte, hielt ich für ausgeschlossen. Andererseits war mir alles recht, was mir dazu verhelfen konnte, zwei Nachmittage pro Woche nicht bei Madame J. arbeiten zu müssen. Ihr behagte das allerdings gar nicht. Sie hatte ihren Urlaub beendet und war schwanger. Die Mädchen in Viroflay wiesen mich darauf hin, dass schwangere Frauen schrecklich launisch und leicht erregbar seien. Man dürfte ihnen nicht widersprechen und keinerlei Ärger machen, weil das dem Kind schaden könnte. Ich sah den kommenden Monaten mit gemischten Gefühlen entgegen.

Viroflay, Dienstag, 2. September 1947

Bei einem schrecklichen Brand im »Select Cinéma« in Rueil sind 87 Menschen ums Leben gekommen und 29 verletzt worden.

Viroflay, Samstag, 6. September 1947

Heute vor fünf Jahren fand im Warschauer Ghetto die »große Selektion« statt. Großvater und Großmutter wurden abtransportiert, Tante Marysia – und so viele andere. Vater und ich standen auf einem großen Platz und warteten auf die Nummern, die man zugeteilt bekommen musste, um im Ghetto bleiben zu dürfen. Für mich war keine Nummer da. Im letzten Moment gab mir ein Aufseher, der Vater kannte, die Nummer seiner eigenen Tochter.

Heute, genau fünf Jahre später, habe ich wieder ein Stück Papier bekommen: einen Brief von Marina, mit der Nachricht, dass man mir die Landeerlaubnis erteilt hat – in einer Woche müsste sie hier eintreffen. Vielleicht liegt sie schon bei Maurice. Es ist ein merkwürdiges Zusammentreffen, denn wird mir durch diese Landeerlaubnis nicht in fast wörtlichem Sinne genehmigt, das alles hinter mir zurückzulassen und ein neues Leben zu beginnen – in einem neuen Land? Nur: Was soll ich dort? Ich kann kein Wort Englisch. O Gott, was soll ich denn in Australien tun?

Wie stets suchte ich Zuflucht im Kino. »La vie privée d'Elizabeth d'Angleterre« [»Günstling einer Königin«]. Erroll Flynn als Essex. Aber leider Gottes war der alte Zauber verflogen. Ich wünschte mir nicht mehr, bei ihm dort oben zu sein, wenn er sich von einem Kronleuchter herabschwang oder mit Karacho durch geschlossene Fenster sprang. »Was ist mit mir los? Werde ich erwachsen?«

Mitte September war unsere Hausgemeinschaft tief betroffen über die Nachricht, dass Frau Klein das Rentenalter erreicht hatte und uns verlassen würde. Alle, auch sie selbst, waren in Tränen aufgelöst. Eine neue Heimleiterin wurde ernannt. Dreißig Jahre alt, dürr und dunkelhaarig, mit scharfer Stimme und einem sehr barschen Auftreten. Sie hieß Bella. Der Name, fanden wir, passte zu ihr wie die Faust aufs Auge. Sie übte sofort Kritik an dem ganzen Heim, in dem ihrer Ansicht nach eine hoffnungslose Misswirtschaft herrschte. Dass sie dies äußerte, als Frau Klein noch im Haus war, kreideten wir ihr als unverzeihliche Sünde an.

Wir gaben ein Abschiedsessen für Frau Klein und überreichten ihr einen im Garten gepflückten Blumenstrauß und einen Gewürzständer. Bella, die an dem Essen teilnahm, war anzusehen, dass sie vor Wut kochte.

Sie benützte kein Make-up, hatte kurz geschnittene Haare und war Kettenraucherin. Mit dem ohnehin spärlichen Privatleben, das wir bisher noch gehabt hatten, war es mit einem Schlag vorbei. Ohne anzuklopfen, platzte Bella bei uns herein und wollte wissen, womit wir gerade beschäftigt waren. Sie marschierte die Treppen hinauf und hinunter und sang dabei aus voller Kehle. Sie sei Kommunistin, verkündete sie. Sie verabscheue unser kleinbürgerliches Benehmen. Sie sang die »Bandiera rossa« auf Italienisch und die »Internationale« auf Französisch und forderte uns zum Mitsingen auf. Zum Glück konnte keine von uns den Text. Sie kam zu uns ins Badezimmer und duschte gemeinsam mit uns. »Nicht schlecht für mein Alter, was?« Und dabei klatschte sie sich auf die mageren

Schenkel und musterte uns mit ihren dunklen Knopfaugen. Es behagte uns absolut nicht, dass sie sich so krampfhaft bemühte, unser Kumpel zu werden, unsere *copine* und *frangine*.

Sonntag, den 14. September, bekam Denise von Bella eine Ohrfeige, was einen Generalstreik auslöste: Wir ließen unser Frühstück unberührt auf dem Tisch stehen und Bella finsteren Blickes vor der Kakaokanne sitzen.

Viroflay, Freitag, 19. September 1947

Hier die Voraussage für den kommenden Winter: Weil Weißblech Mangelware ist, wird es keine Konserven geben. Wegen der Missernte und der daraus resultierenden Mehlknappheit mussten die Spaghettifabriken bereits vor vier Monaten schließen. Wegen der Dürreperiode im Sommer ist Gemüse knapp geworden und wird in den kommenden Monaten noch knapper werden. Kartoffeln sind, weil von Beschlagnahme gemunkelt wird, in den Läden so gut wie nicht mehr zu bekommen. Der Preis für ein Kilo Beefsteak ist auf 400 Francs geklettert. Und die Fleischereien sind ohnehin mehrere Tage in der Woche geschlossen.

Da bleibt nicht viel übrig. Wir müssen dankbar sein für die Lebensmittel, die wir aus Amerika erhalten: Nestlé-Dosenmilch, an der ich mich gar nicht satt trinken kann, Kakao, Ölsardinen und große Dosen mit einem widerlichen Zeug, das fettig, salzig und zugleich süß ist und über dessen Verwendungszweck wir uns immer noch im Unklaren sind. Es heißt *peanut butter*. Nach dem Abendessen bekommt jede von uns einen Löffel voll zum Schlecken. Zu Brot scheint dieses Zeug ebenso wenig zu passen wie zu Milch oder irgendetwas anderem. Aber es soll eine Menge Vitamine enthalten, deshalb müssen wir's essen.

Ich habe gerade einen Zeitungsartikel über einen Mann gelesen, der vor vier Jahren von einem entflohenen französischen Kriegsgefangenen in einem Wald bei Hamburg entdeckt wurde. Er konnte nicht mehr sprechen und hatte offenbar keine Ahnung, wer er war. Nach der Ankunft in Frankreich erinnerte er sich unter Hypnose an ein paar französische und deutsche Wörter, aber an nichts, was seine Identität betraf. Vom Krankenhauspersonal lernte er schließlich fließend Französisch, doch das Geheimnis um seine Person ist bis heute nicht gelüftet worden. Vielleicht ist er gar kein Franzose? Ob irgendjemand schon einmal versucht hat, Polnisch mit ihm zu sprechen? Vielleicht ist es jemand, den ich kenne?

Am Sonntag, während des Mittagessens bei Lena und Jack, kamen wir auf unsere nächsten Verwandten zu sprechen. Was denn eigentlich mit Mimi los sei, fragte ich. Ob sie krank sei? Ein Herzleiden vielleicht? Wann immer ich sie besuchte, war ihr ungarischer Arzt zugegen, und wenn Mimi Beschwerden hatte, was oft der Fall war, setzte er sich neben sie, hielt ihre Hand und flüsterte ihr etwas ins Ohr, während Charles aufgeregt herumlief.

»Wenn du mich fragst«, sagte Lena, »hat es nichts mit ihrem Herzen zu tun. Es ist ihr Alter, das ist doch klar.«

Mir war das keineswegs klar.

»Sie ist etliche Jahre älter als Charles. Sie können keine Kinder haben. Und Charles hätte so gern Nachwuchs. Deshalb fürchtet Mimi, er könnte... na, du weißt schon... einen Seitensprung machen.«

»Warum können sie keine Kinder haben?«

»Ich weiß nicht, warum es früher nicht geklappt hat. Jetzt ist es jedenfalls zu spät.«

Ich sah sie entgeistert an. Mir war noch nie der Gedanke gekommen, dass man zu alt sein könnte, um ein Kind zu bekommen. Dann gab es also doch noch gewisse Dinge, von denen ich keine Ahnung hatte?

»Und noch etwas«, sagte Lena. »Wenn ich dir einen Rat geben darf . . . An deiner Stelle wäre ich Charles gegenüber etwas vorsichtiger.«

Ich starrte sie mit offenem Mund an. »Was hab ich denn getan?«

»Mimi ist sehr nervös und braust leicht auf. Und Charles . . . na ja, er ist eben ein Mann. Sieh zu, dass du nicht zu oft mit ihm allein bist.«

Ich war wie vom Donner gerührt. Lena konnte doch unmöglich glauben, dass ich und – Charles . . .

»Er ist doch mein Vetter«, stammelte ich.

Ich sah, wie Jack mir über den Tisch hinweg zublinzelte, und hielt den Mund. Ich spürte, dass mir das Blut ins Gesicht stieg. Nein! Das war einfach *zu* schrecklich! War ich denn so naiv gewesen? Oder steckte etwas anderes hinter Lenas Warnung?

»Das ist ja lächerlich«, erklärte ich.

»Wie du willst«, sagte Lena.

Auf der Heimfahrt jedoch fiel mir etwas ein, das sich in der vergangenen Woche abgespielt hatte. Bei einem gemeinsamen Spaziergang im Bois hatte ich mir eine Blase gelaufen. Charles erbot sich mir ein Pflaster zu machen. Auf dem Weg zum Kino kamen wir an seiner Wohnung vorbei. »Nicht nötig, dass ihr mit hinaufkommt«, sagte Charles zu Mimi und dem Ungarn. »Wir sind gleich wieder da.«

Droben führte er mich zu einem Lehnstuhl, hockte sich auf den Boden, hielt meinen Fuß auf den Knien und säuberte die inzwischen aufgeplatzte Blase. Als er vorsichtig ein Stück Pflaster auf meine Ferse klebte, wurde plötzlich die Tür aufgerissen und Mimi stürmte herein. Wir sahen ganz verdutzt zu ihr hinüber. Das Haus hatte keinen Fahrstuhl und Mimi war offenbar in aller Eile die Treppe bis zum fünften Stock hinaufgerannt. Ihr Gesicht war puterrot.

»Ich dachte... ich nehme lieber einen Schirm mit«, stammelte sie. »Es sieht nach Regen aus.«

Sie war ganz durcheinander und sehr verlegen. Charles ebenfalls. Aber er war auch sehr verärgert.

»Also wirklich, Chérie...«, sagte er unwirsch – während sie sich, immer noch außer Atem, auf den nächsten Stuhl fallen ließ und sich Luft zufächelte – »... nach all diesen Jahren...« Den ganzen Abend herrschte eine derart gespannte Atmosphäre, dass keiner von uns den Film genießen konnte.

Mit Simone und Maurice zusammen zu sein, war dagegen eine wahre Erholung. Obzwar die beiden häufig aneinandergerieten, nannte Simone ihren Mann immer noch »Mein Robert Taylor« und schlang oft ganz impulsiv die Arme um ihn, wobei er jedes Mal rote Ohren bekam und so tat, als wäre ihm das alles sehr peinlich – aber seine Äuglein funkelten vor Vergnügen.

Ihn darf ich küssen und umarmen, so oft ich will, sagte ich mir. Bei Maurice und Simone durfte ich noch Kind sein. Mit ihren Streitigkeiten hatte ich nichts zu tun. Es ging dabei immer nur um finanzielle und geschäftliche Probleme. Dass die beiden nicht begreifen konnten, was ich vom Leben erwartete, kränkte mich nicht: Sie konnten ja nicht einmal ihren eigenen Sohn verstehen.

Auch mein Onkel zog diesen Haushalt, in dem es drunter und drüber ging, der schicken Atmosphäre am Boulevard de Neuilly vor. Er verbrachte fast jeden Abend bei Maurice. Das Essen, das er dort vorgesetzt bekam, war oft seine einzige Mahlzeit am Tag. Er hatte immer noch keine Arbeit gefunden und war völlig abgebrannt. Davon ließ er allerdings kein Wort verlauten – außer mir wusste es niemand. Ich fand das bewundernswert. Ich wusste, was es heißt, wirklich hungrig zu sein, und dass es zu einer Zwangsvorstellung werden kann, die alle anderen Gedanken verdrängt.

Viroflay, Samstag, 4. Oktober 1947

In Ägypten grassiert die Cholera. 160 Fälle an einem einzigen Tag.

Jacques Griffe kreiert ein herrliches, spitzenbesetztes »deshabillé« für Prinzessin Elizabeth. Rosette, die seit kurzem bei uns im Heim wohnt, ist Lehrmädchen bei Jacques Griffe. Sie hat es gesehen und redet unentwegt davon.

In Palästina wird es zu einem richtigen Krieg kommen.

Gestern Abend habe ich im »Gaumont« den Film »The Best Years of Our Lives« [»Die besten Jahre unseres Lebens«] gesehen. Eigentlich hätte er das Publikum zum Weinen bringen müssen. Hat er aber nicht.

Viroflay, Montag, 6. Oktober 1947

Zu viel Arbeit bei Madame J. und zu wenig Zeit, um richtig Tagebuch zu führen. Zweimal in der Woche bin ich ab vier Uhr nachmittags in der Modefachschule am Boulevard de Strasbourg. Wir nehmen Maß, stellen Berechnungen an, zeichnen Schnitte und schneiden ballenweise steifen weißen Musselin zu. Wir müssen lange Ärmel zuschneiden, in einem Stil, der bereits völlig aus der Mode gekommen ist. Kurze Ärmel sind viel einfacher. Da braucht man bloß die Form des Armlochs zu berechnen. Bei langen Ärmeln muss man Spielraum für den Ellenbogen lassen, so dass die eine Seite länger als die andere ist, und auf der Innenseite sind zwei kleine Abnäher. Rosette (»aus dem Hause Jacques Griffe« – was wir so oft zu hören bekommen, dass es uns schon zum Hals heraushängt) rümpft bloß die Nase, wenn ich sie etwas frage. Sie ist natürlich »haute couture«, auch wenn sie dort bloß die stumpfsinnigste, einfachste Arbeit machen darf und noch nie ein ganzes Kleid zusammengenäht hat, was sie vermutlich auch nie tun wird.

In der zweiten Unterrichtsstunde müssen wir lange Bahnen Musselin mit Stecknadeln an Kleiderpuppen befestigen und dann so drapieren und zuschneiden, dass ein Kleid daraus wird, oder auch bloß ein Oberteil oder ein Rock. Wir lernen, ob der Stoff gerade oder schräg angeheftet werden und ob man ihn straffen oder lose herabhängen lassen muss. Das ist viel interessanter als am Zeichentisch zu arbeiten – abgesehen davon, dass keine Frau existiert, die eine Figur wie unsere Kleiderpuppen hat. Bei denen hängt der Busen bis zur Taille herunter und der Hintern ist herausgereckt wie bei den in Korsetts eingeschnürten Damen um 1900. Außerdem würden wir einer Kundin doch niemals Musselin anheften!

Madame J. nimmt ganz einfach Maß, sieht sich das abgebildete Kleid an, breitet den Stoff auf dem Tisch aus und schneidet ihn zu! Für mich ist dieses Handwerk bestimmt nichts. Ich habe ständig das Gefühl, in eine Schablone gepresst zu werden, die meiner Natur zuwider ist. Neulich, als ich gerade auf die Metro wartete, sprach mich ein junger Mann an. »Sind Sie Schneiderin, Mademoiselle?«, fragte er lächelnd. Ich warf ihm einen vernichtenden Blick zu. Da er einen ziemlich harmlosen Eindruck machte, rang ich mir ein »Warum?« ab, sah ihn aber vorsichtshalber noch abweisender an. Er streckte die Hand aus und entfernte ein Stück Musselin, das wie ein Schwanz an meinem Kleid hing. Vor Scham wäre ich am liebsten im Boden versunken.

Die Bahnfahrt von der Gare Saint-Lazare bis nach Viroflay dauert fünfundzwanzig Minuten. Meistens schlafe ich, während ich in dem überfüllten Waggon stehe. Zu Hause im Wohnheim gibt es dann die übliche Aufregung über dies und das. Soundso spricht nicht mehr mit Soundso und eine andere wirft jemandem Schimpfwörter an den Kopf. Marta und Zuzi üben Klavier und Violine, und hin und wieder kommt Bella aus ihrem Zimmer im Obergeschoss und brüllt: RUHE!

Gegen acht Uhr wird zu Abend gegessen, oft liege ich um diese Zeit aber schon im Bett und mache mir nicht mehr die Mühe, aufzustehen. An Schlafen ist allerdings vor Mitternacht – oft auch noch später – gar nicht zu denken. Ich bewundere die Ausdauer und Vitalität dieser Mädchen. Morgens sind sie frisch und munter, nehmen sich eine Menge vor, strotzen vor Energie, haben strahlende Augen und sind gespannt darauf, was dieser Tag bringen wird. Für mich ist der Morgen immer die schlimmste Tageszeit. Da kann ich nie vergnügt sein – und trotzdem... tagtäglich, wenn der Zug auf Saint-Lazare zufährt und ich die hohen grauen Gebäude rings um den Bahnhof sehe, überkommt mich plötzlich ein Glücksgefühl: Das ist Paris! Paris! Mein Zug fährt in Paris ein! Wie ich diese Stadt liebe!

Viroflay, Freitag, 10. Oktober 1947

Lilka hat aus dem Zimmer, das sie zusammen mit Marta, Zuzi und Tamara bewohnt hat, ausziehen müssen, zweifellos deshalb, weil dieses Trio sich so viel Mühe gibt, unsere Bella einzuwickeln. Ein komischer Anblick: Die musterhafte Vertreterin des Proletariats umschmeichelt von unseren drei Intellektuellen und vor Behagen schnurrend. Lilka war fuchsteufelswild, zumal sie in unser Zimmer verlegt wurde und jetzt also mit drei so armseligen Arbeitstieren, wie Olga, Rosette und ich es sind, zusammenwohnen muss. Aus Wut über diese Erniedrigung knipst sie um elf Uhr nachts das Licht an und liest ihre Hausaufgaben durch – laut! Dabei kann natürlich niemand schlafen, aber unser Protest bringt uns nur vernichtende Blicke und abfällige Bemerkungen ein, die darauf hinauslaufen, dass Studieren zu geistiger Erleuchtung führe, wir dagegen unser Leben damit zubrächten, Kleider zu nähen. Tatsächlich aber verbringe ich jede freie Minute mit Lesen. Ich lese im Zug und in der Metro, blicke nie vom Buch auf, versuche die anderen Fahrgäste zu ignorieren und möchte vor allem, dass sie keinerlei Notiz von mir nehmen. Ich habe solche Angst davor, von Fremden angesprochen oder auch nur angesehen zu werden, dass ich manchmal gar nicht weitergehen kann, am nächsten Laden stehen bleibe und ins Schaufenster starre, ohne etwas wahrzunehmen – bis diese panische Angst sich gelegt hat.

Mimi hat angerufen und sich – zu meiner großen Erleichterung und Freude – erkundigt, warum ich so lange nicht mehr bei ihnen gewesen sei. Seit jenem Mittagessen bei Lena ist es mir zu peinlich gewesen, Mimi und Charles zu besuchen. Mimi schien wirklich besorgt und verwundert über mein langes Fernbleiben. Ich versprach ihr, am Sonntag zum Mittagessen zu kommen.

Viroflay, Montag, 13. Oktober 1947

Das Mittagessen bei Mimi verlief ausgesprochen harmonisch. Jack erzählte herrliche Geschichten aus seiner Jugend, als die ganze Familie noch in Glinka wohnte. Wir haben viel gelacht, nach und nach aber sind wir alle traurig geworden. Die Geschichten waren komisch. Aber es war eben doch anders als wenn irgendjemand Geschichten von früher erzählt, »als Opa noch ein kleiner Junge war«. Jack ist noch ein ziemlich junger Mann. Normalerweise wären seine Geschwister noch am Leben, und seine Eltern auch. Wir dachten daran, *wie* sie ums Leben gekommen sind – ermordet, verhungert, zu Tode gefoltert –, und keinem von uns war mehr nach Lachen zumute.

Um uns auf andere Gedanken zu bringen, erzählte Charles von einem Kabarett, das er kürzlich mit Mimi besucht hat. Dort trat eine fabelhafte spanische Tänzerin auf, die auf einem Tisch tanzte, in einem fantastischen Kostüm aus lauter Rüschen und Bändern, das eine lange Schleppe hatte und vorne geschlitzt war, so dass man ihre Beine sehen konnte. Mimi wollte uns das vorführen. Sie ging hinaus und kam nach einer Weile in einem japanischen Kimono zurück. Dann stieg sie auf den Teetisch und begann rasant zu tanzen. Zu diesem Kimono trug sie Stöckelschuhe und eine Mantilla, die mit einem hohen Kamm befestigt war. Mitten im Tanz ging der Kimono auf, und siehe da: Abgesehen von drei an strategisch wichtigen Stellen platzierten Blumen war Mimi splitterfasernackt. Alle brachen in Gelächter aus und klatschten Beifall, nur Charles nicht. Er war wütend! Er hob Mimi vom Tisch herunter und trug sie, während sie strampelte und protestierte, ins Nebenzimmer, wo sie heftig zu schluchzen begann. Charles kam zerzaust, mit rotem Gesicht und sehr verbiestert zurück, und der ungarische Arzt ging zu Mimi hinein. Lena sagte, die Tischplatte sei ruiniert.

In Paris steht ein Metrostreik bevor, der die Lahmlegung sämtlicher öffentlicher Verkehrsmittel nach sich ziehen wird. Dann kann ich nicht mehr zur Arbeit fahren. Hurra!

Die Metro, die Omnibusse und die Taxis streiken. Paris ist lahm gelegt. Morgen soll auch der Schiffsverkehr eingestellt werden, dann sind sämtliche Häfen blockiert. Wir haben uns die Haare gewaschen und sie mit »bigoudis« aufgewickelt. Außerdem haben wir unsere Kleider gewaschen und gebügelt, die Sachen der anderen begutachtet und Radio gehört. Um den Streik schert sich hier niemand. Wir wollen bloß in Ruhe gelassen werden. Bella bemüht sich heftigst, uns auf Vordermann zu bringen, aber wir weigern uns – bisher mit Erfolg.

Gestern hat sie eine neue Hausliste ausgefüllt. Wir mussten unsere Namen buchstabieren, Geburtsdatum und -ort sowie unsere Nationalität angeben. Wir sind wirklich eine bunt zusammengewürfelte Gesellschaft! Bella hat sich über unsere fremdländisch klingenden Namen geärgert, und wir waren sauer über ihre – unserer Ansicht nach typisch französische – Unfähigkeit, etwas, das ein bisschen anders klingt, richtig zu buchstabieren und auszusprechen. Tamara kam an die Reihe. Familienname: Schloimowitz. Nationalität: französisch. Bella blickte auf »*Sans blague?*«, fragte sie bass erstaunt. Wir kringelten uns vor Lachen.

Soeben ist im Radio gemeldet worden, dass arabische Truppen an der Grenze von Palästina zusammengezogen werden, um einen »heiligen Krieg« auszufechten.

Gestern Abend bekam ich eine merkwürdige, bewegende Lebensgeschichte zu hören. Bisher habe ich noch nichts über Rebekka geschrieben, die vor einiger Zeit zu uns gekommen ist und ebenfalls aus Polen stammt. Sie ist in meinem Alter, korpulent und sehr unfreundlich. Das ist wahrscheinlich der Grund, warum ich sie bisher nicht erwähnt habe. Ihr linker Arm ist partiell gelähmt und sie schielt ein bisschen. Und obendrein scheint es ihr tatsächlich Spaß zu machen, sich scheußlich anzuziehen. Dicke russische Pelzstiefel, herabhängende oder mit großen Sicherheitsnadeln aufgesteckte Rocksäume, unförmige Pullover. Und sie riecht schlecht!

Sie geht in Viroflay zur Schule, in dieselbe Klasse wie Lilka, die über ihr Aussehen entsetzt ist, möglichst wenig mit ihr zu tun haben will, aber von Mitschülerinnen gebeten wurde, mit Rebekka über ihr Aussehen und über Körperpflege zu reden! Damit ist sie allerdings auf taube Ohren gestoßen, denn für so bürgerliche Gepflogenheiten wie regelmäßiges Waschen und ordentliche Kleidung hat Rebekka nur Verachtung übrig.

Gestern erhielt sie einen Brief – woraufhin sie sofort in Bellas Zimmer hinaufstapfte. Dort kam es zu einer langen, lautstarken Auseinandersetzung. Leider bekamen wir nicht mit, worum es dabei ging. Am Abend jedoch begann Rebekka plötzlich zu reden. Nur Lilka, Anna und ich waren zugegen. Wir sprachen Polnisch. Dies ist Rebekkas Lebensgeschichte:

Sie war in Majdanek, Auschwitz und Ravensbrück. Vom dreizehnten bis zum fünfzehnten Lebensjahr wurde sie von einem Lager ins andere geschickt. Wir wussten bereits, dass sie in mindestens einem Lager gewesen war, denn auf ihrem Arm war eine Nummer eingeätzt. In Auschwitz war auf sie geschossen worden. Die Kugel war ihr in die Schulter gedrungen und hatte einen Nerv durchtrennt – daher der verkrüppelte Arm. Daraufhin wurde Rebekka in die Krankenbaracke gebracht, wo sie sich in einen Sanitäter verliebte. Ich hatte nicht gewusst, dass Männern der Zutritt zu den Frauenabteilungen der Lager gestattet war, aber offenbar ist das hie und da möglich gewesen. Er war mindestens zwanzig, also schon ein erwachsener Mann. Seine Verlobte war in einem anderen Lager umgekommen. Zunächst war sich Rebekka gar nicht klar darüber, dass sie sich in ihn verliebt hatte. Sie wusste nur, dass sie sich glücklich fühlte, sobald sie ihn kommen sah. Bald wartete sie nur noch darauf, ihn wiederzusehen. Nach ungefähr einer Woche fragte er sie, ob sie etwas für ihn empfände, worauf sie sagte, sie wüsste nicht genau, ob es Liebe sei. Eine Woche später zweifelte sie nicht mehr daran. Aber als er sie küssen wollte, wehrte sie sich.

»Du brauchst keine Angst zu haben«, sagte er. »Ich werde dich nicht küssen, wenn du es nicht willst.« Sie genierte sich furchtbar. Als er sie nach einiger Zeit dann doch küsste, wunderte sich Rebekka, warum um diese Dinge eigentlich immer so viel Getue gemacht wird. Es war doch wirklich nichts dabei! Allmählich fand sie Gefallen daran, hauptsächlich deshalb, weil es bedeutete, dass er bei ihr war. Und bald war sie ganz außer sich vor Glück. Sie hielt das für eine Sünde, weil sie doch in Auschwitz waren, wo ringsum Menschen starben, während sie beide in einem Traum lebten.

Aber es dauerte nicht lange, bis die Sache problematisch wurde. Aron – so hieß der junge Mann – wollte ... na ja, er war eben ein Mann, und Männer können, scheint's, ohne so etwas nicht leben. Doch Rebekka wollte nicht. Sie liebte Aron so sehr, dass sie ihr Leben für ihn hingegeben hätte, aber sich ihm hingeben, das konnte sie nicht. Er wurde trübsinnig und mürrisch und ging ihr schließlich aus dem Weg. Sie war verzweifelt, konnte sich aber nicht überwinden zu tun, was ihr zuwider war ...

Sie wusste sehr wenig über diese Dinge, und er beschrieb ihr genau, wie es sich abspielt. Rebekka traf fast der Schlag, so peinlich war es ihr, sich so etwas anhören zu müssen. (*Mir* ist es schon peinlich genug, über so etwas zu schreiben. Warum müssen Männer immer... Frauen sind bestimmt nicht so. Ich bin jetzt siebzehn, wenngleich ich wie vierzehn aussehe, und bin felsenfest überzeugt, dass ich meinen Weg machen kann, ohne an Sex auch nur zu denken!) Also, Rebekka gab nicht nach. Sie nahm keine Lebensmittel mehr von ihm an, als ihr klar geworden war, dass es für eine Lagerinsassin bedeutete, sich einem Mann zu verkaufen, wenn sie auch nur ein Stück Brot von ihm annahm.

Als die Russen immer näher kamen, wurde das Lager evakuiert. Aron prägte Rebekka während der letzten paar Stunden im Lager seine Heimatadresse ein. Sie wussten, dass der Krieg bald zu Ende sein würde. Während der Evakuierung wurden sie voneinander getrennt. Nach dem Krieg schrieb ihm Rebekka mehrere Briefe, erhielt aber keine Antwort. Einige Monate später fuhr sie in seinen Heimatort, wo sie von seiner Schwester erfuhr, dass Aron vor ein paar Wochen an Typhus gestorben war.

Rebekka kehrte in ihre Heimatstadt zurück, wo sie noch einen Bruder hatte. Sie trat einer zionistischen Organisation bei, wurde in deren Jugendheim aufgenommen und kam dann nach Frankreich. Und nun brennt sie darauf, nach Palästina auszuwandern. Nicht wegen ihrer zionistischen Ideen, sondern wegen eines jungen Mannes, den sie in jenem Heim kennen- und liebengelernt hat. Er ist neunzehn, hat keinerlei Schulbildung und ist, wie Rebekka sagt, nicht besonders intelligent. Ein handfester, schweigsamer, zuverlässiger, zielstrebiger Idealist, dem die Chance, gegen die Deutschen zu kämpfen, versagt blieb, und der jetzt darauf erpicht ist, gegen andere zu kämpfen, sei es gegen die Araber, sei es gegen die Briten. Und Rebekka, die ganz offen sagt, dass er mit Aron gar nicht zu vergleichen sei und dass Aron immer ihre große Liebe bleiben werde, ist bereit, ihr Leben mit diesem anderen zu teilen und sich von ihm sagen zu lassen, gegen wen sie zu kämpfen hat.

Und trotzdem geht sie hier zur Schule und bemüht sich, Französisch zu lernen. Es heißt doch immer, Männer mögen keine Frauen, die klüger und gebildeter sind als sie selber – wie soll das also gut gehen?

Der bewusste Brief war von David, ihrer neuen Liebe. Er ist in Frankreich, in Marseille, wo er mit seiner Gruppe auf ein Schiff nach Palästina wartet. Rebekka möchte sofort mitfahren, hat aber kein Geld für die Bahnfahrt nach Marseille, und Bella will ihr keines geben, bevor das Hauptbüro sich nicht dazu geäußert hat, was einige Zeit dauern wird. Aber so lange kann Rebekka nicht warten. Sie fürchtet, dass David ohne sie abreisen könnte und sie ihn dann vielleicht nie wiedersehen wird.

»Mein Entschluss steht fest«, sagt sie. »Ich will David nicht verlieren. Was ich erlebt habe, war mir eine Lehre.«

Ihre Geschichte hat uns so beeindruckt, dass wir jetzt durchaus bereit sind, Rebekka gern zu haben, ihre Eigenheiten in Kauf zu nehmen und uns sogar zu überlegen, wie wir das Geld für ihre Fahrkarte nach Marseille auftreiben könnten. Keine von uns hat das nötige Bargeld, und auch wenn wir alles in einen Topf werfen, würde es nicht reichen. Wir sind schrecklich spät zu Bett gegangen, ausnahmsweise einmal ohne uns wegen irgendetwas in die Haare zu geraten. Sogar Lilka hat den Mund gehalten.

Viroflay, Mittwoch, 22. Oktober 1947

Ende des Metro- und Omnibusstreiks. Zurück zur Arbeit. Verflixt noch mal!

Viroflay, Donnerstag, 23. Oktober 1947

In Ägypten breitet sich die Cholera immer weiter aus. Stündlich 23 Todesfälle.

Viroflay, Freitag, 24. Oktober 1947

Ende des Ballettstreiks in der Opéra. Serge Lifar wird wieder tanzen.

Viroflay, Sonntag, 26. Oktober 1947

Und so ist Rebekkas Geschichte ausgegangen: Am Dienstag hat Bella nachgegeben und Rebekka das Geld für die Fahrkarte nach Marseille geliehen. Rebekka fuhr ab und war am nächsten Tag wieder hier. Man hatte ihr nicht erlaubt, David wiederzusehen. Und nun erfuhren wir den Rest der Geschichte: Offenbar war Rebekkas Bruder gegen ihre Auswanderung nach Palästina gewesen. Er schickte sie nach Frankreich, in der Hoffnung, dass sie hier die Schule absolvieren und studieren würde. Er hat ein Vermögen ausgegeben, um sie hierherzuschicken. Sie kaufte sich massenhaft Schulbücher und versprach ihm hoch und heilig in Frankreich zu bleiben. Das war der Grund, warum man ihr in Marseille nicht erlaubt hat, mit David zu sprechen. Worauf sie dem Leiter dieser Gruppe erklärte, wenn sie David wiedersehen dürfte, würde sie gemeinsam mit der Gruppe nach Palästina fahren. Am Tag nach ihrer Rückkehr zu uns rief sie der Gruppenleiter an und fragte, ob sie bei ihrem Entschluss geblieben sei. Wenn ja, könnte sie wieder nach Marseille kommen und nächste Woche mit ihnen abreisen.

Nachdem sie die ganze Nacht überlegt hatte, was sie tun sollte, packte sie am Freitag ihre Habseligkeiten ein und fuhr nach Marseille. Ich werde das Gefühl nicht los, dass Rebekka einen großen Fehler gemacht hat. Wie konnte sie die Chance, sich hier in Frankreich eine gute Schulbildung zu erwerben, um eines Mannes willen aufgeben, der ihrer wahrscheinlich bald überdrüssig sein und sie verlassen wird! Ganz zu schweigen von dem Kummer, den sie ihrem Bruder gemacht hat ... Das einzig Auffällige in dem Kruscht, den sie hier hinterlassen hat, ist ihr Tagebuch. Da steckt bestimmt eine Absicht dahinter. Kein Mensch lässt sein Tagebuch zurück, wenn er nicht *will*, dass es gelesen wird. Wir haben's gelesen. Auf jeder Seite, immer und immer wieder, hat Rebekka geschrieben: »Wie tief ich alle hier verabscheue und verachte! Was wissen *die* schon vom Leben! Alberne, hohlköpfige Flittchen!«

Kurz nach Rebekkas Abreise ging mit Lilka eine erstaunliche Veränderung vor sich. Sie stieß laute Seufzer aus, starrte geistesabwesend vor sich hin, und zuweilen konnte man sie nachts schluchzen hören. Sogar die ärgerliche Angewohnheit, ihre Lektionen laut zu lernen, hatte sie abgelegt. Schließlich fragte ich sie, was denn mit ihr los sei. Als ob sie bloß auf diese Frage gewartet hätte, platzte sie mit der Wahrheit heraus: Auch sie habe eine große, unglückliche Liebe erlebt. Ich erinnerte sie daran, dass ich bereits über den attraktiven Krakauer Arzt Bescheid wüsste, der beim Anblick ihres nackten Körpers in Ohnmacht gefallen war. Worauf sie mir einen – wie es in Romanen heißt – vernichtenden Blick zuwarf und mir beteuerte, sie habe diese kindische Episode schon längst vergessen, außerdem sei er ein alter Schmutzfink, der dem Arztberuf Schande mache. Sie hätte ihn in ernste Schwierigkeiten bringen können, wenn er ihr nicht so leid getan hätte ...

Ihre »wahre« Liebe galt dem Leiter des Heims, in dem sie und Anna nach dem Aufenthalt in Vitry untergebracht waren. Er war Ungar und die Ungarn sind ja bekanntlich furchtbar leidenschaftlich. Lilka verliebte sich auf den ersten Blick in ihn, war sich aber nicht klar darüber, was er für sie empfand – trotz der viel sagenden Blicke, die er ihr zuwarf und trotz der Art und Weise, wie sich seine Stimme veränderte, sobald er mit ihr sprach. Lilka vertraute sich Anna an, die in ihrer unkomplizierten, direkten Art zu ihm ging und ihn danach fragte.

Lilka wurde ins Zimmer des Heimleiters gerufen, wo ihr der Unglückliche sein Dilemma erklärte. Was ihm soeben berichtet worden sei, habe ihn tief bewegt. Er stehe ihr natürlich alles andere als gleichgültig gegenüber, aber er sei ein Mann von Ehre. Er sei mit einem Mädchen verlobt, das sich gerade in einem französischen Sanatorium von einer Tbc erhole. Sobald sie sich kräftig genug fühle, würden sie heiraten und nach Palästina auswandern. Wenn ihr irgendein Gerücht zu Ohren käme … Er sei der einzige Mensch, den sie auf der Welt habe, das Einzige, wofür sie lebe.

Daraufhin erklärten sich Lilka und Anna bereit in ein anderes Heim zu übersiedeln. Sie wurden vom Heimleiter persönlich zum Bahnhof gebracht, wo er Lilka einen Abschiedskuss gab. Vor lauter Kummer war sie zu benommen, um seinen ersten und letzten Kuss zu erwidern. In dem neuen Heim rückte sie dann auf Drängen der *directrice* mit der Wahrheit heraus und wurde von ihr gezwungen, sofort einen Brief an diesen Mann zu schreiben und ihm zu versichern, dass zwischen ihnen beiden alles vorbei sei. Ihre zeitweilige Gefühlsverwirrung, für die sie um Verzeihung bitte, erkläre sich daraus, dass sie sich einsam fühle und Heimweh habe. Sie werde ihm nie wieder Unannehmlichkeiten machen. Lilka zerfloss in Tränen, schrieb aber alles, was die *directrice* ihr diktierte. Andernfalls hätte man sie aus dem Heim verwiesen. Kurz darauf trafen ihre Eltern in Paris ein und nun konnte Lilka zu ihnen ziehen. Aber immer wenn sie an Simon dachte und an den Schmerz, den sie ihm mit ihren feigen Lügen zugefügt haben musste, brach es ihr fast das Herz. Doch sie hielt ihr Versprechen und schrieb ihm nie wieder.

Ich war tief gerührt von dieser Geschichte und voller Bewunderung für meine unglückliche Freundin. *Ich wäre bestimmt nicht imstande gewesen, ein solches Versprechen zu halten.* An Lilkas Stelle hätte ich, sobald ich mich wieder frei bewegen konnte, an diesen Mann geschrieben und ihm erklärt, wie es in Wirklichkeit gewesen ist.

Der November begann mit einem Wunder: Madame Jenia gab mir 200 Francs. »Davon könnte man zwar nicht mal einen Kanarienvogel ernähren, aber ein Wunder ist es trotzdem«, schrieb ich in mein Tagebuch. »Ich weiß nicht, ob es sich wiederholen wird, aber... Ich bin in den Louvre gegangen und habe mich für eine Vortragsreihe über Kunstgeschichte eingeschrieben.«

»Hier läuft der Film »Now Voyager«. Der französische Titel »Une femme cherche son destin« ist viel verständlicher als der rätselhafte englische Titel. Wir haben uns den Film angesehen. Er gefiel mir sehr gut. Ich konnte mich beinahe selber in der Rolle der unscheinbaren, ängstlichen alten Jungfer sehen, die sich in eine attraktive, elegante Frau verwandelt. Aber wenn man so viel Geld hat, ist das natürlich gar nicht so schwierig... Ich weiß allerdings nicht, ob ich mich jemals in einen verheirateten Mann verlieben könnte. Wahrscheinlich nicht.«

»Am 13. November kam die Hiobsbotschaft: Unser Heim wird geschlossen. Also deshalb hat Bella so oft gesagt, wir wären armer Leute Kinder. Wir müssen nach Malmaison umziehen. Und da das Nebengebäude den Winter über geschlossen ist, müssen wir im Hauptgebäude bei den »Wilden« wohnen. Wir sind entsetzt.«

9

Malmaison, Mittwoch, 19. November 1947

Ich weiß nicht, wie ich das bis zum Frühling aushalten soll. Das Leben in Malmaison ist wirklich unmöglich. Am Samstag sind wir hier eingezogen. Wir fanden vor: aus den Wänden gerissene elektrische Leitungen. Keine einzige Glühbirne ist mehr da, kein einziger Lichtschalter. Badezimmer: die gesamte Ausstattung zertrümmert, einschließlich der Wand- und Bodenkacheln; alle Wasserhähne abgebrochen. Fenster: sämtliche Scheiben eingeschlagen. Matratzen mit Rasierklingen aufgeschlitzt, ihre Eingeweide auf dem Boden verstreut. Keine einzige Bettstatt. Was damit passiert ist, weiß ich nicht. Keinerlei Mobiliar und nicht mal ein Nagel, an den wir unsere Kleider hängen könnten. Natürlich auch keine Heizung und die Marmorkamine mit Backsteinen verbarrikadiert. In der Küche keine Lebensmittel. Die Köchin hat vor Entsetzen die Flucht ergriffen. Die Hausbewohner, eine Clique halbwüchsiger Burschen, die diese Scheußlichkeiten begangen haben, hatten sich in ihren Schlafraum eingeschlossen und das Radio auf volle Lautstärke gestellt. Selbst wenn wir bereit gewesen wären, uns in der lähmenden Kälte auf den blanken Fußboden zu legen, wäre es bei diesem Lärm unmöglich gewesen, einzuschlafen.

Wir verbrachten die erste Nacht zusammengekauert auf ausgeweideten Matratzen, die wir in einer Ecke unseres Zimmers aufeinandergestapelt hatten. Beim Frühstück (jemand hatte Brot gebracht und Kakao gekocht) trafen wir mit den »Wilden« zusammen. Genauso sahen sie auch aus: ungewaschen, unrasiert, ungekämmt. Sie rochen widerlich, johlten, drängten sich vor und schubsten uns weg, bekleckerten sich und den Tisch und ließen keinen Bissen für uns übrig.

Wir wollten ein SOS-Telegramm nach Paris schicken, aber sonntags waren die Büros natürlich geschlossen. Und Bella hatte sich ausgerechnet diesen Zeitpunkt ausgesucht, um zu Verwandten zu fahren. Wir mussten es allein durchstehen.

Am Montag schafften wir es endlich, Paris zu alarmieren. Jemand erschien, um eine Inspektion durchzuführen. Es kam zu einer heftigen Auseinandersetzung. Wir weigerten uns, in diesem Haus zu bleiben, worauf man uns erklärte, wir müssten uns wohl oder übel mit diesen »Unannehmlichkeiten« abfinden, bis alles repariert wäre. Worauf die Wilden verkündeten, dann würden sie wieder alles zertrümmern. Der Grund dafür: Um uns hier unterbringen zu können, hatte man mehrere ältere Jungen (alle, die achtzehn Jahre und älter waren) mir nichts dir nichts hinausgeworfen – ohne Vorwarnung und ohne ihnen bei der Suche nach einer neuen Bleibe zu helfen. Soviel die anderen wussten, übernachteten die meisten dieser Jungen irgendwo im Park. Einige hatten noch keine Arbeitsstelle gefunden. Und sie besaßen keinen roten Heller. Auch wir fanden, dass man ihnen übel mitgespielt hatte, aber das war doch nicht unsere Schuld! Wir hatten ja gar nicht hier einziehen wollen!

Schließlich richteten wir uns in zwei Räumen ein. Ich entschied mich für das große Parterrezimmer, in dem vierzehn Betten standen und das vier Glastüren zum Garten hatte. Etliche Scheiben fehlten und es war bitterkalt. Die Türen waren nicht zugesperrt, die Schlüssel dafür fehlten natürlich auch. Trotzdem zog ich diesen Raum dem kleinen Zimmer im ersten Stock vor, das neben dem Quartier der Wilden lag und in das Lilka, Anna, Simone und Fernande ihre Betten gezwängt hatten. Da Marta, Zuzi und Tamara das Heim nach jener ersten Nacht verlassen hatten, teilte ich das Parterrezimmer nur noch mit Annette, Rosette, Marceline, Denise, Odette und Jacquotte.

Das Badezimmer war immer noch ein Trümmerhaufen; es konnte nicht geheizt werden, wir hatten kein Warmwasser. Es bestand also keine Gefahr, dort mit den Wilden zusammenzutreffen. Niemand konnte vor zwei Uhr morgens einschlafen, weil das Radio erst um diese Zeit ausgeschaltet wurde. Und schon um sechs Uhr früh begann es wieder zu dröhnen. Ich schlief während der Bahnfahrt und hatte ständig Kopfschmerzen. Bei der Arbeit wurde ich in einem fort von der hochschwangeren und reizbaren Madame J. ausgezankt; ich musste mich sehr zusammennehmen, um sie nicht ebenso anzuschreien. Ich träumte von heißen Bädern, ja sogar davon, mich irgendwo in aller Ruhe waschen zu können. Sich an einem eiskalten Morgen mit eiskaltem Wasser zu waschen war eine Tortur, die sich die meisten von uns ersparen wollten. Es gab keinen Raum, in dem wir unsere Kleidung waschen konnten, und als ich meine Sachen mit kaltem Wasser wusch, stellte ich hinterher fest, dass ich sie nirgends zum Trocknen aufhängen konnte.

Am Donnerstag, dem 20. November, hörte ich mir bei Mimi die Rundfunkreportage über die Hochzeit von Prinzessin Elizabeth an. Ihre Stimme klang so jung und so nahe, dass ich plötzlich das Gefühl hatte, dicht neben der Prinzessin in der Westminster Abbey zu stehen. »Sie ist nervös«, wisperte Mimi und wischte sich die Tränen aus den Augen. Alle waren gerührt, und erstaunlicherweise schien es mir auf einmal durchaus im Bereich des Möglichen zu liegen, dass auch ich eines Tages heiraten würde.

In der Woche darauf fand wieder ein Metrostreik statt und für die nächste Zeit wurden weitere Streiks angekündigt. Diesmal graute mir vor dem Gedanken, nicht zur Arbeit fahren zu können, denn das hieß: in Malmaison eingesperrt sein, in dieser lähmenden Kälte, ohne jede Bequemlichkeit und in engem Kontakt mit den Wilden. Es war streng verboten, sich von vorbeifahrenden Autos mitnehmen zu lassen. Auf der Hauptstraße nach Paris, in die unser Feldweg einmündete, donnerten allerdings Tag und Nacht riesige amerikanische Lastwagen vorbei. Die Fahrer waren ausnehmend freundlich, hielten auch dann, wenn wir auf den Bus warteten, und fragten, ob wir mitfahren wollten. Einige Mädchen, allen voran Lilka und Anna, nahmen das Angebot grundsätzlich an, auch nachts. Ich nahm mir vor, beim nächsten Streik der öffentlichen Verkehrsmittel dieses Risiko ebenfalls einzugehen und mich dann mindestens ein paar Tage lang meinen Pariser Verwandten auf Gnade und Barmherzigkeit auszuliefern.

Am 23. September, einem Sonntag, unternahmen wir wieder einmal den Versuch, die Wilden kirre zu machen, aber leider Gottes wollten sie sich nicht zähmen lassen. Wir glaubten, ein simpler, primitiver Annäherungsversuch würde bei diesen simplen, primitiven Gemütern Anklang finden: Denise hatte vor kurzem ein Lebensmittelpaket aus Amerika erhalten, das wie üblich Schokolade, Kekse, Corned Beef, Ölsardinen und Kaugummi enthielt. Wir beschlagnahmten den ganzen Vorrat – allerdings erst nach einem heftigen Handgemenge mit Denise, die schrecklich habgierig war und keine Spur Gemeinschaftsgeist besaß. Einige von uns fielen von hinten über sie her, warfen ihr eine Wolldecke über den Kopf und zerrten sie zu Boden, wo sich drei Mädchen auf sie setzten, während die anderen ihren Koffer aufbrachen. In dem kleinen Zimmer in der ersten Etage rückten wir die Betten beiseite und breiteten die Leckerbissen auf dem Tisch aus. Dann schoben wir unter der Zimmertür der Wilden ein Briefchen durch, in dem wir sie zu einem kleinen *casse-croûte* und einer Diskussion über unser künftiges Zusammenleben einluden.

Sie reagierten mit schallendem Gelächter und drehten das Radio noch lauter. Wir ließen uns nicht beirren und warteten. Nach einer Weile (uns kam es wie eine volle Stunde vor) öffnete sich die Zimmertür der Wilden, die ganze Bande kam herausgestürmt und stapfte drängelnd und johlend auf unsere Tür zu. An der Schwelle blieben sie stehen, knufften einander, kicherten wie blöd, beäugten uns und den Tisch und flüsterten miteinander. Wir taten so, als bemerkten wir das gar nicht, und baten sie herein. Nun taten sie so, als hätten sie das nicht gehört. Als dieses Theater schon viel zu lange gedauert und uns bereits ein sehr mulmiges Gefühl beschlichen hatte, streckte plötzlich jemand die Hand herein und knipste das Licht aus. Und nun brach die Hölle los. Wir wurden an die Wand bugsiert, dann fielen die Wilden über den Tisch her. Im Handumdrehen waren sie verschwunden. Einige Mädchen hatten Faustschläge abbekommen und waren mit dem Kopf an die Wand geknallt worden. Wir machten Licht. Der Tisch war leer gefegt. Sie hatten ganz einfach das Tischtuch, das wir blödsinnigerweise ihnen zu Ehren aufgelegt hatten, zusammengerollt und alles mitgenommen. Sie verzogen sich in ihre Räuberhöhle und knallten die Tür zu – dann hörten wir nur noch wüstes Gejohle, höhnisches Gelächter und dieses infernalische Radio. Geknickt und erbittert gingen wir zu Bett. Männer! Wilde waren sie – alle miteinander!

Wie viel sich in einer Woche ändern kann! Also, zunächst entdeckten wir, dass die jungen Burschen, die das Haus verlassen mussten, tatsächlich im Park hausten. Wir luden sie zum Frühstück ein und teilten unser Brot, unsere Margarine und unseren Kakao mit ihnen. Ohne sie ausdrücklich darauf hinzuweisen, ließen wir sie wissen, dass im Schlafsaal im Parterre sieben unbenützte Betten stehen und dass die Türen nicht abgesperrt sind ...

Jetzt kommen sie also, wenn wir zu Bett gegangen sind, herein, ziehen ihre Stiefel aus und kriechen unter die Bettdecken, oder richtiger gesagt, unter ihre Mäntel, denn auf diesen Betten liegen bloß Matratzen. Morgens, bevor wir aufstehen, verkrümeln sie sich, und später kommen sie durch die Haustür herein, um mit uns zu frühstücken. Als Gegenleistung haben die Wilden alles im Haus repariert. Sie haben uns einen Kleiderschrank gezimmert, von Gott weiß woher einen sehr dekorativen Toilettentisch angeschleppt und obendrein den Kamin in Ordnung gebracht! Einige Mädchen frischen ihre Sommerbekanntschaften auf und erbieten sich Socken zu stopfen und Hemden zu bügeln. Das Badezimmer kann wieder benützt werden (leider immer noch kein warmes Wasser) und einige Wilde waschen und rasieren sich jetzt vor dem Frühstück. Wie lange es wohl dauern wird, bis das Hauptbüro dahinter kommt, was hier los ist? Bella kommt nächste Woche zurück. Schade! Wir sind ganz gut ohne sie ausgekommen.

Ich lese gerade Tolstojs »Katja«. Ich werde nie die Ansicht teilen, dass für eine Frau von 21 Jahren das Leben schon vorüber sei und dass man, sobald man Kinder hat, bloß noch für sie da sein müsste. So ein Blödsinn! Nur ein Mann kann so etwas schreiben!

Die letzten Novembertage mussten wir wegen eines Streiks der öffentlichen Verkehrsmittel zu Hause verbringen. In der bitteren Kälte, die in dem ungeheizten Haus herrschte, hockten wir, in Wolldecken gehüllt, in dem kleinen Zimmer im ersten Stock, lasen und unterhielten uns. Wir führten heftige Debatten über die erstaunlichsten Themen. Hat der Durchschnittsamerikaner eine bessere Schulbildung als der Durchschnittseuropäer? Lilka behauptete, ja, das hätte er, und zwar dank der schier unglaublichen Freiheit, die in Amerika herrsche. Dort könnte eben jeder studieren, was er wollte, und kein Mensch würde nach seinen Eltern und seiner Herkunft gefragt. Es spiele überhaupt keine Rolle, ob man eine Waise, ein Findelkind, unehelich geboren oder in irgendeinem Heim aufgewachsen sei. Wenn man wirklich darauf erpicht sei, ins College zu gehen, könnte man sich das Geld dafür als Putzfrau oder Kellnerin verdienen, und niemand würde deshalb auf einen herabsehen. Vielleicht, so sagte ich mir, trifft das alles auch auf Australien zu – dann hätte ich es nicht nötig, auch nur eine Minute damit zu verplempern, alberne, grässliche Kleider für alberne, grässliche Frauen zu nähen. Was allerdings den Vergleich zwischen einem Durchschnittseuropäer und einem Durchschnittsamerikaner betraf, so beruhte die ganze Debatte auf einer falschen Voraussetzung. Was ist das, ein Durchschnittseuropäer? Den gibt es doch gar nicht.

Weil keine von uns rechtzeitig erfahren hatte, dass der Metrostreik am 2. Dezember zu Ende war, verschliefen wir alle.

Wir hatten lange nichts von Marina gehört, und wieder einmal war ich sehr beunruhigt. Was sollte werden, wenn ihr etwas zugestoßen war? Onkel konnte meine Angst nicht verstehen. Warum ich denn immer mit dem Schlimmsten rechne? Das sei in meinem Alter nicht normal. Ich war nahe daran, ihm zu antworten, ich hätte ja schließlich erlebt, dass jeder, aber auch jeder Mensch, den ich jemals lieb gehabt hatte, spurlos verschwunden sei – umgekommen oder bestenfalls verschollen jenseits undurchdringlicher Grenzen ... Für jemanden in meinem Alter war das vielleicht nicht normal, aber jedenfalls war es eine Tatsache. Und außerdem hatte mich die Erfahrung gelehrt, mein Herz nie mehr an jemanden zu hängen, denn immer wenn ich das getan hatte, kam unweigerlich die Trennung, und jede Trennung bedeutete einen unerträglich schmerzhaften Verlust.

Zum Glück beherrschte ich mich und schwieg. Mein Onkel sagte, Marina hätte sicher ihre Meinung geändert und wüsste jetzt nicht, wie sie mir beibringen sollte, dass sie nicht mehr vorhabe, mich nach Australien zu holen. Sobald ihr eine passende Erklärung einfiele, würde sie schreiben.

»Sie wird bestimmt heiraten«, fügte Lena hinzu, »und dann möchte sie dich natürlich nicht bei sich haben.« Ich fuhr nach Malmaison zurück und hatte wieder einmal das Gefühl, allen unerträglich zur Last zu fallen, am meisten mir selber.

Malmaison, Donnerstag, 4. Dezember 1947

Bei der Lektüre einer französischen Literaturgeschichte kam mir der Gedanke, dass sich mein eigenes kindisches Geschichtenerzählen nach einem ähnlichen Muster entwickelt hat. Als ich noch sehr jung war, hatten meine Geschichten Ähnlichkeit mit jenen, die im Mittelalter geschrieben wurden: Märchen voller Engel und Teufel, voller Fantasie und Romantik und mit einem Wunder, das immer sehr gelegen kam und alle Probleme löste. Als ich älter wurde, gab es in meinen Geschichten mehr Konflikte und weniger Wunder, mehr Wirklichkeitsnähe und weniger Glückseligkeit; und gute Taten wurden nicht unbedingt belohnt; und die Bösen wurden nicht unbedingt bestraft. Jetzt versuche ich einfach mir meine eigene Zukunft vorzustellen. Ich fürchte, dass ich meine Fantasie mit mir durchgehen lasse und zu viele glückliche Zufälle erfinde, nur um vom Ausgang nicht allzu enttäuscht zu sein. Etwas in mir wehrt sich gegen den Gedanken, dass vielleicht überhaupt kein Glücksfall eintreten könnte. Dass ich mein Ziel vielleicht nie erreichen werde und Schneiderin bleiben muss oder es bestenfalls zu einem eigenen Laden bringe. Aber habe ich überhaupt das Recht, mehr zu erwarten? Zähle ich denn nicht zu jenen Verdammten, die das Schicksal überlistet haben und nun dazu verurteilt sind, im Lauf eines langen, schweren Lebens dafür zu büßen, dass sie überlebt haben, während so viele andere, ungleich wertvollere Menschen zugrunde gehen mussten?

Malmaison, Freitag, 5. Dezember 1947

Ich bin fester denn je überzeugt, dass Heiraten nicht der höchste Lebenszweck ist. Die Mädchen hier träumen nur vom Heiraten. Nie davon, was danach kommen könnte. Hochzeitsglocken – Schluss der Vorstellung! Man lebt doch bestimmt nicht nur dafür, zu lieben und geliebt zu werden. Man muss ein Ziel haben und echte Interessen und man muss wissbegierig sein. Und das Leben lieben. Tue ich das? Manchmal bin ich so müde, so apathisch, dass ich keinen Finger rühren würde, um mein Leben zu retten. Wirklich nicht? Vielleicht könnte ein rechtes Wort zur rechten Zeit mich noch zu unerhörter Leistungsfähigkeit und Begeisterung anspornen.

Es ist so mühsam, sich immerzu abplacken zu müssen, nicht zu wissen, was morgen sein und ob man jemals etwas erreichen wird, niemals ein ermutigendes Wort zu hören, sondern immer nur kritische und spöttische Bemerkungen. Onkel hält das für die beste Methode, mich zu immer größerer Anstrengung anzuspornen. Wenn er es ein einziges Mal über sich brächte, etwas gutzuheißen, das ich getan habe oder tun wollte – ich glaube, ich würde vor Schrecken in Ohnmacht fallen.

Lena sagt, nach einem Todesfall lesen die Leute immer die Tagebücher des Verstorbenen. Ich habe auf den Einband meiner sämtlichen Tagebücher geschrieben: NACH MEINEM TOD UNGELESEN VERNICHTEN!

Malmaison, Samstag, 6. Dezember 1947

Paris kann nur noch zehn Tage mit elektrischem Strom versorgt werden. Und was dann? Die Streikwelle hat wieder das ganze Land erfasst. Ganz Frankreich trauert um General Leclerc, der bei einem Flugzeugabsturz in Algerien ums Leben kam.

Malmaison, Montag, 8. Dezember 1947

Heute früh ist Bella ungewöhnlich bald aufgestanden und zum Frühstück heruntergekommen. Unsere sieben Schlafsaalgenossen vertilgten gerade ihre Margarinebrote, und da wir, wie üblich, in Eile waren, um pünktlich wegzugehen, merkten wir zu spät, dass Bella die Häupter ihrer Lieben zählte. Ihr empörter Aufschrei brachte uns zum Verstummen. Eindringlinge im Haus! Fremde, die von uns abgefüttert wurden! Die sieben unbefugt Anwesenden stellten sich ihr höflich vor und erklärten, wieso sie hier waren. Bella ließ sich sofort rumkriegen, rief das Hauptbüro an, verlangte Hilfe für die sieben und erhielt die Zusage, dass man umgehend etwas unternehmen werde. Wir gingen gut gelaunt zur Arbeit.

Die häufigen Stromsperren und der Mangel an Kerzen führen hier dazu, dass die Verbrüderung die Grenzen des Anstands überschreitet. Die Wilden haben alle Schäden im Haus repariert und lassen uns jetzt nicht mehr in Ruhe. Unsere Türen haben keine Schlösser, also kommt sonntagmorgens die ganze Bande in unsere Schlafräume gestürmt, packt die Matratzen und befördert uns auf den Fußboden. Nichts kann ihren Übermut bremsen. Bella scheint ihre Machtbefugnisse nicht mehr ausüben zu wollen. Sie hält sich die meiste Zeit droben in ihrem Zimmer auf, liegt auf dem Diwan, liest oder hört sich Schallplatten an. Hie und da lädt sie jemanden zum Plaudern ein. Sie gibt immer noch vor, unser Kumpel, unsere Kameradin oder Genossin zu sein, wird aber von den jungen Burschen wie ein altes Weib behandelt, das man sich vorsichtshalber vom Leib halten sollte. Sie ärgern sich über Bellas aufdringliche Annäherungsversuche und darüber, dass sie herausbekommen möchte, ob sie irgendwelche Techtelmechtel haben, ob sie verknallt sind und schon mal ein Mädchen verführt oder sich zum Mindesten gewünscht haben, so etwas zu tun. Was geht das Bella an? Würde sie dafür überhaupt Verständnis aufbringen?

Malmaison, Montag, 15. Dezember 1947

Heute ist Vaters Geburtstag. Was ich empfinde, kann ich nicht in Worte fassen. Also nur dies: Er wäre heute 49 geworden.

Gestern Nachmittag war ich mit Charles, Mimi, Lena, Jack und dem Ungarn zusammen. Onkel ist auch gekommen. Alle haben komische Geschichten aus ihrer Jugend und aus den Kriegsjahren erzählt, bis Mimi plötzlich einen Schwächeanfall bekam und hinausgeführt werden musste. Sehr schlimm kann es nicht gewesen sein, denn Charles kam kurz darauf zurück und ließ Mimi mit dem Arzt allein. Später gingen wir ins Kino, um uns »La dame de Shanghai« [»Die Lady von Schanghai«] mit Rita Hayworth und Orson Welles anzusehen. Danach brachte mich Onkel zur Bushaltestelle und unterhielt sich mit mir über alles Mögliche. Er schien wirklich interessiert und hat mir keinen einzigen Rüffel erteilt. Und er ist damit einverstanden, dass ich im neuen Jahr nicht mehr bei Madame J. arbeite! Das ist die beste Nachricht überhaupt!

Malmaison, Donnerstag, 25. Dezember 1947

Weihnachten. Und was für ein Tag das gewesen ist! Gestern war ich bei Mimi und Charles, die in Urlaub fahren. Mimi hat mich mit Geschenken überschüttet. Vielleicht, weil sie sich wegen ihres lächerlichen Verdachts schämt? Wie soll ich ihr denn klar machen, dass, jedenfalls von meinem Standpunkt aus, Charles kein Mann ist. Ich meine, kein Mann, in den ich mich verlieben könnte, wie zum Beispiel in Gary Cooper oder Erroll Flynn. Er ist mein Vetter! Aber Mimi glaubt wohl, weil sie in ihn verliebt ist, müssten es alle anderen auch sein.

Ich durfte einen Haufen Sachen einpacken, die sie nicht mehr trägt, und außerdem eine ganze Menge zu essen: Koteletts, Brot, Äpfel, und 15 Sahnetörtchen. Das habe ich alles nach Malmaison mitgenommen. Nach dem Abendessen sind wir per Anhalter nach Paris gefahren, um uns den

Disney-Film »Dumbo« anzusehen. Um Mitternacht kamen wir aus dem Kino, dann tranken wir in einem Café einen Obstpunsch. Auf dem Weg zum Bahnhof kamen wir durch ein Bordellviertel. Häuser mit verrammelten Fensterläden und roten Lampen über den Haustüren, Kabaretts, Spelunken, verdächtige Gestalten, die sich im Dunkeln herumtrieben, Getuschel, Krakeel, Polizei – brrr...

Im Zug boten wir allen Fahrgästen Süßigkeiten an und balgten uns mit Marcel, der so tat, als ob er betrunken und drauf und dran wäre, sich aus dem Fenster zu stürzen. Dann marschierten wir (weil wir den Bus verpasst hatten) die drei Kilometer bis nach Hause, wobei wir die ganze Zeit tanzten und pfiffen. Um zwei Uhr waren wir daheim und machten uns sofort daran, Mimis Koteletts zu braten. Der Duft lockte einige Wilde an. Gierig schnüffelnd kamen sie herunter und durften mitessen. Ausnahmsweise kam so etwas wie echtes Familiengefühl auf. Um drei Uhr fanden wir, dass es höchste Zeit zum Schlafengehen war. Zum Geschirrspülen waren wir leider viel zu müde.

Heute Nachmittag wieder in Paris, diesmal mit Rosette. Wir haben einen fabelhaften Film gesehen: »Cloak and Dagger« [»Im Geheimdienst«] mit Gary Cooper und Lilli Palmer. Auf dem Rückweg wollten wir eigentlich Napoleons Grabmal einen Besuch abstatten, aber weil das Wetter so scheußlich wurde, statteten wir lieber Maurice einen Besuch ab. Simone übergab mir einen Brief mit einer französischen Marke, und zwar einer »petit bleu«. Ich öffnete ihn ganz beiläufig, zwischen zwei Bissen *millefeuille* – und wäre beinahe erstickt. Er war von Sonja! Sonja Silber. Ich ließ das Gebäck fallen und rannte wie verrückt zur Metro. Sonja wohnte in einem Hotel an der Place de la République.

Das letzte Mal hatte ich sie im Warschauer Ghetto gesehen, als wir beide zwölf Jahre alt waren – im Sommer 1942.

Es war der Anfang vom Ende gewesen: Das Ghetto wurde aufgelöst. Sonja, die Enkelin eines Rabbiners, sah rein »arisch« aus. Silberblondes Haar, blassgrüne, mandelförmige Augen, lange blonde Wimpern. Mutter sagte oft, Sonja würde bestimmt eine Schönheit werden.

Im Frühsommer 1942 ging Sonja »auf die andere Seite«, wo sie unter der Obhut einer gutherzigen polnischen Familie überlebte. Vergangenes Jahr kam sie – o dieser Zufall! – nach Zabrze in dasselbe Heim, das ich ein paar Monate zuvor verlassen hatte. Wenn wir doch nur zusammen dort gewesen wären! Wir hätten Herrn S. die Hölle heiß gemacht! Jedenfalls hat Sonja dort die Warschauer Tradition aufrechterhalten: Sie hat Weihnachtslieder gesungen, den Garderobenständer wie einen Christbaum geschmückt und den hysterischen Sobel mit einem Lasso eingefangen, das aus einem Strang nicht koscherer Würstchen bestand.

Genau wie ich glaubt sie an überhaupt keine Religion mehr und verabscheut jene Leute, die versuchen, andere mittels Argumenten oder, noch schlimmer, mittels Spötteleien zu irgendeinem Glauben zu bekehren.

Wir saßen aneinander geschmiegt in einem riesigen Sessel unter dem Weihnachtsbaum in der Hotelhalle und erzählten, erzählten, erzählten. Sobel hat sich bei Sonja bitterlich über mich beklagt. Wie es denn möglich sei, dass ein so intelligentes Mädchen ihn so gründlich missverstehen konnte? Wir fanden beide, dass er der am gründlichsten missverstandene Mensch auf der ganzen Welt sein musste. Er hat Sonja verboten, in Paris Kontakt mit mir aufzunehmen, weil ihm zu Ohren gekommen sei, ich führe ein schrecklich ausschweifendes Leben, ließe mich ständig von Taxis herumfahren, äße in Restaurants und sähe über alte Freunde hinweg, die mir auf der Straße begegneten. Haargenau mein Leben, dachte ich.

Sonja ist mit einem kleinen Kindertransport aus Zabrze hier eingetroffen, Sobel reiste in einem ganz normalen Zugabteil. Sonjas letzte Kriegshandlung gegen unseren hochverehrten Heimleiter bestand darin, dass sie seinen Hut als Nachttopf für eines der Kleinkinder benützte und in der Nacht seine Kleider mit denen einer Frau vertauschte, die im angrenzenden Abteil schlief. Trotz dieser Missetaten geriet Sobel ihr gegenüber in Gefühlsduselei und versuchte sie zu tätscheln, worauf sie ihm eine langte, dass es nur so klatschte und alle davon aufwachten. Nachdem sie den anderen Fahrgästen erklärt hatte, was vorgefallen war, ging Sonja in ein anderes Abteil, wo sie die letzte Etappe der Reise in Gesellschaft amerikanischer Soldaten hinter sich brachte, Kaugummi mampfte und ihr Englisch ausprobierte.

Sie wurde in das Jugendheim nahe der Pyrenäen geschickt, in dem damals auch Lilka untergebracht war. Sonja konnte sie nicht ausstehen. Lilka wollte die Neuankömmlinge um jeden Preis beeindrucken. Sie erzählte ihnen alles über sich selber, hielt sich aber nicht immer an die Wahrheit. Sie wollte unbedingt den Eindruck erwecken, »anders« als alle anderen zu sein. Und was ihre große Liebe zum Leiter des Heims betrifft ... In Wirklichkeit ist *sie* um *ihn* herumscharwenzelt, und als es ihr endlich gelungen war, seine Aufmerksamkeit zu erregen, hat sie sich auf ein paar unbeholfene Bemerkungen seinerseits berufen und den Armen ganz einfach erpresst, ihr Gefühle zu »gestehen«, die er ihr gar nicht entgegenbrachte.

Alle glaubten, der Heimleiter sei »wahnsinnig verliebt« in Lilka, und als er schließlich mit dieser Situation nicht mehr fertig wurde, erhielt er aus Paris die Genehmigung, Lilka in ein anderes Heim zu schicken. Er hing an seiner Verlobten und hatte nicht das mindeste Interesse daran, immer wieder Lilka über den Weg zu laufen, die sich, nur mit einem spärlichen Nachthemd bekleidet, mitten in der Nacht durch die dunklen Korridore tastete, um nach einem Buch zu suchen, das sie im Erdgeschoss liegen gelassen hatte, oder um sich eine Kopfwehtablette zu holen, oder um ihn zu bitten, doch mal nachzusehen, warum ihr Bett so wacklig sei. In mir rief das alles deprimierende Erinnerungen wach. Ich war tief enttäuscht. Wieder einmal hatte ich mich dazu verleiten lassen, meiner unzuverlässigen Freundin zu trauen, und wieder einmal stand ich als die Dumme da.

Bald kamen Sonja und ich wieder auf die Zeit im Ghetto zu sprechen. Wir versuchten uns an alles und jeden zu erinnern. An die kleinen Kinderfeste, die wir zusammen mit anderen aus unserer Clique veranstaltet hatten. Tosia, Yola, Njusia ... Wie wir versuchten Schokolade aus Kakao und Milch zu machen – leider vergebens, weil die Flüssigkeit nicht fest wurde. Wie wir so taten, als fände jedes Mal eine Geburtstagsfeier statt, weil es uns unrecht schien, im Ghetto Einladungen zu geben, während andere verhungerten – und jedes Mal war Sonja das Geburtstagskind, weil sie am besten angezogen war. Wie Njusias Vater uns etwas auf der Geige vorspielte und Tosia beim Zuhören weinte, und wie er uns beibrachte auf dem Kopf zu stehen, und Sonjas Mutter uns auszankte, weil dabei unsere Schlüpfer zu sehen waren.

Wir erinnerten uns an die Zwillinge Maryla und Hela. Ich erzählte Sonja, dass die beiden abtransportiert wurden und ihr Vater sich aus dem Fenster stürzte. Sonja erinnerte mich an den Abend, als wir uns bei Tosia getroffen hatten, um auf das Gespenst zu warten. Tosia war überzeugt, dass es in der Wohnung spukte, und hatte Angst, allein zu Hause zu bleiben. Wir warteten, bis es schon ziemlich dunkel geworden war, dann fiel uns plötzlich ein, dass wir fast schon die Sperrstunde verpasst und obendrein das Abendessen versäumt hatten. Voller Angst, was wohl unsere Eltern dazu sagen würden (damals war es kein Kinderspiel, wenn man zur festgesetzten Stunde nicht zu Hause war), wollten wir heimrennen, als plötzlich mein Vater erschien. Ohne ein Wort zu sagen, beförderte er Sonja und mich schleunigst nach Hause, während wir beide unentwegt schluchzten. Mutter hatte geweint. Als sie hörte, dass ich die Sperrstunde ganz einfach vergessen hatte, knallte sie mir eine – so heftig, dass ich eine Woche lang einen blauen Fleck hatte. Und Vater sprach tagelang kein Wort mit mir. Damals fand ich, dass sie mich schrecklich teuer dafür bezahlen ließen, dass ich mit dem Leben davongekommen war. Und Gespenster gab es ja gar nicht.

Sonja war zu Hause ganz ähnlich empfangen worden, und danach durften wir uns eine ganze Woche lang nicht mehr treffen. Irgendwie passte diese übermäßig strenge Bestrafung zu den Ausschreitungen, die damals an jedermann begangen wurden. Für Milde, Geduld und gutes Zureden war in unserem Dasein kein Platz. Wir wenigen, die mit dem Leben davonkamen, sind aufgewachsen, ohne Nachsicht zu erwarten, und stets bereit, mit gleicher Münze heimzuzahlen. Wir werden keine nachgiebigen Partner oder Eltern werden. Es hat in unserem Leben zu viele Ausschreitungen gegeben.

Malmaison, Sonntag, 28. Dezember 1947

Sonja wird kurz nach Neujahr nach Palästina fahren. Sie hat eine Tante in Tel-Aviv. Ihre Eltern, Großeltern und anderen Angehörigen sind im Ghetto und in Treblinka umgekommen. Wie meine Familie. Sonja weiß nicht genau, wo, wann und wie sie gestorben sind. Von den Meinen weiß ich das auch nicht. Ich weiß nur, dass Vater nach

Majdanek gebracht wurde. Was mit Mutter geschehen ist, werde ich nie erfahren. Manchmal, wenn ich meine Gedanken in jene Jahre zurückwandern lasse, wie bei dem Gespräch mit Sonja, habe ich das Gefühl, nicht weiterleben zu können. Für mich gibt es zu viel Vergangenheit. Sie reißt mich zurück. Habe ich ein Recht, zu leben, wenn sie alle tot sind? Bin ich mehr wert, als sie es waren? Ganz gewiss nicht. Also warum? Wie soll ich allein mit dem Leben fertig werden? Wer kann mir sagen, was ich tun soll? Ich brauche einen Menschen, auf den ich mich stützen kann, aber es gibt keinen und wird niemals einen geben, weil ich weiß, dass ich nie wieder volles Vertrauen zu jemandem haben kann, und lieben kann ich auch niemanden mehr, weil ich einen weiteren Verlust nicht ertragen könnte. Jeder Verlust, und wenn er noch so unwesentlich wäre, würde Salz in die offene Wunde streuen, die jener andere, große Verlust hinterlassen hat und die wohl niemals heilen wird.

Die Zeit heilt keine Wunden. Sie verwandelt den Schmerz in Bitterkeit und Hass. Ich hasse nicht, doch der Schmerz ist noch da und nagt an mir. Manchmal, wenn ich die Tür öffne, kommt er hoch und packt mich an der Kehle. Dann möchte ich mich übergeben. Ich möchte meine schreckliche Vergangenheit herauswürgen, meine vergiftete Kindheit, den Schmerz und dieses erdrückende Gefühl von Ungerechtigkeit und die Erkenntnis, dass man mich mit naiven Märchen aufwachsen ließ, als man mich lehrte an Liebe und Mitgefühl, Gerechtigkeit und Frieden zu glauben, und mir erst danach gezeigt hat, wie das Leben wirklich ist. Fromme Lügen wird es in meinem Leben nicht mehr geben. Es gibt keine Gerechtigkeit. Für niemanden. Alles, was man mich damals gelehrt hat, war Lüge. Und eben das ist so schmerzlich für mich. Warum haben sie mich angelogen? Und jetzt sind sie alle tot und ich werde die Antwort niemals bekommen.

10

Der Dezember ging zu Ende und mit ihm dieses seltsame, schwere Jahr. Ich sah die vielen Kinoprogrammhefte durch, die ich gesammelt hatte. Zuweilen kam es mir so vor, als wäre das, was ich auf der Leinwand gesehen hatte, das einzig wirkliche Leben, das ich kannte. Mein eigenes schien bloß ein angstvolles Warten darauf zu sein, dass irgendetwas geschehen und ich dann erfahren würde, was für ein Leben mir bestimmt war.

Einst hatte ich auf das Ende des Krieges gewartet. Als es so weit war, wartete ich darauf, dass jemand zu mir zurückkäme; erst dann würde das wirkliche Leben beginnen. Niemand kehrte zurück und ich wartete weiter. »Es ist, als wäre immer noch Krieg«, schrieb ich im ersten Nachkriegssommer in Kalisch in mein Tagebuch. »Während die anderen ihr Leben weiterleben, sitze ich herum und warte...«

Und nun wartete ich auf die Abreise nach Australien. Wenn ich erst mal dort wäre... Aber die Angst vor dem, was das Leben in Australien möglicherweise mit sich bringen würde, hielt mich davon ab, darüber nachzudenken. Stattdessen flüchtete ich mich in meine Träume. Nacht für Nacht kehrte ich in mein – wie ich glaubte – »wirkliches« Leben zurück, in dem ich emsig und glücklich und von unzähligen Freunden umgeben war. Oder waren es meine Angehörigen? Ich hatte das Gefühl, in dieses geheimnisvolle Dasein zu gehören – gleichsam in eine andere Dimension. Jede Nacht kehrte ich dorthin zurück, und jeden Morgen erwachte ich im grauen, kalten Dämmerlicht eines weiteren Tages im Exil. Hätte ich doch nur in jener anderen, wirklichen Welt bleiben dürfen!

Eine Neue kam zu uns ins Heim: Ein rumänisches Bauernmädchen, das weder lesen noch schreiben konnte, einen Reinlichkeitsfimmel hatte, ungeheuer dick war und nur Rumänisch und Jiddisch sprach. Sie schrubbte unentwegt. Und sie verliebte sich Knall auf Fall in Victor, der jedoch ein Auge auf Denise geworfen hatte, die wiederum für Marcel schwärmte – usw. usw.

In ihrer simplen, direkten Art erklärte uns die Neue, dass sie Victor und auch jeden anderen jederzeit herumkriegen und dass keine von uns es mit ihr aufnehmen könnte, weil sie – den größten Busen und den dicksten Hintern habe. Die Männer, so behauptete sie mit der ganzen Autorität ihrer vierzehn Jahre, wären immer nur auf eines aus, und da hätte sie ihnen eben am meisten zu bieten. Ein Argument, dem wir uns beugen mussten: Sie war tatsächlich die Dickste von uns allen. Aber zu behaupten, dadurch sei sie uns gegenüber im Vorteil ... Wollten denn wirklich alle Männer immer nur *das*? Schwabblige Fettmassen? Uns überkam das beunruhigende Gefühl, dass es vielleicht einige große Geheimnisse des Lebens gab, denen wir mit all unserem jugendlichen Zynismus noch nicht auf die Spur gekommen waren. Wie aber passte das mit romantischer Liebe zusammen? Und mit Schönheit?

»Freundlichkeit – damit kriegen sie mich herum«, gestand Fernande melancholisch, als wir uns zu Bett legten. »Auch wenn ich genau weiß, dass der Schuft lügt wie gedruckt, dass er es gar nicht ernst meint, sondern mich bloß irgendwie herumkriegen will – sobald er ein bisschen nett zu mir ist oder mir ein Geschenk mitbringt, egal wie al-

bern und billig es ist, Hauptsache, es ist für mich bestimmt ... und wenn er dann so mit mir redet, wie manche
Männer reden können, dann bin ich verloren. Ich kann
einfach nicht anders. Ein zärtliches Wort, ein Blick, ach,
und hinterher hasse ich mich, weil ich so blöd war – als ob
ich nicht genau gewusst hätte, was er damit bezweckt
hat ... Aber ich kann einfach nicht widerstehen. Nie.«

»Keine von uns kann einem bisschen Herzlichkeit und
einem freundlichen Wort widerstehen – man weiß zwar,
dass alles Lüge ist, aber eigentlich will man's gar nicht
wissen«, sagte Jacquotte. »Man möchte daran glauben,
wenigstens dieses eine Mal ... Es muss doch einen geben,
sagt man sich, der aufrichtig ist, einen, der dich wirklich
gern hat, und wenn jetzt diese Chance besteht, kannst du's
dann riskieren, sie ungenützt vorübergehen zu lassen?«

»Es ist anders, wenn man ein richtiges Zuhause hat, Eltern, jemanden, der sich bedingungslos um dich kümmert –
eben eine richtige Familie. Dann kann man sich's leisten,
wählerisch zu sein, man hat einen Rückhalt, man braucht
ihn sich nicht bei fremden Leuten zu suchen. Aber unsereins ... Wir riskieren's eben und hoffen, dass er nicht so
niederträchtig ist wie die anderen.« Unser Dickerchen Denise seufzte und steckte sich noch ein Bonbon in den Mund.
Ich hörte diesen nächtlichen Geständnissen beklommen zu.
Ob es auch mit mir so weit kommen würde? Bei Fremden
Liebe suchen, weil ich nicht mehr ohne Liebe leben konnte?

Malmaison, Mittwoch, 31. Dezember 1947

Der letzte Tag des Jahres 1947. Es war ein schweres, trauriges Jahr. Ich habe eine Menge Französisch und ein bisschen Schneidern gelernt. Ich musste den Zeichenunterricht
und die Alliance Française aufgeben, weil Madame J. mir

nicht freigeben wollte, und jetzt gebe ich Madame J. auf. Um mich aufzumuntern, bin ich wieder in das kleine Kino in der Rue de Rome gegangen und habe mir »Rhapsody in Blue« angesehen. Ich habe den Film zwar schon zweimal gesehen, aber ich wollte die Musik nochmals hören. Das Kino ist neben Madame J.s Hotel, und täglich konnte ich die Musik hören, die auf die Straße hinausdrang. Ich wusste, *diese* Melodie würde mich mein Leben lang an Paris erinnern, an den Montmartre und die Rue de Rome, an Viroflay und Malmaison, an die Kälte und den Hunger dieser Jahre, an meine schier unendliche Erschöpfung, den Mangel an Schlaf und die Kopfschmerzen und an das Gefühl, dass ich in dieser schönen Stadt, in der sich, wie die Mär sagt, jeder Fremde sofort zu Hause gefühlt hat, immer nur mir selbst und anderen zur Last gefallen bin. Und trotzdem: Keine andere Stadt habe ich so sehr geliebt.

Nach dem Kinobesuch habe ich der Familie ein gutes neues Jahr gewünscht. Da Mimi und Charles bereits weggefahren sind, bin ich zum Boulevard Barbès gegangen. Simone, Maurice, Onkel, Jack und Lena wollten gerade zu einer Einladung bei Simones Verwandten gehen. Weil Yves zu Hause war, gab es für mich keine Schlafgelegenheit, also erklärte ich, bevor jemand sein Bedauern äußern konnte, dass wir im Heim ebenfalls eine Party hätten, und machte mich wieder davon. Malmaison war leer. Alle waren weggegangen, um zu feiern. Ich habe das Radio mit Beschlag belegt und den einsamen Abend damit verbracht, auf der Suche nach Musiksendungen am Knopf herumzudrehen. 1948 wird bestimmt anders!

Zu Neujahr traf der übliche Stoß Briefe ein, mit beigelegten Stückchen von den Weihnachtswaffeln und mit unscharfen, unter dem Christbaum und am Esstisch aufgenommenen Fotos.

In ihrem Brief (aus Deutschland) rügte Agatha meine unchristliche Lebensweise. Ich hatte in meinem Brief an sie ganz beiläufig erwähnt, dass ich mir am Heiligen Abend den Disneyfilm »Dumbo« angesehen hatte. Was muss das bloß für ein Land sein, schrieb sie, in dem am Heiligen Abend die Kinos geöffnet sind! Und wieso ich es versäumt hätte, zur Christmette zu gehen?

Da zu Beginn des neuen Jahres einige ältere Mädchen und Jungen das Heim verließen, wurden die Quartiere neu verteilt. Ich wurde zusammen mit Olga in einem unbenützten Badezimmer untergebracht. Man hatte die Wanne und andere Einrichtungsgegenstände entfernt, und jetzt war eigentlich ein ganz nettes Zimmerchen daraus geworden, aber leider war es, weil Boden und Wände gekachelt waren und der Raum keine Heizung hatte, furchtbar kalt. Olga, ein zierliches, gelbhäutiges, ständig schniefendes Persönchen, gab nur selten ein Wort von sich, schnarchte aber wie ein Bär. Ihre Schwester lebte in Amerika. Genauer gesagt: Sie war Dienstmädchen in einer prächtigen Villa in Hollywood. Olga sollte zu ihr kommen und wartete jetzt auf das Einreisevisum. Wenn man sie fragte, ob sie ihr Glück zu schätzen wisse, starrte sie einen bloß verständnislos an. Sie ging nicht ins Kino und Hollywood war für sie nichts anderes als der Ort, wo ihre Schwester eine Stellung hatte und wo auch sie selber Arbeit zu finden hoffte.

Ich traf mich noch einmal mit Sonja, um ihr Lebewohl zu sagen. Wir saßen da, weinten, und das Sprechen fiel uns schwer. Da hatte ich nun einen Menschen aus der untergegangenen Welt meiner Kindheit gefunden, nur um ihn gleich wieder zu verlieren ... Jemanden, der meine Eltern gekannt hatte ... Es war, als hätte ich noch einmal bei ihnen sein dürfen, als hätte ich sie mit den Augen eines anderen Menschen wiedergesehen. Ich wollte noch einmal hören, wie Sonja sie in Erinnerung hatte, was sie zu ihr gesagt, wie sie ausgesehen hatten. Und ich sprach mit ihr über ihre eigene Mutter, an die ich mich noch gut erinnern konnte; ihren Vater dagegen konnte ich mir überhaupt nicht mehr vorstellen.

Von unterdrücktem Schmerz ganz benommen, fuhr ich nach Malmaison zurück. Ich schloss mich in unserem kleinen Zimmer ein, legte mich aufs Bett und weinte in einem fort. Erst nach einer Weile merkte ich, dass Olga an die Tür hämmerte. Als ich aufgesperrt hatte, kam sie zusammen mit Bella herein. Ich zitterte am ganzen Körper und brachte kein Wort heraus. Bella glaubte, ich hätte einen Malaria-Anfall und ließ einen Arzt kommen. Nachdem er mich untersucht hatte, erklärte er, mir fehle nichts – es sei eine reine Nervensache. Ich sollte mich zusammennehmen, »sonst landen Sie bald in der Nervenheilanstalt«. Er und Bella waren überzeugt, dass eine unglückliche Liebesgeschichte dahintersteckte. Ob der Mann mich sitzen gelassen habe? Ob ich schwanger sei? Nein? Dann bestände wirklich kein Grund zur Aufregung!

»Schlafen Sie sich aus, morgen ist alles wieder in Ordnung.« Er stellte ein Fläschchen mit Tabletten auf den Tisch. Bei Bedarf eine Tablette einnehmen. Ich musste zwei schlucken, dann gingen sie hinaus. Olga war bereits ins Bett gekrochen und schniefte vor lauter Besorgnis. Ich starrte die Tabletten an. Es wäre so einfach. Ich nahm das Fläschchen, konnte aber den breiten, flachen Korken nicht herausbekommen. Dazu brauchte man einen Korkenzieher. Wie sollte ich die Tabletten denn sonst herausholen?

Die beiden, die ich eingenommen hatte, begannen zu wirken. Ich ließ mich zurücksinken und sah meinen Kopf, aufgeblasen wie einen Ballon, an der Zimmerdecke schweben. Mein Hals war dünn wie eine Schnur und ungeheuer lang. Von der dunklen Decke dort oben blickte mein Kopf, gelb und kahl, auf mich herab und schnitt seltsame Grimassen. Er schwebte auf das Fenster zu, glitt durch die Scheibe hindurch und flog in die kalte Nacht hinaus. Ich vernahm einen lang gezogenen, unheimlichen Schrei, der in der Ferne verebbte – dann muss ich eingeschlummert sein.

Ich schlief fast den ganzen nächsten Tag und wachte erst am übernächsten Morgen auf – mit einem Bärenhunger! Die Tabletten waren nicht mehr da. Bella war plötzlich unerhört besorgt um mich. Vielleicht erwartete sie eine Beichte. Aber ich hatte ihr nichts zu sagen.

Malmaison, Mittwoch, 7. Januar 1948

Lena hat mir erzählt, dass die 200 Francs, die ich voriges Jahr von Madame J. erhielt, aus Onkels Tasche kamen! Er dachte, ich würde eifriger arbeiten, wenn ich dafür entlohnt werde. Ich war erschüttert. Wie konnte er nur glauben, dass mir das Schneidern allmählich Freude machen würde, wenn ich Geld dafür bekäme... Wird er mich denn nie verstehen?

Weil es Olga und mir im Badezimmer schließlich doch zu kalt war, zog ich in ein Zimmer im ersten Stock um, das ich mit drei anderen teilen musste. Big Charlie stieg auf den Dachboden und brachte einen höchst ungewöhnlichen Spiegel angeschleppt. Etwas fleckig, aber umrahmt von einer Girlande aus gläsernen Früchten und Blumen, deren Farben fast der Natur entsprachen. Ich fragte mich, wer wohl die schöne Dame gewesen ist, die ihn als Erste benützt hat. Vielleicht Josephine höchstpersönlich? Sie hat in dem Schloss jenseits des Parks gewohnt. Ob sie jemals in dieses Haus gekommen ist?

Mein Schiff fährt in sechs Wochen in Marseille ab! Ich bin im polnischen Konsulat gewesen. Ich brauche einen Pass und ein Visum. Aber sie wollen mir keine Papiere ausstellen, weil über meine Ankunft in Paris keine Bestätigung vorliegt. Ich wusste nicht, was ich sagen sollte. Wenn ich diese Dokumente nicht bekomme, kann ich nicht abreisen. Onkel weigert sich, mir zu helfen. Er will nicht mit mir ins Konsulat gehen. Er sagt, wenn ich wirklich allein nach Australien will, müsste ich auch imstande sein, mich um meine eigenen Angelegenheiten zu kümmern. Aber ich weiß nicht, was ich tun soll!

Bella hat mir geraten, mich an die JOINT zu wenden. Diese Organisation zahlt mir die Überfahrt und müsste eigentlich wissen, was ich tun soll. Onkel zankt mich aus, weil ich traurig bin. Warum ich denn so finster dreinschaue? Na, warum wohl? Ich kann keinen Pass bekommen; ich habe Schnupfen und rasende Kopfschmerzen; ich habe eine rote Nase, verquollene Augen, Frostbeulen an den Fingern und Zehen; ich bin hässlich; ich habe keine Figur und meine Zukunft ist ein leeres Blatt Papier. Es ist zum Totlachen!

Ich habe mein Diplom von der Modefachschule bekommen. Ich habe den Lehrgang abgeschlossen und die Prüfung bestanden. Jetzt besitze ich eine Schriftrolle aus weißem Pappkarton, mit roten Siegeln und meinem in Schönschrift mit schwarzer Tusche eingetragenen Namen. Das soll die Gewähr dafür sein, dass ich Kleider jeglicher Fasson zuschneiden kann, sowohl an der Kleiderpuppe wie auch am

Zuschneidetisch. Nur ich selber weiß, wie weit das von der Wahrheit entfernt ist. Zur Feier dieser Errungenschaft hat mir Onkel zwei Paar wollene Strümpfe und ein Paar Schuhe gekauft.

Ein echter Monsieur Verdoux ist aufgetaucht und hat Charlie Chaplin verklagt, weil er in seinem Film diesen Namen benützt hat.

Malmaison, Dienstag, 20. Januar 1948

Der lang erwartete Brief von Marina ist gekommen. Sie hat einen Freund meines Onkels geheiratet. Er stammt aus unserer Stadt und war zusammen mit Onkel in Kriegsgefangenschaft. Kein Wort darüber, dass ich nach Australien kommen soll. Onkel rät mir, nun doch nach Polen zurückzukehren oder aber nach Kanada zu schreiben, dass es mir leid täte, damals abgesagt zu haben. Australien muss ich mir aus dem Kopf schlagen. Ich bin niedergeschmettert.

Um mich aufzumuntern, hat mich Simone in die Oper eingeladen, wo wir »Lohengrin« sahen. Es war keine gute Wahl. Ich fand das Ganze lächerlich.

Malmaison, Dienstag, 27. Januar 1948

Simone muss von irgendjemandem eine Menge Eintrittskarten bekommen haben: Gerade haben wir »Boris Godunow« gesehen! Diesmal hat der Zauber gewirkt. Ich war hingerissen und gerührt. Aber dann hat Simone den ganzen Abend verdorben: Als wir nach der Vorstellung die herrliche Treppe hinuntergingen und ich noch ganz benommen war von der Schlussszene, hörte ich sie, wie üblich mit durchdringender Stimme, verkünden: »Und die

Moral von der Geschicht: Wer Dreck anfasst, besudelt sich.« Die Leute drehten sich erstaunt nach ihr um. Sie strahlte. Ich wäre am liebsten tot umgefallen.

So lieb ich sie habe – manchmal geht sie mir auf die Nerven. Wenn sie zum Beispiel in der Metro mit jemandem ins Gespräch gekommen ist, beginnt sie an mir herumzunörgeln: »Warum liest du denn die ganze Zeit, du verdirbst dir die Augen, warum schaust du die Leute nicht an? Warum lächelst du nicht? Wie willst du denn jemals einen Mann bekommen, wenn du dein Gesicht ständig hinter einem Buch versteckst?« Und wenn dann alle auf uns aufmerksam geworden sind: »Wissen Sie, der Krieg ist daran schuld, dass sie so geworden ist. Sie hat Angst, die Leute könnten sie anschauen. Sie ist aus Polen, eine Kriegswaise – kaum zu glauben, dass sie erheblich älter ist als sie aussieht, hat ihre Eltern verloren, war in Warschau, oh là là, là là, was sie dort mit ansehen musste ... Aber jetzt ist das alles vorbei, du brauchst keine Angst mehr zu haben, du bist in Frankreich, na komm, sieh diese netten Damen und Herren an!«

Wenn sie keine Lust zum Plaudern hat, liest sie ebenfalls. Die Zeitung des neben ihr sitzenden oder stehenden Fahrgastes. Das tut sie ganz ungeniert, so, als wäre es ihr gutes Recht. Wenn der, dem die Zeitung gehört, umblättern will und Simone noch nicht fertig gelesen hat, hindert sie ihn daran.

In der ersten Februarwoche verließen Anna und Lilka das Heim in Malmaison. Anna zog zu einem Onkel, einem Optiker, in dessen Geschäft sie arbeiten sollte. Lilka kehrte zu ihren Eltern zurück. Unser Abschied war kühl. Sie gab mir ihre Adresse nicht, und ich wusste, dass ich sie nie wiedersehen würde.

»In der Opéra habe ich »Aida« gesehen. Ich fand die ganze Aufführung herrlich, besonders den Gesang der Amneris. Simone enthielt sich jeden Kommentars, und ich fuhr, noch ganz fasziniert, nach Malmaison zurück.

Tags darauf traf sich die ganze Familie zum Abendessen bei Simone. Ich taute gerade ganz beglückt in dem warmen Zimmer auf, als Onkel mich plötzlich anfuhr: »Du riechst schlecht!« Alle sahen zu mir herüber. Simone nannte Onkel einen Rohling. Ich brach in Tränen aus und rannte aus dem Zimmer. Simone lief mir nach. Ich schilderte ihr die scheußliche Situation, in der ich mich befinde: Ich habe nur eine einzige Garnitur Unterwäsche, und wenn ich sie abends wasche, trocknet sie bei diesem kalten Wetter nicht. Wenn ich sie morgens anziehe, ist sie noch ganz feucht, tagsüber trocknet sie an meinem Körper, aber leider hat sie mit der Zeit diesen muffigen Geruch angenommen; außerdem ist sie schon ganz verschlissen. Vielleicht erklärt sich daraus, warum ich ständig Husten habe. Simone sagte, sie würde Onkel ersuchen, mir Geld für neue Unterwäsche zu geben, aber ich flehte sie an, es nicht zu tun. Ich konnte ihn jetzt einfach um nichts mehr bitten und wollte ihn auch nie mehr sehen. Ich weigerte mich, wieder ins Esszimmer zu gehen, und fuhr ohne Abendessen nach Malmaison zurück.

Apropos ›Gerüche‹: Letzten Montag, als wir gerade aufstehen wollten, kam Big Charlie in unser Schlafzimmer gestürmt. Am Abend zuvor war er von Annette geneckt worden und hatte wieder einmal keine Retourkutsche parat. Er muss die ganze Nacht darüber nachgedacht haben und am Morgen nahm er Rache. Er stürzte sich auf Annette, die noch im Bett lag, hielt sie mit der einen Pratze fest und goss ihr mit der anderen eine ganze Flasche ›Soir de Paris‹ übers Haar. Dann verschwand er.

Die arme Annette! Sie schrie so gellend, dass Bella herunterkam, doch da war der Racheakt bereits vollzogen. Annette konnte sich die Haare nicht mehr waschen, bevor sie zur Arbeit fuhr, weil sie nicht mehr rechtzeitig getrocknet wären, und mit nassen Haaren konnte sie nicht in die Kälte hinausgehen. Ich saß im selben Zugabteil wie Annette und sah, wie die Leute sich über sie mokierten und von ihr wegrückten, während sie mit puterrotem Gesicht dasaß und unentwegt zum Fenster hinausstarrte.«

Malmaison, Montag, 9. Februar 1948

Ein wundervoller Brief von Marina und ihrem Ehemann Alex. Sie möchten, dass ich komme. Ihre Heirat hat nichts an unseren Plänen geändert. Die beiden haben ein kleines Haus in einem Vorort von Melbourne bezogen, wo es massenhaft Mimosen gibt. Sie haben einen Garten und in der Nähe ist ein Park. Für mich ist bereits ein Zimmer eingerichtet. Ich werde zur Familie gehören. Ach, es ist einfach nicht zu fassen!

Die neue Christian-Dior-Kollektion ist frappierend. Falls sich diese neue Mode durchsetzt, was zu bezweifeln ist, wird sie uns alle verwandeln. Wenn ich an mein Diplom denke ... Ich könnte genauso wenig eines dieser neumodischen Kleider zuschneiden wie ich fliegen kann! Die Röcke sind fast knöchellang und sehr weit, die Taille ist stark betont. Und deutlich abfallende Schultern. Ein solches Kleid zu schneidern, würde ein Vermögen kosten. Allein schon für den Rock braucht man eine Unmenge Stoff. Und wer kann so etwas tragen? Weder Mimi noch Simone, die beide klein und mollig sind und keine Taille haben. Trotzdem: An den Mannequins sehen diese Kleider sehr reizvoll aus.

Anna, Adams Mutter, ist für einen kurzen Urlaub aus England herübergekommen. Ich hatte sie das letzte Mal vor dem Krieg gesehen, habe sie aber sofort wieder erkannt. Sie ist noch kleiner als ich, eine zierliche Dame mit silberweißem Haar und einem etwas schiefen Lächeln. Sie war sehr eng mit Mutter befreundet, obwohl sie etliche Jahre älter ist. Mutter und sie sind natürlich Cousinen gewesen. Die Eltern von Mutter (und Onkel) und die Eltern von Anna, Charles, Maurice, Jack und den acht anderen Sprösslingen waren Geschwister, die Geschwister geheiratet hatten – die Kinder der beiden Ehepaare waren also wirklich sehr nahe miteinander verwandt.

Bei Kriegsausbruch wurden Anna, ihr Mann und Adam nach Sibirien deportiert, wo sie als Holzfäller arbeiten mussten. Ich kann mir nicht vorstellen, dass Anna imstande ist, irgendetwas umzuhauen, von Bäumen ganz zu schweigen. Dann gelang es ihnen, sich der polnischen Armee anzuschließen, mit der sie südwärts zogen, zuerst nach Persien, dann weiter nach Nordafrika. Georg hat auf dem Monte Cassino und in der libyschen Wüste gekämpft, Anna arbeitete als Krankenschwester in Lazaretten und versuchte in Verbindung mit allen Familienangehörigen zu bleiben. Bei Kriegsende stand sie im Rang eines Hauptmanns, was ihre Brüder und ihr Mann, die es alle nicht so weit gebracht hatten, sehr komisch fanden.

Nachdem sie zwei Jahre als Krankenschwester in El-Kantara am Suezkanal gearbeitet hatte, war Anna bei Kriegsende in ein Sanatorium im Libanon versetzt worden, dem, wie sie sagt, schönsten Land, das sie jemals kennengelernt hat. So viel Interessantes hat sie im Krieg erlebt! Sie hat mir einen winzigen Skarabäus aus Türkis mitgebracht, den sie in Luxor im Sand gefunden hat. Ich werde ihn immer in Ehren halten.

Seit der Demobilisierung leben Anna und Georg in Harrowgate, das ihnen gar nicht zusagt. Dort ist es so feucht und kalt. Jetzt ist es auch *ihr* Wunschtraum, nach Australien auszuwandern.

Anna sagt, dass ich meiner Mutter ähnlich sehe. Ich kann das nicht so recht glauben. Sie sagt, ich gehe, spreche und lache genau wie Mutter. Sie möchte alles von mir wissen – wie ich den Krieg überlebt habe und was mit den anderen passiert ist. Ich wollte es ihr erzählen, aber ich kann einfach nicht darüber sprechen. Täglich laufen wir stundenlang in Paris herum, wo sich Anna gut auskennt, weil sie vor dem Krieg hier gewesen ist. Sie spricht auch ganz gut Französisch.

Malmaison, Sonntag, 15. Februar 1948

Einen fabelhaften Nachmittag haben wir heute verbracht, Anna und ich. Als wir durch die Rue de Rivoli gingen, entdeckten wir ein Café, an das sich Anna aus der Vorkriegszeit erinnerte, als es, wie sie erzählte, ein sehr elegantes Lokal war. Wir gingen hinein. Es ging auf fünf Uhr und das Café war sehr voll. Vorwiegend Frauen, und wie schick sie angezogen waren! Der Dior-Stil hat wirklich eingeschlagen!

Anna, die ihren Demobilisierungsmantel und ihren einzigen (Vorkriegs-)Hut trug, wollte wieder hinausgehen, doch da kam eine Bedienung – schwarzes Kleid, weißes, gerüschtes Schürzchen und Häubchen – auf uns zugeflitzt, und ehe wir uns versahen, saßen wir an einem Marmortischchen direkt am Fenster. Wieder aufstehen und weggehen trauten wir uns nicht, also blieben wir sitzen und schauten uns um. An den Wänden hingen Spiegel mit Goldrahmen. Die Lüster brannten. Derart elegant gekleidete Damen hatte ich bisher nur im Film gesehen. Sie funkelten und schimmerten, sie lachten und plauderten, und alle schienen einander zu kennen.

Die Bedienungen trugen silberne Tabletts mit Porzellantassen, hohen Gläsern in silbernen Haltern, ganz fantastischem Gebäck und Getränken mit Schlagsahne obendrauf... Die arme Anna war schrecklich verlegen. Sie verbarg ihre Füße unter dem Tisch, schob ihre ziemlich abgetragenen Handschuhe unter ihre Handtasche, die sie dann – weil auch die Tasche schon so abgewetzt war – hinter ihrem Rücken versteckte, und fummelte ständig an ihrem Haar und ihrem Kragen herum. Und sie fragte mich sogar, ob sie ordentlich aussehe, worauf ich ihr natürlich versicherte, sie sehe tadellos aus – und das stimmte auch.

Die Bedienung kam an unseren Tisch. Wir dachten, sie würde uns von oben herab behandeln, doch sie war sehr nett und lächelte uns freundlich an. Sie ging die Speisekarte mit uns durch und beriet uns in puncto Gebäck. Schließlich ließen wir uns je zwei Törtchen und dazu heiße Schokolade mit Schlagsahne bringen.

Da sonst niemand Notiz von uns nahm, blieben wir stundenlang sitzen. Immer wenn die Bedienung an unserem Tisch vorbeikam, nickte sie uns lächelnd zu und erkundigte sich, ob alles nach Wunsch sei. Anna war tief gerührt. Das sei noch genau *das* Paris, das sie von früher in Erinnerung habe, sagte sie, und nun wisse sie endlich, dass der Krieg wirklich vorüber sei. Ich sagte ihr, ich hätte vor, eines Tages, wenn ich ganz erwachsen und sehr reich sein würde, wieder hierher zu kommen, genau das gleiche Gebäck zu bestellen und die Bedienung daran zu erinnern, wie freundlich sie damals zu zwei schäbig gekleideten Ausländerinnen gewesen sei und wie glücklich sie uns gemacht habe. Und dass ich diesen Tag nie vergessen würde.

Es schneite, als wir aus dem Café kamen. Die Temperatur ist auf neun Grad unter Null gesunken und es hat sogar in Nizza geschneit.

In der folgenden Woche gingen wir wieder in die Opèra und sahen »Faust«. Wir saßen wieder auf dem »Olymp« und konnten nur die untere Hälfte der Bühne sehen. Beim Hinausgehen flüsterte mir Georg zu: »Jetzt weißt du, was dir blüht, wenn du ein unartiges Mädchen bist. Du kommst in den Himmel!«

Tags darauf sahen wir uns die Wiener Kunstausstellung im Petit Palais an. Und schließlich nahmen mich meine Verwandten – wohl um meine Allgemeinbildung abzurunden, bevor ich Abschied von Europa nahm – in die »Folies Bergère« mit. Bevor Onkel seine Erlaubnis erteilte, gab es eine Auseinandersetzung, bei der Mimi ihn mit seinem eigenen Argument besiegte: Wenn ich alt genug sei, allein nach Australien zu fahren, sei ich doch wohl auch alt genug, in die »Folies« zu gehen. Damit ich nicht so lachhaft kindlich wirkte, lieh mir Mimi ein Paar Schuhe mit hohen Absätzen, schminkte mich mit Lippenstift und Wimperntusche und setzte mir, um das Ergebnis zu verbergen, einen Hut mit getüpfeltem Schleier auf. Mein Haar war im Nacken zu einem dicken Knoten geschlungen – im Vergleich zu meinen Zöpfen wirklich ein Fortschritt –, und alle gaben zu, dass ich in dieser Aufmachung etliche Jahre älter aussah. Die Schuhe waren ein paar Nummern zu klein und drückten entsetzlich und mein geschminktes Gesicht fühlte sich ganz starr an. An den Arm des ungarischen Arztes geklammert, stakste ich ins Theater. Sobald es im Zuschauerraum dunkel wurde, zog ich die Schuhe aus, schlug den Schleier zurück und atmete erleichtert auf.

Das Spektakel war überwältigend. Dass es so etwas gab, hätte ich mir nicht träumen lassen. Die *tableaux vivants* und die Kostüme waren fantastisch, und die berühmten Nackten wirkten in ihrer Vollkommenheit gar nicht wie echte, lebendige Frauen. Charles erklärte mir, dass sie alle mit Farbe besprüht würden, damit ihre Körper einen gesunden goldbraunen Schimmer bekämen, und dass sie, aus der Nähe gesehen, eine Gänsehaut und Krampfadern hätten, wie jeder andere auch. Ich allerdings sah nur eine Art Traum, der Wirklichkeit geworden war. In Verlegenheit brachten mich nur die Witze, die komisch, aber auch sehr unanständig waren. Ich erstickte fast, um nur ja nicht loszukichern, denn die ganze Familie beobachtete mich, um festzustellen, ob ich die Witze verstand.

Der Arzt, bei dem ich die für die Reise vorgeschriebenen Impfungen bekommen sollte, bat mich, die Ampullen in einer Apotheke zu besorgen und in die Praxis mitzubringen. Mit dem Pockenserum klappte es, aber als ich den Impfstoff gegen die Cholera (die immer noch in Ägypten grassierte) verlangen wollte, ging etwas schief. Ich hatte nicht genau verstanden, was mir der Arzt gesagt hatte, und verlangte »*un vaccin contre la colère*«. Der Apotheker und sein Gehilfe brachen in Gelächter aus. »Das ist leider Gottes noch nicht entdeckt worden«, erklärten sie. Ich ging völlig verwirrt aus dem Laden und versuchte es in einer anderen Apotheke. Genau die gleiche Reaktion. Da hat dich jemand auf einen Metzgergang geschickt, sagte ich mir und dachte daran, dass Maurice am ersten Tag seiner Lehrlingszeit weggeschickt worden war, um eine Lockenschere für Karakulschafe zu besorgen. Den Tränen nahe, versuchte ich zu erklären, wozu ich das Serum brauchte, und nun begriff der Apotheker. »Sie möchten ein *vaccin anticholérique* haben. *La colère* bedeutet ›Wut‹.« Ich wurde rot vor Verlegenheit. Natürlich! Ich wusste doch,

was *la colère* bedeutet! Und das andere hieß *le choléra*.
Auf der Heimfahrt in der überfüllten Metro hielt ich die
kleine Ampulle in der Hand und überlegte, ob die Bakte-
rien darin lebendig oder tot waren, denn wenn ich die Ampulle versehentlich fallen gelassen hätte ...

Um die Reisepapiere zu vervollständigen, musste eine
Röntgenaufnahme gemacht werden. Ich meldete mich in
der Klinik und wurde in ein Wartezimmer geführt, in
dem ungefähr ein Dutzend Männer saßen. Alle hatten
bereits ihr Hemd ausgezogen. Ich durfte meine Bluse
anbehalten, bis ich an die Reihe kommen würde. Beim
Anblick der halb nackten Männer drehte ich mein Gesicht
zur Wand. Jemandem fiel das auf. Schallendes Gelächter.
»Die ist schüchtern!«, johlten sie. »Na los, schau doch her,
uns macht das nichts aus!« Jemand drehte mich herum.
Alle protzten mit ihren Muskeln und schlugen sich auf die
behaarte Brust, wie eine Herde Gorillas. Eine Krankenschwester kam mir zu Hilfe. Zum Glück war ich die Erste,
die geröntgt wurde und wieder weggehen durfte.

Malmaison, Donnerstag, 26. Februar 1948

Onkel hat einen neuen Wintermantel für mich bestellt, bei
einem Schneider. Ich habe zwei Anproben gehabt und bin
niedergeschmettert. Der Mantel hat dick wattierte Schultern, Raglanärmel und hängt kerzengerade herunter. Eine
kurze, dicke Röhre. Ich sehe darin wie ein untersetzter
Ringkämpfer aus. Diors »New Look« ist noch nicht bis zu
diesem Schneider und zu meinem Onkel vorgedrungen,
dessen Ansicht nach es in meinem Alter noch nicht darauf
ankommt, mit der Mode zu gehen. Er hat mir auch Stoff
für zwei Kleider gekauft, die ich mir vor der Abreise
nähen soll. Er erlaubt Mimi nicht, mir Konfektionsklei-

dung zu kaufen. Ich brauche dringend etwas Neues zum Anziehen, habe aber, wenn ich am 5. März abreisen soll, keine Zeit mehr, mir etwas zu nähen. Selbst eine erfahrene Schneiderin müsste sich da furchtbar abhetzen. Außerdem habe ich noch nie eine Nähmaschine benützt! Aber alle meine Einwände werden als bloße Ausflüchte abgetan.

Bei der Rückkehr nach Malmaison habe ich entdeckt, dass schon wieder eine Fensterscheibe zu Bruch gegangen und nicht ersetzt worden ist. Es war schauderhaft kalt. Ich betrachtete den dünnen Stoff, aus dem ich mir irgendwie zwei Kleider zaubern sollte, und es hat mich große Überwindung gekostet, ihn nicht vor Wut zu zerschneiden und die einzelnen Stücke meinem Onkel vor die Füße zu werfen. Das Gefühl, bis über die Grenze des Erträglichen getrieben und zu etwas gezwungen zu werden, das ich ganz offensichtlich nicht schaffen kann, hat in mir einen solchen Hass geweckt und mich zu so heftigen Reaktionen verleitet, dass ich eine Zeit lang wie gelähmt dasaß, starr vor Angst, eine einzige Bewegung könnte einen Tobsuchtsanfall auslösen, von dem ich mich seelisch vielleicht nie mehr erholen würde.

Malmaison, Freitag, 27. Februar 1948

Je mehr ich über meine bevorstehende Abreise nachdenke, desto beklommener wird mir zumute. Wie ist es denn eigentlich da drüben? Ich habe den Film »The Overlanders« [»Das große Treiben«] gesehen. Er war weder ermutigend noch aufschlussreich, außer in puncto Wüste. Eine Stadt hat man nur ganz flüchtig zu sehen bekommen. Trambahnen waren zu sehen und Leute, die sehr altmodisch angezogen waren. Ob es in Melbourne genau so ist?

Onkel hat mir versprochen, dass ich dort zur Schule gehen, Englisch lernen und dann studieren darf. Aber er sagt, ein Medizinstudium dauert zu lange. Simone, Mimi und Marina behaupten, das sei nichts für Frauen. So ein Blödsinn! Wäre das für mich, da ich nicht vorhabe zu heiraten und Kinder zu bekommen, denn nicht der beste Lebenszweck? Es war doch nicht *mein* Wunsch, geboren zu werden. Ich habe es schon so oft bedauert. Ich wünsche mir oft, ich wäre tot. Warum jemand Kinder in diese Welt setzen möchte, kann ich einfach nicht verstehen. Eltern sind doch angesichts von Kriegen und anderen Katastrophen genau so hilflos wie die Kinder und können sie nicht vor all dem Schrecklichen bewahren. Dies ist keine Welt für Kinder. Was wir tun müssen, ist, uns um die Kinder, die in diese Welt hineingeboren wurden und Hilfe brauchen, zu kümmern. Es muss doch Millionen von Kriegswaisen geben. Wenn ich erwachsen bin und für andere sorgen kann, werden auch sie erwachsen sein, aber ich bin ziemlich sicher, dass es dann wieder eine neue Generation von Kriegswaisen geben wird. An Kindern, die Hilfe brauchen, wird es nie mangeln. Jedenfalls werde ich ihnen sehr gut nachfühlen können, was sie empfinden. Sollte ich jemals ein richtiges Zuhause haben, dann werde ich eines oder zwei dieser Kinder adoptieren. Vielleicht arbeite ich in einem Kinderheim oder -krankenhaus. Oder ich schreibe für Kinder oder über sie. Es gibt auf der Welt schon so vieles, worum man sich kümmern muss, dass man, bloß um des eigenen Vergnügens willen, keine neuen Probleme schaffen sollte.

Gestern Abend hat mir zu Ehren hier eine Party stattgefunden! Ich war so perplex, dass es mir die Stimme verschlagen hat und ich bloß dasitzen und alle blöd angrinsen konnte. Sie haben mir ein goldenes Armband geschenkt (es ist, glaube ich, kein echtes Gold) – ein dünnes Armkettchen mit einem Anhänger, auf dem ich meinen Namen eingravieren lassen kann. Sie hatten vor, ihn eingravieren zu lassen, aber dafür hätte die Zeit nicht mehr gereicht.

Jetzt ist also meine Pariser Zeit zu Ende. Ich bin furchtbar traurig. Ich liebe Paris. Trotz aller Trübsal, trotz der Kälte und des Mangels an Schlaf liebe ich diese Stadt wie keine andere, die ich kenne. Wenn ich doch eines Tages hierher zurückkehren könnte! Ich möchte weder reich noch berühmt werden (doch, das möchte ich) – ich wünsche mir nur zurückzukommen und hier zu leben.

Was Palästina betrifft: Ich habe viel darüber nachgedacht. Manchmal habe ich das Gefühl, dass ich dorthin statt nach Australien auswandern sollte. Aber das würde zweierlei bedeuten: Erstens und vor allem – wieder Krieg. Ich weiß, dass ich das nicht ertragen könnte. Ich wünsche mir ein paar friedliche, ruhige Jahre im abgelegensten Teil der Welt, den ich finden kann. Australien ist genau das Richtige. Andernfalls, das weiß ich, würde ich wahnsinnig werden. Und zweitens: In Palästina müsste ich in einem Kibbuz leben. Ich habe jahrelang in Gemeinschaftseinrichtungen leben müssen und weiß, dass ich dafür nicht geeignet bin. Mit mir allein zu sein – das ist mein größter Wunsch. Ein kleines Zimmer mit verschließbarer Tür, in das ich mich zurückziehen kann. Ich möchte nicht mit der Herde traben, nicht essen müssen, wenn die anderen essen, nicht schlafen müssen, wenn die anderen schlafen. Und vor allem möchte ich nicht unentwegt den forschenden Blicken anderer ausgesetzt sein. Auch wenn sie es noch so gut mit mir meinen. Ich möchte nicht beobachtet, angefasst, geschubst, angesprochen und zu einem Teil der Menge gemacht werden. Ich möchte ich selber sein.

Frau Klotz, unsere nette Köchin, die mich immer die leeren Nestlé-Milchdosen auslecken lässt, hat mich gefragt, was ich als Reiseproviant mitnehmen möchte. Ich habe ihr erklärt, dass ich überhaupt nichts mitzunehmen brauche. »Aber es ist eine sehr weite Reise. Du musst doch etwas zu essen haben! Ein Brathuhn vielleicht? Oder ein Dutzend harte Eier? Wie lange dauert es eigentlich, bis man dort ist?« »Ungefähr fünf Wochen.« Sie wurde ganz blass und setzte sich. »So lange? Da verhungerst du doch …«

II

Auf See, Samstag, 20. März 1948

Wo soll ich beginnen? Jede Einzelheit zu berichten, ist unmöglich, also werde ich mich auf die wichtigsten Ereignisse beschränken. Vor der Abreise aus Paris habe ich mit meinen Verwandten zwei Mal Abschied gefeiert. Zuerst bei Maurice und Simone. Sie hat mir einen wunderhübschen silbernen Ring mit einer erbsengroßen Perle geschenkt! Ich war ganz baff und fragte taktloserweise, ob es eine echte Perle sei ... Simone war tief gekränkt. Ob ich etwa glaubte, dass sie mir etwas Unechtes schenken würde?

Tags darauf Mittagessen bei Mimi. Charles hatte im Keller einen alten Koffer entdeckt, den er mir schenkte. Er klebte ein Schildchen mit meinem Namen und Reiseziel hinein, machte aber, als er »Australien« schrieb, einen orthografischen Fehler. Wir konnten nur hoffen, dass es kein böses Omen war. Mimi trippelte aufgeregt hin und her, brachte mir Dutzende von alten Schals, außerdem ein Paar viel zu weite Shorts, dazu ein rückenfreies Oberteil, dann auch noch einen Schlafanzug und einen Strohhut so groß wie ein Wagenrad. Ich besitze jetzt genug Schals für den Rest meines Lebens.

Bei beiden Abschiedspartys vervollständigten Jack und Lena den Familienkreis. Onkel war natürlich auch zugegen. Beide Male hüllte er sich während des Essens in Schweigen. Er ärgerte sich immer noch darüber, dass ich mich, was den neuen Mantel betraf, so undankbar gezeigt und dass ich mich bis zum Schluss geweigert hatte, das Wunder zu vollbringen, mir zwei neue Kleider zu nähen.

Am Abreisetag brachten mich Onkel und Jack zum Bahnhof Sie trugen mein Gepäck, rannten in der Metrostation immer wieder in die falsche Richtung, japsten und schrien mich an, als ich sie aufhalten wollte. Nach einer kurzen Fahrt im falschen Zug kamen wir schließlich doch noch am Bahnhof an. Auf dem Bahnsteig herrschte ein Tohuwabohu. Der Zug nach Marseille war mit Auswanderern vollgestopft. Tränen flossen, Abschiedsworte in allen möglichen Sprachen wurden ausgetauscht. Ganze Stapel von Gepäckstücken – schäbige, mit Stricken zusammengebundene Koffer, auf denen in großen Lettern die Namen und Adressen standen. Und aus den Waggonfenstern blickten viele bekümmerte Gesichter. Irgendwie gelang es Onkel, für mich einen Fensterplatz zu ergattern, dann zwängte Jack mein Gepäck ins Abteil. Beide weinten. Ich konnte nicht. Und dann musste Onkel mir wieder einmal alles verderben. Er suchte mehrere männliche Passagiere aus und bat jeden Einzelnen, sich um mich zu kümmern. Wenn er das schon für notwendig hielt – warum hat er dann keine Frau darum gebeten? Jetzt habe ich also eine ganze Anzahl Begleiter in mittleren Jahren auf dem Hals, und jeder will mich vor den anderen beschützen, denn: »Ihr Onkel hat mich ausdrücklich gebeten, auf Sie aufzupassen!«

In Marseille wurden wir von einem Vertreter der JOINT in Empfang genommen und in verschiedenen kleinen Hotels untergebracht. Ich bekam ein großes Zimmer, das ich mit einer Rumänin namens Rosa teilen musste, die kein Wort Französisch sprach. Auch das Bett musste ich mit ihr teilen.

Am nächsten Morgen zeigte sie mir einen Zettel, auf dem eine Adresse stand. Es schien sich um ein Hotel zu handeln. Da die Angelegenheit offenbar dringend war und Rosa keine Ahnung hatte, wie sie dorthin gelangen sollte, erklärte ich mich bereit mitzugehen. Ich konnte wenigstens nach dem Weg fragen. Da das Hotel ziemlich weit entfernt war, nahmen wir ein Taxi, das wir dummerweise wegfahren ließen, als wir angekommen waren. Die Leute, die meine Zimmergenossin sprechen wollte, waren ausgegangen. Wir machten uns auf den Rückweg, aber plötzlich stellten wir fest, dass wir nicht genau wussten, wie unsere eigene Adresse lautete. Also gingen wir in das andere Hotel zurück und sahen im Telefonbuch nach. Wir waren der Meinung, dass unser Hotel »L'Atlantique« hieß. Im Telefonbuch waren drei Hotels und mehrere Pensionen dieses Namens verzeichnet. Wir suchten die Adresse heraus, die uns richtig erschien, zogen los und fragten immer wieder nach dem Weg. Jedes Mal riet man uns, einen Bus oder ein Taxi zu nehmen, weil dieses Hotel am anderen Ende von Marseille läge. Wir liefen und liefen, Kilometer um Kilometer. Einmal landeten wir im Alten Hafen, der zum größten Teil zerstört war, wo es aber von Betrunkenen und Clochards nur so wimmelte, die sich schattige Stellen zum Schlafen gesucht hatten.

Es war kurz nach Mittag, die Hitze war entsetzlich, die Vagabunden sahen gefährlich aus. Wir rannten zurück zur Hauptstraße. Dort herrschte Jahrmarktstreiben. Dieselben Schaubuden und Stände, die ich an Weihnachten auf der Pigalle bestaunt hatte, waren jetzt hier in Marseille. Dröhnende Musik, Autos, Straßenbahnen, Omnibusse, Menschenmassen, Gedrängel und Geschubse.

Wir klammerten uns aneinander, und hin und wieder fasste ich mir ein Herz und fragte einen Polizisten nach dem Weg. Immer die gleiche Antwort: »Da müssten Sie viel zu weit laufen. Nehmen Sie lieber ein Taxi.« Aber wir hatten kein Geld mehr. Allmählich wurde uns klar, dass wir uns geirrt hatten: Das Hotel, zu dem wir unterwegs waren, konnte nicht *unser* »Atlantique« sein. Rosa begann zu schluchzen. Sie war müde, erhitzt und hungrig. Ich war wütend und hatte ein bisschen Bammel. Immer wenn wir uns ausruhen wollten, machte irgendein freundlicher Matrose Annäherungsversuche. Worauf wir sofort aufsprangen und weiterliefen. Gegen vier Uhr nachmittags gaben wir's auf jetzt blieb uns nichts anderes übrig, als nach einem Polizeirevier Ausschau zu halten und den Beamten zu erklären, dass wir uns verlaufen hatten, dass wir uns nicht ausweisen konnten (sämtliche Pässe hatte der Vertreter der JOINT in Verwahrung) und dass unser Schiff bald auslaufen würde, wir aber keine Ahnung hätten, wie dieses Schiff hieß. Wir kramten unsere Taschen durch und brachten noch genug Geld für ein einziges Glas Limonade zusammen. Als wir es in sehr gedrückter Stimmung austrinken wollten, entdeckte ich plötzlich in der Menschenmenge den jungen Mann, der uns tags zuvor ins Hotel gebracht hatte. Ich stürzte mich ins Gewühl und umarmte den höchst erstaunten Mann, der mich natürlich nicht wiedererkannte. »Herr Rotschild! Wissen Sie, wo ich wohne?« Jetzt ging ihm ein Licht auf, und er begann zu lachen. Ja, er wusste es.

Rosa kam angerannt und nun gingen wir drei Arm in Arm in Richtung Hafen. Herr Rotschild wollte uns das Schiff zeigen. Vom Kai aus gesehen, wirkte es riesengroß, verglichen mit den anderen Passagierschiffen war es das aber keineswegs. Es war im Krieg ein britischer Truppentransporter gewesen und später an Ägypten verkauft worden. Es hieß MISR. Wir sahen eine Weile beim Verladen großer Kisten zu, dann kehrten wir in unser Hotel zurück. Es war gleich um die Ecke und hieß gar nicht »L'Atlantique«.

Gestern sind wir aus Port Said ausgelaufen. War das aufregend! Der einzige Hafen, in dem wir vorher angelegt hatten, war Neapel, wo italienische Auswanderer an Bord kamen.

Wir schlafen im Laderaum. Es ist ein großer Raum mit dreistöckigen Schlafkojen, zwischen denen nur ganz schmale Gänge freigelassen sind. Manchmal versagt die Lüftungsanlage, dann ist es schrecklich heiß und stickig. Und da wir, seit das Schiff aus dem Hafen von Neapel ausgelaufen ist, raue See haben, sind sämtliche Italienerinnen seekrank, kotzen, stöhnen, schluchzen und beten – es ist also wirklich besser, droben auf Deck zu bleiben, auch bei Regen.

Ich bin die jüngste Alleinreisende, deshalb ist Herr Rotschild zu meinem offiziellen Vormund ernannt worden, aber nur für die Dauer der Reise. Er ist vor mir aufs Knie gefallen und hat geschworen, bis zur Ankunft in Melbourne mein Ritter ohne Furcht und Tadel zu bleiben. Ich bin entzückt.

In der Koje neben mir ist ein ungefähr gleichaltriges Mädchen untergebracht, das zusammen mit Tante und Onkel reist. Es heißt Mirka.

In Port Said durften wir wegen der Choleraepidemie nicht an Land gehen, wurden dann aber von zahlreichen kleinen Booten belagert, die mit allen möglichen orientalischen Spezialitäten beladen waren. Hauptsächlich Leder- und Silberwaren, aber auch Obst, Mineralwasser und Süßigkeiten. Ich war fasziniert von den Gesichtern der Händler: dunkel und schmal, mit feurig blitzenden Augen. Alle schrien durcheinander und gestikulierten wie wild. Ihre nicht besonders stabilen Boote rammten einander, kippten aber trotzdem nicht um. Sobald die Händler bei den auf sie hinunterblickenden Passagieren – einem Meer von Gesichtern, die nach fünftägiger stürmischer Seereise bleich und kränklich aussahen – auch nur die geringste Spur von Interesse entdeckten, begannen sie Seile hinaufzuwerfen und Körbe voller Kostbarkeiten hochzuziehen.

Kleine Jungen, die nicht älter als sieben oder acht waren und bodenlange Hemden trugen, hantierten geschickt mit den langen Rudern, während Papa Geschäfte machte. Es war eine so unwiderstehliche Attacke, dass wir uns alle dazu verleiten ließen, etwas zu kaufen. Sogar die an Bord zahlreich vertretenen ehemaligen Soldaten, die samt und sonders im Nahen Osten »Dienst gemacht« haben und uns davor warnten, unser Geld für wertloses Zeug auszugeben – sogar sie haben schließlich etwas gekauft, denn: »Wer weiß, ob wir jemals wieder in diese Gegend kommen.«

Suez, Mittwoch, 24. März 1948

Gestern sind wir durch den Suezkanal gefahren. Ich war erstaunt, wie schmal er ist. Die Schiffe können nur in den »Seen« aneinander vorbeifahren. Im Kanal selbst kommen sie nur sehr langsam im Einbahnverkehr voran. Auf der linken Seite (wenn man in Nord-Süd-Richtung fährt), in der öden Wüste, liegt El-Kantara, wo Anna während des Kriegs als Krankenschwester tätig war.

Allmählich lerne ich einige Passagiere näher kennen, vor allem die Leute an meinem Tisch, als da sind: ein rumänischer Arzt mit funkelnden schwarzen Augen, ein junger polnischer Jude (der aber kein Wort Polnisch spricht, weil er sein Leben lang in Frankreich ansässig war), Mirka, ihre Tante, ihr Onkel und ein paar allein reisende Männer, die bisher kein Wort gesagt haben.

Der rumänische Arzt düngt sein Essen mit Salz, Pfeffer und Senf. Als Erstes hat er Mirka und mir erzählt, dass in Melbourne seine Frau und seine Tochter (ungefähr in unserem Alter) auf ihn warten. Wir nahmen das mit Erleichterung zur Kenntnis. Aber kurz darauf stellten wir fest, dass seine Gefühle für uns alles andere als väterlich sind. Er ist einer dieser schauderhaften Typen, die ihre Hände nicht in Schach halten können.

Und nun zur Besatzung: Die Offiziere sind Ägypter, fast durchweg gut aussehend, dunkelhäutig, mit wunderschönen Augen und strahlend weißen Zähnen. Seit sie statt der schwarzen Uniformen weiße Tropenhemden, Shorts und weiße Kniestrümpfe tragen, sehen sie wirklich blendend aus. Und das wissen sie auch. Die Art und Weise, wie sie herumstolzieren und alle Mädchen anlächeln, hat bereits heftige Kritik ausgelöst, hauptsächlich seitens der älteren Frauen. Ein Offizier – im Gegensatz zu den anderen hat er eine ziemlich helle Haut und rotbraunes Haar – hat mir ein Buch geliehen: »Lettres de mon moulin« von Alphonse Daudet. Dieser Offizier heißt Ali Hassan. Er ist Halbfranzose (mütterlicherseits) und spricht ausgezeichnet Französisch und auch Englisch. Er hat eine ganze Sammlung französischer Bücher und will mir noch mehr davon leihen. Er ist Ingenieur. Er scheint ziemlich schweigsam zu sein, vielleicht sogar schüchtern, und sieht nicht so gut aus wie die anderen, aber er ist, glaube ich, sehr nett.

Ein anderer Ingenieur hat Mirka und mich vor ein paar Tagen mit hinunter in den Maschinenraum genommen. Fürchterlich! Und der Arme muss dort unten 12 Stunden Schichtdienst machen! Kein Wunder, dass er so traurige Augen hat. Mirka und ich waren wirklich ganz entsetzt.

So schöne Sonnenuntergänge habe ich noch nie gesehen. Die Farben des Meeres und des Himmels sind einfach unglaublich: alle möglichen Nuancen – von silbrigem Rosa bis Apfelgrün. Ali sagt, wenn wir den Indischen Ozean erreicht haben, werden die Farben noch fantastischer sein. Das kann ich mir gar nicht vorstellen. Die Luft ist heiß und unbewegt, das Meer gleichmäßig blau, das Schiff gräbt eine glatte Furche in die durchsichtige Wasseroberfläche und zieht eine lange Schleppe aus weißem Schaum hinter sich her. Nachts wirft der Mond einen Silberstreif über die dunkle, geheimnisvolle See.

Ich liebe den eigentümlichen, öligen Geruch auf Deck. Für mich fängt wirklich ein neues Leben an. Ohne jeden Zweifel. Wir haben das schreckliche alte Europa mit seinen Kriegen, Verfolgungen und unzähligen Toten hinter uns gelassen. Wir fahren einer neuen, unbefleckten, schuldlosen Zukunft entgegen. Um in einem Land zu leben, das vom Krieg unberührt geblieben und nicht von deutschen Knobelbechern zerstampft worden ist.

Auf See, Samstag, 27. März 1948

Vorgestern Abend, als Mirka und ich gerade auf Deck waren und den Mondschein auf dem Wasser bewunderten, sprach uns der attraktivste von allen Offizieren an. Er heißt Ibrahim. Er hatte uns schon zuvor – immer wenn er Wache hatte – zugelächelt, aber nie ein Wort gesagt. Er stellte sich ganz formell vor. Wir schüttelten ihm die Hand. Dann pflanzte er sich zwischen Mirka und mir auf, hielt uns beide an der Reling fest, bot uns seine ewige Freundschaft und brüderliche Liebe an und versprach, uns vor seinen Offizierskameraden zu beschützen. Wir waren von seinem Auftreten so überwältigt, dass wir sein überraschendes Angebot dankbar annahmen. Den ganzen Abend war er mir gegenüber besonders aufmerksam, vor allem, nachdem er erfahren hatte, dass ich allein reise.

Heute Nachmittag trat in seinen brüderlichen Gefühlen ein gewisser Wandel ein. Seine Komplimente wurden banaler und durchsichtiger: Plötzlich geriet er ins Schwärmen und verglich meine Augen »mit dem Meer und dem Himmel«. Worauf ich ihn fragte, ob er jemals einen braunen Himmel gesehen habe. Während er sich den Kopf zerbrach, was er darauf erwidern sollte, lief ich davon. Ali ist jedenfalls seriös und unterhält sich gern mit mir. Meistens sprechen wir über Bücher. Er hat mir Voltaires »Contes et romans« geliehen. Ich ginge gern mal in seine Kabine, um mir seine anderen Bücher anzusehen, aber Mirka sagt, wenn ich das tue, bin ich »ruiniert«.

Es geht das Gerücht, dass die Clique estnischer Passagiere, die immer so zugeknöpft wirken und nie mit anderen Leuten sprechen, aus lauter Nazis bestehen soll, die aus Europa fliehen, um der gerechten Strafe zu entgehen. Wenn das stimmt, schleppen wir die Seuche in Australien ein.

Auf See, Sonntag, 28. März 1948

Heute früh war Feuer an Bord. Es wurde zwar rasch gelöscht, aber trotzdem brach eine Panik aus. Die Italienerinnen bekamen hysterische Anfälle und weigerten sich unvernünftigerweise den Laderaum zu verlassen. Alle anderen rannten sofort an Deck und schleppten alle möglichen Gepäckstücke mit hinauf. Ich nahm die Reisetasche mit meinen Fotos und Tagebüchern mit. Eine Frau schrie ihren Mann an: »Hab ich dir nicht gesagt, du sollst nicht

so viele Bananen kaufen? Hab ich's dir nicht gesagt?«
Kurz darauf kam Ali und sagte mir, es sei alles wieder in
Ordnung, aber ich kehrte nicht in meine Koje zurück. Wir
blieben auf Deck und unterhielten uns bis zum Frühstück.

Zum ersten Mal im Leben habe ich einen Mann kennengelernt, der in fast jeder Hinsicht der gleichen Meinung ist
wie ich. Ich bin baff. Er hat mir erzählt, dass er früher Elek-
troingenieur in Kairo gewesen ist, die Verhältnisse in seinem
Land aber als beklemmend und niederdrückend empfunden und es deshalb vorgezogen hat, auf einem Schiff zu arbeiten. Dies ist seine dritte Australienfahrt. Seine Tätigkeit
ist anstrengend, und das Leben, das er hier führt, ist alles
andere als komfortabel, aber er fühlt sich frei. O ja, ich
weiß genau, was er empfindet!

Auf See, Donnerstag, 1. April 1948

Der jüngste Offizier, der Amen heißt (ja, so heißt er wirklich!), hat sich in Mirka verknallt. Sie fühlt sich geschmeichelt, aber ganz geheuer ist es ihr nicht. Ihre Tante bewacht sie mit Argusaugen. Aber wie sollte denn hier etwas
Anstößiges passieren können, hier auf unserem überfüllten Deck, wo jedes Wort mitgehört, jede Geste beobachtet
und dann darüber getratscht wird?

Ali kommt so oft er kann, setzt sich auf die Kante meines Deckstuhls und unterhält sich mit mir. Mimis großer
Sonnenhut schirmt uns gegen neugierige Blicke ab. Außerdem sprechen wir Französisch miteinander und das verstehen hier nur ganz wenige. Heute haben wir über polnische Sagen gesprochen. Dass er sie zu kennen schien, hat
mich überrascht. Aber dann erklärte er mir, die meisten
europäischen Sagen hätten einen gemeinsamen Ursprung,
deshalb seien in den verschiedenen Ländern sehr ähnliche

Sagen zu finden. Wirklich faszinierend ... Und dann kam einer von der Besatzung angerannt und rief, wir hätten einen Wal gefangen – zu besichtigen auf dem unteren Deck! Die meisten Passagiere stürmten sofort hinunter. Ali hielt Mirka und mich zurück und wies uns auf das heutige Datum hin. 1. April!

Wir fühlten uns sehr überlegen, als die anderen ganz bedripst zurückkamen. Einige nahmen es uns doch tatsächlich übel, dass wir nicht auf diesen Aprilscherz hereingefallen waren.

Auf See, Samstag, 3. April 1948

In wenigen Tagen werden wir in Colombo anlegen, und ich hoffe sehr dort einen Brief von Marina vorzufinden. Ich habe ihr vor der Abreise aus Frankreich geschrieben. Sie müsste die Nachricht, dass ich unterwegs bin, bereits erhalten haben, aber ganz sicher bin ich mir dessen natürlich nicht. Falls Marina nicht da ist, wenn ich ankomme – was soll ich dann tun?

Unser Süßwasservorrat ist aufgebraucht und in Salzwasser schäumt die Seife nicht. Wir kommen uns ganz klebrig vor, fühlen uns unbehaglich und können unsere Sachen nicht waschen. Das Essen wird auch immer dürftiger. Nur gut, dass ich gern Spaghetti und Ölsardinen esse, denn das ist ungefähr alles, was wir vorgesetzt bekommen.

Auf See, Montag, 5. April 1948

Gestern Nacht, als wir gerade zu Bett gegangen waren, gab es einen entsetzlichen Knall, und das Schiff stand still. Die Entlüftungsanlage ebenfalls. Wie immer, wenn das passiert (und es passiert ziemlich oft), wartete ich darauf, dass Ali herunterkommen würde, um sie zu reparieren. Ich verstecke mich dann immer unter der Bettdecke, damit er mich nicht sehen kann. Aber diesmal kam er nicht. Schließlich standen wir alle auf und gingen an Deck. Wir dachten, es hätte vielleicht einen Zusammenstoß gegeben, oder unser Schiff sei auf Grund gelaufen. Aber offenbar war irgendetwas im Maschinenraum explodiert.

Wir mussten stundenlang warten, bis Schlepper aus Colombo kamen, um unser Schiff abzuschleppen. Es war sehr spannend zuzusehen, wie die dicken Taue zu uns herübergeworfen wurden. Etliche unserer pessimistischen Experten rechneten bereits aus, wie viele Menschenleben es kosten würde, falls eines dieser Schleppseile plötzlich riss.

Colombo, Freitag, 9. April 1948

Wir sind also immer noch hier und werden, so scheint's, auf unbestimmte Zeit hier festsitzen. Die Passagiere, die genug Geld haben, durften fast alle an Land gehen und sich in Hotels einquartieren. Die Entlüftungsanlage ist immer noch außer Betrieb. Es ist drückend schwül.

Kein Brief von Marina. Ich mache mir solche Sorgen, dass ich an nichts anderes mehr denken kann. An Land bin ich bisher nur ein einziges Mal gewesen – auf einer Straße mit vielen Souvenirläden, aber ich habe kein Geld, um etwas zu kaufen. In einem Schaufenster habe ich einen winzigen Buddha aus Elfenbein gesehen, der mich an das Buddhafigürchen im Hause meiner Großeltern, vor dem Krieg, erinnert hat. Nur dass dieser Buddha aus Bronze war und auf dem Rand eines großen Alabaster-Aschenbechers saß. Sein Kopf war von winzigen Ringellöckchen bedeckt und auf seinem Gesicht mit den halb geschlossenen Augen lag ein heiter gelassenes Lächeln. Er hockte im Türkensitz da, die eine Hand – mit der Handfläche nach oben – in den Schoß gelegt, die andere wie zum Segnen erhoben. Genau wie der Buddha, den ich hier gesehen habe. Ich hätte ihn so gern mitgenommen – in meine ungewisse Zukunft.

Colombo, Sonntag, 11. April 1948

Was für ein wunderschöner Tag! Am Morgen waren wieder einmal alle für einen Ausflug an Land gerüstet. Ich hatte nicht genug Geld für die Busfahrkarte, und weil ein Tagesausflug geplant war, hätte ich auch Geld für eine Mahlzeit ausgeben müssen – also blieb ich an Bord. Mir war ganz elend zumute. Da war ich also in Ceylon, vielleicht das einzige Mal im Leben … Plötzlich tauchte Ali neben mir auf. »*Pourquoi si triste?*« Ich erklärte ihm, warum ich traurig war. »Ist das der einzige Grund? Kein Wort mehr darüber – wir gehen zusammen an Land. Ich werde dir Ceylon zeigen.« Und das hat er getan. Es war fantastisch!

Wir nahmen ein Taxi. Ein komisches, uraltes, mit offenem Dach, was bei dieser höllischen Hitze eine Wohltat war. Zuerst besichtigten wir Colombo. Am Eingang des botanischen Gartens sahen wir einem Schlangenbeschwörer zu, dessen Kobra sich hin und her wiegte und schrecklich blasiert wirkte. Doch plötzlich entdeckten die kleinen Schlangenaugen irgendetwas Interessantes und schon war die Kobra aus dem Korb geschnellt und schlängelte sich übers Pflaster. Alle suchten das Weite. Auch wir beide nahmen Reißaus, obwohl wir auf der anderen Straßenseite standen. Wir hielten uns bei der Hand, rannten und

875

lachten, bis wir völlig außer Atem waren. Vielleicht hatte diese Kobra nicht viel für Musik übrig ... Jedenfalls kamen wir heil im botanischen Garten an. Herrliche Blumen gibt es dort! Ganz erstaunlich waren die Orchideen. Sie sahen wirklich so aus, als könnten sie zubeißen. In der dampfenden Hitze wirkte der ganze botanische Garten unwirklich. Die Farben schienen in der Luft zu »zerfließen«, die von Vogelgezwitscher und Insektengesumm erfüllt war. Und auch die verschiedenartigen Düfte waren für mich so neu und interessant, dass mich diese Attacke auf mein sinnliches Wahrnehmungsvermögen fast überwältigte.

Ali machte mich auf einen großen Baum aufmerksam, eine Art Palme mit runden Früchten, so ähnlich wie Kokosnüsse, aber größer. »Das ist ein indischer Durian. Seine Früchte haben den widerlichsten Geruch, den man sich vorstellen kann, aber sie schmecken köstlich.« Ich kann mir das einfach nicht vorstellen. Geruch und Geschmack sind doch nicht voneinander zu trennen. Ob man sich die Nase zuhalten muss, wenn man eine solche Frucht isst?

Außerhalb der Stadt haben wir mehrere Tempel besichtigt. So viele Buddhas! Dunkelhäutige Frauen in farbenprächtigen Saris streuten Blumen auf die Altäre: weißen Jasmin und pralle rosa Blüten, die wie fleischfressende Pflanzen aussahen. Mehr Fleisch als Blume.

Wir gingen in einen Tempel, in dem der Buddha seitlich ausgestreckt dalag und schlief. Er war ungeheuer lang.

Wir sind den ganzen Tag herumgefahren. Ali hat mir die Lebensgeschichte Buddhas erzählt, die ich unbedingt aufschreiben muss, bevor ich sie wieder vergesse.

In einem Gartenrestaurant aßen wir ein merkwürdiges Gericht. Das Lokal sah schrecklich teuer aus. Das Essen war stark gewürzt. Ein Gemisch aus Reis, Fleisch, Obst und Rosinen. Jeder Bissen brannte wie Feuer. Ich trank li-

terweise Limonade mit Eiswürfeln drin und fühlte mich ...
Ja, wie denn? Ich weiß nicht, wie ich es beschreiben soll ...
So habe ich mich noch nie gefühlt: übermütig, glücklich
und frei, unwahrscheinlich sorglos und glücklich. Solche
Bäume und Blumen hatte ich noch nie gesehen: Überall
diese unglaublich intensiven Farben ...

Wir fuhren an einem Feld vorbei, das unter Wasser stand.
Lauter flüssiger Schlamm. Ein Mann pflügte. Er war fast
nackt und so dunkelbraun wie der Schlamm, in dem er
hinter dem Zugtier (Büffel? Ochse?) herging, das vor seinen Pflug gespannt war. Er blieb stehen, tauchte einen Eimer in das schlammige Wasser und goss es sich über den
Körper. Dann pflügte er weiter.

Auf der Rückfahrt haben wir Elefanten gesehen. Sie waren größer als ich erwartet hatte. Kleine Jungen saßen auf
dem Nacken der Elefanten, die in einen Fluss stapften und
sich dann prustend im Wasser wälzten. Sich vorzustellen,
man müsste einen Elefanten baden! Wenn unser Pekinese
zu Hause in der Wanne gebadet wurde, bedeutete das ein
schönes Stück Arbeit und viel Aufregung für die ganze
Familie. Wir wurden alle tropfnass und das Badezimmer
war überschwemmt. Und hier schrubbt ein kleines Kind
einen Elefanten, als wäre das die selbstverständlichste Sache der Welt!

Wir kehrten so spät an Bord zurück, dass ich das Abendessen versäumte. Ali bestand darauf, dass ich mit ihm zu
Abend aß. In seiner Kabine. Mir war die Sache nicht ganz
geheuer, aber wie hätte ich es abschlagen können? Und warum eigentlich? Weil Mirkas Tante schockiert sein würde?

Der Steward, der uns bediente, schmunzelte übers ganze Gesicht. Bisher hatte ich ihn noch nie lächeln sehen. Ali
bestand darauf, dass die Tür nicht zugemacht wurde, und
später kamen die anderen Offiziere herein, und wir erzählten ihnen von unserem Tag an Land.

An der Wand neben der Koje sind zwei Bücherregale. Ich kniete mich auf die Koje, um mir die Bücher anzusehen und mir etwas auszusuchen. Das hätte ich vielleicht nicht tun sollen, aber es war doch die einzige Möglichkeit, die Bücher genauer zu betrachten. Ich suchte mir ein paar aus (darunter »Le grand Meaulnes« von Alain-Fournier), dann kehrte ich, eskortiert von einem Halbdutzend Offizieren und Ehrenmännern, zu meiner Koje im Laderaum zurück, wo Mirka so tat, als schliefe sie schon. Niemals, niemals werde ich diesen herrlichen Tag vergessen!

Auf See, Montag, 12. April 1948

Warum sind manche Leute so abscheulich? Mirka, ihre Tante, ihr Onkel und etliche gehässige Banausen sind »schockiert«. Über das, was gestern Nacht »passiert« ist. Gar nichts ist passiert! Jedenfalls nicht das, was sie glauben.
   Wir haben so raue See, dass alle krank geworden sind. Sogar die Besatzung! Mein Zustand ist einigermaßen erträglich, solange ich meiner Koje fernbleibe und mich auf Deck an irgendetwas festhalte. Vor zehn Stunden sind wir in Colombo ausgelaufen, noch neun Tage bis Fremantle und weitere fünf Tage bis Melbourne. Und dann ist's vorüber. Ich fühle mich zu elend, um weiterzuschreiben.

Am Äquator, Dienstag, 13. April 1948

Alle bereiten sich auf die Party vor. Jeder Passagier, der zum ersten Mal den Äquator überquert, wird getauft. Nein, danke! Ohne mich! Ich will mit den Leuten auf diesem Schiff nichts mehr zu tun haben.

Die Äquatortaufe war so lustig, dass ich schließlich doch mitgemacht habe. Alle waren tropfnass. Die Passagiere wurden aus ihren Deckstühlen gehoben, johlend zum »Thron« getragen, eingeseift, mit einem riesigen Malerpinsel »rasiert« und, wenn es sich um weibliche Passagiere handelte, umarmt, geküsst und gekniffen. Alle schrien, lachten, schlitterten im Seifenschaum herum und bliesen Seifenblasen. Mirka und ich verzogen uns in einen Winkel, den wir für einen sicheren Zufluchtsort hielten, aber plötzlich platschte ein Wasserschwall auf uns herab. Amen und Ali hatten uns vom Oberdeck aus zwei Eimer Wasser übergegossen. Jetzt hatten wir nichts mehr zu verlieren und stürzten uns ins Vergnügen. Und nun versuche ich mein Haar im Wind trocknen zu lassen.

Heute sind ausnahmsweise einmal alle vergnügt und jeder redet mit jedem. Bis auf unseren feurigen rumänischen Doktor, der sein Essen immer mit Salz, Pfeffer und Senf gedüngt hat. In Colombo hat er etwas gegessen, das seinen Gedärmen ganz schrecklich zugesetzt hat. Es soll zwar, wie er sagt, ganz fantastisch geschmeckt haben, aber trotzdem wäre er beinahe daran gestorben. Er ist vom Schiffsarzt auf strenge Diät gesetzt worden – Fisch und Pellkartoffeln, völlig ungewürzt – und sieht jetzt genauso trist und blässlich aus wie das Essen, das ihm vorgesetzt wird.

Mittwoch, 14. April 1948

Ich glaube, ich habe mich in Ali verliebt. Er ist mein erster Gedanke, wenn ich aufwache, und mein letzter, bevor ich einschlafe. Meine Knie werden ganz wacklig, wenn ich ihn auf mich zukommen sehe. Er ist fröhlich und witzig, außer wenn er an »*cafard*« leidet, dann ist er zutiefst deprimiert und nicht mal imstande, etwas zu essen. Genau wie ich. Er ist träge, aber es macht ihm Freude, das zu tun, was ihn interessiert, selbst wenn er sich dabei abrackern muss. Genau wie ich. Er ist groß und schlank und sieht – meiner Ansicht nach – sehr gut aus. Ich hätte es nie für möglich gehalten, dass ich mich in einen Mann mit Brille und Schnurrbart verlieben könnte ... Jetzt finde ich, dass alle Männer so aussehen sollten. Er ist offen und ehrlich und anständig. Ich muss unentwegt an ihn denken. Er will mich in Melbourne besuchen. Was werden Marina und Alex dazu sagen? Wahrscheinlich hängt es davon ab, wie ich Ali bei ihnen einführen werde.

Auf See, Freitag, 16. April 1948

Gestern ist etwas Schreckliches passiert. Ich saß wie üblich auf meinem Deckstuhl, als Ali zu mir kam. Er machte ein ernstes Gesicht und schien nach Worten zu ringen, was man bei ihm gar nicht gewöhnt ist. Dann griff er ganz unerwartet nach meiner Hand und – machte mir einen Heiratsantrag! Ich war so perplex und entsetzt, dass ich ihn bloß anstarren konnte. Dann riss ich meine Hand los und wollte davonlaufen, doch er hielt mich zurück. Das Einzige, was ich herausbrachte, war: »Ich dachte, du bist mein Freund ... Wie konntest du nur ... ?«

Ich bin noch ganz durcheinander. Den ganzen Tag bin ich in meiner Koje geblieben, weil ich mich nicht getraut habe an Deck zu gehen. Mirka kam herunter, um mir zu sagen, dass Ali überall nach mir fragt. Was soll ich denn jetzt tun?

Eine schöne Bescherung! Dabei habe ich gestern noch

geglaubt, dass ich ihn liebe. Aber wenn ich bei dem Gedanken, ihn zu heiraten, derart in Panik gerate, kann ich doch wohl nicht in ihn verliebt sein? Bevor ich ihm gestern davongelaufen bin, habe ich mir noch ein paar Worte abgerungen: dass ich ihn gern habe. Der Unterschied zwischen »*je t'aime*« und »*je t'aime bien*«. Wie soll ich ihm das klar machen, wenn er mir nicht zuhören will? Was ist eigentlich mit mir los? Wenn ich das nur wüsste oder jemanden fragen könnte ... O Gott, das ist einfach zu viel für mich!

Auf See, Montag, 19. April 1948

In zwei Tagen sind wir in Fremantle. Wenn dort kein Brief auf mich wartet, werde ich mir wirklich furchtbare Sorgen machen.

Heute Morgen sind einige Passagiere, die gelernte Ingenieure sind, hinuntergegangen, um die Maschinen zu inspizieren. Sie kamen leichenblass zurück und erklärten, das Schiff sei ihrer Ansicht nach nicht seetüchtig und könnte jeden Moment explodieren oder sinken. Wirklich nett von ihnen, uns in *diesem* Stadium der Reise so etwas zu sagen! Was sollen wir denn tun? Aussteigen?

Was mein Problem mit Ali betrifft, so hat sich inzwischen nichts geändert: Er ist in mich verliebt und sagt mir das auch. Ich versuche ihm zu erklären, dass ich ihn nicht liebe, ihn aber als Freund sehr gern habe. Er hat mir zweimal die Hand geküsst. Er wollte mich auf den Mund küssen, aber ich habe ihn ganz impulsiv zurückgestoßen. Ich *konnte* ihn einfach nicht küssen. Dann kann ich doch auch nicht in ihn verliebt sein, oder?

Mirka und Amen küssen sich in jedem abgelegenen Winkel. Davon hat Mirkas Tante natürlich keine Ahnung.

Sie spricht kaum mehr mit mir und hält mich offenbar für ein schamloses Flittchen – wegen jenes Tagesausflugs in Ceylon und vor allem wegen des Abendessens in Alis Kabine. Um dem vorzubeugen, hat Ali an jenem Abend darauf bestanden, dass die Tür nicht zugemacht wurde. Aber jeden auf diesem verdammten Schiff konnte er ja wohl nicht als Zuschauer einladen!

Die Offiziere tragen jetzt wieder ihre schwarzen Uniformjacken. Ende der Tropen. Und bald wird auch die Reise zu Ende sein. Seit wir den Äquator überquert haben, hat sich die allgemeine Stimmung irgendwie geändert. Es wird nicht mehr so viel gelacht. Allmählich kommt Beklommenheit auf. Verschiedene Gruppen, die sich im Lauf der Reise zusammengefunden haben, planen, auch weiterhin in Verbindung zu bleiben. Adressen werden ausgetauscht und sorgfältig notiert. Die eingeschworenste und abweisendste Clique ist nach wie vor die estnische, die ihren Stammplatz auf Deck, direkt vor den Kabinen, kein einziges Mal verlassen hat. Am fröhlichsten sind die polnischen Kriegsteilnehmer, von denen viele mit Ausländerinnen verheiratet sind.

Auf See, Dienstag, 20. April 1948

Gestern Abend setzte sich Ali wie üblich neben mich auf einen Deckstuhl. Während wir uns unterhielten, wiegte er die kleine Alice auf den Knien. Sie ist drei Jahre alt, die Tochter eines jener griesgrämigen Ingenieure, die uns einen großen Schrecken einjagten, als sie aus dem Maschinenraum kamen und eine Katastrophe voraussagten. Er ist ein seltsamer Mensch – blass, verhärmt und ungesellig. Und dabei kann er in Melbourne sofort eine neue Stellung antreten und in eine komplett eingerichtete Wohnung ziehen! Er hat reiche Verwandte, in deren Fabrik er tätig sein wird, und zwar nicht als Arbeiter, sondern in leitender Stellung. Trotzdem ist er der deprimierteste Mensch auf unserem Schiff. Seine Frau, die genauso blass und verhärmt ist, spricht fast nie mit anderen Leuten. Anscheinend grämt sie sich nur um *ihn*, und warum *er* sich grämt, weiß kein Mensch.

Alice hat keinen Kummer. Vergnügt stapft sie von einem Passagier zum andern. Sie ist braun wie eine Haselnuss, die blonden Haare hängen ihr ins Gesicht und ihre Gummizüge sind ausgeleiert – mit anderen Worten: Ihr Höschen rutscht ständig herunter. Und immer wieder zieht es ihr jemand hoch, entweder ein Passagier oder ein Besatzungsmitglied. Zu Ali hat sie eine besondere Zuneigung gefasst und er ist ganz reizend zu ihr. Sobald er auftaucht, kommt auch Alice angehoppelt. Sie steht da, gafft ihn an, scheint ihm jedes Wort von den Lippen abzulesen (während ihr Höschen immer tiefer herunterrutscht), bis einer von uns sie endlich auf den Schoß nimmt, wo sie sich wie eine Katze zusammenrollt und mucksmäuschenstill liegen bleibt, bis es Zeit zum Essen oder Schlafengehen ist ...

Fremantle, Mittwoch, 21. April 1948

Heute Nacht sind wir in Fremantle eingelaufen. Kein Brief von Marina. Ich kann vor Aufregung nicht schlafen, obwohl es schon lange nach Mitternacht ist. Ich glaube, ich werde bis zum Morgengrauen auf Deck bleiben. Was kann denn passiert sein? Was soll ich tun, wenn mich in Melbourne niemand abholt?

Gestern Abend kam Ali zu mir. Zunächst machten wir höfliche Konversation, dann kam es zu einer stürmischen

883

Auseinandersetzung: Er liebe mich und könne nicht ohne mich leben, ich jedoch erwidere seine Liebe nicht. Ich erlaube ihm nicht einmal mich zu küssen. Mein Verhalten werde ihn noch dazu treiben, das Gleiche zu werden wie die anderen Offiziere an Bord: ein herzloser Verführer. Und obendrein werde er sich, obwohl er Moslem sei, dem Trunk ergeben. Und an alledem wäre ich schuld ... So sei es! Warum begreift er nicht, dass man Liebe nicht erzwingen kann? Dass ich, wenn sie nicht da ist, nichts dagegen tun kann? Ich wollte, ich wäre anders, aber ...

Heute ist mir in der Toilette mein Perlring hinuntergefallen, ins Waschbecken. Ich habe ihn aus dem Wasser gefischt. Später ist die »Perle« abgeblättert und übrig blieb ein hässliches Klümpchen Glasmasse. Ich war bitter enttäuscht und Mirka hat mich wegen meiner Gutgläubigkeit ausgelacht. Wie konnte ich überhaupt glauben, Simone hätte mir eine echte Perle geschenkt? Aber sie war doch so gekränkt, als ich sie fragte ... Hat sie es vielleicht selber nicht gewusst? Hat man sie ebenfalls betrogen? Ich werde es nie erfahren, weil ich es nie über mich bringen werde, sie danach zu fragen.

Fremantle, Freitag, 23. April 1948

Immer noch hier. Aber heute Nacht laufen wir aus. Ali ist jetzt viel netter. Obzwar er sehr traurig ist. Er liegt in seinem Deckstuhl und sieht mir in die Augen, als bräche ihm das Herz. »*Un sou pour tes pensées*«, sagt er – das ist die französische Übersetzung einer komischen englischen Redensart –, aber ich seufze bloß und schweige.

Heute Nacht ist etwas Merkwürdiges passiert. Ali kam sehr spät an Deck, erst nach Mitternacht. Wir kamen auf unsere Kinderjahre zu sprechen. Meine Kindheit in Polen, seine in Ägypten. Ich erwähnte die Winterferien. Skilaufen in den Bergen, Schnee... »Ich habe noch niemals Schnee gesehen«, sagte er. Mir verschlug es die Sprache. Eine Kindheit ohne Schnee? Ohne Schneemänner, Schneebälle und Rodelschlitten, ohne Schlittschuhlaufen und Skifahren? Niemals am Morgen aufwachen und entdecken, dass der Nachtfrost die Fenster in einen Märchenwald aus glitzernden Sternen und Farnwedeln verwandelt hat? Kein Glockengeläut, das in der bläulich weißen Nacht zur Mitternachtsmesse ruft, keine langen Spaziergänge im knirschenden Pulverschnee?

Plötzlich tat sich eine Kluft zwischen uns auf. Ich habe ihn immer noch sehr, sehr gern, aber noch nie war mir der Unterschied zwischen »*je t'aime*« und »*je t'aime bien*« so klar wie in diesem Augenblick. Es schmerzte mich zutiefst, dass das Ganze so unmöglich war, aber ich habe das Gefühl, dass er schon zu weit von mir entfernt ist und dass die Kluft sich nie mehr schließen wird.

Heute ist der erste Pessach-Abend. Eine regelrechte Seder-Tafel wird für uns gedeckt. Wir werden die Befreiung der Juden aus der ägyptischen Knechtschaft feiern – auf einem ägyptischen Schiff, das uns aus der Knechtschaft unserer Vergangenheit in ein neues Land bringt.

Auf See, Samstag, 24. April 1948

Unsere Seder gestern Abend (kurz nachdem wir aus dem Hafen von Fremantle ausgelaufen waren) zog sich sehr lange hin und war ein bewegendes Erlebnis. Wir wurden von unseren arabischen Stewards bedient, die immer, wenn sie einen Teller hinstellten, etwas Unverständliches vor sich hin murmelten. Mirkas Tante war überzeugt, dass sie uns verfluchten und uns alle vergiften würden, aber natürlich ist nichts dergleichen passiert. Die anderen Besatzungsmitglieder standen an den offenen Türen und hörten den Gebeten zu. Da Hebräisch offenbar dem Arabischen ähnlich ist, konnten sie die Gebete verstehen. Was sie sich wohl dabei gedacht haben? Ich konnte nur sehr wenig verstehen. 1939 konnte ich, wenn Onkel mich auf den Schoß nahm, fließend in seinem Gebetbuch lesen. Ich weiß noch, wie er sich darüber wunderte. Er hat eben nie so recht geglaubt, dass auch kleine Mädchen menschliche Wesen sind. Daraus erklären sich, glaube ich, die meisten Schwierigkeiten, die es bis heute zwischen uns beiden gegeben hat.

Mirka sagt, dass Amen ihr einen Heiratsantrag gemacht und sie ihm einen Korb gegeben habe. Ich kann das zwar nicht ganz glauben, aber Amen ist ganz zweifellos gekränkt und versucht sogar sie eifersüchtig zu machen. Mirka hat allerdings viel dringendere Probleme: Sie, ihre Tante und ihr Onkel haben zwar eine Unterkunft in Melbourne, müssen aber sofort Arbeit finden und können alle drei kein Wort Englisch.

Montag, 26. April 1948

Heute Nacht ist ein Passagier – ein alter Mann – gestorben. Sein Leichnam wurde dem Meer übergeben. Wie traurig! Eine so weite Seereise zu machen und das Ziel nicht zu erreichen.

Ich habe ein furchtbar schlechtes Gewissen. Offensichtlich habe ich Ali unglücklich gemacht, ohne es zu wollen. Amen und Ibrahim machen sich zu seinen Fürsprechern. Sie sagen, er kann weder essen noch schlafen, und dass er sich vor Gram verzehrt, und dass ich sehr grausam bin und mich schlecht benommen habe, dass aber alles noch gut werden kann, wenn ich meine Meinung ändere. Andernfalls übernehmen sie keine Verantwortung für das, was passieren könnte. Sie wollen sich nicht genauer dazu äußern, sondern machen bloß ein trauriges Gesicht und nicken einander zu. Ich halte das nicht aus!

Heute Abend findet eine große Party statt. Der Kapitän, die Offiziere und die Erste-Klasse-Passagiere nehmen daran teil. Ali sagt, er muss hingehen, obwohl er lieber bei mir bliebe.

Dienstag, 27. April 1948

Morgen: Melbourne. Heute Vormittag habe ich gepackt. Gestern Nacht hat eine junge Engländerin, die erster Klasse reist, einen Selbstmordversuch unternommen. Sie wollte über Bord springen, wurde aber von einem Matrosen, der Wache hatte, zurückgerissen. Sie hatte gerade erfahren, dass ihr Verlobter, mit dem sie sich in Melbourne treffen wollte, bereits verheiratet ist, zwei Kinder hat und nichts mehr mit ihr zu tun haben will. Heute früh hat sie Tabletten geschluckt und jetzt liegt sie bewusstlos im Schiffslazarett.

Ali hat sich eine herrliche Überraschung für mich ausgedacht: ein einstündiges Konzert mit meinen Lieblingsschallplatten. Er hat sie ganz allein ausgesucht. Und keine Einzige vergessen! Der Zahlmeister, der mir die Einladung überbrachte, nennt mich »Prinzessin«. Der Zweite Offizier ebenfalls. Mirkas Tante möchte wissen, warum.

Später rückte Ali mit einem Vorschlag heraus: Falls Marina nicht am Kai auf mich wartet, soll ich an Bord bleiben und mit nach Sydney fahren. Dort will er abmustern und sich mit mir in einem Hotel einquartieren. Falls ich dann immer noch in Australien bleiben möchte, will auch er hier bleiben. Falls nicht, will er mich nach Ägypten mitnehmen, zu seiner Familie. Er will mich nicht allein in Australien lassen. Amen und Ibrahim, die sich später zu uns gesellten, unterstützen Alis Plan. Auch sie wollen für mich sorgen. Sie glauben, dass Ali und ich füreinander bestimmt sind.

O Gott, was soll ich tun? Wenn Marina nicht da ist, was soll dann aus mir werden? Ich gehe jetzt hinunter in meine Koje und weine mir die Augen aus.

12

Als das Schiff in Melbourne anlegte, stand ich mit Ali, Amen und Ibrahim auf dem Oberdeck und suchte in der Menschenmenge drunten auf dem Pier angstvoll nach einem vertrauten Gesicht. »Haltet Ausschau nach einer blonden Dame!«, bat ich meine Freunde. »Ungefähr so groß wie ich, sehr schlank.« Sie entdeckten sofort etliche hübsche Blondinen, aber keine von ihnen war Marina. Schließlich hielt ich es vor Aufregung nicht mehr auf Deck aus und ging hinunter zu den anderen Passagieren, die auf ihren Koffern saßen und warteten. Man teilte mir mit, dass ich mich beim Zahlmeister melden sollte. »Ihre Tante hat schon überall nach Ihnen Ausschau gehalten – dort unten steht sie!« Ich traute meinen Augen nicht. Diese kleine Frau, deren schwarzes Haar (so schwarz wie meines) so sittsam zu einem Knoten geschlungen war? Marina? Und dieser große, leicht gebeugte Mann mit dem runden Gesicht und der hohen Stirn – Alex? Ich winkte. Sie winkte zurück und führte mir sofort eine aufgeregte Pantomime vor. Ungeheuer erleichtert, wenn auch verdutzt über Marinas Verwandlung, ging ich zu Ali zurück und berichtete ihm, ich hätte meine Freunde entdeckt und alles sei in Ordnung. Er war ganz niedergeschlagen. »Ich besuche dich in Melbourne, bevor das Schiff ausläuft.« »Ja, das wäre nett«, sagte ich kleinlaut. Was würden Marina und ihr Mann dazu sagen?

Dann ging ich zur Zollabfertigung und kurz darauf fand sich auch Marina dort ein. Sobald ich meine Gepäckstücke für die Zollkontrolle beieinander hatte, riss mir Marina die Schlüssel aus der Hand, öffnete die Koffer und kippte meine sorgfältig eingepackten Sachen heraus. »*Look, look, look!*«, rief sie und fuchtelte dem verdutzten Zollbeamten mit meiner Unterwäsche und anderen Kleidungsstücken vor dem Gesicht herum. Es war das einzige Wort, das ich verstehen konnte. Sie vergoss Tränen, brach gleichzeitig in hysterisches Gelächter aus und zeterte so lange, bis der Beamte entsetzt den Rückzug antrat.

»Was hast du zu ihm gesagt?«, fragte ich, als ich mit zitternden Händen versuchte, meine Sachen wieder in die Koffer zu stopfen.

»Ich wollte, dass er genau sieht, was für schäbige Klamotten du mitgebracht hast. Damit er nicht glaubt, wir wollten irgendwelche Kostbarkeiten einschmuggeln. So was hat der bestimmt noch nie zu Gesicht bekommen. Hast du gesehen, wie entsetzt er zurückgewichen ist?«

Wir gingen hinaus. Alex, der draußen gewartet hatte, begrüßte mich herzlich. »Willkommen in Australien! Du wirst hier bestimmt genauso glücklich wie wir.« Worauf Marina wieder zu weinen begann.

Wir fuhren mit einem Taxi in die Stadt, dann mit der Straßenbahn in den ziemlich weit entfernten Vorort Burwood. Während der ganzen Fahrt redete Marina ohne Punkt und Komma, wobei sie abwechselnd lachte und weinte. Ich hörte gar nicht mehr zu.

Endlich gelang es mir, ihren Redestrom zu unterbrechen: »Warum hast du mir nicht geschrieben? Alle anderen haben Briefe bekommen.«

»Warum ich dir nicht geschrieben habe? Weil ich was anderes zu tun hatte! Alex, sie hat die Stirn, mich zu fragen, warum ich ihr nicht geschrieben habe! Als ob ich nichts anderes zu tun hätte ...« Der Redeschwall hörte einfach nicht auf. Ich dachte: Vielleicht ist es die Aufregung über meine Ankunft.

Wir gingen eine ungepflasterte Straße entlang und hielten vor einem kleinen Backsteinbungalow, der in einem noch nicht angelegten Garten stand. »Dieser Teil von Burwood ist noch im Entstehen begriffen«, erklärte Alex. »Aber ganz in der Nähe ist ein großer Park, in dem es massenhaft Mimosen gibt. Er heißt Wattle Park. ›Wattle‹ ist das australische Wort für Mimosen.« »Mimosen sind meine Lieblingsblumen!«, rief ich. »Fass bloß keine an und bring sie mir ja nicht ins Haus!«, sagte Marina. »Sie sind giftig.«

Diese Nacht schlief ich in meinem eigenen Zimmer. Es hatte weiß getünchte Wände. Die Einrichtung bestand aus einer weiß gestrichenen eisernen Bettstatt, einem kleinen Kleiderschrank, einem mit grünem Filz bezogenen Klapptischchen und zwei Stühlen. Mein eigenes Zimmer, endlich! Im Türschloss steckte sogar ein Schlüssel.

Das Haus war einfach eingerichtet, hatte aber genug modernen Komfort zu bieten. In der Küche stand ein elektrischer Eisschrank, und im Bad war außer der Wanne auch eine Dusche vorhanden. Im Vergleich zu Maurices Wohnung war diese hier luxuriös. Im größten Zimmer standen ein Zeichentisch und eine elektrische Nähmaschine. Ich erfuhr, dass Marina für eine Fabrik Blusen zuschnitt und nähte.

»Die Modelle entwerfe ich selbst«, erklärte sie und deutete auf Schnitte aus braunem Papier, die sorgfältig gebündelt und nummeriert an der Wand hingen. Ich war beeindruckt. »Wann hast du das alles gelernt?« – »Wann ich das gelernt habe?« Sie brach in Gelächter und Tränen aus. »Also das ist doch wirklich ...« Offenbar war es unmöglich, irgendeine Antwort von ihr zu bekommen. »Eines Tages erzähle ich's dir ...«

Zwar ließ sich Marina auch in den folgenden Tagen beängstigend rasch zu Tränenausbrüchen und hysterischem Gelächter hinreißen, aber sie beruhigte sich wenigstens einigermaßen und begann zu erzählen. Unaufhörlich sprach sie von Leuten, die ich nicht kannte. Alex machte Nachtschicht in einer Textilfabrik, wo er riesige Maschinen warten musste. In Polen hatte ihm vor dem Krieg eine solche Fabrik gehört. Jetzt war er Arbeiter. Es sei einfach fabelhaft, erklärte er mir, hier in einer Fabrik zu arbeiten. Da sei man mit echten Australiern zusammen – prächtigen Menschen, aufrichtig, unverdorben und ziemlich weltfremd. Sie wüssten so gut wie nichts über Europa und ständen Ausländern misstrauisch gegenüber. Marina dagegen war noch nicht so angetan von der australischen Lebensweise. Deshalb hatte sie es vorgezogen, einstweilen Heimarbeit zu machen. Später wollte sie eventuell eine eigene Werkstatt eröffnen. Dann könnte ich, falls ich mich dieser Ehre würdig erwiese, bei ihr arbeiten.

Ich betrachtete unschlüssig die elektrische Nähmaschine und gab zu, dass ich noch nie eine benützt hatte. In Paris hätte ich es einmal mit einer Tretnähmaschine versucht, aber die hätte ständig gebockt. Und diese elektrische Maschine sehe noch komplizierter aus.

»Sie *ist* kompliziert«, sagte Marina. »Steppt sehr schnell, hat einen starken Motor und ist sehr gefährlich. Ehe man sich versieht, zersticht sie einem die Finger.«

Melbourne, Dienstag, 4. Mai 1948

Ich weiß nicht, wie ich es zu Papier bringen soll, aber ich muss es versuchen, sonst drehe ich durch. Gestern ist es zwischen Marina und mir zu einer schrecklichen Szene gekommen. Irgendjemand, ich weiß nicht, wer, hat sich mit Marina in Verbindung gesetzt und ihr gesagt, ich hätte auf dem Schiff eine Liebesaffäre mit einem Araber gehabt. Diese Mitteilung hat sie erhalten, während ich einen Spaziergang im Wattle Park machte. Als ich zurückkam, hat sie mich nicht mal gefragt, was *ich* zu dieser Angelegenheit zu sagen hätte. Sie hat ganz einfach geglaubt, was man ihr erzählt hat. Sie wollte nur wissen, ob ich schwanger sei oder mir eine Krankheit geholt hätte – wenn das der Fall wäre, wollte sie mich keine Minute länger unter ihrem Dach haben. Ich wusste nicht, was ich sagen und wie ich ihr beweisen sollte, dass man ihr lauter Lügen aufgetischt hatte. Als es mir (glaube ich) endlich gelungen war, sie zu überzeugen, war sie vor lauter Gejammer so hysterisch, dass sie den Rest des Tages im Bett verbringen musste. Ich ging in mein Zimmer und weinte die ganze Nacht. Niemand bekam etwas zu essen und Alex musste ohne seine belegten Brote zur Arbeit gehen.

Melbourne, Mittwoch, 5. Mai 1948

Ganz unerwartet standen heute Nachmittag Mirka, Ali, Amen und Ibrahim vor unserer Haustür. Die Männer waren in Zivil und sahen blendend aus. Mirka hatte ein hübsches neues Kleid an. Sie lachten, waren quietschvergnügt und wollten mit uns in dem Taxi, das draußen wartete, in die Stadt fahren. Sie hatten vor, ins Kino und danach ins Hafenviertel zu gehen. Ich durfte natürlich nicht mitfahren.

Heute Nachmittag war Ali allein hier. Er rief am Vormittag an und ich bat ihn zu kommen. Die MISR läuft morgen aus, nach Sydney. Marina und Alex setzten sich zu uns ins Wohnzimmer und ließen uns keine Minute allein. Es war höchst ungemütlich. Nach knapp zwei Stunden gingen wir zur Straßenbahnhaltestelle. Ali und ich voraus, Marina und Alex hinterdrein. Marina war sichtlich gereizt, weil wir Französisch sprachen und sie kein Wort verstehen konnte.

Ali wollte wissen, wie mir mein neues Zuhause gefällt. Ob ich gut behandelt werde. Ob ich glücklich bin. Was ich vorhabe. Wann ich wieder zur Schule gehen werde. Ich sagte, ich sei hier sehr glücklich. Sobald ich etwas Englisch gelernt hätte, würde ich zur Schule gehen.

Er hat mich wieder gebeten ihn zu heiraten, jetzt oder später, und er hat mir gesagt, wohin ich ihm schreiben soll, falls ich Hilfe brauche. Es wird noch einige Zeit dauern, bis das Schiff die australischen Gewässer verlässt... Ich habe Ali immer wieder beteuert, ich sei sehr glücklich und hätte keine Hilfe nötig. Ich habe ihm den kleinen Türkis-Skarabäus geschenkt, den Anna in Luxor gefunden hat. Er will sich einen Ring daraus machen lassen. Ich war so durcheinander, dass mir das Sprechen schwer fiel.

Obwohl ich mich nicht dazu durchringen konnte ihm von der entsetzlichen Szene, die mir Marina gemacht hat, und von ihren schändlichen Beschuldigungen zu erzählen, hätte ich ihn gern um Rat gefragt, ihm gesagt, dass Marina sich auf unerklärliche Weise verändert hat, und ihn gefragt, wie es jetzt mit mir weitergehen soll.

Ali ließ sich durch unsere beiden Anstandswauwaus nicht aus der Fassung bringen. Er sagte, in Ägypten sei so etwas »*de rigueur*«. Aber als wir weit genug von den bei-

den entfernt waren, flüsterte er mir zu: »Die lassen dich
wohl nicht gern mit einem Seemann herumlaufen?« Ich
sagte, das müsste wohl der Grund sein, obwohl ihn, in
diesem schicken Anzug, kein Mensch für einen Seemann
halten würde. An der Haltestelle küsste er mir die Hand.
»*Adieu, ma princesse hindoue.*«

Auf dem Rückweg fauchte mich Marina an: »Jetzt
weiß ganz Melbourne, dass du dich mit Seeleuten herum-
treibst.« Und sie verbot mir strikt jemals mit Ali Briefe zu
wechseln.

Melbourne, Samstag, 8. Mai 1948

Herr Anker, der schwermütige Ingenieur, der auf unserem
Schiff war, hat Selbstmord begangen. Mirka hat es mir soeben telefonisch mitgeteilt. In einem Abschiedsbrief hat er
geschrieben, er gebe niemandem die Schuld daran, seine
Nerven hätten es einfach nicht durchgehalten. Mitten in
der Nacht ist er ins Badezimmer gegangen und hat sich
die Pulsadern und die Kehle aufgeschlitzt. Seine Frau hat
ihn am Morgen tot aufgefunden – alles war mit Blut bespritzt. Mirkas Tante hat sie zu sich geholt, der Arzt hat
ihr ein Schlafmittel gegeben. Jetzt schläft sie. Noch dazu
ist sie allem Anschein nach im dritten Monat schwanger.
»Komm herüber«, hat Mirka gesagt, »und übernachte bei
uns.«

Mirka wohnte in St. Kilda, einem nahe am Meer gelege-
nen Stadtviertel. Hier war es viel hübscher als in Burwood. Es gab Läden und Cafés und auf den Straßen
herrschte reger Betrieb. Außerdem war es von hier aus viel
näher zur Innenstadt. Die Familie bewohnte ein altes, mit
Schindeln verschaltes Haus mit einer Holzveranda auf der

Rückseite und einem Gärtchen. Die geräumigen Zimmer waren spärlich möbliert. Überall in dieser alten Bruchbude hatte man das Gefühl, sehr viel Platz zu haben.

Eine Menge Besuch war da. Unsere Schiffsgenossen und -genossinnen. Merkwürdig, dass Leute, die mit demselben Schiff gekommen waren, unweigerlich das Bedürfnis hatten, zusammenzuhalten, auch wenn sie sich während der Überfahrt nicht sonderlich nahe gekommen waren. Tatsächlich hatten wir uns auf dem Schiff oft heimlich geschworen, diesen und jenen Passagier nach der Landung auf keinen Fall wiederzusehen – und jetzt wurden eben diese Leute mit offenen Armen begrüßt und aufgefordert möglichst bald zu Besuch zu kommen. Auch Marina hatte eine Menge Schiffsbekanntschaften, die sie regelmäßig zum Tee einlud.

Bei Mirka saßen wir an jenem Samstagabend zu zehnt am Esstisch. Hauptgesprächsthema war die arme Frau Anker, die drüben in der Rumpelkammer schlief. Von nun an würde sie zur Arbeit gehen müssen wie alle anderen auch. Aber ohne Sprachkenntnisse, ohne irgendeine Berufsausbildung ... und obendrein auch noch schwanger ... »Sie wird es wohl oder übel abtreiben lassen müssen ... man muss einen Arzt finden – einen Europäer, wohlgemerkt. Der wird Verständnis dafür haben.«

Und Alice? Wer sollte sich um sie kümmern, wenn ihre Mutter zur Arbeit ging? »Es muss hier doch ein Heim für solche Kinder geben. Vielleicht ein Waisenhaus? Ein jüdisches oder ein christliches? Ist das nicht egal? Was macht das bei einem so kleinen Kind denn schon aus?«

Mirkas Tante hatte bereits Arbeit in einer Hutfabrik gefunden und hoffte, dass man in Kürze auch ihre Nichte dort einstellen würde. Ihr Mann arbeitete, zusammen mit einigen anderen, die mit unserem Schiff gekommen waren, in der Autofabrik Holden. Mein Wunsch, wieder zur Schule zu gehen, kam mir allmählich so naiv vor, dass ich zauderte die freundlichen Fragen der anderen zu beantworten. Noch ehe mir eine möglichst ausweichende Antwort einfiel, mischte sich Mirkas Tante ein: »Sie wird zur Arbeit gehen wie alle anderen auch. Was bleibt uns Einwanderern denn anderes übrig?«

Stunden später, als ich mich neben Mirka in das schmale Bett im so genannten *sleep-out* (einem kleinen, überdachten Vorbau) gezwängt hatte, lag ich wach und lauschte den seltsamen Lauten der Vögel und anderen Tiere, die sich draußen auf den Bäumen niedergelassen hatten. »Was bleibt uns Einwanderern denn anderes übrig?« Lasst mir ein bisschen Zeit, dann werde ich's euch schon zeigen!, schwor ich mir.

Ich hatte an meine sämtlichen Freunde in Europa geschrieben und wartete auf Antwort. Wie lange es wohl dauerte, bis ein Brief aus Australien in Polen ankam? Ich half Marina bei der Hausarbeit und wurde ständig gescholten und ausgelacht, weil ich mich so dumm anstellte. Wenn diese Arbeit erledigt war – die unzähligen Dekorationsgegenstände im Wohnzimmer mussten abgestaubt und poliert, die vielen Zierdeckchen ausgeschüttelt werden – begann mein täglicher Unterricht im Maschinennähen. Ich war keine begabte Schülerin. Die Maschine bockte, setzte aus, der Faden verheddderte sich, die Nadel brach ab. Die Maschine musste auseinandergenommen, gesäubert und wieder zusammengesetzt werden. Dann versuchte ich von neuem eine gerade Naht zu steppen. Und wieder bockte die Maschine. Ihr Tempo machte mir Angst. Ich konnte die durchlaufenden Stoffteile nicht in Schach halten, die mir dieses Ungeheuer aus den Fingern riss und zu einem heillosen Kuddelmuddel zusammenknüllte. Die Stiche verliefen in alle möglichen Richtungen, bis über den Stoffrand hinaus – dann riss der Faden.

»Du bist nicht imstande, Hand- und Fußbewegungen aufeinander abzustimmen. War ja auch nicht anders zu erwarten. Du hast ja nie tanzen gelernt.«

In der zweiten Maiwoche ging ich mit Marina in die Stadt, um wegen einer Arbeitsstelle nachzufragen. Unterwegs kauften wir einen Blumenstrauß, den ich dem Fabrikbesitzer geben sollte, einem älteren Herrn, dem es dann genauso peinlich war, den Strauß entgegenzunehmen, wie es mir peinlich war, ihn zu überreichen. Herr Weiß, der lange vor dem Krieg nach Australien ausgewandert war, konnte noch ein bisschen Polnisch. In seinem Betrieb wurden Morgenröcke produziert. Nachdem sie mich vorgestellt hatte, begann Marina über mich zu reden wie über eine nicht anwesende Person. Ich sei ein Neuankömmling und nicht besonders intelligent. Ich sei linkisch und stur, aber Herr Weiß würde sich einen Platz im Paradies verdienen, denn ich sei eine arme, unglückliche Waise ... Ich wäre am liebsten tot umgefallen. Von ihrer eigenen Beredsamkeit gerührt, brach Marina in Tränen aus. Herr Weiß lief rot an und fummelte nervös auf seinem Schreibtisch herum. Er konnte mich von Anfang an nicht leiden, das merkte ich genau – aber um uns möglichst rasch loszuwerden, erklärte er sich bereit mich einzustellen. Und er wollte mir sogar einen Wochenlohn von 2 Pfund, 8 Schilling und 3 Pence zahlen. Wieder weinte Marina wie ein Schlosshund. Krampfhaft schluchzend forderte sie mich auf, Herrn Weiß die Hand zu küssen. Ich tat, als hätte ich es nicht gehört. Dann wurden wir von ihm gewissermaßen hinausbugsiert. Marina weinte auf dem ganzen Heimweg und erregte in der Trambahn allgemeines Aufsehen.

Am Abend berichtete Alex, in Palästina sei ein regelrechter Krieg ausgebrochen. Harry Truman, der Präsident der Vereinigten Staaten, habe die jüdische Regierung anerkannt. Transjordanische und ägyptische Truppen seien

einmarschiert, aber die Juden hielten alle Häfen besetzt.
Dem Vernehmen nach werde Amerika Waffen liefern,
doch man wisse nicht genau, an wen.

Melbourne, Dienstag, 18. Mai 1948

Der Brief, den ich Sonja nach Tel Aviv geschrieben habe, ist
von der australischen Post an mich zurückgeschickt worden. Briefe nach Palästina werden nicht angenommen. Ich
denke an alle, die aus den Heimen, in denen ich mit ihnen
zusammen war, nach Palästina ausgewandert sind. Aus
Polen – so viele Kinder. Aus Frankreich – Bella, Sonja, Fernande und viele andere. Was geschieht jetzt mit ihnen?
Und was ist mit Ali, Amen und Ibrahim? Müssen sie,
wenn die MISR nach Ägypten zurückgekehrt ist, in den
Krieg ziehen?
   Ali hat gewusst, dass ich Jüdin bin, und wollte mich
trotzdem heiraten. Wenn ich Ja gesagt hätte – was würde
ich jetzt tun? Ich kann an Ali nicht wie an einen Feind denken wie zum Beispiel an die Deutschen. Für mich wird er
immer Ali Effendi Hassan bleiben, der liebenswürdigste
und gütigste Freund. Gestern habe ich einen Brief von ihm
bekommen, aus Sydney. Er hofft nach wie vor, dass ich's
mir eines Tages anders überlegen werde. Das werde ich
nicht, aber ich gäbe viel darum, wenn ich jetzt ein langes
Gespräch mit ihm führen dürfte. Wie bei unseren Deck-
stuhl-Plauderstündchen. Weil ich furchtbar unglücklich
bin.

Am folgenden Wochenende kam es wieder zu einer grässlichen Reiberei – mit dem Ergebnis, dass ich den ganzen
Samstag und Sonntag in meinem Zimmer blieb. Mir wurde allmählich klar, dass sich in unserem Zusammenleben

ein bestimmtes Muster herausbildete. Am Wochenende brach jedes Mal ein heftiger Streit aus, worauf Marina und Alex zu einem langen Spaziergang im Wattle Park aufbrachen, und ich, mit der strikten Anweisung, mein Zimmer nicht zu verlassen, zu Hause bleiben musste. An jenem Samstag entzündete sich der Streit wieder einmal an der Frage, was aus mir werden sollte. Ich hatte eine Bemerkung darüber gemacht, dass ich meine Arbeitsstelle bei »Weiß' Dressing Gowns« nur als Zwischenstation betrachtete, weil es nach wie vor mein sehnlicher Wunsch sei, die Schule zu absolvieren und dann zu studieren.

Diese unkluge Bemerkung löste bei Marina einen Wutanfall aus. Wie ich denn dazu käme, von Schulbildung zu sprechen? Ich hätte wohl vergessen, wer ich sei? Man hätte ihr schon oft den freundschaftlichen Rat gegeben, mich loszuwerden, ehe ich ihr und Alex noch mehr Schande machen würde. Für mich gäbe es nur eine einzige Rettung: zu beweisen, dass ich für meine Missetaten büßen wolle, und zwar durch harte Arbeit und – den Verzicht auf ein Wiedersehen mit allen, die ich auf dem Schiff kennengelernt hatte, einschließlich Mirka. Dieser Wutanfall dauerte so lange, bis sie sich, wieder einmal, über das ganze Ausmaß meiner Undankbarkeit ausgelassen hatte. Unter ihrem Dach wohnen... An ihrem Tisch essen... Sich mit achtzehn Jahren nach der Schule zurücksehnen! »Du kannst kein Englisch und bist völlig unbegabt. Deine sogenannte Kenntnis des Französischen und Polnischen ist mehr als unnütz, weil du dadurch bloß auf Ideen kommst, die sich nie verwirklichen lassen. Das Einzige, was du dir erhoffen kannst, ist – falls du Glück hast – ein älterer Mann, der's nicht so genau nimmt, ein Witwer vielleicht, der bereit ist, über deine schlechte Veranlagung hinwegzusehen...«

Ich floh in mein Zimmer und schloss die Tür. Das konnte doch nicht wahr sein ... So redete heutzutage doch kein Mensch mehr! Was war bloß mit Marina passiert, dass sie plötzlich mit derart abgedroschenen Phrasen um sich warf, wie sie in kitschigen Liebesromanen vorkamen? Oder war sie vielleicht schon immer so gewesen? Hatte sie uns allen etwas vorgemacht, als wir sie in Paris bewunderten? War in ihrem perlenden Lachen nicht schon damals eine Spur Hysterie zu entdecken gewesen, und in der Art und Weise, wie sie einen nach dem anderen kritisiert und verdammt hatte, eine Spur Grausamkeit? Und hatte das nicht schon in den Ratschlägen angeklungen, die sie mir so freigebig erteilt hatte, wenn wir in unserem Hotelbett lagen – die eine immer verkehrt herum, wie auf einer Spielkarte, weil »die Leute sonst auf falsche Gedanken kommen könnten« – eine Bemerkung, die ich nie verstanden hatte. Warum hatten ihre Ratschläge immer darauf abgezielt, jeden Gedanken daran, wie man ein glücklicheres, sinnvolleres Leben führen könnte, lächerlich zu machen und abzuwürgen?

Vielleicht war das alles schon in ihr gewesen, verborgen unter der dünnen Tünche guter Manieren. Was sich ereignet hatte, seit Marina in Melbourne angekommen war, hatte die Tünche abblättern lassen. Jetzt hatte ich es mit Marina »*au naturel*« zu tun. Paris war weit weg und ich war ihr auf Gnade und Barmherzigkeit ausgeliefert.

»Ich werde bei Weiß weitermachen«, schrieb ich an jenem Abend in mein Tagebuch. »Ich werde nähen lernen. Ich werde meinen Lebensunterhalt verdienen und mir ein Zimmer suchen, dann werden wir weitersehen. Eher würde ich mich umbringen, als das hier noch lange mitzumachen.«

Melbourne, Dienstag, 1. Juni 1948

Heute ist Marinas Geburtstag. Ich habe ihr ein Silberschäl-
chen für Süßigkeiten gekauft, sehr hübsch, so kunstvoll gefaltet wie ein Spitzentaschentuch. Ehe ich zur Arbeit ging,
habe ich es, zusammen mit einem kleinen Gedicht, auf
ihren Arbeitstisch gestellt. Als ich am Abend nach Hause
kam, wurde ich mit Blitz und Donner empfangen. Gewiss,
ich habe Geld ausgegeben. Aber nicht sehr viel – und überhaupt: Was ist dagegen einzuwenden? Ich dachte halt, das
Schälchen würde ihr gefallen. Aber anscheinend steht es
mir nicht zu, ihr Geschenke zu machen. *Sie* ist diejenige,
die schenkt. Ich habe mich nicht an die Rolle gehalten, die
sie mir zugeteilt hat. Sie wollte, dass ich das Schälchen
wieder in den Laden bringe und mir das Geld zurückgeben lasse. Ich habe mich geweigert. Dann wollte sie den
Namen des Geschäftes wissen, um selber hinzugehen und
das Schälchen gegen irgendetwas anderes, das ihr »vielleicht gefallen würde«, einzutauschen. Ich habe ihr nicht
gesagt, wie das Geschäft heißt. Den Rest des Abends haben wir wie üblich verbracht: jeder in seinem Zimmer und
ohne ein Wort miteinander zu wechseln.

Melbourne, Freitag, 11. Juni 1948

Meine erste Arbeitswoche ist vorbei. Ich fand sie, abgesehen von dem ohrenbetäubenden Lärm, nicht so schlimm,
wie ich erwartet hatte.

In dem Betrieb sind reihenweise Nähmaschinen aufgestellt, alle elektrisch; sie machen einen entsetzlichen
Krach. Außerdem Zuschneidemaschinen, die surren und
jaulen, und Knopflochmaschinen, die stampfen und scheppern. Und dieser Höllenlärm wird noch übertönt von

einem Radio, aus dem die neuesten Schlager dröhnen. Die Bügelmaschinen stoßen heiße Dampfschwaden aus. Die Fenster, die anscheinend nie geputzt werden, sind ganz trüb vor Schmutz und fest geschlossen. Die Mädchen plaudern, singen und lachen.

Ich habe versucht wenigstens ein verständliches Wort aufzuschnappen, aber vergeblich. Der Lärm hat eine hypnotische Wirkung. Nach einer Weile bewege ich mich wie ein Automat, im Rhythmus der Musik, und weiß eigentlich gar nicht mehr, was ich tue. Aber wenn dann plötzlich eine vertraute Melodie erklingt – einer der Schlager, die auf dem Schiff gespielt wurden, wie zum Beispiel »Besa me mucho«, »Pablo« und »La vie en rose«, oder der »Song aus »Casablanca« oder, noch schöner, »Maori Farewell«, gesungen von Gracie Fields mit Chorbegleitung –, dann löst sich der Nebel auf, meine Hände bewegen sich nicht mehr, und ich bin tränenblind. Was tue ich hier? Was wird aus meinen Plänen, Träumen und Überzeugungen?

Es ist zum Auswachsen, wenn man nicht mit den anderen reden und sie nicht verstehen kann. Die Mädchen sind nett und hilfsbereit, aber weil alle, außer mir, im Akkord arbeiten, hat niemand Zeit, mir zu zeigen, was ich tun soll. Ausgenommen Nancy, die direkt neben mir arbeitet. Nancy ist Chinesin. Sie ist groß und dick, hat ein Vollmondgesicht und lächelt unentwegt. Sie packt mein Stoffbündel aus, legt die einzelnen Teile aufeinander und gibt sie mir mit der richtigen Seite nach oben, so dass ich sie mit der Maschine zusammennähen kann.

Am ersten Tag habe ich es geschafft, vier Morgenröcke zusammenzunähen. Die Kontrolleurin hat alle vier zurückgehen lassen, weil ich die Taillen- und Brustabnäher vergessen hatte. Bis Arbeitsschluss war ich damit beschäftigt, alles, was ich genäht hatte, wieder aufzutrennen.

Ich bin fasziniert von der heiter-gelassenen Tüchtigkeit

der australischen Mädchen. Sie arbeiten unglaublich schnell, der Stoff gleitet unter ihren Fingern dahin, läuft durch die Maschine und gleitet am anderen Ende wieder heraus. Sie bringen tadellos gerade und saubere Nähte zustande, mustergültige Paspelierungen, Haarbiesen, Falten und Rüschen – und dabei brauchen sie sich eigentlich gar nicht auf die Arbeit zu konzentrieren, sondern sie singen bei der Radiomusik mit, lachen oder träumen einfach so vor sich hin. Nur ihre Fingerspitzen berühren den Stoff. Alles sieht so einfach aus.

Ich dagegen schufte mich ab und konzentriere mich pausenlos auf die Arbeit, auch wenn mir der Rücken wehtut. Die Stoffteile rutschen mir weg, schlagen Falten, verschieben oder verziehen sich. Ich kann die Geschwindigkeit, mit der sich die Nadel auf- und abbewegt, nicht steuern.

Das Bündel mit den vier Morgenröcken landet jedes Mal mit einem dumpfen Schlag in der Holzkiste neben meinem Stuhl. Ich öffne das Bündel und ein rätselhaftes Durcheinander von kleinen und großen Stoffteilen quillt heraus. Wie müssen sie aufeinander gelegt werden? Welches Teil gehört zu welchem? Manchmal weiß ich nicht, was oben und unten und was rechts und links ist. Den Tränen nahe, sitze ich da und warte, bis Nancy einen Moment Zeit für mich hat. Fast ohne hinzusehen, greift sie in die Kiste, fischt zwei Stoffteile heraus, gibt sie mir in die Hand – und wunderbarerweise passen die Markierungen und Einschnitte genau aufeinander.

Ein paar Stecknadeln hier, ein paar Stecknadeln dort (das tut Nancy nur mir zuliebe, die anderen benützen kaum je Stecknadeln), ein Lächeln – ihre Augen verschwinden in den Schlitzen über den fetten goldgelben Wangen –, dann ein paar Worte, die ich zwar nicht verstehen kann, die mir aber, das spüre ich, Mut zusprechen sollen. Ich beginne zu nähen und allmählich nimmt das Chaos Form an.

Ich habe meine erste Lohntüte abgeholt: 2 Pfund, 8 Schilling, 3 Pence. Am liebsten würde ich das Geld mitsamt dem braunen Kuvert aufbewahren, aber leider Gottes werde ich alles für Fahrkarten und Essen ausgeben müssen.

Endlich trafen die lang erwarteten Briefe aus Polen ein. Von Margareta, von Schwester Zofia und von Agatha, die immer noch in Deutschland war. Alle drei wollten eine Menge über dieses Land auf der anderen Seite der Erdkugel wissen, das meine neue Heimat geworden war. Und die beiden Mädchen stellten mir Fragen über Fragen betreffs Ali. Warum ich ihnen denn keine Fotos geschickt hätte?

Am 13. Juni, einem Sonntag, gingen wir – ausnahmsweise – zu dritt in den Park, um Fotos zu machen. Marina hatte mir eine sehr hübsche Bluse geschenkt, zu meiner großen Verwunderung, denn in den letzten paar Wochen hatten wir kaum miteinander gesprochen. Die Bluse war aus marineblauem Georgette und hatte vorne lauter Biesen mit weißem Spitzenbesatz. Ein weniger durchsichtiger Stoff wäre mir zwar lieber gewesen (man konnte darunter die Träger meiner Unterwäsche sehen), aber jedenfalls fand ich es sehr nett von Marina, mir ein solches Geschenk zu machen.

Es war ein bitterkalter Tag. Vom Südpol her blies ein eisiger Wind, als wir in unseren leichten Kleidern posierten und Alex, der die Aufnahmen machte, tapfer anlächelten. Dann fotografierte ich Alex und Marina, die sich im arktischen Sturmwind aneinanderklammerten und deren Gesichter wie gefrorene Masken aussahen. Am Tag nach diesem Ausflug wurde mir die gute Stimmung wieder einmal durch einen von Marinas jähen, gehässigen Angriffen verdorben.

»Wenn du dir solche Sorgen um deine Figur machst –

weiß Gott warum, denn von Figur kann man bei dir ja gar nicht sprechen –, dann gibt es eine ganz einfache Lösung: Von jetzt an kannst du in der Stadt essen!« Ich hatte noch nie Kritik an Marinas Kochkünsten geübt, sondern meine Meinung darüber für mich behalten. Ich war perplex. Konnte Marina Gedanken lesen?

Ich suchte Zuflucht in St. Kilda, wo ich mit Mirka einen langen Spaziergang am windgepeitschten Strand machte. Sie erzählte mir, dass in diesem Stadtteil viele reiche Europäer wohnten, die vor dem Krieg herübergekommen waren und ihr Glück gemacht hatten. Ihnen gehörten Fabrikationsbetriebe und große Geschäfte in der Innenstadt. Sie könnten es sich leisten, ihre Kinder auf die Universität zu schicken. »Aber Mirka«, wandte ich ein, »man muss doch keine Fabrik haben, um studieren zu können!« – »Ach wirklich? Was du für Vorstellungen hast!« – »Ich werde es dir beweisen.« Auf einmal war ich von freudiger Zuversicht erfüllt. Ja, es würde ganz bestimmt so kommen! Warum sollte ich mir völlig grundlos Sorgen machen?

Meine Hochstimmung schwand dahin, sobald ich wieder zu Hause war. Ganz offensichtlich hatte Marinas Zorn während meiner Abwesenheit neue Nahrung erhalten. Sie giftete sich immer noch über meine »beleidigenden Bemerkungen« über ihre Kochkünste – Bemerkungen, die ich gar nicht gemacht hatte.

»Ich kann deinen Anblick einfach nicht mehr ertragen! Du verdirbst jetzt auch Alex den Appetit. Ich möchte, dass du von morgen an auswärts isst und dass du, wenn du nach Hause kommst, sofort in dein Zimmer gehst und dort bleibst!«

Sie stürmte aus der Küche und knallte die Tür zu. Entsetzt ließ ich mich auf einen Stuhl fallen. Der Gedanke, abends auswärts zu essen, jagte mir Angst ein. Ich war noch nie allein in einem Restaurant gewesen. Woher sollte ich wissen, was ich bestellen sollte, wenn die Speisekarte für mich ein Buch mit sieben Siegeln war? Sollte ich die Bedienung fragen? Und was würde passieren, wenn ich nicht genug Geld hatte, um die Rechnung zu begleichen?

Am nächsten Abend ging ich die Swanston Street entlang, in Richtung Ecke Flinders Street, wo die Omnibusse nach Burwood abfuhren. Ich war schon fast entschlossen, überhaupt nicht zu Abend zu essen – aber wenn ich zu früh heimgekommen wäre, hätte ich wieder einen Wutausbruch über mich ergehen lassen müssen. Immerhin konnte ich von jetzt an abends länger wegbleiben und vielleicht sogar Mirka besuchen. Es gab ein kleines Café in der Nähe des »Young and Jackson«, einem Pub, aus dem abends immer massenweise Betrunkene torkelten. Ich blieb vor dem Lebensmittelgeschäft »Maypole« stehen, betrachtete die Auslage und versuchte meinen ganzen Mut zusammenzunehmen. Wirklich fantastisch, was hier alles ausgestellt war – dergleichen hatte ich noch nie gesehen! Hätte ich einen Haufen Geld gehabt, dann wäre ich bestimmt hineingegangen, hätte das Beste vom Besten in Kisten packen lassen und sie nach Polen, ja sogar nach Paris geschickt. Nur um allen zu zeigen, wie gut es sich in Australien leben ließ.

Ich ging in das lange, schmale Café, das »Lyon's« hieß, und sah mich unsicher darin um. Es war ein schäbiges Lokal. Der Kassierer, ein älterer Mann, der direkt neben dem Eingang thronte, lächelte mir ermutigend zu. Er hatte einen grauen Schnauzbart und sah wie ein italienischer Bauer aus. Vielleicht gefielen ihm meine dicken Zöpfe und mein ungeschminktes Gesicht. Die Tische und Bänke waren durch hohe Trennwände abgeschirmt, hinter denen die Gäste ziemlich ungestört sitzen konnten. Ich nahm in einer leeren Nische Platz und starrte ängstlich auf die Speisekarte. Die Bedienung sah etwas verwundert drein, als ich schweigend auf zwei Eintragungen deutete. Sie fragte mich etwas, das ich nicht verstehen konnte. Worauf sie achselzuckend wegging. Das Lokal war fast leer. Ich war froh, dass niemand sah, wie verlegen ich war, als mir mein auf gut Glück bestelltes Abendessen serviert wurde: ein gekochtes Ei und eine Fleischpastete.

Melbourne, Sonntag, 20. Juni 1948

Am Freitag ist June auf Heiratsurlaub gegangen. June ist sechzehn. Sie arbeitet an der Maschine, die meiner direkt gegenübersteht. Sie ist sehr klein und dünn, hat kurzes, lockiges Haar und vorstehende Zähne. Und sie lacht und plaudert in einem fort. Ihr Bräutigam ist achtzehn. Sie haben gestern geheiratet und verbringen ihre Flitterwochen (acht Tage) in Lorne, einem Ort an der Küste. Danach arbeitet sie bei »Weiß' Dressing Gowns« weiter.

Freitag vor einer Woche haben wir Geld für ein Hochzeitsgeschenk gesammelt. Wir haben June ein großes Silbertablett gekauft. Na ja, es ist, glaube ich, kein echtes Silber, aber es sieht so aus. Wirklich sehr hübsch. Mr Morris, der Werkmeister, hat eine Rede gehalten, über die sich alle halb totgelacht haben (leider konnte ich kein Wort davon verstehen), und Mrs Curzon, die die Stichprobenkontrollen macht, Craven A raucht, sehr elegant ist und wunderschön dauergewelltes silbergraues Haar hat, überreichte June das Tablett. Alle strahlten, ständig wurden Witze gerissen, es gab viel Gelächter, und ich kämpfte mit den Tränen. Ich weiß nicht, warum. Es war doch ein so glückliches Ereignis. Herr Weiß kam zu uns herein, küsste die Braut und fuhr sie eine Stunde vor Arbeitsschluss in seinem Auto nach Hause!

Ich muss, muss, muss einen Englischkurs ausfindig machen! So etwas muss es hier doch geben, wo ständig so viele Ausländer eintreffen. Allerdings graut mir davor, wie Marina darauf reagieren wird.

Melbourne, Freitag, 9. Juli 1948

Ich habe so lange nicht Tagebuch geschrieben, weil ich dazu viel zu unglücklich war. Und zu berichten gibt es sowieso nichts. Ich rede mit niemandem. Bei der Arbeit kann ich nicht, wegen der Sprachschwierigkeiten. In der Mittagspause sitze ich mit den anderen an einem langen Tisch, der in der Ecke steht. Ich trinke Tee (aus der Teemaschine) und esse ein Sandwich, das unser jüngstes Lehrmädchen in dem Laden im Erdgeschoss besorgt. Es ist unglaublich, was hier alles als Brotbelag verwendet wird! Salatblätter, gebackene Bohnen, Ei mit Speck, Bananen und Erdnussbutter – also *so* wird dieses merkwürdige Zeug gegessen! Zu spät, um diese Information nach Malmaison zu schicken ...

Um fünf Uhr haben wir Feierabend. Draußen ist's kalt und stürmisch. Der Wind dringt durch meinen dicken Mantel, der so unförmig und unbequem ist wie von Anfang an und in dem ich wie ein Roboter aussehe.

Ich esse im »Lyon's« zu Abend, wo ich mich jetzt endlich ein bisschen behaglicher fühle. Der bejahrte Kassierer ist Grieche, die Bedienung ist Holländerin. Mit der Verständigung hapert es nach wie vor, aber wir lächeln einander zu. Hin und wieder esse ich im »Hoddle's«. Das ist ein italienisches Restaurant in der Nähe der Fabrik. Es ist ein Kellerlokal, vor dem die Leute immer Schlange stehen – bis zur Straße hinauf. Und zwar ausschließlich Ausländer. Alle sehen müde aus und sprechen nur im Flüsterton miteinander. Man hört Polnisch, Russisch, Deutsch, Ungarisch – und andere Sprachen, die ich nicht identifizieren kann.

Die Australier mögen die Ausländer nicht. Sie können es nicht ausstehen, uns in einer Sprache reden zu hören, die sie nicht verstehen. Als Ausländer kann es einem passieren, dass man in der Öffentlichkeit abfällige Bemerkungen einstecken muss, deshalb unterhalten sich die Leute, die vor »Hoddle's« Schlange stehen, nur ganz leise. Drunten im Lokal allerdings ist das Stimmengewirr ohrenbetäubend. Es ist ein richtiges Restaurant, ohne Nischen, mit Leinentischtüchern und -servietten und mit schwarz gekleideten Kellnern. Sie stammen alle aus Italien, aber einer von ihnen kann ein bisschen Französisch, deshalb warte ich jedes Mal so lange, bis an einem seiner Tische ein Platz frei wird. Der Haken dabei ist nur: Er besteht darauf, dass ich alle vier Gänge esse. »Heute bitte keine Spaghetti!«, beschwöre ich ihn. »*Si tu ne mange pas, tu crèves*«, erwidert er und bringt mir einen gehäuften Teller voll. Inzwischen habe ich wenigstens gelernt, wie man die Spaghetti um die Gabel wickelt. Wenn ich mich nach dem Essen hinausschleppe, ist es draußen schon ganz dunkel. Niemand wohnt in der »City«, einer Quadratmeile, wo es nur Büros, Fabrikbetriebe, Geschäfte, Lokale, Kinos und Theater gibt. Ich fahre zurück nach Burwood, wo ich fast immer feststellen muss, dass ich es, obzwar ich den ganzen Tag weg war, irgendwie geschafft habe, Marina zu beleidigen, denn sie spricht schon wieder nicht mit mir. Stattdessen pfeift sie. Eine neue Angewohnheit. Sobald ich das Haus betrete, fängt sie zu pfeifen an. Am Wochenende, wenn wir wohl oder übel gemeinsam essen, hört sie immer nur dann zu pfeifen auf, wenn sie den Mund voll hat.

Bin am Samstag zu Mirka gefahren und über Nacht dort
geblieben. Was für ein Gegensatz zu der niederdrücken-
den Atmosphäre in Burwood! Wie üblich ging es im Haus
sehr lebhaft zu. Alle arbeiten entweder in Fabriken oder
daheim. Sie sind in der Kleider-, Hut-, Möbel- und Kraft-
wagenproduktion tätig. Niemand hat Zeit für andere
Dinge, wie zum Beispiel Englischlernen. Niemand ist darüber informiert, was in der Welt geschieht. In den hiesigen
Zeitungen findet man (vorausgesetzt, man versteht die
Sprache) fast nur Berichte über Australien. Hie und da etwas über Amerika und England, das die Australier »*home*«
nennen – aber so gut wie nichts über Europa.

Frau Anker war auch da. Ich habe sie kaum wiedererkannt. Sie geht zur Arbeit und scheint glücklich zu sein. Sie
hat gelacht, gescherzt und sich mit jedermann unterhalten.
Die kleine Alice ist in einer Kindertagesstätte untergebracht, schläft aber zu Hause. Sie sind aus der Wohnung,
in der sich die Tragödie abgespielt hat, ausgezogen, und
niemand spricht mehr davon.

Später haben Mirka, ich und zwei Männer, die ebenfalls
auf unserem Schiff waren, einen langen Spaziergang am
Meer gemacht. Die Sonne ging gerade unter, es war ein
wunderschöner Abend, mild, aber mit einer frischen Brise.
Der Himmel war rot, ein breiter orangefarbener Streifen
zog sich übers Wasser. Trennt es uns von Europa, fragte
ich mich, oder verbindet es uns damit? Es war so unendlich groß, und dennoch hatte ich es überquert und wusste
nun, was auf beiden Seiten des Ozeans liegt.

Seit ich hier bin, habe ich eine ganze Menge gelernt.
Zwischen dem Leben in einer Gemeinschaftsinstitution
und dem Leben in einem Privathaushalt besteht ein gewal-
tiger Unterschied. In sämtlichen Heimen, in denen ich bis-

her gelebt habe, musste man imstande sein, sich unentwegt gegen Angriffe zu verteidigen. Dort gab es ein ständiges Gerangel um Vergünstigungen und um alle möglichen Vorrechte. Man musste eine scharfe Zunge haben, um Retourkutschen zu erteilen, man musste sich Respekt verschaffen, um seinen Status aufrechtzuerhalten. Niemand war lange gekränkt, niemand schmollte in einem fort – dazu war immer viel zu viel los. Neue Freundschaften entwickelten sich, Bündnisse wurden geschlossen und aufgelöst, alle in der Gruppe bewegten sich wie die Teile eines Kaleidoskops, die Muster bilden und wieder auseinanderfallen, nur um sich dann zu einem neuen Muster zu vereinen. Jeder Vorfall, mochte er noch so streng geheim gehalten werden, kam früher oder später ans Licht und wurde von allen so lange diskutiert und analysiert, bis er nicht mehr den geringsten Neuigkeitswert besaß. Die Wellen, die er geschlagen hatte, verliefen sich, man vergaß die ganze Angelegenheit, weil bereits neue »Enthüllungen« und »Skandale« und »Überraschungen« die Oberfläche des kleinen Teiches gekräuselt hatten.

In unserem Haushalt in Burwood ist alles ganz anders. Vor allem: Nichts wird jemals vergessen. Die Wellen verlaufen sich nicht, sondern türmen sich zu riesigen Wogen auf, die ein unaufhörlich tobender Sturm von einer Wand zur anderen peitscht, von einer Person zur andern. Jedes Wort löst einen endlosen Widerhall aus, wird als Anspielung oder heimlicher Seitenhieb aufgefasst. Jede harmlose Bemerkung wird in eine Beleidigung umgemünzt.

Einem solchen Leben bin ich nicht gewachsen. Alles, was ich sage, wird übel genommen, und wenn ich schweige, wird mir das ebenfalls als Beleidigung ausgelegt. Allein schon, dass ich existiere, ist eine Unverschämtheit. Ich kann Marinas ständige Wutausbrüche und ihren unaufhörlichen, unzusammenhängenden Redeschwall nicht ertragen. Ich möchte davonlaufen und mich irgendwo verstecken, wo ihre Stimme nicht bis zu mir durchdringen kann. Es nützt auch nichts, wenn ich mich beherrsche und mich, statt ihren grundlosen Beschuldigungen entgegenzutreten, in Schweigen hülle. Immer wieder ruft irgendjemand bei ihr an oder trifft sich mit ihr in der Stadt und beschwert sich über mein Benehmen oder bekrittelt mein Aussehen. Es fällt mir schwer, das zu glauben. Haben diese Leute denn keine anderen Gesprächsthemen? Und wer sind sie eigentlich, diese Leute?

Seit ein paar Tagen gibt es einen weiteren Grund zu Meinungsverschiedenheiten: Meine Weigerung, »heiratsfähige junge Männer« kennenzulernen, die mir ein Ehevermittler vorstellen möchte. Für ein bescheidenes Honorar. Wie ich denn sonst unter die Haube kommen soll? Der Blick, den ich Marina zuwarf, als ich von diesem Plan erfuhr, bewirkte, dass sie stundenlang zeterte. Aber ich lerne etwas daraus. Ich lerne, was man niemals, niemals zu jemandem sagen darf, mit dem man im selben Haushalt lebt. Alle Tränen der Welt können eine einzige grausame Bemerkung nicht wieder gutmachen. Mir ist klar, dass es für mich die einzige Lösung ist, so schnell wie möglich aus diesem Haus auszuziehen, aber wie soll ich das denn schaffen, wenn ich nicht genug Geld habe, um Miete zu zahlen? Und ohne Englischkenntnisse?

Melbourne, Freitag, 30. Juli 1948

Der Juli ist zu Ende. Ich traure jedem Tag nach, der vergeht: wieder eine versäumte Gelegenheit, etwas Sinnvolles zu tun. Ich singe nicht mehr, kann keine Gedichte mehr schreiben, kann nicht einmal mehr träumen. Wie war es nur möglich, dass es früher, während des Krieges, in der tiefsten Verzweiflung und Angst, immer noch so etwas wie Hoffnung gab? Ich sang und glaubte fest daran, dass es, solange mir noch eine Melodie durch den Kopf ging, ein Morgen geben würde. Jetzt kann ich das nicht mehr. Wenn ich einen Moment lang vergesse, dass ich bei Marina bin, und plötzlich eine Melodie summe, werde ich sofort zusammengestaucht: Wieso ich singen und fröhlich sein könnte – nach allem, was im Krieg mit Millionen von Menschen passiert sei? Wie ich derart herzlos sein könnte? Und dann fängt sie zu weinen an. Ich habe ihre heiligsten Erinnerungen tödlich verletzt.

Sobald ich eine Lohnerhöhung bekomme, ziehe ich aus. Egal wohin. Ich werde bei Weiß aufhören und mir eine andere Arbeitsstelle suchen, wo ich besser bezahlt werde – immerhin bringe ich jetzt etwas mehr Erfahrung mit. Ich werde mein Alter falsch angeben, damit ich mehr Lohn bekomme, und ich werde mir irgendwo ein Zimmer suchen. Egal wo – nur möglichst weit weg von Burwood. Irgendwo am Meer. Und dort werde ich ganz allein leben. Wenn's sein muss, jahrelang.

Melbourne, Sonntag, 1. August 1948

Vorgestern war ein so entsetzlicher Tag, dass ich bis heute einfach nicht imstande war, etwas darüber zu schreiben. Kurz nachdem ich die Tagebucheintragung vom Freitag gemacht hatte, kam Besuch: Alex' Cousin, Dr. D., mit Frau. Ich habe Dr. D. nie leiden können. Er ist ein alter Fettwanst mit buschigem grauem Haar, kurz gestutztem Schnurrbart und wulstigen Lippen. Aber weil er Alex' Cousin ist, bin ich immer höflich zu ihm gewesen. Er hat eine Tochter, die ein paar Jahre älter als ich und anscheinend »sehr schwierig« ist. Kein Wunder, bei diesem Vater!

Also – Marina, Alex und Frau D. sind ins Wohnzimmer gegangen, und Dr. D. ist in der Küche geblieben, wo ich gerade das Kaffeegeschirr spülte. Er fragte mich nach meiner Arbeit in der Fabrik. Er schien sich wirklich dafür zu interessieren. Ich erzählte ihm davon, während ich die Tassen spülte. Plötzlich kam er zu mir herüber, drehte mich herum und küsste mich. Auf den Mund. Völlig überraschend. Ich konnte mich losreißen und schubste ihn so heftig weg, dass er taumelte und rückwärts gegen die Wand prallte. Ich rannte ins Bad und wusch mir den Mund mit Marinas Karbolseife aus. Dann setzte ich mich auf den Wannenrand und weigerte mich das Badezimmer zu verlassen, so lange der Besuch im Haus sei. Gott sei Dank gingen die beiden kurz darauf. Ich fühlte mich unsäglich besudelt.

Sobald der Besuch fort war, forderte mich Marina auf, sie hereinzulassen. Dummerweise erzählte ich ihr, was passiert war. Da Alex die D.s zur Straßenbahn begleitete, war ich mit Marina allein. Ich glaubte tatsächlich, sie würde einen Tobsuchtsanfall bekommen. Sie brüllte mich an, das Ganze sei eine hundsgemeine Lüge. Ich hätte mir das alles nur ausgedacht, um diesen frommen, gütigen, hochherzigen Mann anzuschwärzen, der sich in seiner unkomplizierten, leutseligen Art erkundigen wollte, wie ich mein elendes Leben friste. Ich sei ganz offensichtlich krank. Sie wüsste schon lange, dass ich eine krankhafte Fantasie hätte und widernatürlich veranlagt sei. Meine Briefe an sie seien ein schlagender Beweis für meine gefährliche Überspanntheit und meine wilden Hirngespinste. Sie habe diese Briefe einigen ihrer Freunde hier in Melbourne gezeigt, die sich alle darüber einig gewesen seien, dass mein Geisteszustand Anlass zu ernster Besorgnis gebe. Sie habe gehofft, ich würde in der völlig normalen Atmosphäre ihres

Haushalts meine Überspanntheit allmählich ablegen. Aber leider habe sie sich geirrt ...

Das Tragikomische daran ist, dass ich ausgerechnet am Freitag, kurz vor dem verhängnisvollen Besuch der D.s, einen begeisterten Brief an Onkel aufgegeben habe. Es wäre sinnlos gewesen, ihm zu berichten, wie die Dinge hier wirklich liegen. Er würde es mir ja doch nicht glauben, kein Mensch würde es glauben. Onkel hat noch keine Arbeit gefunden, ist also immer noch völlig mittellos. Über meinen Brief wird er sich bestimmt freuen. Immerhin arbeite ich hier als eine Art Schneiderin. In seinem Antwortbrief weist er mich sicher darauf hin, wie dankbar ich Marina sein muss.

13

Melbourne, Montag, 16. August 1948

Die Wahrheit ist endlich ans Licht gekommen, obzwar es mir immer noch schwer fällt, es zu glauben: Marina hat mein Tagebuch gelesen, regelmäßig, Tag für Tag, auch als wir noch in Paris waren. Kein Wunder, dass ich manchmal glaubte, sie könnte Gedanken lesen!

Wir hatten wieder einmal eine Auseinandersetzung und in ihrer Wut hat sie's mir ins Gesicht geschrien. Ich traute meinen Ohren nicht. Ich sagte, sie habe keinerlei Ehrgefühl, worauf sie mir eine Ohrfeige verpasste. Was bin ich doch für ein Dummkopf gewesen! Ich bin wütend auf mich, weil ich an allem selber schuld bin. Ich habe Marina vertraut. Ich dachte, ein Tagebuch sei etwas Unantastbares. Selbst im Kloster, während des Krieges, hat niemand sein Tagebuch eingeschlossen. Wir wussten alle, dass Tagebücher etwas ganz Persönliches sind, und niemals hat sich jemand daran vergriffen. Deshalb bin ich – idiotischerweise – davon ausgegangen, dass jeder diesen selbstverständlichen Grundsatz respektiert. Wie naiv von mir! Habe ich im Krieg denn nicht genug dazugelernt? Habe ich nicht miterlebt, dass die »geheiligten Prinzipien«, auf die in einer zivilisierten Gesellschaft das Leben und der Tod gegründet sind, missachtet und gebrochen wurden? Der arme Erich, der mich damals so eindringlich davor warnte, irgendeinem Menschen zu trauen – der arme Erich hatte recht. Aber dann kam der Frieden, der Krieg war vorbei. Ich habe versucht zu vergessen, was ich aus Erfahrung wusste. Aber ich habe mich getäuscht. Nichts hat sich geändert. Die menschliche Natur hat sich nicht gewandelt. Ich muss mich jetzt zwar nicht mehr verstecken, nicht mehr unter falschem Namen leben. Niemand ist mehr darauf aus, mich umzubringen. Aber die alten Wahrheiten gelten immer noch: Einem anderen vertrauen, heißt, dem Verrat Vorschub leisten. Begriffe wie Ehre, Liebe, Rechtschaffenheit sind bloß schöne Worte – benützt von Erwachsenen, damit die Kinder gehorchen. Die Erwachsenen wissen, was diese Begriffe wert sind: nichts.

Von heute an benütze ich für meine Tagebucheintragungen das Geheimalphabet, das ich mir im Krieg ausgedacht habe. Damals habe ich es hin und wieder für die Aufzeichnung von Ereignissen und Gedanken benützt, die mich und andere in Gefahr gebracht hätten, wenn das Tagebuch einem Feind in die Hand gefallen wäre. Diese Geheimschrift ist mühsam und nimmt viel Platz in Anspruch, aber da ich sie zum Glück noch auswendig kann, brauche ich den Code nicht zu notieren.

Melbourne, Dienstag, 17. August 1948

Wie vorauszusehen, hat Marina, als ich in der Fabrik war, mein Tagebuch aufgeschlagen und festgestellt, dass sie die Schrift nicht lesen kann. Ihr Wutausbruch bei meiner Rückkehr war Grauen erregend. Das heißt, er wäre es gewesen, wenn ich mich noch darum scheren würde. Wunderbarerweise haben mich diese letzten Vorfälle von der

Angst vor Marina geheilt und dem letzten Rest von Respekt, den ich noch für sie empfand, den Garaus gemacht. Nichts, was sie sagt oder tut, kann mir jetzt noch etwas anhaben.

Melbourne, Sonntag, 29. August 1948

Wieder einmal ist Marinas Stimmung umgeschlagen. Plötzlich ist sie strahlend glücklich, lacht, singt und möchte jeden Abend ausgehen. Also sind wir gestern Abend in die Oper gegangen. Gastspiel eines italienischen Ensembles. Wir haben »Rigoletto« gesehen. Es war sehr komisch. Gleich zu Beginn, als Gilda von zwei Bösewichten entführt werden sollte (die sich schrecklich anstrengen mussten, bis sie die stämmige Sopranistin endlich hochgehoben hatten), verfing sich ihre goldblonde Perücke in einer Stuhllehne, blieb dort hängen und enthüllte einen schwarzen Lockenkopf. Worauf das Publikum Bravo rief und applaudierte. Später, als der Herzog und seine Geliebte auf der einen Seite der Mauer herumtändelten, und Rigoletto und Gilda auf der anderen Seite der Mauer standen (sie singen ein Quartett, obwohl sie angeblich gar nicht wissen, dass die anderen auch zugegen sind), neigte sich die Mauer langsam seitwärts und drohte umzufallen und die Intrige zu vereiteln. Aber da streckte Rigoletto geistesgegenwärtig den Arm aus und hielt die Mauer bis zum Ende der Szene fest. Das brachte ihm donnernden Applaus ein – von einem Publikum, das Sportsgeist zu schätzen wusste.

Marina erklärte, sie sei entsetzt darüber, welchen Mangel an Kultur das Publikum bewiesen habe. Für mich war es ein Mordsspaß.

Anfang September erklärte mir Marina, meine Anwesenheit wirke sich ungünstig auf Alex' Gesundheitszustand aus. Er könnte es nicht ertragen, dass ich ihr so viel Kummer bereitete – deshalb wäre es für uns alle die beste Lösung, wenn ich auszöge. Ich sagte, auch ich hielte das für die beste Lösung. Insgeheim war ich entsetzt darüber.

In der Folgezeit war die Atmosphäre nicht mehr ganz so gespannt. Nur Alex kam mir jetzt noch bedrückter vor. Eines Tages sagte er mir, er hätte keine Ahnung gehabt, dass es zwischen Marina und mir zu einer so ausweglosen Situation gekommen sei. Da Alex fast immer, wenn Marina und ich aneinandergerieten, in der Fabrik gewesen war, hatte er immer nur ihre Version zu hören bekommen, das heißt, unaufhörliche Beschwerden über mich.

In der ersten Septemberwoche belegte ich im Melbourne Technical College einen Englischkurs für Anfänger und einen französischen Konversationskurs. Das bedeutete, dass ich dreimal in der Woche erst spät abends nach Hause kommen würde. Dazu kam, dass Marina darauf erpicht war, mir Nebeneinnahmen zu verschaffen, damit ich möglichst bald ausziehen könnte: Sie versorgte mich mit Heimarbeit. Und nun war ich am Wochenende und an meinen freien Abenden meistens damit beschäftigt, schwarze und purpurrote Kleider mit schwarzen und purpurroten Perlen zu besticken, die so winzig wie Sandkörnchen waren.

Nach wie vor traf ich mich gelegentlich mit Mirka, mit der ich manchmal sogar ins Kino ging. Wir sahen »Arch of Triumph« [»Triumphbogen«] mit Ingrid Bergman. Das Buch hatten wir auf dem Schiff gelesen. Es hatte mich neugierig darauf gemacht, wie Calvados schmeckt. In dem Roman tranken alle Leute unentwegt dieses Zeug. Wie sehr sich ihr Paris von meinem unterschied ... und trotzdem machte mich der Film fast krank vor Heimweh! Ich kämpfte mit den Tränen, als ich die vertrauten Straßen sah. Warum war ich eigentlich so weit fortgegangen? Ebenso gut hätte ich mir dort ein Zimmer suchen und mich abrackern können ... Wozu um die halbe Welt reisen? Für *das* hier?

Der Frieden, der in unserem Haushalt eingekehrt war, sobald feststand, dass ich ausziehen würde, war nicht von langer Dauer.

»Ich möchte diese hier!«, erklärte Marina, als sie sich die Aufnahmen in dem Fotoalbum ansah, das sie mir in Paris geschenkt hatte. Als Erstes nahm sie das Foto heraus, das im Krieg auf Erichs Balkon aufgenommen worden war. Ich hatte mich, um von draußen nicht gesehen zu werden, mit dem Rücken zur Straße auf den Balkon gestellt, dort, wo gerade noch ein bisschen Licht auf mich fiel. Das Foto, das Lydia geknipst hatte, sollte meinen Eltern ins Ghetto geschickt werden, aber als es entwickelt war, waren sie nicht mehr dort. In der einen Ecke der Aufnahme war der schattenhafte Umriss von Erichs Kopf zu sehen.

Als nächstes nahm sich Marina mein im Kloster aufgenommenes Erstkommunionsfoto. »So ein hübsches Kind! Kaum zu glauben, dass *du* das bist! Das Schlimme an dir ist deine übersteigerte Eigenliebe. Wie kann man denn ein Foto von sich selber aufbewahren? Das ist doch morbid!«

Ich fürchtete, dass sie die Fotos zerreißen würde, aber sie blätterte weiter in dem Album herum und suchte sich aus, was sie haben wollte: Adam in seiner RAF-Uniform, ein während seines letzten Besuchs in Paris aufgenommenes Foto, auf das er mir eine Widmung geschrieben hatte; das kleine Foto, das mich, in erstarrter Pose, auf dem Arc de Triomphe zeigt; ein Vorkriegsfoto von Onkel (in Uniform), auf dem er fesch, aber etwas verbissen aussieht; und schließlich eine Aufnahme, die Ali auf dem Schiff gemacht hatte – ich sitze auf der Reling, habe seine Mütze auf dem Kopf und blinzle in die Tropensonne.

»Dieses Foto bekommt bestimmt niemand zu sehen«, sagte Marina und steckte es in ihr eigenes Album.

Ich hatte gegen ihren ersten und zweiten Diebstahl (anders konnte ich das wirklich nicht nennen) Einspruch erhoben, dann aber den Mund gehalten. Mein Protest hätte alles nur noch schlimmer gemacht, und ich war ohnehin fest entschlossen, mir mein Eigentum zurückzuholen.

Drei Tage später, als Marina und Alex weggegangen waren, zog ich die Schublade auf, in der sie ihr Album aufbewahrte, nahm meine Fotos heraus und hinterließ in dem Album genau so viele leere Stellen wie Marina in meinem hinterlassen hatte. Ich steckte die Aufnahmen wieder in mein Album, legte es nachts unter mein Kopfkissen und nahm es am Morgen mit zur Arbeit. Am Abend übergab ich es Mirka zur Aufbewahrung.

»Ich habe *noch* etwas dazugelernt«, notierte ich in meiner vertrackten Geheimschrift. »Böses zeugt Böses. Bevor ich in dieses Haus kam, hätte ich es nicht über mich gebracht, meine Fotos aus Marinas Album zu entfernen. Ich hätte flehentlich um Rückgabe gebeten, mich Hilfe suchend an andere Leute gewandt, nach einer Kompromisslösung gesucht (könnte man denn nicht Abzüge machen lassen?). Jetzt habe ich ihr die Fotos einfach weggenommen. Ich weiß, es war richtig, das zu tun. Wenn ich auf eigenen Füßen stehen will, muss ich lernen, für mich selbst zu kämpfen.

Heute ist mir während der Arbeit plötzlich ein Licht aufgegangen: Niemand hat Marina angerufen, um sich über mein Benehmen und mein Aussehen zu beschweren. Sie hat genau gewusst, was sich zwischen Ali und mir abgespielt hat. Alles hat sie in meinem Tagebuch nachgelesen, meine geheimsten Gedanken und Qualen – und das alles hat sie dazu benützt, mich einzuschüchtern, mir Angst einzujagen vor diesen Unbekannten, die ›alle über mich reden‹, mich misstrauisch zu machen gegenüber meinen Freunden vom Schiff, damit ich mich nicht mehr mit ihnen treffen und noch einsamer werden würde, noch abgekapselter und – angeblich – noch abhängiger von ihr. Ein ganzes Unterdrückungssystem hat sie aufgebaut – aus dem Material, das ich ihr freundlicherweise Tag für Tag geliefert habe. Wie dämlich ich gewesen bin!«

Melbourne, Sonntag, 31. Oktober 1948

Endlich stehe ich auf eigenen Füßen. Gestern bin ich ausgezogen.

Ich habe bei »Weiß' Dressing Gowns« aufgehört und fange morgen in einer anderen Fabrik an, wo ich für den enormen Wochenlohn von 6 Pfund, 8 Schilling und 6 Pence Röcke nähen werde. Ich habe dort falsche Angaben über mein Alter und meine Berufserfahrung gemacht.

Alex und Marina haben mich und meine Habseligkeiten im Taxi hierher gebracht. Am Vormittag hat mir Marina einen funkelnagelneuen Teekessel gekauft – ihr Abschiedsgeschenk. Mein Zimmer ist in der Nähe des Verkehrsknotenpunkts von St. Kilda. Straßenbahnen in die Innenstadt fahren am Haus vorbei. Ich habe direkt vor der Tür eine Haltestelle. Das Haus ist alt, mit Schindeln verschalt und hat im ersten Stock einen eingebauten Holzbalkon. Es gehört einem älteren australischen Ehepaar, Mr und Mrs Geddes. Außer ihrem Schlafzimmer und dem Esszimmer haben sie alle Räume vermietet.

Im schönsten Vorderzimmer (zu dem der Balkon gehört) wohnt ein junges Ehepaar. Die beiden sehen unwahrscheinlich gut aus, sind braun gebrannt und langbeinig. Immer wenn sie mir begegnen, lächeln sie mir freundlich zu. In dem großen Zimmer neben ihnen wohnt ebenfalls ein Ehepaar, das nicht mehr so jung ist. Sie ist schrecklich mager und sieht krank aus. Und zu alledem hat sie keine Zähne mehr. Ihr Mann ist Dockarbeiter und säuft. Gestern Nacht musste sie ihm die Treppe hinaufhelfen. Er grölte und fluchte, aber heute Morgen hat er mir sehr nett zugelächelt und etwas gesagt, das ich nicht verstehen konnte, es hat aber freundlich geklungen. Auch er hat keinen Zahn mehr im Mund. Seine Frau hat mich gefragt, ob ich irgendetwas brauche, und hat mich zum Kaffee eingeladen.

Das Vorderzimmer im Parterre ist ebenfalls an ein Ehepaar vermietet. Bisher habe ich nur die Frau zu Gesicht bekommen. Sie ist sehr blond und füllig, ihre Haare reichen bis zur Taille hinunter. Ich glaube, sie ist Holländerin. Im Erdgeschoss hinten ist eine Küche mit drei Gasherden, aber ich darf sie nicht benützen. Ich darf nur morgens und abends meinen Teekessel aufsetzen. Im ersten Stock ist ein altmodisches Badezimmer mit einem Warmwasserbereiter, der nur mit Papier aufgeheizt werden kann – auf dem lauwarmen Wasser in der Wanne setzt sich eine schwarze Rußschicht ab. Ich kann mich nicht dazu überwinden, die Wanne zu benützen. Eine Dusche ist nicht vorhanden. Das Klosett befindet sich in einem Bretterverschlag draußen im Garten.

Mein Zimmer ist sehr klein und heiß. Es liegt im ersten Stock, das einzige Fenster geht auf den schmalen Weg zwischen unserem und dem Nachbarhaus hinaus. Keine Aussicht, bloß eine Mauer und ein paar Dächer. Ich habe ein großes, durchgelegenes Bett, einen sehr altersschwachen Sessel, durch den man auf den Fußboden hinunterplumpst, eine kleine Kommode mit Spiegel, einen schmalen Kleiderschrank und einen Stuhl. Der Boden ist mit braun, gelb und orange gemustertem Linoleum ausgelegt, das schon sehr rissig ist. Die Tür und der Fußboden sind dunkelbraun gebeizt. Der Kamin hat einen grasgrün gestrichenen Sims. Die kleine Deckenlampe hat einen gelben Schirm mit Fransen. Die Wände sind gelb getüncht.

Es ist jetzt schon kurz vor Tagesanbruch, aber mir ist nicht nach Schlafen zumute. Vorgestern Abend, als Marina und Alex gegangen waren, habe ich lange ganz still dagesessen. Dann wurde mir klar, dass ich auf etwas wartete. Darauf, dass mir jemand sagen würde, was ich tun soll. Allmählich ging mir auf, dass mir von jetzt an niemand mehr sagen wird, was ich tun soll. Dass ich auf mich selbst gestellt bin. Dass ich meinen Traum verwirklicht habe. Ein eigenes Zimmer, das niemand betreten darf, den ich nicht dazu aufgefordert habe.

Melbourne, Dienstag, 2. November 1948

Heute früh ist ein Bücherpaket angekommen – von Onkel! Die Bücher sind alle schon sehr zerlesen, die Umschläge sind zerrissen, die Buchrücken lösen sich ab – aber was für eine herrliche Auswahl! Châteaubriands »Memoires d'outre tombe«, Stendhals »Le rouge et le noir«, George Sands »Elle et lui«, einige Werke von Balzac, ein paar Romane von Francis de Croisset und eine höchst komplizierte französische Grammatik ... Jemand muss Onkel den ganzen Schwung geschenkt haben. Ich weiß gar nicht, womit ich beginnen soll.

Schon wieder kurz vor Morgengrauen. Ich gehe, scheint's, überhaupt nicht mehr zu Bett. Bald ist es Zeit, zur Arbeit zu fahren. Mein neuer Job ist viel zu schwierig für mich. Derart komplizierte Nähte kriege ich einfach nicht zustande. Das Problem ist: Alles ist absolut erstklassige Ware. Ich könnte es mir nie leisten, einen der Röcke, die ich dort nähen muss, zu kaufen.

Onkel hat geschrieben und versprochen, mir etwas Geld zu schicken. Ich habe keine Ahnung, wie viel es sein und wann es eintreffen wird, aber aufgrund der Ankündigung habe ich den Rest meiner »Ersparnisse« für ein Radio ausgegeben! Jetzt kann ich jederzeit Musik hören.

Meine Bücher, die Briefe, die ich an alle schreibe, um von der großen Wende in meinem Leben zu berichten, der Englisch- und der Französischkurs – das alles sorgt dafür, dass ich unentwegt beschäftigt und nur noch auf mich selber angewiesen bin. Aber das ist natürlich erst der Anfang ...

Melbourne, Sonntag, 7. November 1948

Heute habe ich fast den ganzen Tag damit zugebracht, am Strand zu sitzen und aufs Meer hinauszuschauen. Eigentlich möchte ich gar nichts anderes mehr tun. Wozu denn auch? Die Schwierigkeiten sind unüberwindlich. Es gibt ein Sprichwort: »Wenn dir drei Leute sagen, dass du betrunken bist, dann streite es nicht ab. Leg dich lieber hin.« Mir sagen alle Leute, dass das, was ich mir wünsche, nicht zu erreichen ist. Der Platz der Einwanderer ist in der Fabrik. Alle, die ich kenne, arbeiten in Fabriken. Warum bilde ich mir ein etwas anderes zu sein?

Melbourne, Freitag, 12. November 1948

So, jetzt bin ich nicht mehr in der Fabrik. Ich bin gefeuert worden. Die Arbeit ist eben doch zu schwierig gewesen und ich habe nicht genug praktische Erfahrung mitgebracht. Ich fühle mich erleichtert. Jetzt brauche ich eigentlich gar nichts mehr zu tun. Das Geld von Onkel ist unerwartet rasch angekommen. Davon kann ich mindestens zwei Wochen sorglos leben – dann werden wir weitersehen.

Melbourne, Sonntag, 14. November 1948

Wieder den ganzen Tag am Meer verbracht. Ich tue überhaupt nichts. Ich sitze nur da, sehe zu, wie das Licht über dem Wasser wechselt und die Sonnenstrahlen auf den Wellen tanzen, und lausche den Vogelstimmen. Ich könnte ewig so dasitzen. Ich habe keine Pläne, keine Träume, keine Wünsche. Nur weinen möchte ich. Aber dafür ist es hier zu hell und ungeschützt. Keine dunklen Winkel, in die man sich verkriechen könnte. Am liebsten möchte ich eine Mauer um mich bauen, damit mir nie wieder jemand zu nahe kommen und mich berühren kann.

Melbourne, Montag, 15. November 1948

Ein ganz erstaunlicher Brief von Onkel. Mir hatte davor gegraut, wie er auf die Nachricht reagieren würde, dass ich mich von Marina getrennt habe. Da er mir die Wahrheit ja doch nicht geglaubt hätte, schrieb ich ihm, ohne auf Einzelheiten einzugehen, dass ich unabhängig sein möchte. Offenbar hat er das akzeptiert. Und nun berichtet er mir von den Schwierigkeiten, die er zu bewältigen hatte, als er, gleich nach Schulabschluss, zum ersten Mal nach Frankreich kam, um Maschinenbau zu studieren, und feststellen musste, dass weder seine Französisch- noch seine Mathematikkenntnisse den Ansprüchen genügten. Am Ende des ersten Studienjahres, als er fürchtete, er würde die Prüfung nicht bestehen, täuschte er eine Krankheit vor. Man brachte ihn schleunigst ins Krankenhaus, wo ihm der Blinddarm (der völlig intakt war) entfernt wurde. Dann schickte man ihn zur Erholung nach Hause. Dort büffelte er den ganzen Sommer über, und als er nach Frankreich zurückgekehrt war, durfte er die versäumte Prüfung nachholen und bestand sie – mit den besten Noten. Später absolvierte er sein Studium mit Auszeichnung und erhielt als einziger Ausländer eine Goldmedaille.

Was er mir tatsächlich damit sagen will, ist, dass man nur mit Anstrengung etwas erreichen kann. Und dass ich, wenn ich wirklich den sehnlichen Wunsch habe, etwas zu schaffen, wenigstens den Versuch unternehmen muss. Sobald Onkel eine Stellung gefunden hat, will er mir regelmäßig Geld schicken, damit ich in der Fabrik aufhören und wieder zur Schule gehen kann. Es ist mir egal, wie alt ich dann sein werde – Hauptsache, man nimmt mich auch dann noch in die Schule auf.

Ich bin auf einmal voller Hoffnung und Lebensmut. Den ganzen Tag bin ich herumgesprungen, habe gesungen und versucht Mrs Geddes alles zu erklären, die aber immer bloß lächelt und den Kopf schüttelt. Sie versteht kein Wort.

Melbourne, Sonntag, 21. November 1948

Eine Karte von Ali, auf der ein Korb Mohnblumen abgebildet ist. »*Des coquelicots, ça te rappelera la France. Celui que tu as oublié.*«

Nein, ich habe ihn nicht vergessen und ich werde ihn nie vergessen. Aber wie kann ich denn jetzt an ihn schreiben, wie sollte ich ihm denn in meinem merkwürdigen Französisch (das geschrieben viel holpriger klingt als gesprochen) alles erklären, was sich inzwischen ereignet hat? Er würde mich ja doch nicht verstehen. Niemand würde das. Und so wird auch dieser Kartengruß unbeantwortet bleiben.

Nächste Woche fange ich in einer anderen Fabrik an: Kleider und Kostüme. Hoffentlich ist die Arbeit nicht zu kompliziert. Mir ist endlich klar geworden, warum ich mich in den letzten Wochen so ... entblößt gefühlt habe. Mir ist die Haut abgezogen worden. Wie eine Schlange ihre Haut abstreift, so habe ich meine Illusionen abwerfen müssen. Und jetzt stehe ich dieser neuen, sonnenüberstrahlten, schattenlosen australischen Welt nackt und angstvoll gegenüber. Ich glaube, ich bin noch nie im Leben so allein und verängstigt gewesen.

Melbourne, 25. November 1948

Ich habe seltsame, furchterregende Träume gehabt – einer davon sucht mich fast jede Nacht heim: Ich klettere auf allen vieren einen Berg hinauf. Er ist sehr steil und ich komme nur sehr langsam und mühsam voran. Endlich bin ich oben angelangt, doch ich muss mich mit aller Kraft am Boden festklammern und wage nicht aufzustehen und um mich zu blicken, weil nichts da ist, woran ich mich festhalten könnte, und weil ich Angst habe, abzustürzen.

Melbourne, Dienstag, 30. November 1948

Der erste Monat meiner Unabhängigkeit ist vorüber. Marina ruft mich nach wie vor fast jeden Abend an und erzählt mir von Leuten, die über mich reden. Wenn ich nicht zu Hause bin, lässt sie mir ausrichten, dass ich anrufen soll – es sei dringend. Beim ersten Mal habe ich mir wirklich Sorgen gemacht. Ich dachte, irgendetwas Schreckliches sei passiert. Aber sie wollte mir bloß mitteilen, sie habe jemanden getroffen, der mich gesehen und den Eindruck gehabt hat, dass … Sie fügt jetzt immer nur vage hinzu: »Deinen Onkel wird es umbringen, wenn er die Wahrheit erfährt.« Zu spät! Onkel und ich haben inzwischen ein paar freundschaftliche Briefe gewechselt und er hat wegen meiner Unabhängigkeit keine Bedenken. Vielleicht hat er Marina schon lange durchschaut. War das vielleicht der Grund, warum er erst nach Frankreich gekommen ist, als sie schon fort war?

Mein neuer Job ist ziemlich vertrackt, aber der Chef ist sehr freundlich. Eigentlich ist er professioneller Ringkämpfer (die Fabrik gehört seiner Mutter), aber er kommt jeden Tag, um die Arbeit zu beaufsichtigen. Gestern hat er sich an meine Maschine gesetzt und mir Stich für Stich gezeigt, wie man ein Knopfloch näht. Als »erfahrene« Maschinennäherin hätte ich das natürlich wissen müssen. Jetzt weiß er also, dass ich keine Erfahrung habe, aber gefeuert hat er mich nicht.

Wie ich schon vermutet hatte, waren die Monate, die ich in Madame J.s Werkstatt verbrachte, reine Zeitverschwendung. Hier wird fast alles maschinell gemacht, auch das Versäubern der Nähte und Säume. Niemand näht etwas von Hand – wenn eine Maschine die Arbeit übernehmen kann.

Mirka und ihrer Tante ist das Leben, das ich jetzt führe, nicht ganz geheuer. Sie sagen, wenn ich schon aus Burwood wegziehen musste, hätte ich mich bei einer Familie einmieten sollen: Bei einer jüdischen Familie, wo ich in guter Hut gewesen wäre. (Und die zweifellos ständig etwas an mir auszusetzen gehabt und über mich getratscht hätte.) Marina hätte sicher eine solche Unterkunft für mich finden können. Aber weil sie fürchtet, ich könnte neue Freundschaften schließen und mit fremden Leuten über sie reden, hat sie das Quartier ausgesucht, in dem ich jetzt wohne, und diesmal bin ich ausnahmsweise mit ihrer Wahl sehr einverstanden. Mirka kann nicht begreifen, warum ich mir *mehr* vom Leben wünsche als einen Ehemann, den ich doch in der Fabrik leicht finden könnte. Am besten den Chef. Sie ist fest entschlossen einen reichen Mann zu heiraten. Ihre Tante vertraut fest darauf, dass es ihr gelingen wird. In diesem Punkt kann ich Mirka so wenig verstehen wie sie mich.

Das Wetter wird von Tag zu Tag heißer und sonniger. Was für ein seltsames Land ... In meinem kleinen Zimmer ist es nachts so heiß, dass an Schlafen gar nicht zu denken ist. Und so gehe ich nach der Arbeit fast immer an den Strand. Dort liege ich stundenlang, lausche dem Meer, beobachte das wechselnde Licht und die Färbung des Himmels. Mag die Nacht noch so dunkel sein – über den Wassern tanzt immer ein Licht, und das Meer seufzt wie ein lebendes Wesen und verstummt nie. Nie.

Günter Kunert
Versuch einer Antwort

Janina Davids Leben beginnt als Idylle. Geborgen in einer
gut situierten, bürgerlichen jüdischen Familie, erlebt das
Kind seine Umwelt, Kleinstadt und Landschaft, fast wie
ein Paradies, das eines unschönen Tages abrupt verloren
geht. Plötzlich ist nichts mehr so, wie es bis zu diesem
Zeitpunkt, dem Einmarsch der deutschen Truppen in Polen, gewesen ist. Janinas Dasein verändert sich unvorstellbar, doch diese Veränderungen trüben keineswegs ihren
klaren Blick. Wohl nur ein Kind, in dem die Fantasie so etwas wie eine »Gegenkraft« bildet, vermochte und vermag
eine Realität auszuhalten, vor deren Anblick die Erwachsenen verzweifelten und resignierten. Dem kindlichen Bewusstsein, obwohl enorm aufnahmefähig für alle beein-
druckenden Vorgänge, werden die letzten Konsequenzen
des Erlebten nicht zur Gänze klar. So verliert auch Janina
den Glauben an das Überleben ihrer Eltern erst spät, nämlich nach dem Krieg in einem Kino beim Anblick der Do-
kumentaraufnahmen aus einem befreiten KZ. Es handelt
sich vermutlich um einen psychischen Schutzmechanis-
mus, der Kindern gestattet, zwar das Schrecklichste mitanzusehen, es zugleich aber auf eine »objektive« Weise
wahrzunehmen. Diese kindliche Klarsicht hat Janina
beim Schreiben ihrer Erinnerungen nicht verloren und ihnen damit zu einer fast fotografischen Wirklichkeitstreue

verholfen. Sie erzählt ihre Geschichte, die Teil der Geschichte eines Volkes ist, ohne Sentimentalität und ohne den nachträglichen Versuch, die Hintergründe des mörderischen Antisemitismus, der ihr Schicksal bestimmte, untersuchen zu wollen. Auch in diesem Nachwort ist für die umfassende Analyse eines tödlichen, todbringenden Vorurteils kein Platz. Dennoch müssen einige Fakten genannt werden, um Janinas Situation in ihrer völligen Ausweglosigkeit zu verstehen. Und zu begreifen, aus welchen Gründen ihre Lebens- und Überlebenschancen so gering waren.

Am 27. und 28. März 1941 fand eine Tagung des antisemitischen »Frankfurter Institutes zur Erforschung der Judenfrage« statt: Dort wurde vor einer breiten Öffentlichkeit über die *Gesamtlösung der Judenfrage* gesprochen. Die Rektoren vieler Universitäten waren erschienen, die Professoren Günther und Fischer waren Ehrengäste. Das Tagungsprotokoll wurde veröffentlicht. Prof. v. Verschuer berichtete für seine Zeitschrift, den *Erbarzt*. Rosenberg verkündete die *säubernde biologische Weltrevolution*: »Für Europa ist die Judenfrage erst dann gelöst, wenn der letzte Jude den europäischen Kontinent verlässt.« Die Redner Prof. P.-H. Seraphim, Dr. Gross und Rosenberg sagten, dass der jüdische *Volkstod* das Ziel der *Gesamtlösung* sei. Und: »Wenige Wochen später war die Auswanderung den Juden endgültig verboten.« (Zitat nach B. Müller-Hill, *Tödliche Wissenschaft*) Die Weichen waren gestellt, auch die der Transportzüge in die Vernichtungslager.

Auf der anderen Seite, bei den Opfern und Verfolgten, herrschte ein lähmendes Nichtbegreifenkönnen gegenüber der eigenen Vernichtung. Den Juden in Polen stand die westeuropäische Kultur, besonders die deutsche und französische, näher als die slawische. Die Juden der abgeschlossenen Stetl-Kultur sprachen sogar nur bedingt Polnisch. Ihre Sprache – das »Jiddisch« – war ein mittelalterliches Deutsch, das sie nach ihrer Vertreibung aus Deutschland während der Kreuzzüge beibehalten hatten. Man bewunderte Deutschland als das Land der Dichter und Denker, als Land der Wissenschaft und Technik, ohne zu ahnen, welche Folgen diese Wissenschaft und Technik einmal zeitigen würden. Und dann: Die deutschen Juden waren in ihrer Mehrheit das, was man »national gesinnt« nannte. Die Anzahl der jüdischen Frontsoldaten und Gefallenen im Ersten Weltkrieg war – in Relation zum jüdischen Bevölkerungsteil Deutschlands – weitaus höher als die der christlichen. Die deutschen Juden fühlten sich als Deutsche und erwiesen sich oft genug als die »besseren« Deutschen, wenn man dieses überaus fragwürdige Adjektiv noch einmal benutzen darf. Die polnischen Juden, von den deutschen Juden verachtet, zumindest als »unzivilisierte« Glaubensgenossen scheel angesehen, sahen in Deutschland dennoch so etwas wie ein Vorbild, weil im Gegensatz zu ihrer brutalen Rechtlosigkeit im russisch okkupierten Teil Polens im deutschen Kaiserreich weitaus mildere Formen sozialer Einschränkungen herrschten, welche im Zuge des allgemeinen Fortschritts – so hoffte man – gänzlich verschwinden würden. Mit einem Wort gesagt: Die Vorstellungen von Deutschland waren weitgehend Idealisierungen. Umso größer war das Entsetzen über die Untaten, zu denen sich dieses hochgeschätzte Deutschland dann bewegen ließ. Nicht zuletzt darum stellt die Geschichte Janina Davids die sich stets erneuernde Frage, für die es keine ausschließliche, umfassende und einzige Antwort gibt: Wie konnte das geschehen? Wie konnte es geschehen, dass dieses Kind sich eines Tages in einem albtraumhaften Inferno wiederfand, wie es bisher in keinem bösen Märchen, in keiner verwilderten

Fantasie ausgedacht worden war? Brave deutsche Familienväter, ihren eigenen Kindern liebend zugeneigt, schlagen ungerührt die Kinder anderer Leute tot oder ignorieren, wie sie massenhaft getötet werden. Unvorstellbare Menschenmengen werden mit wachsender Perfektion und bürokratischer Sorgfalt umgebracht, ohne dass der Himmel einstürzt, ohne dass Gott, ein immerhin allmächtiges Wesen, eingreift und den Mördern in den Arm fällt. Hat Er denn geschlafen? Hat Er nicht wenigstens die deutsche Tagespresse gelesen, die Reden der Rosenberg, Gross und – ausgerechnet – Seraphim, was im Hebräischen »Engel« bedeutet? Und warum haben die Juden nicht selber beizeiten, nämlich vor dem Krieg, die Flucht oder sonstige Rettungsmaßnahmen ergriffen? Nun – einerseits gehört zum Fliehen Geld, und die in Frage kommenden Exilländer forderten von den Flüchtlingen den Nachweis ihrer materiellen Lebensgrundlage; außerdem hatten diese Länder Einwanderungsquoten festgesetzt, was den Exodus aus Deutschland ohnehin begrenzte. Andererseits aber glaubten die Juden nicht an eine drohende Katastrophe, und dies paradoxerweise gerade aufgrund ihrer Erfahrung der jahrhundertelangen Verfolgung und Unterdrückung. Dieser Irrglaube drückte sich nach Hitlers Machtergreifung in dem Satz aus: »Sind wir durch das Rote Meer gekommen, kommen wir auch durch die braune Scheiße.« Es herrschte unter ihnen die Meinung vor, dass zwar ihr Status als gleichberechtigte Staatsbürger gemindert sein würde (was sie ja von jeher kannten), aber wahrscheinlich doch nur vorübergehend; aus der eigenen, seit den biblischen Tagen überschauten Historie wussten sie, dass sie als verstreutes Volk, als Glaubensgemeinschaft in der Diaspora, als allerorten nur geduldete Minderheit stets an Leib und Leben gefährdet waren und Verluste hinnehmen, alle Stürme eines brutalen Antisemitismus überstehen mussten. Insofern hatte sich bei den Juden eine merkwürdige Mischung aus Besorgnis und Sorglosigkeit herausgebildet, welche sie gegenüber ihrer Liquidation fassungslos machte. Außerdem hatte sich der Antisemitismus selber gewandelt. War er vorher christlich motiviert gewesen, indem er die Juden zu »Christusmördern« erklärte, so gab sich der moderne Antisemitismus wissenschaftlich; er wurde zum Rassismus, der vorgab, die biologische Minderwertigkeit von »Nichtariern«, also Juden, Zigeunern, Slawen, nachweisen zu können.

Wir müssen einen Moment bei einer historischen Ungleichzeitigkeit verharren, wenn wir verstehen wollen, wie das ungeheuerlichste Verbrechen unseres Jahrhunderts geschehen konnte. Ungleichzeitigkeit heißt: auf der einen Seite die jüdischen Bevölkerungsteile, von denen die Mehrheit noch in den eigenen Ursprüngen und Traditionen verhaftet war, also in einer eigenen geistigen, nicht gänzlich säkularisierten Welt, während auf der anderen Seite Wissenschaft und Technologie im Gefolge der Aufklärung längst den christlichen Glauben zerstört und abgelöst hatten. Das Kind wurde, so könnte man sagen, mit dem Bade ausgeschüttet. Im Kampf gegen die Religion, gegen das »Opium fürs Volk«, gerät die Aufklärung ins andere Extrem. Aus dem Menschen mit der »unsterblichen Seele« wird ein biologisch-physikalischer Funktionsmechanismus, dem immerhin ein Verstand zugestanden wird, der ihn zur Vernunft befähigen sollte. Mit dem Fortschrittsdenken beginnt eine wachsende Betonung der Rationalität; gleichzeitig entwickelt sich mehr und mehr die Industrie, in welcher die anfälligsten, wertlosesten und am leichtesten ersetzbaren Teile die Menschen sind. So bildet sich insgeheim ein verändertes Menschenbild, eine veränderte Menschenbetrachtung heraus. Der Mensch wird in zunehmendem Maße als Objekt gesehen, das sich übergeordneten, übergreifenden Funktionszusammenhängen anzupassen hat. Das zeigen unter anderem ein wuchernder Nationalismus und die unwidersprochene existenziell gemeinte Hypothese, dass der Einzelne nichts, die Gemeinschaft hingegen alles sei. Das heißt im Klartext: Die Maschine als solche stellt das unbewusste Modell für den Staat, für die Nation, für das Volk, für den Menschen dar. Denn die Maschine verspricht allen ein besseres Leben, ein Mehr an Zivilisation, größere Bequemlichkeit und stärkt außerdem den nationalen wie den persönlichen Stolz, indem sie dem Individuum das Gefühl vermittelt, durch seine Volkszugehörigkeit an den erstaunlichen technischen Leistungen teilzuhaben: Unsere Flotte ist die mächtigste, unsere Kanonen schießen am weitesten, unsere Eisenbahn ist am leistungsfähigsten. Aber mit der Niederlage im Ersten Weltkrieg bricht dieses Selbstwertgefühl in Deutschland zusammen. Zugleich jedoch beseitigt sie Hemmnisse der Emanzipation und Assimilation und eröffnet der jüdischen Minderheit umfassendere gesellschaftliche Möglichkeiten. Für viele, viel zu viele der vom Trauma der Niederlage erfüllten Deutschen erscheinen jetzt die Juden als Gewinner, da sie nun in für sie bisher verschlossene soziale Stellungen und Bereiche gelangen. Selbst der Übermacht eines äußeren Feindes erlegen, musste man also nicht lange nach einem neuen suchen, um die militärisch misslungene Abreaktion destruktiver Empfindungen mittels eines staatlich zugelassenen und gelenkten Terrors nachzuholen. Dieser historische Moment enthielt schon das Todesurteil gegen die Juden in sich. Aber weil auch noch der erbärmlichste Totschläger Legitimationen braucht und man aus lauter christlicher Nächstenliebe nicht mehr wie einst die Juden umzubringen vermochte, kam der potenziellen Mordbereitschaft die Wissenschaft zu Hilfe. Anthropologen, Biologen, Eugeniker und Mediziner, die menschliche Unterschiede statt auf soziale und historische Einflüsse auf das Vorhandensein einer anderen genetischen Struktur zurückführten, wurden zu Beihelfern der Ausrottung. Denn ihre Einteilungen der Menschen waren nicht neutral, sondern werteten und beurteilten die sogenannte »Erbsubstanz«, die positive wie negative Eigenschaften zu verantworten hatte. Den Juden wurden ausschließlich negative Eigenschaften zugeschrieben (wie auch Zigeunern und Slawen), während die Nichtjuden, die »Arier«, sich ihrer zumindest latent vorhandenen positiven Eigenschaften rühmen durften, da sie ihnen sogar von der Natur selber, eben ihrer »Erbsubstanz«, verliehen worden waren.

Nachdem sich diese Ansicht in den Köpfen festgesetzt hatte, was darum leicht geschah, weil man sich persönlich als höherwertig empfinden konnte, ergab sich als logische Konsequenz, dass die Minderwertigeren zu verschwinden hatten. Damit waren mögliche ethische Hemmungen, die im anderen den Menschen hätten wahrnehmen können, beseitigt, denn die Wissenschaft, der neue Gott, »bewies«, dass die zur Beseitigung freigegebenen Minderwertigen gar keine Menschen waren. Ohne eine Vielzahl von ausgebildeten, promovierten, habilitierten Wissenschaftlern, welche ja gerade die Voraussetzungen für die Beurteilung schufen, was man als »lebensunwertes Leben« anzusehen habe, wären weder die großen noch die kleinen »Eichmänner« zu ihrem Handwerk imstande gewesen. Ihnen nahmen die Wissenschaftler die Verantwortung ab, weil Letztere selber aus der Verantwortung für das menschliche Leben entlassen worden waren: durch die Abkoppelung ihrer Kenntnisse von jeglicher Moral. Dadurch, dass die Wissenschaft »neutral« und »objektiv« geworden war, wurde ihr alles zum Gegenstand, zum Forschungsobjekt, über das sich jedes kategoriale Netz spannen ließ, unter dem das Eigentliche und Bedeutsame verschwand, selbstverständlich auch alles, was menschliches Antlitz trug.

Die Geschichte der Judenvernichtung, von der wir auch durch eine zufällig Überlebende wie Janina David erfahren, will uns heute vorkommen wie ein Horrorfilm. »Dass das einmal Wirklichkeit sein konnte!«, sagen wir kopfschüttelnd, als wären wir dagegen gefeit, Untäter zu werden. Dabei ahnen wir nicht einmal, wie wir uns in Ausnahmesituationen, sobald sie zur Regel werden, verhalten würden. Ob wir nicht ebenfalls schreckliche Befehle ausführen würden, weil wir sie für das Normale hielten? Noch empören wir uns gegen den Terror in aller Welt, empören uns über Terroristen aller Schattierungen, ohne zu begreifen, dass auch für den Terroristen der Mord nur Mittel zum Zweck ist, wie er es einstmals unter Hitler war. Doch wir machen eine fatale Unterscheidung, indem wir einer mörderischen Gruppe Terroristen von gestern wegen ihres Professorentitels, wegen akademischer Grade, wegen ihrer vorgeblichen Solidität einen Bonus einräumen, der ihnen nicht zusteht. Da es jedoch auch unsere eigene Gewohnheit ist, offenbar nach einem Gesetz der Trägheit des Herzens, die eigenen Verfehlungen zu verkleinern, zu verharmlosen, akzeptieren wir den gleichen Vorgang bei anderen. Ein Bürgermeister, der in öffentlicher Ratssitzung zur Sanierung der Stadtkasse den »Scherz« verlauten lässt, dass zu diesem Zweck ein reicher Jude totgeschlagen werden müsse, gilt nicht als Symptom verborgener krankhafter Züge der Bundesrepublik: Man konzediert ihm einen verzeihlichen Lapsus. Und wenn gar ein Repräsentant des Staates von der »Gnade der späten Geburt« spricht und damit meint, sich auf diese Weise aus der deutschen Geschichte, die nun keineswegs erst mit seiner Geburt eingesetzt hat, hinausstehlen zu können wie aus einer schlechten Theatervorstellung, dann ist die Frage, wie all das Unsägliche geschehen konnte, auch so zu beantworten: Weil Menschen aus der Geschichte nicht zu lernen vermögen. Weil sich keine geschichtliche Erfahrung vermitteln lässt. Das klingt ziemlich skeptisch, was die menschliche Lernfähigkeit angeht. Und provoziert außerdem die Erkundigung, worin denn dann noch der Sinn eines Buches wie diesem bestünde. Vielleicht einzig darin, ein Zeugnis für die *Versachlichung* von Menschen zu sein und zugleich ein deutlicher Hinweis, ja, eine Warnung vor einem solchen Prozess, der Menschen zu Dingen macht und der auf andere Weise fortzuschreiten immer noch nicht aufgehört hat. Zuerst hat man die Bücher verbrannt, dann die Menschen, und wer meint, davon nicht betroffen zu sein, weil er nichts wusste oder noch nicht existierte, der hat selber schon die Reaktion jener angenommen, die den Holocaust geistig vorbereitet und ursächlich bewirkt haben.

Zeittafel
Daten zur Geschichte der polnischen Juden 1933–1946

30.1.1933	Machtergreifung: Hitler wird zum Reichskanzler gewählt. Der systematische Ausschluss der Juden aus dem öffentlichen Leben beginnt.
6.–16.3.1933	Der polnische Staatspräsident Pilsudski lässt die »Westerplatte« im Danziger Hafen besetzen, um Hitler zur Einhaltung der Versailler Rüstungsbestimmungen und der Ostgrenzen zu zwingen.
14.10.1933	Austritt des Deutschen Reiches aus dem Völkerbund.
Nov. 1933	Pilsudski fragt in Paris um Unterstützung für eine militärische Präventivaktion gegen Hitler an. Er erhält keine Antwort.
26.1.1934	Nichtangriffspakt zwischen dem Deutschen Reich und Polen (auf 10 Jahre befristet); Ende des Wirtschaftskriegs, der über 10 Jahre gedauert hatte.
5.5.1934	Verlängerung des polnisch-sowjetischen Nichtangriffspakts von 1922.
15.9.1935	Nürnberger Gesetze (Rassengesetze),

die zwischen Reichsbürgern und sonstigen Staatsangehörigen unterscheiden; ergänzt wird es durch das »Gesetz zum Schutz des deutschen Blutes und der deutschen Ehre«.

5.11.1937	Erklärung der deutschen und polnischen Regierung über den Schutz der beiderseitigen Minderheiten.
24.10.1938	Hitler übermittelt Polen Vorschläge über eine Rückgliederung Danzigs ans Großdeutsche Reich.
9./10.11.1938	Die sogenannte »Kristallnacht«. Die ersten organisierten Pogrome gegen Juden.
25.–27.1.1939	Polen lehnt Hitlers Vorschläge ab.
3.4.1939	Hitler erteilt den Befehl, einen Angriff auf Polen militärisch vorzubereiten; die Wehrmacht beginnt mit der geheimen Militärplanung.
28.4.1939	Hitler kündigt den Nichtangriffspakt mit Polen.
10.5.1939	Die Sowjets erklären, dass sie im Fall eines deutsch-polnischen Konflikts eine »wohlwollende Haltung« einnehmen werden.
12.5.1939	Dem polnischen Staatspräsidenten wird eine Denkschrift überreicht, in der Rechtsschutz für sich häufende Ausschreitungen gegenüber Angehörigen der deutschen Volksgruppe in Polen gefordert wird.
Mai/Juni 1939	Polen versucht, Frankreich und Großbritannien für militärische und wirtschaftliche Hilfe zu gewinnen.

4.6.1939	Die deutschen Aufmarschvorbereitungen gegen Polen beginnen.
19.7.1939	Großbritannien sagt Polen seine Unterstützung zu.
22./23.8.1939	Deutsch-sowjetischer Nichtangriffspakt (Hitler-Stalin-Pakt) mit einem geheimen Zusatzabkommen über die Aufteilung Polens.
31.8.1939	In seiner »Weisung Nr. 1 für die Kriegsführung« verkündet Hitler: »Nachdem alle politischen Möglichkeiten erschöpft sind, um auf friedlichem Wege eine für Deutschland unerträgliche Lage an seiner Ostgrenze zu beseitigen, habe ich mich zur gewaltsamen Lösung entschlossen.« Hitlers Vorgehen richtete sich angeblich gegen »Unterdrückungsmaßnahmen gegen die Deutschen in Polen«.
1.9.1939	Um 4.45 Uhr überschreitet die deutsche Wehrmacht die polnische Grenze. Frankreich und Großbritannien mobilisieren am 2.9. ihre Streitkräfte und fordern von Deutschland ultimativ die Einstellung der Kämpfe. Das Ultimatum bleibt unerfüllt: Der Zweite Weltkrieg hat begonnen.
3.9.1939	Großbritannien und Frankreich erklären Deutschland den Krieg.
4.9.1939	Zwischen Polen und Frankreich kommt ein ähnliches Bündnis zustande wie zwischen Polen und Großbritannien vom Juli 1939.
6.9.1939	Die wichtigsten polnischen Behörden

945

werden nach schweren deutschen Luftangriffen aus Warschau evakuiert.

16./17.9.1939	Die Sowjetunion teilt der polnischen Regierung mit, dass sie die Republik Polen als nicht mehr existent betrachte und gezwungen sei, die Rote Armee in die von Weißrussen und Ukrainern bewohnten Gebiete zu deren Schutz einmarschieren zu lassen.
19.9.1939	Der Hauptteil der polnischen Truppen kapituliert vor der deutschen Wehrmacht.
	800000 Polen geraten in Gefangenschaft, davon 217000 in russische.
25.9.1939	Einrichtung einer deutschen Militärregierung in Polen.
27.9.1939	Fall Warschaus.
28.9.1939	Der Grenz- und Freundschaftsvertrag zwischen Deutschland und der Sowjetunion vollzieht die vorher schon vereinbarte Teilung Polens.
7.10.1939	Der Erlass Hitlers über die »Festigung deutschen Volkstums« leitet umfangreiche Umsiedlungs- und Enteignungsmaßnahmen ein.
15.11.1939	Beginn der ersten Deportationswelle aus den »Eingegliederten Ostgebieten«.
27.12.1939	Erste große Repressivmaßnahmen der deutschen Besatzungsmacht mit Erschießungen in Warschau.
15.7.1940	Eine zweite Deportationswelle von Polen und Juden aus den »Eingegliederten Ostgebieten« beginnt.
14.11.1940	Das Warschauer Ghetto wird abge-

sperrt, ca. 350000 Juden sind dort; und immer neue Schübe von Deportierten werden dorthin gebracht.

8.12.1940 Hitler erteilt folgende geheime Weisung: »Die deutsche Wehrmacht muss darauf vorbereitet sein, auch vor Beendigung des Krieges gegen England Sowjetrussland in einem schnellen Feldzug niederzuwerfen.«

22.6.1941 Deutschland greift die Sowjetunion an.

31.7.1941 Göring beauftragt den Chef des Staatssicherheitsdienstes Heydrich mit der »Evakuierung« der Juden Europas.

Juli–Sept. 1941 Die deutschen Truppen dringen zunächst siegreich nach Osten vor.

Okt. 1941 Die deutsche Wehrmacht startet die »Operation Taifun«, d.h. den Angriff auf Moskau. Aber der verfrüht hereinbrechende Winter bringt den Vormarsch der unzureichend ausgerüsteten Truppen zum Erliegen.

20.1.1942 Unter dem Vorsitz von Heydrich findet in Berlin die sogenannte »Wannsee-Konferenz« statt, auf der die organisierte Vernichtung der Juden (»Endlösung«) beschlossen wird.

ab März 1942 Einrichtung der Massenvernichtungslager.

Juli 1942 Die militärische Lage der deutschen Truppen in Russland wird immer schwieriger.

ab 22.7.1942 Vernichtungsaktionen auch im Warschauer Ghetto. Der jüdische Ordnungsdienst muss täglich bis zu 6000 Ju-

	den zur »Umsiedlung in den Osten« am Umschlagplatz abliefern.
15.8.1942	Das Ghetto wird verkleinert, da über die Hälfte der ursprünglichen Einwohner bereits abtransportiert wurde.
5.–12.9.1942	Große Razzia, bei der die restlichen im Ghetto lebenden etwa 100 000 Juden gruppenweise an der neuen Sammelstelle in der Mila-Straße zusammengetrieben werden. Von den 3 800 Polizisten des Ordnungsdienstes, die bisher von der »Umsiedlung« freigestellt waren, bleiben nur 380 übrig.
29.9.1942	Nochmalige Verkleinerung des Ghettos.
ab Okt. 1942	Täglich werden bis zu 10 000 Menschen deportiert.
Nov. 1942	Die Gegenoffensive der Sowjets beginnt.
19.–22.11.1942	Die deutsche 6. Armee wird in Stalingrad eingekesselt.
2.2.1943	Die letzten Reste der bei Stalingrad eingeschlossenen deutschen Truppen kapitulieren. Das Ende der Schlacht signalisiert das Ende des Kriegs im Osten.
19.4.–16.5.1943	Aufstand im Warschauer Ghetto, der erst beginnt, als von den etwa 360 000 Insassen schon 300 000 nach Treblinka gebracht worden sind. Er wird von Milizen und Polizeikräften niedergeschlagen. Das Ghetto wird dem Erdboden gleichgemacht.
4.1.1944	Die Rote Annee überschreitet die Ostgrenze Polens.

1.8.–2.10.1944	Die polnische »Heimatarmee«, eine im Untergrund gebildete Widerstandsbewegung gegen die Deutschen, entschließt sich zum Aufstand in Warschau. Sie muss jedoch kapitulieren, da sie keine Hilfe von der am anderen Weichselufer stehenden Roten Armee erhalten hat. Zurück bleiben 20 000 Tote, die zum größten Teil durch Massenmorde der Deutschen umgekommen sind.
1.1.1945	In Lublin bildet sich eine »Provisorische Regierung Polens«, die von der Sowjetunion lanciert wird.
12.1.1945	Die sowjetische Winteroffensive beginnt auf breiter Front.
15.1.1945	Rückzugsbefehl für die Deutschen.
17.1.1945	Das fast völlig zerstörte und infolge der Vertreibung der Restbevölkerung durch die Deutschen nahezu menschenleere Warschau wird von der Roten Armee besetzt.
Feb. 1945	Die letzten deutschen Truppen fliehen aus Polen.
4.–11.2.1945	Konferenz der »Großen Drei« in Jalta. In der Polenfrage wird die sogenannte Curzon-Linie als Ostgrenze Polens anerkannt. Im Westen sollen Oder und Lausitzer Neiße die Grenze bilden.
21.4.1945	Die Sowjetunion und Polen unterzeichnen in Moskau einen Vertrag über Freundschaft, Zusammenarbeit und gegenseitigen Beistand.
28.6.1945	Bildung einer »Regierung der nationalen Einheit« in Warschau.

5.7.1945	Die USA und Großbritannien erkennen die neue Regierung an und nehmen diplomatische Beziehungen zu ihr auf.
16.8.1945	Polnisch-sowjetischer Grenzvertrag, der die sogenannte Curzon-Linie zur endgültigen Staatsgrenze erklärt.
4.7.1946	Jüdische Organisationen beginnen in Polen mit der Emigration von Juden nach Palästina.

Inhalt

»Katja Behrens öffnet die Augen für eine ganze Welt – wunderbar!«

Mirjam Pressler

208 Seiten. Gebunden. Ab 12 Jahren

Im Oktober 1743 macht sich der 14-jährige Mausche zu Fuß auf die Reise von Dessau nach Berlin. Es ist nicht nur die erste Reise seines Lebens, sondern auch eine Wanderung durch Feindesland, denn er ist Jude. In Berlin will der Sohn eines Gemeindedieners beim Rabbi David Fränkel lernen. Sein Glück ist, dass er unterwegs den Handwerksburschen Hannes trifft. Der steht ihm bei, als Dorfjungen ihn durch Beelitz jagen. Erst vor den Toren Berlins trennen sich die Wege von Hannes und Mausche. Letzteren wird man später einmal als den großen Moses Mendelssohn kennen, der die Philosophie der Aufklärung in Deutschland maßgebend prägte und den Lessing zum Vorbild für *Nathan der Weise* nahm.

www.hanser-literaturverlage.de

HANSER

Susanne Hornfeck
Ina aus China
oder: Was hat schon Platz in einem Koffer
Roman

ISBN 978-3-423-62330-8

Als Siebenjährige ist Chen Yinna 1937 aus dem von den Japanern besetzten Schanghai nach Deutschland gekommen. Bald bricht der Krieg ein zweites Mal in ihr Leben ein: Ina, wie sie in Deutschland genannt wird, erlebt, wie ihre »Feinde«, die Japaner, zu Verbündeten ihrer zweiten Heimat Deutschland werden, und begreift, dass Begriffe wie »Freund«, »Feind«, »Heimat« im persönlichen Leben etwas ganz anderes bedeuten können als in der Politik.

Ruth Weiss
Meine Schwester Sara
Roman

ISBN 978-3-423-62169-4

Südafrika um 1948: Eine Burenfamilie adoptiert eine deutsche Kriegswaise. Freudig wird das blonde, blauäugige kleine Mädchen in die Familie aufgenommen. Doch als sich herausstellt, dass Sara Jüdin ist, entzieht ihr der Familienvater, ganz Patriarch und Mitglied der nationalistischen Apartheidregierung, seine Liebe. Als Studentin schließt sich Sara dem Widerstand gegen das Apartheidregime an. Ruth Weiss zeichnet ein Bild der Geschichte Südafrikas und unserer eigenen deutschen Geschichte, ganz ohne erhobenen Zeigefinger.

David Grossman
Wohin du mich führst
Roman

ISBN 978-3-423-**62138**-0

So aufregend hat sich der 16-jährige Assaf seinen Ferienjob nicht vorgestellt: Ein Hund zerrt ihn quer durch ganz Jerusalem, auf der Suche nach seiner Besitzerin. Fremde Orte und Personen, zu denen ihn der Hund führt, erzählen nach und nach die Geschichte der geheimnisvollen Tamar. Assaf ist fasziniert und beunruhigt zugleich. Warum hat Tamar alle Brücken zu ihrem früheren Leben abgebrochen? Immer stärker fühlt sich Assaf zu dem Mädchen hingezogen. Denn Tamar scheint in großer Gefahr zu sein...

Anja Tuckermann
»Denk nicht, wir bleiben hier!«
Die Lebensgeschichte des Sinto Hugo Höllenreiner

ISBN 978-3-423-62336-0

Im Jahr 1943 wird der neunjährige Hugo mit seinen Eltern, Großeltern und Geschwistern deportiert. Über zwei Jahre verbringt er in mehreren Konzentrationslagern. Dr. Mengele quält ihn und einen seiner Brüder mit brutalen medizinischen Experimenten. Im April 1945 wird Hugo befreit. Von all dem vermag er erst als über Sechzigjähriger zu sprechen. In langen Gesprächen mit der Autorin kamen Stück für Stück die lang verschütteten Erinnerungen zurück.